Alfred Döblin war ein sehr genauer Beobachter der Gesellschaft und politisch engagierter Intellektueller, der ein eigenwilliges, ›wildes‹ Denken voller Idiosynkrasien und Widersprüche pflegte. Der vorliegende Band mit den wichtigsten Schriften zur Politik und Gesellschaft bildet das gesamte Themenspektrum dieses scharfzüngigen Kritikers der Gesellschaft ab und regt dazu an, Alfred Döblin auf dem Feld seiner publizistischen Interventionen und politischen Stellungnahmen neu zu entdecken.

Alfred Döblin wurde am 10. August 1878 in Stettin an der Oder geboren. Nach dem Studium der Medizin arbeitete er fünf Jahre lang als Assistenzarzt und eröffnete 1911 in Berlin eine eigene Praxis. Nach der Veröffentlichung erster Erzählungen, darunter ›Die Ermordung einer Butterblume‹, erschien Döblins erster großer Roman, ›Die drei Sprünge des Wang-lun‹, im Jahr 1915/16 bei S. Fischer. Sein größter internationaler Erfolg war der 1929 ebenfalls bei S. Fischer publizierte Roman ›Berlin Alexanderplatz‹. 1933 flüchtete Döblin vor dem Nationalsozialismus nach Zürich. Die meiste Zeit seiner Jahre im Exil verbrachte er in Frankreich und den USA. Aus dem Exil zurückgekehrt, lebte Döblin zunächst wieder in Deutschland, zog dann aber 1953 mit seiner Familie nach Paris. Alfred Döblin starb am 26. Juni 1957.

Weitere Informationen, auch zu E-Book-Ausgaben, finden Sie bei www.fischerverlage.de

ALFRED DÖBLIN

Schriften zur Politik und Gesellschaft

Mit einem Nachwort
von Torsten Hahn

FISCHER Klassik

Alfred Döblin
Gesammelte Werke
Herausgegeben von Christina Althen
Bd. 23

MIX
Papier aus verantwortungsvollen Quellen
FSC® C083411

Erschienen bei FISCHER Taschenbuch
Frankfurt am Main, August 2015

Satz: Dörlemann Satz, Lemförde
Druck und Bindung: CPI books GmbH, Leck
Printed in Germany
ISBN 978-3-596-90475-4

Unsere Adressen im Internet:
www.fischerverlage.de
www.fischer-klassik.de
www.alfreddoeblin.de

Inhalt

[Die Frau in der Klassengesellschaft]

[...]

Die erste Frau war die erste Sklavin des Mannes, ein Dienstbote, ein Lustwerkzeug unter andrem Titel. Doch wir wollen in Ordnung die jetzige Stellung der Frau betrachten.

Unsere Gesellschaftsform hat drei Klassen gezeitigt, die haarscharf sich trennen: Die oberen Zehntausend, besser die Aristokratie, der wohlhabende Bürgerstand, das Proletariat.

Von der ersten Klasse habe ich schon oben gesprochen. In dieser Klasse ist die Frau ungefesselter, man kann fast sagen frei. Größtenteils sind die Ehen durch eine Geldheirat geschlossen; die Tochter hat sich dem Willen des hohen Vaters zu fügen, unweigerlich. Die Ehe, welche Ehe führen sie aber auch! Die Ehe ist zersetzt, moralisch, zersetzt durch den Besitz: das Familienleben zerfließt und zerflattert in alle Winde. Es lebt der Mann, es lebt die Frau, charme à son goût, in der Familie gilt die Frau aber fast stets als Luxusmöbel, Repräsentantin und Dekorationsstück. Auch die Erziehung der Kinder liegt in fremden Händen; die Frau hat wenig Einfluß auf die Art und Weise des Erziehens, stets hat der Mann das Wort. Sonst aber ist die Frau ungebunden, im Leben, im Verkehr. Oft lebt man auch um des lieben Friedens willen getrennt wie Kaiser Wilhelm I und Kaiserin Augusta, doch nach aussen darf nichts, absolut nichts dringen von dem Familienleben. Ja, so etwas ist modern!

[...]

Ganz anders, familiär, steht es mit dem Bürger, dem gebildeten Manne des »Volkes«. Das ist der Stand, dem bekanntlich die Religion erhalten werden muß. Man sagt, die Religion ist die transscendentale Widerspiegelung des jeweiligen Gesellschaftszustandes. Wollen also die »Großen« des Staats, dem *Volk* soll Religion erhalten werden –, ich glaube, jeder kann weiterschließen.

Doch ich will ja von der Frau reden, nicht von der leidigen Religion.

Von dieser Bürgerkaste ist wohl zuerst der Ruf erschollen von dem »Naturberuf der Frau«, denn hier allein ist Raum für solche Gebilde. In diesem Kreise hat fast jede Familie einen gewissen Wohlstand, dann ist »natürlich« die Frau Hausfrau, Mutter, glücklichenfalls auch Schwiegermutter. Denn es ist hergebracht, wie gesagt, daß die Frau im Hause bleibt; – daß man sich in dem Volke der Denker wohl langsam erinnern wird, es giebt um zu essen, noch Restaurants etc. Speiseanstalten, hat große Aussicht. Es würde damit die »Hausfrau« stürzen. Und wegen des Wohlstandes, wegen einer gewissen Zufriedenheit mit dem sichern Alten (es giebt, bei Gott, nichts Kulturwidrigeres als die Zufriedenheit), darum ist hier auch solch Ideal einer Mutter und Hausfrau häufig.

Doch wie überall, so auch hier: der Ehevertrag ist ein Kaufvertrag. Die Bildung der Frau ist entsetzlich einseitig beschränkt, meistens die berühmte Bildung der »höheren Töchter«: Perfekt französisch, Schlachtengeschlage, und andere Spielereien. Doch keine Idee von dem furchtbaren Kampfe der Menschen um Erwerb, um Sein und Nichtsein, dem Kampfe der sich selten offen zeigt, wie bei dem neulichen Streik der Konfektion. Allerdings besteht zwischen ihnen und den Gymnasiasten kein großer Unterschied, die in den seltensten Fällen zu sehen verstehen oder sich um »solchen Unsinn« garnicht kümmern. Haben sie doch noch soviel Zeit! Und unter diesen gebildeten Töchtern diese Unkenntnis von der Wichtigkeit, der Bedeutung der geschäftlichen Funktionen. Treten doch oft »Fräulein« in die Ehe, ohne eine Ahnung von den Anforderungen zu haben, die an sie gestellt werden, von ihren Pflichten.

Ja, die ganze Pflicht ist es wohl, den Mann zu lieben, nicht wahr? Welche Art diese »Liebe« ist, darauf will ich nicht näher eingehen, diese Tierchen lieben an ihrem Manne eben nur den Mann. Doch das ist natürlich. Hier ist das Wort natürlich in seiner vollen Bedeutung aufzufassen: von der Natur veranlaßt.

Der Mensch ist zuerst Mensch und erst darauf Alles andre. Sein Körper verlangt seine Rechte.

Es darf kein Glied des Körpers vernachlässigt werden, bei Strafe der furchtbarsten Krankheiten. Und wer es wagt, der Natur zu trotzen, seine »tierischen Triebe« zu unterdrücken, er wird in diesem Kampfe gebrochen unterliegen.

Tierische Triebe!

Was ihr tierisch nennt, ist das einzige natürliche bei unserer Gesellschaft.

[…]

Der Kapitalismus treibt die Frauen in dieser Mittelklasse zu dem Kampfe um die Universität.

Deutschland muß sich das erst überlegen. Es überhastet sich nicht gerne.

In diesen »Kern« des Volkes haben unsere Dichter das Frauenideal hineingedichtet, das Ideal eines Geibel, Chamisso, Heyse etc. Ihre Frauen sind ganz famos. Ihre Gedanken, all ihr Sein ist eine einzige unermeßliche Traum-Schlafseligkeit, und wir besitzen eine gewaltige Galerie flacher unbedeutender Frauengestalten aus dieser Zeit. Unsre Modernen suchen noch die Frau, die neue Frau. Ich glaube, sie wird in der Wirklichkeit eher vorhanden sein, als sie sie finden. Doch – genug von dem Bürgerstand, den Bourgeois. Dies alles ist die Damenfrage gewesen.

Wir kommen nun zur Frauenfrage, die ernster, viel ernster ist. Denn hier handelt es sich nicht um Universität etc., das Leben will man sich erobern! In frühester Jugend wird das Mädchen angehalten, zu verdienen, möglichst an Selbständigkeit zu denken. Bald soll sie sich selbst ernähren, denn die Eltern haben für sie nichts übrig. Gelernt wird auf der Gemeindeschule das Allernotwendigste. Für bessere Bildung fehlt Zeit – Geld.

Bei dem riesigen Angebot von Arbeitskräften ist man froh, überhaupt ein Unterkommen zu finden. Auf große Ansprüche verfällt das Mädchen garnicht erst.

So übernimmt sie für einen Hungerlohn jede, jede Arbeit,

schwieriger als die des Mannes, selbstredend viel weniger bezahlt, ist sie doch nur eine – Frau!

Verheiratet, kann sie nicht den Tag über daheim bleiben. Es heißt verdienen, den Mann unterstützen, die Familie ernähren, Kinder auffüttern, von Mutter und Hausfrau nicht die Rede, aber sie ist eine Frau, die gleichverpflichtete *Gefährtin* des Mannes.

Unverheiratet ist die Frau den größten Gefahren ausgesetzt. Um nur einigermaßen einen Begriff von dem Lohn eines Mädchens zu machen, will ich einige Zahlen anführen. Die Arbeiterinnen der Papierindustrie treten in Ausstand, um einen Lohn von 13,50 M pro Woche zu erzielen. Wie müssen die Löhne also bis jetzt gewesen sein! In der Bekleidungsindustrie ein Durchschnittslohn von 6–9 M wöchentlich, in der Perlindustrie 5–6 M, und die Schürzenarbeiterinnen erhalten kaum 3–4 M!!

Pfui!!

Elende Ausbeutung!

Und diese armen Wesen haben noch furchtbare Konkurrenten, die ihnen selbst dies wenige nehmen.

Und wer sind die?

Es sind die Frauen der kleinen Beamten, die sich für ihr »standesgemässes« Auftreten ein *Taschengeld* verdienen wollen!

Mit diesem Lohne vergleiche man die Ausgaben eines Mädchens, Ausgaben, um nur das Leben zu fristen. Und das ist das Entsetzliche, – – aus diesem jammervollen Leben *können* sie sich retten; es giebt eine Rettung – eine Rettung – – die Prostitution! – – – – – – – Und wieder und immer wieder der Satz: Der Mensch ist ein Mensch!

Ein unerbittliches Naturgesetz sagt, du mußt deinem Geschlechtstriebe folgen!

Und unsre Gesellschaft sagt, du mußt heiraten! Und heiraten können heißt, Geld zur Ernährung einer Familie besitzen. Besitzst du kein Geld, und willst du »lieben« – so giebt es eine Prostitution. Und du kannst auskömmlich leben und brauchst dich nicht zu schinden. So ist unsere Sitte beschaffen.

Sitte ist, was einem Gesellschaftszustande Bedürfnis ist. Möge jeder selbst folgern.

In Berlin sollen allein 20000 Prostituierte sein, eine Zahl, die sicher viel zu niedrig gegriffen ist.

Daß gerade Berlin so stark mit Prostituierten bevölkert ist, – denn ich darf sagen, bevölkert –, erklärt sich leicht aus dem Aufschwung seiner Maschinen etc. etc. Industrie, deren größere Verbesserung jedesmal eine Menge Arbeiter überflüssig macht und so seine Arbeiterinnen prostituiert.

Herrliche Zustände wahrlich! Jede Vervollkommnung ist mit dem Zugrundegehen von 1000den Menschen zu bezahlen!!! Die Choristinnen der Theater sind mit seltenen Ausnahmen fast sämtlich Prostituierte. Um so eher, so mehr sie das Unglück haben, schön zu sein. Für einen entsetzlichen Lohn müssen sich diese Mädchen ernähren, weiterfortbilden, und noch die allerteuerste Toilette selbst stellen! Die Polizei meint es mit den Leuten, welche die Mädchen prostituieren, sehr gut. Wöchentlich muß sich die Arme untersuchen lassen, ob sie nicht ansteckend krank ist, damit der Betreffende ja keinen Schaden nähme!

Der Staat erklärt mit diesem Organisieren die Zivilehe für nicht ausreichend.

Dieses Entkleiden vor den Polizeiärzten, dieses Betasten en masse, es muß auch die letzte Scham in den Unglücklichen töten. Oft sind es gar nicht schlechte Mädchen, die sich so entwürdigen. Ein Beispiel, das charakteristisch ist, will ich anführen.

Ein Schreiber Namen X verdiente monatlich – 40 M, woraus er die Frau und zwei Kinder zu ernähren hatte. Die Gattin unterstützte ihn nach Kräften. Der Mann wurde entlassen. Mit Einwilligung des Mannes prostituierte sich die Frau. Die Sache wurde der Polizei bekannt. Eines Tages brachte ein Schutzmann die Aufforderung an Frau X, sich um 1 Uhr im Polizeipräsidium einzufinden, zur Untersuchung. Die Gattin erschoß sich mit dem Mann. Dieses Drama konnte natürlich neben den Hoftheatern nicht aufkommen. Es wurde unterdrückt.

Was geht uns doch dies Pöbel an, das sich an den ersten besten wegwirft?! –

Ein furchtbares Übel ist die Prostitution, *kein* notwendiges.

Sie ist die Folge des Kapitalismus.

Fort mit der Geldehe!

Wir verlangen eine neue, bessere Eheform. Nicht wird mit der freien Liebe die Familie untergraben, sie soll auf besserem Boden erbaut werden; ein Privatvertrag sei sie, in den sich keiner, weder Staat noch Kirche, einzumischen hat!! Die freie Liebe bezweckt allein eine gesunde Ehe, eine leichte, unendlich leichtere Eheschließung und Scheidung.

Die Frau aber sei gleichgestellt dem Manne, gleich im Recht, wie gleich in der Pflicht.

Und die Hauptursache alles Übels: der Kapitalismus – auch er wird fallen – mit ihm Vieles andre – – – und eine neue Welt *wird* erblühen, schöner – besser als jetzt, eine Welt, in der Alle gleiche Arbeitspflicht haben, gleichen Genuß von der Arbeit und ohne Arbeit kein Genuß und keine Arbeit ohne Genuß, ja, die Arbeit sei selbst ein Genuß!!

Wir aber wollen kämpfen, diese Welt zu erringen, denn sie *ist* erringenswert! –

Solange aber die Frau sich nicht gleich *fühlt* dem Manne, solange wird sie ihm untergeordnet sein, solange wird sie sich durch ihn erniedrigen, entwürdigen lassen.

Reims

Als im Beginn des August 1914 der Krieg in Europa sichtbar wurde, standen auf einen Schlag, aus der Erde gestoßen, fertige Nationen an derselben Stelle, wo noch eben kommunizierende Staatsverbände ihre Geschäfte getrieben hatten. Interessenverbände über die Grenzen weg klafften auseinander. Dem Ineinanderwallen der Völker war ein rapides Ende bereitet. Innerhalb der Staaten fielen Schlangenhäute des Standes, Berufes von den Menschen; nur die umtobte geographische Grenze gab dem Denken eine Orientierung. Alles andere war Luxus, Zwischenaktsmusik. Rasch wurden in der Kunst die Fahnen eingezogen. In dieser feinfühligen Gesellschaft begriff man: unsere Tage sind vorbei. Die Lähmung war vollkommen. Angedonnert, wenn man dieses alte Wort gebrauchen will, legte sich die Kunst um, fiel. Besser als Ideen waren jetzt flinke Beine, statt Leinewand obenauf mit Farbe bemalen war es Zeit, auf lebende Haut zu klopfen: die Farbe kam von unten allein angespritzt. Wer Bildhauer war, konnte sich sein Grabdenkmal hauen, wenn er es nicht vorzog Schanzen zu bauen. Schreiben, mit Kraft für ein interessiertes Publikum schreiben, war nur dem Oberquartiermeister vergönnt; die übrigen fanden Verwendung für ihr Papier und ihr Talent in Eingaben an Armenkommissionen, in schwungvollen Gesuchen um Speisemarken. So waren die Gaben verteilt. In den Lüften die Flieger, die Luftschiffe; auf dem Boden, über den Flüssen, auf den Brücken die Soldatenkolonnen, schießend, sprengend, verheerend, unter den Füßen die sehr geräumige Erde, die zwar nicht oben Raum für alle hatte, aber sehr bereitwillig sich allen öffnete, die jetzt scharenweise um ein dunkles Gemach bei ihr anklopften. Als diese Zeit gekommen war, nahm die Kunst den Platz ein, den sie auch sonst einzunehmen pflegt und der ihr angestammter ist: sie ging an die Wand und henkte sich auf. Sie durfte darauf rechnen, »bei Bedarf« geweckt zu werden. Sie war nur traurig. Sie hätte gern in anderer Weise die Wände geziert.

Die Kunst ist auf Banketten international. Der erwähnte Vorgang vollzog sich jedenfalls gleichmäßig in allen betroffenen Ländern. Keine Nation posierte als Garantiemacht. Es war ja auch ein Vorgang, der sich an andern Mächten vollzog, zum Beispiel an der russischen rechtgläubigen Religion; sie wurde vertagt trotz der herbeigeführten wundertätigen Madonna; wenn sie den Totschlag an Deutschen segnen, sind auch baskirische und mongolische Götzen geheiligt; man sagte sich dort: der Mord hat etwas Ausgleichendes unter den Göttern, unter seinem Zeichen finden sich alle. Die Engländer zogen im Namen der Kultur vom Leder; sie und die Franzosen hatten des zum Beweise sich die Zuaven, die breitmäuligen Turko, Neger und Gesindel verschrieben; die Kultur, eine völlig allegorische Figur, erstaunte, als sie sich umsah und bemerkte, wer für sie stritt; sie murmelte: »Zeiten sind das, Zeiten sind das«, zog sich den Mantel über den Kopf und wartete; sie schämte sich; sie war nicht sicher, da ihr ein Spiegel fehlte, ob ihr nun auch solche wulstigen Lippen wüchsen und der Gestank von ihr ginge.

Kurz nachdem die Weltereignisse diese Neuordnung der Dinge geschaffen hatten, erfolgte eine Störung. Es erfolgte etwas, das unheimlich durch das Kampfbrüllen, Knattern, Schnauben herschwebte. Eine süße dünne Stimme wurde hörbar. Die rasenden Völker, die Zerstörer der Häuser, Verwüster der Äcker, die Bombenschleuderer, die Batterien, die mit einer Kartätsche Geschütze, Pferde, Mannschaft auf einen Schlag hin klatschten, – ein Donnerwetter, Riß in allen Gliedern, lohender Moment, – diese stampfenden Mammute erinnerten sich mit einmal der Kunst. Man fragt sich: was ist geschehen? Hat sie das Übermaß von Eisen, Hitze, Blut wahnsinnig gemacht? Nämlich gerecht sein wollen eine Minute vor dem drohenden Tode ist schon wahnsinnig, nun gar erst Schönes oder Schöngenanntes schützen wollen über das Sterben hinaus. Troubadoure konnten für ihre Liebe sich opfern, diese Ungeheuer aber, die kaum jemals mehr als vorübergehend um die Kunst gefreit hatten, bäumen die Wucht ihrer Brüste zurück vor einer steinernen vorgelagerten Masse, geifern sich an, halten sich zurück –: Die Kathedrale von Reims! Vielleicht, sagt man, liegt jener furchtbare Augenblick in ihrer Existenz vor, wo der Überdruß in der Sättigung auf die Höhe gekommen ist, wo die Augen und Bindehäute blutig zu funkeln anfangen und das lange gebrochene Weinen, Winseln unbeherrscht die Körper wirft und sie hinringt.

Niemand aber, der von ferne dem Kampfe zusah und eine engere Beziehung zur Kunst hatte, hat, als der Sturm über die Beschießung der Kathedrale von Reims losbrach, ein anderes Gefühl aufbieten können als Empörung und Wut, – Empörung, Wut nicht über die verletzte Kathedrale. Als zwei Völker stöhnend Brust an Brust miteinander rangen, da wagten es Menschen, sich hinzustellen und zu schreien: »Halt, die Spitze vom Turm bricht ab. Du warst, der Deutsche war es. Um Gottes willen, er sieht sich nicht vor, zwei Glasfenster aus dem zwölften Jahrhundert hat er zerbrochen. Kunst, wo bleibt Kunst! Barbarei, man sieht es, nackteste, brutalste Barbarei!« Die beiden Kämpfer würgten sich, zwei mächtige Völker beteten und zitterten hinter ihnen, – die Kulturfreunde rannten, schlugen die Lexika auf und lasen nach.

Als das dritte Tausend Menschen dort verröchelt war, konstatierten sie, daß der Mosaikfußboden beschädigt sei; als das vierte Tausend vorrückte, wanderten die Kulturfreunde die Wendeltreppe vom Turm herunter, besahen die faltengewandige Jungfrau aus Stein, staunten sie an, die Jungfrau, die ihn trug, der die Menschen geliebt hat. Die Jungfrau war aus Stein; sie konnte sich nicht bewegen, sonst hätte sie geschrien vor Scham und wäre weggeflohen samt der Kathedrale. Sie hätte beide gesegnet, beide Völker, die miteinander rangen, aber geflucht hätte sie den Gottlosen, Hartherzigen. Sie hätte gezittert aus Angst vor der Schlacht, die um sie tobte, und in Bitterkeit, Entsetzen über die Roheit der Ästhetiker; umsonst war ihr Sohn seinen Leidensweg für diese gegangen.

Gebaut war diese Kathedrale zur Verherrlichung christlicher und menschlicher Gedanken: wie kommt jemand dazu, sich den Schutz dieses Bauwerks anzumaßen, im gleichen Augenblick, wo seine Worte Hohn jenen Gedanken sprechen? Die deutsche Heeresleitung brauchte kein Wort an sie zu verlieren. Und wenn die deutschen Batterien den ganzen Dom zertrümmert hätten, so wäre niemand berechtigt gewesen, ihr einen Vorwurf zu machen;

es sei denn, er weist die militärische Unnötigkeit der Zerstörung nach. Die Kultur leidet nie und nimmer unter der Abwesenheit einiger schöner Bauwerke, ihre Faulheit und Krankheit machen jene wahrhaft ruchlosen Proteste offenbar. Die Kunst und die Kultur ist nicht gebunden an die Steinmassen in Reims oder die Farbenmischungen anderswo, sondern sie lebt. Sie zeigt sich stündlich und täglich. Sie erneuert sich, sie existiert nicht, ohne jeden Tag wiedergeboren zu werden. Kultur ist kein Gegenstand, sondern eine Handlung, eine Bewegung, ein Geschehen. Jedem Künstler ist dies aufs innigste gegenwärtig. Der Haß gegen Museen stammt aus dieser Quelle.

Inmitten eines Krieges stehen wir, der die Ausdehnung und Furchtbarkeit früherer gewaltig übertrifft. Wir erkennen in diesem Krieg noch nicht Sieger und Besiegte, aber schon ist es jedem Vorurteilsfreien klar, daß Deutschland unüberwindlich ist. Das Unbeschreibliche ist Ereignis geworden. Eine Masse kleiner Staaten fand sich vor vierzig Jahren zu einem deutschen Bund zusammen. Es waren dieselben Staaten, auf deren Boden seit Jahrhunderten die fremden ihre Kriege ausfochten; sie waren es, die nach England Soldaten liefern mußten. In den folgenden vierzig Jahren entwickelte sich dieser Staatenbund zu einem wahrhaften Kaiserreich, wuchs auf zu einer Machtfülle, welche die steigende Angst seiner Nachbarn bildete. Ohne sich in die Weite auszudehnen sicherte und montierte das Reich sein Fundament auf das allerstärkste. Zu derselben Zeit, wo das schwächere Frankreich sein weites Kolonialgebiet gründete, war dieses Reich genötigt, seinen Menschenüberschuß nach der Übersee und in jedes Ausland abzugeben. Von allen Seiten bedrückt, strotzend in seiner Kraftfülle, zitternd vom Überschwang seiner Möglichkeiten, eine Überlandzentrale für alle Welt, zwang es sich, ließ sich einige Streifen Lands in die Hand zählen, ließ sich von anderen besseren zurückschrecken. Die Macht seiner Nachbarn durfte ungehindert wachsen. Es wartete in der berüchtigten deutschen Geduld, ob andere seinem weltkundigen Reichtum und seiner Fruchtbarkeit

Rechnung tragen würden. Es wartete auf Gerechtigkeit. Seine Friedensliebe beteuerte es einmal ums andere; die Fremden nahmen die Beteuerungen des gigantischen Tolpatschen zur Kenntnis, ernst, um hinterrücks hohnzulachen. Die Fremden wußten, daß ihr Spiel nicht endlos weitergehen konnte. In dem Augenblick, wo Rußland den Hammer hob, um das erste Bohrloch in die ungeheure Tonne Deutschland zu schlagen, trat der Engländer auf den Plan. Er, der der Welt gebietet, der größte Aussauger der Völker, der Schmarotzer an fremdem Blut.

Er brauchte keine Politik zu erfinden, um sich in den Kampf einzumengen. Seine Losung war immer die des alten Roms: divide et impera. Im Keim ersticken wollte er die junge Weltmacht Deutschland. In seine Tretmühle einspannen. Es war keinem Kenner der Entwicklung unklar, daß England an dem großen Kriege teilnehmen würde, entweder im Hintergrunde, unsere Gegner hetzend, unterstützend, am Schluß offen, – oder sogleich feindselig. Verlogen wie es ist wagte es nichts Direktes, es trat in der scheußlichsten Form menschlicher Hinterlist, angetan mit dem bodenständigen Cant, auf die Weltbühne: »Die Neutralität Belgiens ist verletzt.« Ewig charakteristisch wird es sein, wie der deutsche Reichskanzler damals offen das Unrecht einer Grenzüberschreitung eingestand; der Wehrlose bat die Welt um Verzeihung, im Kampf, im Krampf diese Bewegung gemacht zu haben, weil ihm sonst die Hand abgehackt würde, seine Worte in dieser Umgebung waren eine Tat von der Naivität und Unschuld des Parsifal. Die Belgier aber jauchzten ahnungslos; ihnen war ein Heil widerfahren. Aber während sie noch ihre Städte bekränzten, erfuhren sie bereits das Schrecklichste, mehr und mehr drang es zu ihnen, erfuhren es zum Ohrendröhnen, zum Hintorkeln, zum blassen Umsinken, daß sie den Engländern als Schutzscheibe dienten. Ihren Bauern, den Frauen, den Jünglingen, den Greisen wurden von England die Gewehre in die Hand gedrückt: »Rettet euch, das Vaterland ist in Gefahr«, – das menschenfressende große Vaterland England. Sie erfuhren, daß sie als Panzer um

Englands Brust gezogen wurden; so drückte sie England in der Tat an sein Herz. Wieder hat das Inselreich das Alte getan: es hat Fremde für sich kämpfen lassen; zuletzt kamen die Gurka, zuerst die Belgier.

Dann begann es eine heimliche Spinnarbeit. Es fertigte ein Nessusgewand an, ein Kleid aus dünnstem unzerreißlichem Gewebe, legte es dem kämpfenden Deutschland über die Schulter, die Arme, den Rumpf. Über den Mund zog es den grünen Stoff, damit der Krieger nicht sprechen dürfte. Aber hören durfte er alles. Unter dem Kleide wand er sich; der Hohn peitschte auf ihn herunter; schwer wurde seine Arbeit. Er zerrte keuchend an seinem Munde, fester, fester zog sich das Kleid.

Und in seiner grenzenlosen Freude, den Gegner so zu haben, gestand da England, was es vorhatte. Es wollte dem Gegner keine Tat gönnen: es wollte ihn nicht würdigen eines Schusses in den Schädel oder Bauch, sondern langsam quälend wollte es ihn zum Tode bringen. Es begann den Krieg mit dem Geständnis der zwanzig Jahre. So haben die Asiaten gearbeitet mit dem grausam verlängerten Sterben der Gefangenen; so hat England von seinen Unterjochten gelernt. Es war der blutigste Hohn, als England bekannte, daß es sich den Schlieffenschen Satz von den Entscheidungsschlägen nicht zu eigen machen könne, sondern eine eigne Taktik übe, eine insulare. Sie wollten die fremden Völkerschaften regnen lassen auf Deutschland, bis es wandernd, wandernd zur Salzsäule erstarrte; alles, was ohnmächtig war und in ihre Falle ging, wollten sie hinstreuen. Hungern wollten sie Deutschland lassen. Reizen wollten sie den Stier durch Banderillas, bis er tobsüchtig wurde, jedes Reservoir von Kraft öffnete und in Erschöpfung, in Raserei Blutstropfen, Blutströpfchen auf den Boden zählte, zuletzt nur das weiße Serum, – bis der rosa Schaum aus den Lungen heraufstiege und mit dem Geifer im Atemtakt vor dem Maul hin- und herflöge, in kleinen Flöckchen.

Kulturträger, Kulturträger!

Unsere Freunde, unsere Brüder, unsere Vettern!

Beschützer der Kathedrale von Reims! Zornbläser über die Straßenzerstörung von Löwen!

Sie wußten mehr, noch mehr! Schließlich, in einem glücklichen abseitigen Augenblick, fand ihr Ingenium das Unüberbietbare, das mit dem Namen Tsingtau bezeichnet wird. Solange Deutsche hingehen, arbeiten und ihrer Hände Werk preisen, wird der Name Tsingtau nicht aufhören seine Wirkung zu üben. Er wird den Deutschen keine Ruhe lassen. Mit dieser Tat hat sich England das Messer gedankenlos gegen die dürre Kehle gedrückt. Es wird verschwinden der Gedanke von dem Hafen im östlichen Asien, von dem Flottenstützpunkt, der vorlaufenden Eisenbahn nach Schantung, von den eben erschlossenen Bergwerken im Poschanrevier. Übrig bleiben wird die Erinnerung an eine Insel, eine ferne, traumschöne Insel im Osten, die unser war, die von nichts als verbrecherischer viehischer Gemeinheit zerstampft, zertrampelt, durchwühlt und besudelt wurde. In der »Hermannsschlacht« von Kleist kommt jene berühmte Stelle von Hally vor, der Tochter des Cheruskers Teuthold, die von den Römern geschändet wurde. Man schleppt sie an, das elende, schwachbedeckte Wesen, wie es heißt, die fußzertretene, totgewalzte, an Brust und Haupt zertrümmerte Gestalt. Und als der Vater sie erstochen hat, über die Tote gefallen ist mit dem Schrei: »Hally, mein Einziges!« gibt es eine Wendung, die imstande ist, den Mann vom Boden auf zu bewegen, das Wort eines Cheruskers: »Hermann, dein Rächer ists, der vor dir steht.« Die fremden Völker, die England auf uns geworfen hat, um uns aufzuhalten, sinken über unsere Füße, wir waten durch sie, sie stechen und brennen unsere Sohlen. Wir aber müssen, um Tsingtaus willen, nachdem dies geschehen ist, unseren Gefühlen nachgeben. Wir müssen uns zur Erde herunterbeugen als steinwälzenden, felsenschleudernden Katarakt und unsere Pflicht tun. Und wenn es uns nicht beschert ist, so müssen wir stöhnend diesen Gedanken zurückhalten, ihn auf bewahren, groß und größer züchten. Er wird aus sich heraus Kräfte entfalten, drängend uns, unsere Kinder und Kindeskinder, nicht zu ruhen, nicht nachzulassen, nicht zu vergessen. Gleichmäßig werden alle, auf denen er lastet, jene wachsende Lähmung in den Händen, das tote Gefühl über dem Gesicht empfinden, die Augen werden ihnen gallertig wie Sterbenden in die Höhlen zurücksinken; der mähnenschüttelnde, zerreißende Haß wird sich emporarbeiten, für den es kein Halt gibt.

Kulturträger, Kulturträger!

Unsere Freunde, unsere Brüder, unsere Vettern!

Die Stunde bleibt nicht aus!

Wehe England!

Wunderbar ragt der Dom von Reims in die Luft mit seinen gepriesenen Türmen. Auch die Deutschen können ihn nicht vergessen. Sie werden aus ihren Gedanken und Taten eine Kathedrale bauen um dich herum, dicht und dichter, und wie ihre Gewölbe mit deinem Leib in Berührung kommen, werden sie von selbst Stein und Eisen werden, werden anfangen, sich zu erhitzen, zu brennen, zu flammen. Die Massen werden zusammenrücken, eine malmende Maschine, sie werden dich klein pressen und zerknirschen, zerknirschen.

Der Herr schenkt uns diese Gnade über dich.

Wir können ohne diese Hoffnung nicht leben.

Denn du hast den Fluch jedes Gerechten verdient.

Es ist Zeit!

Es ist Zeit!

Nicht anders als wie das tiefe durchdringende Gebrüll von Stieren durch die Luft, von allen Hügeln her: es ist Zeit.

Nicht anders als wie das Heranstampfen und Trampeln braunzotteliger Herden, aus Dickichten und Gebüschen vorbrechend:

es ist Zeit, – und wütend, schwemmend über flache Weiden weg, bodenerschütternd.

Wer kann sitzen, wer hört es nicht durch die dicksten Fenster, wem zittert es nicht durch die Knochen.

An alle Fenster dringt es, an euch geht die Rede, die Stumpfsten, Müdesten, Mattesten, die von den Stühlen aufstehen, – es heult laut – Männer, Arbeitsversunkene, Stumpfäugige, Hohlbrüstige. Die Luft brodelt, steht, brennender, wogender Geist! Erkennt ihn! Bibliotheken, Laboratorien stürzen ein.

Ihr sollt nun nicht ausgelassen werden. Für diesen Augenblick sind bombensichere Unterstände dünn wie Blech, keine Studierstube, keine Kirche, kein Atelier schützt. Kunstwerke sollen hingestoßen, getreten, zertrümmert werden, Bücher verbrannt, Lehrsätze in die Luft geblasen. Das Wertvollste hat keinen Bestand mehr. Geist will sich lebendig in Geist brennen.

Jetzt heißt es flüchten oder mitbrennen.

Da gehen sie herum mit ausgebeutelten Hosen, mit hängenden Schultern; sprechen aus schlaffen Mündern ernste Phrasen, teilnahmslos. Ein Blick zeigt das Ganze, Gedrückte, das in dieser Erdzone mit dem Namen Geist verbunden ist, Abguß, etwas Erbärmliches, Papierbeschmutzendes neben dem andern, den pfeifenden rasselnden Maschinen und ihren straffen schneidigen Mannschaften, neben Kupferdrähten, Bergwerksschächten, Soldatenzügen, Werften und Häfen. Reporter, Amüseur, Erfinder, Bildner, Schriftforscher, Erzieher, Denker, Naturkenner, Zerleger, Hintertreppensteiger in einer ihn duldenden, ihn brauchenden, mißbrauchenden, aushaltenden Welt. Wer hat Lust, diesen Wicht anzusprechen, der wie ein Asthmatiker keucht, wie ein Gichtiger lahmt, der seiner selbst in ruhigen Augenblicken überdrüssig ist.

In den beiden letzten Jahren liefen ohne Unterbrechung die Gerüchte von großen ungeheuren Ereignissen zu mir. Ich las davon, von dieser Schlacht, von jenem Durchbruch, von dem Fall der Hauptstadt, jener Festung als von elementaren dumpfen Dingen, deren Wirkung ich nicht erkennen konnte. Ich mußte abwarten, sehen, wie dieses Erdbeben und welche Wellen bis an mein Haus rollen würden. Manchmal regten die Dinge tief auf; es blieb eine unklare Spannung; das Finstere hatte keine Stimme, suchte keine Stimme. Was draußen und dicht bei mir vorging, ähnelte der uralten Moira, dem Geschick über Göttern und Menschen, dachte nicht an mich und dich, donnerte seinen unbegreiflichen, ja grauenerregenden Weg.

Das ging zwei Jahre. Von all dem Warten, Hoffen, Fragen, Lauschen wurde einem die Brust wie geknetet, das Herz gewalkt. Das alte Ich wurde einem in wüsten Rauch gehüllt; was wußte man noch, was wollte man noch. Schrecklich zehrten die Monate an den Nerven, man konnte wie Merlin einschlafen –, tags darauf hundert Jahre älter erwachen. Und immer ging dies Fremdartige, die Moira draußen weiter; es steigerte von Moment zu Moment seine Wut, vulkanische Explosionen auf Explosionen, und immer dringender, hoffnungsloser die Frage: was ist dies? Was geht vor? Was geschieht mir?

Ich habe nichts mehr erwartet. Besser, ich habe nichts erwartet, als daß es eines Tages, eines Monats zu Ende sein wird; eine Eruption, noch eine, nun bleibt es still, man kann hinausgehen.

Die Zeitungen sprachen von der Petersburger Revolution: Ein Gezanke entstand rechts und links: wem wird diese russische Unruhe gut bekommen. Es soll die Engländer stärken, es soll das russische Heer schwächen; also weiter, weiter, Schicksal, wir werden sehen. Ein paar Telegramme über Anarchie, dann dies Programm, dies Programm, Arbeiterrat, Soldatenrat, Sturz Miljukows, Kerenski. Und schließlich – Alles, Alles.

Ja was war das?

Als ob man durch einen Wald läuft, verirrt sich, läuft ohne Erbarmen gegen Lungen, Füße, und dann rollt man über einen kleinen Hügel, sieht eine Wiese, einen Bach, ein Haus, eine Brücke, ein Huhn. Man ist noch zu wüst, um etwas zu glauben.

Nach dem Kriegstoben, einem Über-, Übermaß von Explosionen, nein mitten im unirdischen unterirdischen Getobe eine Bewegung unbezwingbar nach vorwärts, eine ungeheure Menschlichkeit, nackt schamlos wie jener dunkle Brand, sich schüttelnd unter den Flammen, nach den Flammen greifend mit bloßen Fingern als wären es Schlangen. Ich brauche Stunden, Tage, um dieses Traumgesicht nur zu fassen, ich habe es noch nicht gefaßt, noch immer nicht.

Wie sind die Wege Gottes.

Mit scheint, als ob ich zur Besinnung komme. Und wie mag es anderen ergehen, auf die diese kleinen Zeitungsnotizen eindrangen neben jenen anderen Berichten von verhüllten, der irdischen Fassungskraft entrückten Vorgängen, den rasenden Angriffen, Verteidigungen, Flugüberfällen, Torpedierungen, Aushungerungsmethoden, – mag es sie weniger aufwühlen, in der Zeitung zu lesen unter einem Tagesdatum, aus der und der Stadt, über Stockholm, Haparanda Dinge und Beschlüsse aus dem neuen Testament. Nach dem monatelangen Hinsiechen solche Stirnme. Diese rührenden Befreiungen von Eingekerkerten. Rückkehr nach Jahrzehnten aus dem Elend, dieses siegreiche Übertönen widerwilliger frecher Rufe, die Naivität im Löwenkäfig, das Tappen, die Hilflosigkeit, und in allen Herzen der nunmehr Herrschenden nur der Wunsch: Mensch sein, gerecht sein.

Nichts was diese Generation erlebt hat, läßt sich, fühle ich, an Größe vergleichen mit diesem Augenblick. Was das Ungeheuer von Krieg zur Welt bringen wird, wird erst nach langen Jahren heranwachsen, zu erkennen sein. Bis zu diesem Moment muß sich eine heutige Generation mit dem Frühjahr 1917 genug sein lassen.

Ich will davon reden und was das Frühjahr 17 mit dem Geist zu tun hat.

Daß Rußland diese Geste gemacht hat, und dann, daß es keine fratzenhaft aufgeregte Revolution nach französischem Muster äußerte, eine beschleunigte Umwälzung und keinen Umsturz, vielmehr eine einfache machtvolle Hinwendung zum Menschlichen und Würdevollen, überraschte nicht. Die Literatur der jüngeren und älteren Russen hatte deutlich gesprochen. Es existiert keine Literatur der modernen Staaten, die in ihren großen, größeren, oft in ihren mittleren Repräsentanten so posenlos still sich gibt wie die russische, so dichterisch geheimnisvoll reine Seele offenbart. Was Tolstoj und Dostojewski geschrieben und hinterlassen haben, stellt meinem Gefühl nach ganze Klassizitäten anderer Völker in Schatten; an Vehemenz und Tiefe des Gefühls, der seelischen Durchdringung und einfachen Mitteilung nimmt es, wie ich seit Jahren glaube, kein Deutscher, kein Franzose und Engländer, auch kein Skandinavier des letzten Jahrhunderts mit ihnen auf. Nietzsche hat Dostojewski sein größtes Erlebnis genannt; wie er haben andere Deutsche empfunden. Dem deutschen Empfinden ist dies religiöse Wesen, dies schrankenlose sittliche Ringen bekamit, verständlich, verwandtschaftlich vertraut wie nichts anderes.

Wir haben nicht nötig, Ideen zu uns importieren zu lassen. Friedrich der Große ist weder aus Paris noch Moskau zu uns gekommen. Immanuel Kant hat man uns weder vor- noch nachgemacht. Das Heilige Römische Reich hat strahlend vor aller Welt geblüht und aller Welt abgegeben.

Aber was besagt jene müde Stimmung der Geistigen, jenes trübselig gedrückte Wesen, jener Widerwille und Apathie gegen Staat und Politik, – neben dem Stolz der Friedensoffiziere und ihrer Kaste, gegenüber der kalten gönnerischen Wurstigkeit der Kaufleute, dem höhnenden ausschließenden Beieinander des Proletariats, dem vergnügten Untersich der Parlamentarier? Was besagt die fassungslose Haltung gegen das satte gebildete Bürgertum, das Entsetzen vor achtungsloser Pöbelwirtschaft und vor der glatten Unsittlichkeit erblichen Torytums, das Ämter schluckt und sich Regierungspotenz anmaßt? Wenn wir nicht Ideen brauchen, vielleicht etwas anderes.

Wie mir dies geschah, die russische Bewegung, ist vieles aus dem Frieden in mir lebendig geworden. Diese »russischen« Ideen, so froh, jung und herzhaft, sie sind ja überall und immer aufgetreten, wo der lebendige Menschengeist sich Bahn brach durch körperlich schweren, entseelten, unleidlichen Widerstand. Sie haben in alten Tagen den Bundschuh und die deutschen Bauern begleitet, wenn auch Luther gegen sie vom Leder zog und die Bauern wilde Bestien hieß, die man totknütteln solle. Sie haben das Christentum durchgesetzt und setzen es weiter durch gegen Buchstabengeist, Gesetzesverblendung und Anmaßung, gegen selbstzufriedenes Pharisäertum. Man hat sie in dem Lärm der Paulskirche von Frankfurt vernommen. Sie werden niemals verwirklicht werden, werden immer Alarm rufen. Immer wieder verrottet die Menschheit, immer wieder erscheint das Menetekel an der Wand. Wenn die Menschheit sich verjüngen will, badet sie in diesem Brunnen.

Der Krieg hat eine Volksgemeinschaft geschaffen, wie die langen Friedensjahre nicht. Eins hockt auf dem andern, Hauptmann ist nicht ohne Kompanie, Kompanie nicht ohne Hauptmann, Städter nicht ohne Bauern, Truppe nicht ohne Munitionsarbeiter; Rüstung braucht Bürgerinitiative und Kapital, eins kämpft, eins darbt. Man sieht sich gut auf die Finger, Not schärft die Augen, vor dem Tod sind alle gleich. Keiner wird nach dem Krieg vermögen, dem andern ganz seine Schuld zu bezahlen, so groß ist die Schuld geworden. Unausweichliche Forderungen treten an die Regierung und ihre Berater heran: die Volksgemeinschaft ist da, in Drang und Not ist sie geworden, ist nicht aufzulösen, ist nicht da in Liebe von Gruppe zu Gruppe, Partei zu Partei, aber das Recht einer Gruppe auf die andere ist nicht aus der Welt zu schaffen. Wer trauern darüber will, traure. Die er rief, die Geister, wird er nicht mehr los. Die Volksgemeinschaft hat sich erhoben über die Kasten und Stände. Ihre Kraft hat gesiegt, ihre Kraft wächst von Stunde zu Stunde. Jetzt kann Frau Rat Goethe nicht mehr sagen: »Die Deutschen sind kein Volk, keine Nation mehr, und damit Punktum.« Die Kräfte der Peripherie dringen nach der Mitte, das Zentrum verharrt, heiß, lau und kalt faßt sich an, was kann sich isolieren, es muß gekämpft werden um die Temperatur. Es ist wie 1807: Das Volk ist durch den Feuertod gegangen, um sich und anderen das lebendige Leben zu gewinnen. Keine Sophistik kommt da herum. Und am Martinitage 1810 sind alle Preußen ihrer Erbuntertänigkeit ledig und frei geworden.

So steht es nun einmal. Und darüber läßt sich trauern und jubeln. Was aber wichtiger ist: alles zum Guten wenden.

Ein Gewitter ist heraufgezogen; wie wird den Herren vom Geist? Wie fühlt ihr euch? Wollt ihr euch lächerlich machen, ihr, mit Parteibildung, Vereinsgründung, Standesvertretung und Ähnlichem. Geht eurer Wege, hinaus in die Welt. Auf den Plan, Visier offen. Es will etwas zur Welt, von Teufels oder Engels Gnaden, das totgeschlagen oder gehegt werden muß. Ein Herkules liegt in der Wiege; starke Hände sind nötig, ihn zu schützen, zu gängeln oder zu erwürgen.

Infame fremde Burschen, niederträchtige Hunde haben uns Barbaren genannt; es ist allen kochend in die Brust gefahren. Faßt euch selber an! Habt ihr, Männer der freien Berufe, unfreie Männer, Juristen, Philologen, ihr in den Laboratorien, Künstler, habt ihr nicht Schuld mit eurem Versteckspiel? Mut bewährt man nicht nur im Schützengraben, es gibt Zivilkurage. Wisset, ihr selbst seid furchtbar, es gibt genug Mächte, die sich vor euch ängstigen.

Habt ihr, denen Gerechtigkeit, Gewissen, seelische Sauberkeit, Menschenliebe angeboren ist und tägliches Lebenslicht ist, habt ihr, die uneigennützigsten und klarsten Gemüter, die Stimmen vernommen, die in Deutschland laut geworden sind? Im Reichstag und sonstwo: es sei keine Remedur nötig, unser Staatswesen habe sich im Kriege herrlich bewährt; und dann: den zurückkehrenden Kriegern dürfe man keine Geschenke machen, – Worte von solcher unsäglichen Verschmitztheit, daß man vor Staunen und Verblüffung nicht imstande ist, zur Empörung zu gelangen. Und dennoch! Mehr davon, noch vielmehr. Wie sollen die Wasser zum Sieden kommen, wenn nicht durch Feuer. Wie kann man das träge Metall flüssig machen, wenn nicht durch Feuer. Und andrerseits nehmt euch ein Beispiel: fest sitzen jene ehemals einzig Verdienten da und wehren sich prächtig ihrer Haut und Haare.

Nehmt euch ein Beispiel: Sie sprachen, sie wagten vor zwei Jahren zum deutschen Kanzler von Revolution zu sprechen, falls nicht im Krieg ihre Privatwünsche in Erfüllung gingen, grade so, wie sie es begehrten, – als hätte das Volk nur die Aufgabe, feudale Herzen zu erquicken. Aus solchem Holz werden Männer geschnitten. Ich bin nicht für diese Ideen. Und nicht für jene. Weiß nicht, wieviel und wie wenig sie sind und sagen. Aber Kampf ist nötig, der Kampf wird einseitig geführt, die Pferde laufen nicht mit gleichem Gewicht, wie kann ein anständiges Rennen zustande kommen.

Die Regierung muß Aufschluß wünschen, wünscht Aufschluß über die wahrhafte Kräfteverteilung. Sie kann nicht nachgeben, wenn sie nicht gedrängt wird. Muß jene Fälscher und Betrüger, Verführer der Regierung und des Volkes nennen, die sich nicht rühren, nicht ihre ganze Kraft einsetzen, wo Wichtiges für das Vaterland, Kinder und Kindeskinder auf dem Spiele steht.

Wißt ihr bald, wer ihr seid?

Die Sprechbühnen, Kulissen Deutschlands übersät mit Nichtigkeiten, Mittelmäßigkeiten, ihr selbst versunken in abgeschlossenen Zimmern, verkümmert, verkommen an Leben und Seele, in Ecken wie verprügelte Kinder, ohne Kenntnis der Menschen, die ihr führen könntet: heißt das patriotisch sein?

Jeder Halm auf den Äckern ist heilig. Und ihr vertrocknet zu Hunderten. Es wird in der Welt nicht nur gezählt, auch gewogen: Hindenburg allein ersetzt zehn Armeen, und ihr versteckt euch.

Euch wurde ein Pfund gegeben. Wo ist es? Es sollte gewuchert werden damit. Verantwortet euch vor dem, der es gab. Aber auch vor eurem Volke, das eurer bedarf, und jetzt mehr als je. Es gibt von Zeit zu Zeit noch andere Dinge als Mikroben, chemische Analysen, Paragraphen, Ideen der Plastik, Novellen und Bilder. Leben spenden! Fördern! Dienen, denken, helfen. Einmal will geliebt sein, einmal will getanzt sein, einmal will gestorben sein.

Man wartet nicht auf euch. Man kommt besser aus ohne euch. Auf der Höhe des Krieges, am Schluß des Krieges, als sein Nachlaß treten gebieterisch Gedanken auf. Jetzt will der Krieg seelisch werden. Die andern, die es angeht, wissen lange davon, aber ihr, Enterbte und Selbstmörder, Proletarier über jedes Proletariat, wißt nichts. Die Gedanken fordern eure Seelen, Köpfe. Sie rufen euch, daß ihr Geburtshelfer an ihnen seid. Ein Ferment ist in die Welt geworfen, der Teig gärt, wo sind die Bäcker? Wie vielseitig, schwankend jene Ideen, wie gefährdet weich, nahe der blassen Romantik, wie noch näher der Lächerlichkeit. Wie stark, massiv, tüchtig die ihnen feindlichen Ideen, wie nahe der bloßen Roheit, der nackten frechen Gewalt. Und andere. Und jetzt Gewalt gegen Gewalt, gute Gewalten gegen gute Gewalten, viele Gewalten gegen viele Gewalten. Kämpfer werden gebraucht. Wo seid ihr?

Kohlenbergwerke wurden ausgebeutet, Aktiengesellschaften gegründet, und ihr, wichtiger als Wasser, Kohle, liegt brach jahrzehntelang. Daß der Ehrgeiz euch von den Stühlen, aus den Zimmern presse, Eifersucht, Rachbegier, Machthunger. Heraus. Es ist eine schöne Zeit! Seit langem eine schöne Zeit. Es lohnt sich zu leben.

Ihr Nachtfalter, Fledermäuse, heraus an den Tag. Der Ruf ist erfolgt. Werft eure Kleider ab: Ihr seid Prinzen. Schön, prächtig kommt ihr gegangen.

Drei Demokratien

Es ist ihnen gut gegangen, den Demokratien aller Länder, während dieses Krieges. Im Beginn brachen sie fast zusammen unter der Kriegswut, die fanatisch die Szene beherrschte; die wilde allgemeine Angst drückte sie an die Wand, verschüchtert, halb erstickt regten sie sich kaum. Jetzt singen sie ihr Klagelied, ihr Anklagelied, ihr Siegeslied, Millionen lauschen ihnen, Millionen stimmen ein.

Lloyd George ist ein großer Redner. Mit Neid gestehen wir es, denn bei uns erzeugt das politisch verkümmerte Volk keine urwüchsige Begabung wie diesen niedrig geborenen Mann; wozu auch reden? Und die regierenden Beamten schweigen; wozu auch reden? Fafner hütet sein Gold. Lloyd George setzt einfach und kühn Wort neben Wort; bei aller sprachlichen Schlichtheit entwickelt er außerordentliche Schlagkraft. Er sagt, um den deutschen Angriff auf Belgien zu skizzieren: »Man bricht in jemandes Haus ein, ermordert einige Bewohner, macht sich jeder Niedertracht schuldig und hält den Raum drei Jahre lang besetzt.« Das ist so volkstümlich geäußert, daß man ohne weiteres den kräftigen, Essen und Trinken liebenden Mann auf der Tribüne zu sehen glaubt, den freien Platz mit der riesigen Menge, Luft und Wind erlebt. »Wir haben die gewaltige deutsche Armee unter die Erde getrieben und es muß eine große Erniedrigung für das deutsche Heer sein, daß es sich in Erdlöchern verstecken muß; das ist Kaninchentaktik – die Völker sollen nicht wie sprachlose, umhergetriebene Tiere sein, die nach dem Willen von Herrschern die Besitzer wechseln; wir kämpfen für das Recht der Menschen auf ihr Menschentum und wir werden siegen.« So einfach, so klar, fast naiv, so plausibel, daß der gemeine Verstand ohne weiteres zustimmen muß.

Und dann, dann ist es so nichtswürdig, so schmählich, niederträchtig, so unwürdig des Sprechers einer großen Nation, daß man es schwer faßt. Es ist ja nicht nötig seine Sätze zu widerlegen, das Richtige an ihnen herauszuklauben; er biegt sich die Dinge für seinen Hausgebrauch zurecht. Ich frage nur, was er vorhat. Er kämpft, sagt er, für die Freiheit und Unabhängigkeit der Völker – wir glauben zu wissen nicht für unsere – aber wie kommt es, daß er die Freiheit und Unabhängigkeit seines eigenen Volkes so wenig achtet, daß er derart mit ihm umspringt? Daß er so sichtbar für jeden Unbefangenen vor seinen zehntausend Hörern die Ketten schwingt und sie ihnen mit Schmeicheleien um die Brust bindet? Daß er sein Volk zwar nicht mit dem Schwert und mit Soldaten hinwirft, aber seine Mitbürger heimtückisch ihrer Vernunft beraubt und unter Mißbrauch seiner großen Dialektik zu einem lächerlichen Bravo zwingt?

England hat es sich etwas kosten lassen frei zu sein; für diese Demokratie sind schon vor Jahrhunderten die Besten des Volkes in den Kerker geworfen worden und haben geblutet. Als in Deutschland noch die sieben ehrwürdigen Kurfürsten unter großem Gefolge und umständlich mit Reisigen und Karossen in Frankfurt einzogen, um ihren Kaiser, des Heiligen Römischen Reiches allzeit Mehrer, zu wählen, tobten auf der Insel Parlamentskämpfe; einen starken entschlossenen König, Karl den Stuart, der sich an der Verfassung vergriffen hatte, führten sie auf das Schafott, zu einer Zeit, wo Deutschland halb verblutet nur schlafen wollte und vor Schwäche nichts dagegen vermochte, wie man ihm rechts und links Stücke aus dem Fleisch schnitt. England war bald das Vorbild der nach Verfassung ringenden Völker, seine Staatsform das Paradigma geworden. Es ist in England etwas geschehen, damit in welthistorischen Augenblicken sich wirklich Demokratie erweisen kann. Und siehe: als der Augenblick gekommen war: die englische Geschichte eine Sache der Lehrbücher, eine Angelegenheit der Drucker; die englische Demokratie ein Ornament, eine Redewendung; von dem Blut der Enthaupteten, den furchtbaren Qualen der Eingekerkerten waren nur Sprüche, Drucktypen übrig geblieben.

Ich schauere vor diesem Abgrund von Bosheit und Verlogenheit. Ein Mann, der dies sagt, kann keine Spur von Respekt vor seinen Hörern haben. Dieser Mann bietet kein anderes Gefühl für sein Publikum auf, als entschlossene Verachtung; seine Anschauung über die Staatsdinge kann keine andere sein, als die des kecksten Autokraten. Wer so systematisch sein Volk verleitet, – denn es handelt sich nicht um Hohnworte hetzender Art homerischer Helden, sondern um die rednerische Leistung eines höchst verantwortlichen Regierungsmannes, der die Führung hat, – kann nur innerlich lachen über den Witz, den er sich erlaubt, indem er vom Kampf für Freiheit redet. Wir sehen unsern Staatsdienern scharf auf die Finger; wir haben so lange unsere Augen ferngehalten von den Professionells und ihrem Treiben, so daß sie glauben konnten, in einem Privatklub zu unserer Beglückung zu sitzen. Die Zeiten sind vorüber. Lloyd George macht uns nicht vertrauensseliger, wenn er uns lockt. Er hält uns für Knechte: der Wolf sagte zum Lamm: »Ich will nur dein Bestes«, als er ihm den Kopf abriß. Lange Knechtschaft macht klug, und unsere Klugheit richtet sich auch gegen Sie, Herr George. Wenn ich Sie anhöre, Herr George, den Prediger des Hasses und der Verachtung, möchte ich an aller Demokratie verzweifeln. Es ist entsetzlich zu denken, daß Tausende der ehrlichsten und begeistertsten Menschen gefochten haben für innere Freiheit, damit Sie erstehen als eine Bremse, die das Volk stachelt, wie jene unglückliche Kuh, die Geliebte des Zeus, bis zum Wahnsinn gestachelt wurde, der sie bis an Rand der Welt führte. Dieses Schauspiel: während das heutige Rußland naiv nach der Freiheit greift und sich unter Qualen in ihr verjüngt, stellt sich in der Maske derselben Freiheit der Engländer hin, bellt seine höhnischen und lockenden Phrasen hinaus, verderbend. Was jetzt nicht nur in Rußland in tiefster Inbrunst erlebt wird, erfährt in dem Stammland der Demokratie eine so schmähliche Travestie wie nur je fromme Gedanken. Diese britische Generation hat die Demokratie nicht gesucht; sie können gar nicht wissen, was das ist; es ist etwas anderes, als wir meinen. Sie haben eine Form gesucht, um die Welt zu beherrschen und ihre eigene Kraft fest zusammenzubinden für diese Aufgabe. Grausam kalt und versteckt mißbrauchen die ihre Stärke. Es ist ein Hohn, wie ihn die Welt nicht erlebt hat. Mögen sie von der Autokratie fremder Völker und ihrer eigenen Demokratie reden; wir können nur bitter sagen: es ist gesprungen wie gehüpft.

Die Rolle, die England in diesem Kriege spielen würde, war den Aufmerksamen seit Jahren in Umrissen klar; die Argumente, um deretwillen es sich zur Teilnahme und zu dieser Teilnahme entschloß, waren machtpolitischer Art wie die anderer Staaten.

Wie ein Pfarrer, der seinen Dienst abhaspelt ohne Gedanken, den Gottesdienst, die Verehrung des Himmels, im schwarzen Talar, die Hände in der vorgeschriebenen Amtshaltung, das Gesicht in feierlicher Mimik, so trieben sie Demokratie und waren vulgäre Machtpolitiker. Die byzantinische Kaiserkrone ist zum alten Eisen geworfen, Talar und Moral ist Mode geworden; nur der Außenstehende läßt sich leimen. Ihnen behagt die Verwechslung mit dem, was wir auf dem Festland meinen. Sie meinen eine Verfassungsform, wir die Ausbreitung, das Ausblühen einer Menschlichkeit, einer sich wandelnden Menschlichkeit in die Verfassung hinein. Sie meinen Sicherung, Zentrierung, Stabilisierung der Gewalt, wir den Sieg der rastlos drängenden, aus der Tiefe aufquellenden Humanität über die Physik. Wir brauchen keine englischen Staatsformen und können doch demokratischer sein als irgendein Land. Die deutsche Demokratie von 1848 hat sich einen Kaiser gewählt. So zurückgeblieben auf dem Wege dieser Menschlichkeit wie das England des Lloyd George ist keine zweite Nation. Solange diese Männer und solche Gesinnung drüben herrschen, werden wir zu keinem wahrhaften inneren Frieden mit ihnen kommen, und nicht zur Revanche müssen wir zu dem »Danke schön« für die freundliche Einladung zu ihrer Demokratie ihnen sagen: nehmet diese Männer weg, sie sind giftig, sie verderben die Atmosphäre Europas. Ringt jetzt nicht die ganze Welt danach, Vertrauen wiederzufinden? Ist nicht alle Luft stickig, mit einem beizenden Gas erfüllt? Die europäischen Herren, die das vorjährige Friedensangebot des Kaisers hoffnungsfroh zurückwiesen, wußten nicht, was vorlag: sie kannten nicht die Ergriffenheit, aus der das Angebot geboten war; sie waren nicht reif dazu. Es sind nicht die Opfer, die wir gebracht haben, die Entbehrungen, die wir dulden und dulden werden, *der Hochmut des Siegers, die Furcht vor der baldigen Niederlage;* es ist der Schauder: »genug, genug«, der sich die Hände vor das Gesicht schlägt. Schrecklich hat die Natur gehaust, schrecklich haben wir ihr gefrönt. Bald werden alle Länder in Blut ersoffen sein, aus denen Goethe, Shakespeare, Molière, Dante, Tolstoi hervorgegangen sind. Soweit noch die Stimme der alten Kultur, die zu Grabe getragen werden soll, in uns lebendig ist, sagen wir: es soll genug sein. Wir werden nie den entsetzlichen Hohn verhindern können, der zu uns herüber geklungen ist, und der an das mißtrauische freche Lächeln von Verbrechern erinnert, denen man verzeihen will und die in ihrer Verworfenheit nur glauben, man wolle sie betrügen. Nein, wir haben nicht Friedenssehnsucht in Deutschland, weil wir besiegt sind.

Oh, sie kennen uns noch nicht, noch immer nicht, wie ihre Psychologie überhaupt so unsäglich flach ist, Wenn wir im Beginn einer Niederlage stehen und man will das Reich zerstückeln oder grundsätzlich zugrunde richten, so werden sie ein anderes Bild sehen. Jede Stimme muß verstummen, die auch nur ein Wort äußert, das nicht Krieg ist. Verflucht soll der sein, der das Wort Frieden dann in den Mund nimmt. Sie haben uns gefürchtet bei dem Einmarsch in Belgien, dem Vormarsch durch Frankreich, der Schreckensruf »Ulanen«, »Hunnen«, »Barbaren« ist ertönt, die Angst wußte sich nicht zu sättigen. Nichts ist dies und soll es sein von dem Augenblick an, wo man uns an die Kehle will. Wir werden Ruhe, absolute Ruhe im Innern haben, unsere lärmenden Strudelköpfe werden wir in die Keller gesperrt haben, wohin sie gehören. Wir werden augenblicklich frei von ihnen sein. Wir versprechen, wir werden selbst in unseren Reihen, in den Häusern, auf den Straßen diejenigen massakrieren, die nur einen Hauch von Friedensgesinnung dann äußern. Uns wird kein Hunger schlapp machen; das triumphierende Gesicht der Welschen, das Gejauchz der Senegalneger, die man gegen uns aufbietet, die heiseren Rufe des Briten halten uns bei Besinnung. Glauben die Franzosen, es wäre nur eine Eigenheit des französischen Ingeniums, Niederlagen nicht anzuerkennen? Nach dem grausigen Zusammenbruch bei Sedan noch einen Orleansfeldzug, Franktireurkriege, ohne Ende zu führen? Und wenn wir für einen Augenblick, ein halbes Jahrzehnt, ein ganzes Jahrzehnt pausieren:

der Teutoburger Wald liegt in Deutschland, im Herzen Deutschlands; von der Hermannsschlacht lernen unsere Kinder; mögt ihr Geduld mit uns haben. Mögt ihr auf uns warten solche sieben Jahre wie von 1806–1813; es wird sich das alte Lied wieder erfüllen: mit Mann und Roß und Wagen, so hat sie Gott geschlagen. Wenn sich die deutsche Niederlage zeigen sollte, so werden die Herren sehen, was sie sich groß gezüchtet haben; in dem Schlund dieses Feuers wird mit ihnen die ganze Welt verrauchen. So redet ein Freund des Friedens, kein Nationalist, einer, der den Druck der überlebten versteinerten Formen erfahren hat, so redet nicht Linie Potsdam, sondern Linie Weimar. Sagen die drüben: Ihr habt diesen Krieg nicht weiter zu führen, den eure inneren Feinde angestiftet haben, so sollen diese verächtlichen Füchse schweigen; denn der Krieg ist nicht angerichtet worden, damit sie sich an uns satt fressen. Bitter ist es so zu reden, aber das Bitterste und Schmerzlichste ist es, daß niemand so Hindernis des Friedens ist wie die Demokratie, die Pseudodemokratie unserer jetzigen Feinde. Seien die Herren gewarnt. Wenn wir im Begriff sind, in unserem Haus aufzuräumen, so überhören wir doch nicht die Schüsse gegen unsere Türen, die Axthiebe gegen unsere Fensterläden. Uns betrügt keiner mehr; in diesem Brunnen ist schon manches Kind ertrunken.

Im Namen dieser apokryphen Demokratie wird Elsaß-Lothringen Deutschland abgefordert; es kommt auf die Signierung des Appetits nicht an. Ich kann nicht umhin, das Verlangen nach Wiedergabe eine glatte Albernheit zu nennen. Es ist verständlich, daß der Verlust von Elsaß-Lothringen im Kriege 1870 Frankreich erbittert hat, aber nicht wir waren schuld an seiner Niederlage; es hat Frankreich 1870 freigestanden zu siegen. Wozu also der Lärm? Man wird nicht behaupten, daß der liebe Gott den Grenzstreifen Elsaß-Lothringen französisch erschaffen hat. Revanche stand Frankreich frei auch jetzt; sie ist ihm nicht gelungen, im Gegenteil, nicht den halben Arm Deutschlands hat es niederschlagen können. Jedoch den Ruhm hat es der bewundernswerten

Tapferkeit; die Erinnerung an die alte Niederlage hat es verlöscht für seine heranwachsende Jugend, dieser Schatten ist von ihm genommen; diese Revanche ist ihm geglückt. Aber welch erbärmliches Schauspiel jetzt dies klägliche Keifen nach dem Preis des wirklichen riesengroßen Sieges, während man schon blaublaß an der Wand steht, Hilfe über Hilfe erbitten muß, mehr einen Arzt als eine Rüstung braucht. Ist dies Frankreichs würdig? Das Land hat die klarsten empirischen Köpfe, die sachlichsten Beobachter und Beschreiber hervorgebracht. Es hat die große Revolution gemacht, in der die Vernunft Göttin wurde, im Tempel verehrt wurde, und die Intelligenz sollte jetzt nicht soviel Kraft besitzen, um Albernheiten zu verhindern? Die französische Intelligenz sollte im Ernst in diesem Augenblicke, der nicht hinter denen der großen Revolution an Bedeutung zurücksteht, imperialistisch verblödet sein wie der und jener? Wir wissen genau, was es ist, das Frankreich Elsaß-Lothringen fordern heißt. Ihnen ist die Provinz nur ein Symbol, für die genommene Rache! Aber uns für die Niederlage. Und das sind zwei Seiten. Und hier gibt es keinen Disput. Und weiter: Elsaß-Lothringen, das scheinen die Franzosen nicht zu wissen, ist für Deutschland mehr als ein Land unter anderen: es ist das neugeeinigte Deutschland. An Elsaß hängt Deutschland mit ganzer Liebe. Wie deutsch das elsässische Land ist, weiß jeder gebildete Franzose. Daß ein früheres, planloses, bald heftiges, bald laues Regiment uns hier keine Sympathien geworben hat, ändert an der Sache nichts; man läßt sich auch ein Kind nicht rauben, wenn es uns haßt. Der Deutsche hat das Empfinden und wird es immer behalten, daß wir das Elsaß zu uns zurückgenommen haben. Wo sind jetzt, wo denken die alten revolutionären Kräfte Frankreichs? Ihr lacht über uns, daß wir keine Revolution machen können; man habe Verständnis für uns, wir bedürfen nicht des Treibhauses der Revolution, unsere Äpfel reifen in freierer Luft, unser Tempo ist anders als das gallische. Aber ihr entartete, erkaltete Enkel, so heilt euch erst selbst! Ihr reif für jede Autokratie!

Als der Krieg auf eine gewisse Höhe gekommen war, erschien Amerika auf dem Plan. Die ungeheuren Forderungen, die Geschichte und Vorgeschichte des Krieges stellte, schienen einen Leib gewonnen zu haben, ein Gehirn, Schwert, als das Phänomen Amerika sich am Horizont zeigte. Dieses Land war unabhängig, stolz, reich. Es wäre unglaublich gewesen, wenn der Koloß nicht mit ergriffen worden wäre von der abenteuerlichen allgemein reißenden Bewegung. An den Fett- und Fleischtöpfen der halben Welt labte er sich jahrelang; gemästet fand er kaum Zeit sich den Mund zu wischen; die Hypertrophie aller Organe trieb ihn unwiderstehlich sich zu erheben, irgendwie zuzugreifen mit den geschwollenen Pranken. Als Richter und Büttel trat Amerika auf, sein Urteil gegen den Bund der Mittelmächte. Wofern Amerika ein unabhängiger Richter ist, wären wir verrucht, wenn wir das Urteil nicht annähmen. Aber diese Demokratie von dem schwersten Machtkaliber, die sich ungestört entwickeln konnte, versagte beim ersten Schritt, erwies sich sofort verständnislos für das Urproblem des Krieges, seinen Ausgangs- und Angelpunkt, für die ungeheure Not und völlige Hilflosigkeit eines spät geborenen Riesen, der die Fideikommisse der Welt besetzt sieht. Wie leicht ist es, die brüsken Bewegungen dieses eifersüchtig bewachten jungen Tolpatsches moralisch zu degradieren; wers besitzt, hat die Moral für sich; der Hungrige ist immer der Rebell, der Räuber der Totschläger; das ist alte konservative Taktik. Und schlau ist dieser junge Tölpel gar nicht, alles mißlingt ihm. Die andere Seite hat in langen Jahren nichts gesehen als sich, raffte, als stünde der Weltuntergang bevor, und als müßte, müßte es andere reizen. Sie warfen kaum einen halben Blick auf das peinlich wuchernde Deutschland, und nun folgte der Irrtum, der Grundfehler, das Verbrechen; sie sagten: »Wir lassen ihn herankommen, den Tölpel; er ist kriegerisch, wild, wir werden uns um ihn nicht kümmern. Wir werden ihn niederhalten. Er wird es nicht wagen so bald zu kommen.« Der Grundfehler! Das Verbrechen! Hier hätten sie sehen müssen, – wofern sie es zu keinem Krieg kommen lassen wollten, – dies wird ein gefährlicher Feind, dieses Land starrt schon von Waffen; wir müssen abwiegeln. Urteilen die Herren von drüben nach dem dreijährigen Krieg: war Deutschlands damalige Stellung in der Welt angemessen seinen jetzt entwickelten Kräften, etwa im Vergleich mit Frankreich, nach dem Grundsatz jener Gerechtigkeit, die sie so viel anrufen? Aber ihr habt diese Ungeheuerlichkeit von Kraft nicht erwartet? Der Irrtum, euer furchtbarer unsühnbarer Irrtum! Es war ihre Pflicht, Sache der Gerechtigkeit, des kalten Bluts und der Umsicht, uns zu entwaffnen. Unser Heer, unsre Flotte wuchs, und doch kein Zeichen von Verständnis, doch nichts als weitere Entfernung in die Opposition und zähnebeißende Feindseligkeit. Ein Wettrennen arrangiert – Irrsinn über Irrsinn –, als wenn es in Deutschland irgend jemandem darauf ankam, andere zu besiegen, als vielmehr auf die Demonstration für Augen und Nerven: so stark sind wir. Unsere Import- und Exportzahlen, unsere Fabrikziffern, unser Nationalvermögen beweisen euch nichts: vielleicht beweisen es euch die Zahlen unserer Schiffe, Soldaten und Kanonen. Und schrecklich, nicht einmal das; sie müssen es gänzlich und völlig beweisen, mit Schlagen, Schießen und Vernichten; diese vorsintflutlichen Handgreiflichkeiten müssen Kulturvölker des zwanzigsten Jahrhunderts über den Stand ihrer Kräfte und Potenzen aufklären. Über den Stand ihrer geistigen Reife, bemessen an der Fähigkeit, bessere, stärkere Explosivstoffe, Gase zu produzieren; ja daran bemessen und an nichts anderem. So will es die Welt, die die Weisheit des Konfuzius, Platons, der Bibel auf dem Buckel, aber auch nur auf dem Buckel hat. Diese Schuld liegt nicht an uns; so urteilten – das sanfte Wort Urteil – englische Diplomaten und Staatsmänner, die Elite ihrer Clique, die im sogenannt politischen Betriebe aufgewachsen sind wie slowakische Jungen im Dreck. Sollen wir nicht schreien, daß überall in der Welt alles auf Deck muß, was seiner Sinne mächtig ist, und die Klügsten und Herzlichsten voran, damit die aufscheuchenden Stimmen sich vertausendfachen, damit die Weisheit nicht in Büchern bleibt, sondern beseelt, befruchtet und befiehlt? Damit nicht um elementarer Dummheiten und seelischer Schlechtigkeit willen die Entwicklung der Humanität, das ist der Menschenart, dazu der feinsten und teuersten Leben gefährdet wird?

Dann warf sich Deutschland über Belgien. Das zuzweit hat den Richter kopfscheu gemacht. Zuzweit urteilt Amerika flach. Belgien hat den gleichen Fehler gemacht wie seine späteren Freunde. Es wußte seit Jahren den deutschen Operationsplan, begriff die Situation nicht, blieb gedankenlos stolz, zog nicht die notwendigen Schlüsse. Es hätte selbständig vorgehen sollen, sich lange orientieren müssen, denn es war im Augenblick gefährdeter als jeder andere. Es hüllte sich in den Mantel seiner Neutralität, sagte: mich geht dies nichts an, der Operationsplan besteht, aber ich bin neutral; der Vogel Strauß. Es hätte wissen müssen, daß es geschlagen und vernichtet werden konnte. Die Politik erforderte, daß es seine Lebensinteressen wahre; der Durchmarsch hätte bei Erkenntnis der Sachlage seiner Ehre und Selbständigkeit keinen Eintrag getan. Der Baum biegt sich unter dem Sturm, wenn auch mit Ächzen; biegt er sich nicht, zerbricht er. Aber es nahm sich hysterisch den Ehrbegriff der Weltmacht zum Vorbild, zog die großen Stiefeln an; ja sehe ich recht, so verdarb und verriet mit dieser eitlen Politik und gedankenlosen Unentschlossenheit und Unorientiertheit die belgische Regierung Land und Volk. Belgien mußte längst vorher den Schluß aus seiner unglücklichen Lage am Wege ziehen; ein Stein am Wege ist nicht verpflichtet die Sperrmauer zu spielen. So kam es zu dem vielbejammerten Schauspiel der »Vergewaltigung eines schwachen Neutralen«, dem jetzigen Geschrei von Entschädigung; ja sollen denn Prämien auf Dummheit ausgesetzt werden? Schmerzlich mag das Schicksal Belgiens im Kriege gewesen sein und Teilnahme erwecken; aber man hat das Gefühl, es wäre überflüssig gewesen. Etwas weniger Großmäuligkeit und etwas mehr Vernunft hätte Belgien nicht geschadet.

Amerika, das mit dem Richterschwerte viel umjubelt als Tipfelchen auf dem i der Anglofranken auf der Bildfläche erscheint, können wir so lange nicht als gerechten Richter gelten lassen, bis die Frage klar beantwortet ist: warum hat es Deutschland den Krieg erklärt, als Deutschland den amerikanischen Schiffen den Weg zum Zehnverbande verlegte, – und warum zwei Jahre vorher dem Engländer nicht, als er amerikanische Schiffe von Deutschland absperrte? Ob oben drüber auf dem Wasser weggetrieben, beim Widerstreben gefangen und gekapert, oder von unten torpediert nach genereller Warnung und lautester Androhung, bleibt Jacke wie Hose: Amerikas Handel unterdrückt, die Freiheit gebrochen. Und nun erscheint ihr, uns mit Waffengewalt zu humanen Kriegsmethoden, zu Demokratie und Frieden zu bringen. Ach ließet ihr die Demokratie aus dem Spiel. Wir, wir ringen in unserem Land nach Demokratie; was sollen wir unseren inneren Gegnern sagen, wenn sie demonstrieren: so sieht eure Demokratie aus.

Wie der Feudalismus sich in den Tag unseres Lebens, in den hellen Tag hineinschleppt, lärmend, verrostet, gewalttätig, in den Tag der Autos und Elektrizität, so tanzen in den drei Demokratien Gespenster und Masken an der Sonne. In England nennt sich Demokratie eine Einheit von Volk und Regierung, die nach außen sich nur manifestiert als das Streben nach der Seeherrschaft. In Frankreich Revanchelust und eine Böswilligkeit, die man mit eisernen Stangen totschlagen sollte. Amerika, ein Mammut an Kraft, schiebt sich fast automatisch in den Krieg, und zwar gegen uns, kaum mit mehr Grund, als weil nicht für uns; stolz ist es und übermütig.

Wer hätte Lust einen Finger nach Demokratie zu heben. Nein, aber dies alles ist kein Loblied des Zarentums. Und dennoch nicht. Das schwarze wallende Kleid der Büßerin braucht ein bußfertiges Gebet. Gott ist geschaffen, damit man zu ihm betet, nicht damit ihm Kirchen erbaut werden. Demokratie soll die natürliche Wohnung der Humanität sein. Wir werden nicht ermüden und wachsen im Drängen nach Gerechtigkeit, in der Entlarvung der

Falschheit, des Hochmuts, in der Verachtung der Roheit, des Materialismus, in dem Gebrauch unserer unbestechbaren Vernunft und unseres Mutes. Es ist klar, die Welt kommt nicht aus ohne dieses Drängen, ohne diese Verachtung und diesen Gebrauch. Wir stehen vor einem Fiasko der schrankenlosen Vaterländerei. In ungeheuren Wogen, jahrzehntelang hinter Dämmen aufgestaut brausen einfache Gefühle der Menschlichkeit aus den Herzen der Menschheit wieder über die Erde. Wer es gut mit sich meint, gehe dem Strom aus dem Wege oder schwimme mit ihm.

Und mögen die Herren von drüben gut hören: ja wir haben solchen Willen, daß wir uns von niemandem vergewaltigen noch betrügen lassen. Solchen wahrhaften Siegeswillen. Ist unser Volk schlecht organisiert gewesen, – vorbei ist vorbei. Wir werden vor jedes Gericht mit euch gehen, denn wir können es leicht wagen. Glaubt nicht, Demokratie, dieses geschändete Wort, sei ein Knüppel zwischen Deutschlands Beinen. Ist es euch um unsere Niederlage zu tun: ihr werdet kein Glück mit so verlogenen Trennungsmethoden haben. Es wird mir schwer, den wilden Ton anzuschlagen. Ein neuer Feind, nichts anderes, wird euch erstanden sein. Ihr freut euch, daß Potsdam versinkt: siehe da: Weimar, die unverwüstliche lebenzeugende Menschlichkeit, die Todfeindin erloschener Formen und Phrasen lebt, regt sich, auch gegen euch, regt sich, die Köpfe dieser Hydra werdet ihr nicht abschlagen.

Der Dreißigjährige Krieg

Schon die abenteuerliche Zahl Dreißig erweckt phantastische Vorstellungen. Es wurde keineswegs dreißig Jahre Krieg geführt; es handelt sich um Kriegsserien mit großen dazwischenliegenden Pausen, es ist schließlich mehr oder weniger eine Willkür, das Spektakel mit dem Westfälischen Frieden abschließen zu lassen, damals ruhte nur der Krieg in Deutschland, die eng mit ihm zusammenhängenden Vorgänge in Skandinavien, auf der Balkanhalbinsel, in Ungarn erforderten noch 10 bis 12 Jahre, so daß das ganze Konvolut erst nach etwa 42 Jahren zum Abschluß kam. Die Pausen waren oft jahrelang; es wurden Frieden geschlossen, Teilfrieden, lange Waffenstillstände, Kriegshandlungen kamen vor, die man in ihrer Lässigkeit kaum so nennen kann. Und dann wurde wieder gerüstet, dieser oder jener Teilnehmer verschwand gänzlich von der Bildfläche. Mächtige Gebiete des Reiches merkten während des größten Teiles des Krieges nichts von ihm, so Bayern, das erst mit dem Eintritt der Schweden von Truppen überzogen wurde, ostdeutsche Gegenden, einige österreichische Erblande; in zahlreichen anderen Strichen kam es nur zu gelegentlichen Durchzügen von Heeresabteilungen.

Aber wie groß war solch »Heer« auch. Deutschland ist seit damals nicht größer geworden, auf derselben Fläche also erschienen in weiten Zeitabständen »Heere« von zehn- bis zwanzigtausend Mann; dreißigtausend Mann, also noch nicht die Stärke zweier jetziger Armeekorps, waren schon ein starkes Heer. Albrecht Eusebius von Waldstein brachte es in seiner Blütezeit gelegentlich bis auf 100000, angeblich sogar bis auf 120000 Mann; aber das war nur eine ganz momentane Stärke, vielleicht auch nur auf dem Papier; denn die Herren Obersten, Kriegsoffiziere, Generalspersonen und Intendanten logen intensiv über die Stärke der Truppenkörper, um Kontribution nach Belieben zu erhöhen. Momentan war die Stärke auch nur zu nennen, weil es allezeit einen momentanen Verkleinerer der Heere gab, die Seuchen. Es gab damals Epidemien im Reiche von einer Mannigfaltigkeit, von der man sich jetzt schwer ein Bild machen kann; ziemlich gleichzeitig gingen durch die Länder, neben der noch seuchenartig schwerverlaufenden Syphilis, der Franzosenkrankheit, die echte Pest, Bubonenpest, Cholera, Typhus, schwarze Pocken, schwere Ruhr, wahrscheinlich auch die infektiöse Grippe.

Aber solche Seuche besaß Selbsterstickungsmittel, denn die Verschlepper waren in diesen Zeiten die Soldaten: sie blieben liegen. Als in der ersten Kriegshälfte der tapfere Däne Holk mit seinen kaiserlichen Kroaten einen zweiten Plünder-, Raub- und Mordzug durch Sachsen machte, um den Kurfürsten Johann Georg, den Bierkönig von Merseburg, friedlich zu stimmen, blieb schließlich er selbst, Holk, mit 6000 Kaiserlichen, von der Pest befallen, bei Leipzig liegen, er, der Liebling und die Peitsche des kaiserlichen Generaloberstenfeldhauptmanns. Im wesentlichen beendete die »Malattia ungherese« den Feldzug der Kaiserlichen in Ungarn gegen den kleinen hasenschartigen Wüstling, den Bastard Mansfeld; es war blutige Ruhr; wer überlebte, war Sieger; Mansfeld selbst verendete auf der Flucht in Bosnien. Solche kleinen, rasch hinschmelzenden Heere also liefen und lungerten in dem weiten Heiligen Römischen Reich.

Der Krieg aber läpperte sich gemächlich zusammen. Erst war es ein halber Privatkrieg innerhalb der damaligen österreichischen Erblande, nämlich Böhmen wollte schon damals keinen habsburgischen König. (Die Tschechen feiern als ihre nationale Angelegenheit den Tag, an dem der Kaiser Ferdinand der Andere die Hinrichtungen der böhmischen Rebellen unter dem Vorsitz des Gouverneurs von Liechtenstein in Prag auf dem Altstätter Ring vornehmen ließ; der Tag hat mit dem tschechischen Volk nichts zu tun: es lag vor eine Rebellion des böhmischen Adels, das Volk war bis auf das Bluten und Bezahlen außerhalb des Spiels, und der böhmische Adel war kein tschechischer Adel; unter den Hingerichteten fanden sich fast gleichmäßig deutsche wie tschechische alte Männer; schließlich wurden auch, was der Sache die Krone aufsetzt, zwei Männer mit sehr charakteristischen Namen zum Beginn dieses Befreiungskampfes zum Fenster der Prager Burg hinausgeworfen, Martinič und Slavata.) Dann, am Ende dieses Krieges, verlangten die Helfershelfer des Habsburgers Bezahlung für ihre Meriten, und wie so der bayerische Herzog die Pfalz und die Kurwürde erwischt hatte, da war es schon nicht mehr habsburgische Privatsache. Wie obendrein den niedersächsischen Ständen angst wurde, weil sie auch Beute werden sollten, nämlich des Kaisers, da war schon gewisse Aussicht vorhanden, daß man noch einige Jahre die Segnungen eines Krieges genieße. An mehreren Stellen regte sich Appetit, und man war überall entschlossen, sogenannte gordische Knoten mit dem Schwerte zu lösen.

Und da stellte sich auch schon die erste fremde Macht ein, der urwüchsige, krieggewohnte, seeräuberische Christian von Dänemark, die Plage der deutschen Ostseefahrer. Dieser Däne hatte zwar keine Meriten, aber starke Arme und lange Finger. Der betroffene Kreis war größer geworden. Man schlug nun auch diesen Mann und seinen Anhang lendenlahm, und da hätte der ganze Vorfall zu Ende sein können; um die verlorengegangene Pfalz und die Kurwürde des ehemaligen Böhmenkönigs krähte eigentlich kein Hahn mehr. In der Tat hatte der Kaiser so Oberwasser, daß er es riskieren konnte, seinen Generalissimus nach Hause zu schicken. Da erschien die »Königliche Würde von Schweden« in Deutschland, im Heiligen Römischen Reiche, an der pommerschen Küste, stellte sich vor aus keinem anderen Grunde, als weil Schweden auch vorhanden war. Bekanntlich lassen sich Gründe für alles finden, man braucht deshalb nicht Jura zu studieren oder Schwede sein, den meisten Menschen genügt ihre Existenz, um zu begründen, daß sie ihre Finger da und da hineinstekken. Schweden konnte mit Deutschland Krieg führen und führte ebendeshalb Krieg. Wie der etwas später blühende Spinoza einfach naiv und liebenswürdig auseinandersetzte: »jede Fähigkeit ist eine Tugend«. Mit solcher Tugend ausgerüstet, dazu mit Schiffen, Schiffskanonen und dem evangelischen Glaubensbekenntnis, erschien also, als der Dreißigjährige Krieg schon verendet zu sein schien, die »Königliche Würde von Schweden«, der Beherrscher der Goten und Vandalen, Gustav Adolf, vor dem erstaunt aus seinem ruhmreichen Schlaf erwachten, sonst mit Jagden und Messen völlig beschäftigten Kaiser Ferdinand, vergewaltigte den alten Pommernherzog Boguslav, den Brandenburger Georg Wilhelm, trotzdem oder weil er sein Schwager war. Nun hatte der Krieg erheblich Chancen, zu Jahren zu kommen, denn der Schwede war sehr kräftig, dazu liefen freiwillig und unfreiwillig andere, auch die Sachsen, mit ihm; und was sich bei solcher Losschlägerei in diesem Milieu an Zwischenfällen ereignen konnte, war schlechterdings unabsehbar. Schon damals ließ sich auch bemerken, daß von Westen über das Gitter ein freundlich interessiertes Gesicht in den neuerdings so belebten deutschen Garten blickte, der Allerchristlichste König von Frankreich Ludwig XIII., der von jener spinozistischen Tugend sich ebenfalls auf das heftigste befallen fühlte, und um so heftiger, je wilder es in Deutschland zuging.

Und so tobte sich erst der Schwede aus, so lange, bis jeder rechtlich Denkende zugeben mußte, daß er nach Verwüstung vieler Landstriche und Ortschaften, nach Vernichtung so vieler tausender deutscher Menschen Anspruch hatte auf Satisfaktion mit deutschem Boden. Aber auch dieses Menschen und seines Anhanges Stunde kam. Der Kaiser wurde seiner Herr, die Schweden wurden so schwach, daß ihre meisten Mitläufer abfielen oder an Sonderfrieden dachten. Inzwischen hatte Frankreich schon enorm viel Geld nach Deutschland für den Krieg hineingeschickt. Es war ein kritischer Punkt im Kriege, als dieser Prager Friede mit den Sachsen perfekt wurde, kritisch wie der Tod im Leben eines Menschen. Durch Frankreich kam Deutschland, besser, kam der Krieg über diese Krise hinweg. Jetzt waren 16 bis 18 Jahre um. Ungeheuer erhob sich damals und in den folgenden Jahren Frankreich, es hatte gar keine so netten Gründchen wie die Schweden, es war katholisch, der Kaiser auch: gegen katholische hatte es politische Interessen zu schützen, gegen evangelische katholische. Es verstand den Krieg auf die Pyrenäenhalbinsel zu werfen, Katalonien und Portugal gegen Spanien zu hetzen, den Ungarn Georg Rakoczi gegen den Kaiser zu empören, sich einen deutschen Herzog zu kaufen. Schweden und Franzosen »arbeiteten« jahrelang getrennt und gemeinsam im Reiche. Sie drängten sich bis Wien. Ich tue keinem der so berühmten Feldherren den Gefallen, ihn beim Namen zu nennen, mögen das die Generäle unter sich tun. Sie arbeiteten so lange, bis in Frankreich die Finanzen, die reichen Finanzen gründlich zerrüttet waren, der unterdrückte Adel und die Magistrate aufbegehrten, – bis in Schweden eine gefährliche Unzufriedenheit unter den überlasteten, noch am Leben gelassenen Bauern sich regte, verbunden mit rebellischen Gelüsten gegen den bevorzugten Adel. Man war gar nicht erschöpft, man hätte noch hundert Jahre kämpfen können, man war nur genötigt, den Bizeps für die innere Politik zu verwenden. Da das Hirn längere Zeit nicht mehr gebraucht war, funktionierte es bei den Friedensversuchen lange schlecht. Das Hirn ging an den Friedensschluß mit anämischer Zerfahrenheit heran. Man besann sich dutzendmal, fühlte noch einmal den ganzen Krieg durch, die ganze augenblickliche Situation, wartete auf die nächste; man probierte den Krieg auf der Zungenspitze, mit den bloßen Lippen, mit vollen Backen, spie ihn aus, schluckte ihn von neuem.

Es gibt vielerlei Kriege. Etwa, wenn Völker wie Sandmassen ins Rutschen kommen und wandern. Wenn die Mohammedaner die Welt erobern zwischen Mekka und Spanien. Wenn Tschingiskhan Asien verläßt. Das hat Geschmack, Hintergrund, Perspektive. Mit diesem Gedränge, Gereibe zwischen Frankreich, Dänemark, Habsburg, Schweden läßt sich wenig anfangen.

Ich sage »Frankreich«, das »Heilige Römische Reich«, »Dänemark«. Das ist Shakespearescher Brauch bekanntlich, der oder jener hat Gloster und heißt Gloster. Er hält sich aber auch dafür; da beginnt die Sache ihr witziges Gepräge zu verlieren. Er führt Kriege nicht für Gloster, sondern direkt als Gloster, er. Frankreich: Wer war aber Frankreich? Deutschland: Da war aus dem Hause Habsburg Ferdinand II. erwählter römischer Kaiser, in Germanien, zu Ungarn, Böhmen, Dalmatien, Krain, Slavonien,

Erzherzog zu Österreich, Herzog zu Burgund, Steiermark, Kärnten, Württemberg, in Ober- und Niederschlesien, Markgraf zu Mähren, in der Ober- und Niederlausitz, Graf zu Habsburg, Tirol, Görz. Das hatte er alles, das war er, alle zwanzig Länder. Er hatte es einschließlich Mensch und Vieh, einschließlich Glauben und Gedanken, denn cuius regio eius religio. Und sie identifizierten sich allesamt sehr energisch und handgreiflich mit ihren Ländern. Das heißt, sie arrangierten die Verhältnisse ihrer Länder und ließen sich von ihnen fürstlich aushalten. In Schweden mußte man während der Kriegszeit durch mehrere Kirchensprengel reisen, um einen gesunden Mann zu treffen, ganz Schweden hatte damals nur anderthalb Millionen Menschen, der König griff zu einer wüsten Münzverschlechterung, er riß das Salz-, Getreide-, Kupfermonopol an sich, in Ost- und Westgotland nährten sich die Leute von Baumrinde und Eicheln. Jedoch war dies nichts gegen das, was in Böhmen unter dem Protektorat des deutschen Ferdinand geschah; es ist das geradezu abenteuerliche Kapitel, in dem der Kaiser die Hauptrolle spielt, sofern er nämlich die Münze an ein wucherisches Konsortium verpachtete, das mit dem Pachtobjekt einen sogar für damalige Zeiten unerhörten Mißbrauch trieb. Sie produzierten das sogenannte lange Geld, das zuletzt jede Kaufkraft verlor, der Staatsbankerott trat ein, der höchste böhmische Adel einschließlich des kaiserlichen Statthalters, dazu der Kaiser hatten gewonnen. Im kaiserlichen Haushalt aber kamen einige Jahre später den Hofzahlmeistern Passierungsbefehle vor auf 150000 Gulden für den Küchendienst, 114000 für den Kellermeisterdienst, 10000 für den Hoffuttermeister, 8000 für den Lichtkämmerer. Und als einmal der Kaiser zu einem Deputationstag nach Regensburg fuhr, hatten die niederösterreichischen Stände zu zahlen 60000 Gulden, der Erzbischof von Salzburg mußte ein Darlehen gewähren von 1000000 Talern, die Stadt Regensburg, die sich zunächst energisch gegen den Tag gewehrt hatte, 30000 Gulden, auf die böhmischen Kammergefälle wurde ein Vorschuß von 15000 Gulden genommen. Wo aber bekam sonst der Kaiser die großen Summen her? Von »Kontributionen« während des Krieges; dazu mußten die kaiserlichen Heere tief ins Reich hinein, heraus aus Böhmen und den Erblanden, dazu mußte die Frage der sogenannten Restitution, der Wiedererstattung der ehemalig katholischen Stifter und Gebiete theologisch und juristisch angeschnitten werden. Und die Generäle nahmen sich ein Beispiel mit ihren Exekutier- und Tribuliersoldaten, Waldstein arbeitete stets Hand in Hand mit dem Hof, den er fleißig bis zur Kaiserin hinauf bestach; bei seinem Tode hinterließ dieser Mann die für seine Zeit unglaubliche Summe von vielen Millionen; sie dürfte wohl auch einen der Anreize für seine Ermordung ausgemacht haben.

Auspumpungen dieser Art ließen sich die Landesherren übrigens ungern gefallen, denn sie übten sie selbst und kamen zu kurz, und so erfolgten die katastrophal gesteigerten Zusammenstöße zwischen dem militärisch kräftigen Kaiser und den Kurfürsten während dieses Krieges, Konkurrenzgegensätze, die der Bayer dirigierte und für die privaten Zwecke seines Wittelsbacher Hauses schlau ausnutzte.

Furchtbare Bauernaufstände flackerten auf, protestierend gegen diese Identifikation von Fürst und Volk, im Harz, in Oberösterreich, Böhmen; der schreckliche Graf Pappenheim bewährte sich bei der Niederwerfung eines solchen Aufstandes hervorragend; die Bauern sangen noch lange das Lied von dem »unsinnigen Pappenheim« mit dem Schluß: »er ist ohne Zweifel der leibhaftige Teufel«. Sie hatten aber nicht mehr die alte Kraft, sie verfielen rettungslos der schweren Fron, das evangelisch-kommunistische Manifest von 1525 war verschollen, der Bundschuh erbarmungslos niedergeknüttelt.

So also, so waren auch die Völker an dem Kriege beteiligt. Er war mehr eine Privatsache der Dynastien. Er gehört in die genealogischen Kalender. Zeitumstände brachten es mit sich, daß Verstimmungen der Dynastien untereinander einigen hunderttausend Mann das Leben kosteten. Die Menschen selbst hielten es für angebracht; wir dürfen sie, wenn wir das demokratische Prinzip über alles setzen, nicht darum kritisieren. Der Zar Peter, man nannte ihn der Große, soll noch einige Zeit hinter unserer Epoche bei der Demonstration einer Guillotine ganz naiv verlangt haben, es möchte sich einer der herumstehenden Holländer unter das Fallbeil legen; daß der Mann dann tot sei, diese Antwort hätte man ihm in Rußland nicht bieten dürfen. Es sind die großen Eroberer und militärstarken Nachfolger, die auf die genannte Art damals ihre Geschäfte erledigten. Die Firma Habsburg kam ins Gedränge, man wollte ihr Böhmen nehmen, und wir werden es getrost den Beschreibern der Handelsvorgänge überlassen, mit all den Prokuristen und Kommis, sprich Feldherren und Politikern, fertig zu werden, die unsere armen Kinder sonderbarerweise noch heutzutage auswendig lernen müssen (ich kann wirklich nicht sagen warum, es hängt wahrscheinlich mit der Überlieferung zusammen).

Aber die großen Geschäfte sollen ja nicht allein schuld an diesem Kriegsbündel gewesen sein. Ziehen wir die Stirne kraus, rollen wir unsere Zunge hohl, treiben wir den Kehlkopf vor, damit uns das große Wort gelingt: hier wurde Menschheitsgeschichte getrieben, in diesen Kriegen lösten sich religiöse Spannungen, schwere Erregungen kamen zur Entladung.

Es ist von den Akteuren dieser dreißig Jahre Ähnliches laut, gern und oft gesagt worden. Gustav Adolf war ein Hauptschreier, die Jesuiten blieben nicht weit zurück. Wir dürfen nicht daran zweifeln, daß es auch geglaubt wurde. Wenn eine Sache oft genug gesagt wird, wird sie auch geglaubt; Wiederholung ersetzt Beweis, gilt als Beweis. Das Umgekehrte ist auch richtig: man sagt sie unter Umständen auch, wenn man sie glaubt; jedoch nur unter Umständen, nicht ohne weiteres. Die Herren dieser Periode haben es sich so oft sagen lassen, von anderen, von ihren Hoftheologen, Beichtvätern, Diplomaten, von ihren Gegnern, bis sie es schließlich selbst sagten, unter Umständen sogar glaubten –

was man so glauben nennt –, daß sie einen religiösen Krieg führten. Um ein paar Schlachten zu führen, ein Stückchen Land zu erobern, braucht man nun freilich keinen religiösen Aufwand, das macht jede robuste Räuberbande ohne Apparate ebensogut. Einigen wir uns darauf: Raufboldigkeit, Händelsucht, Diebsbegierde, gemildert durch Phrasen und Wahnideen. Mit anderen Worten: das alte Lied.

Es ist zweifellos besser, den Herrschaften des 17. Jahrhunderts in dieser Richtung unrecht zu tun als in anderer. Man muß nun feststellen, daß damals eine interessante Veränderung sich mit dem, was man Glaube, Religiosität nennt, vollzogen hatte. Der längst tote Luther hatte damit angefangen, dann war es auf die Gegenseite gegangen und florierte schließlich allseitig auf das herrlichste. Es war eine Mimikry der Religion: da die Zeit und ihre Menschen berserkerhaft wild war, wurde sie es auch. Der heilige Franziskus hatte seine Menschenbrüder geliebt, ja seine Schwester das Wasser, seinen Bruder den Wind, seine Schwester die Sonne. Und wie lange war es her, daß der Rabbi Jehauschua von Nazareth zu Armen und Friedfertigen zarte Gleichnisse gesprochen und Kindlein zu sich gerufen hatte. In den Kreuzzügen machten sich tausende Kinder auf, nach Jerusalem zu fahren, Kreuzfahrer sangen damals: »In Gottes Namen fahren wir, seine Gnade begehren wir, nun helfe uns die Gotteskraft und das heilige Grab, da Gott selber drin lag, Kyrie eleis.« Jetzt war ein anderes Gebrüll. Die Religion hatte es zu handfesten Dogmen gebracht, mit denen man anderen um die Ohren schlagen konnte, daß es klatschte, mit denen man einem in der Hölle sogar noch das bißchen Leben vergällen konnte. Man war unter den Dingen, die man brauchte. Über Luther sagte die jesuitische Autorität Orlandini: »Jener Verräter des katholischen Glaubens, Klosterflüchtling und Urheber aller Ketzereien, jener von Gott und den Menschen verabscheute Lasterbube wurde im 28. Jahre des Abfalls, nachdem er übermäßig gezecht und seine gewöhnlichen Witze gerissen hatte, in der Nacht von plötzlicher Krankheit überfallen und hinweggerafft; da fuhr die verruchte Seele von hinnen, ein Leckerbissen für den Satan, dessen Bauch sich an dergleichen Speise ersättigt.« Die Katholischen selbst stritten zur Ehre Gottes und des rosenfarbenen Blutes Christi. Auf der anderen Seite verfluchte man die »jesuitischen Stinkböcke«, der Papst saß auf dem »Stuhl der Pestilenz«, der Spruch ging hier: »Wenn man Papst und Pfaff wird henken, all mein Gut um Stricke ich geben wollt'.« In einem waren sie aber eins: in der Furcht vor dem Satan und in Hexenverbrennungen.

Diese Religion war den Herrschaften in hohem Maße glaubwürdig. Es war ganz egal, auf welcher Seite man stand; man konnte es auf jeder Seite zu etwas in der Religiosität bringen; in dieser Hinsicht stand Katholisch, Kalvinisch, Lutherisch jedes seinen Mann. Man konnte sich, dank der Elastizität des sogenannten Christentums, seine Glaubensartikel umschnallen wie ein Wehrgehenk, und mit einem Dogma wie mit einem Streithammer dreinschlagen. Mehr kann man von einer Religion nicht verlangen. So konnte es kommen, daß man Gustav Adolf im Reiche wie einen Messias erwartete, ihn, den Löwen aus Mitternacht; er sollte es den Papisten gründlich geben; er erklärte denn auch überzeugend: zwischen Katholisch und Evangelisch gebe es keinen Ausgleich, eins müsse hingestreckt werden. Diese starre, nicht nach rechts noch links blickende Entschlossenheit und Verbohrtheit warf Feuer über die große, reiche Stadt Magdeburg; die Protestanten wollten sie lieber vernichten, als den Katholiken überlassen. Der sächsische Hoftheologe Hoe von Hoenegg verstand seinen Beruf glänzend dahin, den Herren theologische Gründe für ihre Absichten zu liefern; er predigte auf dem Leipziger Konvent nach den Worten des Psalmisten Asaph: »Gott mache sie wie einen Wirbel, wie Stoppeln vor dem Wind«, er predigte gewaltig den Siegfrieden. Und die Jesuiten, die Väter von der Jesugesellschaft, beruhigten: man brauche Gott nicht zu lieben, es genügt, wenn man ihn nicht haßt. Es gab übrigens für Katholiken einen großen Gnadenschatz im Himmel, über den der

Papst zu verfügen hatte; für bestimmte Fälle bekam man beim Rosenkranzbeten für jede Perle einen Ablaß auf 100 Tage, der Rosenkranz dauerte eine Viertelstunde, im ganzen konnte man 6000 Tage Ablaß täglich erwerben. Und dann gab es schließlich noch ein Vorrecht der Jesugesellschaft für ihre Mitglieder, daß man an allen unbekannten Ablässen teilnahm. Als einige Jahrzehnte vorher Maria Stuart ein Mordkomplott gegen die böse protestantische Elisabeth vorhatte, war der spanische Kardinal Mendoza höchst erbaut von dieser »sehr christlichen, gerechten, dem heiligen katholischen Glauben sowie dem Dienst Seiner Majestät nützlichen Absicht«. Der ehrwürdige Herr wußte nicht, wie unchristlich man sogar in seinem heiligen Glauben sein konnte, denn Gilbert Gifford, der Maria zu dem Komplott anstiftete, war selber katholischer Priester und Geheimagent Walsinghams, des Beraters Elisabeths. Den völlig mechanischen Glauben des deutschen Kaisers Ferdinand II., der die erste Hälfte des Krieges regierte, charakterisiert ein Ausspruch: »Wenn ich einem Priester und einem Engel begegne, verneige ich mich erst vor dem Priester.« Bekannt ist, nebenbei bemerkt, die witzige Art, wie der berühmte General von Waldstein, Herzog zu Friedland, auch Admiral des ozeanischen Meeres, abgesetzt wurde. Da der Kaiser in Regensburg nicht wußte, wie er sich verhalten sollte, wandte er sich an Lamormain, seinen jesuitischen Beichtvater, der seinen Ordensgeneral und den Papst befragte, der Verbündeter der Franzosen war; zur Diskussion stand aber eine französisch-deutsche Angelegenheit; man kann sich denken, wie die Antwort ausfiel auf die Frage: soll der Kaiser übermächtig bleiben mit seinem General oder – –

Man kann eine Skala der Gläubigkeit der damaligen Akteure aufstellen. Der Schwede Gustav Adolf käme an die prominenteste Stelle. Er war ein Glaubensklotz. Er schwur nach dem Breitenfelder Sieg: Gott sei lutherisch geworden. Sein konzessionsloses Protestantentum vertrat er in der politisch maßgebenden Richtung: ihm lag an der Ostseeherrschaft; er mußte, wie er in Upsala vor dem Rat der Acht einmal erklärte, den Kaiser, der sich ihm in Mecklenburg vor die Nase gesetzt hatte, entweder in Kalmar erwarten oder ihm in Stralsund begegnen. Also Präventivkrieg; das Weitere ergibt sich bei der Ausführung. Ihm ist der Bayer Max an die Seite zu setzen, eine der interessantesten und stärksten Figuren des Krieges, übrigens der einzige der großen Akteure, der den Krieg von Anfang bis Ende erlebt hat und der zäh seine Beute, die Oberpfalz und die Kurwürde, behauptet hat. Er war Affiliierter, das heißt heimlicher Angehöriger der Jesugesellschaft, ein geiziger Mann, dessen gerissene Diplomatie die Wut besonders des Schweden erregte. In fast allen Perioden dieser Zeit führte er einen bald heimlichen, bald offenen Krieg gegen den Kaiser; sein Glaube bremste ihn aber doch; er war und blieb Häuptling der katholischen Partei, ihr Führer im ganzen Krieg. Sein Feldmarschall war der Graf Tilly, der die Jungfrau Maria seine Obergeneralin nannte. Der Pater Joseph, François Leclerc de Tramblay, ein Kapuziner, war die rechte Hand, vielleicht der Inspirator des Kardinals Richelieu. Er gründete einen besonderen Frauenorden in Paris, der eine wundervolle Mystik mit Askese vertrat, studierte die Grade der Vereinigung der Seele mit Gott, ihr Eintauchen in Gott, Plätschern in ihm. Er schloß, wie nun die Schweden in Deutschland erschienen, ein Offensivbündnis mit ihnen gegen Habsburg, er benutzte diese Evangelischen als französischen Stoßblock in Deutschland. Ihm gelang, in Regensburg einen Vertrag zu erzielen, der den Kaiser wehrlos machte, und dann obendrein den Vertrag zu brechen, als das noch vorteilhafter war. Er trieb die bedenklichste Politik; in Paris lehrte er, daß die Liebe den Intellekt zu führen habe. Superior, der Herzog zu Friedland, ein Konvertit. Den furchtbaren Zorn der Jesuitenpartei in Wien, der er erlag, beschwor er dadurch herauf, daß er früh ein Bündnis mit den evangelischen deutschen Kurfürsten betrieb, und daß er diese phrasenlose politische Notwendigkeit gegen sie und den Kaiser erzwingen wollte.

Wer die damaligen Dinge überblickt, fragt: Wo ist das so viel berufene Christentum geblieben? Es war durch die – Theologie verdrängt worden. Man sieht, es war heimlich zwischen der Dialektik und den Knochenreliquien seine Wege gegangen, wartete vielleicht wie ein toter Buddha auf seine Wiedergeburt.

Wo steckte der Humanismus? Noch hundert Jahre zuvor war Luther erstarrt vor dem heidnischen Wesen in Rom. Der Glaube, ein dickes, glotzäugiges, fellbehangenes Ding, hatte den Humanismus angefallen und zur Strecke gebracht. Die lange Wartezeit hatte angefangen. Es brauchte über ein Jahrhundert, bis Winckelmann erschien, bis Goethe sich von Lilly trennte und über die Alpen wanderte.

Diese heißblütige, von Individuen strotzende Periode, die das warme, gemütstiefe 16. Jahrhundert abgelöst hatte, die ihren gewalttätigen, leidenschaftlichen, überschäumenden Stil im Barock prägte – heißblütig-gewalttätig aber waren die herrschenden, in die Augen fallenden Schichten – auf ihrem Boden blühten einige Geister anderer Art. Sie sollten ihre Wirksamkeit erst langsam entfalten, nicht dynamitard, aber darum nicht weniger sicher sprengen. Descartes, in der Touraine geboren, lebte während der Kriegsjahre in Deutschland; durch die finsteren mechanischen Dogmen suchte und fand er zu dem »natürlichen Licht« im Inneren, dem Selbstbewußtsein: »Ich denke, ich habe Bewußtsein, und nur soweit bin ich.« Spinoza aus Amsterdam war der klarste, strengste Geist; er stürzte zuletzt in eine mystische intellektuelle Liebe zu Gott, aber vorher fand er, daß nur aus der affektfreien Erkenntnis wahrhaft menschliche Aktivität fließe; ja er fand den Satz, den königlichen, in all diesem Wust der Dogmen und Mythen: »Realität und Vollkommenheit ist ein und dasselbe.« Grotius, während des Kampfes der kleinen und großen Staaten, erfaßte das Völkerrecht als das allgemeine Recht, das die einzelnen Staatsrechte umgreift. Nur hauchartig wurde die Zeit gerührt von Galilei, der bei der Beobachtung der Jupitermonde und der

Lichtgestalten der Venus das unglaubliche Faktum der heliozentrischen Hypothese begründete.

Und das Resultat war doch nicht bloß, wie Hegel meint, politisch. Die Theologie war liegengeblieben; sie hatte ihre psychische Werbekraft verloren. Und indem die Kaisermacht sank, die Landesfürsten Souveräne wurden, blühten an tausend Stellen die kleinen Dynasten und Tyrannen auf im armen, armen Deutschland, das damit wirklich den Krieg verloren hatte. Der Bürgerstand verfallend, der Bauernstand längst hin, die Despoten wachsend, wuchernd! Die Theologie warb nicht mehr die Geister, nicht einmal mehr die Theologie – ein Gewinn –, aber der Servilismus dehnte sich aus, überschattete das große, einst freie, vorbildlich freie Land, die Knechtsnatur wurde den Deutschen mit grausamem, langwirkendem Stempel aufgedrückt, die Knechtsnatur, die später alle seine Gedanken, Gedichte, Entdeckungen schwach und wertlos machte, weil die Taten ärmlich und erbärmlich blieben. Diese Knechtsnatur, gegen die sie mit allen Eroberungen, Fortschritten und Errungenschaften vergeblich ankämpften.

Die Menschheit hat viel Zeit. Es sind seit den Tagen des Neandertalmenschen schon einige hunderttausend Jahre vergangen; inzwischen geschah alles mit der größten Ruhe, Weitläufigkeit und Umständlichkeit; man hatte ja nicht das Pensum »Fortschritt«, man war nur zum Leben, Sichbehaupten, Wehren gegen den Tod da; inzwischen füllte man die Epoche zwischen zwei Eiszeiten aus. Was sind einige Kriegsjahre, sagen wir dreißig oder fünfzig, die sich nur bei mikroskopischer Vergrößerung in solchem höchst geräumigen Ablauf erkennen lassen, – was etwa mehr als eine kleine Reminiszenz an jene behaglichen Jahrtausende, wo man das Mammut jagte, Höhlenbären, Tiger und Hyänen bekämpfte und sich gegenseitig auffraß. Die Katze läßt das Mausen nicht; wir nähern uns einem sanfteren, zahmen, seelischen Klima. Wie die Menschen sich zusammendrängen, überwiegt die Neigung, von jenem atavistischen Vergnügen zu lassen. Selbst dieser Krieg von dreißig Jahren war ein Mittel dazu. Gründlich arbeitete er in der europäischen Bevölkerung, vornehmlich der deutschen, um die Theologie, die systematische Verhetzung durch die Kirche, zu diskreditieren. Mit Dogmen war nach einigen Jahrzehnten in den niedergebrochenen Landstrichen kein Geschäft mehr zu machen. Es sollte die Zeit kommen, wo sogar die gefährlichsten Drahtzieher, die frommen Väter der Jesugesellschaft, schachmatt gesetzt waren; die Kirche selbst wollte von ihnen nichts mehr wissen. Ein anderer König konnte in Ägypten aufkommen. Die Stimmen, die wie kaum hörbares Zirpen am Boden der Kriegsepochen ertönt waren, sollten lauter und lauter und vernehmlicher werden, die Schar dieser Grillen, die man ausrottete oder einsperrte, vermehrte sich ins Ungeheure; ein Jahrhundert nach dem trinkfesten, brandenburgischen Georg Wilhelm saß in Berlin ein atheistischer König. Der tatenbegierige Bizeps konnte sich gesünderen Aufgaben zuwenden. »La liberté« marschierte.

Revolutionstage im Elsaß

Samstag früh »Straßburger Neue Zeitung«: »Unsere Telephonnachrichten aus Berlin sind heute ausgeblieben, der Draht ist gesperrt, wir hoffen, unseren Lesern bald Aufklärung darüber zu geben.« Vormittags stehe ich in der Stube des Oberinspektors, der berichtet ohne besondere Aufregung, alter Kommißstiefel, es sei ein Intendanturbeamter aus Saarbrücken da, man hätte eben aus Saarbrücken angeklingelt, er solle sich Zivil anziehen, Matrosen seien angekommen, es gebe Revolution wie in Kiel. Eben wird aus dem benachbarten Badeort N. vom Garnisonkommando angerufen, man möchte rasch Wachmannschaften hinschicken, die Leute meuterten. Der Oberinspektor freut sich: »Das ist eine verrückte Welt, alle sind aus dem Häuschen, immer kalt Blut, immer kalt Blut.« In der Nacht sollen auch hier in den Kasernen unserer kleinen Garnisonstadt Unruhen vorgekommen sein, auch hier Matrosen die Arrangeure. Vormittag, die Soldaten ziehen aus den Kasernen vor das Garnisonkommando, besetzen es, ohne Widerstand zu finden, der Garnisonälteste, General S., wird wild, sie drohen ihm den Säbel zu zerbrechen, darauf verläuft alles in Ruhe.

Nachmittags gegen vier Uhr, nachdem schon Gerüchte herumgeschwirrt sind, plötzlich Musik auf der ungeheuren Kasernenstraße: eine riesige Horde Soldaten qualmend in aufgelösten Gliedern, Hände in den Taschen, ohne Waffen zieht hinter einer wild geschwenkten roten Fahne, ein Feldwebel an der Spitze, die Straße herauf, tumultuarisch drängen sie sich vor den Kasernentoren, die Wachtposten grinsen und lassen sie durch, von Kaserne ziehen sie zu Kaserne, der Zug wird immer länger, Johlen, Schreien, Andrang der Zivilbevölkerung, sie holen Gefangene aus den Arrestlokalen. Bald ist die halbe Stadt hinter ihnen. Ich springe herunter, unterhalte mich mit einigen Soldaten: sie wollen sich von keinem Offizier mehr etwas sagen lassen, damit sei es aus, und wenn einmal einer den Urlaub überschreitet, deswegen einsperren: das gibts nicht mehr. Das war alles. Auch andere Soldaten, die ich frage, erklären dasselbe, sie waren alle sehr froh darüber; jetzt sei außerdem der Krieg aus und man ginge nach Hause; heute Zapfenstreich elf Uhr abends, Offiziere brauchen nicht mehr gegrüßt werden.

Eine eigentümliche Unruhe und Spannung in der Stadt. Man drängt sich auf den wenigen Straßen, alles gestopft voll Soldaten, die rote Bänder tragen, ich im Zivil. Die Kasernenhöfe haben ihre Menschenmassen hergegeben, ganz junge Dachse, Krüppel aus den Genesendenkompagnien, alte Landstürmer. Die Gesichter dieser Elsässer, als wenn es ein Maskenball wäre und sie Zuschauer. Jetzt ist es völlig heraus, daß wir schachmatt sind, daß wir ihnen nichts mehr können.

Gerüchte laufen um, die Franzosen seien bei Saarburg durchgebrochen, in ein, zwei Tagen sind sie hier; verflucht, wie kommen wir nur heraus. Extrablätter im abendlichen Halbdunkel, vom Käseblättchen des Ortes, man reißt sich darum, in Gruppen wird vorgelesen. Ja dies ist der zweite Schlag; der erste war die Rede des Prinzen Max mit der gräßlich enthüllenden Bitte um Waffenstillstand, jetzt: der Kaiser hat abgedankt, der Kaiser und König, die Regierung geht auf Ebert über, ohne Begründung, direkt auf den Sozialdemokraten Ebert. Das ist nur eine Form, diese »Übergabe« der Regierung, dahinter steckt, wir haben Revolution, es ist in Berlin wie bei uns, man gibt Ebert die Regierung nicht, er hat sie. Hier sitze ich in dem verfluchten Nest, die Franzosen sind uns auf den Fersen, wie kommt man nur heraus, ich möchte nach Berlin.

Sonntag vormittag im Lazarett begegnen mir lächelnd meine Leute mit großen roten Schleifen; auf der Station leere Korridore, leere Schreibstuben, die Kranken einsam in den Sälen, in ihren Betten; eine Schwester irrt herum, es seien alle schon frühmorgens weggelaufen in die Stadt, der Soldatenrat werde gebildet, der Vertreter des Lazaretts werde gewählt. Ein Toter liegt da, Grippe, mitten unter den Lebenden, sie hat niemand, der ihn heraustrügt, ich laufe durch das Haus, ein Inspektor erbarmt sich. Hier durch dieses leere Haus sind noch vor kurzem die hohen Tiere gestiegen, titelgeschmückt, ordengeschmückt, Generalinspekteur, Generalarzt, man hat gezittert, in jeden Winkel haben sie geleuchtet, der Feldwebel lief mit einem Buch hinterher, jede Kleinigkeit wurde notiert, jede Nachlässigkeit im Anzug, im Bau der Betten, Bemalung der Kopftafeln. Noch hängen überall an der Tür Listen über jeden Stuhl, jede Gardinenstange, jeden Spucknapf im Raum. Jetzt mit einem Schlag –. Traurig begegnet mir unten der alte Leichendiener, grüßt, er hat dreißig Jahre hier sein Amt gehabt, wer wird ihm die Pension zahlen.

Nachmittags große Versammlung auf dem Paradeplatze. Sonniges, herbstliches Wetter. Auf dem Wege begegnet mir der kleine

D., unser Röntgengehilfe, mit einem photographischen Kasten, weicht mir nach einigen Worten aus, will nicht mit dem Deutschen gesehen werden. Auf dem Platz, schöner weiter alter Platz, Schindeldächer, in einem Ring von aufgeregten Zivilisten Massen von ungegliederten Soldaten mit roten Kokarden. Das Licht blitzt; Stimmengewühl.

Siehe da, Offiziere mitten drin, die entthronten, blaß, ohne Achselstücke, in schüchternen Gruppen wie Lämmer in der Wolfsherde; siehe da, auch sie mit roten Kokarden, die gezeichneten Opfer.

Fenster und Balkons der Markthäuser voll Zivil. Das Gaudi, ein einziges Strahlen, Schadenfreude, Geringschätzung, übermütiges Zuschaueramüsement. In die Fenster des Cafés G. gelagert die ganze hohe satte Bourgeoisie des Städtchens, lächelnd, nein grinsend, animiert, ausgelassen das Spektakel beobachtend. Da stopft der kleine feiste M. die Hände in die Taschen, Leiter der Lebensmittelstelle, Millionär, während des ganzen Krieges reklamiert, die gute Zigarre schief im Mund, er nickt mit dem Kopf: »Ein gutes Geschäft das für die Herren Preußen.« Der Rechtsanwalt W. findet offenbar nicht genug Witze, er erzählt nach rechts, nach links, demonstriert die und die Soldatengruppe. Der ehrenwerte Bürgermeister M. ist dabei, er ist dabei, wie sollte es auch anders sein. Er mimte bisher preußischen Regierungsassessor, jetzt gruppiert der tüchtige junge Mann sich französisch-malerisch an dem Fensterrahmen; er ist nachdenklich, überlegt eine französische Ansprache, die er hier in zwei Wochen halten will. (Bei einer Revisionsreise ein paar Tage zuvor in Pecheibronn hielt auf dem Bahnhof abends ein Kerl witzige höhnische Ansprachen an sein meckerndes Publikum: »Singen wir nochmal das schöne Lied ›Deutschland, Deutschland über alles‹.«) Musik, die Infanterie kommt, die rote Fahne hüpft auf und ab in der Hand eines kindlich lachenden Führers, alles markiert Freiheit mit den Händen in den Taschen, Tabakspfeifen; sie bummeln im Glied Arm in Arm. Ziehen in den Ring des auseinanderweichenden Zivils. Ein

Tisch wird über die Menge aus dem Café gehoben, einer steigt hinauf, es geht los, man stellt sich auf die Spitze, ein Soldat redet, ein anderer, er brüllt heiser: »darf nicht mehr vorkommen, ist nicht erlaubt, ist eine Schande für 'nen Soldaten«, – man hat auf dem Truppenübungsplatz O. die Baracken erbrochen, Inhalt geplündert, Pferde an Zivil verkauft. Ich frage mich verblüfft, was hat das mit dem Wesen der Revolution zu tun, warum tun die Leute das, merke bald, es gehört dazu.

Langsam spaziert hinter uns durch die spöttisch sich anstoßende Menge der Garnisonälteste in seiner grellen Generalsuniform auf steifen Knien, geckenhaft wie er immer daher gestiegen war; einsam stelzt er ein paarmal hin und her, spricht mit keinem, keiner grüßt, verschwindet. Wie hatte er sonst Angst und Schrekken um sich geblasen.

Ein Soldat, ein Elsässer gestikuliert oben: er hätte sich dieser Bewegung nicht angeschlossen, wenn so etwas wie Räuberei vorkäme. »Ihr kennt mich doch all!« (Die Soldaten übrigens im Soldatenrat sind nicht dumm, sie lassen keine Bürgerwehr zu bis zum Abzug der Garnison, nehmen keinen einzigen Elsässer in den Rat auf, man will der Gesellschaft nicht Flinten gegen uns in die Hand geben; übrigens sind heute nacht allen Soldaten die Waffen abgenommen worden, kein Offizier schnallt mehr um.) Ein anderer auf dem Tisch, ein Norddeutscher nach dem Ton, wendet sich an die Ortsansässigen: sie sollen sich mit uns freuen, auch wir hätten uns von einer Fremdherrschaft befreit; man merke wohl: auch wir, faktisch auf dem Marktplatz in H. von einem Deutschen vor Elsässern gesprochen und hier zur ewigen Erinnerung niedergeschrieben. Die bourgeoise Korona nimmt alles huldvoll entgegen, thront behäbig, läßt sich schmeicheln, einige verkrümeln sich, die Balkons leeren sich, die Sache wird langweilig, es ist Kaffeezeit.

Die Hunde, sie wiegen sich in Sicherheit, abwarten, meine Herren, euch wird das Lachen vergehen. Schluß, Musik, Abmarsch. Die Revolution macht sich zu Hause bemerkbar. Am frühen Morgen ist mein Bursche weg mit zwanzig Mark; so feiert man Revolution. Das Landvolk liefert keine Milch für die Kinder ab, ihnen paßt es schon lange nicht. Montag vormittag Jahrmarkt, viele Zivilisten laufen mit roten Schleifen, aber auch die Trikolore wird bemerkbar. Das Blättchen mahnt früh, man möchte seine Gefühle noch zurückhalten, die Soldaten nicht unnötig reizen. Der Kollege St. aus Kreuznach ist zurückgekommen, wir besprechen einige Bedenklichkeiten, er sagt vorwurfsvoll: »Da haben Sie Ihre Revolution, Sie mit Ihrer Frankfurter Zeitung.« Unterwegs trägt man sich das Gerücht zu, Belgier und Franzosen hätten sich mit unseren roten Soldaten an der Front verbrüdert, die englischen Schiffe liefen mit roten Fahnen. Beinah fall ich drauf rein, jedenfalls habe ich meine Freude daran, gedenke den Herrschaften hier eine kalte Dusche zu bereiten. Ich treffe unterwegs unseren werten Oberapotheker W., ganz verstört hört er mein Jubelgeschrei an: »Ja«, lache ich, »jetzt gibts nicht mehr blau-weiß-rot, schwarz-weiß-rot, jetzt gibts bloß noch rot und dann nochmal rot und dann nochmal rot.« Ihm haben wir schon ein paar Tage vorher eine sinnige Auszeichnung zugedacht, einen blau-weiß-roten Rahmen, darin das Schluß»e« seines Namens mit einem mächtigen accent aigu. In die andere Apotheke laufe ich, der Giftmischer kriegt denselben Schreck. Nur der Professor E., den ich auf dem Weg zur Bahn treffe, – er fährt nach Straßburg, schüttelt den Staub H.'s von seinen Füßen, war hier dienstlich stationiert, aber was ist jetzt Dienst, man ist Elsässer, – lächelt und hebt abwehrend die Hand: »Ein siegreiches Heer macht keine Revolution.«

Die Bedingungen des Waffenstillstands in herumgeworfenen Extrablättern werden kaum beachtet, innere Politik hat die äußere verschlungen, der Krieg ist verschlungen in der Revolution. Die Elsässer freilich sieht man in Gruppen stehen und sich berauschen an den Zahlen der Lokomotiven, Waggons, die wir abliefern müssen; man hat doch eigentlich Glück. Die »Straßburger Neue Zeitung« vom Sonntag überschreibt ihren Leitartikel »Scherben«, spricht wegwerfend von Wilhelm, der die elsässische Verfassung in Scherben hatte schlagen wollen, durch sein unwürdiges Kleben an der Krone die Dinge zum Äußersten gebracht habe, nun sei die ganze deutsche Verfassung in Scherben, usw. usw.

»Unter diesem Gesichtspunkt sind alle sogenannten Lösungen der elsaß-lothringischen Frage zu betrachten, vom autonomen Bundesstaat über die Neutralität bis zum Plebiszit; und wir scheuen uns als Demokraten nicht, es auszusprechen, daß wir auch ein Plebiszit heute ablehnen: es hätte doch nur den Zweck, Frankreich zu prellen, ein Zweck, der übrigens nach unserer festen Überzeugung auch mit den stärksten Druckmitteln nicht mehr erreicht würde. Wir wissen, was wir wollen! Unsere Väter haben nicht nur in Bordeaux, sie haben auch bei den Wahlen im Jahre 1873 und in Berlin protestiert, und es ist darum ganz falsch, zu sagen, man hätte das elsaß-lothringische Volk nicht um seine Meinung über die Annexion befragt. Die ist klar und eindeutig, und der Welt seit bald 50 Jahren bekannt. Wenn darum von Volksabstimmung die Rede sein soll, kann sie nur den Sinn haben, daß uns die Franzosen fragen, ob wir bei ihnen bleiben wollen. Wir brennen darauf, den Franzosen auf diese Frage zu antworten!« So prompt reagieren sie auf die Befreiung in Deutschland, es ist für sie die Befreiung von Deutschland; keine Überraschung.

In unserem Nest nachmittags eine Sitzung des Gemeinderats; der ehrenwerte Bürgermeister, weiland Regierungsassessor, berichtet von den vollzogenen Veränderungen im Reich, die Stunde sei gekommen, wo – Text entsprechend dem Artikel der »Scherben«. Schon am Tage drauf sitzen in der Nähstube, wo der Vaterländische Frauenverein für Liebesgaben und Verwundete hat arbeiten lassen, ganz still heimlich zwanzig Näherinnen, sie nähen im Auftrage der Stadt Fahnentücher, die Farbe ist bekannt. In der Nacht zum Dienstag Flintenschüsse – gegen ein Uhr (zwei Nächte zuvor wachte ich um dieselbe Zeit von Flintenschüssen auf, gegen zehn Uhr war Fliegeralarm gewesen, sie hatten nur Zettel abgeworfen, am fünfzehnten würden sie hier sein); als ich mich morgens erkundigte, was das Schießen bedeutet habe, sagten sie, es war ein bayrischer Transport, die Leute wollten nicht weiter, sie haben auf dem Bahnhof randaliert, haben Waggons abgehängt, auf Signalscheiben geschossen. In dieser Nacht bedeutet das Schießen ein kleines Gefecht mit einem wilden Auto, das aus Straßburg kam und von den hiesigen Wachtposten festgenommen wurde; das Auto fuhr mit bewaffneten Soldaten besetzt im Finstern durch die Stadt; was sie vorhatten, war nicht ersichtlich, man erzählte sich von einem Anschlag auf eine Kaserne, offenbar handelte es sich einfach um Elsässer, die mitsamt dem Auto nach Hause wollten. Ein tolles Bild am Dienstag diese Plünderung in der Kasernenstraße. Die Kasernen bilden einen langgestreckten riesigen Häuserblock, vor ihren Toren, an drei, vier Stellen der Straße drängt sich Zivilbevölkerung mit Soldaten gemischt, viele Leute vom Land mit den flachen Hüten, kurzen Jacken, dabei Handkarren, Wagen mit Pferden, Ochsengespanne, viele halten sich im Hintergrund, aus den Nachbarstraßen ziehen sie herauf. Vor einer der gelben Kasernen, dicht vor dem Tore, steht ein Haufen von bald hundert Menschen, schreiend, sich zusammendrängend, hin und her flutend. – Wie ich näher komme, sehe ich, daß im zweiten Stock mehrere Fenster angelweit offenstehen, plötzlich erscheinen da Soldaten ohne Mütze lachend herunterrufend. Auf einmal stehen oben nebeneinander mehrere Soldaten, bükken sich nach rückwärts, werfen armvoll Massen von Stiefeln und Zeug herunter; bücken sich immer wieder rückwärts, pumpen Stiefel hoch, schleudern sie vor sich weg nach allen Richtungen. Alles stößt darauf zu, Jungens laufen mit einzelnen Stiefeln davon, im Nu ist man an einem Punkt zusammengeknäuelt, prügelt sich, brüllt, zankt; die Wagen und Karren fahren an. Mengen von Soldaten vor den Toreingängen, die heute verschlossen sind. Posten mit Gewehr davor (übrigens tragen Posten wie Soldaten überhaupt die Gewehre plötzlich nicht mehr auf der Schulter, auch nicht umgehängt Rohr nach oben auf dem Rücken, sondern auf russisch, Kolben nach oben; auch die Mützentracht hat nachgegeben und eine gewisse Neigung zur russischen Form bekommen); die Soldaten werden neu eingekleidet: es ist verbreitet und glaubhaft, daß riesige Bestände der Kammern nicht transportiert werden können, man will sie nicht den Franzosen überlassen; aber diese eingekleideten Soldaten, das sind die eigentlichen Lieferanten der geierhaft wartenden Bauern und Bürger im Hintergrund; immer wieder gehen die Soldaten ein, niemand kontrolliert, wie oft der einzelne wiederkehrt, im Hintergrund im Hausflur auf dem Wagen zieht man altes Zeug wieder an. Gegen Abend hat sich das Bild geändert, das raublüsterne Zivil ist davongejagt, Wachposten sperren die ganze Straße ab, Zivil darf nicht ohne weiteres herein, es heißt auch, die Kammern seien geschlossen, einige freilich schon leer. In der Stadt wogen die Menschen in einer sonderbaren leicht freudig fiebrig gefärbten Aufregung durch die Straßen, überall sieht man Säcke, die geschleppt werden; noch nie waren so viele Wagen in der Stadt wie jetzt, armselige Russen, freigelassene Gefangene dazwischen mit ihren Bündeln an der Hand. Durch die Hauptstraßen Möbelwagen auf Möbelwagen nach der Bahn zu. Die Wirtschaften gestopft voll Menschen, jetzt kommen Vorräte zum Vorschein, die Franzosen bringen ja alles mit, in Nancy sollen schon Züge stehen für das Elsaß mit weißem Brot und rotem Wein. Sturzartig erniedrigen sich die Weinpreise, man kann eine Gans kaufen gestopft fünf Mark das Pfund, gestern noch zwölf Mark, fünfzehn Mark.

Auf der Straße ruft mich einer an, ich trage keine Achselstücke mehr: »Kamerad, die Kokarde muß ab«; ergo ab. Ich treffe Offiziere, die meisten im Zivil, jeder erzählt, wie er abzureisen gedenkt; man schreibt sich einen Urlaubsschein, unterschreibt ihn selbst oder läßt ihn vom Soldatenrat unterschreiben; der Soldatenrat unterstempelt alles. Die meisten hohen Herren sind schon auf und davon, natürlich in Zivil, auch der General S., der gestern noch einer Sitzung des Soldatenrats beigewohnt hat, um das Nötige über den Abmarsch der Regimeter mit zu verabreden;

nach einer Rede dort fiel er auf seinen Stuhl zurück und meinte vor den Leuten: »Sie können sich denken, wie schwer mir alles wird.« Heute nacht marschieren die Dragoner, es geht zu Fuß über den Rhein nach Baden. Wie behaglich die ansässigen Kollegen herumspazieren. Einer sagt mir, als ich mein geringes Vergnügen gelegentlich äußere, die Fleischtöpfe des Elsaß mit den Kohlrüben Berlins zu vertauschen, wohlwollend: »Es wird sicher alles geschehen, um keine Hungersnot bei Ihnen aufkommen zu lassen, Sie kriegen, Sie kriegen, verlassen Sie sich darauf.« Ich: »Aber dieser anrüchige Waffenstillstand.« »Er wird gemildert werden, man will bloß das Militär demütigen, machen Sie sich keine Sorge.« Wie sind wir gestürzt. Und alles freut sich, schleppt, raubt, denkt an seine Habseligkeiten. Wir sind in abenteuerlicher Weise über Nacht zu Boden geschlagen, werden unter die Füße getreten werden. Viele Wagen und Menschen die B.-Straße herunter nach dem Flugplatz; sie kommen meist zu spät: unser großer neuer Flugplatz, heißt es, ist von Mann und Maus im Stich gelassen worden, Bevölkerung und Soldaten sind eingedrungen, versuchen einzudringen, riesiges Material, Benzinmengen, Metall lagert dort; endlich sind doppelte Wachen ausgestellt.

Am Abend erscheint der kleine M., Aron mit Vornamen, der Güterhändler, Namensvetter des feisten Millionärs, in meiner Wohnung. Wie kam er vor einem Jahr hier an aus Rumänien, mit Resten einer Ruhrerkrankung, völlig verschüchtert, kleingetreten, erbärmlich, furchtgeschüttelt. Das grausigste preußische Unteroffiziersregime hatte an ihm seine Macht geübt, an dem wehrlosen Juden, der nichts dagegen konnte, als sich schlau ducken, betteln, schmieren, unterirdisch bestechen. Er verstand es durchzusetzen, daß man ihn elend schließlich hier beließ. Wie er jetzt im Zivil jauchzt. »Was wollen Sie? Ist man denn ein Mensch, wenn man Soldat ist? Ist man für solchen Herrn Offizier ein Mensch?« »Und wenn man krank ist, ein Elsässer? Da hätten Sie den Herrn Stabsarzt Sch., jetzt ist er Oberstabsarzt, sehen müssen, nicht angerührt hat er einen, Monokel im Auge, Zigarre im Mund. Elsässer k. v.« Wie er sich freut: »So hat es kommen müssen, so hätte es längst kommen müssen. Daß die Großköpfe es fühlen. Befehlen, befehlen, jawohl durchhalten, und wir sitzen im Dreck.« Und er erzählt grenzenlos seine Leidensgeschichten, drollige und anklagende Sachen, wie sich die preußischen Damen hier im Kriegsanfang im Lazarettdienst wichtig und breit getan hätten; ihre Eifersüchteleien; wie ein Apotheker einer dieser jungen Damen ins Apothekenbuch »die Sau« geschrieben habe; wie das eine Staatsaffäre wurde; wie er als Ordonnanz der einen Dame da mitspielte: »Gehen Sie mal zu meinem Regiment herüber«, zu meinem Regiment. Eine Offiziersdame, deren Kind krank lag, hatte mir ein paar Tage vorher gesagt bei einer Visite: »Also wenn man unseren Kaiser absetzt, dann möchte ich nicht leben.« Das sagte sie nicht affektiv; es war völlig echt; aber jetzt treff ich sie, sie lebt noch, ist nur ängstlich über den Verbleib ihres Mobiliars. »Und unser Kronprinz, so ein schneidiger Herr.« Ja, was läßt sich darauf sagen, die Frau hat ihren Glauben, es ist ihr glänzend damit gegangen, wie soll sie andere Motive verstehen. Als ich etwas mit ihr debattiere, meint sie, ja etwas gleichmäßiger und gerechter könnten schon Güter verteilt werden, daran seien aber nur die reichen Bauern schuld und die Bankleute, das könne man ja ändern, aber unseren Kaiser? »Und man kann doch nicht alles ändern. So ein Landrat, denken Sie, der sitzt ja in seinem Kreis wie ein kleiner König und alles geht wie am Schnürchen. Und sie hängen an ihm und parieren. Wenn das auch nicht mehr sein sollte.« In der Säuglingskrippe die Schwester Grete, ansässig im Elsaß, deutsch bis auf die Knochen, sie läßt die Ohren hängen. Sie ist vergeblich für ihre Eltern die letzten Tage in Süddeutschland nach einer Wohnung herumgereist, nichts zu kriegen, ihr Vater ist am Straßburger Dombauamt, eine pensionsfähige Stellung, er ist ein alter Mann, ob die Franzosen ihn übernehmen werden. »Was ist aus unserem großen, reichen Deutschland geworden. Wie die Eisenbahnwagen aussehen, die Polster abgeschnitten, keine Vorhänge, ja sogar die Bindfäden aus dem Gepäcknetz werden herausgeschnitten, nicht geheizt ist es, die Lokomotive kann kaum ziehen, sind keine Kohlen da, die Maschine ist defekt, auf der Straße betteln sie einen um Brot an, es ist zum Heulen.« Sie will nie und nimmer ein Franzos werden, aber jetzt bleibt ihr nichts übrig, als hier zu bleiben.

Am Mittwoch sind wir gänzlich kopflos, das heißt: Chef, Oberinspektor, Feldwebel, alles weg unter irgendwelchen Gründen. Das Lazarett soll abmarschieren, wir warten unruhig auf unseren Zug, es herrscht ungeheure Waggonknappheit, dreihundert werden von der Bahn verlangt, zwanzig sind da. Wir haben alle Schwerkranken in das Stadthospital abgegeben. Wie ich am Mittwoch ins Lazarett gehe, steht wieder der Krankenwagen zum Abholen unten, der Mann oben liegt tot, plötzlich eben gestorben. Ohne Rast diese schreckliche Grippe. Kisten werden gepackt, auf allen Gängen, in allen Zimmern liegt Stroh, Lazarettmaterial, Bücher, es wird gehämmert. Die großen Räume mit Geschirr, Porzellan finde ich noch sehr gefüllt, Frauen stehen im Raum, mir ist nicht klar, wer hier die Aufsicht führt, wer will jetzt die Dinge kontrollieren. Am Donnerstagabend sollen wir reisen. Es ist klar, daß im Lazarett furchtbar gestohlen wird. Ein Krankenträger von der städtischen Sanitätskompagnie wird dabei erwischt, wie er in seiner Krankenbahre die Marmorplatten der Nachtkästen davontragen will, man denke die Marmorplatten der Nachtkästen; es stehen auch alle Räume der Station ganz leer, Personal geht von einem Zimmer ins andere, immerfort fahren Kinderwagen, die keiner kontrolliert, angeblich mit Kohl beladen zum Tor hinaus.

Am Donnerstagabend unter den Fackeln grellen Magnesiumlichts im Finstern Abfahrt des schwerfälligen Transportzuges. Tagelang fahren wir. Man friert sich zu Tode. Drei Schweine, zwei Ziegen sollen für den Transport geschlachtet sein, wir hätten reichlich haben können, wo blieb alles zum Schluß? Ein Tag auf dem Würzburger Güterbahnhof. Spaziergang durch die Stadt.

Auf dem Schloß eine rote Fahne, für die Augen sichtbar eine rote Fahne! Plakate an den Säulen, unterschrieben »Der republikanische Stadtkommandant«. In welche Welt fahren wir hinein. Seit Tagen keine Zeitung, nur eine Würzburger Lokalzeitung zu kaufen, eine Überschrift »Los von Berlin«; der Inhalt das alte Lied, Klerikale spekulieren auf den Bayernstolz, man arbeitet mit »Berliner Terror«. Am Mittwoch in Berlin, ich fahre zur Feier der Gefallenen zum Potsdamer Platz. Auf dem Wege begegnet mir ein sozialdemokratischer Wahlverein, die rote Fahne voran, anständig gekleidete ruhige Männer und Frauen, sie singen die Melodie der Marseillaise. Ich habe den Eindruck einer kleinen Vereinsangelegenheit. Das Menschenspalier am Potsdamer Platz ist nicht so dicht wie sonst bei dergleichen, es zieht sich über die ganze Stadt bis zum Friedrichshain. In dem endlos langen Zug Kränze mit roten Schleifen, rote Fahnen, proletarische Aufrufe, sonst nichts, was mich an Revolution erinnern könnte, eine gut geordnete kleinbürgerliche Veranstaltung in riesigem Ausmaß.

Ich muß mich erst zurechtfinden.

Die Vertreibung der Gespenster

Als ich am Samstag, dem denkwürdigen neunten, in dem elsässischen Nest rufen hörte: »Sie kommen mit roten Fahnen« und den Trupp ausschwärmen sah, hatte ich das Gefühl: das ist der völlige Zusammenbruch, sie verlieren nun noch die Disziplin. Die Offiziere beseitigen, was hat das mit der Sache zu tun; den Kaiser abschaffen, die letzte Regierung abschaffen, gut; aber überhaupt Offiziere? Sie wollen einfach nicht mehr, es geht in die Anarchie. Ich sah nichts als disziplinlose Soldaten. Nur ganz gelegentlich zuckte die Freude: das konservative feudale System, hingekracht ist es, kein Hund wird mehr einen Brocken von ihm nehmen; aber diese Horde bin ich auch nicht. Als ein Fremder ging ich einige Tage später durch Würzburg, exiliert, dieses Rot der Fahnen war sinnlos, bedrückend, betäubend, verwirrend; ja ich hatte das lebhafte Gefühl, unter einer Fremdherrschaft zu leben.

Herumgehen in den Straßen Berlins, Zeitunglesen, Leute anhören, nach ein paar Tagen war mir alles klar.

Ich hatte viele Jahre zuvor Fühlung mit den sogenannten Parteien gesucht und nicht gefunden. Versammlungen der sogenannten Liberalen: Kleinkram, Bildungsschwung, Bildungsideale, bürgerliche Philisterei, Liebäugelei nach Links, brünstiges Sehnsuchtsverlangen nach Rechts, tödliche Kompromisse, im Grunde Behaglichkeit ohne Schmerz und Drang; man führt einen Verteidigungsfeldzug, ein paar Positionen möchte man gern gewinnen, Vorteilchen. Diese sogenannte Partei widerte mich erheblich an. Dann die »Partei« der Oberlehrer, Professoren, Beamten: Ich habe mit Nationalismus nichts zu tun, die Pensionsberechtigung ist für mich kein Gesichtspunkt, Politik zu treiben nach dem Wort: »Wes Brot ich ess', des Lied ich sing'«, mag ich gar nicht. Die konservative Partei: ihr gehört nicht mein Haß, sondern meine Wut; die Schamlosigkeit der Besitzenden, der Leute des Regierungsmonopols, der Parasiten von Gnaden der Geburt.

Zahllose Male Versammlungen der Sozialdemokratie; ich las Marx, Lassalle. Aber wenn ich neben den Arbeitern saß, war mir klar, daß meine Liebe platonisch bleiben mußte. Ich wollte keine wirtschaftlichen Vorteile wie sie, war kein Fabrikarbeiter. Hier war die einzige Partei, die über das Klasseninteresse hinaus, verbunden aber mit ihrem Klasseninteresse, radikal Wichtiges und Elementares vertrat. Aber man betrachtete mich als Fremdling. Ermüdet kam ich von den Versammlungen zurück, bei Wahlen freute ich mich über Stimmenzuwachs der Roten. Es wurde mir klar, ich schwimme als heilloser Prinzipienreiter in der Luft.

Jetzt durch Berlin spazierend erkannte ich, daß der Krieg ein ganz unvorgesehenes Ende genommen hatte: vielleicht verloren, vielleicht gewonnen, in jedem Fall belanglos geworden. Er kam nur in Betracht als ein Mittel, ein heroisches, des – sozialistischen Prozesses.

Ein neuer König kam auf in Ägypten; der wußte nichts von Joseph. Umsonst hatten die Kriegslöwen gebrüllt, man erinnerte sich ihrer nicht mehr. Es war ersichtlich, daß hier ein leidender Körper mit wilder Bewegung ein brandiges Glied von sich abgerissen hatte. Scheinbar unvermittelt war eine scheinbar unbeteiligte Idee aus einer unbeachteten Ecke durchgedrungen. Das arme Volk hatte sich aus der Niederlage in den Sozialismus gerettet.

Scheinbar unvermittelt. Unter den kleinen Leuten wandernd, mit ihnen fahrend, erfaßte ich: diese Banalitäten, Offiziershochmut, Dienstschikanen, kein Urlaub, schlechte Behandlung waren hier die Hauptsache. Sie waren hier die einzigen nackten Tatsachen, durch keine Ideen verklärt und erklärt, von keiner Behaglichkeit des Daseins verschönt. Diese lächerlichen kleinen Tatsachen waren ihr Alles, die »Ideen« erwiesen sich als fadenscheinig. Sie wissen nichts von deutscher Expansion, von englischem Unrecht, französischer Revanche, sie haben kleine Löhnung, schlechte Verpflegung, unwürdige Behandlung. Das Volk hat den Krieg von sich abgeschüttelt als eine Sache, die es nichts anging, die an ihm hing wie ein widerliches Haargezottel. Es war nicht seine Niederlage, wie es nicht sein Krieg war. Sozialismus, Demokratie: keine Verdrängungsidee nach Freud, sondern eine unbezwingliche aufgepeitschte innere Bewegung, die immer stärker wird und sich schließlich enthüllte. Kein Parteiprogramm mehr. Auf diesem Boden läßt sich stehen; dies ist der siegreiche Durchbruch einer anklagenden Wahrheit. Wie gut, daß sie zugleich Politik ist!

Man hat Deutschland eingesperrt in ein festes Haus wie ein dickes Pferd und wollte es verkommen lassen; verbrennen; da ist der Vogel zum Schornstein herausgeflogen und singt, und sie stehen unten und können es nicht fassen und wundern sich, wo das Pferd geblieben war.

Erstaunte frohe Tage in Deutschland. Man könnte fast Heimat dazu sagen. Die ersten ruhigen Stunden nach dem glücklichen Erwachen der russischen Revolution.

Wenn nur nicht die Sachen draußen schauerlich ständen.

Keiner der sogenannten Siege hatte mich im Krieg gerührt. Das gräßliche engliche Wort: »Ihr werdet die Schlachten gewinnen, wir werden den Krieg gewinnen«, war mir immer gegenwärtig. In den ersten Kriegswochen ging ich unruhig viel durch die Berliner Straßen, fand mich so wenig zurecht wie in diesen ersten Revolutionstagen. Glaubte nicht, daß wir überfallen seien, vielmehr, daß Deutschland eine ihm passende Gelegenheit zur endlichen Erledigung und zum Austrag der unerträglich gewordenen Streitigkeiten ergriffen habe. Die Frage: wer hat zuerst angefangen? schien mir knabenhaft, und als in der Mitternachtsstunde des ersten August 1914 die Norddeutsche Allgemeine Zeitung eine Extraausgabe brachte, wonach der Zar den Deutschen Kaiser »belogen« haben soll, ekelte mich. Moralbemäntelung? Es war klar, Deutschland ist ungeheuer mächtig, dieser latenten Macht kann auf keine Weise, so sagt man uns seit Jahren, eine entsprechende Entfaltung gewonnen werden, man versagt – angeblich – systematisch dieser Macht die Realisierung, so haben es die Gegner riskiert, daß man zur Gewalt greift. Der Krieg auf deutscher Seite geht unzweifelhaft um Machtexpansion, ist ein moderner Eroberungskrieg. Unrecht liegt auf der anderen Seite; sie hätten es nicht so weit kommen lassen dürfen. Wie der Name Kurland, Livland, Flandern erschien, schien mir der Krieg sein wahres Gesicht zu zeigen. Das Volk war mit dieser Machtpolitik, dem endlichen Appell an die Waffen einverstanden, in Massen strömten die Freiwilligen heran. Und schließlich ergab sich, daß die Macht sich überrascht abnutzte, im Krieg selber verbrauchte, man übernahm sich mit Gegnern, der Krieg wurde zusehends sinnlos, gegenstandslos, der Kraft stand nicht rechtzeitig Selbsterkenntnis und Klugheit zur Seite. Der Krieg konnte verloren gehen, die Realität war wieder gereinigt von unserer Übermacht, wir können von keinem Unrecht mehr reden, die erbosten Gegner können über uns herfallen und mit uns Schindluder treiben.

Mich selbst, wie ich so herumwanderte und mir alles überlegte, ging diese Machtprobe der Staaten wenig an, irgendwie war sie mir gleichgültig, ja zuwider. Hoffnungslos erwog ich: wie lange dauert dieser Krieg noch, er war schließlich nur noch eine Angelegenheit der Zeitungen, die ungenießbar geworden waren. Der Krieg eine Privatsache des Heeres, eine Begebenheit in Flandern, Frankreich und Rußland! Er lief draußen ab, es war ein Unheil, wie ein nicht reparierbarer Wasserbruch, was mußte alles in diesen Teufelskessel, wir mußten alle hinein, kein Sinn, keine Rettung.

Und wie ich einmal zweifelnd über den faulen Staat Dänemark über die Plätze ging, wurde ich von dem Anblick eines Offiziers überrascht, der mit seiner Dame aus dem Rheingold in der Potsdamer Straße stieg. Der Mann trug Friedensuniform, jung, schlank gewachsen, kalt und frech, Monokel, sprang säbelhebend in das anlaufende Auto.

Das kam mir wie ein Blitz.

Das war doch – der Feind! Da stand er doch mitten im Land!

Ein verdammtes Gefühl! Dieser da! Und dann alles Spätere, wie ich mich dem Krieg näherte. Der aktive Generalarzt, der vom Hunger seiner Kranken hörte, aber den Interpellanten bestrafen wollte wegen fehlerhaften Vorgehens. Stabsärzte, die mit der Reitpeitsche durch die Krankensäle gingen, Pastoren, die ritten und am liebsten Dienst mit der Waffe taten, Kaisergeburtstagsfeiern, »unser heißgeliebter Kaiser«, dieser Mysteriendienst, Formverknöcherung, Lebensfremdheit, Menschenfremdheit, Volksfremdheit, dieses ganz Verlorene, Verbiesterte. Nein, dieses Unwirkliche!

Denn wirklich und mächtig ist nicht dieses Militär, sondern sind die Industrien, die Techniker, Wissenschaftler.

Und dann das Zweite, wie ein Blitz zündend, das schauderhafte Bild: der Deutsche Kaiser mit seinem Hofstaat und Generälen bei Kriegsbeginn in den Dom ziehend. Anrufung Gottes in Siegestelegrammen. Der Schluß des Krieges: das englische Parlament mit jenem schauerlichen Lloyd George marschiert in die Kathedrale, Gott nicht zu danken für die Beendigung des Krieges, sondern für den Sieg.

Religion: dazu ist das erschütternde niemals verschollene Beispiel in Syrien gegeben worden. Die völlige Roheit dieser Zone und Zeit, die mechanische Pseudokultur. Religionen gerade dazu gut, um Kirchen zu bauen, einen Beamtenkörper zu schaffen von sogenannten Geistlichen und ihn dem geduldigen Volk zur Ernährung zu geben. Planmäßiges Ersticken der hohen Menschheitsgedanken durch Verbürgerung, Regierungen als Zeugen, die zu kriegerischen Zwecken in die Kirchen gehen und von Priestern nicht hinausgeworfen, sondern gesegnet werden.

Schrecklich belehrte mich über diesen Kern des Krieges und des Zeitgeistes überhaupt, über die seelische Verwahrlosung der Nation der Aufenthalt im Elsaß. Mir gegenüber ein Schulgebäude, eine katholische Erziehungsanstalt. Kinder von fünf Jahren ab, vielleicht noch kleinere, Mädchen und Knaben, sitzen auf Bänken in den niedrigen Stuben. Schwestern und Geistliche sind an der Arbeit. Was für eine Arbeit? Stündlich höre ich ein monotones Schnarren, es ist eine Dressuranstalt, gegen Hirn und Seele geht es. Was da geschieht, ich kann nicht anders empfinden und spreche es aus, ist ein Verbrechen, und mich schaudert vor dem Staat, der seinen Bewohnern nicht Schutz gegen solche Attentate gewährt. Nein, nicht Schutz gewährt, sondern die Untat unterstützt. Was ist dagegen Diebstahl, Raub? Aber seiner ganzen seelischen, sittlichen und geistigen Freiheit beraubt werden unter der Etikette Erziehung, ganze armselige hilflose Menschen und Volksklassen seelisch zu versklaven, verelenden und zu veröden. Das tut dieses Deutsche Reich, duldet es, unterstützt es. Ein Pfarrer darüber zur Rede gestellt, sagte etwa: »Man kann nichts anderes mit den Leuten machen. Gewiß beten sie den Rosenkranz nur mit dem Mund. Aber hin und wieder denken sie doch an Maria, und das ist schon etwas. Gewiß muß man sie in die Kirche zwingen, die protestantischen Kirchen sind ja immer leer, aber es ist doch besser, sie sitzen gezwungen eine Stunde in der Kirche, als treiben draußen Unfug in den Kneipen.« Der Geistliche als Feldwebel; er redet mit einer ganz unsäglichen Geringschätzung des Volkes, seiner Bedürfnisse, seines geistigen Rechts.

Das Deutsche Reich. Dieses: die Feudalen, die Klerikalen haben sich miteinander verständigt und das heißt deutsche Regierung. Sie können sich nicht gut einander riechen, aber jedes achtet seinen Raub.

Über sich errichtet haben die Feudalen das Militär: wer kann gegen ein Regiment; jeder Leutnant kommandiert es; es herrscht die Massensuggestion, genannt Gehorsam. Und für die planmäßig geistig Verödeten und Versklavten haben die Pfarrer Himmel und Hölle. Ich habe leibhaftig in einer Kirche vom Teufel predigen hören, am hellichten Tage. Ich habe in Berlin eine fromme Schwester sagen hören, als ich scherzte, der Ofen sei ja höllisch heiß: o nein, man wehrte mich hoheitsvoll entschieden ab, die Hölle sei noch heißer. Ich sah sie an, es war erschreckend klar, man spaßte nicht mit mir. Diese Verbrechen geschehen. Wöchentlich sah ich auf den Landstraßen kleine und große Bauerntrupps in unser Städtchen hineinkommen, Männer und Weiber, schwatzend, Rosenkranzdrehend, dazwischen ihre Litanei schnatternd. Und dies ist keine Gotteslästerung; wie gut, daß es keinen Gott gibt, aber vielleicht zeigt nichts so gut wie dies, was am Gottesglauben noch ist. Was will man von einem so verknechteten Volk erwarten?

Wir kämpfen gegen England, Frankreich, Amerika? Wir haben keine weiteren Sorgen. Dies das Volk, das schrecklichen Lebensmittelwucher treibt, in anderer Sphäre Kriegsgewinne anhäuft. Hier eine Wurzel der Barbarei, der faule, verwahrloste Boden. In uns lebt Religiosität, aber jene Religiösen haben das Leben nicht, sondern die Historie, die Maschinerie! Die wesenlose Unwirklichkeit!

Diese Priester, eine Klasse neben anderen, haben es dahin kommen lassen, daß die heiligen Gedanken der Religionen wie ein Schleier über dem Leben schwimmen, unberührt von innen vollzieht sich das Leben, die heiligen Gedanken sind Raffaels ohne Arme, können uns nicht greifen, finden nicht zu uns.

Auf der einen Seite die Herrenkaste, auf der anderen Seite die Lehrer des Göttlichen; beiden nachlaufend Lehrerschaft, Bildung und Intellektualität.

Der Kaiser der Herrenkaste ist gegangen. Wenn Gott lebte, müßte er abdanken. Geschrei Atheismus. Geschrei Patriotismus. Was ist des Deutschen Vaterland? Südamerika.

Dritte Irrealität als Opfer heischender Moloch: der Unternehmer, der Herr über die Arbeiter. Was eine längst machtlose, fast nur als Historie existenzberechtigte Herrenklasse dem Gesamtstaat war, Idol, Götze, das gegenüber den gewaltigen Arbeitern der Unternehmer. Ideen, selbst wenn sie tot sind, haben Allmacht über die Menschen. Das gefährlichste Organ am Menschen ist der Kopf. Das Kapital des Unternehmers anbetend, machte sich der Arbeiter ohnmächtig. Wo nicht willig angebetet wurde, trat die Drohung hinzu mit den Waffen, die von denselben Arbeitern in einem anderen Rock, der ihre Unterwerfung anzeigte, getragen wurden. Der Wahnsinn des Zustandes trat in volle Erscheinung: im Krieg. Es kam zum Krieg, es konnte zum Krieg kommen. Die Arbeiter anerkannten auf Tod und Leben die gar nicht existierende Gewalt des Unternehmers, der dröhnende betäubende Augenblick des Krieges riß sie fort, sie erlagen neben der dauernden Täuschung, die sie schlecht durchbrachen, atavistischen Instinkten. Ließen sich einspannen von dem Besitz, den sie nicht besaßen, um den sie rangen, ließen sich sagen, man müsse einig sein. Der Kopf, das gefährlichste Organ am Menschen, besonders wenn er fehlt. Wußten nicht, wie ihnen war, halb zog sie ihn, halb sank er hin, plötzlich standen sie im Krieg. Greifbar mit Händen die Macht nicht der Realität, sondern der Irrealität. Die Leiche, für die sie fochten, hatte sich mit den furchtbarsten Attributen bekleidet, um den Schein des Todes zu verhehlen, war dem Feudalismus verbündet. Man haßte beide, aber erlag beiden, die die moralischen Werte für sich hatten: Nation, Patriotismus, Deutsches Reich. Idee über Idee, Irrealität neben Irrealität.

Es war nicht nötig, daß der Unternehmer, das Kapital, mit dem Feudalismus ging, aber auch das Kapital erlag der Krone. So ging der Arbeiter mit dem Unternehmer, mit dem Feudalen: dreifach merkwürdiger Geisterschritt. Die Leiche band sich einen gichtischen Hund an den Leib, der sie ziehen sollte, der Hund nahm sich ein Pferd, das biß auf den Strick, zog tapfer, wie es auch hinter ihm stank.

Bei uns zieht das Pferd nicht mehr, die Leiche ist begraben, der Hund wird sich kurieren lassen müssen, aber drüben im Ausland glauben die Pferde noch ziehen zu müssen. Die Täuschung wirkt fort. Realität gilt noch nicht, Gespenster gehen um am hellen Tag. Die Kalenderzahlen stehen an der Wand, nicht im Kopf und Herzen.

Wenn dies ausgeführt wird, was jetzt geschieht, Sozialismus, wenn das Übel an der Wurzel gefaßt wird, so kann man zum erstenmal in der Geschichte von einem wirklichen Fortschritt sprechen. Der Weg über den Sklaven durch das Almosen zur Gerechtigkeit, Freiheit und sittlichen Besinnung. Die Menschen treten zu wirklichen Gesellschaften zusammen. Gegen den Eroberer der Staaten ist man machtlos; dem Eroberer innerhalb des Staates, dem monarchischen Unternehmer, kann die Gesellschaft die Hand auf die Schulter legen. Die bisherige Gesellschaft ist keine Gesellschaft, sondern das kompromittierende Zusammenleben einiger hundert Millionen Menschen, von denen einige geschickt sind, die anderen zu bestimmter Arbeit anzustellen, sie leben lassen, ihnen aber große Erträge dafür abnehmen. Nimmt nach einem Selbstbesinnungsakt die Gesellschaft die Führung in die Hand, so kann dem Geschickten bedeutet werden, daß er seinen Gewinn von Gesellschafts Gnaden erwirbt. Der Gesamtkörper hat das Recht, die Hypertrophie einzelner Organteile als mißlich und krankhaft zu empfinden. Die Gesamtheit hat das Recht, die Rolle des Richters zu spielen, denn der Geschickte und Herr ist nicht allein und gewinnt auch mit der Kompagnie seiner Sklaven nichts von sich aus. Die Sklaven brauchen Kleidung, Kohle, Heizung, Wohnung, Post, Eisenbahn, Unterhaltung, Schule, Ärzte, und das läßt sich erst planmäßig von Massen verwirklichen; die Gesamtheit erst gewährt ihnen und so ihm, dem Geschickten, die Eisenbahn, die seine Produkte davonführt und Rohstoffe heranführt; sie beleuchtet die Arbeitsplätze, stellt Maurer für Bauten, faßt in sich Bergwerke. Die Verteilung von Erträgnissen ist zu organisieren nach differenzierten Normen, und dies ist eine der wichtigsten Erwägungen, wobei Sittlichkeit und biologische Züchtungsgedanken mitzusprechen haben. Planmäßig hat die Gesellschaft den ungesellschaftlichen, daher unsinnigen, unsittlichen und verbohrten Begriff des Privateigentums zu beseitigen; Besitz wird etwas Relatives, Mein und Dein sind aus ihrer persönlichen Starre an die warme Brust der Gesellschaft zu heben, die Sklaverei, die der Besitz ausübte, ist zu beseitigen, ich meine die Sklaverei, die er gleichmäßig auf Besitzer und Nichtbesitzer ausübte; man wird vielleicht einmal wieder besser verstehen lernen, warum der heilige Franziskus die Armut seine Braut nannte.

Nationalgefühl, Nationalkultur könnte wirklich jetzt entstehen, soweit sie nicht von dem viel wichtigeren, mehr umfassenden Unnationalen verdrängt werden.

Man lache nicht höhnisch vom hohen Pferd über die, deren Satz ist: wo es mir gut geht, ist mein Vaterland. Es gibt auch Kinder und Enkel, wenn man sich schon selbst für nichts achtet. Man lebt nicht nur in Erinnerungen, man ist kein Chinese und geht nicht im Ahnenkultus auf. Patriotismus war bisher die bequeme Sache der Besitzenden, ein billiger seelischer Komfort, für den es nicht nötig war, noch Dichter zu bemühen, man konnte auch ohne Gedichte dabei auskommen. Den andern blieb diese

Freude, diese seelisch aufs tiefste bindende und zur Tätigkeit lokkende Freude an der Heimat vorenthalten. Warum schätzt man die Heimat? Weil man hier seine Lebensgüter findet, nach Erkämpfung der materiellen die geistigen, die den Menschen über das Tier heben. Wenn man sie aber nicht findet? Jetzt sollen die Menschen allgemeines Recht auf Patriotismus erlangen, sagen dürfen: ich bin ein Deutscher.

Man hat im Krieg und vorher debattiert, warum der Deutsche so wenig Nationalgefühl hat. Es war nicht schwer zu antworten. Die Nation war ihm unter den Füßen fortgezogen worden, mit Schulphrasen täuschte man ihn darüber hinweg, eine schlimme Lehrerschaft – welche Intellektualität – gab sich zu Werkzeugen dafür hin.

Mein und Dein haben schwimmen zu lernen. Jeder Besitz hat sich zu verantworten vor dem Forum der Gesellschaft. Eine Minderheit verstand es bisher klug und brutal, die Prüfung ihrer Legitimation auf Besitz und diese Besitzhöhe zu verhindern. Belehnung, Entreißung, Neubelehnung nach dem gemeinen Nutzen.

Auch der hochgespeicherte Geistesbesitz hat sich zu verantworten und ist aus seinem ruhigen Sitze aufzuscheuchen. Das Geisteskapital hat über die Massen zu strömen, lebendig an Lebendigem sich vervielfältigend. Die Quellen des wirklich flutenden Geistes sind jetzt schmal. Was erwartet man von den wenigen geistigen Literaten und Wissenschaftlern, die wurzellos leicht verkrüppeln, und wenn sie Wurzeln schlagen, so versagt der Boden bald.

Man muß wissen, daß der Hauptkampf im Leben der Gruppen der um die Schlagworte ist, und daß allemal die herrschende Klasse sämtliche zierenden Worte an sich reißt. Sie bemüht sich, sich zum Exponenten der gesamten Gesellschaft zu machen, will die Nation vertreten. In diesen Jahrzehnten ist es dazu gekommen, daß die nationale Tüchtigkeit in einem sehr breiten Bett dahinfloß. Hierüber herrschte völlige Rückständigkeit und Unkenntnis in Deutschland. Es geschah nicht, daß der, der herrschte, auch die Krone trug. Aus dem Abstrakten durchzudringen zum Realen, Konkreten war das heißeste Bemühen der jungen Geistigkeit. Sie suchte durchzusetzen die unverbrauchten Sinne, scharfen Erkenntnisse, die ungebrochene Produktivität. Ihr Feind, der Bildungsballast, Klassizität, die allmählich stark verphraste Welt der Worte. Diese Worte hingen nur wie Leichen an den Gehäusen der Worte. Die nationale Tüchtigkeit war in die Breite gegangen, an allen Ecken und Enden wurde gearbeitet. Das Verhängnis: diese Realität fand nicht ihre Besinnung. Wir machten geistig unsere Revolution, wir ließen uns nicht von Geibel, Goethe und wem sonst versklaven. Sie aber zogen in den Krieg. Am stürmischsten hatte sich der Reichtum in Deutschland entwickelt, am heftigsten gebärdete sich unser Kapitalismus, und er war verbündet mit der feudalen Leiche. Am auffälligsten bei uns das Gesamtbild, am größten die Rückständigkeit, am absurdesten die Verlogenheit.

Die aufgeprunkten Schemen, die als Träger der Reichsgewalt dastanden, rissen die Kräfte der nationalen Breite an sich. Gespenster suchten sich am Dasein zu erhalten. Gespenster zentrierten die Lebenskräfte des Reichs der Nation auf sich, zogen führend die Nation im Wirbel. Von einem Gespenst wurde man verlockt, toll riß es das Volk in den Krieg, ungeheure Reichtümer wurden vergeudet, bis die Blendung nachließ, der Blindeste einsah, daß man Schatten über unsere blühenden Leben hatte verfügen lassen, daß grausig die Vergangenheit über Gegenwart und Zukunft triumphiert hatte. Denn was auf den Schlachtfeldern lag, war nicht verblutet für das Deutsche Reich, sondern für uralte Kamellen, für Friedrich den Großen, für den Burggrafen von Nürnberg, für die Siegesallee. Für diese Leichen der Geschichte war das Blut dieser Zone geflossen, noch die nächsten Generationen werden dafür arbeiten müssen.

Dreifach entsetzlicher Geisterschritt.

Los von den Gespenstern der Kirche, die mit jahrtausendalten

Phrasen auf uns einflüstern, uns nicht zur Klarheit über uns, zu unserer Ehrlichkeit kommen lassen, die unseren Kulturboden, die Massen seelisch verkümmern, ihre Freiheit und Verantwortlichkeit unterdrücken.

Los vom mittelalterlichen und neuzeitlichen Phrasentum in Wirtschaft und Politik. Revolution darf zu keiner Zeit ruhen. Wo sie ruht, tauchen Gespenster auf. Leben gezeugt und Realität heißt die Losung. Immer wieder die Fundamente des Daseins geprüft. Wir leben nur einmal, scheint es. Dann muß uns das Dasein auf die Nägel brennen. Wie der Kronos seine Kinder, will uns das abgelagerte Wort, der Hauch aus der Historie, das wüste Abstraktum, der Traum in unserem Gehirn verschlucken. Noch ist dies und jenes Gespenst kaum zerflossen. Kaum ist schon Zeit zum Neuaufbau. Ganze Pyramiden, der Moloch des Gestern fordert alle Kräfte.

Neue Zeitschriften

Der stark angeödete Fürst von Wied begann die Arbeit für seinen Beruf als Albanierhäuptling in vorbildlicher Weise: er schaffte sich einen Sekretär an, ließ sich die Hauptsachen aus Geschichte und Geographie ausziehen, alsdann nach Erledigung des Kulturhistorischen organisierte er die Armee, indem er seinen Schneider anklingelte und mit dem die Uniformen festlegte, und zwar für die einzelnen Chargen nach einem modernen Plan, derart, daß nicht die Uniform vom General zum Gemeinen glanzloser wurde, sondern vom Gemeinen zum General glanzvoller; die Fahne ließ sich durch eingeschriebenen Brief vom Berliner Heroldsamt erledigen; die herbeigerufene Fürstin bekam den Auftrag, Landesmutter mit Luisenorden zu werden. Und so empfing er die Deputation und gab ihr sein Programm, das sie zwar nicht lesen konnte, aber aus dem sie Kragen und Stulpen schnitt, da das Papier schön fest war.

Wie macht man eine Revolution? Die Frage war überraschend schnell beantwortet. Wie wir morgens runter kamen, war die Revolution schon vorbei. Wir hatten extra gebeten, uns zu wecken, wenn Revolution ist. Aber nach der Revolution. Wenn es regnet, nimmt man einen Schirm. Und wenn es Revolution gibt, was soll man da machen. Eben war man noch empört oder vergnügt und jetzt ist gleich Revolution. Das Beste: man sieht, was die anderen machen. Es steht auch in den Zeitungen.

Das komischste Ereignis, das mir nach dem Krieg unter die Finger gekommen ist, war eine Wahlversammlung bei, ich weiß nicht welchen, Sozialisten. Da stieg Ende November der Bezirksbonze, ich glaube, er ist jetzt Nationalabgeordneter, aufs Podium, freundlich nuselnd von der Fluchwürdigkeit des alten Regimes, und die Revolution: so was wird gar nicht gemacht, so was wird überhaupt geboren, und dann ist es da; da gibts nichts dran zu tippen. Zum Schluß lud er zu seiner Partei ein, die würde es schon machen. Man gab uns Zettelchen in die Hand. Ein Fräulein sagte, drüben in dem andern Saal seien die anderen Sozialisten, pah, da gehen wir nicht hin, »wünscht einer noch das Wort?« »Zur Deckung der Unkosten.« Ich zahlte nichts. Ich war schon auf meine Unkosten gekommen.

Ein Mythos, eine Zeitungsphrase: in Deutschland sei eine Revolution ausgebrochen. Ein paar Meutereien, die alte Obrigkeit drückte sich. Im Horror vacui machte die Untrigkeit neue Behörden.

Es ist nicht so einfach, man muß sich daran gewöhnen. Revolution ist keine Kleinigkeit. Es soll zugegeben werden, die Demokratie ist noch jung. Also Radiotelegramm: Gruß an alle, alle, alle: Demokratie auch in der Literatur geltend, Recht zu schreiben unangetastet und neu garantiert, neu gewährt das Recht zu denken und sogar zu schweigen. »Demokraten, Kämpfer, Brüder!«

Der Fortschritt über das neunzehnte Jahrhundert hinaus ist unverkenntlich. Man denke, zu Goethes Zeiten: gerade wenn Gedanken fehlen, stellt ein Wort zur rechten Zeit sich ein. Jetzt ein Wort? Eine Zeitschrift, zwei Zeitschriften, ein ganzes Dutzend Zeitschriften.

Rededelirien. Alle Menschen haben Ansichten, bisher hatte bloß Ludendorff eine, die anderen mußten sich damit begnügen, Hochverräter zu sein. Überall stehen Menschen, kleben Plakate an, drücken sich Aufrufe in die Hand, die der andere befolgen soll. Der Unterschied vom Krieg? Während des Krieges sah man eine Herde, jetzt sieht man die Hammel.

Wenn Robert Prechtl seine Zeitschrift »Der Spiegel« nennt, so ist das noch nicht ausreichend, er muß sich auch einen Spiegel anschaffen. Wenn es ein intelligenter Spiegel ist, würde er überhaupt nicht reagieren, wenn Herr Prechtl hineinsähe, er würde gar nichts anzeigen, das wäre unnatürlich aber gerecht. Es steht in dieser Zeitschrift alles in üppigster Blüte: Moral, Phrasen, Pathos, Schwindel, Patriotismus, das meiste vom Herausgeber geschrieben. Einmal eine ganze Broschüre lang redet er gegen »das Verbrechen des Streiks«, nämlich der sei eine Erpressung im sozialen Staat; nachher kommt heraus, daß wir noch keinen sozialen Staat haben, denn die »Sozialisierung kommt am Ende«; aber – Erpressung bleibt es doch. Er läßt es sich eben nicht nehmen. Er weiß übrigens ein famoses Mittel gegen die verfluchten Streiks: man erklärt einfach lebenswichtige Betriebe zu öffentlichen Schutzbetrieben; die dortigen Tarife haben Gesetzeskraft. Also wer dann noch nicht zufrieden ist, ist ein Verbrecher, fliegt ins Kittchen. Fertig. »Besinnen wir uns«, heißt ein Aufsatz in diesen Beiträgen zur sittlichen und künstlerischen Kultur, er fängt an »Besinnen wir uns. Schwer ist des Schicksals Hand auf uns gefallen. Unsagbar schwer dünkt es uns. Gebeugt ist unser Haupt fast bis zur Erde. Zum Zerreißen gespannt sind unsere Nerven. In Dunkel gehüllt ist unser Denken. Eli, eli, lama, asabthani, ächzt es in uns auf.« Ist schon genug? In Dunkel gehüllt ist unser Denken: »unser«, sagt er, »unser«.

Ohne besondere Ansprüche treten zwei politische Zeitschriften auf, die eigentlich mehr den Charakter erweiterter Zeitungen haben. Diese vorweggenommen. »Die Erde«, politische und kulturpolitische Monatsschrift, in Breslau von Walter Rilla herausgegeben, etwa dreißig Seiten lange saubere Hefte. Linie unabhängige Sozialdemokratie, anständige Beiträge, nichts Besonderes, weder im Guten noch im Bösen.

Die Gegenseite. »Der Einzelne«, Halbmonatsschrift für Politik, Wirtschaft, Kunst. Umschlagsvignette Friedrich der Große mit dem Degen in der Hand, ein grüner Zettel ist vorgeklebt »für den kategorischen Imperativ der Pflicht«. Die innere Umschlagseite bringt sofort einen Aufruf, aber vom Detachement Oven unter den bekannten Bedingungen an Kavalleristen, Artilleristen, Minenwerfer, und wir sind schon im Bild. Und wir wissen auch sofort, wenn ein Oberst hier über die deutsche Wehrmacht schreibt, daß er eine allgemeine Dienstpflicht bis zum fünfzigsten Lebensjahr im Auge hat, daneben Hilfsdienst für die Mindertauglichen, Wehrsteuer für die ganz Untauglichen, natürlich auch Jugendschulung. Im übrigen wie der Unabhängige unpersönlich, Parteitrott, trotz des dicketuenden Vorspruchs des Herausgebers Albert Zimmermann: »Als ein Einzelner beginne ich diese Blätter und als ein Suchender«.

Was nun eine große Zahl neuer Zeitschriften anlangt, so bin ich der Meinung, daß die Staatseisenbahnen vom Reiche übernommen werden müssen. Unser Eisenbahnwesen liegt sehr im Argen, in einer der Allgemeinheit bis jetzt unbekannten Weise. Es ist mir zweifelhaft, ob die Bahn von Berlin noch nach Dresden fährt, mit Bayern, Hessen klappt es gar nicht, Hannover scheint zum Ausland zu gehören. Sogar innerhalb einer Stadt funktioniert der Verkehr nicht. Ich kann alle diese Vorgänge beweisen. Die Vorgänge haben in der Literatur zu schweren Mißständen geführt. Jeder Verlag, der etwas auf sich hält, ist genötigt für seine Bekannten eine besondere Zeitschrift herauszugeben, um sie auf dem Laufenden zu erhalten. Der Geltungsbereich einer Zeitschrift kann, wenn die Not nicht nachläßt, bis auf ein, zwei Häuserblocks eingeschränkt werden. Es ist begreiflich, daß sie alle dieselbe Zeitschrift schreiben. Sie hat verschiedene Namen, die ich unten aufzählen werde. Auch die Umschlagseiten sind verschieden, ebenso das Format.

Im Widerspruch zu dieser Verkehrsnot steht die Reisewut der Autoren. Es hat sich eine Gesellschaft von Autoren gebildet, die anscheinend bereits über Flugzeuge verfügt, die imstande ist, die Verlegenheit der Verleger geschickt auszunutzen. Überall, wo sich ein Verlag seiner Pflicht gegen den umliegenden Häuserblock bewußt wird, tauchen diese Autoren auf. Es ist eine Normalserie; der Herausgeber hat nur nötig, ein Vorwort auf die neue Zeit, die Revolution, neue Kunst, neuen Geist zu schreiben. Und es gelingt ihnen überall. Die Gesellschaft nennt sich nicht Wandervogel, sondern Wandermogel. Ihr gehören gute Autoren, ich glaube ich auch, an.

Ich teile nur beiläufig mit, daß einige das Gerücht verbreiten, der ganze Spektakel ginge von den Verlegern aus: es säßen da und dort Leute, die nicht wissen, was sie mit ihrem Geld anfangen sollen, und da erbarmten sich die Herausgeber, Autoren, Drucker, Setzer. Es wird also diese Zeitschriftenbrut auf die Borniertheit einiger Geldleute geschoben, Journallose ex pecunia et dementia. Eine flache Vermutung, da es bornierte Verleger nicht gibt und Autoren sich niemals ihrer Verleger erbarmen.

Sollte es, pardon, nicht besser sein, die Verleger verständigen sich, tun sich irgendwie zusammen, oder irgendein Zahlungsfähiger macht es im Großen: ein paar hervorragende monumentale Organe zu gründen und sie billig vertreiben?

»1918« und »1919«, Neue Blätter für Kunst und Dichtung, Verlag Richter, Dresden. Herausgeber Zehder, große Quarthefte, geschmackloser Umschlag mit mächtiger Jahreszahl, etwa zwanzig Seiten Text, gute ganzseitige Graphik, Gedichte, kleine Erzählungen, kurze orientierende und reflektierende Essays.

»Der Weg«, München, Herausgeber Walter Blume, kleines Heft,

gelbes Papier, sechs bis acht Seiten Text, Graphik, Gedichte, Glossen, kleine Essays.

»Süddeutsche Freiheit«, Zeitung für das neue Deutschland, München, Schriftleitung Gustav Klingelhöfer, einfaches großes Zeitungsblatt, Vorderseite einer Nummer stilisierter Mannskopf mit Umschrift: Verantwortet Euer Werk vor Gott und den Menschen; Aufsätze, tritt für Pädagogisches ein.

»Die neue Schaubühne«, Monatshefte für Bühne und Drama, sieht aus etwa wie die ehemalige Schaubühne von Jakobsohn, Schriftleiter derselbe Zehder von 1918–19, derselbe Verlag, kleine Aufsätze über Theater und Drama wesentlich, szenische Gedichte, Glossen, Kritiken, Photographien von Szenenbildern.

»Das Hohe Ufer«, eine Zeitschrift, Herausgeber Hans Kaiser, Hannover, kleine Hefte, etwa dreißig Seiten Text, keine Reproduktion, Gedichte, Essays, Bücherkritiken, Hannoversche Interna.

»Der Anbruch«, Herausgeber Otto Schneider, Wien, Vertrieb Müller, München, mächtiges Doppelblatt, Titelseite Linoleumschnitt »Vertreibung aus dem Paradies«, kleine Zeichnungen, Gedichte, Essays, Skizzen, Kritisches.

»Neue Erde«, Halbmonatsschrift, Dreiländerverlag, München, Herausgeber Burschell, großes Quartformat, etwa zwanzig Seiten Text, vorzügliche Reproduktionen, sehr bemerkenswerte Aufsätze, Gedichte, Skizzen.

»Der Willensmensch«, Zeit- und Streitschrift, Monatsschrift, Herausgeber nicht genannt, auf dem blauen Deckel ein nackter Jüngling, Blitze über ihm, reißt sich die Jacke auf, kleine bürgerliche Männer behorchen, bekriechen ihn, Aufsätze ethischer Art, sehr gewöhnlicher Stil, platte Gedanken, hat mit Nietzsche nichts zu tun.

»Der Einzige«, Herausgeber Anselm Ruest und Mynona, Druck Paul Knorr, Wilmersdorf, Heft von großem Oktavformat, kein besonderes Titelblatt, zirka 12 Seiten Text, sehr besondere polemische Aufsätze, sehr besondere Grotesken und Gedichte.

»Die Tribüne«, hessische radikale Blätter, Herausgeber E. Mierendorf, Verlag »Dachstube«, Darmstadt, kleines Heft, Glanzpapier, zirka 8 Seiten Text, ethische Aufsätze, Gedichte, Graphik.

– Das große Wort, die große Mode heute ist die Menschlichkeit. Sie wird überall neu entdeckt. Alle Stimmen besingen sie. Während des Krieges besinne ich mich diesen Ton wenig gehört zu haben, besonders aber in den Gedichten von Ehrenstein, Aufsätzen und Gedichten von Rubiner. In der »Neuen Erde«, die ein ganz vorzügliches Niveau hat, wird einmal erklärt: »Fremd sind die Menschen geworden, fremd den Dichtern, dem Künder ihres wahren Seins. Sie tragen die Maske der Gleichgültigkeit, die Maske der Bourgeoisie, die Maske der Unlebendigkeit, die Maske des Berufes, die Maske der Unmenschlichkeit, die Maske des Nationalismus, die Maske der Abhängigkeit, die Maske der Sexualität.« Ernst Weiß glaubt (»der Weg«), daß diese Höllenwelt gerettet werden kann nur durch Gottes Kuß, seine Kameradschaft, durch sein Nebeneinander, Ineinander im beschwingten Schweben der unendlichen Zeit. Sie dringen alle auf eine Internationale des menschlichen Geistes, auf einen Bund menschlicher Gesinnung. Der moralische Ton dominiert in der Literatur, er ist von außen hineingekommen, aber er wird stark festgehalten. Sie wollen alle die dritte Revolution, die der Gesinnung nach der sehr plötzlichen politischen und weniger politischen sozialen.

In der »Erhebung«, einem Jahrbuch für neue Dichtung und Wertung, herausgegeben von Wolfenstein bei S. Fischer – das dicke Buch orientiert mit seinen Teilen: Gedichte, Dramen, umfangreichen Aufsätzen ästhetischer, ethischer und religiöser Art, seinen Aufrufen und Wertungen sehr gründlich, – sagt der Herausgeber: »Das Neue bedeutet das Reine. Mit keinem geringeren Preis ist das Neue zu erfüllen als mit der Revolutionierung des Menschen selbst, des einzelnen Menschen. – Das Nahen der neuen Zeit kündet sich in der neuen Kunst an.« Man bemerke: das Nahen; wir haben sie noch nicht, Revolution wird gefordert, soll in Bewegung gesetzt werden. Burschell redet in diesem Chor von der Einfalt des Herzens: »Wir wissen auch, wofür wir leben sollten. Daß die Erde erst einmal ihr Feuer hüte, Kern und das Süße des Planetenbluts, daß sie Menschen, Menschenbrüder zeuge gleichen Bluts und gleichen Feuers, daß die inneren angeschauten Herzen gnädigen Lüften atmend sich öffnen.« Eine auf tätigen Geist gerichtete, jedoch nicht stark ethisch betonte Bewegung gab es in der Literatur schon länger: der Aktivismus um Hiller. Der Aktivist, auch in der »Erhebung« vertreten, wird den meisten der sich jetzt Produzierenden nicht gefallen, erstens wegen jenes moralischen Minus, dann wegen des intellektuellen Plus, und schließlich er ist eben zu bestimmt, auf konkrete Ziele lokalisiert, wie es sich bei der Aktivität versteht. 1930 sollen nach aktivistischer Ansicht die Geistigen (man achte die Geistigen, nicht die Ethischen) die reale Macht besitzen, um Kriege zu verhindern, und zwar: es gibt alsdann die Gesellschaft der Nationen, das durch völkerrechtliche Verträge zu bestimmende Vollzugsorgan dieser Gesellschaft, es gibt einen Erdballstaat. Schuld an allem Unglück nämlich sind nicht die Staaten, sondern die mangelhafte Verstaatung der Individuen; im übrigen betreibt der Aktivist die gerechte Verteilung der Lasten, gerechte Zuweisung des Arbeitsertrages. Da sind wir aus der Humanität in die Politik und Ökonomie gerutscht, aber er lehnt trotzdem die Sozialdemokratie ab (oder lehnte?) als Klassenpartei, nicht Menschheitspartei.

Menschheitspartei: das wünschen sie heimlich alle; dies Paradoxon. Da haben wir etwas leise Tragisches an unseren Humanisten.

Und Gustav Landauer spricht in der »Erhebung« die Dichter an, er macht ihnen menschliche Erschütterung zur Pflicht, treibt sie zum seelischen Erdbeben an, aber er warnt sie – und wohl überhaupt die Geistigen, vor allem darüber Hinausgehenden, besonders vor dem »unsäglich öden Traum des Patentsozialismus, den die Philister und strohtrockenen Systematiker träumen«. So las man am 18. Oktober, – jetzt hat Landauer im Münchener »Sovjet« neben dem Mühsam der blutroten Zeitschrift »Kain« auf der äußersten Linken gekämpft. Den ganzen Jammer unserer Intellektualität enthüllt diese Notiz; Landauer ist nicht der Jüngste. Sie pendeln und schwanken in der Luft. »Wen soll man wählen?« da war schon das Unheil; »am liebsten gar nicht.« Die Linke lockt gewaltig, zieht viele an, in ihr ist der Boden noch am losesten und begierigsten nach dem Samen. Der Humanist ist kein Parteimensch, schon weil eine Partei von Haus aus ungerecht ist, aber er hebt die Menschlichkeit, auch wenn sie in einer Partei steckt. Es gibt viele Wege: man darf sich nur nicht an den Weg verlieren. Die Gerechtigkeit läßt ihn in vielen Dingen und Parteien etwas Gutes sehen, er vermag ihren Widerspruch nicht anzuerkennen, es widert ihn an, da zu kämpfen, wo er aufklären und anleiten möchte. Er möchte auch nicht müßig stehen. Wahrscheinlich tut er nicht gut, sich an eine Partei zu verkaufen und ihren Haß mit seiner Kohle zu befeuern, aber er versäumt es nicht und es ist seine Aufgabe, da zu erscheinen, und überall da zu erscheinen, wo er sein Podium findet, und wenn es auch in einem Parteilokal ist. Aber er wird überall tragische Fallstricke finden.

Mögen diese Humanitätswellen noch stärker und ehrlicher werden und den Dichter, Künstler und ihr Werk ausfüllen und damit die Menschen: es ließ bisher in der Tat sehr daran fehlen. Keine Rückblicke. Und die Herren Dichter und Künstler werden sehr vor ihren eigenen Türen zu kehren haben.

Intensiv geht eine sehr kluge Zeitschrift »Der Einzige« auf das Menschliche und zwar das Moralische los. Der Antipode des Erdballstaatlers. Sein Leitsatz: »Alle Freiheit wesentlich aus Selbstbefreiung.« Er nimmt sich die Lüge vor, zerlegt die Phrasen; will keine politische, keine soziale, sondern egoistische Tat. Das Dogma vom heiligen Staat: »Athen unter Tyrannen, Athen aristokratisch, Athen demokratisch: macht es einen Unterschied, daß Athen von Blut trieft?« »Der Wille der Mehrheit gibt die letzte Entscheidung: so viel Worte so viel Lügen. Als ob mit der

Volksmacht irgendwelche unumstößliche Gewähr gegeben wäre, daß dieselbige Macht nicht wieder für das Unrecht gehandhabt würde.« (Flotter Stil, gut polemisch, mir etwas zu literarisch.) Und der »Einzige« erklärt den jetzigen Führern: »Noch aber herrscht beim Volk die Lüge und da wagt es ein Staatsmann, dasselbe unveränderte, ungeläuterte, noch ganz vom Taumel besessene Volk zu neuer Kratie aufzustacheln. – Eine Revolution ist ein Narrenspiel, dazu dienend, die Kulissen ein wenig zu verschieben.« Wer kann zweifeln, daß hier etwas Richtiges gesagt wird. Die dritte Revolution kann nicht an einem Tage gemacht werden wie die erste, die politische, oder in Monaten und Jahren wie die zweite, die wirtschaftliche. Der Mensch wird nicht und nie umgestürzt werden können, Remeduren, Umwandlungen, Aufklärungen, Umstellung sind aber erfahrungsmäßig möglich, man muß den Menschen nur Gelegenheit geben oder gar Veranlassung, sich in dem gewünschten Sinne zu verändern und sich zu befreien; bisher hat man ihnen nur viel Gelegenheit zum Gegenteil gegeben, das getadelte Resultat ist nicht auffällig. Kein Grund zur Verzweiflung: auch Plato war nicht verzweifelt, nicht einmal Plato, als er einen Züchter, einen Philosophen an die Spitze seines Königreiches stellte.

Schmerzhafte Randbemerkung: neben der Ethik gibt es auch Biologie. Wie sieht alles von da aus, Krieg, Revolution, Friede? Was nämlich Chingiskhan anlangt und den Menschen als Tierart. Die uralte Weisheit bringt der »Einzige« sehr mutig und stolz, daß sein Zukunftsideal sich stündlich realisiert und daß er durch sein Handeln die eigentliche Revolution vorbereite. Ich weise nachdrücklich auf diese kleine Wochenschrift hin, sie gehört zu den ganz wenigen neuen, die ein eigenes Gesicht haben.

In der Richtung des »Einzigen« bewegt sich Martin Buber, der in der schönen »Neuen Erde« einen Ausschnitt aus einer Broschüre veröffentlicht. Er ist auch Gegner des Staates, – man hat nicht umsonst Nietzsche erlebt, Nietzsche ist durch diesen Krieg nicht widerlegt, er hat wirklich nicht Ludendorff gelehrt, – auch er will Remedur von unten herauf vom Einzelnen, der aber nicht der Einzige bleiben soll. Ein kameradschaftlicher menschlich freier Zusammenschluß baut die natürliche Urzelle alles Zusammenlebens, die kleine Gemeinde; da also ist anzufangen. Ein konkreter guter Gedanke, mehr als das Atom des »Einzigen«. Es ist das, was Fürst Krapotkin schon lange wußte und lehrte, was er von den Schweizer Uhrmachern im Jurabund gelernt hat, im politischen Jargon: Syndikalismus, Anarchismus. Ach ja: es ist aber schon so viel gelehrt worden, in den Bibliotheken steht alles. Hinausgehen, meine Herren, leben, wachsen, zum Wachsen bringen, es bleibt ja alles in Zeitschriften unter uns, die es bloß – binden lassen.

– Der Humanismus in Einzeläußerungen. Die Preßfreiheit wurde uns oft als die wichtigste Errungenschaft der Revolution angepriesen. Ich habe schon immer gefunden, daß zuviel Preßfreiheit besteht. Es wäre mir sympathisch, die Revolution hätte verstanden Lügenmäuler zu stopfen. Und was die Propaganda bei den Massen anlangt: die Masse ist wie ein Kind das Opfer dessen, der schön zu erzählen versteht; auf die Verführung dieser Minderjährigen steht keine Strafe. Der vergangene Krieg hat die Minderwertigkeit und Feigheit des größten Teils der Presse in schauderhafter Weise demonstriert. Jedes Kind weiß, daß es keine wirkliche Preßfreiheit gibt; der »Friede«, eine neue Wiener Wochenschrift, – ich charakterisiere sie noch näher, – stellt fest, daß es in Wien möglich sei, daß zwar nicht theoretisch aber praktisch Moritz Benedikt ein Monopol im Zeitungswesen übe, denn: er »verfügt über die nötigen Maschinen, das Papier, den Nachrichtenapparat, das Geld«, und was die Beeinflussung, Fälschung und Entstellung der gelieferten Arbeit anlangt –. Es beherrschen also nicht einmal diese schon sehr gesiebten »Geistigen Arbeiter« die Masse, sondern Moritz Benedikt. Die Humanitätsfreunde werden mit ihren Bemühungen immer kläglich neben diesem Mann stehen, sie werden sich aufzureiben haben im Kampf mit ihm. Der Humanist ruft zur Besinnung auf, zur Ruhe, zur Ablegung der Großsprecherei, aber an allen Mauern sind seine Konkurrenten sonderbare Gesellen, die zur Verteidigung der Kultur aufrufen, mecklenburgische Gesichter, die mir stark auf wucherische Butterpreise verdächtig sind, im übrigen dreht es sich um Pioniere, Flammenwerfer und ähnliche Kulturtätigkeit. Der Deutsche ist schon von Haus aus führungsbedürftig; er ist stark versklavt, Gehorsam seine ernsteste Leidenschaft, man kann ihm alles nehmen, die Armee wegnehmen, dagegen bäumt sich seine ganze Sittlichkeit; mit Recht: was soll er machen, wenn es nichts zu gehorchen gibt im Volk der Dichter und Denker. Man kommt schwer an den Deutschen heran, er kommt an sich selbst schwer heran, seine Dichtungen und Denkungen sagen nichts über ihn aus, er weiß so wenig mit sich anzufangen, daß er im Privatleben zu massenhafter Vereinsmeierei, im politischen zu dem sogenannten Parteileben gezwungen ist; diese burlesken Scheuklappen, die er sich anlegen läßt, seine Parteiideen; wegen solcher Vorteilchen und Idiosynkrasien bildet er seine Parteien, nicht unähnlich jenem Verein zur Pflege von Schoßhunden, dem Sonderbund für runde Knopflöcher, der Liga für Mahagonimöbel. Dieser versklavte Mensch nun wird ein Opfer – welcher Presse? Bei den Januarunruhen schrie man wegen der Pressefreiheit. Sie schimpfen; und fragen nicht einmal, was jedes junge Kind bei all und jedem fragt: warum machen sie das. Verbrecher: nun gut, damit sind wir noch nicht fertig, wenn wenigstens Liszt nicht vergeblich für die Kriminalistik gelebt haben soll. Daß die Presse eine reale enorme Macht ist, keine bloße Idee, keine bloße Freiheit, weiß zwar jeder Journalist, aber jetzt – sagt er es nicht. Das Opfer brüllt willenlos über seine, »seine« verletzte Presse. Daß der Zeitungsbau ein Zwinguri ist, steht nur in dieser Wiener, vom reinsten Geist erfüllten, gar nicht genug zu lobenden Wochenschrift »Der Friede«, deren Lektüre wohltuend wie ein Bad ist. Daß dem Übel nur zu begegnen ist durch Wahrhaftigkeit und Reinheit der Gesinnung, durch Verstehen, durch Selbstbefreiung des Einzelnen, Arbeit von unten, das zu wissen ist zu viel verlangt von den Journalisten des – Benedikt, aber etwas sollten die Gesetzgeber wissen. Man gibt keine Freiheiten ohne sie zu begrenzen. Man bestraft Lügenmelder. Sehr viele Journalisten sind der Pressefreiheit unwürdig. Wenn man die Abhängigkeit von – Benedikt nicht beseitigen will oder kann, so gebe man wenigstens ein Pressegesetz, das die unwürdigen Schreiber zügelt, die würdigen vor – Benedikt schützt. Man erkenne, verstehe, man sehe erst die Splitter im eigenen Auge, bevor man die Balken in dem des anderen sieht. Die neue Menschlichkeit will weniger gelesen als befolgt sein.

Man muß begreifen, daß die Idee der proletarischen Diktatur einem verzweifelnden und entschlossenen Gedanken entspringt: der Bürger wird sich nicht verstehen mitzuarbeiten an der gerechten Gesellschaft, der Bürger denkt nur an seine Sondervorzüge. Im Grunde hatte dann das Bürgertum auf den Bolschewismus nicht mit den skandalösen Plakaten zu antworten, die selber einer Raubmörderphantasie entflossen zu sein scheinen, sondern mit den Gegenbeweisen. Bei der Französischen Revolution erschienen eines Tages die bevorzugten Gruppen und gaben ihre Rechte ab. Mir ist in den Programmen der bürgerlichen Parteien noch nicht etwas Ähnliches deutlich geworden. Ich sehe viel Verhüllungen, Theorien, aber ebensowenig wie man für den Krieg ein klares Bekenntnis der Dummheit, Schuld, Verführtheit, unbeschadet der der anderen, abgegeben hat, ebensowenig wie man die Kriegsschuldigen bestraft hat, sondern sie läßt, nicht die befreiende Dringlichkeit eines Vorgehens begreift, ebensowenig das Geständnis der Bevorzugung, der Unleidlichkeit der bisherigen Zustände. Der Bolschewismus wächst nicht auf Hunger und Arbeitslosigkeit, sondern – auf einem obstinaten kurzsichtigen selbstsüchtigen Bürgertum. Und wenn das Bürgertum wachsen wird, um so wilder. Was soll denn bei diesen Klassen Demokratie bedeuten? Doch jetzt genau so Befestigung der Herrschaft wie Monarchie bei den Konservativen. Das scheint mir nicht schwer verständlich, das wissen auch sehr viele Bürger, aber man malt es an die Wand, daß der Bolschewismus die Kultur zerstört: ja will man riskieren, daß diese angeblich so verehrte Kultur wegen des wirtschaftlichen Plus und Plunders geopfert wird. Soll der Skeptiker den Zweifel an der Bestürzung über den Kulturverlust unterdrücken. Der »Friede« formuliert über dieses und anliegende Themen vorzüglich (Alfred Adler): »Der Geist des Sozialismus ist Ausbildung und Wirken des Gemeinschaftsgefühls«. Diese Zeitschrift erörtert wirklich denkend auch den öfter so tumultuarisch gewünschten »Anschluß« Österreichs an Deutschland; ich bin für diesen Anschluß, wenn wir so ruhige Leute wie die des »Frieden« mitbekommen; mit dieser Zeitschrift ist uns Österreich nicht um Nasenlänge, sondern um die Länge eines ganzen wirklichen Kopfes voraus. (Adresse: Administration, Wien 1, Renngasse 13.)

Einiges mehr Ästhetische aus diesen neuen Papieren. Man weiß, daß die Wirkung der Blockade in vieler Hinsicht deletär war; zu verhängnisvollen Wirkungen kam es auch in der Kunst. Ich verspreche mir nicht soviel von der Einfuhr als von der Ausfuhr. Wir haben eine Überproduktion an Pathos, Lyrismen und Entrüstung. In den afrikanischen Steppen und nördlich von Hindostan soll es noch wenig davon geben. Falls die Entente die Annahme für diese Gebiete verweigert, könnte daran gedacht werden, all die entrüsteten Pathetischen auf einen Platz zu treiben und zu fragen, was sie eigentlich wollen. Vielleicht lassen sie es dann.

Der Stil ist nicht immer so rein, wie es die Sache erfordert. Schwulst ist mit Ehrlichkeit schlecht vereinbar; oft findet man in diesen neuen Zeitschriften verkappte Jambenrhetorik und Phrasen von Schillerepigonen; dieses Neue ist nicht sehr neu. In der so guten »Neuen Erde« liest man folgenden Satz: »Die in der Weltbegegnung weit tief durchmessene Menschheitsexpression wird so zum Weg der Wege ausgespannt, neue Welt der Seele, Amulett und Grundsystem über Pflanzen und Staaten, eigenen Tod und furchtbar, endgültig fern vom heildrohenden Tod der Welt.« Was soll solch Geschreibe? Der Laie wundert sich zwar, aber dem Kenner imponiert es nicht.

Einmal ruft unter vielen anderen auch Bruno Taut auf, er die Architekten; ex oriente lux, meint er und will, daß man östliche Architektur und Bauweise beachte. Machen Sie nur, Herr Taut, zeigen Sie fleißig, was Sie können und sind. Man überzeugt als Künstler nur durch Werke, zu deutsch Opera. Sie haben in allem zweifellos recht, Indien ist herrlich, Florenz mager, Assyrien roh, Ägypten mathematisch. Ich warte gespannt. Ich würde übrigens aus Berlin nicht nach Indien gehen. Es gibt eine Auffassung, daß Berliner am besten berlinisch sind und der Turban auf dem Kopfe eines Wilmersdorfers komisch wirkt. Aber ich kann mich auch irren. Ich weise nur auf Adolf Loos hin, der auch ein Architekt ist und zwar wie mir bekannt ein vorzüglicher, ja ganz ungewöhnlich guter, der bei der Herstellung von Häusern nicht von Kalkutta ausgeht ebensowenig wie von Kairo, Mykene und Florenz, sondern von den Leuten, die drin wohnen sollen, und von der Lage des Hauses, dem zur Verfügung gestellten Baumaterial. Zwei Standpunkte; ich weiß, welcher mir lieber ist, ich sage es aber nicht. Jedenfalls noch einmal: wir warten.

Ganz unberührt von der Zeit eine Halbmonatsschrift »Der Orchideengarten«, phantastische Blätter, Herausgeber Strobl, Dreiländerverlag, München, Hefte von etwa 20 Seiten Text mit Erzählungen, wenig Gedichten, zahlreiche Graphik. Sie malt ein Titelblatt: da sitzen auf einem schwarzen Baum über einem rostroten Teich drei bürgerlich gutgekleidete Männer und angeln an ihren Schirmen und Stöcken mit den eigenen Köpfen. Der eine Herr hat seinen Zylinder an einen Ast gesteckt, der andere hockt mit angezogenen Beinen oben, der dritte hebt mit größter Vorsicht die Angelschnur an; die Schnur packt bei dem einen die schmerzhaft beteiligte Nase; des andern Haar ist gefaßt, er verzieht nur den Mund; der letzte baumelt schief und leidend an seinem linken Ohr. Eine Schnurre, die sich recht gut macht. Die Sache ist übrigens noch älter als Wedekind, ich las wenigstens einmal, daß in den Jesuitenschulen des 16.–17. Jahrhunderts folgende These sehr beliebt war: »Durch welche Kraft vermochte Boetius sein vom König Theodosius abgeschlagenes Haupt, damit noch sprechend, in seinen Händen zur nächsten Kirche zu tragen?« Hinter der gemalten Schnurre des »Orchideengartens« amüsant und niedlich geschriebene; das Gruslige und die Parodie des Grusligen, erfreulich bündige Sachen. Die auf Eis gelegte Leiche, die beim Schmelzen des Eises im Wasserbett während des Wächtergelages lebendig wird, sich später als Religionsstifter der Wiedergeburt mit 80000 Mark Jahreseinkommen niederläßt. Es ist schon was, wenn mit dem Tod gespielt wird und wenn er ausgelacht wird.

Ganz extravagant die Züricher Zeitschrift »391«, Druckerei Heuberger, Zürich, Herausgeber nicht genannt. Auf rotem Zeitungspapier ein geheftetes Doppelblatt, französisch geschrieben, Gedichte, Aufruf, Zeichnungen, Notizen. Hauptnamen Tristan Tzara, Francis Picabia. Das ganze artistische Organ gehört ins Lager – ich weiß nicht, wahrscheinlich der Dadaisten. Die Zeichnungen sind Linien, Räder, mit Anklängen an Maschinelles, mit eingeschriebenen Namen, Worten wie Dada, 391, Guillaume Apollinaire, Sonne, Geographie. Die Gedichte vielfach assoziativ oder durch Stimmung verbundene Wortfolgen, die jedoch nicht das erreichen, was in Deutschland schon geleistet ist. Ein exklusives Blatt, das sich auf dem modernen Wege wesentlich des artistischen Fortschritts bewegt.

Im ganzen eine Reihe guter moderner propagierender und aufklärender Zeitschriften. Dann mit eigenem Gesicht der »Einzige«, »Der Orchideengarten«. Kompendiös, umfassend die »Erhebung«. Zu beachten »391«. Dann die Wiener Zeitschrift »Der Friede« und nochmal »Der Friede«. –

Landauer

Die Dinge der Welt sind von der einfachsten Art. Es wird an keinen, der sich hier einmischen will, ein besonderer Anspruch gestellt. Man kann auch leicht sehen, daß die Dinge beinah die Tendenz haben, sich selbst zu produzieren und daß es dazu oft kaum eines menschlichen Zuspruchs oder eines Eindringens bedarf; so zynisch sind die Dinge. Zustände haben eine Schwerkraft, die nahe einer physikalischen Ruhe und Überlegenheit ist; Dinge, so lächerlich sie sonst sein können, haben dadurch einen fast heiligen Charakter. Bisweilen sind Dinge so unbehilflich, daß sie erst des Zusammenwirkens mit Menschen bedürfen, um zum Ablauf zu gelangen; oft fallen sie wie ein überhängender Block schon auf Berührung und knicken wie ein Mimosenblättchen um; oft zwingen sie sich gewalttätig Menschen zusammen zu ihrer Fortbewegung und es kann ihnen keiner entgehen.

Unsere Abhängigkeit von dem was man Umstände nennt, ist groß, die menschliche Denkbreite gering, noch geringer die menschliche Willensbreite, die Freiheit, wann womit und wohin herauszutreten. Es ist alles darauf zugeschnitten, daß es keiner besonderen Intelligenz und keiner besonderen Seelenerregung bedarf für den Fortgang des Geschehens. Das Sicherste und das was am Notwendigsten begriffen werden muß ist die Starre der Zustände und ihre Neigung wie ein Gletscher sich zu bewegen, also bei aller Festigkeit langsam fließend.

Keine superiore Ansicht von Verbohrtheit, Rückständigkeit hilft darüber hinweg. In sich schimmert und opalisiert ein Zustand; er hat in sich dicht beieinander alle Elemente, die ihn festhalten fortschieben zersetzen; es zittert schnurrt kocht in ihm und alles ertragend wälzt er sich ein bißchen, gar nicht, rollt, woher plötzlich, ruht, gähnt wie ein tropisches riesiges Tier, das aus dem Wasser ans Ufer kommt.

Das alles fühlt man selten. Auch daß die menschlichen Einrichtungen selber von übermenschlicher Gewalt die Starre vermehren. Ein Haus lebt länger als ein Mensch. Nachdem die Maschine aus Eisen einmal konstruiert war und die Massenfabrikation begann, war das Geschick der meisten Nationen für lange Jahrzehnte vorausbestimmt. Man ist an Funktionen der Dinge gebunden, von denen man lebt und für die man nun auch lebt. Als ihr Funktionär; keine Gesinnung trägt darüber hinweg. Wie der Bauer auch Sklave des Ackers und der Witterung ist, die ihn ernähren. Der Mensch ist Ding unter Dingen und in eine Wirkenseinheit mit allen seinen Objekten zusammengeschweißt. Und mit Staunen wird der Geist gewahr, wie die Menschen selbst starr mit den Dingen fließen.

Der fromme fühlende Mensch, der die Dinge abstrakt erfaßt. Dieser nicht gefesselt von den Dingen, oder von den wenigsten. Er überdenkt sie, durchfühlt sie mit sich, will sie lenken mit Frömmigkeit und Seele. Er empfindet die Wärme der Menschheit, ihr ziehendes Zueinander, und fühlt nicht mit die Sperrung dagegen, die Widerstände, an denen die Wärme entlang gleitet, die Unbeweglichkeit, an der sich die Empfindung verbraucht.

Er flötet den Dingen wie der Rattenfänger von Hameln, aber die Dinge sind nicht so raschfüßige kleine Tiere, die Realität kann, selbst wenn sie wollte, nicht ihre Natur verlieren, das Mittel ist nicht geeignet, die Welt zu entschuldigen.

Gut tut, wer den Dingen auf ihren Weg hilft. Aber süß und rührend dieser Fromme. Er ignoriert die Physik. Er stellt sich ohne Verstörung mitten unter die Dinge als ein vollkommener logischer Irrtum, als eine Unwahrscheinlichkeit. Er ist aufs leichteste widerlegbar, aber doch wieder nicht widerlegbar, denn er steht nun einmal als Mensch mitten drin; er ist ein greifbarer sichtbarer Mensch. Man kann mit den Augen zwinkern, daß es möglich ist, aber es ist möglich und war schon öfter möglich.

Und wie das Wesen da steht, bückt es sich rechts, bückt sich links. Was sind das für ungelenke Bewegungen. Das Bild trübt sich. Die Dinge fangen an, ihre Kaptiviertheit zu verlieren, sie beschnüffeln das sonderbare verirrte Wesen. Wie werden sie sich zueinander verhalten. Sie sehen sich. Die Dinge kichern, das fromme Wesen kichert verlegen mit, lockt, streichelt. Die Dinge werden zudringlicher. Er muß sich ihrer erwehren. Er tritt mehr aus sich heraus, er muß es. Seine Ungelenkheit wird deutlicher. Sie freuen sich stärker. Er ist in einer Berauschtheit, diese Welt ist ihm fremd, es ist eine hallende Betäubtheit, er weiß nicht, was mit ihm geschieht. Leise ganz im Hintergrund ist er verzagt und weint. Aber er läßt nicht ab, er ist schon Ding unter Dingen. Er weiß nicht wie ihm ist und lebt mit allen Gliedern in der Fremde. Er drängt nach Flucht sonderbar verängstigt. Die Gelüste der Dinge durchzucken ihn. Er weiß, daß er schon gestorben ist, vergiftet. Und erlebt mit Verwirrung und Zittern das Letzte, was sie ihm tun, ihm, dem Frommen, Freien. Keinen Millimeter haben sich die Dinge bewegt. Wie eine Fliege hängt er an dem Leim.

Das Mammut klappt mit den Ohren, legt träge den Rüssel eingerollt vor sich auf den Boden; nichts ist geschehen. Das fromme Wesen hat dem Tier zuviel Ehre angetan. Er hat eine andere Art wie die anderen Dinge, ein anderes Atomgewicht, seine Darstellungsgesetze sind anders. Einen verhängnisvollen Augenblick lang hat er vergessen, daß er langsamer wirkt und durch die Dinge und Zustände durchsickert wie eine Farbe oder verwitternd wie die Luft. Sie entgehen ihm nicht. Er hat es nur zu eilig gehabt.

Der Bär wider Willen

Das Bein war brandig, man nahm es ab. Sie fluchten dem Arzt, weil sie kein Bein mehr hatten.

Sie gingen krummgeschlossen in Ketten, man schmiedete sie los. Sie brüllten, schmähten, sie konnten nicht gerade gehen, die Wunden an Händen und Füßen schmerzten.

Ihr Schmied war ein besonderer Mann. Ihm war es nicht um die Gefangenen zu tun. Sie wußten es: da hatten sie was.

Diese klagenden Raubtiere. Sie sind aus ihren Käfigen gelassen und können nicht mehr laufen. Der Sand rieselt ihnen zwischen den Zehen, unter den Sohlen vorbei, der Boden ist weich, sie gleiten und torkeln, der Wind bläst in ihr Fell. Sie wollen zurück in ihren Käfig, kauern, stellen sich auf an den Gitterstangen.

Bei der Zähmung von Tieren sieht man diese schrecklichen Zustände. Man bringt die Tiere in enge Gehäuse und momentan werden alle ihre Gewohnheiten falsch. Ihre Instinkte melden sich umsonst. Sie haben lauter überflüssige Organe, die aber noch da sind und drängen. Wie sie sich aufreiben, sich zerreiben. Der Zuchthausknall: der Mensch, isoliert hat nun plötzlich nichts, worauf er blicken kann, nichts was seine klangsüchtigen Ohrnerven berührt, die doch kräftig sind, darauf warten. Der ganze Mensch, abgestimmt auf eine Unsumme von Erregungen, nun plötzlich abstinent in allen Organen, und noch dazu als wollte man ihn reizen und quälen, gefüttert, geladen; man gießt Spannung in ihn, beseelt neu die Organe, Augen, Ohren, Beine, Gefühle. Wäre er ein Kessel, würde er explodieren. So verwirrt sich das Ganze, läuft leer, Halluzinationen, Phantasmen, Erregungszustände.

Deutschland aus dem Käfig gestoßen. Das Problem: wie ein Gezähmter wild gemacht werden kann. Er soll und muß wild werden. Er soll und muß revolutionieren.

Da ist es nicht unrecht und da gibt es nichts zu lachen, wenn die Instinkte von Hunderttausenden oder Millionen sich aufbäumen; nicht einmal die scheinbare Jämmerlichkeit jener ist auffällig, die dem verflossenen Regime Tränen nachweinen und als das Schmerzlichste aller Friedensbedingungen die Auslieferung der Symbole des Kerkers empfinden. An den Wänden Plakate, deutsche Frauen rufen auf, die Matrosen hätten ihre Schmach wieder gutgemacht durch die Versenkung ihrer Flotte, die Landarmee solle nicht zögern. Wie sie glücklich sind und sich verstecken hinter ihren gegenstandslos gewordenen Instinkten, wie sie nicht wissen wollen, daß sie gegenstandslos geworden sind und mit den süßen Fähnchen winken. Das Gebrüll der Nationalversammlung: Revanche. Sie sind unglücklich, man reiztsie noch. Sie wissen nicht ein noch aus. Was sollen sie tun als Rache schreien über die, die sie unglücklich gemacht haben.

Insgeheim: sie lügen, wenn sie über diesen Frieden lärmen. Sie sind glücklich darüber, sie hatten nichts anderes erwartet, vielleicht dies und das glimpflicher. Wie wären sie entsetzt, beschämt und vernichtet, wenn sich wirklich vor ihnen ein Friede der Gerechtigkeit aufgetan hätte. Dieses Faktum, diese wirkliche Revolution: Gerechtigkeit, woran sie nicht glauben, nie und nimmermehr glauben.

Was will man? Dies stellte, was sie verloren haben, was man ihnen nahm, seit Jahrhunderten das Optimum ihrer Lebensbedingungen dar. Sie sind untrennbar davon geworden. Man vernichtet sie zur Hälfte mit, wenn man diese Bedingungen vernichtet.

Der großen Revolution von 1789 gingen jahrzehntelang die schwersten Erschütterungen voraus. Das Volk wurde gelockert und gelöst aus seinem Boden und seinen klammernden Verbänden. Da höhnte Montesquieu in den »Persischen Briefen« die Geistlichkeit und alle Einrichtungen des Staates, er, der Parlamentspräsident. Voltaire hat schon als Jüngling Spottverse auf Ludwig XIV. geschrieben, für die er in die Bastille wanderte; das war Anfang des achtzehnten Jahrhunderts, erst am Ende kam die Revolution und während der Zeit hat der Mann nicht still gesessen, nicht allein gesessen, die Enzyklopädisten und Materialisten haben gearbeitet, in Amerika wurde ein Befreiungskampf ausgefochten. Langsam kam es im Regierungsapparat zu Störungen, zu dem ersten deutlichen Knirschen und Versagen der Räder; die Steuern gaben dann nur den letzten Anstoß.

In Deutschland jubelte am 4. August sogar ein Teil der Arbeiter, von Mittelstand und höherer Schicht zu schweigen. Der radikale Abgeordnete Frank zog beispielgebend in den Krieg.

Am Schluß gab die Entente einen Fußtritt in den Ameisenhaufen. Die Verwirrung der verschütteten bestürzten Tierchen. Und sie sollen Revolution machen!

Man hat nicht vor und hatte nicht vor euch zu befreien. Man hätte es schon tun können, sogar um eurer blauen Augen willen, es ist was um den Deutschen, er enthält viel Rohstoff. Aber die Sonne hat auch nicht vor, die Pflanzen und Bäume zu locken, und sie kommen doch. Die Sonne ist ein schrecklicher Feuerball, eine schauerlich glühende Gasmasse, und die zarte Blume lebt von ihr, ja kann nicht leben ohne sie, wartet auf sie.

Es gibt in der Natur was man Anpassung nennt. Das ist kein Erleiden, keine Schwäche, sondern die Fähigkeit, der Zufälle Herr zu werden, die Umstände machtvoll zu bewältigen. Es kommt ganz auf jedes Wesen an, ob es Sklave sein will oder nicht. Solange ihr die Fremden und ihren Frieden anbellt, werdet ihr ihre Sklaven sein.

Wie die Blume sich vor der Sonne zurückziehen und sich nicht von ihr verbrennen lassen. Sondern an ihr wachsen.

Ich wiederhole: wachsen.

Dankbarkeit gegen die Entente: wo steht dieser Satz? Und wann wird er geschrieben werden?

Siehe da, wie man still nach dem Erdstoß dasitzt und sich einrichten will, hat sich etwas eingestellt, Gäste, mehrere Gäste, mitten unter uns. Man kennt sie nicht, sie sehen nicht gut aus, sie haben graue Erdfarbe, man will sie hinauskomplimentieren. Sie verstehen nicht Deutsch, überhaupt keine Sprache, sind selber stumm, haben gräßlich weite weiße Augen, schwere Fäuste, eiserne Kiefer. Das ist der Groll, das Mißtrauen, die Not. Derselbe Erdstoß hat sie hochgehoben. Diese Unausweichlichen.

Inzwischen keifen noch die anderen. Wer schuld am Kriege ist. Deutschland ist schuld, die anderen haben schuld, haben auch schuld, beide haben schuld. Der Krieg ist noch nicht zu Ende, man schlägt sich noch mit Worten. Schon im Trojanischen Krieg beschimpften sich die ruhmreichen Helden. Es ist aber neu, daß Helden ihre Schimpfworte der Terminologie von Pfaffen entnehmen. Man sieht, hier schimpfen Christen.

Sie schämen sich, den Krieg gewünscht und verherrlicht zu haben. Einer, der fast so weise ist, als wenn er Wilson wäre, hat die Aufsätze, die er während des Krieges schrieb, zu einem Buch zusammengestellt, dabei aber die peinlichen unterschlagen. Mein Sohn Brutus. Druck sie nur ab. Der Krieg war tausend Seelen ein Glücksaugenblick. Die merkantilistisch vertrottelte Welt der verflossenen Zeit: um Kattun dreht sich alles; braucht sich keiner zu schämen, der dies nicht wollte. War schon etwas, diese aufzuckende Wildheit, dieses gierige Würgen von Wahnideen, und viele, viele, jüngere und ältere sind in den Krieg gezogen und sind auch gestorben mit dem Gefühl: das ist besser als wie wir gelebt haben. Ein biologischer Widerwille brach sich Bahn; die Welt der Neurosen, Hysterien, Jobber und Trottel erzitterte vor sinnlosem fehlgeleiteten Leben. Der Krieg war Qual, der Friede Zuchthaus.

Verkennt euch nicht. Schwatzt nicht nach. Kommt zu euch.

Soll man lachen, soll man die Achsel zucken? Sie werden noch als Greise mit Puppen spielen. Durch Deutschland, von Stadt zu Stadt marschieren die alten lieben lieben Soldaten. Sie haben keinen Mut zu sich. Heult nicht: es gibt noch die alten Parteipopanze. In dem Kriegsfeuer haben Millionen über Millionen ihr Leben gelassen, ein Erdstoß ist gekommen, die Überlebenden haben fast nichts gerettet, aber Vogelbauer, Gerümpel, Sofadecken, Lächerlichkeiten. Jetzt noch Zentrum und so weiter. Und sie halten es fest; es ist ihre Weltanschauung; nicht heulen. Es hat zwar alles keinen Sinn mehr, die Stunde hat ihre eigentümlich zielende Notwendigkeit, aber die Notwendigkeit wirkt noch lange nicht in ihren Nerven, noch lange nicht, sie leben nicht dieses reale Leben, sind Beute der zerschlissenen Sofadecken, der toten, unwirklichen Ideen. Daher ihr Unverstand, ihre Ungerechtigkeit, der Haß aufeinander. Sie sehen sich ja gar nicht. So werden Parteien gemacht, nicht heulen, Ministerien gebildet, wenn möglich paritätisch, um die – Volksmeinung widerzuspiegeln!

So hilflos, so vor den Kopf geschlagen sind sie. Die Ameisen in ihrem zerstörten Haufen. Und hinter ihnen grunzen und stöhnen jene Gäste, die erdfarbenen. Die Unausweichlichen. Und man müßte sich besinnen, welche Entschlüsse zu fassen sind.

Drastisches Intermezzo.

Zu einer großen Versammlung sagte ein gewisser Mann: »Der Menschheit Würde ist in Eure Hand gegeben.« Darauf schwur sie den Revanchekrieg. Nach einigen Wochen fühlte sich der Mann genötigt, sich zurückzuziehen. Der Menschheit Würde aber blieb in der Hand der Versammlung.

Der 4. August in Permanenz. Es gab aber neben diesem 4. August, – dem des Wortes: ich kenne keine Parteien mehr, ich kenne nur Kriegskredite –, noch einen anderen, nämlich den vom Jahre 1789. Damals in der Nacht zwischen zehn und vier Uhr erschienen vor der gesetzgebenden Korporation die Vertreter der Privilegierten und begaben sich ihrer Vorrechte. Bis vier Uhr. Morgens tat es ihnen zum Teil leid. Unsere Privilegierten haben sich den zweiten Teil gemerkt: sie fangen gar nicht erst an.

Alles kehrt wieder. Wir erleben Byzanz. Wer das Heer hat, hat die Staatsgewalt. Da man nicht weiß, wie man sich verhalten soll, spielt man: »verwechsel, verwechsel die Bäumchen«, gruppiert die Parteien um, heute so, morgen so, berechnet die Kopfzahl. Man behilft sich mangels höherer Rechnungsarten mit Regeldetri; als Demokratie preist man es allerorten. Man kann es noch einfacher haben: man zählt an seinem Jackett oder wie Gretchen im Freien an einer herzigen Blume. Zwischen Kanonenspielen und Knopfabzählen bleibt uns die angenehme Wahl.

Ich erwähne Herrn Erzberger. Er hat zwar kaum an dieser Stelle etwas zu suchen. Aber er wird sich auch hier Platz schaffen.

Das heutige Brot führt zu üblen Darmgärungen. Und die Darmgärungen führen zu Erscheinungen wie folgenden Zeitungen und Zeitschriften (wegen Raummangel und Betroffenheit des Lesers weggelassen).

Die Talente, die Ideenbegabten bemühen sich um die Dinge; wie sollte es auch anders sein.

Es ist ein Fressen für die Pazifisten. Kongreßlich feierlich ist ihnen zumute. Sie strömen die Rede hin, zeugend von großen Gedanken. Ins Herrenhaus setzten sie sich und begannen vor der Welt zu tagen. Sie haben, wie zu erwarten war, Deutschland die Schuld, die Schuld am Kriege gegeben. Und sogar die alleinige. Zur Einleitung. Die Menge erschauerte vor Ehrfurcht. Einer der Herren konnte gewaltige Taten aufweisen; er war im Flugzeug nach Dänemark geflogen und dann wieder zurückgekommen. Er brachte der darbenden Menschheit große Töne. Er begründete den Pazifismus naturwissenschaftlich. Die erotische Liebe gehe der humanitären voran, setze sie voraus. Das ließ man sich gefallen und lobte diese Lehre. Zwar erinnerte man sich, daß Liebende sich auch wieder hassen, ja, es geschehen sogar Verbrechen unter Leuten von derselben Rasse und demselben Stamm, und Gebildete dachten an Strindberg, aber all das zeigt wohl nur die Kleinlichkeit des Menschen und spricht nicht gegen die Lehre. Er wies darauf hin, daß der Krieg jetzt keine Auslese mehr schaffe wie früher, und infolgedessen habe er auch von der Darwinschen Lehre her keine Berechtigung; es ist bekannt, daß wir, wenn wir wichtige Dinge begehen, Wohltaten und Übeltaten, wir dies auf Grund der Darwinschen Lehren tun zum Zweck der Aus- lese und zur Freude der Biologieprofessoren. Denn der Mensch ist der Vollstrecker der biologischen Theorien. Er krönte seine Bemerkungen mit dem Hinweis, wie lächerlich das Vorgehen Deutschlands gewesen ist, das sich seit 1870 um die Hälfte der Einwohnerschaft vermehrte, und da verlangt es nun ein paar Quadratkilometer. Was kann ein Volk mehr als wachsen und sich vermehren? Das ist ein Gedanke, den man ganz erfassen muß. Er sagte nichts über die Menge Herrenhüte, Wollsorten und Schundliteratur, die Deutschland in dieser Zeit produziert hat und die noch kolossal hätte vermehrt werden können, so daß die Firma Hirsch und Kompanie allein die ganze Welt hätte versorgen können, was für die Menschheit, Deutschland und die Firma doch sehr schön und ein Glück gewesen wäre. So weit der im übrigen persönlich wirklich sehr mutige, heute pazipfiffige Aviatiker und Biologe. Ach Gott! Der Pazifismus ist eine kleine gute Idee und einer steckt sie sich gern ins Knopfloch, und nun soll sie eine große sein.

Eine Dame redete nach ihm sehr schön über die Jugend und die Friedensideen, sie schnob über die Bestialitäten des Krieges, die belgischen Greueltaten, man fühlte sich pazifistisch aufgehetzt und ich fand es sehr gemütlich. Ein Münchener Professor war noch gemeldet, der kam nicht; ich glaube, er fürchtete sich vor dem Rennen.

Die Sozialdemokraten werden der Misere Herr werden. Sie tun was das Ihre ist: sie stellen die Demokratie voran und lassen die Dinge wachsen, bis sie reif für den Sozialismus sind. Sie sind die wirklichen Marxisten; Marx hat gesagt, in einem gewissen Augenblick ist es so weit für den Sozialismus, es steht im Kapital. Es ist zwar schwer auf den Sozialismus zu warten bis zu diesem Punkte, aber man wird sich nicht durch die Zufälligkeiten der Zeit beirren lassen. Die Juden warten schon zwei Jahrtausende auf den Messias und sind dabei ein auserwähltes Volk geworden. Verfolgungen, Verbrennungen haben sie gut überstanden, sie konnten allmählich die Stufe erreichen, wo man mit alten Hosen handelt. Auch die Sozialisten können, wenn sie zwei Jahrtausende auf den Sozialismus warten, ein auserwähltes Volk werden und sie werden in dieser Bemühung von keiner anderen Nation weder durch Verfolgung noch Verbrennung gestört werden. Im Gegenteil, man wird ihnen Liebe und Achtung während dieser Zeit entgegenbringen, wird mit Teilnahme beobachten, wie sie sich dem Stadium der alten Hosen nähern und ihnen promptest Bescheid geben, wenn es so weit ist.

In Weimar wachsen die schönen Blumen und es ist da ein Park, wo die Jamben rauschen und die Trivialitäten als goldene Offenbarungen von den Bäumen fallen. Da haben klassisch durchschauert die Herren sich zum Parteitag versammelt. Denn die Pflege des Sozialismus, das ist des wirtschaftlichen Gemeinschaftsgefühls, ist heute Sache einer Partei; wir sind so weit; es wird dazu kommen, daß, um die Kindesliebe zu pflegen, sich eine Partei bilden muß, oder um für Gerechtigkeit im Staat zu sorgen. Auf dem Parteitag sollten die Prinzipien festgestellt werden, die Grundwahrheiten bekräftigt werden, nach denen man handeln wollte.

Ein Mann, ein Führer war beschuldigt, sich in vieler Hinsicht des Bruchs der Grundsätze schuldig gemacht zu haben. Er hatte den verruchten Militarismus neu eingeführt. Aber als sie hinreichend geschrien und ihre Beweise vorgebracht hatten, erhob er sich und sagte kalt: meine Gegner wollten ihn auch einführen, sie wollten ihn mir entreißen. Darauf waren sie alle still, der Punkt war erledigt und die Grundwahrheit festgestellt und bekräftigt.

Ein anderer hatte vieles versäumt. Er fing an zu reden. Er sang von Lieb und Treue, von neuer und alter Zeit, er las Uhland vor, die Bäume, die Bäume von Weimar bekamen Stimmen. Und wie er zum Entzücken der Anwesenden gezwitschert und richtiges Deutsch geredet hatte, verlangte er ein Vertrauensvotum. Sie waren entsetzt, wie weit sie es in ihrem Übermut getrieben hatten. Was war dies für ein Mann. Er redete wie geschmiert. Sein Vertrauensvotum konnte ihm nicht entgehen. Brüderlich standen sie beisammen. Die klassisch orientierten Bäume rauschten, sie sangen unten die Internationale, oben wiegten die Banalitäten.

Vom Himmel kommt es, zum Himmel steigt es und wieder nieder zur Erde muß es, ewig wechselnd.

Die Läuse kriechen über das Bärenfell und machen ihre Musik. Der Bär soll danach tanzen.

Ach wie müde der Anblick des Paradoxen und der Verworrenheit macht. Wer möchte jetzt nicht oft in Turkestan und weiter östlich sein, unter einem schwarzen Filzzelt liegen; laß, o Welt, o laß mich sein.

Und nur der Gedanke macht froh: die Läuse können piepen, was sie wollen, der Käfig, der Käfig bleibt zerbrochen, unweigerlich zerbrochen. Und wenn der Bär in den Käfig will, so stehen die Eisenstangen der ganzen Welt parat, um ihn zu begrüßen. Er muß umkehren, er muß in die Freiheit hinaus. Der Bär stöhnt und grunzt kläglich.

Wann werden wir dich endlich herzlich und dankbar grunzen hören?

Dämmerung

Es ist die schlimme Zeit entre chien et loup, die Dämmerung.

Man sagt, die Dinge konsolidieren sich langsam wieder. Welche Dinge? Erst gab es eine Revolution, dann eine rote Zeit. Welche Zeit haben wir?

Unbestreitbar fahren mehr beladene Wagen auf den Straßen als vor einigen Monaten. Seit langem hat es in Berlin nicht geknallt, auch andere Städte scheinen ruhig. Die Theater, Kinos, Kabaretts, Kaffees können ihr Publikum nicht fassen; neue werden eröffnet. An den Stellen, wo sonst prangte: »die Ostmark in höchster Gefahr«, wird zum Foxtrott aufgefordert; der Preiskampf der weltberühmten Boxer steht bevor. Man hört aus den Verhandlungen der linken Parteien, es herrsche Revolutionsmüdigkeit, sie steigere sich zu völliger politischer Indifferenz. Streiks werden rarer, rarer; die Massen werden unbeweglich, das Erz erstarrt. Die Programme fangen an, nach rechts zu hinken, die Macht des rechten Flügels der Unabhängigen wächst. Bei den Kommunisten kommt es fast zu einer Spaltung über der Frage nach dem Eintritt in den parlamentarischen Kampf.

Dabei bemächtigt sich vieler eine sonderbare Betrübtheit. Auffällige Stimmen schreien herüber aus dem Lager der Rechten. Man besinnt sich: Wir haben zwar das Versailler Programm, aber haben wir sonst noch etwas sicher? Plötzlich kämpft man gegen das peinliche Gefühl: es wird nichts geleistet.

Die Dämmerung, durch die etwas blinkt wie eine Uniform und ein Helm.

Das Fazit des neunten Novembers: Republik, Demokratie, Zivilismus. Man stelle sich dieses Glück für einen Deutschen vor: Republik. Wie kommt es, daß man sich erst jetzt nach so langen Monaten dessen bewußt freut? Man hat die Republik als eine Selbstverständlichkeit angesehen. Man fürchtet leise um sie. Nicht mehr soll diese unerhörte Arroganz von gänzlich belanglosen Familien sein, die sich anbeten ließen und angebetet wurden. Die dadurch das ganze geistige und moralische Niveau des Volkes herabdrückten. Aus vierzig fünfzig Hauptstädten sprühten die Fontänen über das Land und verbreiteten den erbärmlichen Dunst der Unterwürfigkeit und des Servilismus. In Deutschland klagte niemand mehr darüber; man hatte gelernt, seine Fürsten zu ertragen wie das Wohnen im Keller. Man war kurzsichtig geworden, die Kinder wurden rachitisch geboren. Die Spinnen in den Winkeln kannte man besser als das Gras vor der Tür. Und was eine Weide war oder ein Garten oder ein freier Wald: o weh. Republik: aus der Gesellschaft des Professors Roosevelt stellte sich einer vor den Kaiser und fragte ihn. Er fragte den Kaiser, die Hände in den Hosentaschen. Denn dies ist der Monarch, man wisse, man setzt ihm keine Säule im Tempel, er ist auch nicht offizieller Gott nach seinem Tode. Aber nur einen Millimeter weniger. Ihn geringschätzen ist ein besonderes Verbrechen. Er steht außerhalb der Gesetze, oberhalb der Diskussionen. Die bürgerlichen Köpfe und Münder haben sich nur an seinen Stiefeln zu bewegen, oft unter seinen Sohlen.

Demokratie soll sein, hieß es. Freier Mann neben Mann. Eine Vorahnung des mystischen »Bruder Mensch«. Das Kapitel ist schwierig; aber im Augenblick ist kein anderer Weg gangbar.

Und Zivilismus: die Entthronung des Leutnants, Degradation des Monokels.

Welche beglückenden Neuerungen. Man möchte heulen, daß man sich darüber freuen muß. Man soll sich bewegen können im Lande als in einem Haus, das man sich nach Wunsch umbaut, schmückt und einrichtet.

Dämmerung. Wer hat uns all dieses gebracht? Diese Geschenke hat dem deutschen Volke die Entente und die Arbeiterschaft gebracht. Die Entente, indem sie – schrecklich schmerzliche Zwiespältigkeit der Gefühle – die deutschen Armeen unerbittlich zermürbte und zurückwarf und zur Kapitulation zwang, die Autorität des zweifarbigen Tuchs im Lande zerstörte. Die Arbeiterschaft, indem sie mit Elan und Erbitterung unter ängstlichem Beiseitestehen der Bürgerschaft zu Boden stieß, was im Begriff war zu fallen. Nicht wenig fehlte und die Arbeiterschaft wäre gehindert worden, ihrem Impuls zu folgen; man hatte in ihren Führerkreisen von Evolution gefaselt. Wasser und Vulkan schließen sich nicht aus, Evolution hat ihr Recht und Revolution hat ihr Recht, man kann es schon im »Faust« lesen.

Die rechten Parteien drängen auf Wahlen. Sie können frohlokkend verkünden, sie hätten es nicht nötig, Putsche zu machen, sie seien gewiß, ihr liebliches Ziel auf verfassungsmäßigem Wege zu erreichen.

Langsam fangen die beiden Schutzmächte der deutschen Republik, dieselben, die sie geschaffen haben, die Entente und die Arbeiterschaft, an, weich zu werden und auszurutschen. Eines Tages werden wir wieder auf eigene Füße gestellt werden, die Furcht vor der Entente wird verschwinden, es wird die Frage auftauchen, ob wir weiter das Gnadenbrot der Republik essen sollen. Wir werden uns umschauen müssen nach der Hand, aus der wir es essen sollen.

Denn schon enthüllt sich Deutschland langsam. Wohin man geht, die höhnische Skepsis. Die bitteren Bemerkungen: verbessert haben wir uns bis jetzt jedenfalls nicht, changieren in offene Lobpreisungen des niedergestürzten Regimes. Eine große Stumpfheit bemächtigt sich der Massen; sie fallen beruhigt zurück, satt und gelangweilt in Schwere und Lethargie. Umsonst ist die deutsche Bürgerschaft lecker gemacht worden nach Freiheit, gejagt worden aus dem Keller in den Wald. Die Pasteten stehen auf dem Tisch, sie greifen nicht danach, schlucken ihren ererbten patentierten Schiffszwieback. Wie sie über den alten Reichstag lachten – statt ihn stark zu machen – und die Dynasten mit ihren Heeren anbeteten, beten diese Fetischisten Parteischemata an, nennen es Demokratie; spottet ihrer selbst und weiß nicht wie.

Wenn sich Deutschlands bis jetzt noch nicht die alten Monarchen bemächtigt haben, so liegt dies nur an der Entente. Es ist nicht wahr, was ein öffentlicher Mann neulich sagte, daß eine monarchische Erhebung das ganze Volk wider sich haben würde und die Truppen wie Glas zerspringen würden. Das Gegenteil ist richtig. Sie würden, die Mehrheit des Bürgertums, dieselben Massen, deren Münder Demokratie gerufen haben, den Dynasten wieder zufallen. Sie würden die Hände an die Hosennaht legen, Blumen werfen und die Hüte schwenken. Bis in die Reihen der Sozialisten hinein würde der Anhang der Monarchisten reichen. So trostlos hohl und schwach sind sie geworden unter der jahrhundertelangen Erziehungskunst der Fürsten.

Was hatte man gedacht. So lange saßen die Herrscher planmäßig verstreut im Reich. Sie haben sich Bundesgenossen geschaffen in allen Schichten des Volkes, sie haben Reiches und Gutes geschaffen, dabei die spontanen Triebkräfte gelähmt und die Individualitäten verkrüppelt, wie es neben ihnen nur noch die Kirche tat. Sie werden nicht mit einem Schlage getötet wie ein Kaninchen, das man an den Hinterbeinen faßt und gegen die Wand schaukelt. Den Begriff der Nation haben sie den Deutschen eskamotiert und ihn an ihre Familie geknotet, so daß der Deutsche statt eines Vaterlandes den Boden um fünfzig Thrönchen betrat. Jetzt finde sich einer in dieser Welt zurecht. Wir zehren nur von dem Erbe, das sie hinterlassen haben.

Die Rufe der Monarchisten werden uns nicht schrecken. Der Schild der Gorgo tönt anders. Wir wissen genau, woran wir sind.

Die Revolution hat nicht Republik, Demokratie und Zivilismus gemacht. Sondern die Möglichkeit dazu.

Wir haben die Arme frei bekommen. Die Ebene ist frei. Der Kampf gegen die Hohenzollern und Wittelsbacher kann beginnen. So wenig und so viel ist erreicht.

Die Entscheidung wird bei der Bürgerschaft und uns selbst liegen. Der Schrecken ist den Sozialisten in die Glieder gefahren; sie suchen sich zu besinnen auf die besten Methoden des Fortschritts. Karl Kautsky hat sich die Frage nach dem Mißlingen mehrerer Revolutionen vorgelegt und diese Revolutionen scharf analysiert. Als Kernpunkt dieser Schrift, die in vieler Hinsicht ungerecht gegen die Revolutionäre ist – Kautsky befindet sich in Defensive, es ist eine Kampfschrift –, erscheint der Satz: die Führer in jenen verfahrenen Revolutionen sind mit ihren Ideen, Plänen und Voreingenommenheiten über die Dinge hergezogen, statt ihren Kopf dazu zu benutzen, Ideen aus den Dingen herauszuziehen. Zum ersten Anschwall trieb die Massen vorwärts der Zwang, der logische, der zu einer Lösung drängenden schweren ökonomischen Lage. Der Zwang treibt nicht weit, der Konflikt kommt nicht zum Austrag, es verheddert sich alles, statt der Realitäten fangen an, Führer zu wirken. Die lebendigen ununterbrochen wirkenden Kräfte der Verhältnisse werden ignoriert, verkannt, fehlgeleitet. Es gibt ein wildes Branden. Der Strom, der an die Oberfläche gekommen war und sich ein Bett gerissen hatte, muß wieder in die Tiefe, er sickert, sickert.

Realität und – Literatur!

Ideen und Idole!

Wahnsinnige Methodik Robespierres: er schlägt die Köpfe ab, aber die Triebkräfte, den Mutterleib, aus dem diese Menschen kommen, greift er nicht an. Terrorismus und Unzulänglichkeit. Der geierhafte Stoß der Marxisten Rußlands, der Bolschewiki, der radikale herzergreifende Versuch, an einem großen Volke einen mächtigen sehr geistigen Plan zu vollziehen: Weisheit der Verbohrten. Sie haben im Anfang gesiegt mit ihrem Friedensprogramm, das so sachlich und natürlich gegeben war wie ein Kinderlied. Dann mußten sie sich halten durch Anpassung, siehe da die Realität, und werden sich weiter halten durch Anpassung. Sie werden schließlich lernen wie jeder, der sich durchsetzen will, daß die große Weisheit nur darin besteht, den Dingen die Zunge zu lösen und selber zu verstummen.

Der Fall ist instruktiv. Wir treten samt Republik, Demokratie und Zivilismus den Rückzug an? Lebendig sind die Kräfte, die wir die Reaktion nennen, lebendig die republikanischen. Das intensivste Leben in Deutschland aber führt die Vertrottelung. Das ist das Chaos, die verwirrte und unentwickelte Energie. Man wird ausgehen müssen, hier die Realitäten zu entdecken und ihnen ihr Wort abzulocken. Im französischen Nationalkonvent von 1789 gab es eine Partei, die zahlenmäßig die Majorität hatte, aber sonst wenig mit sich anzufangen wußte: der sogenannte Sumpf; die Stimmen des Sumpfes fielen in der Hauptsache der radikalen Bergpartei zu. Im deutschen Reich herrscht der Sumpf vor; er stellt die Zufallsmassen zu allen Parteien. Aus diesem Chaos kommt alle Gefahr. Es hat schon Furchtbares angerichtet. Dieses Chaos liegt unter einem schweren Dampf und Nebel. Ein System von uralten verwesten und verklungenen Schlagworten, Ideen und Programmen schwimmt wie ein Wust von Spinnweben über dem Volk und übt seine gräßliche Wirkung. Denn sie halten dies über sich für den Himmel der Gedanken. Es ist umgekehrt wie bei dem Trank, mit dem man Helenen in jedem Weibe sieht; mit diesen Schlagwörtern sehen sie, Romantiker und Phantasten, in jedem zehnten und zwanzigsten ihren Feind. Es ist absurd wie in Auerbachs Keller: falsch Gebild und Wort verändern Sinn und Ort, seid hier und dort. Und schon halten sie sich an den Nasen, wetzen die Messer und heben sie, um sich die Weintrauben abzuschneiden.

Den sogenannten Parteien in Deutschland das Handwerk zu

legen, ihre sogenannten Programme zu zerfetzen, gehört zu den verdienstvollsten Taten, die ein Patriot verrichten kann.

Ein Riß geht durch das ganze Volk: Arbeiterschaft und Bürgertum. Als sich die Arbeiter von den Bürgern trennten, mit denen sie vorher gemeinsam gegen Feudale gekämpft hatten, besannen sie sich auf ihre allernächsten in Mark und Pfennig auszudrückenden Interessen. Unter den peitschenden Klassenkampfdogmen fanden sie sich zusammen gegen eine neue Gewalt, die Reichen, die Besitzenden, die Unternehmer. Die Bürger nahmen diese ungeheuerliche Frontstellung an. Es ist abenteuerlich, charakteristisch, schmachvoll, wie sie handelten. Oder nicht handelten. Das Bürgertum ist ganz und gar nicht identisch mit jenen Fabrikherren, den Shylocks und ihren Nachläufern, die eine neue schreckliche Feudalität ausmachen. Liest man die grausigen Zahlen der Nationalökonomen, sieht man die elenden Wohnungen und das klägliche Dasein, so weiß man, daß an diesen Leuten gewütet wird von einer Macht, die ahnungslos oder beispiellos grausam ist, mit der sich die ungeheuere Mehrzahl aller, die sich Bürger nennen, nicht identifizieren wollen. Niemand wird hier Remedurbedürftigkeit abstreiten und glauben, mit Palliativmitteln durchgreifen zu können. Aber dahin hat es eine ungehinderte Demagogie vergewaltigend im Namen der Demokratie getrieben: Feindschaft und zwei Welten. Geistiger Terrorismus, Affekte, Idiosynkrasie, nicht Führerschaft war es. Stumpfsinn und Unfähigkeit nahm es hin, zuletzt lockte Haß den Gegenhaß. Der Riß war da. So stinkt der Sumpf. Das umschriene Sozialisieren scheidet nicht Bürgerschaft von Arbeiterschaft. Mögen die, die Feinde sind, sich befehden. Aber die Störche leben vom Sumpf. Der Riß ist ein einziger Vorwurf gegen den Verein von Männern, der sich Regierung nannte und passiv und indolent ruhig das Volk um nichts, um Sonderinteressen willen aufeinander hetzen ließ. Man identifiziert sich nicht mit jämmerlichen Regierungen. Sie waren nicht bestechlich, aber schlimmer als das, bloße Lohnempfänger. Die sich mißbrauchen ließen, wie die trägen Massen gemißbraucht wurden.

Man sah mit Entsetzen die greuliche Rachsucht des russischen Mannes, der seinen Bürger unter das Vieh stieß, ihn mit dem schwersten und schmutzigsten Blut und sich sogar gelegentlich dazu verstand, seine Weiber und Mädchen für Freiwild zu erklären, wie es einst die Ritter den Bauern getan hatten. Mit Entsetzen sah man es. Und mit Begreifen.

Im alten Staat waren Beamte, Lehrer, Geistliche, die riesige Menschenmenge gezwungen das Lied dessen zu singen, wessen Brot sie essen. Das ist jetzt anders. Sie sind nicht mehr gezwungen, sie sind frei. Aber wie ein Katatoniker, der immer seine Nasenspitze zupft, in der Minute sechsmal von morgens bis abends, im Sommer und im Winter, so beten sie, für die die Klassiker und alle sonstige Geistigkeit geschrieben hat, die alten eingepaukten Schlagworte nach. Ihre Nase wird immer länger, aber sonst wächst nichts an ihnen. Sie haben Stunden für Bücher, Theater, Musik, keine Minute für sich. An dem trägen Fleisch wirken sich zermahlend die Idole aus. Sie erliegen Klängen und Gebärden. Nur zu den Affekten in diesen eingekerkerten Seelen hat man Zutritt. Da schreien sie auf, werfen die Arme hoch, folgen irgendwelchen bunten Fahnen.

Grell wurde die skurrile Situation des deutschen Sumpfes beleuchtet bei einem Vorgang in einer öffentlichen Kommissionssitzung, wo ein ehemaliger Minister, der die Sammlung seiner Unklarheiten mit der Etikette deutschnational versieht, sich äußerte; und bald stand ein Sozialdemokrat auf und erklärte, die Hauptsätze jenes Ministers seien dem Programm seiner Partei entnommen. Es erinnert an die tragikomischen Vorgänge bei der Etablierung der bayrischen Räterepublik, wo einige Sozialisten rechter Seite sich feierlich zu den kommunistischen Grundsätzen bekannten; die Kommunisten aber rissen den Mund auf bis zu den Ohren und wollten sich das nicht gefallen lassen; es sei Betrug. Denn Allah ist Allah und Mohammed ist sein Prophet. Die Störche lassen sich ihr Futter nicht wegnehmen.

Die Fabel von den Schildbürgern spielt in Deutschland. Auch

jetzt, wenn die Politiker zusammensitzen, weiß niemand, welches seine Beine sind, und viele sind so bewußtlos, daß kaum der niederfahrende Knüppel genau eine Unterscheidung herbeiführen könnte.

Von den deutschen Bürgern, die sich Intellektuelle nennen, soll keine Rede sein. Sie halten Lyrik für einen politischen Faktor. Ihre Unbrauchbarkeit und Ungefährlichkeit ist das einzige, was sich sicher in Rechnung stellen läßt. Sie lassen ein hilfloses Gewinsel nach Gemeinschaft unter sich. Meinen ersichtlich den Urbrei, in dem ihre Gedanken gerinnen. Sie bellen gegen die Gewalt. Was hat man gegen Maschinengewehre? Man verallgemeinere nicht sinnlos. Der Gebrauch der Waffen kann gut und schlecht sein; nur der Mißbrauch ist sicher schlecht. Bedürfte es Gesetze, wenn es keine Malefizianten gäbe? Bestreitet man die Notwendigkeit von Gesetzen? Man zeige mir die Macht, die sich ohne einen Zwang erhalten kann.

So ist die Situation. Zur skeptischen Analyse der Parteiprogramme und ihrer wilden Romantik muß geschritten werden, um hinzudrängen zu einer Durchgestaltung, Bloßlegung und Organisation der Triebkräfte im Bürgertum. Die Kritik wird ergeben, daß die Menschen sich phantastischer bekämpfen als Don Quichotte und die Windmühlen. Daß der Streit auf der Höhe jener mittelalterlichen steht, bei denen festgestellt wurde, wer die schönste Geliebte hat und wessen Reliquienknochen wirksamer waren. Die Monarchisten haben neulich eine geheime Flugschrift verbreitet, deren erste Seite nebeneinander abbildete die glänzende Sippe vertriebener Dynasten und zwei proletarische Minister im Badekostüm. Das gehässige Bild wirkte nicht nur tief auf Monarchisten ein. Die beiden rühmen sich Tischler und Sattler zu sein; sie thronen über uns, dahin sind wir gekommen; über den entarteten Bürger triumphiert der Handarbeiter. Das bittere Symbol des Zusammenbruchs von Monarchie und Bürgertum.

Der Bürger wird in der Dämmerung erwachen müssen. Kritik, Befreiung vom Terrorismus der Idole. Der erste Schritt.

Ich sehe nicht, wie auf einem anderen Wege Republik, Demokratie, Zivilismus erkämpft werden können.

Republik

Der Berliner Kliniker von Leyden hatte eine gewisse prächtige Art und liebte es besonders mit zunehmendem Alter, sich unter großem Gefolge durch seine Krankensäle in die Vorträge zu bewegen. Er war es gewohnt, daß jüngere Herren aus dem Gefolge ihm voransprangen, Ruhe geboten, die Türen aufrissen. Einmal ging er nach dem pathologischen Institut herüber, um einer Sektion beizuwohnen. Während der langen Diskussion mit Virchow über den Fall verlief sich Leydens Gefolge, Virchow wusch und verabschiedete sich und Leyden sah sich bewogen, davon zu gehen.

Da war aber eine Tür. Die Tür war zu. Oder nur ganz wenig geöffnet. Spontan ging sie nicht weiter auf. Der Geheimrat, die Hände auf dem Rücken, musterte die Tür. Er richtete zornsprühende Blicke gegen die Klinke; sie reagierte nicht. Er nestelte an seinem Rock, trat unruhig von einem Bein auf das andere, ging in den Raum zurück. Der Leichendiener, der die Leiche eben zunähte, verstand wohl, was er wollte, aber er verkrümelte sich auch. Leyden war gefangen. Eine halbe Stunde soll er zwischen den Tischen und der Tür herumgeirrt sein. Er rief nicht. Bis der Diener zufällig von außen mit einem neuen Transport hereinkam. Da drückte sich Leyden völlig erschüttert an ihm vorbei und geriet unten in sein ehrfurchtsvoll wartendes, keine Miene verziehendes Gefolge.

Das Lachen vergeht einem, wenn man an Deutschland denkt. Sie haben es nicht gewollt. Würden es nicht wollen, wenn man sie heute danach fragte. Sie speien und geifern gegen die halboffene Tür. In Verwirrung, Selbstbehinderung, unter gekreuzten Instinkten stehen sie da und grimmen. Es fehlt die klare Stimme, die ihre Hand bewegt, und auf die Klinke legt. Ihr Herz reißt sich nicht los von anderen Dingen. Es kann sein, daß sie sich in naher Zeit zu entscheiden haben über wichtigste Fragen, aber sie sind noch nicht so weit, um ein Examen zu ertragen.

Man konnte, als das alte Regime abgedankt wurde, die kaiserlichen Fahnen vom Schloß heruntergeholt waren, denken: die jahrzehntelange Abstinenz hat die Begierde zu Selbständigkeit aufs höchste getrieben. Die Abscheu vor dem junkerlichen Gewaltregime war weit verbreitet; mit Widerwillen hatten große Massen auf das sogenannte politische Leben geblickt. Und als die kaiserlichen Fahnen vom Schloß heruntergeholt waren, da zeigte sich etwas Kurioses. Die Parteien sprangen an die Stelle der Junker, ahmten das alte Getriebe bis in Details nach! Sie trieben den Teufel mit Beelzebub aus; um das Chaos zu verhindern, beließ man alles und schonte. Man wollte gesunden, wie man sich sehr heiter und selbstschmeichlerisch ausdrückte. Die Verselbständigung war vertagt. Man konnte sie vorläufig als Verfassung zu Papier machen. Mit Geist wäre alles mit der Zeit zu bändigen und zu lenken. Den Geist sucht man; es blieb bei Parteien.

Wo die glänzende Klique der Dynasten gesessen hat, hüpfen die Fraktionsmänner und verkünden uns: sie seien die Vertreter, die wahren Vertreter des Volkes. Man kann sie ansehen und für sich seufzen: wie kommen wir weiter, was ist mit euch geholfen. Es ist nicht schwer zu erkennen, daß mit dieser Art Demokratie wenig zu leisten ist. Sonst ist sie Sand in den Augen, ein Schein, der zweckmäßig ist bei Wohlstand eines Volkes, äußerer und innerer Ruhe. Jetzt hilft der Schein nicht mehr; ohne Befreiung der bisher Regierten, ohne ihre wirkliche Mitarbeit und ihren Zusammenschluß ist nichts Dauerndes und Notwendiges zu erreichen. Jetzt müssen die Kräfte des Volkes selbst herangeholt werden. Die wirklichen Kräfte, nicht die, die man vorgibt zu haben und zu kennen, weil man ihre Stimmzettel sammelt. Es kommt auf Herausbildung der elementaren Triebkräfte des Volkes, auf ihre reale Formung an.

Wenn die alte Erziehung und Regierung autoritär war, mit Drohung und Stock und Gewehr arbeitete, so ist die neue schonend, sehr, sehr klug. Sie nützt die natürlichen Kräfte aus und bedient sich ihrer für ihre Zwecke. Ist wie ein sehr geschickter Feldherr, der gar keine anderen Prinzipien hat, als sich bescheiden und höchst schlau den Ereignissen anzupassen und alles für sich spielen zu lassen. Will vom Volk nichts, als was es ist und hat.

Was ist bis jetzt geschehen, Menschen aufzuziehen, die wie der Dichter sagt, »aus der freien Luft kommen rauh, sonnig frisch, saftvoll, die ihren eigenen Gang gehen aufrecht, mit Freiheit und Willen einherschreiten, führend, nicht folgend, die voll nie geduckter Kühnheit, die, deren Fleisch süß und lustvoll ist, rein von Makel, die, welche gleichmütig in die Gesichter von Präsidenten und Herrschern blicken, wie um zu sagen: wer bist du? Männer voll irdischer Leidenschaft, einfach, nie bezwungen, nie gehorsam, Männer aus Inneramerika.«

Die Parteien sind da und – passen sich an. Sehr geschickt. Sie lassen die Wasser auf – ihre Mühlen laufen! Sie pressen »Stimmen« aus dem Volk.

Sie sind nicht ehrlich; wissen ganz und gar nichts von Patriotismus. Eine Partei erhält im östlichen Grenzgebiet Stimmenzuwachs, welcher besagt, wir wollen bei Deutschland bleiben; sie macht daraus: Monarchie und Reaktion. Hunderttausende in Stadt und Land votieren für Demokratie; eine Partei macht daraus Stützung des Manchestertums.

Die Parteibildungen sind das Nessushemd der Freiheit. Sie kleben am Volk ebenso schmerzlich fest wie Dynastien. Wird nicht zur Auflösung der Parteien geschritten und Begrenzung ihres Arbeitsgebiets, so ist keine Möglichkeit zur Entfaltung republikanischer und freiheitlicher Grundsätze gegeben. Künstlich wird durch diese rohen und blinden Gebilde der Eigenwuchs des Volkslebens gehindert. Wir haben in dem gegenwärtigen Parlamentarismus eine nicht weniger unleidliche Obrigkeit als die frühere, die sich auf Eroberung, Erblichkeit, Gottesgnadentum stützte; diese aber auf planmäßige sanktionierte Täuschungen. Durch sein Vorhandensein wirkt der gegenwärtige Parlamentarismus viel schlimmer auf die Selbstgliederung des Volkes als die Dynastien, weil er sich als die Erfüllung der Selbstgliederung ausgibt.

Ebenso unerträglich als Gewalt ist ideelles Blenden. Tyrannen sind Tiere, die nur zerstören können.

Ein einziger Blick auf das Vorgehen der Parteien zeigt, daß sie die Entwicklung des Volkes nicht fördern wollen. Ihre Macht erwächst aus Wahlen. Zu diesen wird wochenlang in Zeitungen und Versammlungen geschürt. Die Massen werden, wie man sagt, in Fluß gebracht, das heißt in Erregung versetzt. Erregung, Leidenschaft ist der Zustand, in dem die Massen des Volkes zu den öffentlichen Dingen Stellung nehmen sollen. Es ist Aufgabe der Wahlagitation, möglichst viele Menschen zu Dingen heranzuziehen, mit denen sie sich nie befaßt haben. Und es kommt ihnen gerade auf diejenigen Menschen an bei ihrer Agitation, die sich nicht mit öffentlichen Dingen befaßt haben. Denn dies ist das Wesentliche: der Mehrzahl aller Wähler sind die Dinge, um die es sich dreht, fremd und viel zu hoch. Sie sitzen in den Versammlungen wie Schüler, und zum Schluß fordert der Lehrer den Schüler auf, er solle ein Urteil über die Dinge fällen, die er eben gehört hat. Der Lehrer aber kennt die Situation und legt es aufs Übertölpeln an. Zur Erzeugung des nötigen rauschartigen Zustandes, der durchaus von dem gewöhnlichen naturgemäßen des Wählers abweicht, werden ungeheure Summen von interessierten Kliquen ausgegeben. Es werden von dem Geld Agitatoren, Verfasser von Flugblättern, bezahlt. Massenhaft Flugblätter werden verteilt, in denen die tollsten Dinge versprochen werden. Plakate werden an die Säulen und Häuser geklebt. Beteiligte Personen, Lehrer, Geistliche, geistig Überlegene locken persönlich die Apathischen an. Wer die größte Geschicklichkeit in diesem

Kampf hat, neben dem meisten Geld, hat die größte Chance zu siegen, und dies heißt die meisten Stimmen auf seine Partei zu vereinigen und dadurch vortäuschen, den Volkswillen auszudrücken. Flugzeuge und Automobile beschwert man mit Hetzschriften und stürzt sie über die Menschen. Das Wichtigste zur Erregung und Betäubung sind die Schlagworte, affektbeladene, undeutliche, schillernde Worte und Begriffe, die lockend auf die denkungewohnten Gehirne wirken und die Menschen verführen, die mit der Materie nicht vertraut sind.

Man brauchte wirklich nicht über Demokratie zu debattieren, wenn sie dies sein soll: durch Parteiwettlauf ein Gottesurteil über den Volkswillen herbeizuführen. Wären nicht Bürokratie und die Facheinrichtungen stabil, so würde sich solche Demokratie mit einer einzigen Wahl den Hals abschneiden und das Land ruinieren.

Der grobe Effekt dieser freiheitlichen Methode ist: die Parteimassen flottieren. Die Enttäuschung der Novembersozialisten und Demokraten machen sich alle Parteien zugut. Sie werden Sammelbecken und schreien Triumph über ihr – Wachstum! Ja, sie sagen, die Schwachköpfe, Wachstum!

Republik heißt Freiheit, und in diesem Augenblick Anleitung zur Freiheit.

Man verlange vom Volk nicht mehr als es ist. Sie leben und wirken und sind jedem dankbar, der ihnen ehrlich in ihrer Art hilft. Man sagt, man dürfe sie nicht fortwursteln lassen. Das ist ein schlechter Ausdruck für das, was ist. Man muß unterscheiden zwischen dem, was nötig ist für die Öffentlichkeit und was nicht. Wofür der Staat das Gefäß ist und wofür nicht. Nur eine gewisse Anzahl von Fragen kann der Prüfung der Öffentlichkeit unterliegen. Es muß auf Lockerung des Staatsgefüges gehen, wenn man auf Freiheit dringt. Es kommt auf den Staat nur so weit an, als er den Menschen fördert. Man mißbraucht die Menschen.

Hier hat der Rätegedanken angeklungen.

Wenn die revolutionäre Bewegung der letzten Jahre etwas von

wahrhaft demokratischem Charakter hervorgebracht hat, so den Rätegedanken. Rascher als die Parteiführer haben ihn die Massen aufgegriffen. Es ist charakteristisch für den Prozeß, in dem wir stehen, daß Schreie nach Führern und Ideen laut werden und sich überall ein heftiges Mißtrauen auf Führer regt. Räte: das ist die Selbsthilfe der Massen gegen die autokratischen und dazu fremden Behörden. Räte soll sein: Geist von ihrem Geist, ihr Bedürfnis, ihre Lebendigkeit ... Es spricht sich hier aus die Abneigung gegen die bisherige aussichtslose Art des Öffentlichkeitsbetriebes. Ein Gebiet der Reinlichkeit ist das Einrichten von Räten, wie auch die Parteikliquen, nämlich die gefährdeten Interessenten und bisherigen Drahtzieher, sich dagegen sträuben. Es gibt hier bisher nur einen hoffnungsvollen Ausgangspunkt, und schon liegt manches im Argen. Die Räte selber, o Tücke und Widersinn, erliegen der ideologischen Betäubung und unterwerfen sich irgendwelchen Parteien. So beißt sich die Katze in den Schwanz. Sie werden es merken, daß sie sich damit inaktivieren. Es fällt kein Meister vom Himmel. Noch ringen sie mit der Hydra der Parteien.

Das Ökonomische wird umtobt. Nationalismus, monarchische Kundgebungen, Antisemitismus beweisen, daß es noch etwas anderes gibt. Es ist fatal, daß viele es erst von hier aus erfahren. Das Phänomen Zentrum, alle wirtschaftlichen Schattierungen umfassend und nach Willkür ausspielend, ist lehrreich; die Materialisten werden wie Granit darauf beißen und von den jüngsten Idealisten und Märtyrern und den ältesten Gläubigen dieselbe Antwort erhalten, daß das Wirtschaftliche nur eine einzelne Äußerungsform und nur ein Symbol für etwas anderes Wichtigeres ist.

Ohne Gedanken und Produktivität für das Wirtschaftliche war die jetzt gestürzte Rechte. Aber ihre Anhänger haben jahrzehntelang Zeit gehabt, Ideelles zum Blühen zu bringen, Imperium, Krone und Altar, germanische Rasse, Sedan. Wir haben diese Ideen an uns anprallen lassen und unter ihrer Leere gestöhnt. Die anderen Klassen und Parteien fanden nicht Zeit für Ähnliches. Bis auf die starke Partei der Klassenkämpfe, die sich im ethischen Sozialismus die große Idee geboren hat, die jetzt bezwingend durch Europa und Amerika geht. Diese Idee der staatlichen Gemeinschaft und des menschlichen Zusammenhangs, die absolut unwiderstehlich ist. Es gibt in dieser Epoche keine Individualisten, selbst Nietzsche denkt für die Menschheit.

Die freie Staatsform, in diesem Augenblick und bei uns nur die Republik, ist die Voraussetzung zur Entwicklung eines Gemeinschaftsgebildes.

Hat man irgendwo in Deutschland die Fahne der neuen Republik durch die Straße führen sehen, bejubelt von Menschenmassen? Den Jahrestag der Republik, wer hat ihn gefeiert? Aber in einer führenden demokratischen Zeitung stand die höhnische Bemerkung, als eine Gemeindeverwaltung dynastische Straßennamen beseitigen wollte: ob denn das parlamentarische System bei jedem Wechsel dahin führen sollte, die Straßennamen zu ändern. Man hat die zahllose Menge kaiserlicher Bildsäulen in öffentlichen Anlagen nicht als beleidigend empfunden; das neue republikanische Gefühl redet hier von »Äußerlichkeiten« und von »Konzilianz« gegen das frühere Verdiente. Für die neue Wehrmacht werden Leitsätze herausgegeben; kein stolzes Wort, kein Feiern der errungenen Freiheit: »voll heiliger Liebe zum Vaterlande muß jedes Mitglied der Wehrmacht ein Beispiel echten deutschen Geistes geben, allzeit treu bereit, Opfer zu bringen für das Vaterland«. Der Stil der alten und neuen Zeit. Im übrigen halten die opferbereiten Republikaner nur mit außergewöhnlich hohen Lohnsätzen bei der Stange.

Die wohlwollende Milde, die man den Monarchisten angedeihen läßt, kommt nicht aus der großen Sicherheit und Selbstverständlichkeit. Kein Glauben ist im herrschenden Bürgertum. Die Milde ist nichts anderes als ein Symptom der Lauheit. So weit geht diese »Demokratie«, daß sie auf Gleichgültigkeit hinausläuft. Im Athen des Perikles gab es ein Gesetz, nach dem jeder

Athener schwören mußte: »Ich will, soweit es in meiner Macht steht, mit eigener Hand jeden töten, der nach der Alleinherrschaft strebt oder den Tyrannen beisteht.«

Erinnert euch der Zeit des wilhelminischen Regimes. Nicht des fabelhaften Aufschwungs, an dem die Dynastie nicht schuld war. Erinnert euch der Siegesallee. Des Prunks der Auffahrten. Der byzantinischen Hohlheit und Verlogenheit der Aufführung und theatralischen Paraden. Der volksfeindlichen Exklusivität. Der vaterlandslosen Gesellen. Des konservativen Terrorismus im Preußenhaus. Der Souveränität des junkerlichen Landrats. Der Farce des Reichstages. Der besonderen Farce des einstmaligen schwarz-blauen Blocks. Der Götzendienerei vor dem Offizier. Der Erbärmlichkeit der Agadirpolitik. Der Abneigung, sich über Gebietszuwachs zu verständigen und den Geist zu bemühen. Der zunehmenden Atrophie des Bürgertums, das in Verdiener, Speichellecker, Apathische und Mißvergnügte zerfiel.

Die brütende Luft dieses Kaiserreichs von Geldraffern, in der von Zeit zu Zeit Säbelrasseln und Walzermusik erscholl. Diese Gräßlichkeit, in die sogar die Arbeitermassen hineinbezogen wurden.

Und dann Niederbruch der schamlosen entwürdigenden Vorrechte. Zurückstoßen der Tyrannenkaste. Haben wir nicht Grund, uns zu freuen, und willens zu sein und es auszusprechen, dies nicht mehr zu lassen.

Wirtschaftliche Reform ist etwas, aber was ist sie gegen dies: frei atmen zu können, sich nicht verachten zu lassen und nicht dulden zu brauchen, daß Gewalt Herzensleere unser tägliches Leben Krieg und Frieden, Gesetze und Gerichte maßgebend bestimmt.

Ein totes Haupt haben wir gestürzt. Unser Leben wagt sich hervor. Republik: haben wir keinen Grund, uns zu freuen und willens zu sein, davon nicht zu lassen?

Mit der agrarischen Junkerschaft ist in Deutschland ein Atavismus beseitigt worden. In dem Moment, wo das längst aktionsreife Bürgertum erscheint, ist es auch schon glaubenlos und überlebt. Es hat seine Zeit verstreichen lassen.

Robert Michels sagt: »Das deutsche Bürgertum hat durch sein Bündnis mit dem Adel auf die eigene Emanzipation verzichtet, um die Emanzipation der Arbeiterklasse aufhalten zu können und sich auf dem Weltmarkt zu bereichern; es hat sich mit dem Adel geteilt: die Bourgeoisie organisiert die Weltwirtschaft, der Grundbesitz die Politik.«

Nachdem das Bürgertum als Preis für seinen wirtschaftlichen Aufstieg seinen politischen Charakter geopfert hat, ist sein Untergang beschlossen. Schon stehen die Füße derer vor der Tür, die es hinaustragen. In den Volkshochschulen drängen sich die Arbeiter. Dienstmädchen gehen zu Vorlesungen. Man begegnet Proletariern, die sich mit entlegenen wissenschaftlichen Dingen beschäftigen. Eine neue Rasse, eine neue Lebendigkeit tritt auf den Schauplatz.

Indem die Bürger die Politik verlassen haben, haben sie die Kultur verraten; ja, es ist Verrat der Kultur, die Politik aufzugeben. Wer glaubt, zu Hause Kunst und Wissenschaft zu treiben und Politik von Angestellten besorgen zu lassen, weiß nicht, was Kultur ist, nämlich die Äußerung und Ausstrahlung seelischer Inhalte, Durchdringung des gesamten Lebens mit dem seelischen Gehalt. Jetzt sieht man, woher die Verzweiflung der Künstler kam, die in den letzten Jahrzehnten produzierten und von Haß gegen den Bürger getrieben wurden. Diese Verzweiflung, die bis in den heutigen Tag wirkt und zum Nihilismus treibt. Man versteht die Künstler der einen Seite, die Kunst für belanglos halten und Gesinnung und Kampf für Gesinnung an erste Stelle rücken, und die auf der anderen Seite, denen die Kunst zu einem fast äußerlichen artistischen Spiel wird.

Die Bürgerschaft hat das Spiel verloren. Die Jungaufsteigenden wie Eroberer auf das im Stich gelassene Bildungs- und Kulturgut.

Freunde der Republik und Freiheit. Herüber nach links.

An die Seite der Arbeiterschaft.

Glossen, Fragmente

Die obersten Dienststellen, der Reichswehrminister rennen herum, suchen nach ihren –. Nach Abwicklungsstellen, Truppenkörpern, Kassen. Scheinwerferkompanien, Brückentrains, Pionierpark, Schiffahrtsgruppen, Wirtschaftsgruppen, Grenzschutzbataillonen, Postzentrale Bukarest, Kavallerieabteilung Libau, Detachements, Marschabteilung Konstanza.

Ist alles auseinandergeloffen. Hat keine Spur hinterlassen. Vor Schwindlern wird gewarnt. Dienststempel gestohlen. Kisten mit Kassenbüchern verschwunden.

Deutsche Heeresverordnungsblätter.

Morgens neun Uhr zwanzig wird Generalfeldmarschall von Mackensen in Berlin erwartet. Zehn Uhr fünf läuft der Zug ein. Der Bahnsteig ist gesperrt. Für Mackensen wird er gesperrt, der Nobelpreisträger Emil Fischer ist ohne Förmlichkeit hier auf- und abgegangen, auch ohne Absperrung begraben worden. Das macht: der Militarismus ist gestürzt. Demgemäß marschiert dreiviertel zehn Uhr die erste Schwadron des Infanterieregiments sechs an, das Gardeschützenregiment setzt mit einer Musikkapelle das Tipfelchen auf das i. Eine zweite Schwadron sitzt von den Pferden ab, postiert sich auf offenes Nebengeleis. Die Schwadron richtet aus, der Zug läuft ein. Hohenfriedberger Marsch. Vom Ministerium sind Major Kramer und Generalmajor Graf Schmettow kommandiert. Die Männer singen »Heil dir im Siegerkranz«. Eine Dame überreichte einen goldenen Lorbeerkranz auf schwarz-weiß-rotem Kissen.

Es steht fest, daß das Eisenbahnmaterial auf dem Hund ist. Der Zug wäre sonst rechtzeitig angekommen. Die Desorganisation ist evident. Im Ganzen rutscht das Land mit der Freiheit in den Mist. Es muß verbraucht werden wie es ist. Die Entente ernenne eine Monarchie; für das, was nötig ist, Lokomotivbauen, Bezahlen der Kriegsschulden, Hurraschreien wird es reichen.

Begreiflicherweise ist Mackensen nach Lauenburg in Pommern gefahren.

Langsam kommt man gewissen Gelehrten auf die Schliche. Schon wenn man Lamprecht las, merkte man: die Historie schwankt zwischen hereditärem Stumpfsinn und Byzantinismus. Man nimmt der Wissenschaft die Perücke ab. Mit dem Gürtel, mit dem Schleier; ein Aufklärungsfilm. Es läßt sich nicht leugnen, sie sind gerissene Jungens. Sie stehen den Kollegen in anderen Branchen, denen mit Brecheisen und Dietrich, nicht nach.

Sie sind so stark Wissenschaftler, daß man nach zehn Seiten ihrer Bücher sagen kann, welcher Partei sie angehören. Auch ob sie zu Maria, Jahwe und wem sonst beten. Auf den Musterungsbefehlen stand, man habe mit reingewaschenem Körper zu erscheinen; diese ziehen sich nicht mal die Stiefel aus und ihren Knaster nehmen sie nicht aus dem Mund. Aber das steht ihnen frei; unter Geldschrankknackern ist es nicht anders üblich.

Ein melancholisches Wort Rankes: man soll das Subjektive in der Wissenschaft nicht forcieren, es fließe schon so ein. Man hat eine mystische Ehrfurcht vor Gelehrsamkeit, noch aus der Zeit der Teufelsbeschwörung. Jetzt sieht man deutlicher, daß diese Gentlemanhochstapler offene Journalistik treiben.

Kein Vorwurf gegen die Gentlemen. Man kommt ihnen auf die Schliche.

Spengler, der Münchener Historiker, der Kulturen wie botanische Gebilde präpariert und vielen Kredit besitzt, hat Preußentum und Sozialismus verglichen; der Sozialismus wird ihm zu einer Gestaltung der preußischen Seele. Der König ist in Preußen, – in Preußen, – erster Diener des Staats; alle für alle: das sei preußisch. Es läßt sich nicht leugnen, unsere Sozialisten sind Preußen. Aber der König als erster Diener am Staat: das ist nur die halbe Wahrheit. Daneben steht: vom Reichskanzler bis zum Nachtwächter ist alles junkerlich, die Junker halten die Regierung, ihre Regierung mit eisernen Händen, es gibt eine Zeit des Sozialistengesetzes; die Clique, die Deutschland regierte, ist nicht der Staat, dient nicht dem Staat, sondern bedient sich des Staates.

Dienen dem Staat, sich bedienen des Staates: ein Anlaß zu robusten Verwechslungen.

Von Mykene hört man bei Spengler, den ägyptischen Dynastien, dem magischen Zeitalter, dem faustischen Menschen. Wie sollte da nicht auch richtig sein – das andere, das man doch liebt: der preußische Staats»Sozialismus«, – Sozialismus, – die deutsche Revolution aus einer bloßen Theorie hervorgegangen, die Bildung der Mehrheitsparteien eine Revolution der Dummheit, der 9. November die Revolution der Gemeinheit.

Späßchen, mein Freund. Aber Wissenschaft.

Die Wissenschaft wird die Moral nicht töten. Sie wächst aus dem Mist der Moral. In zehntausend Laboratorien sitzen die Menschen, quälen und töten tagaus, tagein zu Ehren eines diskret verschwiegenen, ja geleugneten Gottes massenhaft Tiere.

O meine liebe Seele, gestehe, was du selber getan hast. Du hast jahrelang, jahraus jahrein, auf einem Schemel gesessen, umgeben von Kästen und Gläsern mit jungen lebendigen Tieren. Ich habe die kleinen Mäuse mit Keks gefüttert, den arme Kinder gern gegessen hätten. In den Keks habe ich allerhand hinterlistig hineingetan. Die Mäuse habens gegessen, es ist ihnen nicht gut bekommen und das habe ich beobachtet und aufgeschrieben. Es hat mir nicht geholfen und den Mäusen auch nicht. Zahllosen kleinen Tieren habe ich Morphium und andere Gifte unter die Haut und in den Bauch gespritzt, darauf sorgfältig hingesehen und niedergeschrieben, wie erbärmlich sie sich darauf verhielten. Etwa wie die Meerschweinchen nach einer Einspritzung von Serum momentan in solche Krämpfe verfielen, daß sie Hals über Kopf vom Versuchstisch herunterschossen. Drei kleine Hundchen liefen einmal im Laboratorium neben mir; nach ein paar Tagen liefen sie nicht mehr; das Erforderliche stand in meinem Heft. Abends ging ich, wenn ich nach Hause kam, bisweilen in die dunklen muffigen Räume, knipste Licht, die geblendeten Tiere quiekten.

In diesem Augenblick sitzen Tausende Menschen in den Laboratorien, und wenn weniger Kaninchen getötet werden für den unbekannten Gott, so geschieht es, weil man sie lieber auffrißt. Ein Massenkult. Einer macht es, weil es der andere macht und das Ganze heißt Wissenschaft. Abends legen sich alle schlafen. Die Hefte legen sie in den Kasten. Gemogelt wird auch enorm.

Kein Hund wird davon lebendig. Kein Mensch besser. Man verläppert so sein Leben. Faute de mieux.

Des Pudels Kern: Faute de mieux. Das Motto für tausend Leben.

Im preußischen Landtag fanden Beratungen über Friedmanns Tuberkulosemittel statt. Die Abgeordneten griffen, um die Sache zur Entscheidung zu bringen, zu einer neuartigen Methode, aus der man ersehen kann, wie die Revolution die Köpfe mobilisiert.

Nachdem sie einstimmig das Knopfabzählen als stillos und veraltet abgelehnt hatten, schafften sie auf Staatskosten eine große, auch für Kurzsichtige erkenntliche Metallkugel an, nach Art der in Blumenbeeten, und stellten sie oben vor sich auf den Präsidialplatz. Dann begaben sie sich an ihre Bänke und warfen Mann um Mann mit kleinen Steinchen gegen das blinkende Ding. Es gab ein Klirren, wenn einer getroffen hatte, ein angenehmes Geräusch, über das man sich herzlich freute. Beim Vorbeitreffen entstand großes Gelächter. Besonderen Spaß gab es, wenn einige der ehrwürdigen Herren heimlich ihren Platz verließen und sich nach vorn drängen wollten. Präsident und Büro mußten sich nach jedem Wurf rasch bücken; sie protokollierten bäuchlings unter dem Tisch, was die Szenerie außerordentlich belebte und das Interesse des revolutionären Parlaments am Regieren erhöhte. Das Vorgehen fand auch auf den Tribünen solchen Beifall, daß die höchste Instanz darangegangen ist, schwierige Kabinettsfragen in der neuen Weise zu lösen. Aus- und einwärtige Politik treibt sie seit zwei Wochen so; niemand hat es gemerkt und es gab gar keine Differenzen. Es waren die Steinchen der Weisen.

Die Zwangswirtschaft mit rationierten Ideen wirkt. Die Köpfe einen sich.

Die Valuta ist eine fabelhafte Einrichtung. Man hat uns vor dem Krieg nichts davon gesagt. Sie ist besser als Kanonen und drahtlose Telegraphie; man kommt mit ihr mühelos in feindliche Länder hinein. Es denkt einer, ein Schreibtisch ist ein Schreibtisch, ein Pelzmantel ein Pelzmantel. Keineswegs. In Kopenhagen und in Aachen ist das etwas anderes. Oder in Brüssel und Aachen. Das macht nicht die Luft, sondern die Schlauheit der Leute in Kopenhagen und Brüssel; quasi: kein barometrisches, sondern ein intellektuelles Maximum. Wenn ich in Kopenhagen zehn Tage arbeite, kann ich mir einen Schreibtisch, auch einen aus Berlin kaufen. In Berlin muß ich 70–80 Tage arbeiten: ich kann mir nicht einmal dann den Schreibtisch aus Berlin kaufen, er wird schon für Kopenhagen vorbestellt sein. Dann zieht lieber doch nach Kopenhagen. Aber die Umzugskosten und der Paßzwang.

Das Ausland macht es sehr geschickt mit uns. Sie haben uns am Spieß. Das mit der Valuta ist eine famose Kriegsmethode. Aus eins mach vier, aus vier mach eins, das ist das Hexeneinmaleins.

Es muß ihnen großen Spaß machen, wie wir pathetisch mucksen: Freiheit, Räte, Demokratie.

In Berlin hat sich der Oberleutnant Marloh, ein Lehrerssohn, alter Frontoffizier von 29 Jahren, eines Tages der Regierung zur Verfügung gestellt, da es Pflicht jedes Deutschen und jedes Mannes sei, helfend einzugreifen. Er hat bei einem wichtigen Vorfall Gelegenheit gehabt, eine größere Anzahl Menschen umzubringen oder leben zu lassen. Die Böcke schied er von den Schafen durch den Blick. Auf den Blick hin haßt man und verliebt sich; es war dem jungen Menschen bekannt; er erweiterte das Gebiet. Wer vollgefressen war, intelligent aussah, war ein Verbrecher, 13 Mann ließ er a tempo in den Keller sperren, nachdem er sie als ganz gefährliche Verbrecher »erkannt« hatte. Kurze Bedenken tauchten ihm auf; der junge Mann litt an einer Hirnverletzung, neigte zu Dämmerzuständen, es war ein schwieriger Tag. Den Versuch über die Physiognomik hinwegzukommen beendete er mit drei Minuten Schnellfeuer.

Man erkennt in diesem Fall deutlich, wohin der Mangel einer Religion führt. In Mexiko wäre es auch ohne Physiognomik gegangen. Dafür hatte man den Gott Huitziloportli; der andere, Quatzalzoatl, kam hierfür nicht in Frage. Man opferte ohne Diagnose. Juristische Verfahren stellen sich erst bei degenerierten Völkern ein.

Wenn ich zu sagen hätte, würde der Fall in die Lehrbücher aller höheren Schulen aufgenommen werden, auch für die höheren Klassen aller anderen. Die republikanischen Blätter brächten zweimal wöchentlich drei Jahre hindurch den Bericht. Die öffentlichen Gebäude trügen eine Tafel mit der Inschrift: »So hat der totgeschlagene preußische Militarismus im Augenblick seines Verendens ausgesehen. Ein 29jähriger Oberleutnant und ein rachsüchtiger Unteroffizier haben im Hofe der Berliner Behrenstraße mit acht Mann dreißig ahnungslose Leute erschossen, gedeckt von ihren Vorgesetzten. Es ist das Gesicht jedes Militarismus.«

Nicht so laut reden. Wie falle ich über den Tod her. Wie richte ich. Ich wollte den Tod nicht beleidigen. Habe mich gehen lassen in Gefühl und Wort.

Der Tod ist nicht der Abfalleimer des Lebens.

Es ist unbesonnen, zu sagen, jemand sei erschlagen, vernichtet worden. Wo er dem Tod zugegangen ist, der zu unserem Dasein gehört. Als eine andere Dimension. Und wohl nicht die einzige neben dem »Leben«.

Ohne eine Spur Nazarener zu sein verehre ich den Tod.

Ich bete an, ich fühle das Dasein.

Zum Tode »verurteilen?« Zum Tode begnadigen.
Auch das ist ein gelalltes Wort.

Vom Kaiser läßt sich viel erzählen.

Er ist der stille Mann von Amerongen. Am zoologischen Garten Berlins wird er gefeiert. Er scheint besonders bei Selbstversorgern, die Weizen an Schweine verfüttern, in hohen Ehren zu stehen.

Ludendorff vergißt ihn nicht; anderes vergißt er leichter. Überhaupt, man kann vom Kaiser sagen, was man will, die deutsche Republik lebt von ihm; teils indem sie ihn feiert, teils indem sie ihn verflucht.

Es gab Zeiten, wo der deutsche Kaiser nicht der stille Mann war. Es ist nicht die Rede vom Agieren mit der gepanzerten Faust, vom Lärm, den eine Verfassung macht, die im Elsaß zerschmettert werden soll oder muß.

Aber vor der Dokumentensammlung zum Kriegsausbruch wird einem behaglich ums Herz.

Es ist wie im Zirkus. Tsching bum, es kommt der gelehrte Tierbändiger, zeigt Hunde, die durch den Reifen springen, Vögel, die eine Leiter hinaufklettern. Eine nicht sehr junge Dame steht unmotiviert dabei, demonstriert ihre vorderen und hinteren Reize. Dann Tsching bum, der Clown läuft auf die Rampe.

Welche Rolle, mein Kind, spielen die deutschen Botschafter? Die dressierten Hunde oder die Dame mit den fehlenden Reizen? Bei allen ist jedenfalls die Sitzgelegenheit komfortabel ausgestattet.

Welche Rolle, mein Kind, der kaiserliche Hof, die Kamarilla, nehmt alles nur in allem? Tsching bum. Ohne dies kein Pläsier. Die Pauke ist das Instrument des deutschen Hofes. Die Schellen trägt man in der Hand, das freut das liebe Herz. Auf Überraschung kommt es im Zirkus an, das Publikum will etwas haben für sein Geld. Wenn man schon kaiserlicher Hof ist, so hat man Pflichten gegen das Volk. Dieses herrliche Volk, mit ihm wird sich fein Indianer spielen lassen.

Ernste Menschen haben den Wunsch mit den Serben abzurechnen. Ernste Menschen. Ha (welches Wort liegt vor Ausbruch des Weltkrieges näher als Ha) jetzt oder nie. Heilige Flamme, glüh, glüh und verlösche nie; vierstimmiger Knabenchor.

Stimme des Botschafters: Trotzdem, keine Übereilung.

Der deutsche Hof, zum zweiten Male: ha. Keine Übereilung. Ha ha. Was wissen Botschafter vom Zirkusbetrieb. Nichts als Übereilung! Hals über Kopf! Je wilder desto besser. Was will das Publikum sonst.

Es erscheint Karl May. Da er keinen Geist hat, erscheint er als Körper, aus Pappmaché. Gerührt: meine Söhne. Mein Sohn. Du weißt es. Mit den Serben muß aufgeräumt werden.

Der deutsche Hof: Dank, Vater, Dank.

Karl May: Ja du bist mein Sohn. Old Shatterhand segne dich und führe die europäische Kultur höher, höher.

Stimme des Botschafters dumpf: Ich warne, ich warne. Wenn wir mit den Serben brechen, so ist noch Italien da, Rußland.

Der Hof: Nein, wir ertragen es nicht. Ich muß in Jamben sprechen.

Karl May: Tu es, mein Kind. Spucke nur nicht zu sehr, ich bin aus Pappe.

Der deutsche Hof: Wir ziehen in den Krieg. Das Herz pflegt in solcher Lage zu bluten. Wenden wir uns an das Volk, bluten wir im größten Kreise.

Karl May ergreift die Pauke: Tsching bum.

– Wenn ihr fallt, wer wird euch Helden den guten Glauben absprechen.

In Berlin hat man einen Zirkus eröffnet, Äschylos drin aufgeführt. Die Pferde sind heraus, um der Orestie Platz zu machen. Äschylos hätte sich dagegen gesträubt, er der die starken Tiere so geliebt hat.

Kleine und große geschmückte und maskierte Menschlein springen an der Stelle der Vierfüßer herum. Man hat die Kuppel fabelhaft illuminiert. Sie agieren die Orestie, die Bildung hat achthundert Quadratmeter Platz.

Kein Kothurn, keine Masken, kein Opferaltar, keine gläubige Menge. Was denn? Orestie in Berlin.

Ich lobe den Zirkusdirektor. Er ähnelt mir. Er macht sich über die ernstesten Sachen lustig. Aber noch nicht genug.

Ich besuchte auch zwei Konzerte.

In der Garderobe schlug man sich schon, ehe es losging. Als es aus war, schlug man sich wieder. Dazwischen saß man auf Bänken, erfuhr Kunstgenuß.

Eine Sängerin, eine frische, dicke Person in Trauer. Wie sie den Mund öffnete und ihren Brustkasten entleerte, entstand ein kolossaler Ton. Sie war ein enormes Musikinstrument. Die Stimme so naturhaft, daß man sie wie einen Baum betastete.

Auf die kunstvollen Lieder mit obligaten Gefühlen legte ich keinen Wert. Wie es mir überhaupt absurd erschien, daß eine solche lebendige Person sich in einen geschlossenen Saal stellt, sich aus privaten Gründen ein Trauerkleid anzieht, in dem sie sich nicht bewegen kann und während zwei Stunden angebunden tönend unbeweglich auf dem Holzpodium steht. Fünfhundert ebenso gekleidete sattgefütterte Menschen sitzen vor und um sie auf Stühlen, halten Zettel in der Hand, auch Noten, um zu kontrollieren, was das Musikinstrument spielt. Sie sind Hals über Kopf mit der Elektrischen hergefahren, haben sich geärgert, wie lange sie warten mußten, bis der richtige Wagen kam, haben im Gedränge gestanden, sich in der Garderobe gestoßen und geschimpft. Nachher werden sie wieder auf die Elektrische warten.

Und niemand weiß mehr, was Gesang ist, daß die Person sich bewegen müßte, daß sich alle bewegen und zusammentun müßten. Daß das Ganze hier Torheit ist, die zu nichts führt.

Am Sonntag nachmittag setzte sich im selben Raum ein kleiner ernster Herr aus Posen ans Klavier. Dieser begann einen Boxkampf mit dem Flügel, in dem er Sieger blieb. Das Instrument brüllte unter seinen ungeheuren Klauen. Er knuffte es, kniff es, piekte, ließ es zwei Stunden nicht zur Ruhe kommen. Bis er, der Meister, umklatscht abzog, schweißtriefend. Kopfschüttelnd wischte hinter ihm der Diener das Instrument ab, schloß es zärtlich zu. Der Flügel war offenbar schon tot. Er gab keinen Laut mehr von sich. Man legte Kranzspenden auf ihn.

Pink, pink, bum bum hatte der Meister gemacht. Er hatte keine Stimme wie die dicke Frau in Trauer; seine Hände mußten alles machen, mußten die Musik aus dem Klavier kitzeln und hauen. Einmal spielte er mit der linken Hand etwas ganz anderes als mit der Rechten; ich glaube rechts Schumann, links Liszt; der so zustandegekommene Zwilling quietschte entsetzlich. Es war ein interessanter Versuch. Mich machte er nachdenklich. Früher gab es in den Zelten Musik in jedem Gartenlokal, und da Lokal an Lokal stieß, gab es viele Musik auf einmal. Das war für mich eine besondere Freude, wenn ich mich den Zelten näherte und allmählich Walzer, Trauermarsch, Gassenhauer, »Tannhäuser« und »die diebische Elster« ineinander klangen. Es hatte einen fabelhaften Reiz.

Es liegt gar nichts Komisches in dem, was der kleine Mann aus Posen machte. Er hat gar keinen Respekt vor Schumann und Liszt. Er ist kein Philister, der sich demütigt, nicht einmal vor Klassikern. Er will klimpern. Es liegt eine Souveränität darin, die Meister als Material für Klavierstudien zu benutzen.

Und warum nicht.

Unsere Künstler können zu viel und wollen zu wenig. Noch einmal das Kino und die bramarbasierenden Bemühungen, es zu »haben«. Der Kampf gegen die Schunddramatik und die sogenannte Unsittlichkeit (»grüß mich nicht Unter den Linden«). Mit unübertrefflicher Ahnungslosigkeit und pharisäischem Hochmut haben sich Künstler zur Sanierung des Kinos bereitgefunden.

Ein berühmter Musiker soll bei einer Mahlersymphonie von »Unterhaltungsmusik« gesprochen haben. Ein Vorwurf? Unterhaltung ein Vorwurf. Kunst die Devise. Und verreckst du, es ist

Kunst. Man sammle ruhig die Dinge, die uns nichts angehen, als Kunst, und überlasse uns den Rest.

Es fehlt das nicäische Konzil, das die Unterhaltung verdammt. Die Unmenschlichkeit. Menschen erleichtern, befreien, beglükken: ist nichts.

Pseudokünstler. Vom Baum des Lebens abgefallen, sachlich verwelkt.

Das herzerfreuende liebe Spiel. Aber sie müssen sagen, was sie leiden. Um uns kümmern sich die Führer der Menschheit nicht.

Die auswechselbare Bücherbesprechung oder der moderne Kritiker.

Ein junger Mann, der keine Gedanken hat, aber Literat sein will, kann leicht Karriere machen. Es wird ihm keine Schwierigkeiten machen, Kritiken zu schreiben, Gedichte und Novellen zu verfassen. Er muß sich vor allem an das Gegebene halten und sozusagen auf dem Gegebenen fußen.

An der Spitze aller literarischen Bemühungen steht das Wort; man muß verstehen mit ihnen umzugehen, sich mit ihnen zu bekleiden. Man lerne den Umgang mit Worten. Man merke: mit starken Worten kann man die größte Lücke stopfen, die man hat. Übrigens lernt sich die Sache, wie das Blühen unserer Literatur und die Entwicklung unserer Zeitschriften und Bücher zeigt, spielend.

Bei der Kritik ist zu beachten, daß man Lyrik schreibt. Das heißt, da es noch Leute gibt, die von ihrer täglichen Beschäftigung her auf Unterscheidungen, Urteile sehen, so retiriere der gewandte Kritiker in die Lyrik.

Etwa über einen Gedichtband: »Aus blutwarmer Tiefe der Liebe harft eine gütig sich dem Leben ihres Kindes weihende Frau scheue Gebete, zagen Jubel, verklärte Beseligung. Und über dem Haupt des jungen Geschöpfes wölbt sie einen reimklaren gnadenhellen Dom mütterlicher Innigkeit, den der Weihrauch des Demutopfers durchzieht.« (Gott weiß, was in dem Gedichtband steht; sicher sind nur die Reime.)

Eine Novelle läßt sich folgendermaßen kritisieren (sprich kritisie-ren): »Über diesem schlanken Erben schlagen die Mächte der Natur, der Schönheit zusammen und aus Liebe Freundschaft, aus dem Reiz seines Heimatlandes flicht er sich die Rosenkränze zum Fest seiner Jugend.«

Zwanzig solcher Kritiken genügen, um dem Anfänger über einige Jahr hinweg zu helfen. Man muß zugeben, daß hier Vollendetes geschaffen ist, vergleichbar der Arbeitslosenunterstützung. In diesem Beruf können auch Kriegsbeschädigte, mit Kopfschüssen tätig sein. Es gehört zu den Geboten der Humanität, dieses Genre zu pflegen. Kein Zweifel besteht, daß auch weiterhin genug Werke von Autoren produziert werden, auf die die Kritiken passen. Vor allem liegt die Gewähr dafür darin, daß die Autoren meist selbst es sind, die kritisieren (sprich wie geschrieben); sie setzen sich doppelt in Kost. Man könnte von einem perpetuum mobile sprechen. Würde sich eine genügend große Anzahl von Autoren finden, so könnten sie nach einem geschlossenen Plan arbeiten und es könnte ihnen ihr ganzes Leben lang an nichts fehlen. Auf das Publikum braucht man keine Rücksicht zu nehmen. Es finden sich immer Leute, die glauben, für sich etwas tun zu müssen.Es kommt nur auf Dichthalten an. Ich lege diesen Plan der Öffentlichkeit vor.

Dicker Schnee. Wie ich an der Universität vorübergehe, sitzen da die marmornen beiden Humboldts unter der schweren weißen Masse. Als eine Last liegt der Schnee auf ihren Schultern, Alexander sieht ganz bucklig aus, geduckt sitzt er, in seinen Nacken drückt der Schnee, von seinem heruntergestauchten Kopf sieht nur das Gesicht heraus. Eine schwere Masse zieht sich wie eine Pelzdecke über seinen Schoß und die Füße. Mir fällt ein, daß das Abendland in naturhafte Zustände untergehen wird in vier, fünf Jahrhunderten. Aber auch die Tundren und die Ratten fallen mir ein, die in den Eiszeiten in großen Scharen wanderten; ich weiß ihre Namen nicht mehr, sie lebten von dem dürren Steppengras und dem weichen Teil der Zwergkiefern, wenn sie eine Gegend kahl gefressen hatten, mußten sie weiter. In diesem Augenblick ist Berlin und die weite, weite Landschaft herum in diesen Schnee versenkt. Ein viertel Meter hoch liegt er, die Häuser ragen daraus hervor, Häuser, Telefonstangen, große Bäume wie bei einer Überschwemmung. Wie kommt man in kleinen Dörfern und Gehöften zueinander. Die Landschaft hat sich mit Furchtbarkeit und Größe in die Stadt hineingedrängt. Wie ein Krümelchen ist sie in ihrer Hand, die Stadt, in der die Menschen nichts wissen von Vollmond und Neumond, von der Art des Windes, vom periodischen Wachsen und Welken, von den verstreuten Tieren und Fischen, die mit uns die Erde bevölkern; die Stadt, in der man kaum das Länger- und Kürzerwerden der Tage, grade noch die Jahreszeiten bemerkt.

Es ist mehr als Landschaft. Es ist ein Element, das Urelement, das nach uns langt. Das Wasser, unsere Mutter, berührt uns.

Der Knabe bläst ins Wunderhorn

Der Halt!

Der »Große Unbekannte!«
»Gott ist entdeckt!«
»Wer oder was und wo ist der Halt?«
Es ist der große Unbekannte »Halt«. –
Nachdruck erbeten. Näheres bei Emil Gast in Lieberode
(Bezirk Frankfurt an der Oder).

An frühere Zeiten denken ist von Vorteil. Teils ehrt man die früheren Zeiten, teils kann man anderen etwas erzählen. Im alten Byzanz, das man jetzt langsam zu studieren beginnt, – eine der buntesten und dramatischsten Lokalitäten der Weltgeschichte, –

gab es ein Parlament, das hieß Silentium. Etwa so: es gab ein Fenster, das war zugemauert; oder es war ein Baltikumsoldat, der hatte kein Hakenkreuz, (sondern eine Hakennase). Dieses Märchen war aber wirklich in Byzanz: das Parlament hieß und war ein Silentium. Ob die Mitglieder nach dem Rätesystem gewählt wurden, weiß ich nicht; sicher ist nur, daß sie auch nichts zu sagen hatten. Und zwar hatten sie in folgender Weise nichts zu sagen. Es waren zugegen die hohe Geistlichkeit, Zivilbehörden, Offiziere der wichtigsten Regimenter, Offiziere der Feldherrn, Scholarier. Dann ist zu unterscheiden die einfache Verbeugung, die siebenfache, der Kniefall, die Berührung des Bodens mit der Stirn, das Beifallsgemurmel, Huldigungsformeln fünfmal hintereinander, zehnmal, zwanzigmal. Es war also für alle Temperamente gesorgt, zugleich so, daß keine Zankerei entstand; die Geschäfte regelten sich von selbst. Das Präsidium im Silentium führte der christusliebende apostelgleiche Kaiser; er las ihnen die Partitur vor, nach der sie ihre Beredsamkeit einrichteten, Erlasse, Kriegserklärungen, mit einem Wort die Staatsgeschäfte.

Damit nun nicht einer glaubt, ich wolle dem starken Mann mit dem fehlenden Großhirn um den Bart gehen, bemerke ich: nach manchen Apoplexien bleibt die Sprache weg. Aber einen Profit hat man davon nicht. So auch das mit Stummheit geschlagene Volk: es wird höchstens zum Opferlämmchen seiner Schlächter und Regenten. Mit Wehegeschrei kann man – in Märchen – den Schlächter doch bisweilen rühren. Schließlich soll es ein Gott gewesen sein, der den Menschen beziehungsweise den Abgeordneten zu sagen gab, wie sie leiden. (Was nicht nur falsch zitiert ist, sondern im Munde eines Atheisten eine bloße Redefloskel, um eine Sache schwungvoll und scheinbar abzuschließen.) Ich meine: der Gott wird schon gewußt haben, warum er uns die Sprache gab, und wir können die Sache auf sich beruhen lassen.

Mein privates Unglück ist, daß ich immer statt Cervantes Cervelat lese. Und als ich gerade darüber nachdachte, wie human die amerikanischen Quäker mit ihren Berliner Schulspeisungen sind, las ich, daß in Spanien, richtig allgemein in Spanien in sämtlichen Schulen täglich eine viertel Stunde offiziell Cervelat gegeben wird. Wie fortschrittlich ist doch dieses Land, wo sie so massenhaft olle ritterliche Traditionen, Romane, klassische Literatur haben; aber an ihre Kinder lassen sie nichts davon heran. Eine viertel Stunde schulmäßiger Wurstzwang. Das lasse ich mir gefallen. Wer auf dieser Linie weitergeht, nur so, wird den rechten Weg gehen.

Ein Justizminister hat das Reichsgericht nach den Unruhen instruiert über die Behandlung der Anklagen. Der Richter ist unbeeinflußbar. Allemal soll bedacht werden, daß Truppen und Unterführer verleitet sein können; daneben gibt es Rädelsführer und Haupträdelsführer. Einfacher wäre es, der Minister machte alles allein, aber da das Reichsgericht unbeeinflußbar ist, übergibt er es dem Gericht.

Ungarn, Budapest: es seien nach Anweisung der Regierung auch ohne größeres Beweismaterial die Verdächtigen zu verurteilen. Das ist eine Instruktion.

Übrigens hat bereits Maximilian von Bayern vor mehreren Jahrhunderten seine Gerichte angewiesen, zum Beispiel: wenn eine Hexe oder ein Hexerich auf die Folter gesetzt Umgang mit dem Satan gesteht, so hat man es dabei bewenden zu lassen und einen Widerruf nach Beendigung der Prozedur nicht anzunehmen.

Wie ich schwanke, tritt mir Nikolaus Lenin in die Weiche: »diese Helden philisterhaften Stumpfsinns und kleinbürgerlicher Feigheit wissen sogar das nicht, daß ein Gericht Organ der Staatsgewalt ist. In Deutschland geht der Kampf gerade darum, wer letzten Endes die Gewalt in Händen behält.« Ich wollte gerade schreien: »Gott der Gerechte«, da erstickte mir natürlich das Wort in der Kehle.

Große Menschen wachsen von selbst. Kleine sind von Gott gemacht.

Die Männer, die sich stolz »Arbeitgeber« nennen (Marx hat geflucht darüber, Arbeit »geben« die Arbeiter, die andern nehmen sie), haben im Herrenhaus zusammengesessen, unter dem Tisch die Beine und über dem Tisch die Köpfe zusammengesteckt, worauf sich folgende Sätze einstellten: Die Sozialisierung ist eine Utopie; sie hat sich als unfähig erwiesen, Deutschland zu erretten. Sie tötet nicht nur den Erwerbs- und Spartrieb des Arbeiters, sondern auch die freie selbstverantwortliche Person des Unternehmers. Darauf strampelten die Herren hoch, schwuren eine Gewerkschaft zu bilden, um wenigstens sich zu erretten, wenn alles wankt; sie versprachen eine gediegene Stoßkraft nach allen Seiten zu entfalten, und die Handelsflotte könnten sie alleine gut brauchen.

Eine große Anzahl selbstverantwortlicher Personen hat sich vor dem Sturz in den Abgrund nur gerettet durch Flucht (der Wertpapiere) ins Ausland. In Verzweiflung über den Sozialismus, der in den Versammlungsreden überhand nimmt, sind andere in den Besitz ungeheurer Kapitalien gekommen, die sie schwermütig dazu benutzen, Deutschland aufzukaufen. Man will wenigstens etwas haben, wenn es zum Klappen, gegen den Versammlungsredner, kommt.

Ich komme nun zum Spargroschen. In einer einzigen Straße des Berliner Ostens, meiner Residenz, zählte ich in Kneiplokalen fünf Sparvereine: »Der letzte Sechser«, »Zwei und zwei macht vier«, »Ruhe sanft«, »Immer langsam voran«, »Glaube, liebe, hoffe«. Es sind patriotische Gemüter, die hier sparen; während des Krieges haben sie unter reichlicher Runkelrübenkost zu fünfen und zehnen Kriegsanleihe daraus gemacht, und nun will es das grundgütige Schicksal, daß das Ende bitter ist und Stinnes sein Kapital verzehnfacht. Wer die Zusammenhänge erkennen könnte, wäre ein weiser Mann. Eine Frau, die acht Jahre ihrem Spartrieb gefrönt hatte, begegnete der schöpferischen Persönlichkeit eines Abzahlungshändlers; ich fang mit dem Ende des Liedes an: sie hatte weder Geld noch Möbel. Eine große Anzahl schöpferischer Persönlichkeiten sitzt neuerdings am Telephon, multipliziert angestrengt die Preise mit 635 bis 1116, und schlägt sich so kümmerlich bis zum abendlichen Nackttanz durch, – schwer gehindert durch Konkurrenten, die mit 1117 bis 2325 multiplizieren; aber sie kriegen am nächsten Tag die Ware telephonisch schon wieder ein, nur jetzt blüht sie von der Schöpferkraft befruchtet auf, multipliziert mit 6006, 40. (Letzteres Briefmarkenspesen.)

Den Spartrieb zu unterdrücken wäre grade bei uns ruchlos, wo zwanzig Prozent der Bevölkerung das gesamte Nationalvermögen besitzen. Die übrigen achtzig Prozent müssen das Recht auf Sparpfennige garantiert erhalten; auch ein Hund kriegt ja, abgesehen von Fußstößen, Brocken und Knochen vom Tisch. Nicht »Sozialismus« muß der Ruf lauten, sondern »Erhaltet dem Volke die Religion«. Von den Kanzeln werde den Schwarmgeistern gepredigt: in Zeiten der massiven Gewinne ist der Arbeiter, der nicht arbeiten will, ein Verbrecher; in Zeiten, wo es nichts zu verdienen gibt, ist ganz im Gegenteil –. Dies möge, hallelujah, das Volk festhalten und verehren. Denn schon die Nationalökonomie lehrt: es arbeitet der Arbeitsmann, stets, wenn »er« was verdienen kann.

Ein tiefes, anzubetendes, dem Volk nie erreichbares Geheimnis bleibt, wer »er« ist. »ER«.

Einige moderne Romane. Der Explosionsstil. Auf einer Seite passiert so viel, wie früher in ganzen Büchern. Es besteht eine unglaubliche Fähigkeit Dinge zu bezeichnen, besonders bei Wienern; Robert Müller etwa ist ein blendender Sager. Man vergleiche einen Satz aus den Wahlverwandtschaften oder von Heyse mit dem, was hier gekonnt wird: große sprachliche Eroberungen und Siege. Sie bevorzugen Abenteuer, weil sie gegen die Enge des Bürgers protestieren; immer reisen sie, raffen Visionen zusammen, Abwechslung, Farben. Dabei sehen sie nicht viel, ihr Lichtkegel ist zu scharf für Details, er frißt Individualität, Physisches. Es sind nur große Einheiten möglich, Enthusiasmus, Neigungen ins Maximale mit Abruptheiten; das Technische bringt es mit sich, die Notwendigkeit greller Lichter, wuchtiger Schatten. Vielfach

Weiber als Helden, und zwar Dirnen. Das ist begreiflich: die Dirne ist der weibliche Faust, oder Faust als Weib ist Dirne. Der Faust dieser Modernen ist der der Genüsse, des Erlebens, – nicht des Tuns; daher das Weib. Der Zusammenhang mit dem Technischen, den Forderungen des Sprachmaterials, liegt zu Tage: man braucht Polychromatik. Ein ausgekochter Stil; nur das Intensivste hat der Erhitzung standgehalten und wird uns vorgesetzt. Ich tue übrigens Unrecht, wenn ich einen einzelnen Autor nenne; die Bewegung ist anonym und bedient sich einiger Funktionäre.

Daneben, abseits, Arno Holz. Seine Dramen und der neue Phantasus. Eine Sprachpotenz, die in ganz anderer Weise strömt. Die Triebkräfte der Sprache werden hier, man möchte fast sagen »autonom«, entfesselt. Holz berührt sich beinah mit den jetzigen Bemühungen, die den »Sinn« der Worte expropriieren wollen; »beinah«; zum Material wird ihm wie ihnen die Sprache. Es kommt bei Arno Holz zu großartigen sprachkönnerischen Leistungen. Der sogenannte Inhalt kann dahinter verdunsten oder bekümmert nicht. Ihm werden die kommenden Dichter nicht weniger zu verdanken haben als den blendenden Wienern.

Von Arno Holz ist bei Bong »Das ausgewählte Werk« erschienen, dann die »Sonnenfinsternis«; so viel ich weiß, bringt den neuen Phantasus die Insel. Es ist eine ganz besondere Sorte Mensch, der sich ergeht in seinen dramatischen Arbeiten. Sie brüllen, knirschen, kreischen. Es liegt im Ganzen etwas finster Teuflisches, Kochendes, bissig Verkrampftes, konzentriert Essigsaures. Im Ringen, Toben, Anklagen kennt er sich aus; jeder Ausdruck findet sofort seinen Superlativ; in den Stücken sind die Regiebemerkungen so wichtig und ausgeführt, daß keiner, der solch Stück sieht, den richtigen Geschmack davon erhält.

Eine Dame hat von Linke Poot gehört und schreibt ihm folgenden Brief:

»Ich möchte Schwester werden. Das ist ein edler Beruf, ein sehr edler Beruf. Aber meine Nerven sind so zerrüttet. Wenn ich nicht arm wäre, würde ich die Ehe wählen. Man kann sich mit Herren nicht einlassen, weil die besseren Herren vorsichtig sind, sie verlangen mancherlei und mein Stand gibt gleich alles heraus. Die meisten Fräulein haben eben keinen Schliff und den muß man haben. Sie scheinen, Herr Linke Poot, als Ausländer auf den Höhen der Menschheit zu wandeln; von Ihnen einen Rat und eine Zustimmung zu hören, würde mir wohltun. Ich dichte viel, fast jeden Abend, wenn ich zu Hause bin. So will ich mein Leben im Schatten liegen lassen. Ich habe eine Freundin, die einen Turbanhut trägt; die Dame ist Köchin und hat in ihrem Beruf mit feinen Herrn Verkehr, die sich gern amüsieren. Aber sie will einen Leutnant heiraten und ihre Nichte ans Theater bringen. Die Beste ist noch eine Kollegin; die ist auch schon alt; was soll ich mich mit der unterhalten. Die hat so verquaste Ansichten. Ich bin nicht so vergessen. Am liebsten liege ich in der Nacht, wenn die Sterne kommen.«

Ich will gewiß nicht, Fräulein Kröger, wie Sie fürchten, an Ihrer »Persönlichkeit in dem schmerzlichen zerlumpten Deutschland« Anstoß nehmen. Lassen Sie mich Ihre Gedichte lesen, wenn uns Ihre Herrschaft nicht stört. Begegnen Sie mir mit Liebe und nicht mit dem Küchenhaken.

Ich wollte noch über einiges Politische nachdenken, da finde ich in meinem Zettel nur die Notizen: Juden und Araber in Jerusalem, Schillerpreis, Demokraten und 1. Mai. Lauter wichtige Dinge, denn ich habe sie mir notiert. Wahrscheinlich haben die Juden in Jerusalem den Schillerpreis verlangt; da aber Gustav Roethe Schiedsrichter war, auch Graf Seebach, Graf Hülsen-Häseler, haben sie ihn nicht gekriegt; die Araber haben in die Schlägerei eingegriffen, die Literatur hat neunzig Prozent Tote gehabt. Da nur zehn Mann sich beworben haben, ist bloß einer leben geblieben; dies war der 1. Mai. Also ein Volltreffer. Es war ein Volksfest zu Ehren Friedrich Schillers und des Grafen Seebach; die Demokraten zogen mit roten Fahnen herum, jubelten; die Araber gondelten auf Kamelen mit. Aber sie konnten nicht lange mit, weil niemand mehr auf dem Fest wußte, ob Kameel mit einem e oder mit zwei geschrieben wird.

Ja, so wirds gewesen sein. Das Resultat befriedigt mich. Auch durch Nachdenken kann man der Weltgeschichte auf die Beine helfen; der höhere Sinn bleibt nicht aus.

Da ist Rudolf Pannwitz; er ist ein komplettes Debakle. Sein Buch hat über vierhundert Druckseiten, jeder Absatz ist numeriert, für spätere Apostel und Jünger. Es heißt »Die Deutsche Lehre«. Es fängt an: »Der Geist euer Herr spricht: warum zeuge ich wider mein Volk und nicht wider meines Volkes Feinde?« Auf solche dumme Frage kriegt man in diesem Buch entsprechende Antwort. Er salbadert, daß einen die helle Wut über diesen knarrenden wackersteinbeladenen Wagen befällt. Er vergröbert, vertrivialisiert, verhöhnt Nietzsche; er hat auch, glaub ich, neulich einen Nietzschepreis erhalten. Er kopuliert Nietzsches Stil mit lutherischem Bibelpathos und tut greuliches Bardengeheul hinzu, dickes Blasen aus Ochsenhörnern; getutet werden gewöhnliche Zeitschriftenessays und moralisch verseichte Zeitungsartikel. (Ladenhüter werden unter dem Selbstkostenpreise abgegeben.) Über den Umsturz äußert er sich: »Der Geist euer Herr – Pannwitz – spricht: eures Umsturzes lache ich. Was ists denn, wenn umstürzt, was auf Sockeln gewackelt hat. Macht euren Hindenburg zum Diktator! Weil er euer einziger Mann ist, den ihr habt und es des Manns bedarf mehr denn des Staatsmanns. Denn ihr seid kein Staat und werdet kein Staat sein, bis daß ihr Staatlose von Urart ein jeder in sich selbst die sichere Heimstatt gefunden hat. Bis dahin rettet euch nur Heldenzauber oder Fremdherrschaft.« Pardon, Geist unser Herr Pannwitz, von dem Feuerzauber abgesehen: es ist schon allerhand mit dem Umsturz. Wo waren Sie seinerzeit und was haben Sie dazu beigetragen? Die Frage lautet (Sie verheimlichen sie diskret): war die Revolution nach Ihrer Meinung nicht nötig? Und an Hindenburg habe ich schon Ihre Antwort. Also wünsche gesegneten Kapp-Putsch. Er warnt fürder vor Umsturz und empfiehlt statt des fürderen Umsturzes, statt Freiheit und Gleichheit, Gehorsam und Werkgemeinschaft; also mehr die Kreuzzeitung als die rote Fahne. Wenns nicht weiter geht, kommt immer der Bardengesang: Plüm, plüm, plüm, plüm. Die Juden redet er so an: »Euer meistes Blut ist stark aber schlecht. Oh, Ihr Juden seid kleiner als klein und gemeiner als gemein geworden.« Hätten sie Moses' Gesetze gehalten, so wäre alles besser geworden. Ich finde es auch unglaublich, daß die Juden Moses' Gesetze nicht gehalten haben; man muß es ihnen recht deutlich sagen, damit sie es nächstes Mal besser machen. Zur Arbeiterfrage: »Darum verhoffe sich der Arbeiter ja nicht, er könne diese schlechte Weltordnung plötzlich zertrümmern oder allmählich zerbröckeln oder wenn er darin oben statt unten zu stehen kommt, so werde sie besser werden.« Geist unser Herr ist nur für Wohnungsschutz, bessere Kleidung, Gliederung der Arbeiter in Stände und Berufe. Der Geist ist eben ein sanftes Gemüt philantropisch und herzig mittelalterlich mit Butzenscheiben. Holdselig klöhnt der Barde: höhö, man möchte im Kino Hanswurst, Rübezahl und allerhand Kobolde verfilmen, möchte man, man möchte auch den Leuten Bücher in die Hände geben »herb und keusch wie Islandssagen«. Wo, Herr unser Geist oder Geist unser Herr, nehmen Sie die Menschen für solche Bücher her? Über Keuschheit fragen Sie die Psychoanalytiker. Und wenn ich Schmus höre wie: der Arbeitnehmer soll in der Fabrik wie »in einer Scholle« festwachsen, die Lektüre soll hingebungsvoll sein und ehrfürchtige Dinge darstellen, schlichte und rechte, so bin ich ganz im Bilde; der wildgewordene Oberlehrer, die Philosophie des verschämt Christlichsozialen hat sich vorgestellt; wir glauben ihm ohne weiteres, daß er ein »Maifestspiel Baldurs Tod« in beinah Stabreimen mit außerordentlicher Unbegabung und ebenso großer Erregtheit verfaßt hat. Ich finde nur: warum sollen wir im zwanzigsten Jahrhundert die Märchen aus dem zwölften und vierzehnten im Kino ansehen, also acht Jahrhunderte nach Ladenschluß, noch dazu im Kino? Warum sollen wir den Bibliothekenabfall des zehnten bis siebzehnten Jahrhunderts fressen? Und der Dieselmotor ist nichts? Und die moderne Wasserspülung soll nicht mal zur Beseitigung gewisser hahnebüchener Überheblichkeiten benutzt werden?

Den Magistraten, nachdem die Straßenbahnfahrt auf siebzig Pfennig gestiegen ist. Beförderung, auch Eisenbahnfahren gehört zu den Dingen wie Kanalisation, Wasserversorgung, die öffentlich und unentgeltlich sein müssen.

Die Straßenbahnen gehören zur Straße, sind beweglicher Fahrdamm. Ein propperes Stadtwesen bei einiger Größe sieht ein, daß seine Leute fahren müssen und befördert sie ringmäßig und radial, wohin sie wollen.

Der ungarische Komponist Bartok spielte eines Sonntags nachmittags die Musik zu einer Pantomime. Der Text ziemlich banal, wie solche Texte sind. Die Musik beispiellos, ohne Übertreibung, von stärkster Überzeugungskraft. Rhythmik, Tonmalerei die Hauptelemente dieser urwüchsigen Begabung. Die Tonalitäten durchbrechend baut er organisch auf dem Vorhandenen weiter. Er ist stärker, mehr Musiker als der sehr literarische Schönberg. Die Plastik, die ihm gelingt, etwa wenn der Wald in Bewegung gerät, der ganz charakteristische Humor und die ganz eigentümliche Färbung völlig spezieller Situationen sind außerordentlich. Das Werk wird in Ungarn schon längst gespielt; in Deutschland, wo der historische Ohrenschmalz dicke Pfropfe bildet, hat der Komponist vergeblich versucht es anzubringen. Wohl bei denselben Stellen, die uns wöchentlich mindestens einmal die Makartstücke des talentierten Eklektikers und glatten Routiniers Richard Strauß vorsetzen. Diese Kolossalopera mit ihrer glitzernden breitflächigen Leere und der zolldicken Glasur oben auf. Die Salome, die paprizierte Prinzessin aus dem Lunapark, die mich zu einem vollmündigen Gähnen entzückte. Ich mache übrigens die Musikkritiker darauf aufmerksam, daß

Strauß mit Instinkt nach der Salome gegriffen hat; die Musik schon seines Jahrzehntes – ja er hat nur sein Jahrzehnt – drängte vom lyrisch-romantischen Ausdruck weg. Eine antiexpressionistische, das heißt gefühlsfeindliche Tendenz bewegt die Musik; die Kunst suchte sich von dem Stoff loszuringen: das exotische Salomethema, das Befremdende in Optik und Akustik diente hier als einzelnes Mittel und Beförderung. Die Musik, die sich vorbereitet, ist ganz und gar keine Seelenmusik, jedenfalls noch lange nicht. Sie wird eher der tönenden selbstherrlichen Mathematik Bachs ähneln. Bartok tost jetzt vehement in Wald und auf der Heide herum; es ist ein unsäglicher Genuß, wie er mit der Musik auf diesem Boden galoppiert; sie wiehert echtes Pferdewiehern; man hat sie so lange Trockenfutter fressen lassen, hysterisch ekstatisch gedörrtes Gemüse.

Das Theater ist unter den Händen, unter der Tinte von Schreibern davongeflohen. Es ist, soweit es nicht sehr löbliche Amüsierbude mit oder ohne Rauchfreiheit wurde, zu einem Bildungsinstitut für Lernbegierige geworden, meist zog Tinte zu Tinte, oder man machte Kotau vor Mandarinen. Die Schauspieler sind längst zu zahmen Mimen degeneriert, die Herren Doktoren der Philologie und Germanistik sind die »Fachmänner« der Bühne, zum Vergnügen der Lachmänner. Wie ich an den Wassern Babylons saß und seufzte, führte die »Sturmbühne« ein Bühnenkunstwerk auf. Ein Kampfruf. Das Wort ist Element der Bühne, nämlich Klangelement; die Deklamation der alten Jambiker war schon etwas, aber zu wenig; das Wort muß zum Klingen gebracht werden; Entfaltung aller Tonqualitäten und akustischen Mittel. Der menschliche Leib, der oben agiert, hat nur zu agieren als Farben- und Formenträger und -beweger. Wen kümmert der bürgerliche Wunsch nach Psychologie. Das sind vergessene verschlungene Elemente der Bühnenkunst; verdrängend hat das nur gefühls- und gehirngeborene Stück, sinnenfremd, über ihnen gelegen. Rückkehr zu den Produktionsmitteln des Theaters. Der Dichter hat den Zusammenhang mit den kostbaren Elementen verloren zwischen vier Wänden und vor dem Blatt Papier; Schauspieler, Regisseure sind betölpelt worden.

Aus diesen Keimen wächst das Kunstwerk. In dieser Sonntagsmittagvorstellung hat man nicht viel mehr als Keime gesehn. Gestaltete Klänge, Bewegungen soll die Bühne geben, Visionen: jedoch man muß – sie haben. Im Plural. Der Gockelhahn und die träge glänzende Masse, Männchen, Weibchen, war schon etwas, sogar sehr viel, revolutionär viel. Aber nur als Hinweis; nicht für fünfundvierzig Minuten Sitzen, Hören ausreichend. Man ringt. Eine kraftvolle anonyme Anregung. Die Könner werden kommen; das Ferment wird wirken. Die Farben auf der Bühne, die klingenden Stimmen, Masken, Bilder, Phantasie in Form, Ton und Bewegung: wer kann sich dem entziehen.

Im Zuschauerraum saßen defensiv Leuchten der plötzlich »alten« Kunst. Sie werden verstört trotz anfänglichen Kopfschüttelns gewesen sein. Es ist an Autoren und Schauspielern, sich an den neu eroberten, neu zu erobernden Elementen zu verändern. Da saß auch der vierschrötige Paul Wegener, der Schauspieler, den ich in einem Strindbergstück eine phantastische Gestalt machen sah; mit Krücken, märchenhaft solange, bis er vom Autor im Stich gelassen wurde (nicht er sollte sich im Stück an dieser Stelle aufhängen, sondern der Autor).

Ja, stifte man in jedem Theater einen großen Nagel und hänge daran Doktoren der Philologie, die tiefgründigen Dichter, auch die seelenkündenden Mimen mit dem schmerzlichen Lächeln und den Händen in den Hosentaschen. Sie mögen dort ein nachdenkliches Kollegium bilden (übrigens vergießen Gehängte keinen Samen und treffen auch keine Vorbereitungen dazu, wie in Galizien im Krieg an einem großen Material festgestellt wurde).

Etwas niedliches. Ein gewaltiger Welthistoriker stellt den lyrischen Repräsentanten dieser Zeit, neben Verlaine Baudelaire, vor. Der Lyriker: »Beginnt um sieben aller Lüster flackernd schauriges Geflüster, enthebt sich aus dem bleichen Pfühl die Hure mächtig groß und schwül. Sie rüstet träge Toilette Gehänge dicke Perlenkette. Öl alabasterner Phiole schläft noch auf marmorner Konsole.« Der Schluß des Gedichts: »So quert sie ohne Ziel und Eile Sternfarben unterm Henkerbeile, lieb Tochter stolzer Pompadour, Frau Venus seliger Kultur.«

Ein anderes Gedicht, betitelt »Hügel über einem Mädchen«: »Ein junges Mädchen haben sie begraben, sie hätte wohl vermocht ein Reich zu laben mit stolzem Fürsten, der des Reichs Verweser. Nun sprießen auf dem Hügel schlanke Gräser, sie biegen sich in einer Sommernacht so seltsam ach und ohne Vorbedacht.« Ohne Vorbedacht ist in der Tat seltsam. Es wird begreiflich, daß der Schluß lautet: »Nun fliegt die Fremde mit dem Eppichstab, ein scheuer Flaum wie der Annette Droste, nicht eines Gaumen ihre Schauer koste.«

Danach wird klar, warum der Welthistoriker so schlecht von unserer Zeit denkt.

(Psst, er darf nicht wissen, daß sein Lyriker ein Epigönchen Gönelchen Hamerlings, Geibels ist.)

Wie ich über den Alexanderplatz gehe, bemerke ich, daß es über den Menschen stehende Ideen gibt. Diese kleinen schmutzigen Jungens, die sich an die Straßenbahnwagen hängen, die mit den Schulmappen laufen und sich mit dem Lineal prügeln, werden einmal meine und der andern Nachfolger sein, wenn ich nicht mehr über den Alexanderplatz gehe. Diese Kinder glauben sich frei. Aber ihnen überlassen wir die ganzen Städte, fertiggebaut, Fabriken, Kommissionen, Staatsformen, Pläne, Bibliotheken, die ihnen das Denken vorschreiben, Lebensformen, sittliche Kategorien. Sie übernehmen es willig, das ist ihr Erbe, wir erziehen sie hinein. Sie haben nicht nur das Leben, die ganze leibliche charakteristische Erbmasse von uns erhalten, sondern an diesen unseren hinterlassenen Materialien, unseren auch nur überkommenen Ideen, werden sie ihr junges frisches Leben entwickeln. Unausweichlich ist es ihnen bestimmt, daß sie uns fortsetzen. Sie werden sich um unsere Probleme bekümmern müssen. Niemand braucht klagen, daß seine Arbeit vergebens war. Überall, in allen Staaten, bei allen Rassen werden Gedankengänge weiter getrieben, Erfahrungen bewahrt und überliefert, werden von Generation zu Generation die Konsequenzen gegebener Verhältnisse gezogen. In manchen Ländern werden große und kleinste Leitsätze, alle Materialien ohne Veränderung festgehalten; das junge Leben tut nichts, als in die alte Höhle hineinkriechen.

Die heutigen Staatsformen und Gesellschaftsbedingungen in Europa sind unbeständig. Sie sind nicht geeignet, die sie erlebenden, von ihnen gejagten Geschlechter und ihre Art lange aufzubewahren. Sie treiben zerreibend eine Generation über die andere fort. Sie züchten biologisch keine Tugenden. Sie müssen ihr Menschenmaterial erschöpfen, erhitzen, ermüden. Arbeit, Arbeit: furchtbar hat jede folgende Generation an der Zuchthausarbeit der sich jetzt überstürzenden »Aufgaben«, an diesem abschnurrenden ABC zu tragen.

Die schmutzigen Jungen blasen kleine Trompeten hinter der Elektrischen. Die kleinen Schelme mit ihren Wunderhörnern; die Dinger sind aus Blech und werden zerknacken. Wir haben sie dem Kaiser Wilhelm hinterlassen, samt dem Dreibund und der zugehörigen Entente. Euch werden wir die nie fertige Planwirtschaft hinterlassen und was drum und dran hängt, auch England, England über alles. Nachdem man Euch das eingebrockt hat, hat man nichts dagegen, sich das Weitere von oben anzusehen.

Krieg und Frieden

Der Krieg ist so wenig wie der Friede ein Naturgesetz. Ich verstehe unter Krieg den bewaffneten, tötenden Streit von Völkern. Töten an sich ist nicht unnatürlich; das heißt: es töten zahlreiche

Tierarten. Das Töten innerhalb einer Tierart scheint seltener zu sein als zwischen verschiedenen Arten. Anderseits kommt in derselben Tiergruppe Tötung zwischen nächsten Blutverwandten vor: die Vernichtung der Säuglinge durch Mutterschweine, Kaninchen, Mäuse.

Es besteht vom konstatierenden Standpunkt kein erkenntlicher Unterschied zwischen dem Beilschlag des Mörders oder dem Flintenschuß des Feindes und dem Eindringen von Myriaden Tuberkelbazillen in die menschliche Lunge, dem Infektionstod.

Einzelleben sind der Natur nicht heilig. Die Bedachtsamkeit auf Frucht und Samen dagegen ist beispiellos; die Zahl der möglichen Geburten übersteigt alle Vorstellung. Dabei kommt es nicht auf Erhaltung der Art an – ist die Natur ein Biologe, daß ihr an Typen etwas liegt? –, sondern auf neues Leben. Die Natur vernachlässigt die Einzelleben, aber verachtet sie nicht.

Der Selbsterhaltungstrieb widerspricht anscheinend dieser Apathie der Natur gegen Einzelleben. Der Selbsterhaltungstrieb ist beim Menschen eine sehr zweifelhafte Sache; er wird von allen möglichen Gefühlen und Trieben leicht geschwächt und ganz außer Spiel gesetzt. Zahllose Menschen sind gleichgültig gegenüber dem Schlachtentod; bei Chinesen und Indern gibt es gewisse, uns wahnhaft scheinende Vorstellungen, unter denen der gewöhnliche Mann ruhig und sorglos in den Tod geht. Wo die Natur sicher gehen will, arbeitet sie mit automatischen Reflexen; beim Selbsterhaltungstrieb, bei dem so massenhaft Ausnahmen vorkommen, handelt es sich jedenfalls nicht um eine merkliche Sicherung der Natur gegen die Vernichtung der Einzelleben.

Die Menschen bilden, wie alle organischen Wesen, Zwecke; bzw. sie bewältigen gewisse Vorkommnisse ungünstiger Art durch ein Verhalten, das die schädliche Wirkung des Vorkommnisses möglichst abschwächt. Sie nützen das Bekömmliche und Gute aus. Das ist ihre Gewandtheit, ihr Können, ihre Tugend, die Grundvoraussetzung ihres Daseins, die Bedingung der Fortdauer ihrer Art. Ganz allgemein gesehen, erfolgen alle Handlungen und Geschehnisse als Funktionen zwischen Mensch und Vorkommnis. Vorkommnisse sind auch die anderen Menschen.

Ich bin genötigt, gegen einige Leute zu polemisieren, die von Pazifismus reden, ohne ihn zu verstehen. Friedliche Gedanken werden seit Jahren planmäßig lächerlich gemacht durch pathetische Lobredner eines Dinges, das sie Pazifismus nennen. Sie erleben mit eine ungeheure Umwälzung der Welt und glauben, daran mit Harfeschlagen teilnehmen zu müssen. Teilnehmen zu können.

Man darf nicht Pazifismus als einzig maßgebendes Prinzip der Politik aufstellen wollen. Läßt man faule und Spannungszustände aus vermeintlichem Pazifismus auf sich beruhen, lehnt man ihre Auseinandersetzung ab, so führt man das Prinzip ad absurdum. Man kann dem Menschen nicht verbieten, auf Zustände um sich zu reagieren, da sein Leben selbst die Funktion dieser Zustände ist. Es ist nicht richtig, daß die Schlafmütze das Symbol des Pazifismus ist. Es wird erstrebt, den notwendigen Kampf der Lebendigen zu regulieren. Der Pazifismus tut nichts, als dies Ziel der Regulation aufstellen, konkrete Methoden zur Verwirklichung des Ziels erdenken und zur Diskussion stellen.

Ich betrachte einige Kriege.

Vor sehr langer Zeit saß in Apulien, nicht weit von der Balkanhalbinsel, ein bekannter Mann, der Normannenherzog Robert Guiskard. Niemand, welcher ethischen Richtung oder Steuerklasse er auch angehöre, kann daran zweifeln, daß es diesem Mann und seinem Volke »gut« ging; daß er überhaupt Apulien besaß, dies schöne Land, er, der Normanne, wer möchte ihn darum nicht beneiden; welcher Neid schwelt nicht schon um eine kleine Villa am Tegernsee. Daß er mehr wollte, der Herzog, daß er Byzanz selbst mit seinen reichen Provinzen begehrte, trotzdem, man achte, trotzdem es ihm gut ging, gehört zu den Dingen, die nachdenklich machen müssen, – die sich vom moralischen Standpunkt etwa schwer begreifen lassen; mehr als »gut« gehen kann es doch keinem. Man kann übrigens auch schwer von einer hetzenden Rüstungsindustrie sprechen; es bestand bei den Normannen keine Aristokratie, die das Volk vergewaltigte, man übte da kurzen Prozeß. Trotzdem: alles wollte hinüber nach Byzanz. Es ließ ihnen keine Ruhe, man kann es einen Tik nennen oder nach Freud analysieren, – sie wollten über das Meer, nach dem Balkan. Wie kurze Zeit waren sie erst in dem herrlichen Apulien, sie hatten alles kurz und klein geschlagen, noch nicht genügend Ruhe gefunden, sich am Fleck zu etablieren, den Honig aus seinen Blüten, den südlichen Wein aus seinen Reben zu heben, – schon hat es sie, sie wollen übers Meer. Die Jungen, die Weiber, die Kinder, die Greise, die Fürsten und Bettler, sie wollen übers Meer fahren nach Byzanz; der Teufel holt jeden, dem er am Kragen saß. Wäre die Welt mit »moralischen« Gesichtspunkten zu fassen, wären solche Gesichtspunkte bei den Funktionen zwischen Mensch und Umgebung wesentlich maßgebend: der weitere Verlauf vom humanistischen Standpunkt wäre, daß der mit allen Wassern der Religion, der Religion und Kultur gewaschene Kaiser des heimgesuchten Landes jenem blinden Triebe Platz machte, Frieden schlösse vor dem Unabwendbaren und sich beruhigte. Es wäre nicht viel verlangt, er hätte sich unterwerfen können. Alexios Komnenos heißt der damalige Herrscher in Konstantinopel; als er hörte, daß Robert Guiskard im Mai 1081 bei Otranto und Brindisi 30000 Mann und 150 Schiffe sammelt, benimmt er sich – das Wort kommt mir schwer aus der Kehle, aber es muß gesagt werden – Alexios Komnenos benimmt sich schlau. Man fasse das: eine solche Situation, Kaiser sein – und schlau; nichts als das; nur politisch und militärisch richtig; die täglich verehrten ewigen göttlichen Verkündigungen und Lehren bleiben schwarz auf weiß. Die Lehre, das Pergament zeugt keine einzige menschliche Bewegung! So und garnicht anders zu handeln wie der Khan der Seldschuken auch gehandelt hätte, wie ein x-beliebiger Kaiser von Japan oder Korea, der nicht daran denkt, als »Klügerer nachzugeben«, der sich wehrt wie jeder kleine Junge, den ein Hund beißen will, als gäbe es keine orthodoxe Religion, keine Gebote der Humanität, keine aufgeblühte byzantinische Kultur. Wie raffiniert Alexios den Krieg vorbereitete. Und dann drauflosschlug. Es ist zum Herzzerbrechen. Und er siegte. Wer kommt darüber hinweg? Wir wollen uns nicht zu lange bei dem elften Jahrhundert und diesen Entsetzlichkeiten aufhalten. Im dreizehnten wird es besser sein. Wir können guten Mutes darauf vertrauen.

Ungeheuer waren damals in den europäischen Ländern die religiösen Ideen über die Seelen hinweggestürzt, die Inbrunst des Glaubens war ohnegleichen, alles gab man für die Kirche hin, man erhob sich von der heimatlichen Erde, dachte an Gott und Christus und drängte, möglichst nahe dem geographischen Ort des ungeheuren Mysteriums zur Zeit des römischen Kaisers Augustus zu gelangen. Wann hat man je wieder eine Zeit erlebt wie diese? Welche Zeit wie diese wäre mehr geeignet, was »menschlich« im Sinne der moralischen Pathetiker im Menschen zu entbinden? Alle Verbrechen waren gesühnt dem, der das Kreuz nahm, um zum Heiligen Grabe zu wandern; sonst durfte Mann und Frau nicht voneinandergehen, um Mönch oder Nonne zu werden, jetzt brauchte keiner sich des Drangs seiner inneren Stimme zu erwehren. Millionen zogen aus, alle Klassen, alle Alter.

Es geschah damals, daß in langen Pilgerröcken mit Taschen und Stäben – und mit nicht viel mehr – einige Tausend auszogen, um das Heilige Land zu finden; deutsche Kinder, ja Kinder, und sie trugen keine Waffen. Ein Knabe namens Nikolaus führte sie durch jubelnde, glockenläutende Ortschaften nach Italien. Es geschah weiter, daß vor den Alpen so viele unter den Strapazen, Hunger und Durst starben; jenseits der Alpen durften lombardische Räuber sie empfangen und italienisch mit ihnen umspringen; dann erreichten sie Genua; immer mehr fiel über sie her; man vertrieb sie von dem Stadtgebiet, an allen Orten sanken die Kinder, sie suchten verloren Unterschlupf, wo er sich bot, vermieteten, verkauften sich. Wie wenige kehrten heim in die Dörfer und Weiler, aus denen sie Gesang, Blumen, Spenden und Gebete geleitet hatte.

Auch die 30000 französischen Pilgerknaben trugen keine Waffen. Zu Marseille erboten sich zwei warmherzige Menschen, sie um Gotteslohn zu Schiff nach Syrien zu fahren. Auf sieben großen Seglern wagten sich die Kinder hinaus, zwei Schiffe strandeten nach zwei Tagen bei Sardinien; dies war ein Zufall; die übrigen fünf glaubten die beiden warmherzigen Menschen nicht weiteren Zufälligkeiten überlassen zu dürfen, so bogen sie ab, zogen ihre Pelzmützen am Strande von Ägypten zu Alexandrien, stellten sich als Sklavenhändler vor, die Kinder waren bald treu behütet. Zwar haben späterhin beide Bonhommes an einem und demselben Galgen geendet, zu fünft mit dem Emir von Sizilien und seinen beiden Söhnen. Jedoch war den Kindern nicht geholfen, nur Menschlichkeit hatten sie prästiert, rein und ohne Vorbehalt, und ihr Erlebnis war ein Märchen geworden; die Geschichte berichtet zärtlich davon, lächelnd. Oh, was für ein Lächeln!

Aber wie sonderbar ist es, daß auch die anderen erwachsenen Kreuzfahrer darüber lächelten, sie, die vom gleichen Blut, aus einem Reis entsprungen scheinen. Zum Kampf gegen die Ungläubigen geht es! Lüfte die religiöse Maske des Kreuzzüglers, dann siehst du: unter dem wallenden Nebel der Glaubensinbrunst hingebreitet orientalische Städte, flimmernde Meere, bunte, tolle Szenerien, üppige Weine und Weiber, leere Throne!

Wie kommt es dann überhaupt zu friedlichen Erscheinungen in der Weltgeschichte? Was bedeutet das Vorkommen friedlicher Neigungen im Menschen und in Menschengruppen? Sind solche Vorgänge, wie die Kreuzzüge, der Zug des Guiskard, als typisch anzusehen, maßgebend für die Charakteristik der Art Mensch?

Man pflegt das Vorhandensein friedlicher Neigungen – in Hirten- und Jägervölkern – so zu entwickeln.

Der Mensch, in die Notwendigkeit versetzt, Gruppen zu bilden, entwickelt dazu dienliche Eigenschaften. Gesetze, Befehle halten die für die Gruppe lebenswichtigsten Punkte fest. Das weitere besorgt ein Zähmungsprozeß.

Der Mensch ist nicht ganz Haustier. Sogar Hunde, Schoßtiere beißen. Der Mensch unterliegt einer Zähmung, die ihm Eigenschaften einimpft, die er nicht besaß, ihm Eigenschaften entfremdet, die sein Innerstes ausmachten. Herrscher, Religionen, Kirchen arbeiten an der Domestikation ihrer Menschengruppen; die Zähmung läuft verschiedene Wege, bezweckt Verschiedenes, ist in Afrika anders als in Asien, in Europa. Man befriedet die Mitglieder. Gesetze, Moralen gelten nur innerhalb des Zirkels. Natürlich, der Dompteur muß bei Löwen anders arbeiten als bei Kaninchen und Papageien. Über das Außerhalb des Zirkels, über die Fremden, bleibt Gesetzlosigkeit, Morallosigkeit verhängt. Fremde Moral ist keine Moral, Andersgläubige sind Ungläubige. Das mosleminische Staatsprinzip teilte den ganzen Erdkreis in Dar ul Islam und Dar ul Harb, das heißt: Haus des Islam und Haus des Krieges.

Zweck der Zähmung ist nur Ruhe und Sicherheit innerhalb der Gruppe; am Verkümmernlassen der Instinkte gegen die Fremden hat niemand Interesse. Im Gegenteil, man stärkt sie, die Gruppen müssen sich verteidigen, sie wollen unter Umständen Beute, neues Land; da muß mit einer Hand gegeben werden, was mit der andern Hand genommen wurde: zahm nach innen, wild nach außen. Nicht nur Gelegenheit zu Paradoxen, sondern ungeheure faktische Schwierigkeiten entstehen; mit der Verkümmerung der elementaren Instinkte sinkt bisweilen die Gesamtkraft. Die Zähmung darf aber nur bis zu einem gewissen, schwierig feststellbaren Punkt vorgehen, soll sie nicht zur völligen Vernichtung führen.

Mit den innervölkischen Grundsätzen, diesen Domestikationsprinzipien, wird sehr rasch Mißbrauch getrieben; rasch treten Individuen und Gruppen auf, welche den Erfolgen der Zähmung, die sie an sich feststellen, allgemeinen, absoluten Wert zuschreiben, das heißt: Wert, der übervölkisch, ja metaphysisch sein soll.

Sie verwechseln Zweck und Mittel, halten sich und ihre jetzige Artung, die bloß als Mittel gedacht war seitens der Politiker, für Selbstzweck. Von Menschen und Menschlichkeit war vorher gar keine Rede, nur von Chinesen, Osmanen, Seldschuken; zwischen Feinden menschlicher Gestalt und Panthern und Feuersbrünsten, Erdbeben, Steinschlag bestand bis da kein Unterschied. Überall war bis da die Welt zerteilt in das Haus der eigenen Nation – in ihr der Frieden – und das Haus der Fremden – gegen sie Krieg, zum wenigsten Mißtrauen oder Gleichgültigkeit. Jetzt soll dies Haus des Friedens sein Dach ausdehnen über Fremde, die nicht unterworfen sind, seine Mauern um sie spannen. Welche feine, subtile Unterwerfung! Sollte sie nicht mit einer übermenschlichen Natur rechnen? Jetzt verbietet man Kampf mit Männern fremden Gesichts und unbekannten Wachstums – weil sie Brüder seien! Individuen und Gruppen führen mit unerhörter Kühnheit diese Prinzipien auf ein neues Gebiet; teils wahnbefangen, instinkt-verkümmert und bis in den Kern gezähmt, so daß sie nicht einmal mehr erkennen können, was hinter ihnen liegt; teils kriegerischen Herzens, sich anmaßend, mit ihren »friedlichen« Prinzipien auch fremde Gruppen zu befrieden, das heißt zu bezwingen. Das kolossale Beispiel der Kirche; die Religionen, die erst Nationalkultur waren, sehr ad usum proprium; dann die Moralen. Die Moralen besonders, von ihrem Boden losgelöst, sind hier wichtig; sie sind notwendig bei vielen Völkern, in wichtigen Punkten ähnlich, weil die Zähmungsgrundsätze unter annähernd gleichen Bedingungen innerhalb der Völker gleich ausfallen müssen. Die so bedingte Ähnlichkeit erweckt den Anschein des Vorhandenseins einer allgemeinen Menschlichkeit.

Der gut gezogene Bürger umgibt sich mit dem Air des Kosmopoliten. Die Zähmung ist auf den Höhepunkt geraten; ihr Produkt genießt sich.

Daß der Monotonie der Moralen eine völlig anders geartete Monotonie der Politiken gegenübersteht, wird rasch übersehen; es wird übersehen, daß mit ähnlichen Argumenten gezeigt werden kann: alle Menschen sind Feinde, wie: alle sind Brüder. Bei einem gewissen Zähmungszustand gelten die politischen Grundsätze, die außermoralischen, als etwas Verächtliches. Man wagt dann in vollendeter Naivität, sie mit dem Maße der Moralen zu messen: die Kinder verprügeln ihren Lehrer. Entzückt wird sicher der Politiker sein, dem dies widerfährt; besser kann die Erziehung nicht glücken; so tief in die Seelen hat die Disziplin ihnen geschnitten. Der Politiker wird ihnen zur Freude gern die moralische Attrappe umlegen, sich ernst in ihr bewegen, sofern er sich das Lachen verbeißen kann bei der Drolerie der Situation.

Die Entwicklung rast dann so zu Ende, daß ihm das Lachen bei der Artigkeit seines Publikums vergeht, sobald nämlich diese Artigkeit handgreiflich wird. Man wird geneigt, ihm unversehens ein Bein zu stellen, ihn für überflüssig zu erklären, ihn einen Störenfried zu nennen. Man erkennt in einem stürmischen Moment in diesem Politiker den Gottseibeiuns, der er von einer gewissen Distanz aus wirklich ist, und erklärt, über ihn zur Tagesordnung übergehend, die innere Politik in Permanenz zur äußeren. Denn das ist ja der wichtigste, immer wieder dick mit allen Farben zu malende Punkt: Moral ist bis da nur Mittel der oben explizierten inneren Politik; grundsätzlich und von vornherein führt die Politisierung der Zähmungsresultate zur Praxis des Kinderkreuzzugs, garantiert das schmerzliche Lachen des Historikers. Die Moralen werden immer nur bisweilen, bisweilen von einzelnen in die Praxis übergeführt; die andern sind schlau wie Alexios von Byzanz, und an Alexios scheitert alleweil der holde Wahn.

Zunächst:

Die menschliche Natur ist breit, und was uns als Gegensatz erscheint, braucht in einer gewissen Tiefe nicht mehr entgegengesetzt zu sein. Es kann auch Gegensatz sein, jedoch polar geforderter; der friedliche Mensch ist nicht die volle Realität, so wenig wie der kriegerische; die volle Realität ist ein Wesen, dessen Leben in den Spannungen des friedlich-kriegerischen abläuft. Schließlich sind Krieg und Frieden zwar objektiv wichtige, praktisch bedeutungsvolle Dinge, jedoch sie bezeichnen am Menschen nichts. Es sind Unterscheidungen von grober Art, wie: ein Volk, das mit A anfängt, und eins mit B. Krieg und Frieden ist vielerlei und funktionell Unvergleichbares bei den verschiedenen Menschengruppen.

Es muß zugegeben werden: die Frage nach der Existenz einer allgemeinen Moral ist schwer. Auf Metaphysik will ich mich nicht einlassen.

Jedenfalls erkennt man, daß überall da Moral geübt oder zugelassen wird, wo sie die Gesamtheit gebraucht, genauer: Grundsätze werden durch ihren Gebrauchswert für die Gesamtheit zu Moral – und daß Moral überall da suspendiert wird, wo die Gesamtheit, genauer die Machtrepräsentation des Volkes, es für nötig hält. So hat Lenin den deutschen Revolutionären bemerkt, als sie über »ungerechte« Urteile gegen ergriffene Rebellen lärmten: Es sei, sagte er, offenbar den ideologisch schwärmenden Herren unbekannt, daß die Rechtsprechung Machtmittel der herrschenden Klassen ist. Im übrigen läßt sich das historische Wachstum vieler Moralen bereits verfolgen, ihre grundsätzliche Verschiedenheit liegt zutage. Es gibt nicht nur Herren- und Sklavenmoral, sondern zahlreiche ethnologisch und historisch bestimmte, die man zweckmäßig nicht agitatorisch rubriziert.

Das ist jedoch nicht die ganze Wahrheit. Nicht einmal die wichtigste Teilwahrheit. Man kommt zum Kernpunkt nicht, wenn man fragt: Wie sind friedliche Regungen bei Völkern möglich? sondern, wenn man fragt: Wie sind Völker möglich?

Die entscheidende Perspektive gibt der autochthone Gesellschaftsdrang der Menschen. Der Gesellschaftstrieb der Menschen ist keine moralische Erfindung und Lehre, sondern ein Faktum, und zwar das ungeheure Faktum einer Kraft.

Man kann diesen Trieb in keiner Weise auf eine Linie stellen mit irgendwelchen anderen. Es ist eine biologisch wirksame Kraft, die auf die Menschengeschlechter mit derselben Stärke wirkt und gewirkt hat wie der Aufenthalt in Höhlen, die Belichtung durch Tropensonne. Es ist eine Kraft, die plastisch wirkt und wirkte und den Menschen anthropologisch so gemacht hat, wie er jetzt ist. Denn [nicht] die Fähigkeit der Menschen, sich an Terrainschwierigkeiten anzupassen, Witterungswechsel auszuhalten, Kälte und Hitze zu ertragen, Tiere zu töten oder ihnen zu entgehen, hat es ihnen ermöglicht, eine fast unbehaarte Haut zu haben und doch nicht zu erfrieren, schlecht zu klettern, schlecht zu sehen, kaum zu riechen, mäßig zu laufen und doch leben zu bleiben, sondern der Gesellschaftstrieb, der unbedingt von Haus aus und vor den gefährlichsten Erfahrungen in ihnen vorhanden gewesen sein muß. Ich nehme es nicht hin, wenn einer erklärt: diese Kraft ist im Kampf ums Dasein einmal entstanden und in der Auslese seiner Besitzer vererbt. Im Kampf »entsteht« überhaupt nichts; der Kampf ist nicht produktiv. Produktiv und plastisch ist der lebendige Organismus. Wesentlich ist: diese Kraft ist ein entscheidendes Merkmal der vorhandenen Menschenrassen. Die gegenwärtigen Menschenrassen besitzen den Gesellschaftstrieb als eine Kraft, Tugend und Vermögen, das, fast mehr noch als die Fähigkeit, bei dieser bestimmten Luftzusammensetzung zu atmen, ihr Leben erhält.

Der Gesellschaftstrieb ist kein Defektsystem. Es ist völlig unsinnig, zu sagen, der Mensch drängt zu anderen, weil er allein nicht existieren kann. Dies Alleinexistieren ist eine ganz willkürliche Fiktion; man kann nicht argumentieren: er lebt auf der Erde, weil er nicht unter dem Wasser leben kann. Es ist seine Fähigkeit, auf der Erde zu leben, seine Fähigkeit, seine Tugend und Vermögen, Gruppen zu bilden. Es muß mit größerem Recht gesagt werden: weil der Mensch die Fähigkeit hat, zu anderen zu drängen, ist vieles an ihm verkümmert, – als: weil an ihm vieles verkümmert ist, drängt er zu anderen.

Der Gesellschaftstrieb ist ganz und gar keine moralische Eigen-Schaft; er wird degradiert durch solche ephemere Charakteristik. Er hat nichts zu tun mit der Neigung der Eltern zu Kindern, der Liebe zwischen Geschlechtern, nichts mit Empfindungen vorübergehender Existenz und wechselnder Stärke, sondern ist eine spezifische, gleichbleibende, nicht auszulöschende gewaltige Kraft. Sie ist ein biologisch produktives Element. Sie bedarf keiner intellektuellen Fürsorge.

Diese gesellschaftsbildende Kraft steht in Konflikt mit anderen Kräften, den entwicklungsgeschichtlich wahrscheinlich älteren der einzellaufenden Bestie. Jedoch weiß niemand, ob und wieweit der zum Menschen variierende Affenstamm nicht schon selbst in Rudeln lebte. Wenn gesellschaftsfeindliche Instinkte im Menschen sind, kann es sich nur demnach um Rudimente handeln. Es sind verkümmerte Triebe und Regungen von absterbenden und abgestorbenen Funktionen, nicht mehr wie die Anlage der Kiemenbögen beim Fötus. Indem der Gesellschaftsdrang auftrat, unterdrückte, verdrängte er diese Kräfte, ließ sie verkümmern; sie führen eine mehr parasitäre Existenz im menschlichen Organismus. Der Gesellschaftstrieb bedient sich dieser relativ schwachen Regungen auch, färbt sie; sie erscheinen gespensterhaft am Leben, im Traum, in der Phantasie, der Kunst, bei unsicher Konstituierten. Sie gebärden sich wild und suchen den Schein zu erwecken, als wären sie die eigentliche Menschennatur.

Es ist ein grundsätzliches Verkennen, wenn man diese Rudimente als die eigentliche Vitalität des Menschen anspricht. Im Menschen kämpfen nicht Instinkte einer einzellaufenden Bestie mit Instinkten eines gesellschaftsbildenden Tieres. Wenn solch ein Kampf überhaupt jemals in der Stammesgeschichte vorlag, so ist er abgeschlossen; die Einzelläuferinstinkte haben sich als unfruchtbar erwiesen; sie führen zum Zugrundegehen ihrer Träger; die Gesellschaftskraft hat die Art entwickelt. Es ist ein fabelhafter Irrtum, von diesen Rudimenten eine Regeneration der Menschenart zu erwarten. Sie sind, wie die Titanen unter dem Olymp, erstickt, damit die Götter thronen. Aber die Gesellschaftskraft ist so stark und ihrer Position sicher, daß sie sich solche Spielereien und Scherze mit den Rudimenten leisten kann.

Die Lehre von der Zähmung angeblicher Menschenbestien durch stärkere Menschen, Eroberer, dazu das Meiste der vorhin entwickelten »Genealogie« der friedlichen Neigungen halte ich demnach für eine Naivität. Jene Züchter sind schon selbst gezähmt, es sind besonders gesellschaftsbildende, besonders organisationsbegabte Tierexemplare; in ihnen ist der Gesellschaftstrieb überaus aktiv und schon lange aktiv. Die Vorfahren dieser Zähmer und Züchter haben selbst schon Jahrtausende zusammen gehaust.

Darum ist es auch unhaltbar, verächtlich von einem Herdentrieb beim Menschen zu sprechen und einen Einsamen der Herde gegenüberzustellen. Mag es Gesichtspunkte geben, unter denen das Volk ein Umschweif zu großen Persönlichkeiten ist, so sehe ich doch keine Möglichkeit, die Größe einer Persönlichkeit anders zu bestimmen, als an dem Maßstab irgendeines Volkes, und so bleibt die große Person innerhalb des Volkes und lebt ihre Größe für das Volk.

Nietzsches Lehre von der unterwerfenden blonden Bestie besitzt keine große Tragweite. Es können blonde Rassen über andere hergefallen sein, sie können auch Moralen über diese Völker verhängt haben; das ist eine kleine Angelegenheit innerhalb der Völker. Die blonden Herren sind Herdenmenschen wie die unterjochten; was Nietzsche gibt, ist ein Kapitel aus dem historischen Hin und Her. Er hat vor allem aber die kolossale plastische Kraft des Zusammenhangs der Menschen nicht durchdrungen, daß er glaubte, hieraus ein zweitrangiges Phänomen machen zu können. Wenn seine Helden auftreten mit dem Schmuck atavistischer Triebe, so verdanken sie es seiner Abneigung gegen das Verweichlichende, Zerfasernde des Christentums. Aber was hat das Christentum oder eine sonstige Lehre mit der biologischen Erscheinung eines Artmerkmals zu tun. Nietzsche konstruierte sich gegen das dekadente Christentum eine pompöse bestiale Natur; jedoch war das alles unnötig, man kann die christlichen Moraltendenzen auch angreifen und verwerfen, ohne so ungeheuer auszuholen. Man erschlägt Fliegen nicht mit der Keule. Weil er eine klägliche Nächstenliebe sah, ein philiströses, bösartiges Sichducken und gegenseitiges Anwärmen, glaubte er, sich der Kraft des Schwertes und des Feuers verschwören zu müssen: Der wahre Mann muß Krieger sein, und er malte prächtig die Bilder von Giganten, gab Ausnahmen für Musterbeispiele aus, sehr fragliche, pervertierte Ausnahmen. Die Umwertung der Werte kann nur innerhalb des eisern haltenden Bandes der Gesellschaft erfolgen; diese selbst umzuwerten ist ganz undiskutabel. Er sah Kraft nur in den blitzartigen, abrupten, theaterhaften Kriegskatastrophen, wie ja seine Konzeption vor solcher Kriegsepisode entstand, und sah die unendlich langsamere, unendlich gewaltigere Kraft des Zusammenhangs nicht. Er wie zahllose nach ihm.

In phantastischer Weise übertreibt man die Bedeutung der kriegerischen Triebe für das Biologische. Man glaubt, der Natur auf die Beine helfen zu können durch Verstärkung des sogenannten Kampfes ums Dasein, ja der Natur auf die Beine helfen zu müssen. Man kann den Menschen tüchtig und stark halten, ohne ihn in Kriege zu verstricken. Es wird niemand behaupten, daß die gegenwärtigen Maschinenkriege den Menschen biologisch steigern. In Parenthese bemerke ich, daß diejenigen, die eine Erhöhung der Menschenart auf dem Wege über den Menschen anstreben, anthropologisch wahrscheinlich falsch denken. Der Mutterboden wird die niedere Tierart sein, irgendeine variationsfähige Affenart. Man zerbreche sich nicht den Kopf der Natur, sie ist auch die Jahrtausende ohne menschliche Unterstützung ausgekommen.

Man lebt dauernd unter der Suggestion, als Gesellschaftsmensch bloß moralischen, das heißt ephemeren Anweisungen zu folgen, und außerhalb der Moral sei die Freiheit und die eigentliche Menschenwürde. Denn man verachtet Sitte und Sittlichkeiten, weil man sieht, wem sie dienen, wofür sie konstruiert sind, wie sie wechseln.

Die große gesellschaftsbildende Kraft wird aber durch Moralen nicht ausgedrückt und nicht widerlegt. Die Moralen setzen für irgendwelche örtliche, vorübergehende Zwecke diesen Trieb um; sie sind in der Tat hinfällige Konstruktionen für praktische und zweifelhafte Bedürfnisse.

Und viel zu schwach, ja schief wird die Gesellschaftskraft mit der Wendung von der gegenseitigen Hilfe bezeichnet. Sie ist kein Korrektiv an einer ebenbürtigen primären Neigung zum Asozialen, ist nichts Philantropisches.

Die Auswirkung dieses Grundtriebes ist so allgemein und vor aller Augen, daß man ihn übersieht wie den Himmel am Tage. Die Auswirkung erfolgt natürlich nicht in labilen, umstrittenen Bildungen der Moral, sondern in Nationalismen, Errichtung von Kirchen, Parteien, Lehrgebäuden. Ja, Kriege können die Äußerung dieser Macht sein.

Nationalismus ist primär Zusammengehörigkeit der Landeskinder, ein Füreinander und Miteinander. Der Umstand, daß Nationen die Quelle zahlreicher kriegerischer Verwicklungen sind, darf nicht verschleiern, was unendlich wichtiger ist, weil länger dauernd, kräftiger, wirksamer, unendlich folgenreicher, daß Nationen selbst eine Fällung des elementaren Gesellschaftstriebes sind. Es ist angesichts dieses Faktums erst eine zweite Frage, wie es zu Kriegen kommt.

Die Kirche bildet Dogmen, Lehrgebäude. Man hat gesagt, dahinter verstecke sich ihr Wille zur Macht. Es ist zunächst nichts weiter als der einfache Wille zu allen hin. Man übersieht das Ureinfache, daß sich dieser Wille gerade auf Menschen richtet und ihre Zusammenfassung betreibt. Im Propagieren, Aufdrängen gleicher Gedanken, Uniformieren erkennen wir ohne weiteres den gesellschaftbildenden Trieb.

Der Drang, sich zusammenzuschließen, überschlägt sich. Es wird der Zusammenschluß unter den Formen gefordert, die man selbst ausgebildet hat. Es soll ein restloser Zusammenschluß sein. Der ruhelose Drang zu verbinden, zusammenzuziehen, läßt über die Grenzen blicken; der Drang, den Zusammenschluß unter den eigenen Formen zu vollziehen, veranlaßt den Krieg. Diese hemmungslose Übertreibung zeugt von der Vehemenz und dem Elementaren des Triebes. Sich nur teilweise von ihm lösen, indifferent sein, erfordert eine besondere Höhe der Kultur. Diese große, universelle Gewalt ist Träger und Former der Hauptinstinkte des Menschen; sie entfaltet wahrscheinlich bei Bienen und Ameisen und anderen Tierarten nicht geringere Produktivkraft.

Das ehemalige lose Nebeneinander der Völker wird zunehmend beseitigt durch Eisenbahn, Industrie und Technik. Diese sind selbst Äußerungen des Dranges zueinander. Sie entwickeln sich als Träger einer übernationalen Fühlungnahme. Übernationale Gedanken wurden früher schon in Literatur und Religionen gepflegt, hatten aber keine größere Wirksamkeit. Sie drängen jetzt aus der Sphäre des sanft Gefühlten in die des Realen und Folgerichtigen. Die technischen Annäherungsmittel haben dazu geführt und führen fortschreitend weiter dazu, daß sich die nationalen Ballungen berühren und reiben. Die nationalen Ballungen werden geschoben von übernationalen Mächten; sie geraten in die Hände dieser Mächte, werden ihr Objekt, wenn nicht gar ihr Werkzeug. Diese, Industrie und Technik, haben ein übernationales Netz und übernationale Kraftzentren; sie sind zwar nicht die stärksten, aber die bisher universellsten Konstruktionen der Gesellschaftskraft. Sie stehen in keinem Widerspruch zu den kleineren nationalen Konstruktionen. Sie dienen eher dem Frieden als dem Krieg; sie werden überhaupt erst zu Werkzeugen des Krieges, wenn sie unnatürlicherweise in die Hände der niedrigeren nationalen Konstruktionen fallen. Sie entringen sich aber leicht diesen Händen, die sie abschließen und isolieren, weil ihre Existenz auf Austausch und weitem Zusammenhang beruht.

Die allmähliche Vereinigung der meisten Öllager und Brennstoffe in wenigen Händen, große, international gestützte Trustbildungen, die gleichmäßige Tendenz und Nötigung zu planmäßiger Ökonomie, welche bald zur Weltplanwirtschaft wird drängen, zu großen und größeren Gesellschaftskonstruktionen –

auch mittels Kriege. Kriege können ein brutaler Schritt auf dem Wege sein.

Es kann eine Friedenspolitik nicht bestehen in Vernichtung der Nationalismen, denn diese sind echte und wahrhafte Bildungen des Gesellschaftstriebes. Die übernationalen weltwirtschaftlichen und weltpolitischen Tendenzen drängen vorwärts, die Völker werden dabei in engere Berührung als jemals gebracht, die Gestaltung der nationalen Ballungen unter den dann kräftig einsetzenden Einflüssen hat man abzuwarten.

Friedlich gemacht können Völker werden daneben, gewissermaßen negativ und im Kleinen, durch Dezentralisation, Zerlegung in Parteien. Die Parteien brauchen nicht friedlich sein, es genügt, daß sie kraftlos sind durch ihre Vielheit. Friedlich gehalten werden Nationen und Gruppen durch den Trieb zum Wohlleben. Methodisch wird die Schwächung der kriegerischen Neigungen von Völkern betrieben durch alle wie auch immer gearteten Lehren von der Wertschätzung des privaten Lebens. Am rigorosesten sprengt die Verbände die fromme Metaphysik, kirchliche Organisationen mit ihrer ungeheuerlichen Anteilnahme am Einzelleben und Wertschätzung der individuellen Existenz. Das Individuum im Zusammenhang lassen oder bringen mit einem Gott, der nicht Nationalgott ist, ist gefährlich für die Nation oder kann für ihre Einheit gefährlich werden. Die private Existenz darf bürgerliche Quellen der inneren Stärkung und Erholung suchen, wo sie will, sie darf aber nicht sich von dem Band losreißen, an dem sie gegängelt wird. Außerhalb der Gesellschaft – und stellen manche Metaphysiker und Religionen den Menschen nicht außerhalb der Gesellschaft auf sich? – gibt es nicht nur bürgerlichen, sondern körperlichen Tod. Wo irgendein metaphysisches Prinzip auf neidische Art die Nationen in Individuen zerlegt, verringert sich die Kriegsgefahr. Vom Standpunkt des Friedenspolitikers ist es ein raffiniertes Verfahren etwa der lamaischen Kirche, die Notwendigkeit der Bindung an den Buddha zu lehren, sich aber zwischen den Buddha und das Individuum zu stellen; man erzielt dadurch einmal die Lähmung der betreffenden Nation durch Zerlegung in metaphysisch orientierte, vom Staat unabhängige Personen, zweitens die Bindung dieser Personen an die Kirche und die Machtsteigerung der Kirche, und es kommt zu einer überstaatlichen Staatenbildung. Wir sahen in Europa – es steht durchaus dahin, ob mit Recht – einige Jahrhunderte lang eine ähnliche Befürchtung der Völker vor der römischen Kirche. Man erstrebte darauf in einigen Ländern Nationalkirchen; man hat sie teilweise erreicht, riskierte und beschwor herauf völligen Auseinanderfall, Stärkung der Splitter, Kriegsserien. China hat diese Staatsreligion, mit der Apathie, wenn nicht gar Feindschaft gegen das Außerhalb, am sichersten ausgebildet; kein westlicher Staat hat Ähnliches vollbracht; das Eindringen der lamaischen Religion wurde zuerst furchtbar zurückgewiesen, sie blieb bei den niedrigen Klassen; es war die ungeheure Ausdehnung des Reiches und die Schwäche der Dynastien, die größere Außenkriege verhinderte.

Die negativen bremsenden Methoden sind nie die Hauptsache. Sie schwächen die Wirkung auflösender Antriebe ab und erleichtern die machtvolle Entfaltung der Gesellschaftskraft.

Die bewußte gesellschaftsfreundliche und wahrhaft pazifistische Politik arbeitet mit beiden Hebeln, unter Bevorzugung des positiven, drängenden.

Die großen Kriege bestimmen das Schicksal der Völker. Es gibt Resultate und kein Unrecht. Man beschuldigt Kriegsparteien, spricht von Unvorsichtigkeit, Ungeschicklichkeit der Diplomaten, vom Drängen kapitalistischer Gruppen. Anklagen ist Wahnsinn. Gibt es Kriegsparteien und haben sie den Krieg verursacht, so haben sie die Macht gebraucht, die ihnen zufiel, und den Krieg mit jeglicher »Tugend« geführt. Es fand jede Gruppe Zeit, sich umzutun. Tat sie es nicht, hatte sie nicht genug Wirkung, so geschah dies, weil es ihr an Kraft, Fähigkeit oder »Tugend« fehlte; wir leben in der Welt der ablaufenden Kräfte. Das Gold der Ideen erkennt man an ihren Wirkungen; daß es andere Goldproben nicht gibt, ist wahr und nicht einmal traurig.

Der Krieg wird für ein Naturgesetz gehalten; es kommt darauf an, zu zeigen, daß unendlich wahrer der Friede ein Naturgesetz ist. Wer Frieden will, muß Macht gewinnen, wie der, der Krieg will. Unter Umständen dieselbe Macht.

Der guillotinegeweihte Gemahl Marie Antoinettes konnte »im Namen Frankreichs« über Krieg und Frieden gebieten, die Generale des Direktoriums, bald darauf Herrscher, zogen aus im Namen desselben, nunmehr republikanisch zentrierten Landes, dann stieg der kleine Konsul auf, riß die Gewalt an sich, kaiserliche Fahnen wehten vor der großen Armee; ein einziges Volk: – verschiedene, so verschiedene Kraftrepräsentanten, aber immer die relativ stärksten im Land und damit rechtsame Urteilsfäller über Krieg und Frieden. Der Logiker kennt den Satz: die Namengebung geht aus vom vorwiegenden Merkmal.

Es gibt Unrecht weder in der Tatsache des Krieges noch in seinem Resultat. Der Mensch ist ein Organismus, es wird keiner leugnen; es wird keiner leugnen, daß der Körper eine enorme, ja maximale Vereinheitlichung aufweist. Aber die Kraft der Organe und jeweilige Teilnahme an der Regierung ist verschieden. Ein Hieb ins obere Halsmark beendet das Dasein, ohne daß ein einziges sämtlicher anderen Organe auch nur ein Wort hätte mitsprechen können. Es erkrankt ein Mensch an Lungenentzündung; die Organe sonst mögen gesund bleiben, jetzt vermag das Herz die Infektion nicht mehr zu ertragen; die Leber, schwerer als Herz und Lunge zusammen, diese kräftigen Arme und Beine, die scharfen Augen, sie werden bei der schwankenden Entscheidung über Tod und Leben nicht zu Rat gezogen und es muß gestorben werden.

Wer hat die Herrschaft im Haus? Videant cives!

Anerkennen, was ist: das ist das erste Gebot. Seiner Kraft größtmögliche Anerkennung verschaffen, das zweite. Übrig bleibt Rhetorik.

Zwischen Helm und Zylinder

Gabriele fuhr auf die Jagd. An den ahnungslosen Schutzleuten vorbei. Sie saß allein in dem offenen kleinen Auto. Sie hatte sich bewaffnet mit gelben und roten Farben. Hinter ihren Kleidern bäumte sich der schlanke Leib auf der Lauer. Die geölten Gelenke. Mächtig hereinschlagender Brennstoff. Aus den Ärmeln, aus der Halskrause schlüpfte der Leib heraus. Der Schnitt ihrer Augen japanisch; die schwarzen Mäuschen rannten. Die Jochbeine, eine breite Balustrade, trugen den Vorhang der Wangen. Am Torhäuschen des Leipziger Platzes befreit sich ihr Wagen aus dem Gedränge, gleitet in die Chausseen des Tiergartens. Das Toben verhallt. Rosige Lohe über den Baumkronen. Der Körper streckt sich loser über den Sitz. Der Wagen schleppt ihn in die finsteren Gänge.

Die Bäume. Ein System von Röhren, Saugkräften, osmotischen Filtern, Umsetzungszentren. Die Blätter werfen sie in die Luft. Die Wurzeln krampfen sich in den Boden. Sind Bäume blind? Warum haben sie Farben? Wie kommen sie zu Farben?

Der Abortus.

Das Kind ist zerstückelt.

Wann kommt zum Fötus die unsterbliche Seele. Einmal war das Kind doch nicht, und eines Tages hat es eine unsterbliche Seele. Das Unsterbliche fängt nicht an. Das Kind fängt an. Dann hat das Kind keine unsterbliche Seele.

– ? – Man laboriert an dummen Worten. Diese Instrumente fassen nicht. Das Kind ist, wie ich bin. Der Fötus hat, was ich habe. Er tut mir leid. In der Emailleschüssel.

Ich esse Kirschen, Heidelbeeren, Pflanzen teile, Tierstücke. Die tun mir nicht leid.

Manchmal. Manchmal habe ich ein unruhiges verbrecherisches Gefühl beim Rupfen eines Grashalms.

Manchmal kommt mir vor, Buddho Gotamo hat nicht ohne Grund danach gestrebt, sich von der Welt abzulösen; er hat sich zwischen den »Sünden«, Feuern, Gefahren, Verunreinigungen keinen anderen Rat gewußt.

Ich empfinde nur einen Hauch davon. Das Verlangen nach einem Nirwana ist mir nur eine Stimmung. Gleichgültig, ob das Nirwana das Nichts oder die positive Seligkeit ist.

Ich segne die Sonne, ich segne den Mond und die Sterne, die am Himmel schweifen. Ich segne auch die Vögelein, die in den Lüften pfeifen. Ich segne das Meer, ich segne das Land und die Blumen auf der Aue. Ich segne die Veilchen, sie sind so sanft wie die Augen meiner Fraue. Ich bin nicht ruchlos. Ich bin nur ohne Sünde. Fühle die Freiheit und den leisen Schwindel, den man hat, wenn man keinen Gott kennt. Weder außer sich noch in sich.

Die Bäume und Blumen haben Farben. Sie wollen damit prangen und etwas, das Leben, sein. Sie können nichts, als die Wurzeln in den Boden krampfen und die Blätter wie toll in die Luft werfen.

In der Palisadenstraße steht das breite Friedrich-Wilhelm-Hospital für Alte und Sieche. Gegenüber eine kleine Kirche, hinter die Front der dürftigen Häuser zurücktretend. Über ihrem Portal die große milde segnende Figur des Heilandes in bunten Farben.

Die Kirche steht hier schlecht. In dieser Straße ist ein ganzes Haus durch Minenvolltreffer zertrümmert worden. Man ist hier nicht zur Milde geneigt, weder sie zu gewähren noch welche zu empfangen. Der Mann über dem Kirchenportal ist nicht mehr ihr Mann; die Plakate schreien: »Denkt an Liebknecht!«

Und wenn man die tristen Häuser, die Jammergestalten von Weibern und Kindern sieht, versteht man einiges.

Daß sie sich an Liebknecht erinnern, ihre Häuser und erbärmlichen Buden einäschern lassen, um einmal ins Friedrich-Wilhelm-Hospital zu kommen.

Worauf Herr Fehrenbach sagte: Zweck jeder Sozialisierung sei die Steigerung der Produktion (er sagte nicht »jeder«, sondern »jeglicher«; auch nicht »Zweck«, sondern »der Zweck«; denn er ist ein Parlamentarier).

Wenn nun in Hinterindien die Produktion gesteigert wird, so kann man sich Leute vorstellen, denen das Wurst und schnuppe ist. Musikalische Herren und Damen bilden seit alten Zeiten unter solchen Umständen Chöre, welche vielstimmig singen: Was nützt uns denn der schönste Garten.

Solch vielstimmiger Chor bewegt sich seit einiger Zeit durch die gepriesenen Gefilde Deutschlands; er singt die »Internationale«; Melodie ist die Marseillaise.

Herr Fehrenbach, in welchem Teich der Literatur haben Sie diese todfaulen Fische gefangen: die Sozialisierung solle die Produktion steigern? Und neben Ihnen haben mit dem gleichen traurigen Fangergebnis Pseudodemokraten und andere Liberale gesessen. Wenn Sozialismus weiter nichts will als die Produktion steigern, so wäre er jeder anderen »Betriebsweise« so ähnlich wie ein Rollmops für ehemals zehn Pfennig einem eingewickelten Hering mit Gurke für weiland einen Groschen.

Vielmehr ist der Sozialismus von diesem gurkenumschlingenden Lebewesen so unterschieden, wie es eben ein Mensch ist, der die Fischperiode hinter sich läßt. Er ist eine glöckchenschwingende Pagode, zu der Millionen frommer Chinesen und Westeuropäer und Halbasiaten wallen, um zu beten. Nachdem die Kirchen in der Palisadenstraße und Umgegend sich als ungeeignet erwiesen haben.

Wenn Herr Fehrenbach und, den ich selbst hörte, Herr von Siemens, dekretiert: Zweck Steigerung Produktion, so näseln andere untertänig: Und welchen Zweck hat die gesteigerte Produktion? Den Schwarzen Missionen bringen? Da doch die Palisadenstraße nicht in Frage kommt, wie der Augenschein belehrt. Den Schwarzen Missionen, den »Verbrechern«, die im besetzten Gebiete Frauen und Kinder schänden? Ach die »Schwarzen«, Peter Altenberg hat einiges über sie gesagt, gesungen. (Vielleicht waren es Braune; die Farbennuance macht nichts.)

Die Sozialisierung ignoriert hoheitsvoll Objekte, Materien, Güter; sie betrachtet sie als Objekte für ein Subjekt. Hartnäckig und unbelehrbar fragt der Sozialismus: Wozu dienen die Güter, wofür, für wen, für was werden sie erzeugt. Und vor dieser Frage erbleichen ganze Generationen von Monarchisten und Republikanern. Diese Banalität ist im Laufe der Weisheitsentwicklung der Menschen in den Rinnstein gefallen, aus dem man sie mit vielem Unbehagen und Getue wieder aufhebt.

Es steckt eine fabelhafte Bosheit und Niederträchtigkeit in dem Satz von der Steigerung der Produktion; es ist ein hinterlistiger ablenkender Kniff, eine durchsichtige Unterstellung. Einige Millionen Menschen waren im Laufe der Zeit zu Maschinenteilen degeneriert. Sie bemerkten plötzlich, daß sie eigentlich Produzenten sind. Sie erkämpfen sich jetzt ihren Platz als Produzenten. Regenerieren sich zu Subjekten. Sie nennen das Klassenkampf. Dieser Sozialismus ist eine Angelegenheit der Produzenten unter sich. In ihrem Kampf sind sie übrigens wie alle Kämpfer, kümmern sich so wenig um Güter und Erzeugung, daß sie rücksichtslos alles lahmlegen, sich zurückziehen, aufeinander schlagen.

Alsdann wird von den sich regenerierenden Pleuelstangen, Kurbeln und Ventilen in einer sonderbaren Milde verlangt, die Produktionsmittel sollen Gemeinbesitz sein. Hierher gehört eigentlich der Name Sozialismus.

Zuletzt erscheint die herzige Produktionssteigerung auf der Bildfläche. Sie ist eben unvermeidlich. Sie kann zu einem gewissen Zeitpunkt nichts tun als erscheinen. Sie ist Nebenprodukt, Parfüm bei der Verarbeitung von Teer.

Damit ist alles klar. Der Weg wird Schritt für Schritt durchgangen. Wer Suppe und Gemüse ißt, kriegt auch Dessert. Die Sache wird ausgekämpft werden. Bald langsam, bald mit Gewaltschlägen. Dies ist die seit Jahrzehnten ablaufende Revolution.

Die Maschine ist in die Menschheit gesetzt. Sie zerreißt alles in zwei Stücke. Aber man bekommt die Bestie doch wieder unter. Das ist die seit Jahrzehnten ablaufende Revolution.

(Eine Revolution dieser Zeit unter mehreren. Andere bewegen sich auf Taubenflügeln.)

Paul Grätz will ich loben und Marie Orska. Szene: die Stallräume unterhalb des tragischen Zirkus am Schiffbauerdamm; ein Kabarett. Das Leben schafft massenhaft seelische Hohlräume; genug Menschen sind wie schlechtes Brot aus großen Blasen zusammengesetzt, gären weiter; die Kunst darf nicht solchen Zerfall, solche Hysterie befördern. Sokratisch sollen wir angefaßt werden; unmerklich hinweggeführt, hinausgeführt über unsere alltägliche Denkweise und Fühlweise. Es gilt überall schön zu Hause bleiben, nicht aus dem Mustopf fallen und in keinen Mustopf fallen: so hat es Sokrates gelehrt. Und sein Nachfolger ist Paul Grätz, ein Schwadroneur und Coupletsänger unterhalb des tragischen Zirkus am Schiffbauerdamm. Es würde merkwürdig zugehen, wenn ich nicht aus diesem Oberhalb und Unterhalb Schlüsse und kapriziöse Betrachtungen herleitete; doch geht es in der Tat merkwürdig zu. Grätz ist ein Malergesell mit einem Eimer und Pinsel; die Leiter stellt er auf dem Wege zum Podium ab und fängt an zu schwabbeln und zu spritzen. Serviert allerhand, frottiert, elektrisiert, purgiert, zieht Zähne, schneidet Haare, und für eine halbe Stunde lehrt er das Unterbewußte kennen auf eine neue Art: man war erregt, vergaß sich und ist nachdenklich geworden, denn man ist im Zusammenhang mit sich geblieben.

Man kann an ihm studieren, was Nachahmung ist. Die Tradition, die berlinische, läuft ihm ersichtlich nach; er aber nicht ihr. Seine Späße, sein spitzbübisches, ehrlich verschmunzeltes, sarkastisches Hin und Her, sein entschlossen händestreckendes, brustdonnerndes Ethos sind wohlbekannt – hinterher. Hinterher erinnert man sich, versteht die Tradition nun. Seine Art hat Vorgänger, er aber ist ihr rechtmäßiger Nachfolger und Thronerbe. Später dreht Marie Orska, ein federleichtes Persönchen voller natürlicher Raffinements, ihre Augen, – sie hat welche – gurrt, girrt –

sie kann gurren und girren – und ist ein vollendetes Labsal. Was sie sonst tat oder sagte, weiß ich nicht.

Die Reichsschulkonferenz wollte ich nachzeichnen. Ich bin nicht in der Verfassung. Nicht davon rede ich, daß ich seit zwei Tagen Leibschmerzen habe, auch nicht, daß ich im Spreewald sitze; die Jungs rennen herum, buddeln, sind heute blaß und morgen braun, es gefällt ihnen gut, außerhalb der Schule.

Sondern mir geht ein Bild nicht aus dem Kopf: ein Mann steht in einer Versammlung auf; man erwartet, er wird lauttönend ein »Bäh, bäh« von sich geben. Da fängt er bartstreichend an, von der deutschen Kultur zu reden. Von den Goten und Toten und dem Gemeinschaftsgefühl.

Ich werde noch etwas warten, bis sich das Bild verloren hat. Dann komm ich vielleicht dazu nachzudenken, was sich auf dieser riesigen Tagung im Reichstagsgebäude begeben hat. Hunderte und Aberhunderte von Fachleuten waren zusammengekommen, um sich zu den notwendigen Remeduren an der Schule zu bewegen oder drängen zu lassen. Lehrer unter sich. Die Züchtung einiger millionengroßen Generationen stand zur Erörterung. Es scheint viel geleistet zu sein. In vielem waren sie hilflos. Das Ganze ist nicht nur Sache der Lehrer.

Ich habe mich auf der Konferenz vermißt. Es haben noch sehr viele andere gefehlt. Dann wäre die Sache gründlich geworden.

Es hätte die Frage der seelischen Hohlräume und die Beziehung zwischen Paul Grätz und Äschylos aufgeworfen werden müssen. Wieviel Ideale und Kenntnisse und Weisheiten sollen den heranwachsenden Menschen beigebracht werden, und woran soll und kann man anknüpfen, was soll man in ihnen damit fördern. Welche Ideale sollen aufgestellt werden. Ist es in der Zeit, wo die Revolutionen nicht nur lärmen, sondern auch auf Taubenflügeln sich nähern, vielleicht angebracht, in der Wahl der Ideale und von Idealen überhaupt zurückhaltend zu sein und abzuwarten.

Es gab übrigens schon zu Ibsens Zeiten Leute mit der sittlichen Forderung in der Hosentasche. Schon damals fand das Ideal keinen anderen Platz.

Diese Vorfrage und die Frage nach den kompetenten Instanzen ist unerörtert geblieben.

Es fiel mir ein: die Universitätslehrer, nach deren Unterweisung sich die Volksschullehrer so drängten, hätten erscheinen müssen. Um sich zu legitimieren als Lehrer. Um darzulegen, wozu sich die von ihnen gepredigten Ideen und Ideale verwenden ließen. (In der Hosentasche.) Nicht allein die christlichen Ideen, sondern auch die hellenischen des Schönen und Guten. Es müßte breit die Frage erörtert werden, ob man zu den Verbreitern und Breittretern von Ideen und Idealen nicht Verkörperer von geistigen Werten an die Lehrorte hinzuzieht.

Ja, die Wertschöpfer, die Arbeiter an den Werten an die Lehrorte. Das Leben überströme die gar zu stillen Akademien. Die Musik liebt es, große Könner an ihre Hochschulen zu ziehen, die Malerei hin und wieder. Wo sind die politischen Köpfe, die Dichter, die Köpfe der Industrie, des Landbaus. Sie schreiben, jeder auf seinem Isolierschemel. Viel freier muß die Hochschule sein. Die Fachhochschulen für Medizin, Philologie bleibt eine Sache für sich. Daneben, aber die Berufsfachschule, trete die der Anreger und Forttreiber. Es sind die problematischen Dinge zu besprechen, zu durchfühlen und die Zeitungen, Zeitschriften und zahllose Bücher überflüssig zu machen. Man bereichere Organismen statt Bibliotheken. Man beobachtet die Wertigkeit der Ideen im Menschenversuch.

Dazu sind öffentliche Kollegien an den Hochschulen nötig. Die Zulassung der »Lehrer« zu ihnen muß sehr erleichtert sein. Hier können Centra für die Berührung von Geistern und Menschen sich bilden. Fruchtbarkeit in der Horizontalen und abwärts.

> »Es rettet uns kein höheres Wesen,
> Kein Gott, kein Kaiser, kein Tribun.
> Uns aus dem Elend zu erlösen,
> Können nur wir selber tun!«

»Unser Blut sei nicht mehr der Raben
Und der mächtigen Geier Fraß!
Erst wenn wir sie vertrieben haben,
Dann scheint die Sonn ohne Unterlaß!«

Das ist kein beliebiger Dilettantismus, sondern ein Stück aus der »Internationale« der deutschen Arbeiter. So schauerlich singen sie.

Man wisse: sie legen auf Kunst kein Gewicht. Man erwarte von ihnen keine »Kultur« im Sinne schöner und origineller Statuen, Bilder und Dramen: Sie sind ebenso imstande, zu dichten »uns aus dem Elend zu erlösen, können nur wir selber tun«, wie sich Sonntags den Bratenrock des Philisters anziehen, oder als Minister lüstern in rote Plüschsofas sich versenken. Ihre Bewegung ist keine »Kultur«bewegung, sondern der Ansturm der starken schwingenden Materie gegen eine leer gewordene sehnsuchtumschwellte verkünstelte Form. Sie verehren im Kino die Dame am Klavier mit den schön gepflegten Nägeln. Dennoch ist dies kein Einwand gegen sie und keine Verherrlichung der versinkenden Formen.

»Macht und Mensch« heißt ein glänzendes Buch, das Heinrich Mann hat herausgeben lassen im Kurt Wolff Verlag. Es ist wegen seines Geistes und seiner Gesinnung, seiner Gefühlssicherheit und inneren Logik mit allen Zungen zu loben.

Eine Sammlung von Essays von 1910 ab. Überall wird schneidig und mit Würde gegen die wilhelminische Theaterprachtkultur und den Gewaltkankan gefochten. Denn dieser Zeit ist zwar schon das Urteil gesprochen, aber sie liegt noch nicht unter der Erde.

Außerordentlich der Aufsatz »Zola«: eine Gestaltung dieses Lebens.

Voltaire wird Goethe gegenübergestellt. »Beide sind böse, wie die Großen böse sind.« »Voltaire bleibt so weit hinter Goethe zurück wie der menschliche Geist hinter der Natur selbst.« Heinrich singt das gute Lied: »Voltaire ist einseitig und will nichts anderes sein; er ist die Revolte des Menschen gegen die Natur.« »Goethe wendet sich ab und verachtet.« Goethe hat, wie wir erfahren, vergeblich versucht, das Weimarer Volk vom Jagdrecht der Herren zu befreien; dies »die geheime Schande« Goethe. (Vielleicht nicht so ganz unrichtig; etwa $^{2}/_{18}$ richtig; Goethe war aber doch ein sehr früh aristokrätziges Luder; beinah möchte man eher glauben, er hätte jenen Befreiungsversuch als geheime Schande empfunden, als sein Mißlingen.)

Klagend ruft Mann, Heinrich, was schon vor einem Jahrhundert die Jungen gerufen haben: Goethes Werk hat in Deutschland nichts verändert (– die Reichsschulkonferenz hätte auch einmal erörtern können, warum Goethes Werk, das so viel gelobte und propagierte, nichts in Deutschland verändert hat, und warum es nichts verändern konnte –), unbewegt sah er auf ein unbewegtes Land herab (später war das Land nicht unbewegt, aber Er, Er hat es nicht bewegt). Er sagte übrigens einmal zu Eckermann: »Auch können wir dem Vaterland nicht auf gleiche Weise dienen. Ich hab es mir ein halbes Jahrhundert lang sauer genug werden lassen. Ich habe in den Dingen, die mir die Natur zum Tagewerk bestimmt, mir Tag und Nacht keine Ruhe gelassen.« Voltaire aber war »in den tiefen Schichten« die »Hoffnung der Menschlichkeit«, weil sein Ziel Freiheit war, die ihnen fehlte: »Freiheit ist der Mänadentanz der Vernunft. Freiheit ist der absolute Mensch.«

In dem prachtvollen Essay »Kaiserreich und Republik« nimmt Heinrich Mann den ehemaligen deutschen Sieg und die deutschen Sieger vor. Diese Dinge sind seit Nietzsche schon oft gesagt, können aber nicht genug variiert, exemplifiziert und glatt wiederholt werden. Jeder Tag beweist die Notwendigkeit. »Macht geht vor Recht, heißt der sittliche Besitz, der mit heimgebracht wurde. Den Fluch des Siegers zu bannen, müßte jemand über allen kriegerischen Siegen stehen und, selbst Waffen in den Händen, im Herzen nur sittliche Leidenschaft haben.« Dies ist eine andere Erkenntnis als die einiger linker Parteien, die nicht müde werden zu betonen, daß die anderen »auch schuldig« seien; nein, keine Betonung, keine Pathetik und keine Wissenschaftlichkeit wird das Faktum der Kriegs- und Waffenverbohrtheit der – noch nicht – abgeflossenen Epoche aus der Welt schaffen. Das griechische Altertum hatte bekanntlich keine offiziellen Priester, keine abgestempelte Theologie und verdammende Konzile; »Religion« wurde geschaffen von Homer, Hesiod; jetzt ist auch bei uns das Verantwortlichkeitsgefühl zu den Dichtern gelangt. Das Tote der Wissenschaften erkennt man auch an der Zurückgebliebenheit der Mehrzahl ihrer Vertreter: es muß Heinrich Mann unter den Dichtern besonders gelobt werden und gefeiert sein, daß er sich nicht dichterisch verschanzt, sondern ohne Furcht, dichterische Einbuße zu erleiden, unmittelbar wird (das Unmittelbare ist gefährlich für den Künstler).

Wir hören vom »Untertan«. Der Arbeiter lernte wie der junkerliche Bürger kapitalistisch denken. »Das Bürgertum des Reichs war im vorgeschrittenen Europa das letzte mit völlig starrem Gewissen.« Mann sieht im »Kämpfer« Arbeit für Menschenalter vor uns. Hier hat er seine Schärfe glühend geschlagen. So muß sprechen, wer für Freiheit kämpft. So – oder wie Lenin redet.

In diesem Punkt, Lenin, trenne ich mich von Heinrich Mann. Er stellt diese Sache auf Entweder-Oder, die auf Sowohl-Als auch zu stellen ist. Er eignet sich die Legende an, daß der Leninismus Zarismus von unten sei. Wenn man Europäer ist, wird man zugeben, daß noch einiger Unterschied ist, ob Dschengis-Chan nach Europa kriegführend kommt, um ein Reich zu errichten, oder ob Napoleon kommt und mit ihm die Leitsätze der Großen Revolution. Ein Arm ist zoologisch auch ein Fuß mit Krallen, man kann jedoch mit diesem Fuß nun auch streicheln, schnitzen, schreiben, malen, mit seiner Hilfe denken.

In Europa müssen schwere Ruinen abgetragen werden. Wir werden uns zu verständigen haben, bezüglich Lenins: Ist der alte Zarismus ein Übelstand oder keiner gewesen? Alsdann: sollte man ihm gegenüber aktiv oder passiv sein? Schließlich: wie aktiv, in welcher Weise, mit welchen Methoden, das muß sorgfältig unterschieden werden, – damit die Schweine nicht glauben, ihnen würde hier Futter geboten.

Die Gewalt der Gegenmächte ist aber so groß. Daß ich mich hüte, mich hier auch nur mit einer Silbe zu versprechen.

Wenn Lenin ein blinder Gewaltmensch ist und sein System Tyrannei, so wird er eines Tages ein Ende nehmen. Sein Werk aber, die Zertrümmerung des Zarismus und seines schamlosen Anhangs, bleibt als Werk bestehen.

Die Instrumente der Bewegung, ihre Antriebe, sind verschieden; Goethe wirkt anders als Voltaire und Lenin anders als beide. Aber sie wirken alle. Gleichsinnig.

Man mache mir nicht zum Vorwurf, daß ich vieldeutig bin. Die Dinge sind es.

Leidenschaft und Landleben

In einer Bauernwirtschaft. Von den Wänden des Zimmers hageln die Sprüche: »In Ost und West, Daheim ist best.« »Germania sei unser Schild, wenns deutsches Recht zu schirmen gilt« (ein Schild, welches schirmt). »Er wird dich mit seinen Fittichen dekken.« »Fest allezeit in Freud und Leid.« Ein Ausgedingezimmer, hier stirbt man, hier sind schon vier, fünf Generationen gestorben; unter diesen Zeichen, diesen Geleitworten von der Wand. Sterben ist eine häusliche Angelegenheit, sie verlassen hier nicht, mit keinem Gedanken den eingeschlossenen Kreis, in dem sie vorher getrabt sind. Sehr gut. Der Tod ist kein dramatischer Effekt, wir sind unter ruhigen Landleuten.

Muffig roch es aus den Dielen. Das Haus stand dicht am Wasser, oben war es frisch gedacht, aber unten besorgte das Wasser seine langsamen Geschäfte an dem Holz. Ein großer Glasschrank in der Ecke war vier Etagen hoch gefüllt mit Tassen und Tellern zu Geburtstagen und zu Ostern; die Familienmitglieder schenken sich das Porzellanzeug; kein Mensch weiß, was er damit anfangen soll, aber es gehört sich so. Dazwischen stand auch ein kleines handgefertigtes Kruzifix; es war aus Wachs, sämtliche drei Gekreuzigten lachten erheblich, offenbar weil sie gar nicht richtig hingen, sie waren sämtlich im Begriff, sich zu entfernen.

Auf dem kleinen Gut war alles, wie ich sukzessive bemerkte, von der Echtheit und Schiefheit des Natürlichen. Keine Dachlinie war grade; Stroh lag auf den Scheunen, das Moos gehörte dazu. Viel lag herum, war kaputt, aber es lag organisch herum, war organisch kaputt. Das heißt, es zeigte seine Zerbrechlichkeit, wie eben ein Halm oder eine Maus sie hat; aber noch tot dient der Halm oder die Maus zu irgend etwas oder irgendjemandem. Im Kuhstall hingen faustdicke Spinnweben. Das machte mich betroffen, denn die Milch trinkt man doch – und zwar für zwei Mark fünfzig Pfennig der Liter, weil nämlich die Verteuerung sich auch ohne Zwischenhändler vollzieht, was ein gewisser Fortschritt ist –, man hat Vorstellung von Bakterien, Rindertuberkulose, Laboratoriumssauberkeit. Da wurde ich belehrt, daß die Spinnweben für die Fliegen da sind, und mein Herz war erfreut. Denn die Fliegen sind bekannte Keimträger. Übrigens ist solche Kuh ein bemerkenswertes Ereignis. Da standen zwei nebeneinander, ein Kalb an der Seite. Und diese drei Tiere bewegen sich ihr ganzes Leben nicht aus dem Stall heraus; sie gehen nicht auf die Weide; höchstens wenn sie geschlachtet werden, zeigt man ihnen die Reize der Landschaft, den Himmel und die sonstige Geographie; dies muß in der Tat ein großer Augenblick für die Kuh sein; ein dramatischer Effekt, vor Toresschluß, sozusagen tragisch. Da jedoch die Kuh vom Rindvieh abstammt, wird sie für Perversitäten wie Tragik nicht viel übrig haben und wie alles hier enden, wie sie begonnen hat. Sie frißt den halben Tag, die andere

Hälfte entleert sie sich; routinierte Kühe tuen beides gleichzeitig. Die Bauersleute räumen die Misthaufen unter ihnen weg, die Milch wird ihnen abgezapft, Futter vorgeladen, man brüllt, kaut, schlägt mit dem Schwanz und so vergeht dieselbe Zeit, die von der städtischen Welt, ihren Politikern, Journalisten und Gebildeten mit der Uhr in der Hand minutenweise durchrast wird; mit demselben Erfolg und Ergebnis. Bis auf die Milch, die wir nicht geben.

Übrigens haben die Bauern über uns nicht zu lachen. Wenigstens hier im Spreewald welkt und vergeht das Volk verblüffend. Sie sterben in höherem Alter als Städter, aber verbrauchen sich in zwei, drei Jahrzehnten. Sie wissen es selbst, und hier ist die Quelle ihres auffallenden Strebens, sich rasch zu bereichern. Denn arm sein heißt noch stärker fronden und noch rascher invalide werden. Ich habe nicht den Eindruck gehabt, als ob das Gerede von der eigenen Scholle, dem Verwachsensein damit, auf Wahrheit beruht. Die Bauern haben an dem, was sie besitzen und vor sich gebracht haben, dieselbe Freude wie jeder an seinem Besitz. Keine besondere Färbung dieses Gefühls. Nichts von städtischer Sentimentalität zum »Werden«, zur »Natur«. Vielmehr diese fast erschreckende, fast unreine Verquickung aller Gesichtspunkte mit Geld.

Die strenge Notwendigkeit zwingt sie dazu. Jede Generation sieht die Richtigkeit dieser Tradition frisch ein. Eklatant die Ausstrahlung auf die Eheverhältnisse. Die Bauern haben keine Zeit zu Flirt und Liebelei. Der Geist kann bei der schweren Arbeit nicht flink werden, die Muskeln sind abends nur ausnahmsweise nicht ruhebedürftig. Man liebt sich von vornherein unter bestimmter Berechnung für die Zukunft. Hier läßt sich alles voraussehen, wenn man Überraschungen aus dem Spiel läßt: dann und dann gehen die Eltern ins Ausgedinge, dann und dann wird auf dem Besitztum eine neue Kraft gebraucht. Das Welken der älteren Generation fällt gerade so, daß die jüngere zwischen zwanzig und dreißig heiraten kann. Eigentliche reine Liebesehen ohne diesen klaren Hintergrund scheint es nicht zu geben; sie würden sich an ihren Trägern, sofern sie nicht bodenlose Landarbeiter sind, furchtbar rächen.

Bei den Frauen und Mädchen tritt das Erotische stark zurück: sie arbeiten und sind harte Sachen, Mann wie Frau; sie rackern. Sonntags trägt man das berühmte Kostüm, die Haube und den bunten weiten Rock; die Männer tragen schwarze Anzüge, gebügelt und gebürstet. Die Sitte ist im Aussterben, die Tracht ist zur Sonntagstracht verwelkt. Auch die Sprache ist bloßes Rudiment, nicht viel mehr als das Platt anderer Gegenden; in Gefühlsweise, Sitten, Vorstellungen haben sie nichts Eigenes, Wendisches mehr. Aber es wird noch lange bestehen, denn hier wird alles überliefert und übernommen; mit dem Minimum an Kraft wird gearbeitet, man hat keinen Grund, anders zu arbeiten. Sie sind nationalistische Deutsche, reden von einem neuen Franzosenkrieg, nennen sich aber Wenden und die andern Deutsche.

Ein Fall von der Wichtigkeit des Geldgesichtspunktes. Einem Mann ist beim Militär das Schultergelenk durch Hufschlag zertrümmert worden. Er erhielt sogleich eine Rente; es ist der rechte Arm. Er ist im Augenblick als Heiratsobjekt besonders begehrt, denn um soviel weniger hofft die Frau sich abrackern zu müssen. Die Leute sind jetzt in den Vierzigern; die Frau, verbraucht, klagt, wie schwer sie es gehabt hat, die Rente war zu klein, sie hat sich verrechnet. Das klingt roh. Sieht man die Frau an, denkt man anders.

Sie haben eine gewisse Neigung, alles organisch anzusehen. Sie füttern die Menschen, die zu ihnen kommen, haben bei Krankheiten gute Vorstellungen. Das Gefühl des Wachsens und Welkens, der organischen Zustände ist ihnen ganz und immer gegenwärtig. Es ist mir unklar, was sie mit der abstrakten Gottesvorstellung anfangen, die der Pfarrer ihnen beizubringen versucht. Gott ist ihnen teils etwas, über das man nicht nachzudenken braucht, und das es irgendwo gibt unter der Verwaltung der Kirche, teils ein Richter, über dessen Sprüche sie sich den Kopf zerbrechen. Als ein organisches Wesen, ganz anders als der Fabrikarbeiter, sehen sie etwa einen Wagen an, ein neues Gerät, das sie kaufen; sie durchdenken voraus die Zustände, die es erleben wird, sie warten der Geräte, putzen sie, reparieren sie, behandeln sie. Sie beobachten. Haben kein eigentliches Mitleid, sind spöttisch und zurückhaltend, finden rasch komische Seiten an den Menschen.

Was ein Huhn, eine Ente für eine Eleganz hat. Das schlägt mit dem Hals, pickt und hackt, als wäre es ein Arm mit Finger und Kralle. Eine geniale Einrichtung solch Enten- und Gänsehals mit Kopf; eine Kombination von Greif- und Freßwerkzeug. Der Hals bewegt sich im Takt mit den Füßen wie die Arme beim Menschen; die Bewegung ist automatisiert, also das Essen und Picken erleichtert. Übrigens bemerke ich, daß Vögel zweibeinig gehen. Der aufrechte Gang des Menschen ist keine solche Singularität.

Die Schafe, Ziegen, Hunde und Vögel blöken, schreien, singen. Sie geben Laute von sich. Sie verständigen sich. Dem muß zugrunde liegen, daß sie einen Zusammenhang unter sich kennen. Ein Gesellschaftstrieb ist da. Die Zeichen, die sie von sich geben, sind nur für sie bestimmt, wenigstens zunächst. Eins zeigt dem andern an, daß es da ist und in gewissem Grade, auch wie ihm zumute ist. Das ständige Gackern und Rufen der Vögel ist das Zeichen ihrer Geselligkeit.

Sonderbare Dinge. Eine Gans wird im Korb eine Meile von ihrer bisherigen Heimat in einen andern Stall getragen. Nach zwei Tagen läuft sie oder fliegt allein zurück. Zwei junge Gänse schwimmen, im Korb hergetragen, nach einigen Tagen denselben Weg zurück; sie kommen zwar nicht ganz an, aber die Richtung stimmt; sie waren den ganzen Tag geschwommen und offenbar nur aus Ermüdung vor ihrem Gehöft gelandet.

Ein Bild von Delacroix: die Freiheit führt das Volk. Zwischen vorwärts stürmenden Bürgern, Bajonetten, Säbeln, Revolvern, über Leichen und Sterbenden die nacktbrüstige Gestalt eines Weibes, eine Fahne am kurzen Schaft schwingend, links ein Bajonett. Das Hemd ist ihr von der Schulter gefallen.

Ich staune: ein Weib. Es ist zwar eine Allegorie der Freiheit, welches ist la liberté, aber es bleibt doch zum Verwundern, daß man dies erträgt, in der männlichen Revolution das Weib nicht als Mitkämpferin, sondern Exponentin. Was würden Chinesen, Indier, Haussas dazu sagen. Und wir sollen ein Männerstaat sein. Man muß einmal das Sonderbare verstehen, daß von den Griechen bis zu uns tausendmal Weiber und nichts als Weiber für die verschiedensten Dinge als Symbole genommen werden. Man kann es öde finden; es steckt eine blödsinnige Männerei, nach dem Weibe, dahinter. Im Weiberstaat würde es nicht la liberté sein, sondern le liberté.

Der tolle abgeschmackte Satz, ich kann nicht anders sagen, mit dem der »Faust« endet: Das Ewigweibliche zieht uns hinan. Ich rede nicht davon, was eine Frau darüber denkt. Sie wird kaum zur Revanche erklären: das Ewigmännliche zieht uns hinan; so dumm ist sie nicht. Es bleibt eine fatale Sache, daß ein monumentales Kunstwerk so aus einer bestimmten Sexualsphäre heraus redet und blaublümchenhaft endet. Der Goethesche Satz ist auch trotz Freudscher Bekräftigungen falsch, verkehrt und unhaltbar. Wer noch zweifelt, orientiere sich an den Darlegungen von Karl Schurz, dem Ethnologen, aus dessen Büchern zahllose schöpfen und blühern, so daß es zum weinigem ist.

Ein anderes Bild. Ich sah es zufällig, als ich mir bei Tietz Ansichtspostkarten kaufte: Dante betrachtet, die Hand zum Herzen führend, an einem Brückengeländer die vorübergehende Beatrice. Ich überlegte mir angesichts diesen konkreten Falls: was geht in solchem außerordentlichen Menschen vor und treibt ihn, daß er nach seinem Herzen fassen muß. Was erregt ihn gerade bei dieser und an dieser Frau. Neben ihr geht eine andere sehr leckere Person, die zu ihm begehrlich herüberschaut. Aber die meint er nicht. Was bestimmt hier die Wahl eines Menschen, eines exquisiten Tieres, eines vergeistigten Menschen.

Die Frau überaus gewählt, streng, dabei zart, abweisend. Lauter Gesellschaftsprädikate. Er sieht mit Augen diese Prädikate, sieht sie als Fleisch, Farbe, Linie, Bewegung. Diese Dinge sind nötig, um seine Erotik anzupacken. Es ist eine raffinierte Verquikkung des Sexuellen mit dem Gesellschaftlichen. Man sieht auf dem Bilde einen Abschnitt aus dem wichtigen Kapitel von der Erotisierung des Sozialen.

Was fesselt bei Delacroix. Von den Kämpfern abgesehen. Der Kopf der Liberté, so rein, bürgerlich ernst, und dazu – das herabgefallene Hemd, die frischen Halbkugeln der Brüste. Da ist dies Doppelte: die gestreichelte, gereizte und anbeißende Bestie und das Gesellschaftliche. Ich dachte erst, das Delikate, Geistige diene der Erotik als Versteck, da sie sich sonst nicht gut blicken lassen kann, aber das Geistige, das Gesellschaftliche ist ein Raffinement. So wird die Begierde »gebändigt«. Sie tritt in die Gesellschaftssphäre ein, verläßt die Roheit. Sie raffiniert sich, so wird sie menschlich.

Da diese Wüstlingsdinge also feststehen, kann ich mich über einen bestimmten Punkt offener aussprechen. Eben ist wieder einmal eine Sachverständigenkörperschaft aufgetreten und hat sich äußern müssen über das Delikt einer Bühne, die ein Stück, natürlich von Wedekind, unsittlich aufgeführt habe. Es soll nämlich die Darstellerin der Hauptrolle dekolletiert bis auf die Zehenspitzen gegangen sein. Die Sachverständigen hatten zu urteilen, ob es sich um Kunst oder Schweinerei handelt. Sie erklärten, es sei Kunst gewesen, das Weib war kein eigentliches dekolletiertes Weib, sondern ein Kunstweib. Worauf sie verschwanden und Rauch hinter sich ließen. Das groteske Dilemma, vor das die weisen Herrn Sachverständigen sich stellen ließen. Seit wann schließen sich Kunst und Erotik aus. Ich habe mich immer, wenn ich Balzac las oder Boccaccio, mit hohem Genuß der Zoten erfreut. Es sind in der Tat Zoten besonderer Art, nämlich vorzüglich servierte, geistreich präparierte, sozial raffinierte, mit einem Wort Kunstwerke. Es ist ein wahrer Segen und keine Übeltat, daß das

Obszöne einen Platz findet, wenigstens so einen gesellschaftlichen Unterschlupf.

Man weiß oft nicht, wozu Kunst gut ist. Jetzt weiß man es.

In der Landsberger Allee wußten sie gar nichts. Der Bildungsausschuß hatte zu einem Referat »Freie Liebe im Lichte der Vernunft« eingeladen. Es waren Kommunisten, wie sich bald herausstellte. Ordentliche Leute, sehr ordentliche Leute, wie sich auch sehr bald herausstellte. Es sollen sich nur Leute heiraten, die zusammengehören, die sollen es aber können. Es darf nicht mehr nach Bildung, Klasse, Geld gehen. Es darf nicht mehr gekuppelt werden. Kinder darf man abtreiben, darum hat sich keiner zu kümmern; außerdem sind die vielen Kinder nur Beute der Militaristen.

Sie waren so anständig, daß ich fast eingeschlafen wäre. In der Diskussion schrien sie nacheinander ihre Standpunkte heraus: kommunistische Partei, Arbeiterpartei, Syndikalisten, Anarchisten. Die Anständigkeit blieb unverwüstlich. Sie tobten gegen die Bürger. Aber was sie von freier Liebe wetterten, steht seit Jahrzehnten in jedem bürgerlichen Liederbuch, und die Haustöchter singen es nach den Melodien von Schumann. Schlafsüchtig erhob ich mich. Nicht einmal mein Bier hatte ich beinahe gezahlt.

Zur Wiedergeburt Deutschlands. Der Geheime Regierungsrat Kauer in einem Lehrerbund: nur die Einheit der Gesinnung kann uns retten. Die Einmütigkeit kann nur erreicht werden auf Grund der durch das Ausland und den Friedensvertrag geschaffenen Lage.

Nach dieser vielversprechenden Äußerung entleerte sich eine Dame folgendermaßen: wir wollen Männer und Frauen zueinander stehen. Besondere Frauenparteien brauchen wir nicht. Wir gehören zueinander, in allen Fragen, zu allen Zeiten. Die einzige Frage scheidet das Volk: bist du deutsch (deutschnational) oder undeutsch (Deutsche Volkspartei, demokratische Partei, Zentrum, Sozialdemokratische Partei, Unabhängige Sozialdemokratie, Kommunisten).

Mit Recht ist darauf die »Lysistrata« unseres verehrten Aristophanes-Greiner aufgeführt worden. Und wir wünschen allen Beteiligten, Männlein und Weiblein, einen solennen Schmerbauch.

Von der Leidenschaft.

Lob des Unternehmers. Unter dieser Rubrik werde ich in der Lage sein, dem Leser dieser Zeitschrift fortlaufend schnurrige und schaurige Geschichten vorzusetzen.

Der sehr diplomatische deutsche Minister Simons, der den Bolschewismus eine auf bauende Tätigkeit nannte, die wie das Feuer nur Asche hinterläßt, und der Reichswehr bescheinigte, daß sie korrekt vor der französischen Botschaft ihre Pflicht erfüllte, indem sie in beleidigender Absicht mit der Mütze antrat, hat auch das Unternehmertum auf allgemeinen Wunsch in den Bereich seines originellen Denkens gezogen. Es ergab sich darauf folgendes Resultat: Der Unternehmer, Herr Stinnes, ist absolut nicht zu verachten. Denn es gibt nicht viel Leute, die sich so wenig gönnen wie Herr Stinnes.

Es geht aus dem Parlamentsbericht nicht hervor, ob der Minister dabei scharf seine Gegner fixierte, die sich mehr gönnen. Demnach ist die Sache eines Mannes, der sich nichts gönnt, notwendig gut.

Ich muß von der Leidenschaft reden. Hat ein Spieler etwas vom Spiel. Er betreibt es um der Sache willen. Der zählbare meßbare Vorteil ist belanglos. Es gibt Dinge, die man betreibt, ohne einen Genuß davon zu haben: dies sind die Dinge der Leidenschaft. Genau so steht es um die Bereicherung. Das Kapital duldet gar nicht, daß man es genießt. Es unterliegt den Gesetzen der Anhäufung und erneuten Anlage. Je entschlossener einer Besitzer ist, um so stärker wird er »Unternehmer«; je fanatischer er von der Dämonie des Kapitals besessen ist, um so weniger ist er Genießer, das heißt Konsument. Er wird schließlich für sich geizig sein müssen. Ist darum das Unternehmertum ein gutes Ding. Die Konsumfähigkeit atrophiert beim Unternehmer, er entartet zum Funktionär seines Kapitals, er wird absurd und komisch, sobald er aus der Rolle fällt und selbst mit dem Geld etwas anfangen soll; in der Regel konsumieren es Söhne und Töchter; die Leidenschaft hat sich bei den Vätern ausgebraust.

Der Unternehmer frönt einer Leidenschaft. Der Kapitalismus hat die Leidenschaft als wichtigste Triebkraft der Wirtschaft inthronisiert. Ein gefährlicher Schritt.

Sicher ist, solch Wirtschaftssystem ist gut verankert. Aber Musik kann in einem Haus nicht sein, wo jeder seine Stimme gellend und gellender erhebt.

Man kann die Träger solcher Leidenschaft loben, man darf nicht vergessen, ihnen als Opfer eines Dämons Beileid zu spenden.

Und noch mehr den Opfern dieser Opfer.

Von der Furchtbarkeit des Systems im Zarenrußland zwei Bücher: »Satiren« von Michael Saltykow, »Flammen«, ein Roman von Brzozowski. Das erste aus dem Russischen, das zweite dem Polnischen. Saltykow ein Mann, der seine historische Mission erfüllt hat: seinen Zeitgenossen höhnend und reizend ihre Ideale und ihre Existenz im Kontrast zu demonstrieren. Was ist Sternheimchen gegen ihn. Der Pole rollt den blutrünstigen Film des Nihilistenkriegs gegen die Zaren ab. Es ist kaum ein Roman im zahmen westlichen Sinne. Eine Wut, die sich nicht um Literatur kümmert. Die königliche Reihe der Kämpfertypen zieht vorbei; Hymnen, Klagen, Verzweiflung, dialektische Verbohrtheit, und immer wieder Dynamit, Flucht, Gefängnis, Tod, neue Menschen, Dynamit, Flucht. Zwei Bände. Fast lethargisch schläft es ein. Eine Leistung diese kaum geminderte Hochspannung über zwei Bände.

Mit anderem Blick betrachtet man danach die Reihe der Steegemannschen »Silbergäule«. Expressionistische oder dadaistische Färbung. Der Verlag teilt selbst mit: »Sekunde durch Hirn«

von Melchior Vischer, der prachtvollste Schundroman aller Zeiten, strotzt von Gemeinheit und Unzucht, Sie müssen es lesen. (Ist übrigens ein oft etwas kurzatmiges Romanchen, frisch, macht sich die Frische des Explosionsstils zu eigen, strotzt nur gelegentlich.) »Die Wolkenpumpe« hat uns schon lange gefehlt, spendet Rat und Hilfe in Unglücksfällen; Herr Arp aus Zürich ist der noble Hersteller. (Dadaistische oft traumhaft dunkle und auch schöne Wortreihen, Bilderreihen; aber dies Lob ist vielleicht beleidigend für meine Dadaisten.) Am meisten fesselt in der nie langweiligen Serie Herr Hülsenbeck mit »En avant dada«. Dies Heftchen müssen Religionsstifter, ihre Exegeten und Apostel, Varietédonnas und Journalisten mit gleicher Notwendigkeit lesen. Es schildert authentisch, wie der Dadaismus eine Religion wurde (ist er eine? wessen? nichts für ungut). Der deutsche dadaistische Zentralrat wohnt Charlottenburg, Kantstraße 118. Er tritt ein für die öffentliche Speisung aller geistigen Menschen auf dem Potsdamer Platz (bitte obligatorisch); er fordert die sofortige Regelung aller Sexualbeziehungen durch Errichtung einer dadaistischen Geschlechtszentrale.

Es geht uns nicht sehr schlecht in Deutschland. Nicht nur gemessen an Brzozowski.

»Der Tod ist eine durchaus dadaistische Angelegenheit, indem er nicht das Geringste besagt.« Diesen Satz merke ich mir. Die Russen sagen beinahe dasselbe. Es klingt aber anders.

Ich weise auf Heft 4 des Jahrgangs 1920/21 des »Neuen Merkur« hin. Ferdinand Lion hat für alle vom Untergang des Abendlandes Paralysierten die bisher schärfste und sicherste Analyse und Kritik ihres Leidens gegeben.

Das Nessushemd

Am Tag nach der Rückkehr von der See Gang durch den höchsten Osten Berlins, Lichtenberg und Friedrichsfelde. Die See an den letzten Tagen schimmernd ernst, ein leichtes Blitzen darüber; gegen Abend keine Grenzlinie zwischen Himmel und Wasser; sie schwebten weiß ineinander. Bewegungslose Hitze in Berlin. Das Straßenpflaster aufgerissen, Asphaltdämpfe, die Elektrische schleicht mühsam dazwischen. Fahrscheine mit Schuhcremereklame. Kinder schreien: »Schaffner, haben Sie keinen Block?« An den Anschlagsäulen rufen Arbeiterverbände auf roten Plakaten zu Versammlungen auf: Stellungnahme zum Tarif. Ein grünes, nicht gezeichnetes Plakat hat ein großes »Trotzki« in der Mitte; die Märzaktion der Kommunisten wird behandelt: die Partei hat die Aktion für notwendig erklärt, Trotzki »mit beißender Ironie« für das »größte Verbrechen«. Müde Menschen gehen in Cafés, Restaurants; vor einigen Lokalen stehen in der dumpfigen, dicken Wärme Bäume in grün angestrichenen Kübeln auf dem Trottoir; kleine elektrische, lampionverhängte Glühbirnen über Tischen; rauchende Männer. Am Alexanderplatz flanieren um die braunverbrannte Rasenfläche im Gänsemarsch hintereinander die Damen, die im öffentlichen Leben stehen. Etwa zehn Schritt vom Polizeipräsidium und der Kontrollstelle. Ihre Gesichter sind – ich hätte fast gesagt »gezeichnet«; das Berufsgesicht, die sehr beweglichen, attackierenden Augen, der zudringliche, fragende Ausdruck, die schlaffen Züge, die verhungerten Körper, der teure, schreiende Kleiderbehang. Ein heftiger Disput, als eins der Mädchen unbeabsichtigt ein Liebespaar anrempelt; die Augen des Mädchens waren woanders. »Du glaubst wohl, weil dus aus Liebe tust und ich Geld verdienen muß, du bist mehr als ich?« Lauter sehr eingefallene, anämische Gesichter. Die unordentlichen Kleider der Menschen.

In Lichtenberg sehe ich morgens eine Neuigkeit: Jungen, die nur eine Hose und Hosenträger am bloßen Körper tragen – sonst nichts. Manche haben Bindfäden statt eines Hosenträgers. Die Oberkörper und Beine braun und rot; es gefällt mir. Vor vielen Häusern in der grellen Sonne spielen kleine Kinder, blondlockig, ganz kleine Bündel, während ihre Mütter zusammenstehen und tratschen, die Markttaschen am Arm. An der See die Kinder hatten es besser; diesen Kindern ist als Schicksal vorgeschrieben: zahllose von ihnen werden früh sterben, die großen werden mit zehn Jahren Zeitung austragen, mit vierzehn in den Fabriken herumstehen, um für die Kriegsschuld der vergangenen Generation zu arbeiten, von den Mädchen werden viele solche Markttaschen tragen und solche Kinder in die Welt setzen, viele werden am Alexanderplatz um den Rasenplatz gehen, werden den Gesundbrunnen und Wedding frisch bevölkern, denn die Alten sterben langsam aus. So wird die Mühle gehen. Sonntags wird es im Sommer, wie jetzt, Hoffeste mit Leierkastenmusik geben, weiße Kleider. »Onkel Pelle« erscheint zum Gaudium der Kinder im clownhaft abgerissenen Frack und Pappzylinder, arrangiert eine Polonaise, die sich in abendlicher Laternenbeleuchtung um das Häuserviertel herumbewegt; Mann und Frau halten die Kinder an der Hand, blicken sich nicht an, der Leierkasten dudelt vorn immer dieselben modernen Schlager, die Kinder singen den zweifelhaften Text mit.

Nietzsche verspottet diese, weil sie mißgünstig, neidisch wären. Ihr Neid ist nur eine Anerkennung der Schönheit und des Wohlbehagens, ist ihre Art Bejahung der Schönheit. Die Lichtbejahung der Blinden.

Häßlich macht die Stadt die Menschen. Sie erregt sie aneinander. Sie gehen mit nichts um als mit sich, mit den anderen Menschen. Aber nicht einmal mit den anderen Menschen; sie sehen sie nicht, berühren sie nicht. Sie berühren nur eine ideelle, erfundene, abstrakte, verzerrte Zwischensubstanz. Die große, beruhigende, beseelende Wirkung der Natur kennen sie nicht. Sehr still macht die Natur. Vor den großen anonymen Körpern des Meeres, der Sandmassen, der Wolken behauptet sich wenig, was in der Stadt wichtig erscheint. Ja, was bleibt von der ganzen, großartig aufgeblasenen Individualität, wenn der Leib über den Millionen still reibender Sandkörnchen liegt.

Ich sehe, wie sich durch das wildeste Geschrei das einfache Leben durchringt, das arme, gepeinigte Leben: an einem Brükkenpfeiler klebt ein Plakat; eine radikale politische Partei lädt zu einer Veranstaltung ihres Männerchors ein; es werden verheißen: humoristische Vorträge, Vokalquartett, im Saal Tanz. »Tanz« ist lockend sehr groß gedruckt. Freudig stand ich davor.

Dann saß ich in meinem Zimmer; Briefe lagen da, das Telephon klingelte, Menschen kamen. Wir leben tot nebeneinander. Wir leben uns tot in Briefen, Telephongesprächen, Konferenzen. Soviel Briefe, soviel Verfehlungen. Abstraktes Gewebe, »Geschäftliches«, das trennt und hemmt, mehr als hindert und trennt – das brennt. Das Nessushemd!

Dies Gewebe, so gedankendünn, speit Tod und Haß. Wir schweben in der Luft, verbrennen, fühlen es nur manchmal. Häßlich diese Städte, über denen die grelle Sonne steht.

Dies ist das Berlin, das ich von drübenher begrüßte und hinter Oranienburg erwartete: Thalatta, Thalatta!

Achtung!

Selbstachtung!

Wer sich selbst achtet, wird Kenntnis von einer Tat nehmen, deren Einzelheiten hier beschrieben werden.

Linke Poot

hat sich entschlossen.

Wozu?

Zu sprechen.

Zu wem?

Zum Volk.

Wo? Wann?

Augenblicklich. Da er heiser ist, in einem Buche. Er wirft es eben unter das dickfellige, von ihm sehr geliebte Volk. Das Buch hat er genannt »Der deutsche Maskenball«.

Das Roß,

das Linke tummelt, ist so groß, daß kein bekannter Deutscher es besteigen kann, ohne sich durch Absturz zu dekolletieren. Denker aller Richtungen mögen sich an das Tier heranwagen; es wird sie durch Stöße in die Schranken weisen.

Schwarz-weiß-rot

wird grün vor Wut.

Unter Linke Poots Denkkategorien gibt es eine, die Kant nicht entdeckt hat: den Spaß. Ein anthropologisches, erkenntnistheoretisches Wunder. Kant hat in Königsberg zweifellos das ganze damalige menschliche Denkvermögen vor sich gehabt und durchstudiert. Er ist nicht auf den Spaß gestoßen. Es ist ein neuer Sinn entstanden; unter den Einwirkungen einer neuen Welt muß er sich entwickelt haben. Botaniker, Zoologen! Betrachtet Linke Poot. Er ist

wichtiger als der Teneriffaaffe.

Männer von der Straße, Ladenmädchen, Zoologen, Politiker, Gentlemen, auch ihr vom Wedding: betrachtet die neue Welt: sie ist

origineller als der Wackeltopf im Lunapark.

Wohl dem, der diesen Aufruf beherzigt. Er wird weiser sein als Kant. Wem es juckt, der kratze sich.

Da waren zwei Feiern im Opernhaus. Das eine Mal hatten sie Dante vor, das andere Mal die deutsche Republik. Beide waren mir gänzlich unbekannt, und so ging ich hin. Es waren große Haufen Menschen da, die offenbar auch so neugierig waren wie ich. Wir setzten uns hin und warteten ab, was uns präsentiert würde. Gewohnt, den Esel beim Schwanz aufzuzäumen, beginne ich mit der deutschen Republik.

Diese befand sich an dem fraglichen, sehr heißen Tage im Königlichen Opernhaus zu Berlin. Sie muß eine sehr dezente Frau sein, denn gezeigt hat sie sich während der ganzen Feier nicht. Aber sie muß andererseits, sollte man etwas unwillig vermuten, doch nicht von der besten Sorte sein, denn es wurde stark und anhaltend von ihr geredet. Eine Stunde lang sprach ein Minister von ihr. Darauf standen die Eingeladenen, betreten über die Angelegenheit, auf und gingen spurlos davon.

Vor dem Gebäude marschierten etwa hundert ziemlich murksige Soldaten. Die Majestät in Doorn hatte sie zur Feier des Tages geliehen; bessere konnte er für diesen Zweck nicht schicken; auch wollte er protestieren über die schäbige Behandlung seiner Geldangelegenheiten. Notorisch wird ihm noch jetzt seine Zivilliste gesperrt.

Die Versammlung selbst beobachtete ich während des Vorgangs im Saal sehr genau. Sie hatten aus Zeitungen und Akten Kenntnis davon, daß seit zweieinhalb Jahren es hierzulande Republik gäbe, und waren spornstreichs auf die Einladung hergelaufen, um sie kennenzulernen. Lauter sachkundige Gesichter. Der eine sah nach einem Bureau aus, der andere sah nach einem Bureau aus, der dritte sah nach einem Bureau aus, der vierte sah nach einem Bureau aus.

Als der Reichspräsident eintrat, stand niemand auf. Naturgemäß. Denn die Republik, die er vertrat und feiern wollte, ist seine Sache. Man war ja außerdem eingeladen; er war der Wirt, eventuell mußte er sich vor der Versammlung verbeugen. Man hörte darauf mit Interesse die Ouvertüre zum Freischütz an und war sehr erstaunt darüber, daß statt des Stücks nun der Vortrag eines Ministers kam, der doch bald aktenkundig werden würde. Der Vortrag nahm nach einiger Zeit, wie erwartet, sein Ende. Aber auch jetzt wurde noch nicht der Freischütz gespielt, sondern ein Satz aus der fünften Sinfonie Beethovens. Merkwürdiger Einfall, vor Tisch einen Satz einer Beethovensinfonie zu spielen; es grenzte an Generalprobe. Die meisten Herren versprachen, zur Republik nicht wieder hinzugehen. Sie gingen entschlossen Mittag essen.

Man hatte von der gefeierten Republik Kleidungsstücke ausgehängt, um auch Ungläubige zu überzeugen. Aber es waren nur zwei Leinenstücke, Fahnen, in ganz Berlin, die ich sah, und die sicher zur Garderobe einer deutschen Republik gehören konnten. Die hingen aber gerade, sozusagen ausgerechnet, über dem Opernhaus. Es war ein zu grob konstruiertes Alibi. Sonst sah ich mehrere königlich preußische Fahnen, auch eine drollige Fahne über dem Zeughaus, von der man mir sagte, dies sei eine beglaubigt sichere republikanische: schwarz-weiß-rot, ein schwarzes »eisernes« Kreuz mittendrin. Was daran republikanisch sein soll, habe ich aber nicht fassen können; es ist zu tief für mich.

Der Präsident marschierte an der murksigen Garde aus Doorn vorbei; beide fixierten sich scharf, ob sie gegenseitig die Republik sehen könnten, aber zogen unverrichteter Dinge ab. Es gab zahlreiche Kinooperateure, Postkarten von der Beerdigung der Exkaiserin in Potsdam. Man wird einigen Eingeladenen recht geben, die vor einem Schnaps bei Habel feststellten: die Republik ist notorisch, damit genug, dreimal genug; es ist immer verkehrt, wenn man sich mit dem Publikum in Verbindung setzt.

Bei der Dantefeier war es gerade umgekehrt. Hier kamen nicht Leute hin aus Neugierde, den Festierten kennenzulernen, sondern alle wußten, wer es war; sie wollten nur schmunzeln, sich freuen und »ei!« rufen. Was begreiflich ist, da ausländische Dinge in Deutschland immer in hohem Ansehen stehen. Auf der Straße stand diesmal nicht die murksige Garde, sondern es wurden Papierblumen für Oberschlesien verkauft, jedoch nicht an mich; denn ich bemerkte am Denkmal des alten Fritz schon von weitem die Kapelle, deren Trompeten verdächtig nach »Heil dir im Siegerkranz« aussahen. Und ich weiß schon seit zwei Jahren, daß, wenn man hier im Lande »deutsch« sagt, man Holland meint, nämlich Amerongen usw. Höchlichst wurden alle Dantefreunde aber im Opernhaus erfreut und überrascht, als sich herausstellte, daß beide Redner ebenso »Dante« sagten und Oberschlesien meinten. Es war eine Gesellschaft von höchst Gebildeten, und der Umgang mit Hieroglyphen hatte erzieherisch auf ihre Ausdrucksweise gewirkt. Der erste Redner äußerte schlicht: »Der Arno fließt durch Dantes Dichtung«; aha, fühlt der Ägyptologe von der Panke, auch wir vergessen Potsdam nicht. Der andere redet breiter, breiter, immer breiter, noch breiter. Ich habe einmal im Kino geschlafen, als der Meisterdetektiv zum sechshundertsten Male das Auto verließ, um das Flugzeug über sich zu besteigen, sich auf ein fahrendes Motorboot niederließ und andere Maßnahmen traf, die das deutsche Volk endlich auf ein höheres Niveau heben sollten. Jetzt schlief ich ein, denn der Urschleim umfloß mich, zurück sank ich, getröstet schaukelte ich, mir konnte nichts passieren. Dunkel hallte in meine Ruhe ein Lob von Dantes Geschlossenheit und Entschlossenheit, von der Größe und Härte – seiner Form, von seiner Strenge. Und ich ahnte die Hieroglyphen für die Klage: auch wir werden uns einmal erheben – aus unserer geistigen Not. Deren Vorhandensein ich bei den Äußerungen meiner Nachbarn übrigens nicht leugnen konnte. Dunkel vernehme ich: Dante, ein Führer zur Sachlichkeit, zur Männlichkeit. O ich weiß, ich weiß. Oberschlesien kann uns sicher nicht verloren gehen. Als das Wort Goethe fiel, wachte ich einen Augenblick verdutzt auf. Es war aber nichts. Goethes Faust spricht auch von Läuterung, aber zu weich, zu wenig entschlossen. Ich weiß. Es war unvermeidlich. Es ist beinahe keine Hieroglyphe mehr.

Ich überdachte nach dieser Oberschlesienfeier der Berliner Ägyptologen mir den Mann, dessen Namen man an die Spitze des Arrangements gesetzt hatte. Dante ist in der Tat kein Mann zum Feiern. Ein Phänomen der Phantasie und der Wut. Die Hyäne, die in Gräbern dichtet, hat einer von ihm gesagt. Die Wüstheit seines Hasses und seines Zornes ist beispiellos. Seine »Komödie« ein einziger Rache- und Haßgesang. Er hat auch himmlische Töne, in den Pausen. Und zur Folie. Der kleine, unansehnliche Mann in gebückter Haltung, mit dichtem, dunklem Bart. Der durch Italien und das Ausland endlose Jahre irrte, sich in seinen Briefen unterschrieb: »Dante Alighieri, der schuldlos aus Florenz verbannte«. Er aß das bittere Brot der fremden Häuser. Von den Amnestien, die Florenz erließ, machte er keinen Gebrauch; ja er, der für die Unabhängigkeit seiner Heimatstadt gekämpft hat, ist imstande, den Kaiser zur Vernichtung der florentinischen Freiheit anzurufen. Er war verheiratet – aber siehe da, wir hören nichts von seiner Frau. In den Verschlingungen von Verfolgungsideen war er gefangen. Grübelnd und spintisierend hamsterte er die Gelehrsamkeit seiner Zeit, arrangierte sie um seine finstere Verfolgungsidee. Eine furchtbare Zeit, in der er lebte, ein in Haß verbissener Stadtstaat sein geliebtes Florenz. Er hat selbst als Prior von Florenz ein Urteil unterschrieben, wonach drei bestimmten Anhängern des Papstes, falls sie nicht hohe Buße zahlten, die Zunge ausgeschnitten werden sollte. Damals liebte man es allgemein, mit Gefangenen kurzen Prozeß zu machen, wogegen die neuerdings beliebte Erschießung auf der Flucht ein humanes Kinderspiel ist. Turm um Turm in Florenz war befestigt, jeder Palast gegen den andern. Wo man sich heute Beulen schlägt, schnitt man sich damals die Nasen ab. Dazwischen sanfte erotische Feste mit weißen Kleidern und Glockengeläute; die Jünglinge numerieren die schönsten Frauen und Mädchen der Stadt, bedichten sie in süßer Art. So schrieb Dante sein »Neues Leben«; es war anderswo die Zeit der Troubadoure und Minnesänger; die eleganten jungen Männer mußten so schwärmen, wie sie heute amerikanisch Shimmy zucken und zappeln. Später ließ Dante das. Jung: beblümtes Drachenhaus; alt: der Drache fährt heraus.

Dies der Arno, der durch die »göttliche« Komödie fließt. »Göttlich« sagen sie. O Gott.

Inzwischen –.

Inzwischen ist Erzberger wirklich erschossen worden.

Dies wäre nichts. Denn es sind unter Mitwirkung derselben Geister, die Deutschland für ihr Privateigentum halten, seit den

Lichtenberger Unruhen schon andere und nicht schlechte abgemurkst worden. Es traf sich diesmal nur gut. Der Schuß hat unseren lieben Freunden das Spiel verdorben; er war eine nichtplanmäßige Tölpelei. Man war mitten dabei, »vaterländisch« so lange zu tuten, bis das betäubte Ohr nicht mehr die Modulation ins Feudal-dynastisch-Kriegerische erkennen würde. Man rechnete auf das eigene große Maul, den Stumpfsinn und die Trägheit der anderen. Welche Spekulation, richtig angewandt, Inbegriff jeder Reklame ist und immer zieht. Mitten im Zug aber kam der Schuß und – beendete keineswegs das Spiel.

Die deutsche Republik wird erst, wie alles Lebendige, leben, wenn sie sich unter Gefahren bewährt hat. Jede Gefahr, die sie übersteht, stärkt ihr Leben. Es ist aber sicher, daß keiner Militärdynastie in absehbarer Zeit Deutschland in die Hand fallen wird, es sei denn nach furchtbaren Kämpfen. Zunächst hat sich – Evoe, Evoe! – zum zweiten Male nach dem Kapp-Putsch gezeigt: die realste Macht in Deutschland haben die Republikaner.

Republik: das ist ein schlummernder Riese, ein schwerhöriges Geschöpf, das Schüsse erwecken müssen. Ein tapferer, nicht großer Teil der Bürger steht Wache bei dem Riesen, dazu die ganze Arbeiterschaft. Sie haben keine vergrabenen und versteckten Waffen wie die anderen, aber ein Gefühl, ein unbändiges, eisernes, leidgehärtetes Gefühl. Dasselbe Gefühl, das die Niederländer hatten, die Alba über sich hatten ergehen lassen. Bürger und Arbeiter haben dies echte, aus dem gegenwärtigen Leben steigende Gefühl, – jene nur Erinnerung und törichte Rachsucht.

Mit uns, Bürgern und Arbeitern, wird die Gefahr und der Sieg sein.

[Gutachten über Brunner]

Das Vorgehen und die Art des Herrn Brunner ist mir nur aus Stichproben bekannt. Er scheint danach ein ungewöhnlich gefährlicher Mann. Man hat in Deutschland die Vorherrschaft des Feudalismus und Militärs im öffentlichen Leben gründlich beseitigt; hier ist eine andere viel stärkere Gewalt noch am Werke. Die engen bürgerlich-familiären Instinkte haben hier eine lärmende, angriffswütige, doggenhafte Inkarnation gefunden. In seinem Gefolge hat sich vereint die ganze deutsche Rückständigkeit (bei dem »Reigen«-Prozeß) gezeigt; ist er ein Mann von Urteilskraft, wird er selbst nicht wenig erschreckt gewesen sein beim Anblick seiner Anhänger. Wir wissen aus zahllosen Einzelfällen – zuletzt aus der Besetzung des Postens eines preußischen Kultusministers mit einem Monarchisten und Militaristen –, wie gleichgültig den deutschen »Republikanern« Dinge der Kultur und des Geistes sind; daß Herr Brunner, dessen Art dekouvriert ist durch das Gefolge der »Schutz- und Trutzbündler«, der christlich-nationalen Ligen und Frauenvereine, daß er an einem wichtigen Posten geduldet wird und aggressiv vorgehen kann, zeugt von der tiefen Unbesinnlichkeit Deutschlands; die Geistigen der großen Perioden haben in der Tat das Land nur wie Kraniche überflogen; ich fürchte, es wird nicht bald besser werden. Die Geistigen aber mögen sich Folgendes sagen: es hat schließlich die Frage, wo man in dem politischen Kampf des Tages steht, nichts mit dem Fall Brunner zu tun. Ich kann mir wohl denken, daß auch Vertreter mittlerer und linker Gruppen sich hinter ihn stellen; sie sind jetzt nur abgeschreckt durch die offensichtlich antirepublikanische Garde, die ihn als Stoßposten im Moralisch-Ästhetischen benutzt. Erkennen müssen alle Klarsehenden, daß hier das Prinzip der mittelalterlichen Vergewaltigung und spanischen Unterdrükkung durch einen Alba der Moral angewandt wird. Kein Geistiger, welcher Richtung auch immer, kein Freund der Menschenfreiheit und der Sittlichkeit kann dies sinnlose Gebaren still hingehen lassen. Das unglaublich falsche und gefährliche Prinzip der Verhüllung und Verdrängung erotischer Dinge wird beseitigt werden; die Sittlichkeit fordert das. Eine Masse von Unsittlichkeit und Verderbtheit ist auf das Schuldkonto dieses Verhüllungs- und Verdrängungsprinzips zu setzen. Befreiung von der noch herrschenden kirchlich mittelalterlichen Verdüsterung der Gehirne in den Dingen des Geschlechts, Aufklärung der Erwachsenen, dies ist enorm wichtige Erziehungsarbeit. Es ist nicht nötig, daß gegen die Ausbeuter der Lüsternheit eine besondere Instanz arbeitet; die Gesetze genügen. Aber ein Anti-Brunner an maßgebender Stelle, wirklich sittlich, mit der Absicht, wahrhaft zu erziehen, ist dringend erforderlich.

Der Kapp-Putsch

Man hat sich jahrelang mit Philosophie beschäftigt und sich zum Schluß darüber geärgert. Denn im Grunde ist nicht viel dabei herausgekommen. Die Philosophen füllen die Bibliotheken mit ihren Büchern, wir gehen hindurch, lesen die Bücher, damit ist der Vorfall erledigt. Wir erweisen uns gegenseitig die Ehre, in solche Verbindung miteinander zu treten. Alsdann verläßt man die Bibliothek und geht an sein Geschäft. Dies war bisher so. Der Kapp-Putsch hat die Situation verändert. Er hat die Philosophie ungeahnter Weise adjustiert. Mehr als das: der deutsche Kapp-Putsch hat der Philosophie, die bisher nur in Bibliotheken sich vorfand, zum Durchbruch in die Wirklichkeit verholfen. Die Türen der Bibliotheken sind von den Putschisten aufgerissen worden, auf den Straßen sind unerwartet, bis jetzt noch unerkannt die ungeheuern Erscheinungen der Weltweisen erschienen. Es muß hier zum ersten Male gesagt, ausgesprochen und verkündet werden: Der

Kapp-Putsch war eine metaphysische Tat. Es war die erste Tat in der Weltgeschichte, die keinen Täter hat. Nein: es war die zweite. Die erste war die deutsche Revolution; sie fiel ihren Tätern auf den Kopf. Aber der Kapp-Putsch hat doch das Besondere und Einzigartige, daß seinen Akteuren und Tragierenden das Merkwürdige ihrer Tat bewußt wurde. Sie hatten mit der Tat nicht das Geringste zu tun. Die Tat stellte sich von selbst ein. Sie ereignete sich am hellichten Tage morgens um sechs Uhr im Tiergarten, und sie, die Täter, waren auch dabei, die Tat wurde vollzogen, die Reichskanzlei besetzt, die Dekrete erlassen. Verhaftungen vollzogen: es lief immer so ab, und sie waren immer dabei. Sie waren zweifellos dabei, waren gar nicht gewillt, das abzuleugnen, aber die Tat war auch da, und das war eine Privatsache der Tat. Solchen Vorgang wird jeder sogenannte Normale für absurd, unsinnig, phantastisch, einfach schwindelhaft erklären. Er beweist damit nur seine Unbildung. Die erwähnte Philosophie hat seit Jahrzehnten daran gearbeitet, den Irrtum richtigzustellen. Das Verhältnis von Tat zu Täter ist längst klar. Der Blitz blitzt nicht, es ist nicht der Blitz, der blitzt, sondern eben: es blitzt. Die Grammatik mit ihrer Trennung von Subjekt und Verbum ist ein Unglück und eine Verführung zur Unlogik. Die deutsche Sprache, wie auch andre, ist nicht nur schwierig, sondern auch dumm. Das hat man in Ostpreußen, im Lager von Döberitz gemerkt, erfaßt, und in Leipzig am Reichsgericht ist es jetzt offenbar geworden. Die Grammatik hat eine fürchterliche Verheerung am Strafrecht angerichtet; in Leipzig wird dieser Tage die Strafrechtsreform einen großen Schritt vorwärts tun. Wir sehen nun und erkennen nun klar: Der Kapp-Putsch hat sich alleine gemacht. Er war eine Wendung durch Gottes Fügung. Die Angeklagten haben ihn über sich ergehen lassen. Sie haben ihn kommen sehen, ahnungsvollen Sinns, er hat sich in die Tat umgesetzt, ihnen wurde dabei, sie wußten nicht wie.

Das Urteil ist heute, Sonntag, am achtzehnten Dezember, noch nicht gesprochen. Man hat vor, da sie nicht eigentlich Hochverräter sind, sie wegen Amtsentsetzung zu bestrafen. Es ist klar, daß das ein Unfug wäre. Man erkenne: Die Tat ist geschehen. Man spreche es aus: Der Kapp-Putsch ist abgelaufen. Die Sache gehört der Geschichte an. Gehört in die Bibliotheken. Was unmittelbare Folge des Auszugs der Philosophen auf die Straße ist.

Kuriosa aus Deutschland

Nachdem es einmal Sommer ist –, Sommer mit niedrigerer Temperatur, Regen, Wind, die Strafe einiger Theatervorstellungen ich schon abgesessen habe, will ich mich im Freien ergehen und die Natur in Stadt und Land genießen.

Die Mark sinkt, aber die Likörstuben vermehren sich. Ich bin nicht imstande, dies Spiel der Natur zu erklären. Aber mit Staunen nehme ich davon Kenntnis. Ich nehme an, daß die Schwermut über das Sinken des Geldes die Leute in die Likörstube treibt. Da finden sie Beruhigung. Die Vorsehung in ihrer Grundgütigkeit hat uns Bols und Kantorowicz gegeben.

Es gibt Momente, wo man die Zeit vergißt. Ich rede nicht vom Schlaf. Oder von einer Einladung zur Großen Berliner Kunstausstellung (die bereits mehrmals an mich gelangt ist; der Termin entschwindet mir immer wieder; es muß etwas Hypnotisches von der Sache ausgehen). Sondern vom Lunapark. Man faßt sich an die Stirn, fragt; ja, es gibt noch Lunapark in Berlin. Mit Wakkeltopf, Rutschbahn, Shimmytreppe, Rodelbahn, Berg- und Talbahn, dem kleinsten Riesen, dem größten Zwerg. Es gibt keinen Berliner, der nicht vor zwanzig Jahren hier für fünfzig Pfennig gestaunt hat, zehn Pfennig Sonderentree. Nun sieht man die Kraft der Erhaltung in der Natur. Der Lunapark steht fest wie die Dienstbotengesinnung des deutschen Kleinbürgers. Er nimmt auch – wer? der Lunapark, der Kleinbürger? – andere Formen an, der Expressionismus ist ihm nicht fremd; die grellen bunten Farben hießen ehemals Jahrmarkt und sind jetzt, wie schmeichelhaft, hohe Kunst. Die spitzen Ecken, das Durcheinander von Kreisen, Kanten, Bogen ist gekommen, der Foxtrott ist des Müllers Lust: man findet sich in alles ein und verliert sich nicht. Zwanzig Jahre sind keine Zeit. Man wird sich auch nach weiteren zwanzig Jahren nicht verlieren. Statt Trott zu tanzen, wird man Hott tanzen; der Expressionismus in den Weißbierstuben wird 1950 einer anderen Aschingerei Platz gemacht haben. Immer wird die Kapelle eine verkleidete Militärkapelle sein (oh Deutschland, du mein Vaterland). Und was werden die Trompeten blasen? Husaren heraus. Die Spießer zu Haus.

Als vor einem Jahr der Verfassungstag in Berlin gefeiert wurde, ordnete die Regierung Beflaggung der Gebäude an, der amtlichen. Ich kam, sah und suchte. Auf dem Opernhaus, wo die Feier stattfand, hingen wirklich die zwei Fahnen der Republik, in Schwarz (des Unglücks), Rot (des Lebens), Gold (der Zukunft). An diesen beiden Fahnen, je zwei Meter zu ein Meter, hatten fünfzig mitteldeutsche und schlesische Leinenfabriken wochenlang gearbeitet. Sie hatten wegen Überarbeitung des Personals schließen müssen; der wochenlange Anblick des Schwarz soll außerdem bei den Leuten Melancholie, das Rot Blaukoller, der des Gelb Tobsucht und Rassenhaß ausgelöst haben. Die übrigen deutschen Gebäude, in Stadt und Land, mußten sich, um die Epidemie zu beschränken, mit anderen Farben begnügen; ich notierte zehn bis zwölf Zusammenstellungen; schwarzrotgold glückte der deutschen Industrie nie. Manches war schwarz und rot, aber dann war ihnen wieder weiß dazwischen gelaufen, aus ihrer Unschuldsseele. Wie ich jetzt aber spazieren ging, merkte ich, die Industrie erholt sich. Vom Potsdamerplatz vorstoßend, begegnete ich zahlreichen Fahnen der neuen Zusammenstellung. Es gibt noch hinterlistige Gebäude, die lieben sie nicht, oder zu deren Architektur, sichtbaren oder unsichtbaren, die neue Fahne offenbar nicht paßt. Sie lehnen sie berechtigterweise ab, ziehen sich auf die Landesflagge zurück, hüllen sich in Hüllenlosigkeit. Aber wiederum war etwas auffällig. Nachdem der vorjährige Streik der Leinwand- und Farbenfabriken beendet ist, die Epidemie lokalisiert, hat der Streik der Fahnenstöcke begonnen. Es gibt Fahnenstöcke in Berlin. Aber sie weigern sich, die neue Fahne über ihre Mitte hochzulassen. Sie flaggen mit den neuen Farben nur Halbmast, mit den alten und gar keinen an der Spitze. Es gibt da einen rubikonartigen Punkt, der nicht überschritten werden darf. Man sage nicht, daß Fahnenstöcke keine Gesinnung haben. Ein republikanischer Beamter hat seine Gesinnung; die zeigt er nur außerdienstlich und dann ist sie eine monarchistische. Eine Fahnenstange weiß aber, daß sie Farbe zu bekennen hat. Sie ist wind- und wettererprobt. Wenn sie die neue Fahne annimmt, so nur um zu trauern. Das Herz schlägt ihr am rechten Fleck, sichtbar unter und über der Mittellinie. Neben diesem Fahnenstock auf dem Dache sitzt jedenfalls nicht der Greis, der sich nicht zu helfen weiß.

Das ließ sich, nach einigen nicht wenigen deutlichen Anzeichen, im Fall Rathenau sehen. Man fuhr im Grunewald ein kleines Stück neben ihm. Aber es war nicht auf das Ansehen abgesehen. Für Ästhetik sorgt in Berlin die Große Berliner Kunstausstellung. Man wollte sich offenbaren. Es gelang. Im Freien, unter den blühenden Bäumen, und im ungestörten Tête-à-tête wurde ihnen das Herz freier. Hörbar wurde es freier. Es war doch eine schwarzrotgoldene Tat: schwarz von Haß, rot vom Blutdurst, golden von dem Geld, und der Ahnungslosigkeit, die dahinter steckt. Man wird das Weiß einschmuggeln wollen, das Weiß der idealen Gesinnung; die Gegenseite wird hier mit Realitäten zu korrigieren haben.

Zweimal nahmen bis jetzt die Fahnenstangen die Farben der Republik an: am Ablösungstermin Oberschlesiens, am Todestag Rathenaus. Die Fahnenstangen können sich keine besseren Gelegenheiten wünschen; sie denken, geht es so weiter, lassen wir die Fahnen – welche Fahnen – auch einmal an die Spitze. Immer langsam voran. Die Dinge wollen geübt sein. – Im übrigen ist es Sommer, regnerisch, trübes Wetter, heftige Winde. Es ist ruhig und langweilig. Man kann im Grunde nur von Likörstuben, Kunstausstellung, Theater sprechen. Dies sah auch die bairische Landesregierung, als ihr bei einem Spaziergang am Starnberger See die Notverordnung des Reiches, die Ausnahmebestimmungen zum Schutze der Verfassung übergeben wurden. Sie sagte: »Bei uns zu Lande ist alles ruhig. Wir sind in Baiern und nicht in Deutschland. So lange wir Sonnwendfeiern haben, geschieht bei uns nichts. Gewalttätigkeiten gegen die Verfassung, Beschimpfungen kennen wir nicht. Außerdem haben wir Miesbach und unsere berechtigten Sonderinteressen.« Worauf sie weiter spazierten am Starnberger See und die Notverordnung sich auswirken ließ.

Mir fällt da – während ich mich über die aufgerissenen Straßenbahnschienen in der Leipzigerstraße ärgere, die auch eine zeitlose Sehenswürdigkeit der märkischen Kapitale sind –, eine ultramontane Taktik ein. Ich überschreibe sie: die Katze mit ihren Beinchen. Da war in Deutschland wie anderswo der Umsturz. Was geschah der katholischen Kirche? Nichts. Sie fürchtete Kulturkampf mit wirtschaftlichen Mitteln, Expropriation der himmlischen Güter. Alsdann: geschah nichts. Alsdann: erholte sie sich von dem Schrecken. Alsdann: fiel sie auf die Beinchen. Und man sah, daß wer sich schutzlos gemacht hatte (nach Sturz seiner konfessionell sehr bestimmten Herrscherschicht)? der Staat. Wie wärs mit Kulturkampf (aber lautlos, Katzen lieben keine Schellen) Expropriation gewisser Güter? Eine katholische Universität! Die Revolution meisterte die Wirtschaft, indem sie sie Herrn Stinnes übergab, meisterte das Kulturelle, dem sie völlige Freiheit gab. (Motto: Macht Euch Euren Dreck alleene!) Eine katholische Universität! Zu Köln am Rhein. Drin laßt uns hausen, wohnen und wohlsein. Aber sie protestieren, als die Schelle klingt: sie wollen keine Universität, sondern ein Forschungsinstitut, an dem gelehrt wird. Also keine Semmel, sondern ein rundes Weißbrot, das Butteraufstrich verschönert. Es soll immerhin ein ehrliches freies Forschungsinstitut sein. Freilich auf katholischer Grundlage. Das sind die deutschen Beamten und Generäle, die sich auf den Boden der gegebenen Verhältnisse stellen. Das sind die berechtigten Reservate der »Länder«. Es erscheint das runde Weißbrot für arme Leute, ruhige Mieter, aus grauem Mehl. Margarine streicht man darauf, Marmelade.

Zur Not tut es Schuhcreme. Eos, die Morgenröte, der beste Lederglanz. –

Deutsches, Allzudeutsches

Volksfest bei Berlin. Abfahrt von Potsdam »zu Schiff«. Auf allen Segel- und Motorbooten die Fahnen im Lokalkolorit dieser Gegend: schwarz-weiß-rot. Bei einem Dorf am Schwielowsee der Wald. Das Fest findet in einer Lichtung statt. Am Eingang zur Lichtung liegen Pappschachteln; eine Frau bemüht sich, rote Papiernelken für 5 Mark zu verkaufen, wird rasch drohend. An einem Baum steht eine mächtige schwarz-rot-goldene Standarte; die Mitglieder des veranstaltenden Arbeiterradfahrervereins wiederum tragen große rote Schärpen. Darauf erfolgt eine Stunde lang nichts. Es wird an Tischen gewürfelt, geschossen. Kinder mit Papierkronen und Tuten gehen herum, holen von ihren Eltern belegtes Brot, erklären auf mehrfaches Befragen, daß hier das Volksfest sei. Nach Ablauf der Stunde neue Ausgabe von Nahrungsmitteln an die Kinder. Sportwanderer mit nackten Beinen erscheinen vom Wasser her, kochen Backpflaumen mit Klößen ab; die Kinder versammeln sich um das Feuer, auch die Eltern sind interessiert. Das halbe Volksfest arrangiert sich um den Kessel; sie scheinen auf Klöße zu warten. Plötzlich stellt sich ein Mann in die Mitte der Lichtung, ruft die Kinder. Sie kennen ihn;

er hat eine schwarze Klappe über dem rechten Auge. Die Kinder beginnen nunmehr wehmütige herzbrechende Lieder zu singen. Man klatscht, auch vom Kessel her. Die Kinder freuen sich, singen herzbrechend weiter. Zum Schluß grinst auch der Mann mit der Klappe. Jetzt sollte die längst fällige Ausgabe neuer Nahrungsmittel erfolgen. Aber ein rotbäckiger Mann boxt sich durch das Gedränge, schreit »Ruhe«. Zugleich besteigt ein Dicker den Würfeltisch. Er hält eine Rede, während der Rotbäckige erregt-wütend beobachtet, ob alle aufpassen. Der Redner schreit in der Tat kolossal. Die Radfahrer seien die Avantgarde der Arbeiterschaft; sie würden sich trotz alledem und alledem die Freude an der Natur nicht nehmen lassen. Als der Redner betäubt heruntersteigt, sich den Hals wischt, stürzt der Rotbäckige auf den Tisch. Er danke dem Redner für die großartigen Redewendungen, noch dazu mitten mang die Natur; und abends ist Fackelzug und Tanz im Restaurant.

Abends, nach einem Marsch durch den düstern Wald, zweiter Teil des Volksfestes. Auf der Veranda versperren zwei leere Biertonnen den Eingang zum Restaurant. Dann umgibt mich die Menge, von der der Redner gesagt hatte: »Hier bin ich Mensch, hier darf ichs sein.« Ohrenbetäubender Lärm. Der Vorraum erfüllt von pokulierenden, sprechenden, lachenden Leuten. Ein Teil hält die Richtung zum Erdmittelpunkt nicht inne; mehrere werden von unsichtbarer Gewalt genötigt, sich als Tangenten zum Erdumfang einzustellen. An einem mächtigen Tisch in dekorativen Schärpen die Hauptradfahrer von heute nachmittag. Singen »Oh alte Burschenherrlichkeit«. Das singen sie. Meine Ohren hören. Frauen singen mit. Sie sind alle von der Natur her durstig. Ich dringe durch die begeisterten Massen in den Tanzsaal. Der Mann am Tisch taxiert mich auf 16 Mark Eintritt. Rauch- und Schweißdunst über dem Saal. Drei Musikanten auf dem Podium spielen begehrte Schlager, mit Varianten, da das Klavier auf B gestimmt ist, die A-Saite der Violine aber manchmal G und manchmal H ist. Das Volk vergießt drehend Schweiß. Männlein und Weiblein trinkt, säuft, seufzt, Musikanten begießen sich. Immer neues Bier erscheint. Ein Redner bemerkt in später Stunde, rückblickend: Das Fest sei gelungen, es habe großen Ertrag gebracht, man habe auch Indifferente von der Kraft der Idee überzeugt.

Bei der *Verfassungsfeier* im Reichstag hielt in Stahlhelmen eine Reichswehrkompanie am Bismarckdenkmal. Sie bliesen den Hohenfriedberger, Pariser Einzugsmarsch, das Deutschlandlied, heute durch Dekret sanktioniert. Der Sitzungssaal im Riesenhaus ist auffallend kümmerlich, verräuchert, unansehnlich, ein winziger Kopf über einem großen Bauch. Drin saßen und standen die Menschen. Eine Kapelle spielte Beethoven und die Meistersingerouvertüre. Zwischendurch sprach ein ruhiger Mann aus Süddeutschland von seiner Anhänglichkeit an das Reich und seine Heimat. Einmal sangen wir alle den Fallersleben. Nach Summa ¾ Stunde lief man, den Paradestechschritt der Reichswehr zu sehen. Sie schlugen den Boden halb kaputt. Der Reim auf Beethoven war mir nicht deutlich. Abends Staatliches Schauspielhaus. Feierlich dunkle Gedichte zwischen klassischer Musik. Die Demokratie formiert sich erst. Kein knallender Stechschritt, keine halbasiatische Theaterei, aber schon etwas Gutes, ein Flämmchen, aber doch Feuer. Nach der hochgesitteten Feier ein Fackelzug. Diesmal eine andere Linie, nicht der Hohenfriedberger, sondern »das sind wir Arbeitsleute«. Ein Fest für die Republik, dies (es ist noch keine Zeit und leicht gefährlich, das »Nationale« stark herauszustellen; die Nationaille ist noch auf dem Sprung); nur einmal singen die Massen das Deutschlandlied, dann schmettern unaufhörlich Dutzende Kapellen die Arbeiterlieder. (Und schließlich, was sind Hohenfriedberger und so weiter anders als Lieder des Militärstandes.) Beim Abmarsch stehen an den Zugängen zur Friedrichstraße da und da Häufchen Mittelstand, malkontenter Elegants, belächeln die marschierenden Schwarz-rot-goldenen und Roten. Sie schlugen einen Kapp-Putsch herunter. Wen von Euch, süße Herzchen, werden wir zu Leipzig vor dem Staatsgericht sehen?

Die Arbeiter beschämen die Burschois. Die Literaten mit der Pressenot, dem Untergang des Abendlandes und anderen Privatissima beschäftigt. Der einzige Schriftsteller, der großzügig für die Republik sich einsetzt, ist der Herr von Doorn. Zu seinen Lebzeiten erfuhren wir, aus dritter Hand, wie unterhaltend, anregend, geistsprühend er sei. Jetzt tritt er aus der Reserve. Man spreche nicht über sein Buch, drücke es Demokraten, Volksparteilern, Rechten, Mittleren, Zweifelhaften, Lauen, Wanken, Schwankenden schweigend, schweigend in die Hand. Beobachte sie bei der Lektüre. Man wird den so lange vor uns versteckten Geist wirken sehen, wird sie erblassen, ergrünen, ergrauen sehen. Sie werden das Buch zu verstecken suchen vor ihren Kindern, Bekannten. Man drucke es weiter, gebe es weiter. Es ist das wichtigste Buch dieser Jahre. Es gehört neben die Verfassung. Ein Einzelner hat es geschrieben. Es sprüht nicht wie Geist, sondern es rollt wie Donner. Wirklich, ein Gott gab dem Mann in Doorn ein, dies Buch zu schreiben. Ein ihm unbekannter Gott.

Ein anderes Buch hat man verboten. »Die Sünde wider das Blut.« Nach hundert, zweihundert Auflagen. Dankenswert. Was tot ist, kann sich leider nicht bedanken, läßt aber schön grüßen.

Neue Jugend

Die Alten haben allerhand geleistet. Vor der Jugend haben sie sich blamiert. Sie haben den Krieg angerichtet, ihn verloren, teils als Sieger teils als Besiegte. Sie haben draußen gefochten und damit der Jugend die Gnade erwiesen, nicht zu Hause zu sein. Es war ein unvergeßliches Festessen. Die Schulen waren Kasernen, Musterungsstätten, Ambulatorien, Lazarette. Der Lehrer eroberte das Eiserne Kreuz. Man ging sammeln für das Rote Kreuz, für die erste Kriegsanleihe, die zweite, die dritte, die vierte, die fünfte. Immerfort wurde etwas »genagelt«, bald Hindenburg, bald ein Wappen. Die Stunden wurden zusammengezogen, die Klassen zusammengelegt. Abiturium machte man spielend, das Zeugnis wurde freibleibend an die Meistbietenden, Wenigstleistenden versteigert, Ausfuhrschein an die Front oder wenigstens in den Krieg mußte hinterlegt werden. Man konnte Arzt werden, eine Approbation bekommen, nach wieviel Semestern? Die Notapprobation. Die Not davon hatten die Kranken. Schlimmer war die Nottrauung, die Kriegsehe. Sie wurde en gros geschlossen, man kannte sich kaum drei Tage, kaum eine Woche, aber es ging raus, ins »Feld«, an dickere Luft. Früher hätten die drei Tage kaum zu einem verlängerten Kuß ausgereicht, jetzt hatte man lustige hochgradig animierte Beine und sprang wohin man mochte, ins Standesamt; es war etwas Vergnügen dabei, und später –. Später war Krieg, der sich nicht absehen ließ. Der Krieg hatte eine großartige Länge, auch eine geographische Breite, von Arras bis zum Suezkanal, von Jütland bis zum Kaukasus, von Jerusalem bis an die Ostsee; was konnte sich da alles ereignen, wer wollte da etwas berechnen. Der Krieg war vollkommen für die Ewigkeit eingerichtet, funktionierte vorzüglich, war eingelaufen; es war eine Lust zu kriegern. Und man heiratete fix, bevor man rinnsprang. Zu Hause saß dann jemand, mit etwas mehr als einem verlängerten Kuß behaftet, aber auch sie und die Gesellschaft daheim war lustig, und es lassen sich die wundersamsten Märchen davon erzählen. Sie wurden at home in Munitionsfabriken zusammengetrieben, Männlein so jung und Weiblein so jung. Sie saßen, aßen in den Baracken zusammen; sie hatten Geld in die Puppen; locker wurden sie da; die Munition war nicht der einzige Explosivstoff in den Lagern, man zeigte sich als lustiger Artillerist mit erfolgreichen Sprengungen. In den Städten entstanden die Dielen; wer saß in den Dielen? Die jungen Dachse und ihre süßen Dachsinnen. Die Gas produzierten, bekamen grüne Haare, aber das Amüsement war grenzenlos; man konnte mit sechzehn Jahren Lustgreis sein, im Übrigen unter der Dachrinne wohnen. Von den Bahnhöfen stiegen währenddessen immer die Alten, die Landstürmer, schwer bepackt, verlaust, fürchterlich verdreckt. Das taperte nach Haus, besah sich fluchend den Schaden, schob vergrimmt wieder ab. Was glaubt man wohl, wieviel von Mißstimmung an der Front, von der »revolutionären«, »sozialistischen«, auf Konto der häuslichen Übelkeiten zu setzen war als fortgetragene und umgesetzte Wut. Die Alten waren ja expropriiert. Da drin gebärdete sich ja eine neue imfame Welt. Zu Hause ging alles kaput. Kriegsindustrie, Hindenburgprogramm taten ihre Wirkung; was Wunder, wenn die Front nun – von rückwärts zwar nicht erdolcht, aber zerwütet wurde. Der Krieg war nicht eine Sache der Kämpfer mehr, schneidiger Kavalleristen auf blitzblanken Pferdchen à la Hoppegarten, sondern er warf sich auf seine Art ins Land, mit Klassenzusammenlegen, Munitionslagern, Großstadtdielen, animierten Schlosserlehrlingen, Lazarettzügen voll bitterer Menschen, alten Landstürmern, die den Dreck der Heimat empfingen oben auf den Dreck des Schützengrabens.

Und es gedieh junges Gemüse. »Wir Jungen.«

Erstes Bild: Lichterfelde-West bei Berlin; eine Bahnüberführung. Zehn, fünfzehn Jungs, Tertianer bis Primaner, maskiert nach Wild-West, Buffalo-Bill. Ersichtlich einem Karl May-Roman entsprungen. Pfadfinder. Obwohl hier überall wohlbezeichnete Straßen sind, auch auf dem nur kümmerlich vorhandenen »Land« alles numeriert, quadriert, parzelliert und bei der Grundstückszentrale Unter den Linden mit Kostenanschlägen zu erfragen ist. Sie werden sicher wie im Kino schleichen, immer an die Wand lang, sachte, Winnetou, Wille-wau-wau-wau, Witto-hu; Kessel werden sie zum Abkochen dahaben, obwohl sie Stullen in der Tasche tragen, der Witterung werden sie trotzen, dem Feind und dem Sturm entgegen allen Gewalten zum Trotz sich erhalten bis Zehlendorf-Mitte. Auf ihren Lettow-Vorbeckhüten steht geschrieben wie auf ihren entschlossenen Zügen, daß diesmal nicht die grüne Weißkatze mit dem schwarzen Fell erlegt und an den Pfahl gebunden werden soll, auch nicht gerade im letzten Moment einer vom Pfahl befreit werden soll, während er, der Edle, schon aus rund tausend Wunden blutet, die unter Brüdern zwei sind, die Liter Bluts verströmen, aber auf Englischheftpflaster stehen. Diesmal soll das Vaterland gerettet werden. Winnetou im Kostüm des Patrioten. Und was blasen die Trompeten? Heil dir im Siegerkranz.

Zweites Bild: Ich sitze auf einem fremden Zimmer – ja weint, meine Freunde, – schreibe mit einem Bleistift, weil ich in einem fremden Zimmer sitze in Zehlendorf-West und man hat mir keine Feder hingelegt. Es ist feucht, es ist eine schöne Aussicht, aber ich habe kalte Füße, eine kalte, zum Tropfen geneigte Nase und muß in Restaurants essen, bei Nestler Schmorbraten mit Brühkartoffeln, die ich nicht mag, aber sonst ist alles ausgegangen, und ich muß sie beide, den Schmorbraten und die Brühkartoffeln, unter meine kalte zum Tropfen geneigte Nase schieben. Die Aussicht ist schön. Nur läuft die Wasserleitung immerfort nebenan; da ist das Klosett, es ist zweifellos ein Wasserklosett, ein kaputtes. Soll man an Vorzeichen glauben? Vorhin kam ich von der Bahn, da kam ferner ein Windstoß, ebenfalls von der Bahn, bewies seinen Charakter und seine angeborene Natur als Windstoß an meinem Hut, der folgerichtig herunterflog, nicht ohne vorher als Hutstoß sich an meinem Kneifer versucht zu haben. Der wiederum aufs Pflaster fiel. Was bei der Begegnung zwischen fortgestoßenem Hut und schmutzigem Pflaster sich ereignete, nämlich eine gewisse Reinigung des Pflasters, – der Hut als technische Nothilfe für Vororte Berlins, – ist leicht ausdenkbar. Ich trug in meine neue Wohnung eine größere Menge heimatlicher Erde, nach der mich doch so verlangte, nur als umgekehrter Antäus nicht unter den Füßen, sondern auf dem Kopfe. Der nasenlose Kneifer flog erst sekundenlang ratlos mit dem Windstoß durch die Luft; suchte meine

Nase, fand sie nicht, auch sie suchte ihn schnuppernd: Da machte er rasch seinem Leben ein Ende, wenigstens teilweise, zerbrach, zerschmetterte den halben Brustkorb, und blickte mich wehmütig mit dem andern an. So sitzt jetzt und schreibt Linke Poot und Linket Ooje. Wir sind alle wieder gemütlich beieinander, Hut, Kopf, Nase, Kneifer, aber, aber wie.

Demonstration in Berlin an der Spree zwischen dem Rathaus und dem Alten Fritz.

Blumenattrappen, Schilder und Banner. Ja feierliche Banner werden aus Kirchen an die Sommerluft hergetragen, sie ruhen sonst armselig im Lokal des Zahlabendbudikers oder im Bezirksbüro, aber sind hochgeehrt; die Leute steigern sich hoch an der Fahne, sie freuen sich und strahlen unter den Bannern, ihren Bannern. Paukenmusik; Kapelle auf Kapelle. Chöre. Immer wieder auf langer Fahnenstange der Stern, der Sowjetstern. Die Sowjets haben sich ein kühnes, meisterliches Symbol gewählt: den Stern, in dessen rotem innerem Feld ein nacktes Schwert die Sichel und den Hammer stützt. Ein Stern; vom Himmel; wer freut sich nicht eines Sterns, und wer versteht nicht die stolze Sprache des Schwerts zwischen dem Hammer und der Sichel. Das heiße ich Propaganda! Eine bessere bewußtere als die deutsche republikanische, die sich darauf beschränkt, dem alten Reichsadler die Fänge umzubiegen und die Nägel abzuschneiden; statt Bekenntnis Hühneraugenoperation. Die Landesfarbe schwarz-rot-gold, aber gemildert durch schwarz-weiß-rot, bis die Landesfarbe zum Gösch wird. (Aber man ist demokratisch, will keinem weh tun, Mut fehlt, Glaube, der Kraft macht, überzeugt und wirbt. Inzwischen wirbt die Gegenseite, bis auch der Gösch von der Fahne gerutscht sein wird; Schwachheit, dein Name ist Demokratie.) Mächtige rote Papierschärpen trugen viele Jungen; wenn ich mich nicht irre, blickten lange bunte Schärpenbänder auch Erwachsenen unter dem Rock hervor. Die Kleinsten wurden auf den Terrassen des Schlosses verstaut, da stand auch ein reizender Blumenwagen, auf dem Kinder hergefahren waren. Vor einem

Schloßportal hielt ich schließlich festgemauert, betrachtete dauernd einen qualmenden Mann vor mir in fürchterlich abgetragenem grüngraublauen Rock, der ein Schild trug: »Verband der Handel- und Gewerbetreibenden Deutschlands Sitz Magdeburg. Reisende Händler. Größte Händlerorganisation Deutschlands.« Er qualmte mir mit Hilfe der mir dauernd übelgesinnten Windrichtung einen Kastanienwald und mehrere schattige Buchenbäume ins Gesicht. Doch Händler riechen nicht gut, wenigstens nicht in der Nähe; man weiß nie, womit sie handeln. Heringe ist noch das geringste. Hoch vor mir stand ein gewaltig aufgebäumtes Bronzepferd; über dem hielt einer der Jungen eine mächtige schwarz-rot-goldne Fahne; tiefer weht, gehalten von dem Vertreter einer anderen Jugendorganisation, eine rote; ferner ein Samariterkreuz. Dann haben sich noch um das nicht ohne Grund so aufgebäumte Roß pazifistische Schilder gruppiert; mitten zwischen allen strahlt verheißungsvoll die Zahl 18, was bedeuten soll Redner Nummer achtzehn. Während es noch immer von anziehender Jugend krabbelt, – drollig, wie die älteren die kleinsten transportieren durch das Gewühl: die älteren Jungen und Mädchen fassen sich bei den Händen, außen die Kleinen wie mit einer Kette verschließend, sie schieben sich vorwärts, den Kleinen passiert nichts –, hört man Chorgesang von hinten, von der Domtreppe. Trompetenblasen. Die Nummer achtzehn ist aber zu uns nicht durchgedrungen, man hat hierher einen Kollaps nach dem andern getragen zu den Samaritern (vielleicht dachte der Redner, den Leuten da ist schon so schlecht). In der plötzlich eingetretenen relativen Stille, unter Regenpladdern, Lachen unter Schirmen, mutigem Ausharren der Jungen auf dem Pferdepodest schallen langsam pathetische Männerstimmen über den weiten Lustgarten, von der Domtreppe, von der Terrasse, von der Treppe der Nationalgalerie, vom Denkmal Friedrich Wilhelms: »Proletariat«, »Achtstundentag«, »Arbeiterschutz«, »Die kärglichen Reste der Revolution«.

Es geht mit gedämpfter Trommel Klang. Die Arbeiterschaft ist sehr mürbe, sehr müde. Man nähert sich einander wieder nach den Zwistigkeiten, die den anderen gut bekamen. Im Moment des ungeheuer aufwachsenden Großkapitalismus, Großindustrialismus tritt man in Verteidigungsstellung. So ist es: Einigung zur Aufnahme der Defensive. Daher wieder das Auftauchen der Klassenkampfidee, – jetzt nicht politisch, sondern ökonomisch, – die zunehmende Beherrschung der Bewegung durch Lohnkämpfe. »Die Arbeitermasse steht nicht nur am Grabe ihrer Hoffnungen und ihrer Illusionen. Sie wird von Not und Elend wieder getrieben zum Kampf gegen die bürgerliche Gesellschaft.« So zahm klagte das heftigste Organ der Arbeiterschaft am ersten Mai. Das Blatt Karl Liebknechts.

Wenn ich die Schieberei, die Unerziehbarkeit der deutschen Bürger, die Großmäuligkeit der Reaktionäre, Monarchisten, Revanchepolitikaster, die Schwäche der Arbeiter betrachte, fällt mir ein: man hätte 1918 die Monarchie noch einige Jahre bestehen lassen sollen. Sie hätte, um sich zu behaupten nach dem Debakle, einen Pakt mit anderen Schichten als früher schließen und fürchterlich Musterung halten müssen. Und zwar unter Leuten, die noch jetzt ihre Unbelehrbarkeit offen zur Schau tragen, und unter vielen, die in Butter schwimmen. Die Monarchie hätte da stark zugehauen, wo die Republik nur die Faust in der Tasche ballt.

Meine süße Stimme war längst verhallt. Übel verhallt. Das tut sie immer. Sie möchte einmal tönen. Man reiche mir einen waschechten Schwan, damit ich vollkommen edel meines Wegs ziehe.

Es war einmal ein Millionen-Foxtrott. Bei Christoph Kolumbus (der ein Jude gewesen sein soll; die spanische Regierung hat ein wissenschaftliches Komitee eingesetzt, um die Vorgefundenen Dokumente über Kolumbus, den Nachkommen von Maranen, zu prüfen; ein Jude entdeckt eine neue Welt: ein Zionist nach vorwärts), bei diesem neuerungssüchtigen Christoph, ich gehöre nicht zu den Parasiten, die von fremdem Blut leben und sich sozusagen mit fremden Federn am Leben erhalten. Aber ich kann nicht an mich halten, mein Widerstand schmilzt, ist dahin, futsch, beseitigt, es hat mir einer etwas angetan, ich muß parasitär werden, reagieren, antworten.

Ein Musiker, ein Kultureller schrieb, und rechts und links wurde es sittlich ernst, geschwollen in der Brust nachgedruckt: der Salometrott hat Millionen eingebracht; Millionen hat man dafür ausgegeben. *Wenn* diese Millionen für »wirkliche Kulturzwecke« frei gewesen wären, *wenn* sie es in aller Unschuld gewesen wären, so hätte man –. Hätte man –. Hätte man: ein Sommergastspiel der Wiener Oper in Salzburg veranstaltet. Die Werke Franziskus' des allerheiligsten Liszt gesamtausgegeben. Das Geburtshaus des Schimfonikers Johannes Brahms nicht an die Hansastadt Hamburg an der Elbe neben Altona verkauft. Ein Mozartmuseum am Leben erhalten (Am »Leben« erhalten ein Museum: ich ersticke vorzeitig, ist solch ein Nonsens, ein Box-, Ring-, Schlingkampf zwischen zwei Dingen schon vorgekommen; eine tote Maus zu Kräften bringen, mit Sanatogen füttern, nach Karlsbad schicken; einen deutschen Dichter bewegen, keinen Schwulst zu äußern; eine Leberwurst veranlassen, sich als rohen Schinken zu arrangieren).

Ich bin noch nicht ganz erstickt. Noch einige Atemzüge sind mir, wenn auch röchelnd, gestattet; Trachealrasseln mit spitz weißer Nase und hochgestellten Zehen. Wenn der Goldregen über die deutsche Kultur gekommen wäre, so wäre dies Kind geboren worden. Der Regen ist gnädig vorübergegangen. Die Menagerie ist um ein Exemplar verarmt, ein Kielkropf, Oktopus, ohne Unterleib mit fehlendem Kopf und ausgelassenem Rückenmark. Messieurs: so sieht die deutsche, ersichtlich gänzlich besiegte Kultur aus: Mozartmuseum, Sommerfestspiel in Salzburg, Gesamtausgabe von Franz, Geburtshaus von Hans.

Sie unterscheidet sich von einem Selbstbefriedigungsinstitut für gebildete Stände durch was? Sie unterscheidet sich von

Grieneisens Beerdigungsinstitut durch was? Pietät die erste Bürgerpflicht (die zweite: verdienen).

Neulich spielte man Gustav Schillers »Don Carlos« (ich sage Justaf; Paul ist mir zu gewöhnlich). Da bemerkte Marquis Posa sehr richtig: »Sir, geben Sie nichts, sondern nehmen Sie uns vielmehr die Gedankenfreiheit, mit der wir nichts anfangen können.« Es ist traurig, wenn einer zu seiner Geliebten gehen will und hat kein Fahrgeld; trauriger wenn er genötigt ist, sie mit triefenden Augen und Stinknase zu umarmen; trauriger aber, zehnmal trauriger (helft mir, sikelische Musen des Schlesiers Hauptmann, lang, kurz kurz, lang kurz kurz, lang), wenn man ihr mit graden Beinen naht, im Smoking, Cut-away, Jumper, mit eosglänzenden Zugstiefeln, schwärzlichen Amalgamplomben und liebt den Tanz und den Fox nicht (Fox nicht; Fox nicht; kurz lang, Punkt). Ich will noch dümmer sein, als ich bin, wenn das Glück, das dieser infamierte Salontrott über alle Kontinente der tellurischen Masse gebreitet hat, nicht millionenmal umfangreicher, demokratischer, menschlicher war als der anämische Haut-gôut vor der Bude, wo Hänschen Brahms zuerst krähte oder vor dem Viktualienkeller »Zum Heuligen Franz«.

»Kulturellen« Zwecken hätten die Millionen zugeführt werden sollen: zur Komplettierung des Genusses einiger hundert Valutagäste in Salzburg, zur Genugtuung hoffnungsloser nulliger Philologen. Weil die Freude aus einem Kitsch stammte, und sie darf nur garantiert beethovenecht, fünfunddreißigkarätig Haydn sein, und die Hände müssen manikürt sein, der Mund mit Pebeko gespült, und der Mist liegt nicht auf der Straße, und es ist nicht alles sehr schön. Wozu das Lächeln der Verachtung, wenn man es nicht braucht. Wir leben in einem Beamtenstaat, in einem Staat der Stände. Pathos der Distanz der Inbegriff der Gefühle, man ergötzt sich stufenweise am Belächeln des Andern.

Schlesische Musen, wenn ihr einmal hexametrisch nicht zu stark okkupiert seid, kommt zu mir. Ich will euch eine Stunde tarifmäßig beschäftigen. Singt mir, gröhlt mir vor das famose Lied vom Jimmy-Fox, welches ich unter die Nase reiben will den Gelehrten, den Delikaten, den Fortschrittlern, den hoch, höher, am höchsten Modernen. Ich werde euch über den Tarif hinaus mit einigen kühnen Griffen unterhalten. In ein vornehmes Lokal gehen wir zum Schluß, am Olymp vorbei, den hoffentlich bald ein Amerikaner für die Gegend des Mississippi oder Kentucky ankaufen wird, am Mozartmuseum vorbei – ich sehe, daß Mozart vor der Tür auf uns gewartet hat und mit uns spaziert – nach der Invalidenstraße, Linienstraße, an die Friedrichstraße. Mäusepalais. Ich durchschaue Euch, Ihr Musen. Kleine Mädchen brauchen Liebe. Kleine Jungs auch. (Tausche meine zehnköpfige Familie gegen ein Lastautomobil oder ein zerlegbares Fauteuil. Angebote erbeten unter: »Vorteilhaftes Geschäft«.)

Die Evangelischen aber werden wieder jung. Sie werden dreihundert, vierhundert Jahre jünger. Die Vollversammlung ihrer Synode hat erklärt, sie gehe zurück auf das Evangelium, wie es das apostolische Glaubensbekenntnis, der Kleine Katechismus, der Heidelberger Katechismus ausspricht. Sie geht zurück. Das ist das Ende vom Lied. Und von was für einem unerhörten Lied! Das hätte man billiger haben können. Ohne den Lärm um 1520, den dreißigjährigen Krieg. Die Jesuiten hätten mit sich reden lassen. Aber nichts ist zu spät. So laßt uns singen: Machet auf das Tor. Was macht man mit den Armen? Man umarmt sich. Mit den Händen? Man reicht sie sich. Mit dem Mund? Man gibt sich den Bruderkuß. Mit dem Bier? Man trinkt es gemeinsam aus. Ich sehe kommen die eine »ecclesia triumphans«. (Und wie sollte in diesem zerrissenen Land etwas selbständiges siegreiches Geistiges wachsen.)

Kein Jahrhundert des Bundes mehr. Ich hoffe, es scheint mir, die Epoche einer neuartigen Jugend. Einer stark revolutionierten. Sie wird jetzt schon an den Schulen von der anwachsenden Strömung erfaßt. Die Parteien ringen um sie, fassen sie nur wenig. An den Schulen sollen Elternbeiräte den Zusammenhang mit dem

Haus herstellen; aber das ist ein Witz; die Jungen pfeifen auf Schule und Haus. Sind wie Luchse scharf, sehen die Mauern um sich, die Löcher und Risse in den Mauern. Höllisch kritische Gesellen. Amerikanisiert. Der Anblick der Treibjagd von hunderttausend Böcken, die die Alten in frenetischer Begeisterung zu schießen geruhten, hat auf sie einen wunderbaren Eindruck gemacht. Ich sagte: es war ein unvergeßliches Festessen. Der Riesenvater Staat belästigt sie wenig mit Feldwebeln, weil er sich windelweich geschlagen vorkommt. Die Jungs spucken sich in die Hände und geloben sich allerhand. Viel Kredit vergeben sie nicht. Die wirtschaftliche Not bläst ihnen prächtig phrasenlos um die Nase. Da können sie Ellenbogen bekommen und uns über den Kopf wachsen.

Wie, liebe Jungs, werden nun Eure Böcke aussehen?

Trauertag in Berlin

Ich sah auf der Straße einen gutgekleideten leidenden Mann in einem sonderbaren Fahrzeug. Ein Dreirad, Selbstfahrer für Handbetrieb. Darin saß er, fuhr aber nicht. Sondern neben ihm lief ein Hund, ein dicker Köter, ein viehartiges Ungetüm; war mit zwei Riemen seitlich an den Selbstfahrer angeschirrt. Es ließ die Zunge aus dem Maul hängen und zog das dreirädrige Gefährt mit dem Mann glatt über den Asphalt. Er steuerte bloß und rauchte eine Cigarre. Ich stand staunend dabei.

Am Sonnabend vier Kinder im Wohnzimmer. Wolfer, sieben Jahr alt, stürzt herein mit großem Geschrei: »Es giebt Krieg! Wo ist die Mamma? Es giebt Krieg. Fräulein Stock hat es gesagt. Jawohl, es giebt Krieg.« Er zappelt vergnügt, aufgeregt in der Stube herum, halftert mit weiblicher Unterstützung den Tornister ab: »Die

Franzosen kommen. Sie haben die Ruhr besetzt. Das ist ein Fluß. Da sind sie rübergegangen. Auf ner Brücke. Nach Essen.« »Du lieber Gott, Wolferchen, was wollen sie in Essen?« »Ja, da ist eine Fabrik, eine große, von Kropf. Da wollen sie sich Kanonen drin machen. Immer mehr Kanonen. Sie haben schon eine ganze Masse. Wir sollen keine kriegen. Bloß für sich!« Ich bin sprachlos, er bleibt aber dabei. – Daus, fünf Jahre alt, tappelt nach einer Zeit zu mir heran: »Was ist die Ruhr?« Ist das auch ein Land? Warum wollen das die Franzosen? Wo wohnen die Franzosen, auch in einem Land? Ist das größer als die Stube oder noch größer als die Frankfurter Allee?« Er ist paff über Wolfers Erzählung und Begeisterung, möchte mitmachen und weiß nicht wie. – Kommt Peter nach Hause, direkt aus der Sexta. War zur Trauerfeier, schimpft, weil er nicht weiß, was man um 11 Uhr zu Hause anfangen soll. »Petrus, was war bei Euch?« »Trauerfeier.« »Na erzähl.« »Ich weiß nicht mehr. Wir waren in der Aula.« »Was war los?« »Ich weiß nicht mehr. Wegen der Ruhr. Der Wolfer hat ja schon gesagt. Erst hat der Direktor gesprochen und dann ein Lehrer.« Fängt an, seine Lokomotive aufzuziehen. »War es schön?« »Ja, ganz schön. Wir haben ›Deutschland über alles‹ gesungen. Wie ich die Treppe runterging, habe ich noch alles gewußt, was der Lehrer gesagt hat. Jetzt hab ichs vergessen.« »Es ist wegen der Ruhr.« »Ja. Die Franzosen haben Essen besetzt. Sie haben Tanks, große Tanks wie im Krieg, und Kanonen. Und wir sollten ihnen noch die Telegraphenstangen liefern. Das haben wir nicht. Darum ist es.« »Wegen der Telegraphenstangen, Petrus?« Er spielt schon am Boden. »Ja, aber für Funkentelegraphie.« – Stellt sich mit vielen Knixen das kleine Trudchen in Wolfers Alter von unten ein. Sie haben auch Trauerfeier gehabt. Es war sehr schön. Bei ihnen war aber schon um 10 aus. Ein Lehrer hat geredet, lange. Aber der war ganz heiser, sie hat nichts verstehen können. Und dann hat ein Mädchen aus einer andern Klasse hinter ihr gesessen, die hat immer Unsinn gemacht und gekitzelt.

Soweit der Erlaß Bölitz.

Für Sonntag werden Demonstrationen angekündigt. Es stellt sich heraus, die Sozialisten machen nicht mit, – oder für sich in geschlossenen Lokalen. Die Arbeiter wollen nicht bei Aktionen mitwirken, bei denen (sinngemäß) Hetze nicht ausgeschlossen sei. Alsdann: die »Bürgerlichen« allein. Sie wollen erst im Lustgarten aufmarschieren; der Polizeipräsident sieht darin einen Haken (der mir noch nicht ganz aufgegangen ist). So werden sie am Königsplatz aufmarschieren. Nomen est omen, denke ich in meinem beklommenen Gemüte. Rasch verlautet auch, dass man keine Fahnen und Tafeln mitbringen soll. Ach, seufzt mein ganz bedrücktes Herz, da haben wir den Salat: die von rechts sind dabei, sind der Republik nicht grün, sie haben das durchgesetzt. Eine schwierige Feier, bei der man nicht weiss, wer der Wirt ist. Die Republik muss zu Hause bleiben. Wer wird am Königsplatz sein?

Ich bin Sonntag mittags hingegangen. Habe keine Fahnen gesehen, aber welche gehört. Am Königsplatz wars wirklich voll. Gewiß nicht so wie am viel größeren Lustgarten bei der Demonstration »Nie mehr Krieg«. Was eine nicht zufällige Antithese ist. Und ganz unvergleichlich weniger voll als an einem Junitag 1919, wo der Versailler Vertrag unterschrieben werden sollte. Noch nie habe ich so viel Menschen zusammen gesehen! Diese wundervolle Fülle der Fahnen und Banner, Lieder über Lieder, Kapellen, und Frieden! Es waren freilich zum größten Teil Arbeiter und Männer. Hier sah ich um 12 Uhr des frostigen halligen Sonntag mittags Männer und Frauen, aber gewiß soviel Frauen wie Männer. Im Durchschnitt gutbekleidete, ja elegante. Zahlreiche Monokels. Habe noch nie so viele Gehpelze und Pelzgarnituren auf einem Haufen gesehen. Und ganz erstaunlich der Einfluß Jugendlicher oft in Zügen, auch solcher, die nicht ins Kino dürfen und sich hineinschwindeln müssen.

Die Freitreppe des Reichstags war dicht besetzt. Die Auffahrt gesperrt. Eine Anzahl sehr elegant grau uniformierter Offiziere stand und plauderte da. In ganzen Scharen buntmützige Studenten auf der Treppe. Neben ihnen an der Auffahrt eine Bläserkapelle; ich konnte nicht erkennen, wer blies; nur die blitzenden Trompetenmündungen sah ich, hörte bald die alten Lieder. Mit ›Wir treten zum Beten‹, prachtvoll von der Kapelle vorgetragen, unter Entblößen aller Köpfe langsam die Demonstration. Ein Trompetensignal; die Redner kommen ran. Ich stand am Bismarckdenkmal, an dessen Wasserbecken Jungs während der Zeit mit grosser Ausdauer die Eisdecke einstießen. Rechts oben stand ein Schild »Marx«, dahinter sprach einer. Links ein kahlköpfiger Mann hinter seinem Schild: Schiffer. Ich konnte beide gleichzeitig hören. Die linke Hand soll nicht wissen was die rechte tut (Maxime für Diebe); ich hörte rechts und links zugleich. Was die Volksvertreter reden, ist schon in den Zeitungen sehr ermüdend; ich hätte ohne Beeinträchtigung meines Gehirns sechs solcher Ansprachen zugleich hören können, ohne aufzuwachen. Ich hob den Hut, akklamierte rechts, schrie links »Bravo«, sang im Tenor, jubelte im Baß. Keine 5 Minuten wurde meine Vielseitigkeit beansprucht, dann Tusch, Resolution, Schluß. Es war famos, nur die Kapelle zu hören. Sie spielte das »Deutschlandlied«, zog ab mit dem frischen »Hohenfriedberger«. Ich bin kein Nationalist, – das wär gelacht –, aber den »Hohenfriedberger« liebe ich. Es ist Zug, Schneid, Mut, Musike drin. Musizierter faradischer Strom. Mit fünf solcher Lieder verpflichte ich mich Revolution zu machen, Dynastien einzusetzen, abzusetzen. Es klang herrlich. Freilich etwas nach Mussolini.

Der kurze offizielle Teil beendet; die Menge begann Regie zu führen. Ich mischte mich unter das Volk. Stellte fest, was ich schon wußte: viele »Nationalisten« gingen hier herum, aber es sind sehr ernste, verdrossene, empörte Menschen unter ihnen. Das Fest freute sie; sie dachten in diesem Augenblick nicht an Republik und Monarchie, sondern an eine gewisse Beleidigung, die sie erfahren hatten. Mir fiel, als ich sie sah, ein: diese Franzosen sind ein psychologisches Volk, das besonders Sinn für die Reize der Häuslichkeit hat und außerordentlich mehr Sinn für Familienleben, als ihre Literatur erkennen läßt. Warum diese Fehlleistung? Der Einbruch an einen fremden Herd, die Beunruhigung der fremden Häuslichkeit? Fremde Gebiete besetzen bei kultivierten Völkern, ist etwas Prekäres. Man soll sich [Fortsetzung fehlt]

Blick auf die Ruhraffaire

Das höchst merkwürdige Ruhrschauspiel – Krieg und doch kein Krieg – hatte folgende Vorspiele.

Einen Reichskanzler Wirth. Ein trefflicher würdiger Mann, Republikaner, Mathematiker, der katholischen Zentrumspartei angehörig, aber Arbeiterfreund. Während seiner Regierung wurde Rathenau ermordet, der Kampf gegen rechts nahm schärfere Formen an, die Unterwühlung des Staates durch fanatische Monarchistenorganisationen wurde deutlich, ein Schutzgesetz für die Republik wurde eingebracht und durchgesetzt. Die Reparationsschulden abzutragen versprach er, zahlte soviel er durchsetzen konnte; die Industrie, die Arbeitgeberverbände waren ihm nicht grün. Er hatte zuletzt nicht mehr Vertrauen rechts und links.

In seine Lücke wollte keiner springen. Keine politische Partei wagte den Einsatz. Sie hatten keine Männer und kein Programm. Wirth war ein Mann von Verantwortungsfreude; nach ihm sah man keinen. Die politische Sterilität trieb zu einem neutralen Ministerium. Die äußere Situation trieb zu einem Mann der Industrie. Im Grunde wurde die Opposition berufen: Cuno aus den Arbeitgeberverbänden, innerpolitisch nicht heraustretend, aber gewiß kein Republikaner wie sein Vorgänger.

Nun war die Industrie versöhnt. Man hatte ihr aber die Verantwortung aufgeladen. Sie machte davon den Gebrauch, daß sie das Problem der Reparationszahlungen akut werden ließ (dies aussenpolitisch) und das »Nationale« im Innern voranstellte. Die rechtsstehende Presse und das reaktionäre Bayern bekannte sich sofort zu dem Reichskanzler. Die Demokraten machten mit und liessen sich wie immer führen. Die Sozialisten standen, ohne vorerst zu opponieren, Gewehr bei Fuß.

Für das Folgende war massgebend: Aufwerfen des Reparationsproblems war nach allgemeiner Auffassung irgendwann nötig. Es bestand in Deutschland die Vorstellung: der Versailler Vertrag bietet Frankreich die Clausel der nicht bestimmten Reparationssumme; Frankreich benutzt diese Unklarheit und wird sie weiter benutzen um Deutschland niederzuhalten. Es kommt Frankreich nach dieser Auffassung nicht auf die Zahlungen, sondern auf die europäische Suprematie an.

Die Einzelheiten, die den Ausbruch des Konfliktes auslösten, sind eigentlich nicht bekannt. Die französische Öffentlichkeit erfuhr: Deutschland, das schon immer saumselig und böswillig war, auch einen Revanchekrieg vorbereitete, habe grob gegen die Abmachungen verstoßen. Es sei dem Faß der Boden ausgestoßen. In Deutschland gab man kleine Versäumnisse der letzten Lieferungen zu, der französische Imperialismus aber, auf der Lauer liegend, benutzte die Vorfälle als Anlaß einzumarschieren. Einige sehr informierte Zeitungen meinen, es hätte ein Streit zwischen der lothringischen Hüttenindustrie und den deutschen Bergwerklern stattgefunden: die beiden großkapitalistischen Gruppen kamen zu keiner Verständigung, die Sache wurde beiderseits Sache der politischen Organe. Danach hat sich beiderseits die Großindustrie der politisch-moralischen Gefühle bemächtigt und sie sich Vorspann leisten lassen.

Notorisch ist anläßlich kleiner Dinge – eine gewisse Verringerung der Kohlenablieferung, einige Tausend Telegrafenstangen zuwenig – der Conflikt ausgebrochen. Entbunden wurden damit beiderseits in der Öffentlichkeit sofort die latenten Gefühlsgruppen: in Frankreich: man hat nicht genug gesiegt, Deutschland ist gefährlich, es entzieht sich schlau seinen Verpflichtungen; in Deutschland: dem Drängen und Drücken der Franzosen muß endlich Widerstand geleistet werden, die Reparationsschuld muß festgestellt werden, damit wir wissen woran wir sind. (Jedoch sieht man: ich rede hier shakespearisch per »Frankreich« und »Deutschland«.) Der deutsche Kanzler Cuno agierte als Exponent der großen kapitalistischen Verbände, wie selbstverständlich in einem freiwirtschaftlichen Lande. Ebenso Poincaré in seinem. Moralisch-politisch wurde Cuno Exponent des Willens größerer Massen, französischer Ausbeutung zu widerstehen (dies der Boden seiner »Einheitsfront«); Poincaré wurde Exponent der französischen Enttäuschung über den unvollkommenen Sieg, des Mißtrauens gegen die umgewandelte deutsche Gesinnung. Zugleich wurde er von den Militärs getrieben.

Vor einem Vierteljahr begann dann die Ruhrbesetzung. Sie war französischerseits fast eine Zwangshandlung. Die Besetzung des Ruhrgebiets war so oft erwogen, daß man zuletzt fast automatisch und getrieben in das Land fiel. Es wurde mit Sicherheit weder Land noch Volk noch Situation genügend sondiert. Die Besetzung der Ruhr gehörte zuletzt, nach den tausend Erwägungen, zu den Dingen, die Frankreich, Regierung und von ihr beherrschte Öffentlichkeit, einmal durchmachen mußten, und wenn sie Haut und Haare dabei lassen sollten. Und wirklich war es nicht mehr als eine Falle.

Die französischen herrschenden Kreise und die von ihr produzierte Öffentlichkeit hatten vier Jahre etwas höchst Natürliches erlebt, das sie aber mit Wut erfüllte: Deutschland, von einigen Dutzend Industrieller und Besitzender wie ihr eigenes Land beherrscht, im Krieg besiegt, suchte sich zu erholen, seine Wirtschaft zu restaurieren. Man war in Frankreich der Meinung, daß Deutschland dazu kein Recht habe. Der Sieg hatte drüben den Blick getrübt. Jetzt glaubten sie, sie würden in Deutschland zwischen die Industriellen und Arbeiter einen Keil derart treiben können, daß sie Gewinn ziehen könnten.

Aber die Arbeiterschaft Deutschlands stellte sich nicht auf die Seite der Franzosen. Mit Mißtrauen wurde überall im linkspolitischen Deutschland gesehen, wie die Ruhrbesetzung die »Nationalen« anschwellen ließ. Üble Tiraden, freche Patriotistik machte sich an vielen Stellen breit. Im Ganzen überwand aber das Land die Gefahr. Ja es kann gesagt werden: wahrscheinlich wird durch die Ruhraktion der Gedanke der Republik gewinnen. Denn es gelang den Konservativen nicht, was sie gern wollten: die Republikaner antinational werden zu lassen und die Führung in der Ruhraffaire zu erringen.

Im Ruhrgebiet stand eine Arbeiterschaft, die den Haß gegen das Militär jeder Herkunft im Blut hatte. Die Franzosen konnten plausible Dinge an den Bahnhöfen plakatieren lassen: der Soldat und Sendling der Kapitalisten fand bei den Arbeitern nicht Gehör.

Unberührt blieb dabei die Kluft in Deutschland zwischen Bürgerschaft und Arbeiterschaft.

Die Ruhraffaire ist die erste größere Angelegenheit, die Deutschland nach dem Krieg offen vertritt. Schwächliche und unentschiedene Sozialisten und Halbsozialisten hatten zuvor die Regierung geführt; die Kreise und Massen hinter ihnen waren nur grob äußerlich nach Art von Heeren und Regimentern organisiert. Als sie die Führung in der Hand hatten, fehlte ihnen der Wille, die Klarheit der Ideen, der Plan. Sie waren froh, die Führung abgeben zu können. Sie waren subaltern gehalten worden; das Amt gab ihnen keinen Verstand.

Ein Funktionär der Großindustrie kam nach ihnen. Dieser Cuno hat vor ihnen den Vorteil: er faßt die französischen Imperialisten an, wie es ein vorsichtiger Mann aus der Zeit des deutschen Imperialismus tut. Ein farbloser Stock ist im Kampf besser als ein blutroter Quarkkäse. –

Mit größter Aufmerksamkeit beobachtet das linksgerichtete Deutschland, besonders die Arbeiterschaft die Entwicklung der Ruhraktion. Eisenbahner und Bergarbeiter sind es, die im Ruhrgebiet die französische Aktion sich totlaufen lassen. Die Konservativen wittern Morgenluft; die Formeln ihres Agitationsschatzes: »Erbfeind« »Einheitsfront« sind stark im Umlauf: es wurde bisher dafür gesorgt, eben durch die Kampfbeteiligung der Arbeiterschaft, daß den Rechten kein Weizen blüht. Der Krieg wird von den anhäufenden und expansiven Wirtschaftsgruppen beider Länder geführt; der ruhig Beobachtende und die Arbeiterschaft weiß das. Die Arbeiterschaft hat in Deutschland sicher richtig gewählt: keinen Enthusiasmus aufzubringen, dem fremden Imperialismus keinen Vorschub zu leisten, dem heimischen Kapitalismus unverändert mißtrauen.

Die Ruhraktion hätte eine Niederlage für das Linksdeutschland und die Arbeiterschaft werden sollen. Sie ist zur Depression der Konservativen eine Stärkung ihrer Position geworden.

Nebenbei: die Zeiten haben sich seit der großen französischen Revolution geändert. Damals ging Napoleon das Rheinland mit Militär und großen Ideen erobern. Jetzt will sich französisches Kapital Geld holen. Frankreich ist im Ganzen freier, geistig stärker als Deutschland, das Frankreich dieses Ruhrkampfs ist aber degeneriert, hohl. Es sind nur von weitem Franzosen. Man sieht die Entnationalisierung der Oberschichten (besonders der wortnationalen).

Kritischer Verfassungstag

(Es lohnt nicht, über das Berliner Kunstleben und das Theater dieser Tage zu berichten. Es hat keiner Interesse daran, daß in der Tribüne zum tausendsten Male Sternheims »Hose« gespielt wird, im Berliner Theater die Operette »Mäde«, im Komödienhaus »Die Causa Kaiser«, im Kleinen Theater die »Frau ohne Bedeutung«, im Trianontheater Sudermanns »Raschoffs«. Alles lahmt dem Schluß dieser erbärmlichen Sommersaison zu; prächtig ist die

Operette im Großen Schauspielhaus zum Krachen gekommen; Gott beschere auch den andern ein gleiches schmetterndes Ende.)

Dagegen hat sich die Aufmerksamkeit notgedrungen gewissen naheliegenden Dingen zugewandt. Die rotschwarzen Plakate der Kommunisten klebten noch an den Zäunen und Mauern: ein Stahlhelm, der unter einer derben Faust zerbricht; das Zeichen des Antifaschistentages. Da traten Menschenanhäufungen vor den Geschäften stärker als zuvor auf. Im Osten und Norden begegnete man immer wieder diskutierenden Gruppen, in der Mitte bald Frauen, die ihre leeren Körbe zeigten und erregt klagten, für Geld nichts kaufen zu können; bald Arbeiter, die die angezeigten Preise mit ihren Löhnen verglichen. In zahlreichen Geschäften verschwanden die Preisnotierungen; dafür traten Nummern an den Waren auf; eine Tafel hing im Schaufenster und im Laden, die anzeigte, mit welcher Zahl diese Nummer zu multiplizieren war, um den Preis zu ermitteln. Am Donnerstag zeigte sich eine sonderbare Streikpartei: der Einzelhandel; grüne Plakate vor den geschlossenen Läden und Warenhäusern besagten, man protestiere gegen behördliche Schikane und Verordnungen, werde vom 10. ab nur 6 Stunden täglich öffnen. Es gab freilich Spötter, die sagten, diese Geschäfte schlössen hauptsächlich, weil ihnen ihre Ware lieber sei als das wacklige Geld. Inzwischen steigen die Preise für alles und jedes derart, daß eklatante Wirkungen hervortreten. Die Geschäfte und Verkäufer paßten sich momentan dem Kurs an; die Käufer, sogar der dringenden Lebensmittel, standen verblüfft, hilflos, mit leeren Händen an. Der Boden für rebellische Gefühle wurde in dem Ruhigsten, Indifferenten bereitet. Die Vergnügungslokale, mit Ausnahme der sehr westlichen, leerten sich, die riesigen Gärten und Hallen der großen Brauereien, sonst vom kleinen Volk frequentiert, ließen ihre Musik blasen; aber nur vereinzelte setzten sich an die Tische. Der große Landesausstellungspark leer. Nicht nur vor den Läden, sondern sogar vor den Wagen mit Kartoffeln, Flundern, Seefischen bilden sich Polonäsen.

Die Stimmung wird in der zweiten Hälfte der Woche erregter, die allgemeine Spannung nimmt zu. Für den Sonnabend ist der Verfassungstag angesagt; es sind Direktiven für die Feier gegeben; da sagt die Stadt Berlin ihre Feier ab, der Reichspräsident die Abendfestlichkeit im Opernhaus, der ein Fackelzug folgen sollte. Die rechten Parteien schmunzeln; die Republik hat das Jahr kein Glück. Man hört von Einzelstreiks der Arbeiter in den Eisenbahn Werkstätten, Generalstreik in Nowawes bei Potsdam. Der Reichstag tritt zusammen; es werden »brutale« Steuern angekündigt, aber aus der Rede des Kanzlers tönt kein Impuls. Dann tritt die Gruppe der Buchdrucker in Streik, eine Sache, die sonst nur die Zeitungen betroffen hätte, jetzt aber durch Stilllegung der Notenpresse aller dringlichste Augenblicksbedeutung hat und katastrophal wirken kann. Der Verfassungstag ist da.

Am Morgen erscheinen keine Zeitungen. Mit Schreibmaschine getippte Zettel kleben an den Häusern und Säulen: dies ist eine Verordnung des Reichspräsidenten, Verbot von Zeitungen, die zu Gewalttätigkeiten auffordern oder zur gewaltsamen Änderung der verfassungsmäßig festgestellten republikanischen Staatsform (nicht übel diese Formulierung: verfassungsmäßig festgestellte Staatsform; im Reichstag hat zwar Cuno sehr lauwarm mit Verneigung nach rechts gesagt: die Einheit des Reiches muß erhalten bleiben; darum stehen wir zur Republik; aber nur darum). Der Brotpreis, Kommunalbrot, sagen Zettel daneben, wird auf das 2–3fache erhöht. Die Stadt Berlin kündigt Notgeld an; die alten Notscheine zu 100, 200 M sollen mit den Zahlen 100000 usw. überdruckt werden; die Großbanken erklären, Notschecks ausgeben zu müssen statt Geld. Es hat sich ein 15er Ausschuß der Betriebe Großberlins gebildet; er ruft alle Betriebsräte der Stadt zur Versammlung vormittags in der Hasenheide zusammen. Die Aufrufe des Ausschusses verlangen »Dreckarbeit für Drecklohn! Passive Resistenz in den Betrieben. Weg mit der Hungerregierung Cuno! Bildet Abwehrformationen.«

Die Straßenbahn steht; es heißt, sie streikt. Dann wird bekannt:

die Elektrizitätswerke sind von den Arbeitern stillgelegt worden. Es ist Verfassungstag. Die Kinder kommen von der Schule zurück, berichten, man hätte ihnen von der Verfassung erzählt, von Ruhr und Rhein; zuletzt hätten sie das Deutschlandlied gesungen. Man sieht die amtlichen Gebäude geflaggt, wirklich schwarzrotgold; sogar einige Privathäuser und Warenhäuser zeigen die Farbe der Republik. Mittags ist Feier im Reichstag und zugleich vor dem Reichstag. Eine stramme Kompanie Reichswehr steht da im Stahlhelm, die Gewehre in Pyramiden gestellt. Starke Schupomannschaften sind, zum Teil beritten, um das Gebäude und den Königsplatz zusammengezogen (er heißt noch Königsplatz; die Berliner Demokraten haben den Antrag, ihn »Platz der Republik« zu nennen, zu Fall gebracht; man verbeugt sich nur nach rechts, nie vor sich). Im Auto fährt Ebert vor, mit Hochrufen begrüßt, geht die stramme Ehrenkompanie ab, einige Herren in Zylinder und Uniform hinter ihm. Die Menge am Königsplatz ist recht klein. Während drin die offizielle Feier abläuft, spielt die Kapelle draußen schmetternd allerhand; erst Beethoven, dann viel Vaterländisches, Militärisches. Die Menge ist klein, aber nicht homogen; das Deutschlandlied wird intoniert, wird gesungen, aber man wundert sich im Zuhören, es klingt so durcheinander. Dann wird am Schluß deutlich: die Internationale wird von einem Trupp gleichzeitig gesungen. Dann entwickelt sich der Sängerkrieg am Königsplatz. Der Trupp singt ein revolutionäres Lied nach dem andern; prompt fällt die Kapelle ein mit ihren Märschen. Plötzlich gibt es eine Pause; man hört eine Stimme, bravo wird gerufen; dies war die Rede des rheinischen Reichstagsabgeordneten R. Gegen 1 Uhr verläßt der kommunistische Singtrupp den Platz, etwa gleichzeitig zieht eine Schar von etwa 100 jungen Leuten mit dem Hakenkreuzlied an. Sie werden mit heftigen Schimpfworten und Drohungen empfangen, erstaunlich einmütig, und sind a tempo klein und verkrümelt. Dann kam der Parademarsch der Reichswehr vor dem Präsidenten. In sein Auto sah ich Cuno steigen, ein starker großer

Mann, sichtlich der Chef eines großen Konzerns, Typ eines Direktors und Industriellen; er schien strahlender Laune; ich schloß: er kann nicht mehr im Amte sein, er hat es überwunden. Zurück kann man nicht in die Linden, die Wilhelmstraße; alles dicht abgesperrt. Aber in den Straßen bewegt man sich ruhig. Gegen Nachmittag wird bekannt, die Arbeiter hätten eine Generalstreikparole bis Dienstag herausgegeben; der 15er Ausschuß der Betriebsräte. Jetzt drängen sich die Menschen vor den Filialen der Zeitungen. Abends erlischt das Gas, das schon tagsüber schwach auf dem Herd gebrannt hat; die Straßen liegen völlig im Finstern bis auf einzelne Bezirke; die Frauen lassen überall Leitungswasser in die Wannen, da Wassernot befürchtet wird.

Sonntag kommt die Entspannung. Zeitungen sind da; Stresemann soll die Regierung bilden, Cuno geht; die Sozialdemokraten gehen in das Kabinett. Große Beruhigungsplakate an den Säulen; Aufrufe an die Bevölkerung mit Aufzählung der getroffenen Maßnahmen für die Ernährung; der Reichstag habe zum Teil einstimmig die neuen Besitzsteuern angenommen. In den Arbeitergegenden stehen mißtrauisch diskutierende Gruppen davor. Die schwere Wirkung der Markentwertung sieht man: die Straßen sehr leer, die Lokale ebenso; abends kaum besetzte Hochbahnzüge. Und daß die Gärung nicht beseitigt ist, zeigt der Montagmorgen. Streikende Arbeiter, einzeln und in Haufen stehen herum und gehen durch die Straßen. Blutrote Plakate rufen: »Rettet Deutschland!«, fordern die »Arbeiter- und Bauernregierung«. Noch öfter als Sonnabend bilden sich Frauengruppen; sie wollen einkaufen und das Geld, ungeheure Summen, reicht nicht. Sicher: dies ist keine Bewegung aus Politik, sondern aus Hunger.

Der hörbare Ruck

Da war die Epoche 1919 in Berlin: verschossene Militärsachen, alles Feldgrau wurde aufgetragen, der Entlassungsanzug beherrschte das Bild. Was gefährlich war, ging feldgrau. Es gab Unruhen; Aufrufe rechts und links; 23er-Ausschuß, dies Komitee, das Komitee. Dann beruhigte es sich. Das Schloß wurde repariert; es war übrigens alles halb so schlimm gewesen. Das Polizeipräsidium wurde repariert; Stacheldraht versperrte noch lange den Zugang von der Alexanderstraße. Die dynastischen Büsten am Gebäude blieben endgültig verschwunden. Berlin begann sachte zu florieren. Es kam die Zeit des Streichens der Häuserfronten, der Ladenschilder. Man putzte sich nach der langen Kriegspause. Eine Tanzwelle hatte schon vorher das Land berührt; jetzt stürzte eine volle Flut heran. Das Unzulängliche wurde Ereignis; alle Schichten und Altersklassen Berlins begannen zu tanzen. Es war sichtlich eine psychische Infektion. Der Rundtanz verschwand. Wer gerade Beine und rachitisch krumme hatte, bewegte sich niggerisch. Die rührenden Bilder in den östlichen Tanzsälen; es saßen einige unbedeutend da, plapperten, berlinerten, lutschten an ihren Gläsern; dann standen sie auf, bewegten sich: eben noch Ladenschwengel und Fabrikmädel, jetzt König und Königin. Und wie das ernst strahlte.

Damals setzte in großem Maße die Fremdeninvasion ein. Um den Alexanderplatz die ärmlichen galizischen Zentren: alltags standen in den kleinen Straßen die kehlenden und näselnden Männer, viel Bärte, handelten, stritten sich. Berlin war ihnen Durchgangspunkt für Amerika. Im Westen die bleibende Russeninvasion, die Emigranten der Sowjets, die Bankkonten und Wertsachen im Ausland hatten. Der Dollar fing an, sich aus den irdischen Niederungen zu erheben. Die Notenpresse folgte ihm mit liebender Sehnsucht. Likörstuben begannen sich zu zeigen; der Kognak trat aus dem Schrank in die Öffentlichkeit, hielt in hundert Plakaten, Schildern, Lichtzeichen Reden an sein Volk. Ersichtlich hatte das deutsche Volk nur eine Rettung: zurück zum Kognak. Aber er hatte einen Konkurrenten: die Banken und Bankfilialen. Während Likörstuben für die deutsche Intimität sorgten, hatten die Banken ein Einsehen, die Häuser auszuräumen. Die Banken machten in Berlin eine Generalattacke auf die Eckläden. Cafés, Strumpfgeschäfte wurden expropriiert. In die Französische Straße, die so vornehm ruhig gelegen hatte, kam Fieber. Man baute. Der neue König von Deutschland baute sich Paläste. Und bald war Ordnung im Land. Am Bache saß Luise und zählte die Devise. Nicht bald darauf bemerkte ich eine neue Veränderung: Metallkeller bewiesen eine ungeahnte Existenzberechtigung. A tempo verschwanden gleichzeitig zahllose Türklinken, Kilometer Telegraphendraht nach sämtlichen Richtungen. Das Kunstinteresse wurde in Kreisen wach, die nie eins gehabt hatten: diese Leidenschaftlichen demontierten ganze Denkmäler.

Ruckweise ging durch die Stadt ein Kauffieber. Die Mark war zwar aus Papier, aber floß wie Wasser. Durch alle Hände. Und alle waren wasserscheu. Der Kapp-Putsch war vorübergegangen, der Tod Rathenaus hatte aufgewühlt: dauernd wuchs dabei diese Wasserscheu. Die östlichen, nördlichen Vergnügungssäle entleerten sich mehr und mehr: meine königlichen Burschen und Mädelchen wurden arm. Die Ökonomie wirkte direkt auf die Tanzformen. Die Jungen durften nicht mehr tanzen, die Alten tanzten, und »rund« wurde wieder modern. »Witwenbälle« wurden allgemein (gegrüßt, Walterchen von der Rosenthaler Straße). Einer plumpen neuen Tierform, einer Art Ichthyosaurus, begegnete man bald an vielen Stellen, dem Inflationsreichen; er watete, eine Scheingröße, durch die Lokale, die Theater. Ich fragte nach meinen Bekannten: was noch lebte, war in die Industrie, zur Börse, in den Film geflohen. Buddha, der vollkommen Erwachte, Führer der Männerherde (in Indien) aber lehrt das dicke Ende.

Der hörbare Ruck kam. Er ist noch im Gange. Er wird immer

hörbarer werden. Taube werden sich auf ihre gesundesten Zeiten besinnen. Mit Zucker- und Kartoffelpolonaisen fing es an. Debattierende Frauen auf den Straßen. Erst streikte es hier und da. Dann fuhr die gesamte Elektrische nicht. Und als sie fuhr, fuhr sie leer und man mußte daneben gehen. Die Stadt wurde nach einigen Unruhetagen wieder still. Herrlich steht Unter den Linden, Ecke Charlottenstraße, ein neues Gebäude; meine Freude, ein mächtiger moderner Koloß, in diesen Jahren entstanden. Arbeitslose stehen davor. Eine strenge Zeit zieht herauf.

Schriftsteller und Politik

Die letzte Hauptversammlung hatte sich zwei erregte Stunden zu befassen mit dem Versuch, politische Gruppen im Rahmen des S. D. S. zu bilden. Die Versammlung entschied, daß keine politischen Fraktionen und fraktionsartige Gebilde zu dulden seien. Das Motiv des Entschlusses war, Fraktionsbildung politischer Art hat nichts zu suchen in einem Verband, der neutral, apolitisch ist und politisch divergente Schriftsteller zusammenschließt zur Erreichung gemeinsamer wirtschaftlicher und schriftstellerisch ideeller Ziele. In der Tat genügt ein kurzes Nachdenken, um festzustellen, daß die Zulassung von Fraktionen nicht eine verstärkte Aktivierung, sondern die Auflösung der Organisation bedeutet hätte und Lahmlegung der Restkörper.

Die Schwierigkeit, Schriftsteller zu wirtschaftlichen und standes-ideellen Zwecken zusammenzuführen, ist nicht nur dadurch bedingt, daß der Schriftsteller Heimarbeiter ist; Kenner der Gewerkschaften wissen und betonen immer, daß die Heimarbeiter ebenso leicht ausgenutzt wie schwer organisiert werden. Die Schwierigkeit beim Schriftsteller liegt noch an seiner bis zur Neuropathie besonderen, eigentümlichen Person – er ist Einzelmensch – und liegt zuletzt im Politischen. Das heißt: Schriftsteller, der einzelne Schriftstellermensch ist, ob er es weiß oder nicht, intensiv politisiert, wenn auch nicht im Sinn der zufälligen Parteien. Es gibt keine unpolitischen Schriftsteller. Und dieses meist unbewußte Gefühl von der Verschiedenheit der Einstellung hier, kompliziert durch persönliche Varianten, macht den Schriftsteller, den Geistigen überhaupt, wie wir beobachten, organisationsfremd und -feind.

Was in der Organisation sich nicht geltend machen kann, kann es außerhalb. Die Frage, ob der Schriftsteller, der Geistige, der schreibt, sich politisieren soll, ist dahin beantwortet, daß er politisiert ist. Die Frage, ob er – und wie er – im landläufigen Sinne »Politik« treiben soll, steht für sich. Es kann aber meines Erachtens nicht gleichgültig sein, ob einer, der Politik treibt, Geistiger, Schriftsteller ist oder nicht. Die Beschäftigung mit geistigen Dingen, mit Dingen der eigenen und fremden Kulturen, der jetzigen und früheren Zeit, kann, länger getrieben, nicht wirkungslos sein. Was sind das für Wirkungen? Erweiterungen des Horizonts, Überblick: dies zunächst. Ich stelle fest, daß eine Anzahl Schriftsteller ohne Vorteil für sich und andere sich mit geistigen Dingen befaßt hat und daß sie nicht Geistige zu nennen sind. Schärfung und Neigung des Artikels, Intensivierung und Fassung des politischen Grundgefühls bringt die Beschäftigung mit dem Geistigen mit sich, dazu Ruhe und Verantwortungsgefühl im Kampf.

Soll der Schriftsteller, dieser Geistige, Politik treiben? Ja, und durchaus ja. Von Hölderlin stammt das bekannte, noch immer gültige Wort von dem »Schlachtfeld« des Lebens in Deutschland, »wo Hände und Arme und alle Glieder zerstückelt untereinander liegen, indessen das vergossene Lebensblut im Sande zerrinnt«. Man sieht jetzt allgemein, wie schädlich einem Lande das Abgeben der Politik an einen Haufen Professionals ist. Der Schriftsteller muß Politik als einen integrierenden Teil des Geistigen, als wesentliche Äußerung des Geistes erfassen. Er darf, vom Kopf bis zu den Füßen Geistiger, sich nicht verstümmeln, indem er sich politisch willenlos macht. Er darf sich nicht abschrecken lassen durch die ironischen Worte der Professionals und der Matten, die auf ihre Professionals stolz sind. Es ist mir nicht unwahrscheinlich, daß eine große Zahl guter deutscher Geistiger und Schriftsteller durch die lange Abstinenz politisch unfähig geworden ist.

Das kann nicht hindern, auf die Wichtigkeit des verlorenen Terrains hinzuweisen, besonders die jüngeren und heranwachsenden Schriftsteller darauf hinzuweisen, und sie zu ihrem eigenen Gewinn und zu dem der Gesellschaft, zur Wiedereroberung des Terrains anzuspornen.

[Das Recht der freien Meinungsäußerung]

Ich werde nicht besonders für die Schriftsteller sprechen. Wenn ich vom literarischen Hochverrat spreche, hauptsächlich von ihm, so greife ich ein Ding an, woran jeder einzelne genau so beteiligt ist wie der Schriftsteller; es ist das Recht der freien Meinungsäußerung. Ich will versuchen, dieses Recht mit Ihnen zusammen gemeinsam anzusehen, auch daraufhin, wo seine Grenzen liegen. Denn man kann ohne weiteres zugeben, daß nicht jeder alles sagen und schreiben darf, was ihm einfällt, ohne mit Recht Gefahr zu laufen. Der einfache Mensch in allen Schichten kennt Beleidigung und Verleumdung, den Angriff mit Worten. Kennt nun auch der Staat den Angriff durch Worte, durch welche Worte und Schriften? Wird von hier aus das Recht der freien Meinungsäußerung eingeschränkt? Da muß ich wissen, wer das ist, der Staat und welcher Staat?

Der Staat jedenfalls in Deutschland ist der Verfassung nach nicht der Wille eines einzelnen oder einer Schicht. Der Staat ist der Wille des ganzen Volkes. Man hat ja im Gegensatz zu früher den Begriff des Volksstaates gesetzt. Das politische Leben eines solchen Staates, wie es in Meinungsäußerungen, gesprochenen oder gedruckten hervortritt, ist völlig ungebunden von den Behörden des Staats, wird allein vom Willen der Menschen und Volksschichten [bestimmt]. Meinungen und Anschauungen kämpfen hier miteinander, es wird sich durchsetzen was Kraft hat, was auf vielen Menschen ruht und sie weiter führt. Der Staat ist in der wirklichen Demokratie nichts weiter als ein Ausgleichsregulator zwischen den selbständigen Kräften des Volkes. In keiner Weise steht er über dem Bürger, ist ein Verwaltungsapparat für bestimmte praktische Zwecke. Weder eine bestimmte Gesinnung zu pflegen noch gar eine Einförmigkeit im Geistigen zu erzwingen ist seine Aufgabe.

Mit dieser Einstellung, in einer Demokratie selbstverständlichen, sind die letzten Reichsgerichtsurteile zu betrachten. Ich mache ihnen zum Vorwurf, daß sie diktatorisch und nicht demokratisch sind, daß diese Diktatur der Verfassung widerspricht, und daß die Urteile auch in keiner Weise bei ruhigster Überlegung durch den Geist, der hinter ihr steht, gerechtfertigt werden.

Bei Gelegenheit der Diskussion im Reichstag hat der Abgeordnete Kahl erklärt, man dürfe sich nicht wundern, wenn gewisse Urteile erfolgen, der Staat habe eben das Recht der Selbsterhaltung gegen bestimmte staatsfeindliche Bestrebungen. Das ist eine falsche Verteidigung dieser Urteile. Es ist nämlich nicht der Staat, der diese Urteile gefällt hat, sondern ein Einzelgericht, eine machtvoll in den Ämtern sitzende Parteirichtung. Diese ist es, die gegen den Staat die Diktatur mit juristischen Mitteln übt. Dieses Gericht hat argumentiert: die Verfasser gehören einer revolutionären Partei an; die Partei betreibt aber nach ihrem Programm den bewaffneten Aufstand der Massen.

Es ist durchaus richtig, daß jeder Staat das Recht hat, einen bewaffneten Aufstand und auch seine erkenntliche direkte Vorbereitung zu verhindern.

Ich halte aber zunächst alle Urteile, die auf der Zugehörigkeit der Autoren zur kommunistischen Partei und dem Aufstandparagraphen fußen, ich halte alle diese Urteile darum für verkehrt, weil das Gericht zunächst über diese Partei die Meinungsäußerung des Staates, ihres Auftragsgebers einzuholen hat. Wird die Partei vom Staat verboten, so erfolgen manche Urteile zu Recht. Ist sie aber nicht verboten, und das Gericht vermag sich leicht darüber zu orientieren, daß sie zur Zeit der Delikte und bis jetzt nicht verboten ist, so ist eine Verurteilung aus dem Grund der Zugehörigkeit zur kommunistischen Partei eine selbständige politische Ansicht des Reichsgerichts, ist unerlaubt, geht über die Kompetenz des Gerichts hinaus und diese Urteile sind unzulässig. Das Reichsgericht ist die höchste juristische Behörde, nicht aber eine politische Behörde noch über der Reichsregierung und es ist hohe Zeit, daß nach diesen Urteilen der Staat seine Hand auf das Gericht legt und das Gericht in seine juristischen Schranken zurückweist.

Aber nicht einmal dann, wenn diese staatsgefährliche Partei als solche verboten ist, kann die politische Gesinnung, die ihr zu Grunde liegt, und ihre Äußerung in Schriften ohne weiteres verboten werden. Es kommt darauf an, auf welche Weise alsdann, wo, in welcher Art Schriftwerk die Gesinnung sich äußert. Es kann in der Tat eine Broschüre, eine Flugschrift, ein Handzettel so gut sein wie eine Pistole, ein Maschinengewehr, kann ideell wie Dynamit wirken, und ein Staat, der in Furcht ist, kann solche Schriften, wird solche direkt und unverhüllt vorgehenden Schriften verbieten. Wir haben da in der Literatur das sehr starke Beispiel von Büchners Hessischem Landboten, ein mächtiges literarisches Dokument, aber in allen Details, mit seinen Zahlen, geschichtlichen Hinweisen in der bewußten Absicht des direkten konkreten Angriffs, die Vorbereitung einer Attaque. Da ist Kampf, und wer kämpft muß wissen, daß er einen Gegenschlag erfahren kann.

So aber, mit solcher erkenntlichen direkten Kampfabsicht auf ein konkretes Ziel gehen die hier verurteilten Schriften überhaupt nicht vor. Sie haben im Kern eine Gesinnung. Die hat jedes ehrliche und lebendige literarische Werk, und das kann Goethes

Tasso oder ein beliebiges Volksstück, eine Posse sein. Nur faule ästhetische Werke suchen statt eines Willens eine blosse tote Lust. Wenn sich diese Gesinnung, sie mag religiös, politisch, moralisch sein, in einem Schriftwerk ausstattet, mit allen Merkmalen eines solchen Werkes, eines Dramas, einer Erzählung, einer Dichtung, so hat die Gesinnung das Merkmal des politisch Faßbaren und Angreifbaren aufgegeben. Über Werke dieser und jeglicher Art hat nicht der Richter, sondern der Literaturkritiker zu urteilen.

Man hat in Staaten, die nicht demokratisch sind, die offen oder versteckt Diktatur üben, aber schon die Gesinnung verboten und unterdrückt Schriftwerke mit einer bestimmten mißliebigen Gesinnung. Hier ist dies konsequent, am Platze und richtig. Denn dies sind Staaten, die selbst auf einer bestimmten eindeutigen Gesinnung aufgebaut sind und gefährdet sind bei der Zerstörung der Gesinnung. Nehmen sie den Ständestaat Mussolinis, die bolschewistische offene Diktatur des Proletariats.

Weder nach der Idee noch nach der Verfassung, noch nach den Reden der Regierungsmänner in Deutschland aber ist hier eine führende politische Leitidee proklamiert. Vielmehr ist dem demokratischen Staat, der freiheitlichsten Form, charakteristisch Indifferenz und die Toleranz gegen alle Ideen und Gesinnungen. Sogar die Idee der Diktatur wird hier sich äußern dürfen, die Verneinung der demokratischen Form selbst – und sie äußert sich notorisch ebenso oft rechts wie links – und sie wird um den Volkswillen werben dürfen. Es ist die Form des Staats, der Republik, durch den Willen des Volks, soweit dieser mit demokratischen Methoden überhaupt ermittelt werden kann, bestimmt worden; die Einrichtungen werden, jedenfalls dem Prinzip nach, von bevollmächtigten Vertretern des Volkes überwacht, unterliegen der ständigen Kritik und Aufsicht der interessierten Bürger. Und zum Überfluß kann das, was vom Volk gemacht ist, ständig von ihm verändert werden. Sind ja doch Wahlen zulässig, hat man doch so überall in Demokratien den Umstellungen der Gesamtgesinnung Rechnung getragen.

Hier also findet auch die politische Gesinnung des Schriftstellers ihren gesetzlichen, vorgesehenen unangreifbaren Platz.

Warum da, wo dies so klar ist, verurteilen Richter die Schriftsteller, wie es das Reichsgericht getan hat, der politischen Gesinnung wegen, verurteilen sie über das juristische Muß hinaus? Diese Richter kennen nicht die Demokratie, die wirkliche Demokratie, anerkennen nicht die eigentlichen, die lebendigen Kräfte im Volkskörper. Sie glauben an einen abstrakten Staat, den es nicht gibt. Sie anerkennen nicht die eigentlich staatsbildenden Kräfte im Volkskörper, und große Teile Deutschlands tun es nicht, weil sie noch nicht reif dafür sind. Die Menschen in Deutschland haben zu einem großen Teil noch nicht den Begriff der Volkssouveränität gefaßt. Sie haben noch die überkommene Vorstellung des abstrakten von ihnen unabhängigen Gewaltstaates, der über ihnen so lange geschwebt hat in der Faust eines Herrschers. Sie wissen nicht, daß sie aufhören können, mit der Staatsvergötterung, mit diesem versteckten Byzantinismus, daß sie den Staat als ihr Werkzeug zu bilden haben.

Deutschland ist nach der Revolution nicht aus einem Obrigkeitsstaat mit gekrönter Spitze zu einem Volksstaat geworden. Sondern es ist infolge seiner geringen demokratischen Umstellung ein Staat autonomer Beamten geworden, die aber anarchisch gegen und mit einander arbeiten, da ihnen nun die Spitze fehlt. Daß es so ist, ist nicht Schuld der Beamten, sondern des Volkes selbst, so daß schon gewisse Kreise bekanntlich den Schluß gezogen haben: das Volk sei demokratisch. Es ist faktisch noch recht unreif, eben durch Schuld der Monarchie; man macht alsdann nicht zehn Schritte auf einmal, jedes Ding will gelernt sein.

Die juristischen Beamten des Reichsgerichts haben so nach privater rückständiger Einsicht ihre literarischen Urteile gefällt. Es ist ihnen zu sagen, sie haben zu lernen und sich von ihren Richtersitzen nicht die geistige Leitung des Landes anzumaßen.

Es ergibt sich die Verpflichtung der Regierung, zum Schutz der Verfassung und demokratischen Rechte in Leipzig einzugreifen.

Wir werden die gefährlichen und perfiden Begriffe des literarischen Hochverrats nicht annehmen. Wir werden, wo es sich um unsere wahrhafte Gesinnung handelt, unentwegt Hochverräter sein.

[Aktionsgemeinschaft für geistige Freiheit]

Diese Kampfgemeinschaft für geistige Freiheit kann heute nur dieselben Ziele haben wie jede solche Kampfgemeinschaft:

Erstens: *nicht* den »Schmutz und Schund« zu *schützen* und einen liebenden Mantel um ihn zu legen. Diejenigen, die es angeht, werden wissen, was ich meine. Es gibt eine Sorte von meist bebilderten Schriften, die, wenn sie amtlich bedrängt werden, selber sehen mögen, wo sie stehen. Wir haben *die geistige Freiheit* zu schützen, auch wo sie vorstößt auf schwieriges, umkämpftes, erotisches und politisches Gebiet. Das ist etwas anderes als den *Verlegerkapitalismus* schützen, wenn er drangeht, ohne die geringste kulturelle Ambition, gewisse sexuelle Bedürfnisse auszubeuten. Dies Geschäft geht uns nichts an. Wir moralisieren nicht darüber, aber wir haben kein Interesse daran. Wir werden in jedem Fall diese Linie »kulturelles geistiges Ziel« und »Geschäftskapitalismus« positiv scharf ziehen.

Zweitens: Wir haben da zu sein, wo Gruppen von besonderer »Weltanschauung«, politischer Haltung, kultureller Haltung sich der Gerichte bemächtigen wollen, um mit den Gerichten eine ihnen feindliche oder unangenehme Weltanschauung, politische Haltung, kulturelle Haltung zu schlagen. Den Bedrückten dieser Art sekundieren wir und haben vor Gericht und Öffentlichkeit auf Seiten der mit Machtmitteln bedrohten Geistesfreiheit zu stehen. Unsere Funktion ist da allemal: die Ankläger in ihrer Ahnungslosigkeit oder Bösartigkeit zu entlarven, die Gesetzmaschinen anzuhalten und das gefährdete Kulturgut zu retten. Eine Riesenaufgabe. Es kann nicht genug Organisationen dafür geben.

Kassenärzte und Kassenpatienten

Das bürgerliche Publikum – sehr umfänglich ist es nicht mehr – hängt an das Wort Kassenarzt allerhand Urteile, die nicht besonders hochschätzender Art sind. Und was die Arbeiter und Angestellten anlangt, für die zunächst die Sozialversicherung gemacht ist und so auch die Errichtung von Krankenkassen, so frequentieren sie zwar den Kassenarzt in den Großstädten recht fleißig, aber eine rechte Vorstellung von ihm haben sie auch nicht. In den Arbeitern lebt ja vielfach stark und nicht zu Unrecht das Gefühl einer Benachteiligung, welches Gefühl sich richtet gegen alle Angehörigen und Mitglieder der sogenannten bürgerlichen Kreise und so auch gegen den Kassenarzt. Und es ergibt sich da das Merkwürdige, daß von zwei Seiten her der Kassenarzt scheel angesehen und nicht voll genommen wird und daß er weder bei dem bürgerlichen Publikum noch bei der Arbeiterschaft sich zu Hause fühlen darf. Er schwebt in der Luft. Die Arbeiter sehen im Kassenarzt den Bourgeois und monieren, bei ihm nicht dieselbe Behandlung zu erhalten wie der Privatpatient. Sie sind der Meinung, wie durch eine Klassenjustiz so auch durch eine Klassenmedizin benachteiligt zu werden. Dies ist wichtig, und ich muß gleich darauf antworten.

Die Arbeiter sind über die Hochschätzung, die der Privatpatient heute beim Arzt genießt, vollkommen falsch orientiert. Die Zahl der Privatpatienten ist ungeheuer zusammengeschmolzen. Die Folge davon ist, daß zugleich die Zahl der Ärzte, die als Privatärzte zu bezeichnen wären, zusammengeschmolzen ist. Von Jahr zu Jahr erfolgt sichtbar und fühlbar für den Arzt eine Abwanderung seiner restlichen Privatklientel, alles schützt sich in Kassen. Da erfolgt dann ein wachsender Andrang der Ärzte aus dem vorher goldenen Westen in die Arbeitergegenden. In Berlin ist das in den letzten Jahren eine allgemeine Erscheinung. Wer sich nicht nach dem Verlust der Privatpraxis in eine Kassenpraxis rettet, ist verloren. So stehen die Dinge heute. Kann man da noch sagen: die Ärzte hätten geringeres Interesse an der Kassenpraxis? Ist Klassenmedizin möglich, wo es fast nur noch die Medizin einer Klasse, nämlich der Arbeiterklasse, gibt?

Und was die ärztliche Benachteiligung anlangt, den Minderwertigkeitskomplex der Arbeiter, so sind das Dinge, die hier schon lange nicht mehr aufrechtzuerhalten sind. Es geht den Kassenpatienten schon lange in ärztlicher Hinsicht enorm besser als den restlichen Privatpersonen. Man frage die restlichen Privatpersonen, wann sie sich, bei welchen Leiden, bei welchem Grad der Schmerzen, das Recht geben, einen Arzt aufzusuchen, wie lange sie davor zurückscheuen. Und man frage die restlichen Privatpersonen, wann sie sich das Recht nehmen, wegen irgendwelcher Beschwerden, und seien sie sogar fieberhafter Art, auszuspannen, keine Arbeit zu tun. Und man blicke umgekehrt auf die Verhältnisse bei den Kassenkranken. Ich bin genügend orientiert in kassenärztlichen Dingen und weiß, welche Loyalität im Krankschreiben, das heißt im Verordnen der Arbeitsruhe, besteht. Die Privatkranken würden mit Neid auf eine solche Einrichtung blikken! Und weiter: welche Unzahl von Ärzten, welche Masse von Fachärzten stehen den Kassenkranken zur Verfügung. Die ersten Namen sind dabei. Aber die Kassenkranken sagen ja, sie fänden da nur Massenabfertigung. Nun, ich bin sehr im Zweifel, ob den Kranken in ihrer Krankheit durch eine enorm verlängerte Untersuchung, die überflüssig ist, wirklich geholfen wird. Kassenpraxis ist eine Sache guter und rascher Diagnostiker und dazu Sache von Menschenkennern. Und wenn übrigens die Kassenkranken oft mit Erschrecken so viele Menschen in dem Wartezimmer finden – was auch nur bei einer Anzahl von Ärzten der Fall ist –, so möchte ich ihnen zwei besondere Ursachen davon verraten. Die eine: je voller das Wartezimmer ist, um so mehr Patienten kommen noch. Sie verteilen sich nicht auf andere Ärzte. Die andere Ursache: ein guter Teil der Anwesenden kommt zu Untersuchungen, bei denen nichts oder kaum ein Befund erhoben wird und wobei es sich nicht um Krankheiten, sondern um bloße Angst vor Krankheiten handelt. Man kann gewiß keinem übelnehmen, wenn er bei Angst vor Krankheiten einen Arzt aufsucht. Aber die Sache hat auch ein anderes Gesicht. Diese Hypochondrien erscheinen zum Schaden für die wirklichen Kranken! Diese Patienten, die Hypochondrischen, sagen lächelnd nach der Untersuchung, die nichts ergab: das freut sie sehr, und man muß ja vorbeugen, und ein Onkel oder eine Tante hat ja neulich diese Krankheit gehabt. Aber – dem Arzt ist Zeit und Kraft weggenommen, dieselbe Zeit und Kraft, die andere, wirkliche Kranke brauchen, eben die draußen sitzen und über das volle Zimmer klagen!

Lassen Sie mich ein paar Worte vom Kassenarzt sagen. Er ist in den Dienst der Sozialversicherung eingestellt und ist kein freier und kein beamteter Arzt. Er hat eine gewisse Beamtenfunktion, denn er verfügt bei seinen Verordnungen über öffentliche Gelder, aber er ist auch frei, denn er hat keinen Vorgesetzten und untersteht nur seiner eigenen Standesorganisation. Er hat, als praktischer Arzt oder beschäftigter Facharzt, eine schwere ganztägige Arbeit. Wer diese Ärzte bei ihrer Arbeit sieht, bei diesem Gemisch und Durcheinander von Untersuchung und der Unmasse bürokratischer Schreibarbeit, der weiß, sie müssen sich enorm anstrengen, und – sie kommen nie zum Besitz. Sie können, wenn sie sich sehr anstrengen und es ihnen gut geht, sich und ihre Familie auf einer gewissen niedrigen bürgerlichen Stufe halten, aber wie lange und mit welchen Opfern. Sie sind notorisch Schwerarbeiter, die rasch verbraucht werden, rasch altern und, da ständig erschöpft und gehetzt, nicht viel Freude vom Dasein haben. Sie müssen die wenige überschüssige Kraft, die ihnen die Praxis läßt, aufwenden, um mit ihrer Wissenschaft in Verbindung zu bleiben, um sich wenigstens im Gröbsten auf dem laufenden zu erhalten. Droht ihnen die Gefahr der Erkrankung, Gelder zurücklegen können sie nicht – wer steht ihnen bei? Und wer steht Frau und Kindern bei bei ihrem Tod? Man höre und lese aus den Organisationen und in den Fachorganen von der Situation der Witwen und Waisen. Denn natürlich: von der Kassenpraxis hinterläßt kaum einer einen Pfennig, und die Kassen der Arzte können nur mit minimalen Hilfen einspringen.

Ich habe bei diesen Notizen nur einen einzigen Blick auf diesen Stand zu werfen. Aber wenn ich es recht sehe, so ist es ein Stand mit einem tragischen Schicksal. Die Menschen dieses Berufes gehen mit Neigung und Interesse und Können in ihre Tätigkeit, sie werden rasch zu Arbeitstieren, werden mehr oder weniger proletarisiert, werden rasch verbraucht. Sie haben von der Klasse, aus der sie stammen, dem Bürgertum, die Vorstellungen, die ethischen Begriffe und halten in der Regel zeit ihres Lebens daran fest. Sie finden ideell, wenigstens bis jetzt, niemals ihren Ort. Sie sind halbe oder dreiviertel Arbeitnehmer, obwohl das Verhältnis der Ärzte zu den Krankenkassen nach der Bildung der großen Ärzteorganisationen seinen schlimmsten Stachel verloren hat, sie fühlen sich zugleich unverändert als freier Beruf. Ökonomisch steht der Kassenarzt zwischen dem freien Beruf, dem Beamten, dem Arbeitnehmer, aber – er schwebt zwischen den dreien, und ebenso schwebend ist seine ideelle Situation. Es ist die tragische Unklarheit, der tragische Zwischenzustand dieser Berufsgruppe.

Unterhaltung über den Marxismus

Franz sitzt eines Spätabends am Tisch mit einem älteren Tischler, den sie in einer Versammlung kennengelernt haben; Willi steht am Ausschank und hat einen andern vor. Franz hat den Arm aufgestützt auf den Tisch, den Kopf in der linken Hand und hört sich das an, was der Tischler sagt, der sagt: »Weeßte, Kollege, ich bin bloß hingegangen in die Versammlung, weil meine Frau krank ist, und die kann mir abends nicht zu Hause brauchen, die braucht ihre Ruhe, um Uhre acht nimmt sie Schlag achten ihre Schlaftabletten und den Tee, und dann muß ich duster machen, wat soll ich denn oben. Da kann man zum Kneipenleben kommen, wenn einer eine kranke Frau hat.«

»Gib sie doch ins Krankenhaus, Mensch. Zu Hause is doch nischt.«

»War ja schon ins Krankenhaus. Hab ick schon wieder rausgeholt. Das Essen hat sie nicht da geschmeckt, und besser ist es ooch nicht geworden.«

»Ist woll sehr krank, deine Frau?«

»Die Gebärmutter ist angewachsen an den Mastdarm und sowat. Und dann haben sie sie schon operiert, aber es hilft nischt. Im Leib. Und nu sagt der Arzt, es ist bloß nervös, und da hat sie nischt mehr. Aber sie hat doch Schmerzen, heult den ganzen Tag.«

»Sowat.«

»Der schreibt ihr noch bald gesund, paß man uff. Schon zweimal hat sie zum Vertrauensarzt sollen, weeßte, aber kann nicht hin. Der schreibt ihr noch gesund. Wenn einer kranke Nerven hat, denn ist er gesund.«

Franz hört sich das an, er ist auch krank gewesen, der Arm ist ihm abgefahren, er hat in Magdeburg in der Klinik gelegen. Er braucht das alles nicht, das ist eine andere Welt. »Noch ein Bier gefällig?« »Hier.« »Ein Bier.« Der Tischler sieht Franz an. »Du gehörst nicht zur Partei, Kollege?«

»Früher mal. Jetzt nicht mehr. Hat ja keenen Zweck.«

Der Wirt setzt sich an ihren Tisch, begrüßt den Tischler mit »Nabend, Ede«, und fragt nach den Kindern, und dann tuschelt er: »Mensch, du wirst doch vielleicht nicht wieder politisch werden.«

»Reden wir grade von. Denk gar nicht dran.« »Na, det is schön von dir. Jck sage, Ede, und mein Junge sagt dasselbige wie ick: mit Politik verdienen wir keenen Sechser, det bringt uns nicht hoch, bloß andere.«

Da sieht der Tischler ihn mit verkniffenen Augen an: »So, det sagt der kleene August also auch schon.«

»Der Junge ist gut, sag ich dir: dem kannste doch nischt vormachen, da soll erst einer kommen. Wir wollen verdienen. Und – et geht auch ganz schön. Nur nich brummen.«

»Na Prost, Fritze. Jck gönne dir alles.«

»Jck pfeife auf den ganzen Marxismus, uff Lenin und Stalin und die ganzen Brüder. Ob mir eener Kredit gibt, Pinke und wie lange und wie viel – siehste, darum dreht sich die Welt.«

»Na, du hasts zu wat gebracht.« Darauf sitzen Franz und der Tischler stumm. Der Wirt quasselt noch, aber der Tischler kollert: »Ich versteh von Marxismus ja ooch nischt. Aber paß mal uff, Fritze, so einfach, wie du dir det ausmalst in deinem Hirnkasten, ist das nicht. Wat brauch ich Marxismus oder wat die andern sagen, die Russen, oder der Willi vorhin mit Stirner. Kann ooch falsch sein. Wat ick nötig habe, kann ick mir jeden Tag an die Finger abzählen. Ick wer doch verstehen, wenn mir einer den Buckel vollhaut, was det bedeutet. Oder wenn ick heute drin bin in meine Bude, und morgen fliege ich raus, keene Aufträge da, der Meister bleibt, der Herr Chef natürlich auch, bloß ick muß raus uff die Straße und muß stempeln. Und – wenn ick drei Göhren habe und die gehen in die Gemeindeschule, die älteste hat krumme Beine von der englischen Krankheit, wegschicken kann ich ihr nich, vielleicht kommt sie in der Schule mal ran. Vielleicht kann meine Frau ooch uffs Jugendamt loofen oder weeß ick, die Frau hat ooch zu tun, jetzt ist seja krank, die ist tüchtig, steht mit Bücklingen, und lernen tun die Göhren ooch gerade so ville wie wir, kannste dir ein Bild machen. Siehste. Und det kann ick doch ooch verstehen, wenn andere Leute ihre Kinder die fremden Sprachen lernen, und im Sommer fahren sie ins Bad, und wir haben noch nicht die Groschen, det sie ein bißchen raus können nach Tegel. Und krumme Beine kriegen die feinen Kinder so bald überhaupt nicht. Und wenn ick zum Doktor muß und ick hab Reißen, dann sitzen wir zu dreißig dick zusammen im Wartezimmer, und nachher fragt er mir: det Reißen werden Sie wohl schon vorher ooch gehabt haben, und wie lange sind Sie denn da in Arbeit, und haben Sie Ihre Papiere gekriegt: mir gloobt er noch lange nicht, und dann gehts zum Vertrauensarzt, und wenn ick etwa mal verschickt werden will von der Landesversicherung, na ick sag dir, da mußt du den Kopp unterm Arm tragen, bis sie dir verschicken. Fritze, det versteh ick allens ohne Brille. Da müßte eener dochn Kamel fürn Zoologischen Garten sein, wenn er det nicht versteht. Und dazu brauch keen Mensch heutzutage Karl Marx. Aber Fritze, aberaber: wahr ist es doch.«

Und der Tischler hebt seinen grauen Kopf und sieht den Wirt groß an. Er steckt seine Pfeife wieder in den Mund, qualmt und wartet, was einer antworten wird. Der Wirt knurrt, spitzt die Lippen, schüttelt den Kopf, sieht unzufrieden aus: »Mensch, hast ja recht. Meine Jüngste hat ooch krumme Beene, hab ooch keen Geld fürs Land. Aber schließlich: Arme und Reiche hats immer gegeben. Das ändern wir beide ooch nicht.«

Der Tischler pafft gleichmütig: »Bloß: der soll arm sein, wer Lust dazu hat. Ja, sollen die andern vor mir arm sein. Ick hab nu eben keine Lust dazu. Wird einem eben uff die Dauer über.«

Katastrophe in einer Linkskurve

Das Ding, wovon ich sprechen will, heißt die »Linkskurve«, kostet 30 Pfennig die Nummer, ist ein Heft in Oktavformat und wird in der »Peuvag« gedruckt. Heraus kommt es aus der Finsternis am ersten jedes Monats. Über das Ding etwas zu sagen lohnt sich nicht, es ist ein echtes, das heißt also unechtes, Literaturblatt, hinter dem eine Clique von Leuten steht, die sich beweihräuchern und im Besitz der Unfehlbarkeit sind. Aber über die Linkskurve soll man etwas sagen, – weil es das offizielle Literaturblatt der deutschen KP ist.

Das Ding lernte ich kennen, als es sich mit mir befaßte. Als man mir diese eine Nummer gab, war ich so erfreut davon, daß ich mir gleich ältere kaufte. Ich sah alle durch, es war teils lustig, teils schaurig; ich will etwas von diesem neuzeitlichen Apparat sagen. Denn das Ding ist ein Apparat. Es produziert maschinell genormte Kritik, die Urteile sind serienweise hervorzubringen, jedes Kind kann den Apparat bedienen, es ist ein Automat mit Schutzvorrichtungen gegen selbständiges Denken, besonders geeignet für die Beschäftigung von Blinden und Jugendlichen.

Außen ist das Ding rot angemalt, innen ist es bedeutend blasser, und warum, das weiß man, wenn man die Namen der Herausgeber liest: Johannes R. Becher, Andor Gabor, Kurt Kläber, Erich Weinert, Ludwig Renn.

Karl Marx sagte einmal: »Die Religion ist der Seufzer der bedrängten Kreatur, das Gemüt einer herzlosen Welt«. Wir setzen für »Religion« Prinzip und haben die Rolle des Glaubens bei den KP-Autoren ermittelt. Begrifflosigkeit, Defekte werden verhüllt, die böse, herzlose Welt soll nicht mehr heran. Ein bißchen kommt sie jetzt.

Man ist zwar nichts, aber man ist kein Bourgeois. Man kann zwar nicht schreiben, aber man schreibt nicht bürgerlich. Man kann zwar nicht denken, aber man denkt approbiert. Wenn ich Maler wäre und hätte die fünf Herausgeber der Linkskurve zu malen, so würde ich sie in ihrem Brutkasten malen, da hocken sie beieinander, bedauernswert bis auf die Knochen, haben ein Messer im Mund, machen riesige Glotzaugen und wollen Angst einjagen.

In Nummer 1 vom 2. Jahrgang leitartikelt Johannes R. Becher. Das muß man gelesen haben. Ich empfehle jedem, der Sinn für Humor und Schauerlichkeit hat, diesen Artikel zu lesen, die Nummer ist für 30 Pfennig noch käuflich. Das ist der literarische Fahnenführer der deutschen KP. Man fragt sich sonst, woher es kommt, daß diese Partei so vorbeihaut und ihre Gelegenheiten verpatzt. Hier kann man es greifen. »Die zentrale Aufgabe des Bundes proletarisch-revolutionärer Schriftsteller ist die Herausarbeitung einer eigenen proletarisch-revolutionären Literatur.« So der Prophet. Sie werden sich in Lichtenberg, Kielblockstraße, zusammensetzen und eine eigene Literatur »herausarbeiten«, – Herr Becher, der Prosa und verqualmte Hymnen produziert in dem Schleimbrei einer unentwegt expressionistischen Sprache, – Herr Ludwig Renn, frisch gebackener Genosse, Verfasser eines mittelmäßigen Kriegsromans, den die bürgerlichen Zeitungen lobten, worauf er sich berühmt vorkam, – Herr Andor Gabor, wer ist das, – Herr Kurt Kläber, o Gott, die »Passagiere«, er hat mal was gewollt, er hat mal nicht gekonnt – Herr Erich Weinert, der Kabarettnummern »herausarbeitet«. Diese fünf werden es schaffen.

Darauf wird uns verkündet: »Unsere proletarisch-revolutionäre Dichtung hat in den letzten zwei Jahren einen mächtigen Aufschwung genommen.« Wie ist mich denn? Ich habe gar nichts davon gemerkt! Das muß unbemerkt in der Kielblockstraße passiert sein! Die liegt so weit weg. Schade! Warum telephonieren sie nicht? Es ist toll, daß mitten zwischen uns eine Geheimliteratur blüht. Mir fällt bloß auf: eben hat unsere proletarische Dichtung einen »mächtigen Aufschwung« genommen, und schon wird gemeldet: »Daß wir ein erstes Stammelwort, ein Beginn sind, und daß wir uns weiter steigern müssen.« Etwas stimmt da nicht. Wie das »Stammelwort« und der »mächtige Aufschwung« zusammenhängen, ist dem Bürger, der bloß mit dem Kopf denkt, nicht klar. Offenbar verfügen die Kommunisten, bzw. ihre Literaten, furchtbarerweise auch über Geheimorgane, die sie uns nicht zeigen. Wie wird es uns ergehen. Vielleicht hängt der schreckliche Gegensatz »mächtiger Aufschwung« und »Stammelwort« aber mit der marxistischen Dialektik zusammen? Das ist nämlich auch solche schwere Sache, über die daher dauernd Kurse abgehalten werden. Hier wäre ein Beispiel für Dialektik: »mächtiger Aufschwung« und »Stammelwort«. (Wir Bürger unter uns, die nur mit dem Kopf denken, nennen das Unsinn. Man sieht, wie verfault wir sind.)

Da nun offenbar Zwietracht in der kommunistischen Geheimliteratur des mächtigen Aufschwungs vorkommt, ist Johann R. Becher auf den nächstliegenden Einfall gekommen: Diktatur über die Literatur. Wer nicht hören will, muß fühlen. Wozu braucht ein Schriftsteller überhaupt oder selbständig zu denken, wo man in der Kielblockstraße für ihn denkt, – das heißt, man denkt da auch nicht, vielmehr man denkt am Bülowplatz, – vielmehr: man denkt da auch nicht, man denkt, ja ich weiß nicht, ich versteh mich nicht auf die Infinitesimalrechnung, vielleicht weiß es ein Astronom? »Darum fordern wir, daß unsere Literatur unter dieselbe Kontrolle und Verantwortlichkeit gestellt wird wie jede politische Arbeit.« Das heißt, was in der Kielblockstraße nicht gefällt, nimmt keinen mächtigen Aufschwung, oder, je nachdem, es wird kein erstes Stammelwort. Vorzüglich eignet sich Johannes R. Becher freilich in dieser betrunkenen Angelegenheit zum Diktator, da er sich schon als Diktator über Logik und die deutsche Sprache bewährt hat.

Neugierig nach der Geheimliteratur des mächtigen Aufschwungs treffe ich dann den Satz: »Unsere Werke sind nicht edel oder kristallklar geschliffen, sie haben eine kantige Härte, denn sie sind geboren und wachsen auf in der Zugluft, die aus der Geschichte weht.« Da fall ich aus der Kurve. Wo zum 1000. Male sind die Werke mit der kantigen Härte? Die Prosa und Lyrik von Johannes R. Becher? Dieser geschriebene Quarkkäse? Wo ist die Zugluft, die aus der Geschichte weht? Die deutschen Bücher haben sie nicht, sie sind entsetzlich edel und kristallklar geschliffen, blank wie ein Kürassierstiefel des Anton von Werner. Aber in der »Linkskurve« selbst befindet sich neue proletarische Dichtung. Da ist eine Kostprobe, ein Gedicht von *Hanns Vogt:*

»Roter Hund! Rote Kanaille!
O du!
Strahlender, herrlicher!
Glühender, Gläubiger!
Heute und morgen und übermorgen
Und immer dann bist du da.«

Genug? Und kein Wort dazu. Das ist die kantige Härte, aufgewachsen in der Zugluft, die aus der Geschichte weht! (Sagen wir milde: älterer Jahrgang des »Sturms«.) Deutsche kommunistische Literatur!

Zum Schluß kann sich Johannes R. Becher nicht zurückhalten; er muß sagen, wie es mit der neuen proletarischen Literatur ist, er muß bekennen, was ist, und er sagt (fallen Sie nicht vom Stengel): Es ist Rosegger. Es fährt aus Becher heraus an der Stelle, wo er ein Buch von mir vorhat. Der ehemalige Transportarbeiter (das »ehemalige« wird von Becher unterschlagen, das ist gute bürgerliche Tradition, man schwindelt), der nach Becher also nicht mehr »ehemalige« Transportarbeiter eines Buches von mir sei ein »künstlich gepreßtes Laboratoriumsprodukt«. Dem Verfasser wird vorgeworfen, daß er hemmungslos Details sammelt und sie anhäuft, daß er Berliner Dialekt nachstenographiert, daß die Nummern der Elektrischen, die er angibt, stimmen, daß das Buch ultrarealistisch ist. Wenn Sie nun wissen wollen, wie es sein müßte, so erfahren Sie: »Unsere Werke werden die natürliche einfache proletarische Sprache bekommen, Geruch und Färbung, wie sie wirklich dem Proletariat eigen sind.« Nun fragt man sich als Fachmann und Laie, wie soll man das schaffen. Realistisch darf der Autor nicht sein, stimmen darf es nicht, was er schreibt, wirklicher Berliner Dialekt darf es auch nicht sein: was also? Klar: Rosegger! Heimatkunst, der natürliche Geruch, die berühmte »Scholle«. Ich meine leider weder Rosegger noch Ganghofer! Was die natürliche proletarische Sprache anlangt, so habe ich von dem Vers: »O du Strahlender, herrlicher, Glühender, Gläubiger« schon genug, und der hymnische Quarkkäse von Johannes R. Becher, alias kantige Härte, reizt auch nicht meinen Appetit. Ich habe mich an den einfachen Berliner Dialekt gehalten, den ich nicht nachzustenographieren brauchte, weil ich nicht stenographieren kann. Und wenn meine Angaben im Roman stimmen, so bitte ich Herrn Becher um Entschuldigung, ich bin nun mal so vertrottelt, – wenn ich Alexanderplatz meine, sage ich Alexanderplatz, und wenn ich Quatschkopf meine, sage ich Becher. Und wenn ich hemmungslos Details summiere, so verspreche ich, nächstes Mal werde ich nicht summieren, ich werde frei aus der Luft dichten: »O du Strahlender, herrlicher, Glühender, Gläubiger«. Fällt mir da übrigens nicht gerade ein, daß Herr Becher einmal einen Versuch mit untauglichen Mitteln am Roman unternommen hat, welcher Versuch leider beschlagnahmt wurde, – es hätten ihn alle lesen sollen, – und fand sich nicht damals hinten als Nachtrag – ein seitenlanges Verzeichnis von Literatur? Aber pfui, Herr Genosse, wie kann man nur. Das sind ja lauter Details, so gehen Sie vor, und Sie wollen Rosegger werden?

Was die Herren möchten, worauf ihre fötalen Gedankengänge hinzielen, nein, nicht hinzielen, ist klar. Es gibt ein Bilderbuch, Sie kennen es, das »Gesicht der herrschenden Klasse«. Das Gesicht der beherrschten Klasse zu geben wäre ungeheuer nötig, – aber das würde die Realität ergeben, und die ist Pinschern und Schwächlingen furchtbar und peinlich. Die Realität aufzeigen, wie sie ist, die wirklichen Bedürfnisse der Masse demonstrieren und daraus und dazu die Theorie machen, das wäre marxistisch. Entschuldigen Sie, wenn ich mich erfreche, wieder den unbekannten Karl Marx zu zitieren: »Die Theorie wird in einem Volke immer nur so weit verwirklicht, als sie die Verwirklichung seiner Bedürfnisse ist.« Ein andermal: »Man muß die versteinerten Verhältnisse der deutschen Gesellschaft schildern und sie dadurch zum Tanzen zwingen, daß man ihnen ihre eigene Melodie vorsingt. Man muß das Volk vor sich selbst erschrecken lassen, um ihm Courage zu machen.« Vergleichen Sie diese wirklich harten Sätze mit dem Milchbrei der Phrasen des Kommunistenhäuptlings Becher. Vergleichen Sie die Realitätsnähe dieser Aussprüche mit der Furcht des Lyrikers vor den Details. Vergleichen Sie die Wahrhaftigkeit dieser Sätze und ihre Weite mit den Stammelworten der Linkskurve. »Das Gesicht dem Betriebe zu«, singt Becher. Nee, mein Sohn: Tatsächlich schreibt er das Gesicht der Zeitschrift »Sturm« zu. Sie hassen die Realität. Diese sauberen historischen Materialisten wagen sich nicht an die Realität heran. Sie glauben es ist getan, wenn sie über der Realität ihr rotes Kinderfähnchen schwingen.

Hören Sie Sätze, die ein literarischer Führer der KP zur Einführung eines neuen Jahrgangs in dem offiziellen Organ der KP schreibt: »Wir sind nicht Idealisten solcher Art, die das idealisieren, was ist (soll ihnen auch schwer fallen, denn sie wissen ja nicht, was ist); wir sind nicht genügsam, wir geben uns nicht zufrieden: wir zerren und trommeln. Wir hetzen, damit der Aufstand schneller läuft. Das ist unsere Literatur, wir müssen sie wie eine Botschaft verkünden. Durch Gehirne und Herzen zieht sie hindurch.« Dazu sage ich, ohne nachzustenographieren: »Nu reg dir mal bloß ab.« Das ist die zum Lachen armselige literarische Vertretung der deutschen KP: Rote Kinderfähnchen über einer Wirklichkeit, die man nicht kennt, der man mit Schmockphrasen aus dem Wege geht. Wer wundert sich da politisch noch über was?

Selbstschändung des Bürgers

Wenn ich hier antanze, meine Herrschaften, und mich zum ersten Mal verbeuge, so geschieht es, weil ich Lust dazu habe, vor Ihnen zu sprechen, und weil ich ein höflicher Mann bin. Man hat mir gesagt, ich solle nicht bloß privatim herumraunzen, es würde für andere, vielleicht für mich selber amüsant sein, öffentlich zu raunzen. Öffentlich, das heißt auf dem Papier, das die Welt bedeutet (Abonnementspreis je nachdem, Einzelpreis je nachdem, wunderbar, man kann diese Welt abbestellen, leider nur diese). Nun folge ich also, bin da, fühle mich nicht ganz wohl, aber ich will etwas erzählen.

Da ist an einem Ort, der Dearborn heißt und der bestimmt überall liegt, folgendes passiert: Es ist eine Bowle zerbrochen. Man soll davon kein Aufhebens machen. Man kaufe eine neue. So wäre die Geschichte zu Ende. Aber da ist ein Haken und es zeigt sich eine Schwierigkeit: die Bowle ist zu teuer, man kann sie nicht kaufen. Das ist eine unklare Bemerkung, sie ist relativ, man muß wissen, wem zu teuer, warum zu teuer. Wenn sich einer eine Bowle kauft, kann er sich etwas leisten und auch eine neue kaufen, wo ist die Schwierigkeit. Also ich bitte bemerken zu dürfen, ich bitte höflich einwenden zu dürfen: die Bowle könnte dennoch und trotzdem zu teuer sein. Und ich bitte dagegen meinerseits, nicht hinterhältig in Hieroglyphen zu sprechen, die Zeit ist kurz, nur die Kunstwerke und parlamentarischen Krisen sind lang. Nun ohne Umschweife heraus: diese Bowle kostete 50000 Dollar. Das wechselt sich also ein ungefähr in 200000 Mark. Man staunt und sieht, es gibt in Dearborn Menschen, zumindestens einen, der das Geld so viel und so locker zu sitzen hat. Das Ding ist aber eines der schönsten Exemplare polychromer Töpferei und stammt aus dem 11. Jahrhundert. Zu Edsel Ford nach Dearborn ist nun ein Handwerker gekommen, hat seinen Werkzeugkasten neben die Bowle gestellt und hat dann den Deckel des Kastens auf die Bowle fallen lassen. Sie ist sofort in 50 Stücke zerfallen, die man jetzt einzeln für 1000 Dollars – nein. Und nun kommen wir zum Kernpunkt in der symbolischen Geschichte, sie ist wahrhaft »symbowlisch«: die Bowle hieß »König und Königinbowle«, sie trug auf jeder Seite die Figur eines Königs und einer Königin.

Ich wollte von der Selbstschändung des Bürgers sprechen. Als nämlich das Prunkgefäß in Dearborn 900 Jahr alt war, kam ein Handwerker – und da war es aus damit. Wer aber war schuld? Offenbar der Besitzer! Offenbar hat Edsel Ford selbst seine, unsere Bowle zerschlagen, denn statt sie zu beaufsichtigen und statt einen gewandten Fachmann für die Prozedur um die Bowle herum zu gewinnen, Wertobjekt 200 000 Mark, ließ er einen Henker, Pardon, einen Handwerker kommen, und der, siehe oben. Das Bürgertum in Deutschland ist weder wirtschaftlich noch gesellschaftlich einheitlich. Das hat seine historischen Gründe. Es ist aber auch kaum vorhanden. Es hat sich nicht frei und selbständig entwickeln können wie etwa das französische. Das löste sich 1789 vom Feudalismus. Es war nicht in der eigentümlichen Situation des ehemaligen russischen Bauern, der jetzt verindustrialisiert werden soll (und er wird verindustrialisiert werden und das Glück wird unbeschreiblich sein); dieser alte Bauer hatte die Mirgemeinde im Dorf und das war seine »Gesellschaft«. Unser Bürgertum hat sich nie selbst gefunden, es hat bei uns keine glatte Abschnürung von der Feudalität gegeben und 1918 hat daran nichts geändert. Vielmehr hat die alte regierende Schicht es glänzend verstanden, den Großteil des Bürgertums an sich zu ketten und so um sein Bewußtsein zu prellen. Und jetzt, handgreifliches Malheur!

Situation von heute: Attaque auf das Bürgertum von ultralinks und von ultrarechts. Ziel: Panik! Und die Panik marschiert. Die Kommunisten stoßen in die Posaune: Die Zersetzung der bürgerlichen Gesellschaft macht rapide Fortschritte. Krampf und Nihilismus, Unproduktivität kennzeichnen die bürgerliche Situation. Es ist ein listiges Geflunker, ein Suggestionsversuch, aber die Schlangen haben Erfolg, sie sagen – beinah die Wahrheit. Denn was ihnen gegenübersteht, ist ja fast besinnungslos. Man ist so besinnungslos, daß man nicht mal ansieht, wer die proletarische Posaune bläst, diese Kindertrompete. Als eben im Reichstag ein Abgeordneter das Republikschutzgesetz verteidigte, tobten die Blutroten; sie klatschten aber begeistert in die Hände, als er dasselbe Gesetz aus dem russischen Gesetzbuch vorlas. Sie sind zwar wütende Antikirchler, aber wenn der Bauer russisch redet, beten sie ihn als Heiligen an. Sie sind allesamt fromme Leute leninistischer Konfession. Im übrigen sind sie gute deutsche Feldwebel, an Gehorsam gewöhnt und wissen, daß sie zu parieren haben, wenn aus Moskau der Kurier kommt. Das sind die schrecklichen Panikmacher, so sehen die aus, vor denen das deutsche Bürgertum und seine Geistigkeit zitternd die Waffen streckt.

Schauerliches Resultat der deutschen Bildung, der vorangegangenen Kultur. Dazu hat Lessing und Kant gestritten, dafür wurde der Geist hell, dafür setzte sich die Aufklärung und die große deutsche Klassik in Bewegung und es hat sich unter der Schulpflicht allmählich ein großes allgemeines Wissen im Volk verbreitet. Dazu! Dazu! Wegen dieser verkrampften und tobsüchtigen Bemühungen, von morgen auf übermorgen den klassenlosen Staat zu schaffen, – und zwar mit wem, mit diesen Menschen, mit diesen 100 000 Robespierres, die bereit sind sich gegenseitig die Köpfe abzuschlagen, jede Bewegung, wenn sie könnten, der Wurf einer Handgranate, – und mit ihnen der »klassenlose Staat«. Drüben, ultrarechts, beantragen sie, um an Freiheit nicht nachzustehn, für die Beschimpfung von Nationalhelden, (nämlich ihrer Parteifreunde) die Prügelstrafe. Liebliches, wunderliches Menschengeschlecht! Diese werden uns goldenen Zeiten entgegenführen. Endlich, endlich, mit der Kindertrompete und dem Prügelstock.

Das Bürgertum in Deutschland, wenn es sich nicht den alten feudalen Plunder anzieht, ist so schmählich vertattert, daß es die Bezeichnung Bürger und bürgerlich schon direkt als Schimpfwort empfindet. Und was es leistet in der Selbstentwürdigung, in der Selbstschändung, davon ein Beispiel. In Leipzig gibt es dieser Tage einen Theaterskandal bei einer Oper »Mahagonny«. Das ist ein furchtbar revolutionäres Stück. Wie revolutionär, ersieht man aus der Saufscene des 2. Akts. Da besteigen Jenny, Jim und Bim (furchtbar revolutionäre Namen, nicht wahr?) das Billard, hissen das Segel und fahren durch den Sturm menschlicher Gemeinheit (huhu) und singen dabei das geradezu hochverräterische Seemannslied: »Stürmisch die Nacht und die See geht hoch.« Der Autor ist faktisch ein Romantiker alten Stils, und wirkliche Arbeiter oder auch Marxisten würden sich krank lachen vor seinem Stück und vor seiner Wildwestphantasie, gegen die gehalten Karl Mays höchste Sachlichkeit ist. Aber was soll der arme Mann machen, er und andere arme Heinriche des Bürgertums, sie brauchen geistige Perspektiven, und hat man selbst keine, so stiehlt man sich eine, und so setzen sie sich in den proletarischen Wald, gröhlen die »Internationale« mit und ersparen sich das eigene Nachdenken. Und man hat noch den älteren, ebenso burlesken Fall Piscators in Erinnerung. Sein nobles Publikum war ebenso dumm wie komisch und ohne Bewußtsein. Aber er selbst, der sich als Genosse vorkam, er baute die Kunstmittel der Bourgeoisie ein bißchen, bißchen weiter und das war alles und war seine Leistung. Er war als Künstler Bürger, und schließlich, wer kann heute und für lange lange Zeit etwas anderes sein. Das Publikum aber lief und klatschte, es war geängstigt, denn er schmuggelte in die Poetik Proletik ein, zuletzt hatte es ihn durchschaut, und da fiel der Heros in den Müllkasten.

In diesem Augenblick sind die Younggesetze angenommen und wirtschaftlich hat Deutschland einen Entschluß gefaßt, der für lange Zeit gültig ist. Es scheint, – man hat die Rede Severings gegen die Reichswehrinfektion mit der rechtsradikalen Irrlehre gelesen und von dem Zugriff in Ulm gehört –, daß im Reich kräftige Garanten für eine kontinuierliche, wenn auch schwere Entwicklung da sind. Wie der innenpolitische Unterbau und wie der Oberbau aussieht, der geistige, gesellschaftliche kulturelle, der in dieser Bewegung steht, hat sich jetzt zu zeigen. Es stehen harte und hartnäckige Kämpfe bevor. Ich habe von dem Handwerker gesprochen, der tölpelhaft die kostbare Bowle in einem Haus zerbrach. Man wird auf wichtige und kostbare Dinge sorgfältiger achten. Der ideelle »Oberbau« hat im Leben doch noch andere Funktionen, als sich die Vulgärmarxisten leninistischer Konfession vorstellen, oder als sie geneigt sind, listiger Weise, zuzugeben. Es soll an dieser Stelle noch öfter auf diese Schliche hingewiesen werden, zum Ärger der Schlangen und der Kalibans. Wir wollen das Unsrige zur Einleitung einer Selbstbesinnung tun.

[Brief an Franz de Paula Rost]

Sehr geehrter Herr Rost, ich will Sie gewiß nicht ohne Antwort lassen, und will also folgendes sagen:

Ihre Angaben da in Ihrer Zeitschrift sind wirklich sehr unvollständig und ungenau. Meinen Standpunkt haben Sie nicht klar angegeben.

Zur Zensurfrage: lesen Sie meinen Aufsatz im »Jahrbuch der Preußischen Akademie 1929«: »Die Kunst ist nicht frei, sondern wirksam, – ars militans«, – so werden Sie schon etwas deutlicher sehen. Ich stelle Ihnen anheim, diesen Aufsatz auch zu exzerpieren. Aber kennen müssen Sie ihn, wenn Sie meine Ansicht über Zensur kritisieren wollen.

Ich erkenne die Macht der zensurübenden Gewalten an –, das heißt noch lange nicht: ich gebe ihnen recht! Die Kunst ist *nicht* frei, Gott sei dank und hoffentlich nicht, nur Narren sind frei und dürfen schwatzen, – alle andern haben für ihre Dinge einzustehn und sich zu verantworten dafür. Wer Künstler ist und kämpft, hat sich nicht hinter eine nebelhafte Idee, hinter den infamen Schwindel von der »Freiheit der Kunst« zu verstecken, sondern als Mensch und Künstler seine Sache auch tapfer und mit Einsatz seiner Person auszupauken. Ihm gegenüber stehn andere Gestalten, es hat sich zu erweisen, wer und was stärker ist. Jeder vernünftige Mensch und Künstler fühlt sich frei wie gezwungen, das auf seine Weise zu sagen, was ihm vor Augen steht, – aber er fühlt sich auch verantwortlich für das, was er tut, und *wünscht* diese Verantwortung. Das hat nichts mit der kommunistischen Praxis zu tun, die im Gegenteil die fade liberalistische Auffassung von der »Freiheit« benutzt, um illegale Dinge einzuschmuggeln –, ich bin, um die Kunst wieder ehrbar zu machen, gegen solchen Schmuggel, aber auch gegen die unverschämte »Freiheit«, die man uns aufhalsen will. – Nun viel Gutes! Aber zur »AgF« wollen Sie mich nicht mehr rechnen. –

Ihr Dr. Döblin

[Zensur der Straße]

Das Verbot des Remarque-Films bedeutet einen eklatanten politischen Erfolg der radikalen Rechten. Künstlerisch kann ich mich nicht äußern, da ich den Film leider nicht kenne. Das Buch jedoch kenne ich, und ich nehme an, daß die Mehrzahl der Demonstranten weder den Film noch das Buch gekannt hat, so daß ich die Auffassung habe, der Protest hat sich gegen die pazifistische Tendenz des Films gerichtet. Ich finde es höchst bedauerlich, wenn der Film im übrigen künstlerisch einwandfrei ist und keineswegs antideutsch sein sollte – wovon mir nichts bekannt ist –, ich finde es also höchst bedauerlich, daß die Zensur von der Straße geübt wird, und die Folgen eines derartigen Vorgehens sind in der Tat unabsehbar.

[Antwort auf Kornfelds Kritik]

Kornfeld geht aus von einem Stück von mir, welches eine Berliner Bühne aufführte. Ich kann hier, wo ich zu einer Diskussion über »Wissen und Verändern« spreche, doch die Bemerkung Kornfelds zu meinem Stück einbeziehen, weil sowohl das Stück wie die Bemerkungen von Kornfeld in engstem Zusammenhang mit den Sätzen jener Briefe stehen.

Mein Stück hat drei Teile, drei Scenen, jede Scene zeigt an einem besonderen typischen Beispiel, wie die heutige kapitalistische Wirtschaftsform zur Ehe und Familie steht. Kornfeld schreibt: die erste der drei Thesen besagt, daß die kapitalistische Wirtschaftsordnung in Folge der unter ihrer Herrschaft bestehenden Wohnungsnot einen Teil der proletarischen Ehen zerstört. Kornfeld erklärt diese These für falsch. – Aus irgend einem Grund, den ich eigentlich gar nicht anzusehen brauchte. Denn wenn ich weiß, daß die Sonne morgens aufgeht, weil ich es nämlich täglich feststellen kann, dann brauche ich nicht über den Grund nachdenken, den einer vorbringt und der beweist, daß die Sonne morgens nicht aufgeht. Da ich jahrzehntelang Gelegenheit hatte, in Hunderte und Tausende proletarischer Ehen zu blicken, so weiß ich, mit Kornfeld, daß die Wohnungsnot viele Familien zersprengt und vernichtet und ohne Kornfeld, daß Geldmangel, Arbeitslosigkeit und die Anarchie auf dem Wohnungsmarkt daran schuld sind. Die Entwicklung der Industrie hat riesige Menschenmassen in den letzten Jahrzehnten sehr rasch in die Städte gezogen, in den Städten sind die furchtbaren Mietskasernen entstanden, denn Häuser werden von privater Hand gebaut und die Wohnung muß billig sein, da der Lohn gering ist. In der Schrift »Die Wohnungsnot und das Wohnungselend in Deutschland« von Bruno Schwan heißt es auf Seite 45, daß neben der überstürzten Entwicklung der Städte in Deutschland die Bodenspekulation die Ursache der verhängnisvollen Wohnungsverhältnisse sei. Sie bereitete mit den Boden, auf dem die Mietskasernen in die Höhe schießen konnten und sie entwickelte sich, als Folgeerscheinung dieser Art, das Wohnungsbedürfnis zu befriedigen, zur höchsten Blüte. Wir sind also da bei den allbekannten Schäden des gestrigen und heutigen Wirtschaftssystems, bezw. seiner gestrigen und heutigen Stufe. Dies also zu dem Satz von Kornfeld: »So wahr es ist, daß die Wohnungsnot viele Familien zersprengt und vernichtet, so wahr ist es auch, daß der Kapitalismus seinem Wesen nach damit gar nichts zu tun hat.« Erschütternd ist es aber zu lesen, was Kornfeld selber als Ursache der auch von ihm zugegebenen Wohnungsnot hinstellt. Er beschuldigt die Städte, mit dem Geld, wovon sie genug hatten, Mißwirtschaft getrieben zu haben. Die Städte hätten genug Häuser bauen können, aber die höchsten Funktionäre waren gleichgültig gegen die Not der Bevölkerung und bauten Stadien und arrangierten Festspiele. Erschüttert lesen wir den Satz: »Ob die Wohnungsnot in einer Stadt größer oder kleiner oder ganz verschwunden ist, hängt vom Pflichtbewußtsein und der Tüchtigkeit der städtischen Verwaltungen ab.« Kornfeld bestreitet mir ja wohl poetische Begabung, nach diesen Sätzen muß ich zugeben, er ist ein Dichter. Den Bürgermeister möchte ich sehen, die pflichtbewußte und tüchtige Verwaltung, die von sich aus etwas daran ändern kann, daß durchschnittlich in London in einem Haus 8 Menschen wohnen, in der Schweiz 12, in New-York 20, in Paris 38, – dagegen in Berlin 78. Der Wohnraum einer Arbeiterfamilie mit 2 Kindern umfaßte im Jahre 1925 in Nordamerika 5 Räume, in England drei, in Deutschland 1,4. Welche Mittel eine noch so tüchtige und pflichtbewußte Verwaltung einer Stadt haben soll, um hier Wesentliches zu ändern, das erwartet bestimmt jeder Magistrat von Kornfeld zu hören. Langsam und schwer bessern hier Reichsgesetze Einiges, aber der Markt ist ja frei und wir haben keine Bedarfs- und Planwirtschaft, sondern eben den Privatkapitalismus.

Kornfeld widerlegt meine zweite These, welche besagt, daß der Kapitalismus mit dem bekannten Paragraphen einen Teil der proletarischen Ehen zerstört. Dazu kann er nun nicht ganz nein sagen, so sagt er halb nein. Und er sagt, zwar täte der Kapitalismus das, aber sein wesentlichster Verbündeter sei die Kirche. Und er schimpft auf mich, weil ich das nicht erwähne und ich sei außerordentlich kurzsichtig und sehe nicht die Realität. Diese Dichter! Darum braucht er doch mich armseligen Schriftsteller nicht so anzufahren. Warum soll ich denn die Kirche noch besonders nennen? Sie gehört doch heute notorisch zu der Gesellschaft, welche dieses ökonomische System schützt. Ich spreche allgemein von diesem anarchischen Wirtschaftssystem. Kornfeld scheint zu glauben, daß Ansichten der Kirchen, etwa eine Enzyklika hier etwas ändern würden, sogar wenn sie im Ernst gegen das System wären. Ich bin mit anderen der Meinung, daß weder der Kohle- noch der Stahlpreis sich auf eine kirchliche Bemerkung hin ändert.

Und meine dritte These besagt nach Kornfeld, daß der Kapitalismus auch die Ehe und Familie des Kapitalisten selbst zerstört. Hier ist der Dichter in seinem Element. Nämlich ich habe nicht einmal diese These aufgestellt. Der Kapitalismus hat im Gegenteil ein Interesse daran, – und dies wird ausgesprochen, – die Ehe und die Familie zu erhalten. Er kann die Gesellschaft brauchen so wie sie ist. In unserer Epoche, bei der schrankenlosen Herrschaft dieses Wirtschaftssystems und angesichts des Fehlens jeder dagegen auftretenden Kraft verwahrlost auch die bürgerliche Ehe. Dies sage ich.

Nachdem Kornfeld die beiden ersten Thesen naturgemäß nicht hat widerlegen können, die dritte These nicht richtig formuliert, schreibt er von meiner erschreckend leichtsinnigen, erschreckend oberflächlichen Beispielgebung und Beweisführung.

Wenn Sie mich aber fragen, wie diese Thesen und die deutliche Vorstellung dieser Thesen in einem Stück zusammenhängen mit den Gedanken jener Briefe, so antworte ich: dies ist eine beliebige Konkretisierung dieser Gedanken. Man kann nämlich nicht erklären, man stelle sich zwar nicht in, aber neben die Arbeiterschaft, und gleichzeitig schweigen zu ihren Dingen. Geistig hält das Stück völlig die Linie meiner früheren Gedanken. Niemals rufe ich: Nieder mit dem Geist, ich führe aber den Geist da hin, wo er real wird, aus der abstrakten Studierstube heraus. Und es kann da vieles falsch und schief sein und meinetwegen auch nicht gelungen, man möge nur nicht verkennen [Fortsetzung fehlt]

Vorwort zu einer erneuten Aussprache [über »Wissen und Verändern!«]

Wenn ich diese Aufsätze lese, bis auf zwei, so könnte ich wohl verzweifelt sein und mich fragen: wozu habe ich das eigentlich gemacht? Für mich habe ich dieses Buch nicht geschrieben, es wurde mir vielleicht von seiner Mitte ab zu einem nützlichen Instrument der Selbstklärung, aber doch mehr Instrument der Sicherung schon vorhandener Einsichten. Damals, vor einem Jahr, waren Briefe an mich gekommen mit Fragen; ich setzte mich, wie ich gedrängt wurde, trotz meiner Krankheit in Bewegung, mit Widerstreben, denn ich sah voraus, daß ich nun zeigen müßte, wo ich stehe, und daß die große Isoliertheit, in die mich mein unbewußtes und bewußtes Denken geführt hat, noch deutlicher und obendrein nach außen noch sichtbarer würde. Zu meiner Überraschung erhielt ich zustimmende, ja freudige Briefe aus allen möglichen Gegenden Deutschlands, es gab auch böse Angriffe, aber im ganzen vermutete ich, wie ich das kleine Büchlein beendete – was man so beenden nennt, ich legte eben die Feder hin –, ich vermutete, wenn auch nicht für mich, so doch für einige etwas Nützliches getan zu haben, einige Sätze, die zur Besinnung anregen. Und was habe ich nun gesehn, seitdem das Buch erschienen ist, und was lese ich hier, wenn ich von den zwei Aufsätzen absehe? Ich habe Diskussionsstoff gegeben, sie können »Kritiken« und Artikel darüber schreiben, aber wenn ich das Büchlein nicht geschrieben hätte, wäre es ebenso gut. Mit Mühe muß ich mir vor Augen halten, wenn ich dies, bis auf jene zwei Artikel und ein, zwei in der Presse, lese, was mich eigentlich zu der Arbeit bewogen hat, und muß mir die Briefe von damals vornehmen, die mich einluden, drängten und mir zustimmten.

O dieser Wahnsinn, in diesem Lande »helfen« zu wollen. Wie hat schon wer alles geklagt, wie sind so viele geflohen davor, an ihre »Arbeit«. Ich fühle, einmal hat es mich gedrängt, hier einzudringen und wenigstens zu sprechen, aber es ist doch besser, es nicht tun. Ich will mich hart machen und mir diese gedruckten Blätter oft, oft vor Augen halten.

Worin der Fehler liegt? Geschrieben habe ich das Büchlein vor den Menschen, die mir schrieben; zu ihnen redete ich gewissermaßen Auge in Auge. Dann ist die Verlogenheit des Papiers, die Abstraktion des Drucks, die ganze fatale Anonymität unserer Technik, der verfluchten Technik dazwischengetreten, aus der Rede ist die Schreibe, aus der Schreibe der Drucksatz geworden und hat das Ganze, dieses von Mund zu Mund, von Auge zu Auge, vor tausend andere geschleppt, – es ist Wahnsinn, ich bereue, ich bereue.

Hier stehe ich nun vor einer Front, nicht mehr vor Menschen, die mich sehen und hören. Mein Büchlein ist auf dem von der Technik, nicht von mir, gebahnten Wege in diese Hände gefallen, ich höre unerschütterte Menschen sprechen, sie sagen gegen mich auf, was sie wissen und was ihnen sicher ist, – habe ich aber einen Grund, ihnen zu antworten? Wo ich gar nicht zu ihnen gesprochen habe? Ich glaube, nicht jedes Mittel ist für alle Menschen, nicht alle Menschen haben dieselbe Form von Gesundheit oder von Krankheit. Es scheint, diese Menschen hier fühlen sich wohl in ihrer Art und in ihrer Haut, aber ich bitte sehr, ich will sie doch gar nicht stören. Wir können ruhig den Hut voreinander ziehen, Deutschland ist groß, unsere Kreise berühren sich nicht.

Das ist meine erste Empfindung, wie ich die Artikel hier, die so stolz und sicher auftreten, betrachte. Dann ist die Empfindung vorbei, – und ich staune gar nicht mehr. Was habe ich denn erwartet, – habe ich diese nicht alle, und noch andere mehr, schon gesehen, gehört, bevor ich die Briefe schrieb, habe ich nicht sogar ihnen schon geantwortet? Und was ist dabei wunderbar, wenn sie nicht hören.

Ja, es wäre sogar außerordentlich wunderbar. Denn das Eigentümliche der Briefe, ihr Lächerliches, zum Spott und zum Lachen Herausforderndes ist doch deutlich. In der Arbeiterschaft gab und gibt es, seit lange, die Ideen des Klassenkampfes und des Sozialismus; sie erleben den Klassenkampf, und der Sozialismus ist ihr Wille. In die Bürgerschaft und zu den Intellektuellen konnte leicht das eine dringen, weil es vom Kapitalismus aus begreifbar war: der Klassenkampf; es konnte der Marxismus begriffen werden als die Theorie von der Entwicklung des Kapitalismus, der den Klassenkampf mit sich führt; man stellte sich gegen seine kapitalistischen Väter und ihre Gesellschaft, und so bejahte man den Klassenkampf und reagierte politisch seine Ödipus- und Vatermordkomplexe ab, mit Haß, mit Strenge, mit »Gerechtigkeit«. Schwieriger aber wurde es dem Bürgertum und seinen Intellektuellen, mit dem »Sozialismus« fertig zu werden. Das nun war das Meisterstück von Karl Marx gewesen, für die Arbeiterschaft diese beiden Dinge zusammenzuschmieden. Er wäre aber nicht selber Bürgerrenegat gewesen, wenn der Sozialismus bei dem Zusammenschmieden nicht zu kurz gekommen wäre. Und die historische Entwicklung hat auch geholfen, die Legierung von Klassenkampf und Sozialismus zu verschlechtern; das Kupfer des Klassenkampfes wurde mehr, das Gold des Sozialismus weniger; zuletzt hört man nur vom Klassenkampf, von Revolution, Bajonetten, und der Sozialismus ist zum »Ideal« zerblasen, ein abstraktes, lächerliches Luftgebilde, eine Seifenblase im wässerigen Himmel. Wo doch erst der Sozialismus es war, der den Klassenkampf, den man vorfand, aus der simplen Lohnsphäre in eine andere, ungeheure, uns alle angehende und siegreiche Sphäre hob, die gar keine Stratosphäre ist.

Das Kupfer des Klassenkampfes ist in die angriffslustigen, gehässigen Hände der Bürgerrenegaten und ihrer Intellektuellen gekommen; sie sind Bürger und bleiben Bürger, und wenn man erkennen will, was Bürger und Nichtbürger voneinander trennt, ich meine »Bourgeois« von seinem Gegenspiel, so werfe man nur die Frage nach dem Sozialismus auf: es zeigt sich entweder der bloß antikapitalistische, nämlich Vatermordkomplex, oder es zeigt sich der positive Wille, die Hoffnung, die Selbstbejahung und, trotz allem Nein und aller Empörung, die Bejahung alles anderen Menschlichen. Der Mensch ist von Natur her Gesellschaftswesen, und das Wissen darum werden alle Diktatoren und ihre Lobredner nicht ausrotten und entstellen; die Natur hat auf keinen Cäsar warten müssen, um die Menschen zusammenzubringen, zu ordnen, zu organischen gesellschaftlichen Gruppen und Staaten zu vereinigen. Aber es wird unendlich lange dauern, bis in die feudalistisch und kapitalistisch verwüstete Welt dieser Gedanke tiefer eingedrungen sein wird. Schon lange wird der kapitalistische Staat wie der feudalistische Staat verschwunden sein, und noch immer wird sich in den verwahrlosten, schlecht gewöhnten Hirnen der alte, durch die Realität längst widerlegte Gedanke von der Menschenbestie breitmachen. (Bei aller tiefen Verehrung vor Freud kann ich nicht umhin, zu bemerken, daß auch er nicht beigetragen hat, pessimistisch, wie er leider ist, die schreckliche und gefährliche Lehre der Militaristen zu beseitigen.)

Ich kehre zu meinen Widersachern, nein, den Widersachern des Sozialismus, zurück.

Sind das nun wirklich unerschütterte Menschen? Ich glaube,

aus der sicheren Art ihrer Diskussionsbemerkungen kann ich das nicht ohne weiteres schließen. Ist eine Rede in der Diskussion beendet, so wirkt sie, und zwar wie? Ich weiß es doch. Indem sich ihr etwas Negatives gegenüberstellt; jede Vorstellung weckt ihre Gegenvorstellung. Zunächst behaupten sich die Hörer einer Rede in ihrem gegenwärtigen Zustand, behaupten sich selbst. Es bedarf eines längeren Hin und Her, eines Einschleichverfahrens, durch Hinter- und Seitentüren, durch Nebensächlichkeiten, durch persönliche Akzente, bis überhaupt ein Verstehen oder gar die Aufnahme eines Gedankens möglich wird. Es geht anders bei denen, die in Not sind; sie sind geöffnet, ja sie heben sogar unter Umständen den natürlichen Selbstschutz auf und erliegen mit Vergnügen einer suggestiven Blendung, sie fordern die Faszination heraus. Hier nun, vor der Front dieser Artikel, sehe ich, bin ich – vielleicht, vielleicht – im ersten Stadium der normalen Situation. Was sich hier aufstellt, können sichere Festungen sein. Es können aber auch – vielleicht – die Widerstände sein, die eine spätere Aufnahme ankündigen?

Ich möchte dies denken, ich möchte es mir wenigstens einreden, und um zu jedem einzelnen meiner Opponenten sprechen zu können, – der Raum steht heute nicht mehr zur Verfügung – breche ich hier ab.

Nochmal: Wissen und Verändern

Wie ich in dem »Vorwort zu einer erneuten Aussprache« – vorige Nummer dieser Zeitschrift – sagte, bleibt mir, nachdem mehrere Leser meines Buches »Wissen und Verändern« mich sehr gründlich mißverstanden und an mir vorbeigedacht haben, nichts weiter übrig, als nochmals die Hauptgesichtspunkte darzulegen. Das wird eine spezielle Antikritik im großen ganzen überflüssig machen. Unverändert bleibt auch jetzt der Nachteil, daß wir nicht Mann gegen Mann mündlich und direkt verhandeln; mit zwei meiner Opponenten, Blank und Mehnert, ist das inzwischen geschehen, und zwar mehrmals; die Dinge sind schon viel durchsichtiger geworden, ich denke auch meinen Opponenten, – weil der größere Zusammenhang, dazu der menschliche Hintergrund, die seelische Atmosphäre deutlicher wurde.

Das Zentrum aller meiner Erwägungen, das Grundgefühl, formuliert sich in dem naturalistischen Gedanken. Zwar habe ich in dem Büchlein »Wissen und Verändern« einiges davon ausgeführt, ich glaubte, ausreichend viel, aber ich hatte schon vorher ein Buch geschrieben, das sich mit dem Aussprechen dieses Gefühls und mit der Formulierung dazugehöriger Gedanken befaßte: »Das Ich über der Natur«. Da fing ich an zu zeigen, wie ich diese Welt, die Natur, den Menschen, sehe, oder erlebe oder empfinde. (Aber es ist ein Gefühl sehr vieler, und die Gedanken sind tausenfach gedacht.) Es steht kein Jenseits, sei es schöpferisch oder auch nur beeinflussend, »hinter« dieser Welt oder »hinter« diesem Leben. Jenseits: das ist ein Abstraktum, weniger als ein Begriff: ein inhaltloses Wort. Das, was wir erleben, sehen, hören, wissen und auch nicht wissen, ist Welt, ist vieldimensionales Dasein, und dieses trägt in sich Sein, Realität, soweit von »Sein« und »Realität« innerhalb der Zeitlichkeit, die dauernd irrealisiert, die Rede sein kann. Jedenfalls bedarf es keiner Zusatzrealität, die es erst ganz real oder erst wirklich zur Welt oder erst wirklich zur Natur macht. Es braucht kein Atem von außen zu kommen, von einem Überwesen, um einen Klumpen Staub zu einem Lebewesen zu machen, denn – es gibt keinen Klumpen Staub, und so falsch die Vorstellung Jenseits ist, so falsch ist auch ihr Gegenstück Materie. Ich empfinde den Gedanken Jenseits und Materie als sündhaft falsch; so wird eine Erniedrigung dieser stark, wahr und voll ausgebreiteten Realität vollzogen.

Daraus, daß das Dasein, diese Welt, Leben, Form, Ablauf und Realität durch sich selber ist, ergeben sich ungeheure Konsequenzen seelischer und praktischer Art für alles, was bewußt ist. Es ist die Rechtfertigung und Steigerung des Existenzgefühls, der Stolz des Daseins und dann die Verpflichtung, ganz und um jeden Preis zum Dasein zu kommen. Denn es ist weder ein Jenseits zu erwarten, auf das wir die Erfüllung von Pflichten verschieben können, noch dürfen wir Belohnung, für uns etwa, oder Strafe, für andere etwa, von einem Jenseits erwarten. Vielmehr verlangt diese Welt, die ihre Lebenskeime in sich trägt und sich aus sich selbst formt und im einzelnen und im großen von Sinn und Zusammenhängen durchflossen ist, von uns den entschlossensten Willen zur Selbstdarstellung; es ist keine Flucht in Hintergründe mehr möglich, keine Ablastung und kein Fatalismus.

Mit dem Satz: diese Welt steht für sich, und ihre Formungen trägt sie in ihrer eigenen Substanz, ist nicht gesagt: nur das, was wir sehen und hören, ist »Welt«, und dies, was wir erleben und wie wir es erleben, ist alles. Im Gegenteil ist dies, mit seinen Farben, Tönen, Lust, Schmerz, mit seiner eigentümlichen Zeitlichkeit und Räumlichkeit, offenbar nur ein Blick, ein Ausschnitt, eine einzelne Fläche, der Fetzen an einem Kleid, wie die Erde, der Planet, im Weltall; aber sogar als Teilchen ist diese Welt doch ganze Realität, und als Realität ist sie ebenso vorhanden und von derselben Würde und demselben Umfang wie die gewaltigste Sonne, und wenn einer sie isoliert herausgreifen und betrachten könnte, so kann er von ihr auf alle schließen. So real also jedes einzelne Wesen ist und so bestimmt diese Natur aus sich abläuft und keine Ergänzung ihrer Gesetze und ihrer Art von anderswoher bezieht, so ist doch unser Erleben der Welt geheimnisvoll fragmentarisch und daher unser Wissen um sie schwach, von menschlicher Dimensionalität, und es ist ganz und gar nicht erlaubt, die Welt so kindlich eindimensional zu denken. Das ist die Unart besonders der Materialisten aller Zeitalter. Und wenn sie glauben, alles so eindimensional, etwa aus der Ebene einer physikalisch-chemischen Materie, ableiten zu können, – was sie so Materie nennen –, so schlage ich mich gelegentlich lieber auf die Seite der alten Jenseitslehrer, die doch wenigstens die Unmöglichkeit sahen, hier mit Bildern aus unserem Einzelerleben oder gar mit Begriffen unseres Gehirns, des menschlichen Intellekts, durchzudringen.

In dem Buch »Das Ich über der Natur« sagte ich, es gibt in der Natur keinen Stoff und keine Form, sondern nur geformte Wesen und Vorgänge, das sind Abläufe in einem ungeheuren sinndurchflossenen Zusammenhang; in der Welt im ganzen stelle sich vieldimensional ein Ursinn dar, und das einzelne sei real erst in diesem Zusammenhang.

Für diese Gedanken nahm ich eine historische Ableitung vor in dem Buch »Wissen und Verändern«. (Es gibt, nebenbei bemerkt, bei diesem Sachverhalt Gegner aus dem Lager der Schriftsteller, die mir vorwerfen, ich will den »Geist« um seinen Rang und seine Rolle bringen.) Ich zeigte den Sturz der mittelalterlichen Jenseitsvorstellung, der Sturz wird offenbar mit Luther, in den folgenden Jahrhunderten wird die Verweltlichung mächtiger, man beginnt mit der Säkularisation der Klöster und endet mit der Säkularisation der menschlichen Ziele. Ich kämpfe aber dagegen einmal, daß man diese Säkularisation nicht vornimmt, das andere Mal, daß man Verweltlichung mißversteht, nämlich als Materialisation. Nicht vorgenommen wird die Säkularisation, oder sie bleibt im Kopf stecken, bei den Bürgern und ihren Geistigen, – mißverstanden wird sie von den herrschenden deutschen Theoretikern des Proletariats. Marx führt mächtig vorwärts auf dem Wege der Verweltlichung, aber leise schon bei ihm, ganz stark bei dem vulgären und »dogmatischen« Marxismus gibt es den verhängnisvollen, immer drohenden Umschlag von Verweltlichung, Naturalismus, in Materialismus. Die klaren und strengen Gedanken von Marx festzuhalten auf der Linie der Verweltlichung, des großen kommenden neuen Naturalismus, der neuen Diesseitigkeit, dafür habe ich geschrieben, und um das schauerliche Abstraktum und den Bildungskäfig zu zeigen, in dem Bürger und Geistige sitzen. Jene Marxisten, die sich von dem Angriff nicht getroffen fühlen und nicht nötig haben, sich getroffen zu fühlen, sind mir willkommen, sie gehen mit mir. Aber sie mögen selbst fragen, ob eine Abwehr nicht nötig ist und welche schauerliche Gefahr das Abgleiten in den Materialismus, in seine Dummheiten und Frechheiten, in sich schließt. Ich begreife, daß im Ansturm gegen die noch wirksame Jenseitsvorstellung, gegen ihr verfälschendes Weltbild und gegen die Lähmung, die sie und ihre Vertreter planmäßig auf die menschliche Aktion ausüben, ein Übermaß von Diesseitsimpuls nötig ist, – wobei denn auch Materialismus unterlaufen kann. Denn das Harte wird nur besiegt durch das noch Härtere. Aber es wird leider wenig deutlich, wenigstens in Deutschland, daß die »andern« Marxisten wissen – und zu erkennen geben –, welches der geistesgeschichtliche Ort der Lehre von Karl Marx ist. Es gilt, diese Lehre loszueisen. Völlig vernagelt wird hier diese Lehre in den Klassenkampf, und sie wird verhindert, ihre mächtige, allgemeine, mobilisierende Wirkung zu entfalten, weil sie noch dazu abgesondert und gestempelt wird zu einem Parteiprogramm, wo sie ein Baum aus deutschem Boden für jedermann ist. Aber mir scheint, es wird sowohl bei Gegnern wie bei Anhängern (und Nichtkennern!) der Lehre noch lange brauchen, bis man dies sieht.

Zu Einzelheiten der Diskussion

Es war die Frage an mich gekommen: »Was sollen wir jungen Intellektuellen heute tun?« Ich antwortete: Wir wollen einmal überlegen. Zunächst wollen wir uns Zeit lassen zum Überlegen, weil man ja doch nicht blind in die Welt handeln will. Wir, mein Unterredner und ich, ließen uns Zeit zum Denken, und es ergab sich zum Schluß, daß wir noch lange nicht zu jenem Tun, das mein Unterredner erwartete, kommen. Mein Unterredner legte mir eine Speisekarte aller möglichen Richtungen vor. Ich fand, daß wir die Speisekarte weglegen müßten und, statt auf Richtungen zu reagieren, uns klarwerden mußten, was wir grundsätzlich vorhaben. Wir ermittelten Grundsätze und legten sie fest. Es soll nämlich dem Verändern vorausgehen das Wissen, der Aktion und Reaktion die ausgiebige Sicherung einer Linie des Handelns und ihre Befestigung.

Darüber hat sich ein großes Gelächter erhoben. Und daß ein Buch anfängt mit der Frage, was sollen wir tun, und der letzte Satz lautet: »Damit wissen Sie auch bald, was Sie zu tun haben«, verlockte zu den wildesten Freudentänzen. Ein kommunistischer Mitläufer, Weiskopf, freute sich drei Spalten lang und notierte entzückt meine Hilflosigkeit und wie ich in der Sackgasse stecke. Aber auch Kracauer schüttelte den Kopf, und wie glücklich waren die vielen anderen, weil sie dies nun feststellen konnten und daß ich »zwischen zwei Fronten« kämpfe oder zwischen zwei Stühlen sitze und ferner nach alter Weise »vom blauen Himmel« her Belehrungen gebe. Lassen Sie uns einmal sehen, was Kracauer schreibt.

Auch er drängt energisch auf Tun. Da er aber nicht Mann der Maschinengewehre ist, die es ganz einfach haben, so weiß er, daß dem Tun etwas vorangehen müsse, und bei der Überlegung, was denn vorangehen müsse, meint er naiv, wie er sonst gar nicht ist: zum Tun gehöre, genüge bloß »Anwendung des Intellekts«, ja etwas anderes als Anwendung des Intellekts sei nicht erlaubt. Nun wäre das an sich eine sehr schöne Sache, denn in einem Lande mit Schulzwang, zahllosen Akademikern gibt es viel Intellekt, und so hätten wir es bequem, zum Tun zu kommen. Und viele kommen auch in gewisser Hinsicht zum Tun, nur leider zu verschiedenem Tun, und sogar zu einem Tun, das Kracauer tadelt, und da muß wohl ein Haken sitzen, ich meine bei Kracauers Forderung, und es scheint, mit dem Intellekt allein läßt sich die Sache nicht machen. Es gibt offenbar sehr verschiedenartige Intellekte. Und so ist es auch. Verschiedenartig werden aber Intellekte durch das, was hinter ihnen steht. Das wußte, wenn sich Kracauer erinnern will, schon Nietzsche sehr genau; er äußerte es öfter gegen die Wissenschaftler und die Wissenschaftsgläubigen. Und den bloß instrumentalen Charakter des Intellekts hat später Freud sehr deutlich gemacht. Was die Intellekte verschiedenartig macht, das ist einfach, nicht psychologisch, gesagt: der Wille und das Ziel. Es können also suchende Menschen nicht zu einem Tun kommen bloß durch Anwendung ihres Intellekts; man muß ihnen noch das richtige Ziel geben und den Willen daraufhin bilden.

Übrigens hatte auch Marx wenig Vertrauen auf die Intelligenz. Er setzte auf den Klassenkampf und die Antriebe aus der Klassensituation. Erst wenn diese gegeben sind, kann »Aufklärung« einsetzen und wirken. Also Erleben einer Realität und Schlüsse daraus ziehen. Ich zeige meinem Unterredner seine Realität, kläre ihn auf über seine Situation und ziehe ganz allgemeine Schlüsse daraus in bezug auf Art und Richtung seines Handelns. So glaube ich zwar keinen Marxismus zu lehren, aber umsichtiger vorzugehen als Kracauer, der als Minimalforderung aufstellt Bewegung eines leeren Intellekts aus einem ungeklärten Hintergrund gegen einen ungeklärten Vordergrund. Was etwa so ist, als wenn man einen Pappkarton gegen eine Betonwand drückt, um sie zu formen.

Kracauer, ein kluger und sorgfältiger Mann, erzählt, er habe vor einiger Zeit einen Intellektuellen gesprochen, der annähernd die Position einnimmt, die ich empfahl. Da bemerkte Kracauer etwas Sonderbares an dem jungen Mann. Der verteidigte mit einer Leidenschaft, die »keineswegs rein aus dem Intellekt kam«, gewisse geistige Besitztümer, vor allem die Sphäre der religiösen Wirklichkeit und die Rechte des »ihr zugekehrten existentiellen Menschen«. Den kollektivistischen Gedanken prüfte er nicht vorurteilsfrei, sondern lehnte ihn zugunsten jenes anderen Weltbildes entschieden ab. Und hier wunderte sich Kracauer und bedauerte, daß keine Spannung zwischen den beiden Einstellungen, der kollektivistischen und der religiösen, entstand. Nun frage ich, welche Spannung erwartet eigentlich Kracauer? Stehen sich religiöse Wirklichkeit und »kommunistische« These, nämlich so wie sie jener versteht, wirklich gegenüber? Ich finde, dies ist ein junger Mann, der (Verzeihung!) einiges mehr hat als Kracauer, der glaubt, ihm raten zu können oder zu müssen. Er hat eine Leidenschaft, die wirklich nicht rein aus dem Intellekt kommt, das ist ihr Vorzug. Intellektuelle, wendet eure Intelligenz an, nämlich zum Abbau mythologischer Vorstellungen, – diesen Rat gibt Kracauer, aber das ist wirklich noch nicht einmal eine Minimalforderung. Er nennt den Intellekt das Instrument der Zerstörung aller mythischen Bestände um und in uns. Ja, es ist gut, das Verlangen nach Klarheit, der Wunsch nach Entlarvung von Ideologien, die nichts taugen, aber der Intellekt ist noch mehr als bloßes Zertörungsinstrument, er ist vor allem und primär Instrument zur Verwirklichung eines Willens. Nun tut Kracauer so, als stehe sein Intellekt nicht im Dienst eines Willens, oder als gebe es einen solchen Intellekt, der nur die reine Wahrheit will, und als gebe es solche reine Wahrheit, und als glaube er daran. Wozu dies Spiel? Zwischendurch fallen doch Wendungen von der »revolutionären Theorie«, »historischem Materialismus« – –

Als Ziel hatte ich, von der naturalistischen Basis ausgehend, genannt: Entfaltung und Darstellung des neuen natürlichen gesellschaftlichen Menschen. Es ist nicht nötig, dieses Ziel noch genauer von dem Gedanken der Verweltlichung abzuleiten. Als negative oder reaktive Leistung auf dem Wege zu diesem Ziel nannte ich Empörung gegen Unterdrückung, Ablehnung des Zwangsstaates, auch Ablehnung des mit politischen Gewaltvorstellungen gesättigten Begriffs der »Nation« im alten Sinne. Als positive oder aktive Leistung die Entfaltung des naturgegebenen menschlichen Gesellschaftssinns, des natürlichen Solidaritätsgefühls, seine organische Ausgliederung in der Form einer neuen Gesellschaft oder einer wirklichen »Nation«. Während ich für organische Gliederung der Gesellschaft und für natürliche Gruppierung bin, wozu auch Führung gehört (auch Disziplin, aber es gibt zwei Disziplinen, Herr Mehnert, Sie kennen nur die des Kasernenhofs), muß ich politische, wirtschaftliche und geistige Unterdrückung ablehnen, weil sie sich nicht verträgt mit jener Bewegungsrichtung. Daraus ergibt sich die Haltung gegen die Dynastien, den alten Feudalismus, gegen den anarchischen und verantwortungslosen neuen Privatkapitalismus, gegen die schlechten Träger und Bildner der Öffentlichkeit, welche nur durch ihre Verbindung mit den Trägern einer heutigen Macht legitimiert sind, gegen die heutige Staatenbildung überhaupt, gegen diese elefantiastischen Riesenapparate, die mit fremdem Zwang und fremder Gewalt aufgebaut sind und sich naturgemäß nur so erhalten. Zieht man diese Generallinie und entwickelt man diese Plattform, so ist der Boden gegeben, auf den mein Frager und Unterredner treten kann.

Auf dieses Ziel hat er seinen Willen einzustellen. Und es ergibt sich nun, wenn er handeln will, daß er mit manchen heutigen Bewegungen, ja Parteien einige Schritte gemeinsam gehen kann. Etwa sofort muß prinzipiell klar sein, daß er damit real und praktisch in Front tritt gegen den Volksteil in Deutschland, der sich heute Bürgertum nennt, und daß er sich an die Seite der Arbeiterschaft stellt. Denn das, was sich heute Bürgertum nennt, hütet den anarchischen Privatkapitalismus und ist sein und des Staatsapparates Nutznießer. Es ist überhaupt nur dem Namen nach »Bürgertum«, tatsächlich eine Versammlung oder Summe der feudalisierten Untertanen, denen das sichtbare feudale Haupt fehlt, aber sie haben es unsichtbar noch im Staat. Und ferner ist die unfreie Untertanenhaltung geblieben, mit der Anbetung des Staatsgötzen und dem Glauben an die Gewalt.

Die großen geistigen und kulturellen Leistungen, die im Laufe der letzten Jahrhunderte innerhalb dieses Scheinbürgertums erfolgten, werden darum nicht verkannt, vielmehr verläuft ja der große naturalistische Impuls sichtbar in ihnen; sie haben aber, da der feudalistische Widerstand gegeben war und der entschlossene naturalistische Impuls fehlte, nicht in den Staat und die Gesellschaft dringen können. Sie haben in Deutschland einen wirklichen Bürger nicht auf die Beine stellen können, und sie haben im ganzen keinen organischen Staat und keine Gesellschaft aufbauen können.

Im Angriff auf dieses Bürgertum befindet sich die Arbeiterschaft. Und weil die Arbeiterschaft antifeudalistisch und antikapitalistisch ist und obendrein die Theorie der menschlichen natürlichen Freiheit innerhalb der Solidarität ausspricht, steht, sage ich, jener, der mich fragt und jene Plattform betritt, real und praktisch neben der Arbeiterschaft. Er ist aber verhindert, sich Arbeiterparteien anzuschließen, solange den Arbeiterparteien die Radikalität des echten naturalistisch-sozialistischen Impulses fehlt und sie statt dessen entweder keine Radikalität oder eine ungenügende, bloß ökonomistische oder offen materialistische entfalten.

Ich glaube, nachdem ich dies entwickelt habe, ist der Einwand: »Position zwischen zwei Fronten« als fehlerhaft und als ein Irrtum erkannt. Der naturalistisch-sozialistische Impuls mit seinen Gedankenreihen ist ein Zentrum geistiger Kraft und überhaupt keine Front. Von diesem Zentrum aus können bestehende Fronten mobilisiert und angegriffen, zerbröckelt werden. Von ihm kann eine Neuformation von Fronten eingeleitet werden. Es bewegt sich nicht Front gegen Front, sondern ein Hebel gegen Fronten. Dies Zentrum greift ebenso wie in die marxistische und Bürgerfront – in die kirchliche und in die neue nationalistische ein.

»Theorie aus der blauen Luft«? Ein Ziel, das nicht das Ziel einer heutigen Partei und Programm einer bestehenden Front ist, ist darum noch lange kein Ziel aus der blauen Luft. Das möchten sie wohl. Das möchte schon jeder Parteianhänger von den Zielen einer anderen Partei, die er nicht mag oder nicht versteht. Es kommt eben darauf an, daß man zeigt, daß man da ist. Alsdann merken sies und fragen nicht mehr nach der Herkunft. Dieses Ziel hier, dieses Zentrum, die naturalistisch-sozialistische Generallinie, ist historisch auf dieser Erde gewachsen, in der deutschen Geschichte gut und klar begründet und damit legitimiert, das Ziel steht auf zwei starken Beinen, es sind die stärksten, die ich kenne, man wird ihren Schritt noch hören. Und es ist auch kein Plan, keine Utopie, kein Projekt von mir, sondern die Aufdeckung und Bewußtmachung eines Tatbestandes, nämlich einer nachweisbaren, allgemeinen, ganz verbreiteten Gefühls- und Gedankenrichtung, einer inneren und äußeren Bewegung. Statt dagegen von der Peripherie her zu opponieren, wäre es besser, einzusehen, um für sich selbst an Kraft und Willen zu gewinnen, an Klarheit und Lebenssicherheit, und es wäre nötig, an den Aufgaben mitzuarbeiten, die sich jetzt ergeben.

Ich muß in diesem Zusammenhang aus der Reihe von Opponenten, die an mir ihren (meist fehlenden) Witz üben, einen hervorholen. Denn das ist ein symptomatischer Fall: Der sture Literat, der auf dem einsamen Papier einem richtigen Gedanken begegnet, sich von ihm getroffen fühlt und sich nun in Überlegenheit hineinkräht. Ich habe nicht für Literaten geschrieben, aber ich kann nicht verhindern, daß sie sich über das Geschriebene hermachen. Die Literatur ist mit am schwersten von dem Unglück der Isolierung betroffen, die Verkümmerung, die Einwärtskehrung und Pervertierung ist hier besonders groß. Ich hatte in meinem Buch das Schlechte und Schädliche an Wagner, Nietzsche und – natürlich in weitem Abstand zu nennen – George bezeichnet; an einer anderen Stelle richtete ich an die überfeierten deutschen Autoren den Appell zu einer »Senkung des Bildungsniveaus«. Ich meinte: Der Kreis, an den wir uns wenden und mit dem wir geschichtlich verbunden sind, ist zu klein. Das ist gefährlich, auch für uns, es verengt und verarmt. Vor allem aber ist, besonders nach dem Jahr 1918, ein erwachendes Volk da, das uns braucht –, ja, für so wichtig halte ich die »Geistigkeit« – wir sollen und müssen an mehr denken als an die kleine hochgebildete Schicht, es kann nicht dauernd um Spitzenleistungen gehen, wenn das Bildungsmonopol beinah achtzig Prozent des Volkes in den Gemeindeschulen festhält und sie nur das Notwendigste lernen läßt. Sie verstehen uns nicht, und die Schicht, für die wir arbeiten, geht zugrunde. Ich habe dies in einer Rede auf den von mir gefeierten Arno Holz ausgeführt und damit Material beigebracht zur Erklärung der mich erschütternden Tragödie seiner Produktion.

Dazu äußert sich nun ein Schweizer Schreiber, ein westlich eingestellter Mann, der eine Zeitschrift herausgibt. Er ist für Erhaltung des Bildungsniveaus in Deutschland und beantwortet Ausführungen meines Buches mit Wendungen wie »Nanu, wat sagste, haste Worte«, »kleiner Plötz«, »Schnoddrigkeit«, die die Höhe des zu erhaltenden Niveaus bezeichnen sollen. Er beliebt seitenlang meine Gedankengänge mit wegwerfender Gehässigkeit zu glossieren. Was, kann ich entschuldigend fragen, versteht ein reicher Mann aus Zürich von Dingen in Deutschland?

Ich habe in Berlin die Gemeindeschule besucht, bin unter schweren Verhältnissen aufgewachsen, habe dreiundvierzig Jahre im Berliner Osten verbracht, nicht als Zuschauer, sondern als einer, der hier lebte, arbeitete und sich durchschlug. Ich habe viel gelesen, Geistes- und Naturwissenschaft, Philosophie und auch Karl Marx. Aber mein größter Lehrer ist dieses kleine Leben gewesen, waren die Fabrikmauern und diese Straßen und diese Menschen, deren Art ich kenne und zu denen ich selbst gehöre. Weil es so ist und mir mit den Jahren immer stärker das Gefühl meiner Verpflichtung auch gegen sie gekommen ist, habe ich jenes Wort von der »Senkung des Bildungsniveaus« gesprochen, das ist: von der Notwendigkeit einer Bewegung auf sie hin! Es ist absurd, sagte ich, sie auf unser Bildungsniveau heben zu wollen, denn dieses Niveau ist überspitzt, ist aus einer schlechten Situation gewachsen, faßt die Bildung einer isoliert hochgezüchteten Schicht, der Appell geht an uns, die wir produzieren; wer weiß freilich, ob wir Lebenden das erfüllen können. Und was tut der Schweizer Aristokrat? Er verhöhnt auf eine traurig gezierte Weise und beschämend diesen Anruf, der besagt, wir müssen uns zu neuen Aufgaben bewegen, das große Volk erwartet uns, die neue deutsche Realität ist zu erobern, es gilt, sie gestalten zu helfen. Der Mann aus der Schweiz findet für meine Bemerkungen den Ausdruck – »Hundeschnauze«. Nicht zu verstehen ist es, wie man verhöhnen kann, was ich meine, dieses schrecklich schwere deutsche Geschick, unter dem wir leiden und an dessen Besserung wir arbeiten. Aber dies ist eine symptomatische Eitelkeit, dazu die besondere Frivolität und Leistung des Mannes, dessen Namen ich hier festnagele: Max Rychner. Er zeichnet als »verantwortlicher Redaktor« in der »Neuen Schweizer Rundschau«.

Von Kampf, Disziplin und Friedfertigkeit. Wer in der heutigen Staats- und Gesellschaftsordnung für die natürliche Freiheit des Individuums innerhalb der Solidarität eintritt, muß eine klare Stellung zu den Fragen Gewalt und Freiheit, Disziplin und Anarchie, Kampf und Friedfertigkeit haben. Gefordert wird mit der größten Strenge Darstellung des freien natürlichen Menschen in einer wirklichen Gesellschaft. Die Pflicht zur Empörung, das individuelle Recht gegen autoritären Zwang wird ausgesprochen. *Damit wird Kampf gefordert.* Dieser Kampf wird und muß ein permanenter sein, solange die Spezies Mensch lebt. Denn die Gewaltinstinkte werden atrophieren, aber bei jedem Nachlaß des Drucks wieder vorbrechen. Also Friedfertigkeit in der Solidarität und Gesellschaft, – und entschlossener Kampfwille und Kampfbereitschaft gegen die Verhinderer der Gesellschaft, die menschlichen Schlingpflanzen, Parasiten, Riesenraubtiere und ihre Rudel und Organisationen.

Wie steht es mit Disziplin und Anarchie? »Ordnung unter Menschen ist nicht möglich ohne Zwang«, diesen Satz der Kasernenhöfe, der durch jeden Blick in den Alltag widerlegt wird, haben Sie nicht gefunden, Herr Mehnert, sondern Sie haben ihn Ihren Lehrern, den Altpreußen, nachgesprochen. Der Mensch folgt überall in der Welt auch ohne Zwang, denn er hat Vernunft, Erfahrung und geht ohne die beiden zugrunde. Freilich Riesenreiche und unnatürliche, ungesellschaftliche Gebilde wie zwangsweise rekrutierte Heere ordnet man nicht ohne Gewalt. Das liegt aber an den unnatürlichen Gebilden. Wo Zwang angewendet werden muß, soll man aufmerken; da stimmt etwas nicht; und wenn es heute stimmt, so wird sich morgen der Fehler zeigen. Also: das »Kollektiv« ist wirklich, immer und überall auf dem Marsch, wo Menschen sind; mit dem richtigen, spontan sich gliedernden Kollektiv ist die Ordnung, die Disziplin, welche das Gegenteil von Zwang und Gewalt sind. Anarchie aber entsteht, wo Gewalt und Zwang »Ordnung« schafft. Das ist die Scheinordnung unserer Gesellschaften mit ihrem Pseudoindividualismus und der völligen inneren Zusammenhangslosigkeit.

Herbert Blank wird danach nicht mehr glauben, daß ich Kampf ablehne. Ich lehne aber schlechte und dumme Kriege ab, also solche, die mit falschen Mitteln für falsche Ziele kämpfen. Ja, ich empfehle den entschlossensten Kampf gegen solche Kriege, die er anscheinend im Auge hat, denn sie werden historisch allemal von einer kleinen, unausrottbaren, immer wieder sich erneuernden Herrenschicht auf dem Rücken aller Übrigen ausgetragen. (So entsteht keine Gesellschaft und auch keine Nation, die er will.)

Zusatz zur Frage Materialismus und Idealismus

Der von mir entwickelte Standpunkt wurde idealistisch genannt. Materialismus ist wie Idealismus allmählich ein übermäßig vieldeutiger und umfangreicher Begriff geworden. Nehme ich aber Materialismus und Idealismus in dem gewöhnlichen landläufigen Sinn und wäge sie gegeneinander ab, so entscheide ich mich für Materialismus. Ich muß erklären, daß ein entschlossener Materialismus – wobei ich unter Materialismus konkreten sachlichen Realismus verstehe – der Boden meiner Gedankengänge ist, und allein die notwendige Abgrenzung von einem verwahrlosten Materialismus – welches nämlich die Metaphysik von einer »stofflichen« Welt ist –, erforderte den starken Akzent auf das Geistige, wodurch dann der Anschein des Idealismus entstand. Ich lehne aber, wie übrigens auch Marx in seinem besten Teil, die metaphysische Isolierung und Verselbständigung einer sogenannten Idee und einer sogenannten Materie ab.

Idealismus in einem gewissen alten und gewöhnlichen Sinne kann sein innerhalb der Realität eine entflammte, zielgetragene Haltung. Da ist Aktivität und forttreibender Wille gegeben. Niemand kommt ohne diesen Idealismus aus. Es ist verhängnisvoll, diesen Idealismus, das A und Z jeder Bewegung, lächerlich zu machen. Was sich in den letzten Jahrzehnten in Deutschland als Idealismus gab, war das Gegenteil einer aktiven, entflammten, zielgetragenen Haltung. Es war das nach innen geschlagene ohnmächtige Ziel, das sich an keiner Realität maß und dem man mit Phantasien, sogenannter Philosophie und Kunst, und einem bodenlosen Gerede diente. Es war das historisch begründete Ausweichen vor der Realität, die bürgerliche Verdrängung. Es kommt an, heute und morgen, auf die Aufdeckung dieser Verdrängung und auf die Überwindung dieser schlechten scheinidealistischen Haltung.

Dem gegenüber steht der Materialismus, also, den ich meine, und der zur Realität drängt. Er ist kompromittiert durch die Exzesse zahlreicher Anhänger und durch die Rolle, die er in der historischen Situation spielen muß. Da hat sich gewiß als Materialismus das hingestellt, was voller Plattheiten und greifbarer Schiefheiten ist. Es ist ein metaphysisches Denken in Stofflichkeit; Gedanken werden in der schrecklichsten Epoche des Materialismus, in der Mitte des vorigen Jahrhunderts, einmal aufgefaßt als »Produkte« des Gehirns, die etwa vom Gehirn quasi durch Sekretion erzeugt werden wie Urin von den Nieren. Es ist schwierig, und viele tun es nicht gern, nach derartig kompromittierenden Äußerungen sich noch mit irgendeinem Materialismus zu identifizieren. Aber das schauerliche Vorwalten von Phantasien besonders im bürgerlichen Geistesleben erfordert eine handfeste Haltung, und hier tritt nun der gute, echte Materialismus auf als klarer konkreter Realismus, die strenge Vertretung der komplexen Sachlichkeit. Von solcher Sachlichkeit ist die Naturwissenschaft und die Medizin schon lange, soweit sie nicht anfängt zu philosophieren. Solch komplexer, Ziel aus Seele, Geist und Realität verbindender Materialismus war ferner immer Sache der Politiker und der aktiven Männer aller Schichten und aller Berufe. Jeder, der eingreifen wollte und dazu viele oder möglichst alle

Umstände berücksichtigen wollte und mußte, war in dieser Art »Materialist«. Etwa der Feldherr mußte Parolen geben für das kriegerische Vorgehen, er mußte eine möglichst zugkräftige Ideologie unter seine Leute bringen, aber er mußte auch ihren Bedarf an Brot, Fleisch und Alkohol decken, und er mußte sehen, daß die Feldpost funktionierte.

In solcher Weise ist heute besonders dem deutschen Bürgertum Materialismus, das heißt der konkrete und komplexe Realismus, nötiger als das Gegenstück, denn dies Scheinbürgertum ist idealistisch – das Wort im schlechten Sinne genommen – verdorben, es wirft nicht seine Kultur in Staat und Gesellschaft hinein, seine Geistigkeit ist nicht durch die Naturwissenschaft oder durch die Ökonomie hindurchgegangen, und es ist im ganzen praktisch nicht so an die Realität herangedrängt und über sie aufgeklärt worden, wie die Arbeiterschaft, nämlich durch ökonomische Not. Und ich bin nur dadurch genötigt, möglichst selten das Wort Materialismus zu gebrauchen, weil der elende stoffliche Materialismus gerade das verhindert, was er leisten soll: nämlich aus dem bloßen Innenleben herausdrängen in die Realität. Es fehlt diesem stofflichen Materialismus der massive Akzent auf den bewegenden Hebel und auf den Mann am Hebel –, es fehlt der aktivierende Einschlag, also der Idealismus.

Sogar der stoffliche Materialismus kann übrigens bei Völkern, die auf niedriger Kulturstufe stehen und eben erst das Analphabetentum überwinden, etwa bei Russen, eine wichtige Funktion, überhaupt eine lebendige Funktion haben. Dieselbe Funktion hat er in sonst kultivierten Völkern bei ihrem minderkultivierten Teil. Er reißt derb und grob die kirchlich und metaphysisch gebundenen aus ihrer Betäubung. Dazu ist enorme Handgreiflichkeit nötig, auf theoretische Richtigkeit und Hiebfestigkeit kommt es nicht so an. Dieser Kampfmaterialismus für Analphabeten versagt aber bei kultivierten Völkern oder gegenüber kultivierten Schichten. Denn hier, wo eine lange geistige Tradition fortlebt, ist er diskreditiert durch seine Unwahrheit, seine Schiefheit, seinen provinziellen Aberglauben. Statt zu aktivieren, erregt er Gelächter und stärkt so in gefährlicher Weise eine schlechte Position.

Rolle des Marxismus. Ein Opponent nennt meine Gedankengänge pseudomarxistisch, ein anderer unmarxistisch (andere übrigens, Fechter, bedauern, daß ich zu marxistisch bin). Wie steht es mit dem Marxismus?

Die klare historische und ökonomische Durchdringung der Realität ist die Leistung von Marx. Ich bin nicht geneigt, diese Leistung aus den Händen zu lassen und dränge darauf, daß die Geistigen und Bürger sie sich ebenso zu eigen machen, wie ein Teil von ihnen sich Goethe oder Freud zu eigen gemacht hat. Der Umgang mit Marx hat aber Konsequenzen, und wer seine Sätze liest, merkt bald, dies ist nicht aufzunehmen wie ein lyrisches Gedicht oder eine Sonate, sondern hier heißt es reagieren. Denn die Erkenntnisse von Marx gehören zu der besten Art der Erkenntnisse. Nämlich zu den bewegenden, und dies kommt so: es schreibt einer von Vergangenheit und Gegenwart, der von der Zukunft weiß, eine bestimmte Zukunft will. Wille und Ziel geben aber das stärkste Licht und sind die Zentralsonnen der wirklichen Erkenntnisse.

Meine Position kann man aber weder marxistisch noch unmarxistisch noch pseudomarxistisch, noch antimarxistisch nennen, so wenig wie goethisch oder ungoethisch. Denn ich habe es nicht mit Marx, dem Gott oder dem Satan einiger meiner Gegner, sondern mit der naturalistischen und sozialistischen Bewegung zu tun, und zeige, wie hier Marx, ein einzelner großer geistiger Produzent, steht, und daß er hier verankert ist, aber in wichtigen Punkten, die historisch bedingt sind, abgleitet und der Bewegung schadet. Die Punkte sind: Der schroffe Zentralismus, die Wissenschaftsgläubigkeit, der Militarismus, den die Lehre begünstigt und aus dem ihr autoritärer Geist wächst, die ökonomistische Verengung der Gedanken, die gelegentlich dicht an die Grenze des metaphysischen Stoffmaterialismus führt.

Ich weise den, der nach einer besseren Fortführung der naturalistischen Generallinie fragt, auf die Geschichte der Arbeiterbewegung hin. Es war die historisch bedingte Kampfhaltung der deutschen Arbeiterschaft, gegen das abgespaltene Bürgertum, welche zu einer Festlegung und Versteifung der treibenden Ideen und zu ihrer Eintrocknung zum aggresiven Ökonomismus und Militarismus führte. Die Kampfhaltung richtete sich gegen das Bürgertum als den Träger und Nutznießer des Kapitalismus und den Schleppenträger des Feudalismus. Der große naturalistisch-sozialistische Zusammenhang aber ging verloren. Die elementare Diskussion zwischen Marx und dem mächtigen Bakunin wurde in Deutschland endgültig für Marx entschieden und praktisch beendet. Der Abbruch dieser Debatte wurde zum ungeheuren Schaden für die Arbeiterschaft wie für die gesamte politisch geistige Entwicklung in Deutschland. So ist auch nach Bakunin der Lehrer der gegenseitigen Hilfe, Kropotkin, bei uns wenig wirksam geworden, kleine abgespaltene Gruppen pflegen die Gedankengänge, jedoch im Volk der Soldaten und Techniker, der Untertanen und der Träumer fassen sie keine Wurzel. Man schrieb gelegentlich darüber und pries die edle Gesinnung, und beließ es dabei, lächelnd, anerkennend, kopfschüttelnd. Denn man war der Meinung, von Vater und Großvater her, daß nur die Kanone und der Besitz Realität haben. Aber heute ist die Schwere und Tragik der Situation deutlich. Der alte wissenschaftlich technische Marxismus hat sich im Kampf festgefahren. Er formiert weiter zum Sturz des Kapitalismus Bataillone, er ist unverändert aus auf Diktatur. Dunkel sagt er »Diktatur des Proletariats«, aber wenn man sich umsieht und die möglichen Diktatoren betrachtet, die sprechen und in den Büros sitzen, so hält man sie für Befehlshaber wie auch andere Befehlshaber, und wir hatten noch keinen Mangel an verkrüppelten Menschen und Befehlshabern. Es besteht kein Grund, noch einen neuen Nährboden für die tödlichen Macht- und Unterdrückungsinstinkte herzurichten. Für die Geistigen insbesondere besteht kein

Grund, die Barbarei einer neuen Dogmatik und Inquisition herbeizuführen.

Wenn eine Stellung zum Marxismus eingenommen wird, so darf dies nicht vergessen werden. Es ist aber nötig, Methoden zu erdenken, um sofort und augenblicklich eine Auflockerung der Menschenmassen vorzunehmen und sofort und augenblicklich die Ideen eines wirklichen Kollektivums als Zentralideen zu verbreiten unter die Millionen, die in Zwangsformationen zementiert leben. So ungeheuer wichtig der Kampf gegen die ökonomische Gewalt ist, den der Marxismus einseitig betreibt, so übersteigt ihn doch an Wichtigkeit das Wissen und der Wille zum naturalistisch-sozialistischen Ziel. Der Kampf gegen die ökonomische Gewalt muß als Teilkampf geführt werden. Ein Teilziel darf nicht das eigentliche Ziel überschatten, ein Schritt darf nicht solche Wichtigkeit erhalten, daß darüber der Weg vergessen wird. Wie man sich das Ziel des Kampfes, der auf allen kulturellen Gebieten, nicht bloß auf dem ökonomischen zu führen ist, wie man sich dies Ziel nicht vom Gegner vorschreiben läßt – nämlich nicht Schichtwechsel in der Herrschaft, sondern wirkliche Gesellschaft –, so übernimmt man auch nicht seine Kampfmethode, man legt nicht das Hauptgewicht auf Organisationen, obwohl auch Organisation wie Parteien notwendig sind, man rüstet nicht zu einer späteren wunderbaren Entscheidung, die ja nicht eintreffen kann, weil man sie nicht richtig vorbereitet, nämlich bereits frei und sozialistisch und schon mit der Haltung des neuen Kollektivums.

Vom organischen Kollektivismus, gegen das Zwangskollektiv

Damit ist dem organischen Kollektivismus das Wort gesprochen. Pseudoindividualismus ist vielmehr das faktische menschliche Verhalten von heute, in den heutigen Staaten und seinen Formungen. Die Zwangsorganisationen drängen den Menschen und seine kleinen Gruppen, Familien, Berufsstände usw., zum Pseudoindividualismus, was auf deutsch heißt Eigenbrödlerei und die Schutzform gegen die Zwangsorganisation ist. Diese kleinen und kleinsten Gruppen sind das Treibhaus für alles schlechte Private, hier gibt es stumpfe Sättigung und das Philistertum, man ist aus auf eine resignierte Zufriedenheit und auf kleine Genüsse, es gibt unfruchtbare Selbstanbetung, eng verkoppelt mit Selbstverachtung. Im ganzen entwickelt sich hier das bekannte kolossale und unwahre Innenleben, das hypertrophische abgeschlossene Eigenleben nicht eines Volkes oder einer Gesellschaft, sondern Millionen einzelner. Wenn Max Stirner nicht Gesellschaft will, sondern den Verein Einzelner, so ist es überflüssig, das hierzulande zu fordern. Hier findet eine übermäßige Absonderung in die kleinsten Gruppen, Vereine und Familien statt mit schädlicher, degenerierender Abgrenzung von der übrigen, weil nämlich nicht vorhandenen, Gesellschaft. Hier entwickeln sich die Zwangsbindungen der Personen aneinander, die unglücklich sind und als krank empfunden werden, weil sie dem ursprünglichen und natürlichen gesellschaftsfrohen Empfinden widersprechen. Hier ist der Boden für die bekannten Komplexe, für Schuldgefühle, Gewissensängste, das Pandämonion von heute.

Gesellschaftlich gesehen also ist keine Solidarität da, es sei denn in gelegentlichen krampfhaften Eruptionen, zu denen man drängt, um aus der Isolierung zu kommen. Der Krieg war solche Eruption; daher das Ja von Millionen, auch von Arbeitern zu ihm. Also ganz paradox: Krieg als Gesellschaftsersatz im kranken Zwangsstaat; die Militaristen wissen nicht, was manchmal hinter ihrer Kriegsbegeisterung steht. Gesellschaftlich fehlt wirkliche Hilfsbereitschaft und muß von außen durch Versicherungen aus Steuern ersetzt werden. Den stärksten Motor und das seelische Zentrum gibt begreiflicherweise in solcher nicht vorhandenen Gesellschaft der Besitztrieb ab. Der Vielfraß und der Hamster sind hier die Wappentiere. Aber dieser Motor macht keinen glücklich, die Natur, die die Gesellschaft fordert, ist weder edel, noch lächerlich, sondern einfach vorhanden, und sie läßt sich weder unterdrücken noch täuschen. Sie läßt sich auch nicht vertrösten auf spätere Zeiten und läßt sich nicht einschläfern durch die verlogenen Theorien von dem allein nachweisbaren Kampf aller gegen alle in der Natur.

Wenn man aber meint, dies wäre auch im Naturalismus und im Marxismus gegeben, ja es würde erst durch ihn und seine Praxis realisiert werden können, ich aber schiebe die Nation und den Sozialismus nunmehr in die grauste Zukunft und ermächtige meinen Unterredner »aus Sozialismus sich nicht um den Sozialismus zu kümmern«, so ist nun deutlich geworden, wie falsch das ist, und ich bedaure den Spieß umkehren zu müssen. Allein auf die Weise der linientreuen Marxisten und der Nationalisten wird der Sozialismus weit weg in die grauste Zukunft und obendrein in die Schimborassohöhe des grauen Himmels geschoben. Was den blauen Himmel anlangt, von dem die dogmentreuen Marxisten und die Nachfolger der alten Offiziere den Sozialismus mit Kanonen und Bajonetten auf die Erde herunter begleiten werden, – so wäre es gut, die Herren betrachten sich einmal im Spiegel und werfen die Maske ab. Welche Maske? Die des Sozialismus. Sie sollen doch endlich klar über sich werden und erkennen, daß hier zweierlei Geist sich aneinander mißt, das, was ich und andere als Sozialismus schildern, und das, was sie wünschen und betreiben. Wozu die Finten, das scheinbare Beschützen des Sozialismus? Die Wölfe im Lammpelz! Das sind merkwürdige Sozialisten, denen Sozialismus ein ebenso edler wie lächerlicher Begriff ist, denen keine Sache so humorvoll erscheint wie Menschlichkeit, und denen der Bauch wackelt, wenn sie das Wort Gesinnung und Ethik hören. Was sind sie? Klassenkämpfer mit amerikanisch technischem Geist. Dies ist Amerikanismus des Proletariats. Und auf der anderen Seite alter Offiziersgeist mit neuer Ideologie.

Und wie sieht das naturalistisch-sozialistische Ziel aus? Man tadelt, daß ich zu wenig von seiner »Verwirklichung« spreche. Ja, sage ich, das Ideal muß verwirklicht werden, aber zunächst muß es als Ideal eingesetzt werden, das heißt als ungeheures Ziel, es muß Gegenstand eines Willens werden, als Komplex von Motiven in das Gefühl und in die Gedanken eingehen, – es muß die Gewalt und die Ehren einer treibenden und mobilisierenden Utopie erhalten. So, Herr Blank und Herr Kracauer, sieht bei mir Utopie aus, das heißt Willensobjekt, Ziel. Ich lese den Satz: »Intellektuelle strecken die Waffen vor einer Utopie.« Ich frage, wie man das ehrlich sagen kann, wir wissen doch das alle anders. Wir wissen doch alle ganz genau, daß das furchtbare Übel der Intellektuellen gerade jene gepriesene, anfressende Intelligenz ist, die Sie so wünschen, die alle Naturprodukte zerfrißt. Das Übel ist nicht der »Idealismus«, sondern der Mangel an all dem, was Hingabe und Begeisterung ist. Und weil die Intellektuellen diesen Mangel selbst fühlen, – die Geschichte der deutschen Geistigkeit hat sie in diese schauerliche Situation getrieben, – und weil ihnen der natürliche Jungbrunnen der Idee und Offenheit und Trieb zur Hingabe fehlt, so überantworten sie sich trüben Pseudoerregungen und halten sich an den Strohhalmen, die ihnen Parteien zuwerfen.

Der Marxist dieser Schattierung – er gibt sich nicht offen – will das sozialistische Ideal (er sagt charakteristisch: »das Ideal – auch das sozialistische –«; man bemerke besonders dies »auch«) nicht einfach hochhalten lassen, sondern es in die dialektische Beziehung zu den augenblicklichen Möglichkeiten seiner Realisierung bringen. Wir sind darin einer Meinung. Auch einer Meinung bin ich mit ihm darin, daß das Ideal so überhaupt allein in Kraft tritt, aber gleich hinterher fängt der Fehler an, und es beginnt die Entgleisung der Praktiker, der Taktiker, die vor einer Haltung nur theoretische Bücklinge machen: »Das Ideal ist nur insoweit fruchtbar, als es realisiert werden kann.« Nein! Man erkennt nicht den Wert eines Ideals und den Grad der Fruchtbarkeit einer Haltung an dem Grad seiner augenblicklichen (das ist gemeint) Möglichkeit, sich zu realisieren. Eine Haltung wirkt auf lange Zeit, sie arbeitet an der Realität, oft lange fruchtlos. So hat in der deutschen Geistigkeit vieles den deutschen Charakter gebildet, hat aber nicht so herrschen können und hat nicht solche Kraft gewinnen können, daß es die militärische Realität bezwang.

Es ist aber diesem Geist und seinen Vertretern leicht vorzurechnen, daß sie gerade das nicht erreichen, was sie stolz behaupten, nämlich den Sozialismus mit ihren Methoden vorzubereiten und ihm auf handfeste Weise den Weg zu bahnen.

Nachweis des Versagens der alten Methoden

Denn wäre es sonst zu dem Weltkrieg und zu dem deutschen Durcheinander nach dem Kriegsende, zu der heutigen Parteizersplitterung und dem Haß in der Arbeiterschaft selber gekommen? Vor 1914 hatte die Arbeiterschaft, die auf dem Boden dieses vorbereitenden und marschierenden Marxismus stand, jahrzehntelang Zeit und Gelegenheit, diese Lehren zu verbreiten und praktisch taktisch auszumünzen. Sie hat in der Tat eine mächtige Partei und starke Gewerkschaften entwickelt, hatte eine große Presse und zahlreiche Reichstagsmandate. Als das Jahr 1914 kam, sollte sich das Resultat dieser Arbeit zeigen, es kam die Goldprobe auf die Theorie. Es zeigte sich in Deutschland und jenseits der Grenzen, wie wenig alle Organisation und sogar ihre Internationale an der Arbeiterschaft geleistet hat und was mit dieser Ideologie und ihrer Massenorganisiererei zu schaffen war. Es gab den 4. August und den schrecklichen Krieg. Der wirkliche Sozialismus hätte Kriegsgegner erzogen und gar Gegner imperialistischer Kriege. Millionen Menschen hätten schon vor dem Kriege die Furcht einer Revolution in die Hetzer geworfen, es wäre diesseits und jenseits der Grenzen zu einer Unsicherheit bei den Regierungen und den Hetzern gekommen, und man hätte sehr stark an andere Methoden der Unterhaltung denken müssen als an Kriege. Aber da man immer auf »Ordnung« und »Ordnung« sah, diese Tugend der Untertanen, da man immer auf Anordnung und Befehle von oben wartete, aus dem Parteilokal, von der Bürokratie der Spitze – und welche Spitze kann da entstehen, und wie ruinös wirkt es, Spitze zu sein –, da man keinen Sozialismus gelehrt hatte, sondern autoritäre Haltung, Staatsgläubigkeit und Klassenkampf, und da man in lockend weiter Ferne die Vision eines mathematisch sicheren Zusammenbruchs des Kapitalismus malte (aber »soweit sind wir noch nicht«), so – ging man eben in den Krieg, 1914, Sozialisten, Millionen, in den Krieg.

Und als der Krieg zu Ende war, revidierte man da seine Grundsätze? Man war ja jetzt in doppelter Weise über den großartigen Wert der alten Methoden belehrt: durch das Faktum des Krieges selbst, das eine jahrzehntelange, scheinbar sozialistische Praxis nicht hatte verhindern können trotz einer Anhängerschaft von Millionen, und durch den Zusammenbruch des autoritären Militärstaats; war man jetzt belehrt, und richtete man den Ruf der linken Presse: »gegen den Obrigkeitsstaat!« jetzt – gegen sich selbst? Es gab einen unerhörten und unerwarteten Moment Ende 1918, als die Macht in Deutschland in die Hände der Arbeiterschaft fiel. Das geschah, um das Tipfelchen auf das I zu setzen. Sie hatte nun die Macht, und was tat sie? Sie revidierte nichts! Sie drängte auf wirtschaftliche Verbesserung der Lage der Arbeiterschaft, konnte ihr eine demokratische Gleichberechtigung im alten Staat verschaffen, dann saß man stolz, nun selber Obrigkeit, auf den alten Ministersesseln und war der Arzt des alten Kapitalismus und hoffentlich einmal sein Erbe. Und – man kämpfte um neue Organisationen. Hier, innerhalb der Arbeiterschaft stand und steht der Bruderkampf, es streitet nicht etwa ein autoritärer gegen einen nichtautoritären Flügel, sondern zwei autoritäre Parteien miteinander, und die extrem autoritäre, die dogmentreue kommunistische Partei, deren Seele noch dazu in Rußland ist, übt eine Anziehungskraft aus auf – bürgerliche Intellektuelle. So steht es jetzt.

So sind in Deutschland und anderswo die Vertreter der ökonomistisch verengten Lehre (ebenso wie die neuen Nationalisten) dabei, statt den Sozialismus vorzubereiten, ihn in die grauste Zukunft zu verschieben. Ich sagte und wiederhole, man muß den

Hebel richtig ansetzen. Man muß mit dem Sozialismus beginnen. Man beginnt mit der sozialistischen Einsicht und Haltung und hat in langsamer Arbeit Methoden zu entwickeln, die von diesem Zentrum ausgehend Kulturelles, Geistiges, Ökonomisches ergreifen. –

Ich gehe noch auf die Einwände vom Standpunkt »Nation« ein. Es ist nachweislich falsch, daß der »Staat« die »Organisation des Volkes« war. Wohlgemerkt, »war«. Ich stimme den Opponenten darin bei und hoffe, sie meinen so: der Staat, oder etwas Ähnliches, soll die Organisation des Volkes sein.

Der Nationsbegriff taugt aber dazu schlecht, besonders jetzt. Das Wort ist diskreditiert, es war bisher immer das Wort einer herrschenden Militär- und Feudalkaste, und man wird sich vor Verwechslungen und Mißverständnissen hüten. Die Vertreter einer neuen »Nation« zudem gehen verdächtig mit alten Begriffen und Gefühlsinhalten um. Ihre Ideologie, romantisch und mit Verherrlichung des »Landes« gegen die »Stadt«, ihr Spiel mit Fahnen und Heeren, ihre ahnungslose Liebe zum Krieg (frischfröhliches Jagen, – ach, das war einmal –) unterscheidet sich nur durch unbedeutende Wendungen von der Ideologie, die die Militär- und Adelsklasse für sich brauchte. Es ist die einigermaßen auffällige Vorbereitung eines »neuen« Reiches. Sagen wir offen, man hat hier, wenn man neu sein will, noch schlecht gedacht, und es sind Rückstände des alten Reichs.

Aber sie treten, wenigstens einige Gruppen, für eine wirkliche Gemeinschaft des Volks ein (lassen wir die gefährlichen Worte »Nation« und »Staat«), sie halten die »Idee« hoch, und sie stellen sich aufrecht, mit Heroismus, in diese Welt, mit Liebe zum Land, zu seinem Leben, zu seiner Produktion, zu seiner Natur: diese Linie begrüße ich und wünschte nur, man sei auch heroisch am richtigen Ort. Man glaubt heroisch zu sein und läßt seinen Heroismus für eine kleine Schwachheit und Rückständigkeit, ja für einen Knechtssinn arbeiten, der im Hintergrund liegt. Ich sage den Herren: man nehme eine Lampe und leuchte in den Hintergrund. Auch sie sind zu wild auf das Handeln, das Verändern, aus.

Vielleicht aber wollen sie gar nicht verändern, vielleicht wollen sie nur – herrschen? Sie mögen sich hüten, diesen Verdacht zu erwecken. Von dem nachlaufenden Bürgertum, den unverbesserlichen Untertanen, hat man ganz den Eindruck.

Die Diskussion über das Thema des sozialistisch-naturalistischen Gedankens – es ist eigenlich nur der naturalistische Gedanke – und seine Realisierung wird weitergehen. Es sind von dieser Plattform her eine ganze Reihe von Fragen teils neu aufzustellen, teils neu zu beantworten, politische, kulturelle, soziale – neu jedenfalls in der heutigen deutschen Gesellschaft. Man wird an diese Dinge herangehen innerhalb der jenigen politischen und kulturellen Gruppen, die schon Ansätze dazu haben – das ist Zellenbildung. Man wird die Dinge, die greifbar von der größten Wichtigkeit, Dringlichkeit und Lebendigkeit sind, auch außerhalb solcher Gruppen anfassen und weitertreiben – in Gemeinschaften, und das wird für die Geistigen von heute nützlich sein. Im ganzen ist dieser Gedanke, der alte wahre Gedanke, kein bloßer Stoff für Organisationen und Organisationsbildung, sondern wie Wasser auf trockenem Boden ein allgemeines lebenerweckendes Element.

[Rußlandvorträge der Deutschen Welle. Telephonische Umfrage]

»Sie sind selbst Rundfunkhörer, Herr Doktor, nicht wahr? Ihnen sind auch wohl die Rußlandvorträge der Deutschen Welle bekannt?«

»Ja, aber ich sehe nicht ein, warum ich die uninteressanten Vorträge der Deutschen Welle hören soll, besonders über Rußland, die schon durch die Namen der Vortragenden, zum Beispiel Herrn Stößinger, dessen verstockte Einstellung gegenüber allen

Rußlandfragen mir persönlich bekannt ist, abschrecken. Ich höre lieber Moskau direkt. Die Veranstaltungen sind sehr instruktiv und sehr schön, ich wünschte nur, daß noch mehr Leute Rußland hören könnten!«

»Sind Sie für die Zulassung von Diskussionen am Mikrophon in bezug auf die Vorträge der Deutschen Welle?«

»Unbedingt! Zumal die Namen der Vortragenden, Stößinger, Mühr und so weiter, die Sie mir da nennen, mehr als einseitig erscheinen. Siemsen hat ja zum Beispiel in seinem neuen Rußlandbuch auch die Kinderfrage der Sowjetunion behandelt, aber im Gegensatz zu Stößinger doch ganz anders. Er hat die Bemühungen um die Liquidierung des Elends offen anerkannt. Mühr ist mir ja als ein ganz Rechtsradikaler bekannt, ein ganz übler Mann, und daß Sie diese Marke am Rundfunk jetzt haben, gefällt mir auch nicht. Es sollen Leute sprechen, die wirklich dort waren in der Sowjetunion. Im übrigen bin ich, da Sie mich danach fragen, auch gern bereit, über meine Erfahrungen mit dem Moskauempfang an einem deutschen Sender zu sprechen.«

Grundlinien

1. Fortschritt

Man redet von der Wundergläubigkeit des dritten Reiches oder des klassenlosen Staates. Ich sage: jede Zeit, die nicht feige ist, muß auf solchem Marsch sein.

Und sie ist faktisch auf solchem Marsch. Denn es gibt keinen Fortschritt als diesen. Der Fortschritt in der Geschichte erweist sich immer von irgendeinem Standpunkt als kein Fortschritt. Nur der Marsch auf das Endziel ist zu jeder Zeit wahr und wird von jedem als der natürliche empfunden.

Daher ist das notwendige Grundgefühl, die Grundhaltung der

Wille, die Entschlossenheit, Kampfhaltung, Aktivität. Im Hintergrund die Tragik: es gibt keine Vollendung, das bringt das Element der Zeitlichkeit mit sich, in das wir eingebettet sind.

2. Dies ist die Gesamtsituation. Welches sind die praktischen Konsequenzen?

1. Die Freisetzung des Individuums zum Zweck der Auflösung alter Zwangsformen, die die wirkliche Besinnung und Aktivierung verhindern. 2. Gleichzeitig damit neue Gesellschaftsformen. Denn die Richtung kann nicht gehen auf eine einzelne Gesellschaftsform.

Zur Freisetzung des Individuums: Der Einzelne ist wie ganze Schichten durch Gewalt verkümmert, atomisiert, er ist zerbrochen zum Arbeiter, Bürger, Kapitalist. Die Instinkte sind gefälscht oder entartet. Das Solidaritätsgefühl ist geschwächt. Sogar als Ideal betrachtet die Arbeiterschaft eine bürgerliche Wohlstandshaltung, seine sittlichen Vorstellungen sind verbesserte kirchliche trotz der Kirchenaustritte. Dagegen ist eine Neuordnung der Sittlichkeit nötig; die ethische Revolution, aus dem Diesseitsgefühl, gibt erst allen anderen Umwälzungen den Sinn.

3. Parole für den Kampf: Verbreiterung der Arbeiterfront. Die Arbeiterfront allein ist zu stark ökonomisch gebunden und ihr Kampfziel bleibt im Ökonomischen stecken, der ökonomische Kampf ist schon gut, er bedarf aber eines ideellen Hintergrunds. Der alte sozialistische Hintergrund ist verblaßt. Die Formierung im Kampf gegen veraltete Zwangsformen in Politik und Wirtschaft: Arbeiterschaft gegen Unternehmer, ist überholt. Der Kampf ist allgemeiner geworden. Die unsinnige Abdrängung des halben Volkes ins alte Lager ist bedingt durch die jetzt unzulängliche Arbeitertheorie.

Also Verbreiterung der Front und Bereitstellung eines Ideengutes, welches der neuen Situation entspricht.

4. Vorgehen. Negativ. Aufdeckung und Bloßstellen der heutigen menschlichen Verkümmerung durch die politischen und ökonomischen Zwangsformen, Angriff auf die Untertanenhal-

tung bei den Parteien, auch in der Gesellschaft, Aufdeckung der unzulänglichen Arbeitertheorie.

Positiv: Entwicklung einer neuen umfassenden Gesellschaftslehre, der natürliche gesellschaftliche Mensch, sein Bild im Rahmen des großen neuen Diesseitsgedankens, ist darzustellen, Front gegen die Kirchengläubigkeit, auch gegen den überalterten bürgerlichen Intellektualismus der Arbeitertheoretiker. Wer ist der Träger der Bewegung, die die gesellschaftliche Erneuerung einleitet? Keine Parteien. Viele Einzelne.

[Zirkular-Brief]

Meine Herren,

ich habe über unsere letzte Unterhaltung nachgedacht und wollte Ihnen Folgendes sagen.

Wir leben in einer widerspenstigen verkrampften Zeit. Die Verworrenheit ist enorm groß und ebenso die Versteifung im Widerstand gegen gute menschliche Antriebe. Unter diesen Umständen gegen die Welt zu rennen und sie umwälzen zu wollen, heißt Kraft verschwenden. Man würde ferner in den allgemeinen Strudel mit hineingerissen werden, und statt aktiv zu sein, wäre man in kurzer Zeit, im Antworten auf aktuelle Fragen, Schlagwörter und sogenannte Probleme, passiv. Man kann damit rechnen, daß gewisse schlechte Tagesdinge von selbst totlaufen, und für die Beseitigung anderer Tagesdinge soll man sich nicht zu früh hergeben. Notwendig ist all dem gegenüber eine Bereitschaftstellung. Für die Dinge, die wir meinen, für eine allgemeine Umcharakterisierung im Lande müssen wir mit großen Zeiträumen rechnen, und die Maßnahmen müssen entsprechend weit gedacht und energisch, aber nicht kleinlich sein. Es heißt planmäßig für allgemeine und spezielle Dinge der wichtigen Art ein geistiges Becken zu bilden und dabei dürfen keine Kräfte verpulvert werden. Ich möchte daher Ihr Augenmerk auf das Ziel solcher planmäßigen allgemeinen Vorbereitung lenken.

In seinem Kreis wird jeder seine eigene Aktivität und die uns gemeinsame Haltung haben. Bei dem, was wir durchsprechen, kann es sich nur darum handeln, etwa Manifestationen vorzubereiten, die, vielleicht an konkreten Beispielen und Fällen, Erkenntnisse verbreiten und Gefühle erwecken. Wir haben also keine bloßen theoretischen Belehrungen von uns zu geben, andererseits aber auch nicht in eine leere Tagespolitik hineinzusteigen. Es geht immer auf Erkenntnisse allgemein richtender und weisender Art mit menschlicher Angriffskraft, auf wirkliche Unterweisungen und Anweisungen.

Wir müssen bedenken, daß allgemein das Dasein jetzt seinen Pendelschwung vom Extensiven zum Intensiven nehmen muß und nehmen wird. Daher Warnung vor einer zu frühen und unreifen Beschäftigung mit Tagesproblemen. Die strenge Beziehung auf Giltigkeiten, die Ableitung von Giltigkeiten, die Rückführung auf Giltigkeiten muß uns die Hauptsache sein. Wenn wir etwa praktisch an die Bearbeitung bestimmter Gedankengänge gehen, etwa zum Zweck einer irgendwie gearteten Publikation, so muß diese Arbeit von dem bezeichneten Charakter sein, in dieser Weise etwas leisten und eine Manifestation sein.

Mit schönen Grüßen
Dr. Döblin

Die Gesellschaft, das Ich, das Kollektivum

Es laufen falsche Gedanken um über die Rolle der Gesellschaft, des Staats, der Gemeinschaft, des Kollektivums. In mehreren Schattierungen wird behauptet: die Gesellschaft, der Staat, die

Gemeinschaft, das Kollektivum ist alles, und du bist nichts. Sie können sich nicht genug darin tun, – ob sie mit Nation, Demokratie, Klasse, Staat oder Gemeinschaft kommen, – das Ich, das Individuum, den Einzelmenschen, sein Dasein, seine Pflicht, seine Verantwortung, seine Rechte herabzusetzen. Sie bilden Organisationen, Parteien, Horden verschiedener Art, schaffen sich Uniformen und Gewehre an nach Art der Gewaltherrscher und Absolutisten von früher, und verlangen von dir, du sollst dich zu ihnen rechnen, sonst bist du nichts, oder sogar ein halber Verbrecher.

Du mußt dich vor diesen Massen hüten. Sie sind das Übel von heute und die wirklichen Verhinderer eines menschlichen Daseins. Sie sind anmaßlich und Störenfriede und vor allem sind sie in neuer Form und unausrottbar Gewaltherrscher und Absolutisten. Ob sie sich Kaiser nennen oder Staat oder Kollektivum: laß dich nicht betrügen, sie meinen alle dasselbe, sie wollen dich schlucken.

Aber wenn du dich schlucken läßt, bist du ein Verbrecher. Nämlich an dir selbst. Und du bist ein wirkliches Dasein, ein Geschöpf, ein Geborenes, dem Vernunft gegeben ist und das Verantwortung für sich trägt, – jene aber sind bloße Apparate, Einrichtungen, wie ein Haus, in dem du wohnen sollst. Hast du schon einmal gehört, daß ein Haus an dich die Aufforderung richtet, du sollst und mußt hier wohnen und sollst und mußt dich ihm anpassen und unterwerfen? Du würdest »nein« sagen. Wenn ein Haus dir nicht paßt, ziehst du aus, und wenn es dir gefällt, wohnst du überhaupt in keinem Haus. Hast du schon einmal gehört, daß man dir Kleider gibt und sagt, zieh sie dir an, und wenn sie dir nicht passen, werde dick oder dünn, damit sie passen? Staaten, Organisationen, Gruppen, das Kollektivum sind solche Häuser und Kleider, die einmal hergestellt sind und du siehst eine Ehre darin, dich nach ihnen zu verändern.

Warum ist die Verherrlichung und Vergötzung dieser Einrichtungen gefährlich? Weil durch sie der Einzelne über seine Verpflichtung zum Dasein irregeführt wird. Keiner kann aber dem

Einzelnen abnehmen, daß er ist, es sei denn ein Mörder, und daß er verantwortlich lebt. Keine Instanz kann aufstehen und uns die Verantwortlichkeit für unser Tun und Lassen abnehmen. Keine Kirche, kein Priester kann das. Die Tür zu dem großen Gericht, das da ist, ist so eingerichtet, so schmal, daß immer nur ein Einzelner hindurchkann. Und hier geht der Priester selbst ohne seinen Mantel, der Richter hat da kein Amt, das Ich geht einsam, ohne Hilfe, ohne Anhang.

Wer dem Ich, dem Einzelnen, der Person, dem Individuum die Pflicht zum Dasein, die Verantwortung für sein Leben abnehmen will, solche Ansprüche an ihn stellt, ja, wer sogar frecherweise behauptet, erst in diesen Kollektiven und Einrichtungen werde das Ich zum Ich, erfüllt sich das Ich, und ich kann unbesorgt sein, der übt ein bösartiges Täuschungs- und Fälschungsmanöver.

Wir sind nicht allein, wir können nicht auskommen, einer ohne den andern, Männer und Frauen nicht ohne einander. Kinder nicht ohne ihre Eltern und Pfleger, es gibt Freundschaften, wir haben gemeinsame Arbeiten, wir können unsere Häuser nicht allein bauen, um die Kranken müssen sich Ärzte kümmern, wir haben Streitigkeiten, die müssen geschlichtet werden. Was ist das? Ist das der Staat, die Partei, das Kollektivum? Das ist urnatürlichste Art jedes Einzelnen von uns. Wenn wir sind, sind wir so. Wenn das Einzelne ist und es ist gesund, hat es diese Liebe zu Mann oder Frau, die Bindung an Kinder oder Eltern, hat Freundschaften, hat den Willen und die Neigung, mit anderen gemeinsam zu arbeiten, es müssen Häuser und Brücken gebaut werden, Ärzte wollen zu Kranken, Kranke verlangen nach Hilfe. So ist nicht das Kollektivum, der Staat, die Partei, so ist der Einzelne, und anders ist er gar nicht. Wenn über diese Einzelnen die Einrichtungen kommen, verdorren zugleich die Einzelnen und die Zusammenhänge unter den Menschen. In den straffsten Staaten sind die einsamsten Menschen. Wo der Staat anfängt, fängt die Zerstückelung an. Wo der Staat nachläßt, ordnen sich die Dinge und die natürlichen Zusammenhänge stellen sich wieder her. Der

Einzelne kommt zu sich, und wenn er zu sich kommt, kommt er zur Gemeinschaft. Legt man Einrichtungen des Kollektivums über die Menschen, so wirkt man wie ein schlechter Chirurg, der ein Bein in Gips legt, er vergißt den Verband rechtzeitig abzunehmen und nachher ist die Verkrüppelung da.

Hier ist von keinem Individualismus die Rede, der das Einzelwesen egoistisch machen will. Egoismus ist die Wirkung der schlechten Gesellschaft selbst, die den Zusammenhang von Mensch zu Mensch aufgehoben hat. An euren Früchten soll man euch erkennen: Die zwingende egoistische Gesellschaft schafft Egoisten; hier gibt es nur Hamster für die Familie, Pseudoindividualisten und Draufgänger, menschliche Krüppelformen und Unkraut.

Herr Gütermann

Wer Herr Gütermann ist, werden Sie gleich erfahren. Er steht in Ostasien, in der Gegend des Flusses Amur, auf dem Boden Biro-Bidjans, eines sibirischen Landes, hat eine Flinte auf dem Rücken und bewacht das Land, wenn auch nicht seiner Väter, so doch (hofft er) seiner Söhne. Er ist ein Ostjude, ein alleröstlichster Jude, östlicher geht es schon gar nicht. Er hat die Flinte auf dem Rücken, im Süden in der Nähe ziehen die Japaner kriegerisch durch die Mandschurei, aber er wird sich wehren. Denn wie die Griechen des Xenophon sich durch Kleinasien schlugen, bis sie »Meer, Meer!« rufen konnten, so hat sein Volk sich zwei Jahrtausende durch alle Länder schlagen müssen, bis es – hierher kam. Denkt er.

Oder besser: hören wir über ihn. Ich berichte nämlich von einer Versammlung, die die Gesellschaft »Geserd« für jüdische Ansiedlung im sibirisch-sowjetrussischen Biro-Bidjan dieser Tage in Berlin abhielt. Der Saal war dicht voll. Was kein Zeichen für die besondere Anziehungskraft gerade dieser Gesellschaft ist, sondern (sagen wir mal) für die politische Situation. Am vollsten aber wurde der Saal durch sogenannte »Ordner«. Sie waren auch das Hörens- und Sehenswerteste dieses Abends. Es war eine Freischar jüngerer, kräftiger Männer. Man muß diese jungen Leute gesehen und gehört haben, um an die Zukunft(slosigkeit) ihres Plans zu glauben. Sagen wir genauer: ist eine Sache so beschaffen, daß sie solche Saalwächter braucht, so ist sie schon verloren. Zu Beginn der Versammlung stand ein weißhaariger Rabbiner auf und rief in den Saal, ob eine Diskussion stattfinde. Das war eine Frage. Da man vorsichtig war, ließ man keine Diskussion zu. Im Raum selbst wurden zunächst die Gänge geräumt. Gänge dienen nämlich dem freiwilligen oder unfreiwilligen Verkehr. Dann stand die Wacht in der Kleiststraße fest. Wehe der Stimme, die sich gegen eine These der Werber auf dem Podium erhob. Wer schlau war, saß von vornherein an der Wand. Durch die Stuhlreihen konnten die Wächter schwer durch. Aber es gab Fäustedrohen, »Schnauzehalten!« in dem schönen Gebäude, und wir merkten alle erschauernd: hier weiß man wenigstens, was man will, hier gibt es bald Kloppe, – der (Un)-Freiheitshauch weht auch hier mächtig durch die Welt.

Die Werber oben behaupten unterdessen: Das jüdische Schicksal, – zu wandern, zu sitzen, zu wandern – sei eine fabelhaft glatte ökonomische Sache. Jedes Volk hat seine eigene Händler- und Mittelschicht, da braucht es keine fremde. Die Juden müssen sich bloß wo ansiedeln (Wo? Die Stimme fragt frei nach Schubert: »immer wo?«). Und da hat Rußland Biro-Bidjan gegeben. Sie verstehen, Xenophons Reise ist zu Ende. Das Meer, der Pazifische Ozean, ist da. Herr Gütermann kann den Mantel ausziehen.

Man fragt sich schon verwundert: wenn das so einfach ist, und das Land da ist reich wie Klondike, – Gold und was alles –, warum beuten es die Russen nicht selbst aus? Warum haben sie es bloß nicht schon längst ausgebeutet? Es soll die Fruchtbarkeit,

Erzergiebigkeit und Gesundheit in Reinkultur sein. Warum, fragt die saalamtlich unzuläßige Stimme, wohnt da bis jetzt kaum jemand, nicht mal die Japaner haben ein ganz kleines Schlitzäuglein auf das Goldländli geworfen. Und von den zweieinhalb Millionen russischer Juden sind bis jetzt nur fünftausend da, angeblich bloß wegen der Holzhäuser, wo es doch in Rußland so viel Holz gibt. Das soll nichts gegen die Sache sagen, nur eine saalamtlich verbotene Ungewißheit ausdrücken. Vielleicht wird doch manches deutlicher, wenn man debattiert, als wenn man droht und brüllt.

Man hat unter dem cäsarischen Joch der Ordner geduckt dagesessen und fragt, wo sie nicht mehr da sind: wenn das so einfach ist, warum erfahren wir es erst jetzt? Da waren die Juden dauernd selbst Händler, haben sich immer mit der Wirtschaft befaßt, – und haben nicht gemerkt, was mit ihnen los ist? Wie ist das nur zu verstehen? Es gibt erstaunliche Sachen in der Natur. Sie sitzen mitten in der Wirtschaft, sie haben auch kluge Köpfe und sie – merken nichts und lassen sich zu Hunderttausenden abschlachten im Mittelalter und vorher und nachher, – und es wäre alles so leicht gewesen, – bloß ansiedeln, bloß ansiedeln! Erstaunlich! Die Weltgeschichte ist überraschend. Wären doch die Herren da oben früher gekommen. Es wäre manches vermieden worden.

Oder ist das mit dem Ansiedeln nicht doch schon mal vorgekommen in der Weltgeschichte? Mir fällt dunkel das Wort Zionismus ein. Da soll es sogar eine Balfour-Deklaration gegeben haben und, richtig, in Palästina sollen hundert- oder zweihunderttausend Juden, auf eine Null kommts nicht an, siedeln. Wie wars denn eigentlich damals mit dem Siedeln! Ein Mann namens Theodor Herzl (was man so alles weiß –, und das war also schon da), der stand nach dem Dreyfus-Prozeß in Paris auf und schrieb eine Broschüre: »Der Judenstaat«, ich glaube, so hieß sie. Und da das Elend groß war, wollten viele siedeln, und erst verfiel man auf Uganda. Achten Sie auf, meine Damen und Herren. Hier ist das Wort »Uganda« gefallen. Es ist fernsüdlich. Herr Gütermann steht fernöstlich. Aber warum ist aus dem warmen Uganda nichts geworden? Erinnerungen sind gut, auch wenn sie nur dunkel sind. Afrika mußte sich mit Chamberlain und Cecil Rhodes begnügen, Herr Gütermann optierte – für Zion. Siehe da. Es war der Baseler Kongreß. Ich erinnere mich noch an die Zeit. Es siegte nicht der Landhunger, es siegte – eine Idee.

»Was?« schimpft das Podium unter dem Schutz der Saalwache, ich phantasiere jetzt still für mich, man darf auch nicht zu laut phantasieren, ich bitte das Papier, möglichst leise zu rascheln, die Herren sind so empfindlich, – »was, Sie kommen mit Ideen? Man hat inzwischen einiges gelernt. Sie wissen noch nicht, daß Idee ein Fremdwort ist, und übersetzt Rückständigkeit heißt? Alles, was rückständig ist, kommt mit Ideen. Ein kluger Mann hat Geld oder Land und arbeitet damit.«

Ich stammele: »O Gott, bin ich dumm. Geld habe ich wenig, Land habe ich gar nicht. Ist das nicht Kapitalismus, was Sie da äußern?«

So bescheiden ich geflüstert habe, das Podium müssen Sie jetzt hören, wie das tobt: »Was? Kapitalismus? Wir, Herr? Wenn Sie jetzt nicht bloß phantasiert hätten, lebten Sie nicht mehr. Wir gehen von der reinen Ökonomie aus, aber –«

»Warum stocken Sie, Herr Podium? Ich bin doch keine Saalwache. Von mir aus können Sie ewig leben.«

»Von der Ökonomie aus beeinflussen wir dann den ganzen Menschen.«

»Das ist sehr nett von Ihnen. Sind Sie gewaltige Experimentatoren!«

»Und damit beseitigen wir auch den ganzen faulen Zauber von Ideen, den die Juden mit sich schleppen. Von uns aus können Sie übrigens beten, soviel Sie wollen.«

»Sie sind, wie gesagt, sehr nett. Wenn die Leute aber nicht wollen, zu Experimenten gehören doch immer zwei, seien Sie mir nicht böse, Sie mögen zweihundert Jahre leben, dreihundert, wenn Sie nicht wollen, verzeihen Sie mir, es besteht die Möglichkeit, daß sie nicht wollen, viele nicht, sehr viele nicht, aus bloßer Hartleibigkeit, aus Bocksbeinigkeit. Herr Gütermann wollte vor fünfzig Jahren auch nicht nach Uganda, heute steht er fernöstlich, warten wir ab, wie lange er da steht, an solchem großen Ozean zieht es sehr, die Leute sind im ganzen kolossal schwerfällig, sie haben eine lange Geschichte. Bitte um Entschuldigung.«

»Die Ökonomie wälzt alles um.«

»Gebe Gott. Vor einem Jahrhundert hat Napoleon gesagt, die Politik mache es. Heute sagen Sie: die Wirtschaft. Wer schützt davor, daß in hundert Jahren einer noch was anderes sagt?«

»Die Zeit geht über alle hinweg. Die Not, erbarmungslose Not, wird Lehren geben.«

»Ich hoffe, Herr Podium. Eigentlich, warum soll ich es leugnen, bin ich hoffnungslos. Die Juden, sehen Sie, sind zwei Jahrtausende lang mit jeder Not fertig geworden, warum soll jetzt plötzlich die Not mit ihnen fertig werden? Warum? Was hat sich geändert? Was heißt eigentlich Not? Ja, das interessiert mich, Herr Podium, was verstehen Sie eigentlich unter Not? Fragen Sie einmal Leute, die so zwei Jahrtausende lang jede, durchaus jede nur erdenkliche Not, einschließlich Verachtung und Tod, freiwillig und unfreiwillig auf sich genommen haben, was Not heißt. Fragen Sie! Aber Sie wollen nicht fragen. Ich will Ihnen sagen: vielleicht sind ihnen andere Dinge wichtiger gewesen als – keine Not. Sie haben schon recht mit der Wirtschaft, der Ökonomie, und daß da vieles zu ändern ist, und Ihre Absicht ist sehr, sehr zu loben. Aber es muß eine menschenmögliche Ökonomie sein, verstehen Sie, vor allem das, besonders in diesem Fall. Was meinen Sie?«

Wir kommen nicht zusammen.

Sie lernen nicht einmal bei demThema »jüdisches Schicksal« einiges hinzu. Hier entsteht die Eingottreligion, das Christentum nimmt seinen Ausgang, das Volk ohne Land und Staat lebt zwei Jahrtausende in seiner Religion, die ihm Land und Staat ist, man läßt sich verjagen, verachten, verbrennen – und da glaubt man, sturzweise den Übergang auf Land und Staat und unter Negierung alles dessen, was sich Geist und Idee nennt, ja unter Verachtung alles Ideellen betreiben zu können. Es sind bestimmt viele Dinge hier nötig, besonders auch wirtschaftlicher Art. Vernünftige Dinge sind aber nur vorsichtig und nur durch Freiwilligkeit zu erreichen. Ökonomie ist gut. Es gibt auch dumme Ökonomie.

Zuerst beseitige man jedenfalls die Saalwächter.

[Das Land, in dem ich leben möchte]

Ich brauch meine Phantasie nicht anzustrengen, um mir ein Land zu denken, »in dem ich am liebsten leben möchte«. Ich bin, wie man will, gar nicht anspruchsvoll oder sehr anspruchsvoll. Es muß nur ein Land sein, in dem es einen Sinn hat zu leben. Es muß ein Land sein, in dem nicht der Neid, der Haß und die Mißachtung des andern oben auf sind, – in dem man nicht glaubt, mit fertigen Rezepten und Formeln umgehen zu können und schon ist alles gut, – in dem man nicht, statt seine Augen, sein Hirn und sein Herz zu gebrauchen, sich mit einem -Ismus durch (besser: über) die Welt bewegt und seinen Hochmut spazieren führt. Man müßte zwischen und mit anderen an Dingen arbeiten können, die einen wirklich angehen. Man müßte, statt nur einmal im Jahre ins Freie zu fahren, in dauernder Berührung mit Pflanzen, Tieren und der anderen Natur leben. Sehr müßte das heutige Ich abgebaut und neu aufgebaut werden. Man müßte etwas sagen, schreiben und denken können, und es müßte ein Lob sein, wenn man darauf erfährt: das hat vor 100 oder 1000 Jahren der auch gesagt. Es müßte ein Land sein, das klein genug ist, um frei zu sein.

Es könnte nicht Deutschland sein, auch nicht ein krisenfreies Amerika, auch nicht Rußland, – es müßte ein Land sein, in dem man sich von *keiner »Entwicklung«*, von *keinem »Fortschritt«* mehr etwas verspricht und auch nichts zu versprechen braucht wegen seiner leidlich ausbalancierten Verhältnisse, *sondern wo das Dasein gilt.*

Bemerkungen zum 15-Jahr-Jubiläum

Die Fünfzehnjahrfeier der Sowjetunion fällt in eine Zeit der nicht beendeten Weltwirtschaftskrise und der deutschen Restauration. Soll man nun, wo man bei uns wieder offen von Monarchie spricht, mit Neid und Trauer nach Osten blicken? Das ist die Frage. Ich bin nicht naiv genug, um einfach zu bewundern: man muß Stellung nehmen und Schlüsse ziehen. Als vor Jahren in Berlin der Regisseur Eisenstein von der »Gesellschaft der Freunde des Neuen Rußland« begrüßt wurde und ich, eingeladen zu sprechen, redete, fiel ich schlecht auf. Ich lehnte ab, zu loben. Was ich sagte, deckte sich völlig mit dem, was Eisenstein später selbst äußerte: Alle Kunst und alles Technische an dem Film in Ehren, aber es dient, und es dient der Sowjetunion. So ists recht. Ich lehne es ab, auf den ästhetischen Leim zu gehen, wenn ich mich nicht entschließe, politisch zuzustimmen. Das hatten damals Kritiker und andere Schönredner hinlänglich getan.

So steht es auch mit der jetzigen Feier. Bestimmt wurde und wird in Rußland in diesen Jahren Kolossales geleistet. Ein klares Bild davon habe ich nicht, da ich nicht das alte Rußland kannte, nicht die Methoden der neuen Männer und auch das heutige Rußland nur aus Büchern, die sich widersprechen. Die Bücher müssen sich auch widersprechen, weil es eben um Stellungnehmen geht. Wie aber sollen wir im Westen uns, mit dem Blick auf die Sowjetunion, entscheiden? Man kann uneingeschränkt den russischen Methoden und Resultaten zustimmen, – ich sage: man kann, man muß nicht, aber das ist im Grund gleichgültig, – man kann aber hinzusetzen: das ist das riesige schwach entwickelte, vorkapitalistische Rußland, und wir sind im entwickelten westlichen Kapitalismus. Andere Wirtschaftsstufe, andere politische Geschichte, andere Klassenschichtung, andere kulturelle Entwicklung. Man kann gegen die westliche Wirtschaftsanarchie und gegen ihren Raubbau an Menschen sein, gegen ihre offen zutage liegende Unfähigkeit, die politischen, wirtschaftlichen und sozialen Schwierigkeiten zu meistern, – und man kann sich doch dagegen verwehren, bei den verschiedenen Organismen dasselbe Heilverfahren anzuwenden. Es ist wirklich nichts mit dem Idealismus, auch wenn er sich, grundlos, ja lächerlich, Marxismus nennt. Das A und Z des Realismus ist die sorgfältige Analyse der Realität, über die Bedingungen der Realität springt nur der Don Quixote hinweg – und wird zerschlagen.

Lassen Sie mich darum meine Bemerkungen zu dem Fünfzehnjahrjubiläum der Sowjetunion wie folgt schließen: ich bin, wie gesagt, wie die Mehrzahl der Westler, über die wirkliche russische Realität sehr wenig orientiert; wir wissen von einem großartigen Kampf gegen Rückständigkeit und Unterdrückung und von radikalen Methoden kriegsmäßiger Art –: Ich kann nicht ohne weiteres Bewunderung aussprechen und ich kann nicht wie ein harmloser Gratulant »Glückwünsche« bringen, denn ob ich bewundere oder nicht bewundere, ist gleichgültig, und wenn ich glückwünsche, bedeutet das, im Westen für die östlichen Ziele und Methoden optieren. Ich kann mich aber zu dem allgemeinen und wirklich Grundsätzlichen angesichts der 15. Wiederkehr der Tage von 1917 bekennen: Niederwerfung der Tyrannei, Beseitigung der Lethargie der Massen, kraftvolle Einzelmenschen mit wirklicher Einsicht in die historische Situation, Wissen um den Sozialismus und kämpferischer Wille zum Sozialismus.

[Friede auf Erden]

»Friede auf Erden« ist eine selbstverständliche Pflicht. Krieg ist kein fruchtbarer Zustand. Es ist verkehrt, aus dem Wort »Friede auf Erden!« ein metaphysisches oder Ewigkeitsproblem zu machen und damit schlau dieser Forderung (durch Hinweis auf die angebliche »Menschennatur« und die philosophischen Schwierigkeiten) auszuweichen. Hic Rhodus, hic salta, *vom morgigen Krieg allein* ist die Rede, nicht von Krieg allgemein (wie gesagt, eine unlösbare und überflüssige Frage). Der morgige Krieg aber muß in seinen Ursachen und seinen Trägern erkannt, entlarvt, bloßgestellt und bekämpft werden. »Friede auf Erden!«, keine Sache der Kirchlichen – da wären wir verlassen –, sondern der Weltlichen von heute.

[Kundgebung]

[Berlin] 9. II. 33

Lieber Lörke,
dies ist der von mir redigierte und veränderte Entwurf Benns.

Schönen Gruß, [gez.] DDöblin

(Kundgebung)

Angesichts der politischen Festlegung des deutschen Rundfunks, der Boykottaufforderung gegen eine Anzahl Verlage, der politischen Zersetzung der Kritik, der wachsenden antisemitischen Welle, des verwüstenden Eindringens von platten Parteibegriffen in literarische Werke und Literaturgeschichten nimmt die Abteilung für Dichtung an der Preußischen Akademie der Künste geschlossen Stellung gegen die kulturfeindliche Bewegung im Lande, die den schöpferischen Geist der deutschen Nation in die Richtung festgelegter Inhalte und Gesinnungen drängen will, welche für allein wünschenswert zu halten vielleicht einer politischen Gruppe anstehen mag, die aber, der Nation aufgezwungen, sie fortdrängte aus dem Raum wirklicher geistiger Entfaltung und sie ausschaltete aus der Achtung der freien mündigen Völker.

Die Abteilung für Dichtung etc., die Angehörige verschiedener politischer Gesinnung und Weltanschauung in sich vereint, stellt sich hinter die Erklärung, daß keine Partei, keine mit welchen Grundsätzen auch immer ausgestattete Gruppe den Anspruch auf Allgemeingiltigkeit ihrer Gesinnung erheben darf, keine das Recht hat, die Arbeiten der andern aus dem niedrigen Standpunkt und der Ebene des politischen Kampfes heraus zu verfemen. Nach der materiellen Verarmung droht unserm Lande jetzt der kulturelle Verfall in Gestalt dieser geistigen Verödung und Verengung und der damit verbundenen Überschwemmung durch Mittelmäßigkeit und gesinnungsfrommen Dilettantismus. Wer es aber unternimmt, den denkenden, forschenden Geist von irgendeinem machtpolitischen Gesichtswinkel aus zu beschränken, in dem müssen wir unsern Gegner sehen. Wer es gar wagen wollte, sich offen zu solcher Gegnerschaft zu bekennen und Werte des freien Geistes als etwas Unnützes abzutun oder als Tendenzwerke den aufgebauschten und nebelhaften Begriffen der Parteien unterzuordnen, dem werden wir geschlossen unsere Vorstellung von vaterländischer Gesinnung entgegensetzen, daß nämlich ein Volk sich nicht durch Aufbringung von Macht und Waffen, nicht durch Klassendiktatur, auch nicht durch züchterische Rassenmaßnahmen entwickelt und trägt, sondern ausschließlich durch die ihr innewohnende seelisch geistige Kraft, deren Werke noch lange nach dem Verfall und Untergang des Politisch-Nationalen die Arbeit und den Besitz, die Fülle und die Kraft eines Volkes in die weiten Räume der menschlichen Geschichte tragen.

Kommandierte Dichtung

Die Frage nach der Mission des Dichters in der heutigen Zeit ist schon in Deutschland viel an uns herangekommen und war da meist eine mehr oder weniger offene Aufforderung zur politischen Stellungnahme. Die Frage ist bald so bald so beantwortet worden, und zwar mit Recht, denn – manche hören es ungern, aber es ist doch wahr –: die Dichtung läßt sich nicht kommandieren. Ich hörte dieser Tage im Radio eine offizielle Rede an deutsche Autoren, ich konnte mich in wenigstens einige der Herren hineindenken (einer Anzahl gönnte ich die Rede). Da mußten sie also sitzen, die Männer, die ihr Handwerk verstehen und ehrliche Kerle sind, und mußten sich von einem, der Behörde war, sagen lassen, was sie zu tun hatten. Woher er seine Weisheit hat? Weil er Behörde ist. Sie mußten unglaubliche Dinge anhören, unglaublich wegen der dabei hervortretenden Ahnungslosigkeit des rednerischen Vorgesetzten. Die Instanz sprach von einer Schonfrist, die sie den Künstlern – es war von einem besondern Fall die Rede – gewährt habe und die man nutzlos, zum Gram der Behörde, habe verstreichen lassen. Das müsse anders werden. Die Behörde verbat sich die verschiedenen Kunstrichtungen. Übrigens tritt diese staatliche Gewalt, die sich hier dreist und herausfordernd in Kunstdinge mischt, auf wirtschaftlichem Gebiet mit der Forderung auf – freie Persönlichkeit hervor! Aber es ist die freie Persönlichkeit, und, wie man sagt, die »schöpferische Leistung« des Fabrikanten und Industriellen, die geschützt wird. Ja, wenn wir Kapitalisten wären, dann würden rasch Verbote gegen den störenden Eingriff in unser Gebiet von oberster Stelle erfolgen. So aber. Wir haben dieses stets mißglückende Kommandieren der Kunst schon in den ersten Sowjetjahren erlebt und als Dummheit bekämpft. Hier tritt die Arroganz des Staates, erstickend statt fördernd, demütigend statt anfeuernd, ahnungslos statt verständnisvoll in dem Deutschland auf, das nach seiner Geistesgeschichte (leider läuft daneben eine selbständige Militärgeschichte) besonders Sinn für die Kraft des freien und selbstverantwortlichen Individuums haben müßte.

Ich habe die Herren, die sicher nicht zum ersten Mal solche entwürdigende Rede haben anhören müssen, bedauert. Es ist ihnen zur Ehre anzurechnen, daß sie, so weit ich es erkennen konnte, eisig stumm dazu blieben. Warum aber schweigen die Künstler, wenn man so mit ihnen umspringt, wo die Pastoren zu reden und zu kämpfen wissen! Ist das Kulturgut, das Dichtung und Kunst übermittelt, keiner Verteidigung wert und haben die Autoren und Künstler in Deutschland so wenig zu sagen, zu formen und zu bilden, daß sie es sich erlauben können stillzuhalten? Es war Goethe, der die Kunst einmal in diesem Zusammenhang nannte: »Wer Kunst und Wissenschaft hat, hat Religion. Wer Kunst und Wissenschaft nicht hat, habe Religion.« Das mögen sich, angesichts des Muts und der Tapferkeit der Pfarrer, neben Wissenschaftlern auch die Künstler gesagt sein lassen.

Emigration ist keine freudige Sache. Aber: nicht Gegenstand einer solchen Demütigung wie durch diese Rede zu sein, erleichtert die Emigration.

Die Mission der Dichtung kann heute nur sein dieselbe wie sonst: Kunstwerke hervorzubringen, hinter die man sich mit seinem Können und seinem Gewissen stellt. Es gilt mehr als je aufrichtig gegen sich selbst und mutig und hilfreich gegen andere zu sein. Alles übrige ist – Gnade und Glück.

Grundsätze und Methoden eines Neuterritorialismus

Nach der Seite der Orthodoxie: das Galuthjudentum hat im Ganzen den Boden des Judentums verlassen, stellt ein Nachjudentum und ein zweites Christentum dar. Das wirkliche alte Judentum, eben der Thora, bejahte die Welt und beanspruchte Land zu seiner Existenz.

Für die Idealisten: es steht nicht im Belieben des Einzelnen gut zu sein, man muß die Umstände ändern.

Für die Sozialisten: die Juden sind weder wirkliche Kapitalisten noch wirkliche Proletarier innerhalb der anderen Völker, sie haben sogar dazu erst die nationale Befreiung nötig. Man kommt nicht um die Notwendigkeit herum, sich als Volk zu normalisieren.

Die beiden möglichen Methoden des Vorgehens: die Massenbewegung und der legitimierte Aktionsausschuß. Die Umwandlung der Kultgemeinden in nationale Aktionskörper. Der N. T. muß auf Massen fußen und Pläne einer kollektiven Großkolonisation vorlegen. Die Rolle der Großkolonisation überhaupt in der kommenden Staatentwicklung.

Der Neuterritorialismus hat noch kein Programm. Eine Konferenz, die die Grundsätze und Methoden festlegen soll, muß, wenn sich die Bewegung entwickeln will, in absehbarer Zeit stattfinden. Hier lege ich einige Bemerkungen vor.

Das Folgende ist eine Auseinandersetzung mit den heutigen drei Hauptpositionen der Judenheit: der Orthodoxie, dem Liberalismus, dem Sozialismus. Diese Auseinandersetzung soll den Zweck haben, die Beziehungen der drei Positionen zum Territorialismus klarzustellen, um sie rascher mit ihm zu verbinden.

I. An der Außenseite des Neuterritorialismus

Was der Neuterritorialismus nicht ist:

Er ist nicht das, was einige Gruppen und Einzelpersonen schon lange und besonders neuerdings betreiben, nämlich ein Siedlungsprojekt zur Entlastung und Regelung der Emigration. Der N.-T. steht mit der Emigration insofern in Zusammenhang, als er auf demselben Faktum ruht, nämlich auf dem jüdischen Elend in den Wohnländern, das zum Verlassen dieser Länder führt. Während aber die Projekte und Einrichtungen zur Regelung der Emigration nur die Behandlung des Symptoms, der Auswanderung, betreiben, will der N. T. die Ursache, die jüdische Not in den Wohnländern, anfassen und beseitigen. Diese Ursache – mit all ihren Auswirkungen politischer Bedrückung, wirtschaftlicher Verelendung, kultureller Aushöhlung – kann nur durch eins beseitigt werden: durch Schaffung von konzentrierter jüdischer Kolonisation auf freiem Lande. Es soll der Dauerzustand, der auf der landlosen Existenz beruht, beseitigt werden.

Was der N. T. ferner nicht ist: Eine Sache, die rasch zu praktizieren wäre. Man kann die Ungeduld von großen Massen im Osten verstehen, die ökonomisch bedroht sind, und von Massen im Westen, die politisch gefährdet, bedrängt und entwürdigt sind, und überall die Ungeduld der Jugend, welcher diese Zeit die schauerliche Problematik des Jude-seins kalt vor Augen gestellt hat. Aber zur Mobilisation gehört Zeit, und was der N. T. will, ist Mobilisation der gesamten aktiven Diaspora (wir werden später sehen, warum der N. T. dies will und nichts anderes wollen kann), zur Mobilisation gehört der Plan, der die Gesamtstrategie festlegt, gehört der Organisationskörper, der leiten kann. Aber nichts davon ist da, nur der Rohstoff, nämlich die Not, der dumpfe Wille und die Ungeduld. Wenn man sagt: dann nützt uns das Ganze gar nichts, dann könnt Ihr uns mit Eurem N. T. gestohlen bleiben, wir brauchen etwas für heute, – so antworte ich: ich bin einverstanden, es kommt mir auf die Verschiebung von morgen auf heute nicht an, – aber *tut etwas dazu, daß es möglich wird:* Stellt Euch heute zu Tausenden und Abertausenden ein, an uns soll es nicht liegen, wir können beginnen! Ohne die Tausende, die Hunderttausende ist die einzige Lösung, die konzentrierte Massensiedlung, nicht möglich. Denn man kann ohne sie weder politisch Land fordern, noch unpolitisch Land besetzen, noch die materiellen und geistigen Hilfen heranziehen, noch für die Stabilität der Kolonie garantieren. Das »Ja« dieser Hunderttausende zum Territorialismus ist nicht da. Arbeit und der Neu-Territorialismus sind nötig.

Es gibt Vorschnelle und Ungeduldige auch bei uns. Sie nennen sich drolligerweise »Praktiker«. Leute wie mich nennen sie »Ideologen«. Man muß viel Nerven im Umgang mit den Praktikern haben, und da sie unbelehrbar sind, kann man sie nur durch die Erfolge, die sich nicht einstellen, widerlegen. Mir scheint, sie waren schon zu Zangwills Zeiten da. Denn warum bissen die wanderlustigen und zum Wandern gezwungenen Juden seiner Zeit nicht auf irgendein Land an, das man ihnen bot, wohl aber auf Palästina? Weil man auf Palästina vorbereitet war, nicht aber auf »Afrika«. So blieb den traurigen Hinterbliebenen einer nicht ausgegorenen Idee nichts weiter übrig, als das zu tun, was die Geschichte ihnen unbarmherzig als Konsequenz, ja als den wahren Kern ihres Vorhabens demonstrierte, nämlich melancholisch von irgendwelchen Häfen aus die uralte Auswanderung zu regulieren, oder zu regulieren versuchen, denn praktisch gelang natürlich das auch nicht. Und darauf löste man sich auf.

Denn die gute praktische Absicht, ja mit Idealismus verbunden, hilft nicht, es muß auch Psychologie und wirklich praktische Arbeit, nämlich geistige Vorbereitung, hinzukommen. Gott bewahre uns vor den »Ökonomen«. Sie verstehen noch nicht einmal etwas von Ökonomie. Sie haben in letzter Zeit mit ihrer Besserwisserei ganze europäische Parteien ins Unglück gerissen. Hüten wir uns, wenn solche Leute auch bei uns auftreten. Sie haben immer recht, – bloß nicht ganz. Und nachher stimmt es eben überhaupt nicht. Da hätten sie schon ganz unrecht haben können.

Die alte territorialistische und die neuterritorialistische Bewegung sind darin eins, daß sie freies Land für Juden wollen. Dank mehrerer Umstände, wozu die heutige Zeitsituation, die Erfahrungen der inzwischen verlaufenen Jahrzehnte gehören, will und weiß der N. T. besser als die alte Bewegung. Man sieht, was Palästina unter der Fahne des Zionismus zu leisten vermag, – Vorzügliches, Wichtiges – und was es nicht vermag: die Landlosigkeit beseitigen. Die Diaspora behält viele Millionen. An Leuten, die den N. T. bloß für logisch, nötig und richtig halten, haben wir trotzdem keinen Bedarf. Auch nach Organisations-Geschaftlhubern besteht keine Nachfrage, also nach Herren, denen schon jetzt nichts wichtiger ist, als daß irgendwo ein Büro mit Telefon steht und ein Sekretär darin. Aber gebt ihnen einmal das Büro, das Telefon und den Sekretär, und seht zu, was und ob sie da schreiben und telefonieren. Liebe Freunde! Was nützt alles Organisieren, wenn das nichts taugt, was man organisiert.

Am Rande ein Hinweis auf die Gelegenheitsterritorialisten, die Sonntagsreiter, die faktisch imstande sind, schon heute irgendwo Land, ja große Gebiete für die Juden einzuhandeln oder »sicherzustellen«! Daß solche Projektenmacher Abenteurer und Illusionisten sind, wofern nicht bloße Geschäftsleute, ist klar. Bei dem eigentümlichen, zerfahrenen und auseinandergelaufenen Zustand der jüdischen Öffentlichkeit ist da leider vieles möglich, denn wer hat wem was zu verbieten, es gibt burleske und traurige Dinge. Uns zeigt die Erfahrung der alten Bewegung und die des Zionismus: nicht wer ein Land nennt, nützt, sondern wer versteht, Massen zu mobilisieren.

Warum spreche ich von diesen scheinbaren Kleinigkeiten? Sie gehören zur Realität einer Bewegung, die noch keine ist, und hier sind schon Hemmungen, die man dafür erkennen und beseitigen muß. Was sind Gedanken und was die Überführung von Gedanken in die Tat! Wie unendlich mühselig ist das kleinste Schrittchen. Man spricht, man schreibt, man denkt nach, aber man hat auch oft Grund verzagt zu sein. Warum denn, wo es noch gar nicht angefangen hat? Eben darum, weil es nicht anfängt und offenbar noch nicht anfangen kann, und gerade darum ist die schärfste Kritik notwendig und das Herausarbeiten der wirklichen Triebkräfte einer künftigen Bewegung. Und wenn einen manchmal das Gefühl überwältigt: die Kraft des Antriebs ist zu gering, die Verworrenheit und die Widerstände zu groß, es sind nicht genug Einsichtige da, vielleicht ist die Zeit noch nicht reif, – dann belebt einen doch wieder die Erkenntnis: Daß wir unzweifelhaft an einem Wendepunkt der Emanzipation stehen, ein neuer Impuls, eine neue Richtung sind in die Judenheit zu tragen, die erbärmliche bürgerliche Assimilation liegt im Verrecken, und von der politischen, ökonomischen und geistigen Not gedrängt, verlangen immer mehr Massen einen Ausweg.

Wie gewinnen wir das »Ja« der Hunderttausende (der ersten Hunderttausende) zum Territorialismus? Über den Weg wird noch im 2. Teil dieser Ausführungen gesprochen, hier muß die Hauptsache gleich genannt werden. Es gibt zwei Wege, einen über die Massenbewegung, den andern über die kleine Initiativorganisation. Der Weg der Massenbewegung ist als der natürliche zuerst zu versuchen: also Aufklärung, Entflammung, Zusammenschließen. Bei der räumlichen und geistigen Zerstücklung der Judenheit könnte man aber zu dem zweiten Weg gezwungen werden: Aufstellen einer aktiven Gruppe, die der Treuhänder der Bewegung ist, es bei dem allgemeinen unklaren Drang nach freiem Land beläßt, dies Land aber verschafft, so gut es geht, und den ersten Plan aufstellt.

Meinem Wunsch würde der erste Weg entsprechen. Allerhand Erfahrungen machen es mir aber wahrscheinlich, daß man sich mit dem zweiten Weg und mit bloßen Ansätzen einer Bewegung wird begnügen müssen. Die Bildung der Treuhändergruppe – so, daß sie nicht aus Abenteurern, sondern aus legitimierten, aktiven Männern aus allen Gruppen besteht – wäre dann die erste lebenswichtige Tat.

II. Der religiöse Widerstand

Der N. T., der »freies Land für die Juden« will, muß Massen ergreifen und alle Gruppen erfassen. Widerstände gegen ihn in verschiedener Stärke gehen aber von der Orthodoxie, dem Sozialismus und, selbstverständlich, vom »liberalen« Assimiliantentum aus. Ich beschäftige mich zuerst mit den Bedenken der alten Orthodoxie.

Die Orthodoxen haben nichts gegen möglichst unauffällige »Siedlungen«, aber ein Territorialismus, – der Massen ergreifen will, nicht unauffällig bleiben kann, mehr als bloß privat siedeln, sondern irgendeine weltliche, öffentlich-rechtliche Form haben will – beunruhigt sie. (Denn obwohl der N. T. sich noch nicht mit der wenig akuten Frage nach dieser Form befaßt hat, besteht er selbstverständlich auf eine weltliche jüdische Bewegungsfreiheit, deren Umfang und Art heute zu präzisieren müßig wäre).

Sie lehnen strikte die Überführung in weltliche Existenz ab. Man kennt ihre distanzierte Einstellung, auch zum Zionismus. Sie sagen, Juden haben Erfahrungen mit der Politik, nicht irgendwelche schwachen Erinnerungen an den und jenen Vorfall in der Diaspora, sondern Erinnerungen an jenes Jahrtausend, wo die Juden geschichtsbildend auf eigenem Boden saßen. Die Skeptiker sagen mit dem Blick auf dieses Jahrtausend: »Wir haben genug von der Weltlichkeit und der Politik.« Sie sagen: »Seid gewarnt! Gut, wenn man Sicherheit, Ruhe und Lebensunterhalt verschafft, aber nicht mehr. Mit Angst, Sorge und Blut ist der Weg der Diaspora gezeichnet, aber das kommt nicht auf gegen die Blutströme, die über den historischen Weg unseres Volkes geflossen sind.« Dieser Einwand ist prinzipiell. Er trifft die ganze Bewegung. Er ist unleugbar von einer ungeheuren Stärke. Es ist unmöglich, ihm aus dem Wege zu gehen. Zwei Jahrtausende des jüdischen Daseins basieren auf diesem Gedanken. Die Beendigung der jetzigen jüdischen Existenz soll ja nach der alten Lehre nicht durch irgendein äußeres Geschehen, sondern durch das Erscheinen des Messias mit der Heraufkunft einer neuen Weltordnung erfolgen. Der Einwand: »Gegen zu starke Verweltlichung« kommt übrigens auch von ganz anderer und ganz und gar nicht altreligiöser Seite. Wir wollen uns mit der orthodoxen Formulierung befassen.

Bei allem, was ich sagen werde, wie überhaupt bei diesen Erörterungen spreche ich unter eigener Verantwortung. Einen »offiziellen« N. T. gibt es noch nicht. Besonders an diesem Punkte ist das zu unterstreichen, weil hier aus historischen Gründen die jüdischen Meinungen weit auseinandergehen. Wer fest in der Orthodoxie unter Massen im Osten lebt, hat da nicht denselben Standpunkt wie jemand aus den jüdischen Massen, die im Kampf mit der Orthodoxie, dem »Klerus« stehen und schließlich beide Gruppen einen anderen wie die Assimilierten, die westlich Zivilisierten. Alle drei Gruppen aber bilden jüdisches Volk und unterliegen den Bedingungen, die zum Territorialismus drängen.

Ich kann von einem konkreten Fall ausgehen. Vor einigen Monaten hielt ich bei einer Freilandversammlung eine kleine Ansprache, von der ein sehr frommer jüdischer Geistlicher und Gelehrter in Polen hörte, mit dem ich seit lange Berührung habe und den ich sehr verehre. Ich hatte gesagt, wie oft, daß es mit dem Suchen von Land allein nicht getan sei. Wir müssen Menschen sammeln, die die heutige Not, und nicht nur ihre private, in ihrer ganzen Tiefe fühlen und die ihr ein Ende machen wollen. Wir dürfen nicht die kläglichen Wege derer gehen, die an die Türen der Reichen klopfen und um ein Scherflein bitten. Eine Sammlung müsse erfolgen, denn wir müssten denken an alles, was uns jetzt begleitet und das jüdische Leben besonders im Westen ausmacht, zu der äußeren Not die innere, die mangelnde Würde unserer Arbeit, die Folgenlosigkeit all unserer Leistungen inmitten der fremden Völker und zu alledem noch unser eigener Widerwillen und Widerspruch zu dieser zerfallenden Gesellschaft. Der fromme Mann (ich weiß nicht, was ihm von meinen Bemerkungen zugetragen war) schrieb mir sehr herzlich. Er ermahnte mich, weiter die Herzen der Verstockten zu erwecken, damit sie zur Thora umkehren, sie sollten wieder treue Juden wie ehemals werden.

Ich habe, seitdem ich wirklichen Juden und wirklichen frommen Juden (natürlich nicht in Westeuropa, sondern in Polen) begegnet bin eine feste Verbundenheit mit ihnen, die weit über bloße Sympathie hinausgeht, und ich wußte schon lange, daß, wenn ich schon zu einem Volk gehören soll, ich zu ihnen gehöre. Die Mahnung, die Verirrten zum Schoß des Judentums zurückzuführen, damit sie wieder Gott und die Thora finden, trifft mich tief, ich fühle, was dahintersteht, ich identifiziere mich mit dem, was sich hier ausspricht, aber ich kann das Wort nicht ohne weiteres und nach einigem Nachdenken nicht ohne Antwort annehmen. Es wäre, meine ich, ein Unglück, wenn die Zukunft des jüdischen Volkes ohne diese Frömmigkeit und ohne diese Vertreter gebildet würde (und es ist dafür gesorgt, daß dies nicht geschieht!). Aber es wäre kein Glück, wenn die Zukunft nur von ihnen gebildet würde. Denn was meint der Fromme, wenn er von Gott spricht? Und was ist die Thora? Will man die Juden zu dem alten strengen abgeschlossenen Dasein der langen Ghettojahrhunderte zurückführen? Selbst gesetzt, was ich für unmöglich halte, man könnte es, so wäre es doch heute an der Zeit, daß man endlich in Ruhe betrachtet und sagt, was eigentlich dies strenge abgeschlossene Judentum der Galuthperiode war und ist.

Das Gesicht des Galuthjudentums

Dieses Judentum hat, sprechen wir es offen aus, längst den Boden des Judentums verlassen. Ich wiederhole, was ich schon öfter gesagt habe: *Das gelebte Judentum der Galuthepoche stellt ein zweites Christentum dar, ja ein Überchristentum.* Etwa um dieselbe Zeit vor zwei Jahrtausenden, als das historische Dasein eines jüdischen Staates seinem grausigen Ende entgegenrollte, hat das Volk, ein Stamm, dessen Wurzeln noch gesund waren, zwei neue Äste sprießen lassen, die sehr ähnlich sind: es ist das spätere Christentum und das talmudische Judentum. Denn wir sprechen nicht von dem, was geschrieben und gesprochen wird, sondern von dem, was gelebt wird. Das Leiden, die Ergebenheit in das Leiden auf dieser Welt, die Hoffnung auf eine Weltordnung, wo die Herrlichkeit Gottes regiert: wovon habe ich da gesprochen, vom Christentum oder vom gelebten Judentum? Man wird vergeblich die Antwort nach rechts oder links suchen. *Die Umstände nach der letzten Zerstörung des Tempels haben die Juden, die sich als Volk weh-*

ren wollten, in einen Zustand geworfen, der sie zu einer dauernden Realisierung des Christentums drängte. Wenn der Rabbi Jeschuoh von Nazareth sich der offiziellen Lehre entgegenstellte und die Lehrer ihn offiziell verurteilen mußten, so haben sie ihn doch nur verurteilt, weil er mit einer schrecklichen Offenheit, kompromißlos und vorzeitig den Weg ankündigte, der ihnen allen bevorstand. Und sie fühlten es schon und fürchteten es, aber wollten es nicht wahrhaben, tatsächlich war man nur noch nicht so weit. Sie haben den wirklich großen Verzicht, die völlige Ergebenheit in das Leiden auch niemals offen ausgesprochen, immer haben sie die Hoffnung auf eine Gerechtigkeit, die dem Volke doch einmal widerfahren wird, aufrechterhalten, sie haben die Gestalt des Messias dafür gebildet, aber wessen ihr Inneres nicht fähig war, mußte ihr ganzer Körper und die ganze Existenz des Volkes leisten: sie wollten nicht, aber sie mußten Christen werden, Christen wider Willen. Ach, welche Paradoxie war es später, als die glanzvollen Priester und Inquisitoren in Spanien, die Besitzer der Kathedralen und Herrscher über den König des Landes, diese Duldenden zum Christentum bringen wollten. (Trotzdem wurden die Juden nie volle Christen, denn im Leid und Verzicht lebend hielten sie doch an ihrer nationalen Auserwähltheit fest. Die war und blieb der entscheidende Unterschied zwischen dem Rabbi des neuen Evangeliums und den Alten seines Volkes. Jene Gerechtigkeit und Erlösung, die der Messias bringt, wird dem ganzen jüdischen Volk werden, der neue Rabbi aber hatte alles auf das Ich und in die einzelne Person geworfen. Er war schon über die Resignation hinaus und hatte in diesem schwarzen Augenblick der Volksgeschichte das Ich, das Individuum und seine grenzenlose Hoheit erkannt, ein Ding, das noch seine dynamitartige Wirkung auf viele Staaten ausüben sollte. Die Juden, die großen Diesseitigen, gingen diesen gefährlichen Weg nicht. Sie ließen die Isolation des Individuums nicht zu. Sie bewiesen sich als Diesseitige darin, daß sie es ablehnten, das Individuum anderswo zu sehen als innerhalb des Kollektivums.)

Ist nun jene dauernde Realisierung des Christentums, die der Galuthjude lebt, das, was die Thora lehrt? Obwohl ich gar nicht an Kenntnis der Bibel mit den Alten und Gelehrten konkurrieren kann, so hat mir doch meine aufmerksame Lektüre der Schrift nichts gezeigt, was dem Leben der späteren Judenheit eine Rechtfertigung geben könnte. Denn da steht schon im Beginn, daß Gott die Menschen hieß, »die Erde zu füllen und sie sich untertan zu machen und zu herrschen über Fische und Vögel und alles Tier, das kriecht.« Ich sehe, daß viele Völker so handeln, daß aber allein die Unterjochten und völligen Sklavenvölker, zu denen die Juden gehören, das nicht tun. Sie lesen die Thora. Was nützt also das Lesen? Lesen muß doch einen bestimmten Zweck haben und welchen Zweck das Thoralesen und Thoralernen haben kann, ist ja klar: sich an der Größe der Vergangenheit erheben, an ihrer Kraft, an dem rastlosen Kampf mit den Gesetzen, dem Erliegen und immer neuen Versuchen. Aber was machen die Nachfolger der echten Juden damit? Sie nicken mit dem Kopf, sind sehr stolz oder zerknirscht und – lesen nochmal. Es ist eine völlige Verdrehung eingetreten, das Lesen hat jeden Sinn verloren. *Statt Juden haben wir Judenanbeter vor uns.*

Wenn also jemand vorschlägt: kehrt zur Thora zurück – ich bin mit ihm einverstanden. Wenn er aber dabei meint: kehrt zu eurem alten Ghettoleben zurück, so bitte ich mir zu verzeihen, aber ich muß das unlogisch finden und muß sagen, daß die, die so gelebt haben, offenbar gegen die Thora handelten.

Was ich dann lese von den Erzvätern, verändert mein Urteil nicht. In keiner Hinsicht erkenne ich da, daß die Juden, denen die unabläßige Lektüre dieser Schriften am Herzen liegt, sich ein Beispiel an den großen Figuren nehmen. Abraham zog mit Schafen, Rindern, Kamelen, mit Knechten und Mägden herum, er hatte großen Besitz, bewegte sich stolz und frei und klug, von einem Land ins andere, er läßt sich von Gott ein Land zeigen, von der Stätte, wo er wohnt, gegen Mitternacht, gegen Mittag, gegen Morgen und gegen Abend, alles Land, das er sieht, soll er erhalten für sich und seinen Samen ewiglich. Das sind Dinge, die Abraham erfreuen und die seinen Wünschen entsprechen. Ich habe aber noch nicht gelesen, daß später im Galuth große Judenmassen zu einer Zeit, als ihnen die Thora doch zur Verfügung stand und als sogar die Aufteilung der Erde in politische Staaten noch nicht so starr gediehen war wie heute, daß sie der Thora gefolgt wären und sich ein Beispiel an Abraham nahmen und Land, freies Land forderten und unter Umständen kurzer Hand besetzten. Es hätte ihnen, ganz anders wie heute, massenhaft zur Verfügung gestanden. Aber das Schlimme war: sie waren längst keine Thorajuden. Sie waren und blieben – Nachjuden, Galuthjuden, und was das Galuthjudentum darstellte, habe ich gesagt.

Ich will nicht die ganze Thora durchgehen von Mose zu den Richtern, den Königen, den Propheten. Nirgends entdecke ich Haltung, Gebärden, Vorgänge, auf die sich die Galuthjuden berufen könnten. Nein, und zum zehnten Male nein, dieses Nachjudentum ruht nicht auf der Thora und wir von heute sind es, die es zur Thora zurückrufen müssen. Den Stolz und die Kraft des Judentums hat es immer ausgemacht, nicht irgendwelche träumenden Wege zu gehen, sondern Befehle als Befehle zu nehmen und sie auszuführen. Die größten Worte – sie sind unvergänglich und haben in der Tat eine ewige Wahrheit – stehen im Beginn der alten Schrift, von der wir sprechen, dort eben, wo den Menschen die Erde zum Wohnsitz gegeben wurde, die ganze freie Erde und nicht die Fußsohlen anderer Völker, wo Gott die Schöpfung gut befindet und wo er die Krönung der Schöpfung mit dem Menschen vornimmt, den er sich zum Bilde schuf. Und das sollen Worte sein, und wer von der Thora redet, soll lange nicht über die ersten Kapitel hinweglesen und soll diese Worte wirklich, wie es heißt, im Herzen und im Gemüte tragen. Wenn es aber so steht, daß die Juden statt der Thora zu folgen, sie nur lesen, auslegen und glossieren, und glauben damit wäre es genug und dazu diene die Schrift, so wäre es besser, in den Tagen, wo man ihre

Bücher verbrannte, in Spanien und anderswo, die Bücher wären samt und sonders verbrannt, denn niemals sind Bücher heilig, und vielleicht hätten sie ohne die Bücher leichter zur Heiligung ihrer Existenz und der bloß angebeteten Schöpfung zurückgefunden.

Haben die Führer Israels noch immer nicht gesehen, wohin man kommt mit der Zweiteilung der Gewalten, mit dem Beten und dem Tun, das seiner eigenen Wege geht? Aber wohin soll das Tun gehen, da das Beten ein bloßes Lesen, Sprechen, Singen und Träumen ist und auch nicht mehr sein kann? Wohin soll dabei Moral und Bildung des Charakters kommen? Wie führungslos ist da der Einzelne! Man erläßt ihm jede Verantwortung. Das Tun gilt als ein Gebiet, das man nicht beachtet, und allmählich hat man auch allen Grund es nicht zu kennen. Denn frech macht sich da der Hang zum Wohlleben, Eitelkeit, Härte, Brutalität, Geiz und Gewinnsucht breit. Aber wer will sie tadeln und zerschmettern, da es keinen gibt, der sie kontrolliert! Man glaubt doch aber nicht ernsthaft, der Gott, der Mose im Dornbusch erschien und mit Donner sprach, habe Freude an Bücherschnüffeln und Menschenverderb.

Und nun die Enthüllung: *das Tun mußte so gehen, diese schreckliche Entwicklung* mit Gelehrsamkeit und Volksentartung *war notwendig, nachdem man ohne Land war:* Jetzt mußte man sich in schändliche Verhältnisse stürzen, sich zu gemeinem Tun zwingen lassen, und die Zweiteilung von Beten und Tun war noch das Einzige, das man vornehmen konnte. Man rettete den Schein.

Die Wiederherstellung des Judentums

Das Unglück der Juden! Eine Pendelbewegung macht seit zwei Jahrtausenden ihre Galuthgeschichte: sich ausdehnen und sich auf sich zurückziehen. Sie versuchen es immer wieder, und wie sie es machen, ist es falsch: wenn sie sich zurückziehen, vertrocknen sie, und wenn sie sich ausdehnen, verlieren sie sich. Woher kommt das, was legt auf sie diesen qualvollen Zwang? Dieser Pendelschlag ersetzt bei ihnen die Entwicklung, er ist das qualvolle Surrogat einer Geschichte, die ihnen versagt ist. Sie sind nicht tot und daher müssen sie aufnehmen, aber sie sind nicht richtig lebendig, daher können sie nicht richtig aufnehmen (assimilieren). Sie müssen aufnehmen, aber das geschieht unter Fremdvölkern und da verliert man sich, – sie müssen sich zurückziehen, aber da stößt man auf die Priester und Bücher und man vertrocknet. Diese krampfhaften Zuckungen, dabei diese Monotonie! Immerhin zeigt der kranke Volkskörper auch noch so, daß sein Instinkt gesund ist. Und was ergibt sich, was hat zu geschehen?

Wir brauchen geschlossenes Volk und eigenes Land, um aufzunehmen, ohne uns zu verlieren, und um uns zurückzubewegen, ohne zu erstarren.

Und dies ist das Erste: wir wollen von der Lektüre zum Leben, von der Anweisung, dem Vorbild zu seiner Verwirklichung. Die Frommen sind nicht und werden nicht unsere Gegner sein. Wir wünschen, sie sollen mit uns gehen, und diesmal nicht nur äußerlich. Wie wir das, was wir vorhaben, mit dem, was in den alten Schriften des Volkes steht, in Einklang bringen können, so sollen sie durch die Worte, die sie täglich lesen, zum gemeinsamen Handeln mit uns bewogen werden.

Es liegt mir, dem Westlichen, fern, abweisend und kalt auf die strengen alten Riten und Zeremonien, die die »Gesetzestreuen« festhalten, zu blicken, denn ich weiß, was diese »Zäune« im Leben des Volkes bedeutet haben und noch bedeuten und daß sie mehr als bloße Formalien sind. Man kann aber verlangen, gerade im Hinblick auf den Sinn der alten Zeremonien: die Erfüllung des Gesetzes und zwar volle Erfüllung. Und wenn das nicht sofort geschehen kann, so soll man den Willen kundgeben und anfangen. Daß der Neu-Territorialismus (wie ich ihn sehe) mehr sein will, als ein bloßes Suchen und Versammeln auf einem Territorium, ist schon nach dem Dargelegten klar, – daß es sich aber um eine wirklich jüdische Angelegenheit dabei handeln soll, möchte ich aufs Stärkste unterstreichen. Und ich sehe nicht, wie, nachdem die alte Synagoge die langen Jahrhunderte durch das jüdische Volk geeint und geführt hat, eine wirklich tiefe Wendung ohne sie erfolgen könnte. Die Führung, daran ist nicht mehr zu rütteln, hat sie verloren, keine Rückbewegung Einzelner darf sie darüber hinwegtäuschen. Aber an sie tritt die Frage heran, ob sie nur warten und abseits stehen, oder sich an einer neuen Einigung beteiligen will? Es geht um das jüdische Volk, – will man nicht über seinen Stolz und die erlittene Kränkung hinwegkommen und, ohne sich aufzugeben, aktiv an der Neugestaltung der Zukunft mitwirken? Ich spreche es offen aus: es ist und war nie meine Sache, die Ahnungslosigkeit und Oberflächlichkeit der bloßen Aufklärer, Rationalisten, »Wissenschaftler« mitzumachen. Die Erstarrung der Orthodoxen hat mich immer gegen sie getrieben, – auch daß die eigene Lehre bei ihnen schlecht aufbewahrt war. Aber es dreht sich um die Wiedergeburt des armen jüdischen Volkes! Es kann da nicht genug sein, die anderen »Klerikale« und »Pfaffen« zu nennen. Es ist ein Teil unseres Volkes, und wo es um den Aufbruch geht, – darf man nicht den Geist des Volkes gar zu sehr oder gar allein den leider einzig Aktiven, den Empiristen, Rationalisten und »Wissenschaftlern« überlassen. Diese Wissenschaft des Abendlandes, mit der man Kraftwerke aufbauen und Sümpfe trockenlegen kann, ist eine gute technische Sache, eine Rasse technischer Menschen ist mit ihr gewachsen, es scheint mir bewiesen, daß die Juden nicht zu ihr gehören wollen. *Man soll uns nicht mit alten Weltdeutungen quälen, die einmal eine Wahrheit gehabt haben, aber man soll auch andererseits nicht leugnen, daß wir schon keine rechte Freude mehr an der bloßen Technik und Wissenschaft haben.* Der Mensch ist ein rätselhaftes Geschöpf. Im Augenblick gar, wo die Juden die Emanzipation sehen, wohin sie mit der Emanzipation kommen und wie die technisierten Völker selber dran sind, werden sie nicht gerade die Neubesetzung und den Neuaufbau ihres Volkes diesen Kräften zuerkennen.

Ich lese, daß im Talmud steht: »Es ist dir aufgegeben, das Werk zu beginnen, aber es ist dir nicht gegeben, es zu vollenden.« Nun, das ist ein gutes Wort, es ist mir in seiner Tragik und Hoheit lange klar und spricht das Schicksal aller menschlichen Einzelexistenz, ja aller Einzelexistenz überhaupt aus. Wo man es fühlt, bin ich nicht fern, nachdem ich den langen Weg des westlichen Denkens passiert habe. Ein Orthodoxer schreibt in einer Zeitschrift, die vor mir liegt: »Israel heißt der immer Unzeitgemäße sein«, und er klagt später über das heutige Palästina, weil es im Begriff sei eine Chance zu verlieren: »ein Gehäuse zu bauen für den unzeitgemäßen Willen zur Theokratie des Geistes«, – nun ich würde nicht so formulieren, ich gehe dem Namen Gottes aus vielen Gründen aus dem Weg, aber: auch hier bin ich nicht fern, wenn man es ehrlich meint und mit den gegebenen Mitteln zu praktizieren gedenkt.

Das Auftreten der Natur

Judentum, aber realisiertes Judentum, – »nur realisiert ist es Judentum« dies ist die These, die ich in der Debatte mit der Orthodoxie vertrete. Der N. T. muß diese These kritisch vertreten, hält sie aber zugleich fragend und werbend der Masse der Altfrommen vor. Ich muß gleich eine zweite These anschließen, die unser Verhältnis zur Welt, Natur, Gesellschaft betrifft und über das bloß Kritische hinausgeht. Sie antwortet auf die Frage: »Wie sieht denn das Judentum, das Ihr verwirklichen wollt, aus?« Das Nachjudentum hat auch darin eine christianisierende Veränderung des Judentums vorgenommen, daß es sich auf die religiösethischen Gesetze beschränkte, für die Schöpfung, die Welt-Natur aber nur einen halben und schiefen Blick hatte, wenn es auch nicht so weit ging wie das Christentum, für das »Frau Welt« schließlich die Sünde war. Trotzdem die Thora ein Werk der Priesterschaft (gewiß nicht ihre Schöpfung) war und als Erziehungs-, Lehr- und Erbauungsbuch diente, erkennt man aber auch aus ihr, daß das Volk ein anderes Verhältnis zur Welt und Natur hatte als die spätere Geistlichkeit. Der alte Jehovah hatte alle kanaanistischen Gottheiten verschluckt und war zum Allgott, Eigner von Himmel und Erde geworden. Man verehrte ihn auf Bergen. Die Wandlung ins Streng-moralische kam später, mit der Dekadenz! Und wenn man jetzt fragt, wie wohl *ein Judentum von heute aussieht, so dürfte es dem alten, starken und vollen Judentum näher stehen, als dem geschrumpften, religiös-ethischen der Priester und des Galuths.*

Man ist heute gezwungen, den Weg der Emanzipation zu verfluchen. Aber wenn dieser Weg bestimmt von immer größeren Massen als Sackgasse erkannt und verlassen werden wird, so wird doch immer zugleich die Emanzipation um einer Sache willen gelobt werden müssen: sie hat große Judenmassen aus einer geistigen und gesellschaftlichen Verkümmerung gezogen, sie hat die düstere, geistige Knechtschaft, derer sich nur noch einzelne bewußt waren, gebrochen, und hat in vielen Gegenden einen Lebenszustand beendet, der sich kaum von Barbarei unterschied. Die Leistungen des abgeschlossenen Ghettolebens wollen wir gerade heute nicht ignorieren. Aber auch die Leistung dieser anderthalb Jahrhunderte Emanzipation wird nicht wieder vernichtet werden und man wird keine Massen finden, die den alten Weg zurückgehen. Die Emanzipation hat große Realitäten, Völker in anderer Entwicklung und in wirklicher Organisation an die jüdischen Massen herangebracht, sie hat sie, deren Gehirne mit Weisheiten, Lehren, Vorgängen aus vergangenen Jahrhunderten, ja Jahrtausenden, gespeist wurden, vor die Frische des ständig weiter ablaufenden Daseins geführt. Wir werden diesen Weg in neuer Weise weiter gehen müssen, und die Juden müssen, nachdem sich die Emanzipation als Irrweg erwiesen hat, einen neuen Zugang zur Welt, aber ihrer Welt suchen. Wir haben schon ausgesprochen, daß dies nur auf eigenem großen freien Land inmitten eines geschlossenen, sich neu zusammenschließenden jüdischen Volkes geschehen kann. Die Betstuben und Bücher haben ihre Pflicht getan. Wir wollen und können uns nicht mehr, ohne uns an uns selbst zu versündigen, der Welt versagen. Das kann uns aber nicht zum simplen, frisch-fröhlichen Konkurrenzkampf mit den anderen Völkern führen. Auf dieses Avancement ist keiner von uns begierig. Die Würde des jüdischen Volkes – denn in all seiner Erniedrigung hatte es jene unverwüstliche Würde, die sich aus dem Gefühl einer Berufung und der Erinnerung an den schon geführten weltlich-religiösen Kampf herleitete – soll nicht verloren gehen und soll einen neuen Inhalt bekommen. Die Alten von heute sollen uns darum nicht fluchen.

Wir wollen die Erde, das allen Menschen gegebene Land, die wirkliche menschliche Gesellschaft mit ihren Pflichten und Verantwortungen. Wir wollen die Sonne, den Himmel, die Sterne, Bäume, Pflanzen, Tiere, und *unser Leben in dieser Welt*. Und das ist mehr als ein politischer Wille, sondern ein Grundgefühl, das, anders als das nachjüdische, auch einen anderen gesellschaftlichen und politischen Willen produziert.

– Demnach will der N. T., wie ich ihn sehe:

Überwindung des Nachjudentums und Wiederherstellung des jüdischen Volkes auf eigenem freien Land. Zwei Dinge wurden genannt, die die Wendung charakterisieren: Übergang zur Tätigkeit und neue Stellung zur Natur und Welt.

Hilft es, gut zu sein?

Eine idealistische, beinahe völlig christliche Gruppe, ist der Meinung, man solle sein Judentum einfach beweisen, indem man einzeln, individuell, gut sei. Diese Forderung kann sowohl von liberalen Juden, die das Volkstum verloren haben, wie von Frommen, die ihre Religion festhalten und in ihr Genüge finden, gestellt werden. Man muß aber die Dinge sehen, wie sie sind. Man kann nichts Unmögliches verlangen. Das Schlimmste an einer radikalen Forderung ist, Unmögliches zu verlangen, denn damit gibt man das Feld den Nichtstuern frei. Auf den Hinweis: »Seid gut, liebt Euren Nächsten«, erfolgt prompt die Antwort: »Ja, wie denn?« Es ist nicht nur utopisch, sondern schon herausfordernd, wenn man den Menschen Güte, Gerechtigkeit und Liebe predigt, wo die Umstände sie an allem verhindern. *Es steht gar nicht im Belieben des Einzelnen gut zu sein.* Also muß man die Umstände ändern. Die Güte erweist sich in dem Willen, die Umstände zu ändern. Wenn der Arzt eine Bakterienkrankheit heilen will, sucht er die Bakterien zu töten und treibt Hygiene, indem er gesundes Wasser, gesunde Wohnung und Luft schafft. Nur Einiges kann man von dem Willen und Vermögen des Einzelnen verlangen.

III. Die Realisten, Historiker, Sozialisten.

Der Einwand der Sozialisten, aber auch vieler Liberalen und anderen Progressiven lautet folgendermaßen:

Ihr arbeitet völlig reaktionär. Denn die Zeit ist gegen die Erhaltung von Staaten, die starre Bindung von Nationalstaaten und Nationalvölkern steht heute noch in Blüte, aber die Entwicklung, Wirtschaft und Technik einschließlich Krise und Krieg werden dieser Epoche in nicht zu ferner Zeit ein Ende bereiten. Die Zukunft liegt nicht bei neuen Liliputstaaten mit neuem Nationalhochmut und künstlichen Grenzen. Wenn man heute noch als Minorität stark leidet, so wird es bald fast nur noch Minoritäten geben, und man hat nicht gegen die allgemeine politische Strömung zu schwimmen, die trotz alledem den Minoritäten günstig ist.

Man wird zweitens auch kein Glück damit haben. Es ist ein völlig idealistisches Bemühen, eine Flucht aus der Wirklichkeit, die nicht gelingen kann. Isolation ist, wenn irgendwann, so heute gar nicht möglich, und man wird, selbst wenn man sich im tiefsten Afrika versteckt, in den allgemeinen Güterverkehr mit hineingerissen werden, man wird von dem Schicksal und dem Andringen der Umwelt mit betroffen, verändert und in irgendeiner Weise so werden wie die anderen, wenn nicht gar aufgesogen und ausgerottet. Wir haben an den Jesuiten in Paraguay ein Beispiel. Es gibt keine Inseln mehr auf der Erde.

Und drittens entzieht man sich mit dieser Flucht den Aufgaben, die gerade den Juden, die von den Propheten beeinflußt sind, gut liegen sollten und die auch ihre spätere Geschichte auf diesen Weg führen sollte: Man hat allgemein und überall die Menschlichkeit zu pflegen, die Hemmungen, die sich da aufstellen, zu beseitigen. Es ist sinnlos egoistisch, nur an sich zu denken und glauben, sich allein verändern zu können und sich an den Haaren aus einem Sumpf zu ziehen. Nur die allgemeine Veränderung bringt auch dem Einzelnen die Veränderung, die er wünscht, auch dem einzelnen Volk, und wir haben also auf alle Weise, politisch und geistig, dieser Umwälzung Vorschub zu leisten.

Also: der Territorialismus ist erstens politisch reaktionär, zweitens praktisch eine Utopie, drittens ideell und gesellschaftlich eine Fahnenflucht.

Ich könnte dazu sagen: man hat nicht alle Fragen zu beantworten und soll nicht alle Einwände widerlegen, sie können in gewisser Hinsicht richtig sein, aber man ist nicht verpflichtet, aller Welt zu gefallen. Aber man ist verpflichtet, das zu tun, was man für notwendig hält, und zwar gleichgültig, ob es für reaktionär, utopisch oder Fahnenflucht gilt.

Was die ideelle Fahnenflucht anlangt, so nehme ich freilich diesen Vorwurf gerne an. *Die schwerste Bürde, die die Juden zu tragen hatten, waren die sogenannten Ideen, mit denen sie belastet wurden und sich selbst belasteten.* Wahrhaftig, man kann ihnen nicht vorwerfen, sie wüßten nicht was Ideelles bedeutet und hätten nicht in historischer Zeit dafür gekämpft, sie, an deren geistiger Geburtsstätte schon ein Gott stand, der nur geistig, bildlos sein wollte. Aber wohin sind sie auf diesem Weg gekommen, und wohin ist, trotzdem sie da waren mit dem ganzen schweren Gepäck ihrer Ideen, die Welt, die Welt der anderen gekommen? Es gibt eine religiöse Richtung bei den Juden, die die Missionsidee vertritt (die liberalen Juden) – man sehe sich aber die Weltgeschichte der letzten zweitausend Jahre an und suche da die bewegende Rolle gerade von Juden. *Sie haben mit ihrer Zerstreuung über die Erde der Menschlichkeit nicht im mindesten gedient.* Man soll nicht länger, wie andere gern tun, mit einzelnen hervorragenden Juden wie Spinoza und anderen kommen, die angeblich wichtig für die Kultur gewesen wären. Aber ohne einmal zu untersuchen, ob das stimmt (es stimmt greifbar nicht), so waren dies gerade nicht Juden, sondern solche, die weggingen oder eben wegen ihrer Leistungen und ihrer Gedanken aus der Judenexistenz gestoßen wurden. Spinoza und andere gehören nicht in die Geschichte der Judenheit, ihre Gedanken entwickeln abendländische Gedanken weiter, man kann diese Köpfe nicht für die jüdische Missionsidee beanspruchen. Es wäre übrigens auch sonderbar, wenn bei dem jahrhundertelangen Zusammenleben der Juden mit andern Völkern gerade die Juden, die den Geist drillen, nicht den andern Völkern auch einzelne hervorragende Köpfe abgegeben hätten. Was also will man mit der Missionsidee, wo man zwei Jahrtausende mit ihr nichts leisten konnte?

Und wie soll man etwas leisten, und hier komme ich an den Kernpunkt, wo man an den Fußsohlen der anderen klebt oder abseits im Schmutze liegt und sich verstecken muß, und wo man, wenn man gefragt wird, mit Weinen über sich selbst, mit Selbstanklagen, eine traurige alte Geschichte erzählt von einem Volk, das sich ein strenger gerechter Gott auserwählt habe und das sich dann dieser Auszeichnung unwürdig erwies, und darum sind sie zerstreut worden und sitzen jetzt hier. *Wenn man verachtet und im tiefen Elend sitzt und von diesen uralten bitteren und tragischen Vorgängen erzählt und daß man gewarnt sei und doch nicht gefolgt hätte, – wen will man denn damit locken und rühren?* Wen kann man damit locken? Man lebt inmitten von anderen Völkern und von manchen, die halb oder ganz barbarisch sind, und sie werden auf solchen weinenden Bericht von verachteten Leuten leicht eine Antwort finden: es ist euch recht geschehen. Nein, für diese Völker kam es auf das Einfachste an, nämlich sie selber Leiden und Mitleiden fühlen zu lehren, wie es dann auch an jenem ungeheuren, ja schrecklichen und überwältigenden Beispiel geschah, das das Christentum brachte, ein Beispiel, an dem sich die Phantasie entzünden konnte, und solche wirkliche Missionskraft und Missionsmittel standen niemals den Juden, die um ihr verlorenes Volksdasein klagten, wohl aber ihren Brüdern und Nachfolgern, den Christen zur Verfügung, die das Volksdasein aufgaben und überall die Menschlichkeit und Souveränität des Einzelnen predigten. Die Juden wies alles, was sie erfuhren und was sie selber berichteten, darauf hin, sich wieder zurückzuziehen und die Kraft zu gewinnen, vor allem selber ihr Leben zu führen.

Wenn man sagt, der N. T. sei reaktionär und wir sollten geduldig sein, die Entwicklung liefe anders als wir meinten, sie liefe günstig auch für Minoritäten, die Nationalstaaten nutzten sich selbst ab, der große Friede und die Befreiung wird von da kommen, – so ist es schon bitter und unwürdig, nichts oder fast nichts dazu tun zu können. Wir sollen abwarten, bis sich die andern Völker zerfleischt haben und müde werden und sich bereit finden, miteinander Frieden zu schließen und dann auch (sicher ist es noch nicht) uns auch in ihren Kreis aufzunehmen? Wozu dieser Umweg, die Unwürdigkeit und die Schrecknisse dieses Umwegs? Warum nicht selber seine Sache in die Hand nehmen? Zu alledem: wir glauben den neuen Propheten nicht ganz. Man geht unsicher in dies furchtbare Geschäft. Was wirklich bei ihnen herauskommt, wissen wir nicht, aber sicher wissen wir, daß von den Juden alles, was nicht flüchten kann (und wohin soll man bald flüchten) Männer, Frauen und Kinder in alles erdenkliche Gedränge, das da kommt, gejagt werden, daß man unglücklich für die Zukunft gegen alle möglichen Völker wird kämpfen müssen, auch gegen andere Juden, mit der schon verrückten Hoffnung, daß dabei unser Heil herausschaut. *Vernichtung und Tod sind gewiß bei diesem Geschäft, aber jüdischer Fortschritt?* Warum werfen diese angeblichen Kenner der Entwicklung, diese Fortschrittsapostel uns Utopie vor, wo sie selber utopische Bilder malen? Warum wollen sie uns verhindern, einfach das Einfache und für uns Nötige und Nützliche zu tun, das Nächstliegende zu tun? Das heißt für uns zu sorgen. Sie sind aber unheilbare Ideologen, meinetwegen auch Idealisten, auch wenn sie sozialistischen Theorien anhängen. Der Nebel des Ghettos liegt über ihnen, sie sehen weder ihre eigene, noch die andere Wirklichkeit, sind ohne Bewußtsein und Selbstvertrauen.

Wie steht es mit dem Klassenkampf?

Aber, sagt der Marxist, man komme uns doch überhaupt nicht mit Volk und Völkern. Völker sind Produkte einer historischen Entwicklung; herrschende Klassen, die im Besitz der militärischen, politischen und wirtschaftlichen Machtmittel waren, haben sie recht gewaltsam geschaffen, was man so schaffen nennt, mit Unterdrückung und Ausnutzung, und diese so gewachsenen geschaffenen Völker stehen jetzt da, die gesellschaftliche Entwicklung macht nicht halt, sie läuft im Gegenteil gerade jetzt mit beschleunigtem Tempo, der Klassenkampf verschärft sich, der Kapitalismus liegt unter dem schwersten Feuer, da halte man sich doch nicht mit Völkern auf, diesem Leitwort der heute herrschenden Klasse und des Faschismus, sondern greife die Entwicklung da an, wo sie ihren Ausgang nimmt, bei den Klassen. –

Wir wissen, daß dieser Appell bei einem Teil besonders der jüdischen Jugend Gehör findet. Man frage sich aber, wie es mit dem Klassenkampf bei den Juden steht. Den ausschließlichen Klassenkampf von Juden gegen Juden in der Diaspora verlangen die Marxisten selbst nicht dringend. Denn dies sehen sie: ein wirklicher Klassenkampf von Juden gegen Juden ist nicht gut zu führen, weil die Klassenbildung bei Juden in der Diaspora naturgemaß eine höchst vergängliche Sache ist. Der Klassenkampf sowohl des Reichsten wie des Ärmsten steht bei den Juden der

Diaspora naturgemäß auf tönernen Füßen. Es ist anders wie bei den Angehörigen der Staatenvölker. Tatsächlich sind die Juden der Staatenvölker nur zugelassene Kapitalisten, Bürger, Proletarier, sie beteiligen sich an dem Klassenverhältnis der andern, die politische Unsicherheit beherrscht aber ihr ganzes Dasein und so führen sie vorübergehend (oft mit der Hoffnung, es möge doch so bleiben, und in dem Wahn, es bliebe so) mit den Klassen der Staatenvölker ein kapitalistisches, bürgerliches oder proletarisches Dasein. *Sie können aber nicht wirklich Kapitalisten, Bürger und Proletarier werden, denn sie haben als Gäste und Zuwanderer, über denen das Schwert der Exmission schwebt, kein natürliches Verhältnis zu den Produktionsmitteln.* Denn diese sind mehr oder weniger straff an den Boden gebunden und in der Hand der Kontrolle der politischen Machtfaktoren. Nur zu einem Ding können sie (außer Religion und Familie) ein natürliches Verhältnis haben und hatten es auch immer seit der Vertreibung, zu ihrem Bruder unter den Sachen, dem ruhelos wandernden Geld, dem Verkehrsmittel, das auch keine Seßhaftigkeit hat, das sich ansammelt und zerstreut, und so sind sie statt Kapitalisten, statt Herren, Bürger, Proletarier – nur reich, wohlhabend, wenig bemittelt und meist bettelarm.

Man soll von andern Völkern nicht mechanisch fremde Begriffe übernehmen und auf die Juden übertragen. Da historisch das Heraustreten aus dem Ghetto Kampf um eigenen Lebensraum bedeutet, kommt es jetzt auf seine gradlinige Fortführung an. Diese kann nur nach dem bloßen anarchischen Einschwemmen zwischen die anderen Völker (Rest der Ghettopraxis) die Konsolidierung auf eigenem Boden sein.

Daher kommt man nicht um die Notwendigkeit herum, sich als Volk zu normalisieren. Und der Begriff Volk kann noch so sehr reaktionär in der Staatengeschichte von heute sein. Das reden diese vorgeblichen Dialektiker oft, aber sehen in unserem Fall nicht, daß ein Ding, welches für Staaten von heute »reaktionär« ist, für die aufgelösten jüdischen Massen »progressiv« sein kann.

Dies sollen sich die Redner der armen jüdischen Massen, besonders die sozialistischen, gesagt sein lassen: sie können ihnen keine Besserung der Lage versprechen, wenn sie ihnen keine Sicherung verschaffen. Sie dürfen ihnen nicht Vorreden, daß sie Proletarier seien und sie ermahnen, die sozialistischen Ideen aufzunehmen. Sie verschleiern ihnen damit etwas, was morgen den Armen klar sein wird: daß sie im Krisenfall oder Streik oder bei einer sonstigen Spannung der politischen Lage ihres Landes als Staatsfremde angesehen werden, unterdrückt, beiseitegestoßen oder gar als lästige Ausländer oder Staatsfeinde an die Grenze expediert werden. (Ich gestehe, daß es mir beinahe schwer wird, diese selbstverständlichen Dinge zu schreiben. Aber was jedem andern klar wäre, ist den Nachjuden, die im Gedankenghetto leben, noch lange nicht klar.)

IV. Die Methoden:
Zwei Wege – Wie kommt man zum Land?

Wir haben nicht dasselbe vor wie der Zionismus. *Ihm lag und liegt an Palästina,* weil es das historische Land der jüdischen Blütezeit ist. *Uns liegt an der Sache, Rückkehr des jüdischen Volkes zur Erde.* Diese Rückkehr ist notwendig politisch, ökonomisch und geistig und ist auch mit dem Zionismus eingeleitet. Was wir vorhaben, ist die Leitung des nächsten sicheren Schrittes.

»Wie bekommt Ihr aber freies Land? Wo liegt es?« Wir können die Antwort niemandem geben, der nicht vorher ja sagt dazu, daß diese Rückkehr eine blutige Notwendigkeit ist und daß der gesamte jüdische Volkskörper, wie er zertrümmert in der Diaspora liegt, eine grundsätzliche Veränderung von der Wirtschaft bis ins Geistige hinein braucht.

Wenn man aber »ja« zu dieser Notwendigkeit sagt, »man«, das heißt Hunderttausende, *so – ist fast schon das Land da:* Denn die Notwendigkeiten eines ganzen Volkes sind ein politischer Faktor. Hat man Klarheit darüber, daß ein Wille da ist, so schreitet der

Territorialismus an seine Organisierung, damit er handeln kann. Und dies ist der erste Fall, der erste Weg.

Demnach setzt sich die »Bewegung« im ersten Fall aus folgenden Aktionen zusammen:

1. Bildung von Aufklärungsgruppen – ihre Aktionen, mit Flugschriften, Versammlungen, Diskussionen, Zeitschriften, sind verschieden je nach der jüdischen Gruppe, die sie betrifft.

2. Vorbereitende geographisch-politische Studienkommission, die Material sammelt und schon erste Fühlungnahme mit Staaten und Regierungen vornehmen kann.

3. Im mehr entwickelten Stadium, nach Kongressen, Bildung eines eigentlichen Aktionsausschusses, der die eigentliche Bewegung mit autorisierten Verhandlungen außen und Beschlüssen in der Judenheit einleitet.

Der zweite Fall, der zweite Weg:

Ich halte Folgendes für möglich: das Aufklärungsstadium kann kurz sein, man könnte nach einigem Sondieren in der Judenheit zu dem Ergebnis kommen, daß zwar der Wille nach »Erde und Brot« weit verbreitet ist, daß aber eine geschlossene Organisation in der Diaspora unmöglich ist. Man muß dies ins Auge fassen. *Alsdann verschiebt sich das Hauptgewicht der einleitenden Gesamtaktion auf die Tätigkeit einer beherzten, entschlossenen, aktiven, jüdischen Initiativgruppe.* Sie hat sich natürlich, wenn sie wirksam sein will, in der breitesten jüdischen Öffentlichkeit zu legitimieren, um mangels einer Organisation der Massen als ihr provisorischer Wortführer und Treuhänder zu gelten. Vielleicht – das kann nur die Praxis zeigen – ist bei dem zerrissenen und schwer leidenden Zustand der Judenheit, die kaum mehr eines Willens fähig ist, dieses rasche und entschlossene zweite Verfahren ärztlich das allein gegebene. *Es wäre jedenfalls falsch, sich zu lange bei dem ersten aufzuhalten.*

Wir machen uns im Augenblick weder große Sorgen darum, wo das freie Land liegt, noch wie wir es bekommen. Wir wissen genau, die Finanziers werden es nicht bekommen. Wir wissen, Raum für alle hat die Erde, und ungeheuer viel Land, das gut wäre, befindet sich politisch in Händen von diesem und jenem Staat, tatsächlich aber in gar keinen Händen. Man hat um diese Riesengebiete einen politischen Strich gezogen und das ist alles. Wir wissen von dem Vorhandensein zahlreicher unerschlossener Kolonisationsräume. Man hat berechnet, daß Amerika zehnmal mehr Leute haben könnte, Afrika zwölfmal mehr, Australien und Ozeanien dreißigmal mehr. Für den Augenblick genügt es, von dem Vorhandensein freier Länder, brachliegender bewohnbarer großer Flächen Erde zu wissen. Man verpflanzt ja kein Volk, Hunderttausende oder Millionen einfach in ein anderes Gebiet. Für die Juden ist zuallererst notwendig, den äußeren und inneren Zwang zu einer Änderung ihrer Lage zu empfinden. Und unsere Aufgabe ist es, ihnen den inneren und äußeren Zwang klar zu machen und das Ziel zu zeigen. *Es heißt, Massen der Diaspora bewußt und aktionsbereit zu machen. Der N. T. ist keine Partei neben anderen Parteien.* Sein Ziel kann und wird von den verschiedensten Gruppen angenommen werden. Wieviel leichter hatte es aber Moses, der ein auf engem Raum zusammengedrängtes Volk aus einer bitter empfundenen Sklaverei führte, als diejenigen von heute und morgen, die von weitem zu zerstreuten Massen reden, welche immer wieder bereit sind, sich mit ihrer Knechtschaft abzufinden.

Es besteht die Möglichkeit einer chronischen, langsamen und einer akuten Entwicklung der Bewegung. Es ist nicht nötig und nicht sicher, daß sie rasch zu einem großen Umfang und zum ersten Ziel führt. Sie kann ruckweise vorwärts schreiten im Zusammenhang mit historischen Ereignissen wie Krisen, Vertreibungen großen Umfangs, Kriegen.

Umwandlung der Kultusgemeinden in nationale Aktionskörper

Bei einem Fortschreiten der territorialistischen Arbeit ergibt sich folgende Situation, gleichviel ob der Prozeß von oben oder unten weitergetrieben wird.

Indem die Aufklärungsarbeit die Sache zu einer allgemein jüdischen macht, nimmt sie in der fortbestehenden Diaspora einen grundsätzlichen Wandel vor, nämlich die Emanzipation weiter zuführen und aus einer Bewegung zur politischen Befreiung des Einzelnen eine Bewegung zur politischen Befreiung des Volkes zu machen. *Nur mit der politischen Befreiung des Volkes, die seine Einigung voraussetzt, wird die politische Befreiung des Einzelnen gegeben. Mit der politischen Befreiung wird aber auch die ökonomische und moralische gegeben.* Was dafür zu geschehen hat, ist klar. Die Gemeinden der heutigen Judenheit der Emanzipation haben moderne Tempel aus Stein errichtet und darum einen geistlich weltlichen Apparat entwickelt, der nichts anderes bezweckt und ausdrückt als die Anpassung an die bestehenden Verhältnisse und den Versuch einer noch größeren Einordnung. Dieser Zweck und dieser Versuch hat sich als falsch erwiesen. Dieser Weg ist hoffnungslos. Im übrigen entsprach er auch nicht dem Willen der noch zusammenhängenden aktiven Massen noch gar dem Sinn einer jüdischen Existenz. *Den ruhenden Gemeinden ist das Signal des Aufbruchs zu geben.* Der Wille, sich neu als Volk zu vereinen und freies Land zu fordern, tritt als die neue Losung auf. Dem Zionismus war die Diaspora der Dünger für Palästina. Man streckte Saugarme in die Diaspora und holte aus ihr Menschen und Geld. Man beließ die Diaspora, man mußte sie belassen. Jetzt wird die Diaspora selber angegriffen und soll sich zum Subjekt ihres Schicksals machen. Die Erkenntnis der Notwendigkeit dazu muß in die Lehre und die Schulen hineindringen. In den religiösen Gruppen, sofern sie beweglich sind, hat eine Änderung des Kultes stattzufmden, denn der jüdische Kult ist ein nationaler und folgt daher wichtigen Änderungen des Volkslebens. Im Augenblick, wo das Nachjudentum diesen neuen Ruck erfährt, kann der Kult nicht bleiben, wie er war. Die national-religiösen Versammlungen, welche jüdische Andacht bedeuten, können an dem Willen auf Einigung und Befreiung des Volkes nicht vorübergehen. Hier steht eine tiefe Umwandlung bevor. (Übrigens wird bei dieser Gelegenheit auch eine längst und von allen erwünschte Scheidung unter der Judenheit selber stattfinden, die Abstoßung der vollassimilierten Nichtjuden, und von ihnen lange erwünschte Aufsaugung durch die Staatenvölker wird erleichtert werden.)

V. Aussichten. – Das Judenproblem ist international. – Außereuropäische Kolonisation als zukünftige Kollektivarbeit der Staaten

Unendlich schwer wird unsere Arbeit sein, da Massen der Nachjuden von heute zwischen Religion und Volk schwimmen und nur in einem wirklich verbunden sind: In der Furcht vor der Gefahr.

Der N. T. muß auf Massen fußen und muß Pläne einer kollektiven Großkolonisation vorlegen.

Er muß Massen ergreifen oder er ist nicht. Er muß es aus einem inneren und äußeren Grund: weil er die jüdische Frage an ihrem Kern, der Landlosigkeit anfassen will und diese Frage wirklich, also nicht für Splitter lösen will, – und weil die Forderung auf Land, auf großterritorialen Lebensraum nur von großen geschlossenen Massen erhoben werden kann. Aus diesen beiden Gründen muß der N. T. auch auf Wiedererlangung der Volkseinheit, auf Vereinigung der Judenheit bestehen, die äußerlich schon lange aufgehoben, innerlich noch dazu durch die Emanzipation gelockert oder zerstört wurde. Der N. T. will die Zusammenführung, durch *Schaffung des einen neuen Unterhaus,* und durch die gemeinsame Arbeit zuerst bei der Aktion zur Erlangung dieses Unterhaus, des freien Territoriums, und später durch die gemeinsame Arbeit und das Zusammenwirken auf dem Territorium.

Die eingeleitete Bewegung mündet in ein Neues Juda. Dies ist die Idee des N. T., deren Kraft schon im Beginn eine günstige Atmosphäre für die Wiederannäherung der Gruppen schaffen wird.

Man wird kein neues Land ohne diesen Willen gewinnen, geschweige unter den Pflug nehmen.

Ein Kollektivplan ist zu entwerfen; dies ist erst in einem vorgeschrittenen Stadium der Dinge möglich, denn die Einzelheiten des Plans hängen von Zeitumständen, Mitteln, Menschenmaterial, vor allem von dem Charakter des Landes ab.

Der Neuterritorialismus setzt sich eben in Gang, – da sind Gedanken, Pläne, Wünsche, Hoffnungen und Organisationsansätze. Man kann sagen, alle objektiven Bedingungen sind erfüllt, das größte Massenelend, der politische Druck, Aufhebung der Emanzipation von außen. Aber die Stumpfheit und Zerfahrenheit, die dumpfe Hoffnung auf »besseres Wetter« überwiegt. *Ungeheuer ist der jüdische Konservatismus. Der äußeren Beweglichkeit der Juden steht eine grauenhafte innere Schwerfälligkeit gegenüber.* Man kann sich nur langsam vortasten. Es ist möglich, daß man heute oder morgen zurückgeworfen wird. Der Angriff ist aber nötig, er mag führen wohin auch immer.

Ich möchte für die zukünftige Entwicklung eine gewisse Perspektive malen. Die heutigen Staaten reagieren darauf, daß sie sich berühren, noch leicht durch eine Neigung miteinander Krieg zu führen. Es könnte sein, daß sie, aus äußeren und inneren Gründen (die Völker mischen sich manchmal in die Politik, wenn sie zu wild wird), besonders aus ökonomischen Gründen zu einer anderen Praxis gelangen. Die halbe Welt ist unerschlossen, während sich in dem Rest die politischen Staaten bedrängen. Vielleicht fällt dies eines Tages den Staaten und Völkern auf.

Vielleicht ist die kollektive Weltkolonisation das große politische Thema der Zukunft. Da solche Pläne nicht von einzelnen Staaten ausgeführt werden können (besonders Afrika), müßten sich mehrere Staaten zu solcher Arbeit zusammentun, die sie von ihrem Innendruck entlastet. Bei dieser Gelegenheit – es wäre möglich, daß dieser Zeitpunkt nicht zu fern ist – würde auch das Judenproblem auf territorialistischer Basis seine Lösung finden. Es gibt mehrere Möglichkeiten, aber auch diese gar nicht zu phantastische sei hier genannt.

Also: nach außen, nach der nichtjüdischen Seite hin, ist zu sagen, daß man überhaupt die ungeheure Bedeutung der Großkolonisation und der Erschließung der bisher nur »entdeckten«, politisch umrandeten und wirtschaftlich brachliegenden Riesenterritorien Afrika, Australien, Südamerika für die Gesamtentwicklung der Menschheit, den Fortgang der Geschichte erfassen muß. Es stellt sich mit hoher *Wahrscheinlichkeit als das politische Thema der Zukunft die Großkolonisation der Erde durch Kollektivarbeit der Staaten, was eine Drainage der Kriegsinstinkte bedeutet und das heutige Kriegführen ablöst, nachdem es sich als unrationell, gefährlich, ja unmöglich erwiesen hat.*

Dies entbindet uns natürlich nicht von der Pflicht, den neuterritorialistischen Weg, wie er in Hauptzügen gezeigt wurde, zu gehen.

Lektüre in alten Schulbüchern

Den diktatorischen Regimen des letzten Jahrzehnts ist das große Interesse für die Jugend eigentümlich. Man kann auch sagen: es ist auffällig und bemerkenswert, wie etwa in Deutschland von vorneherein der Zugriff nach der Jugend erfolgte. In seiner letzten Rede in Genf hat der Außenminister Eden die Bereitwilligkeit seiner Regierung, an Abrüstungsprojekten praktisch mitzuarbeiten, ausgesprochen, schloß aber gleich an: es könne sich nicht nur um eine materielle, es müsse sich auch um eine moralisehe Abrüstung handeln. Ähnliches ist in dem (bisher nicht beantworteten)

Fragebogen Englands an die heutige deutsche Regierung berührt worden.

Da ist es von Interesse zu wissen: Wie hat sich denn in verflossener Zeit das demokratische Deutschland zu seiner Jugend, zu seiner Schuljugend verhalten. Vor mir liegt ein kleiner Haufen Bücher, die noch herübergekommen sind, aufgelöst, mehr oder weniger zerblättert, meine Jungen haben drüben daraus gelernt, es sind meist Lesebücher, die Jahreszahlen der Bücher sind 1925 bis 1930, es sind die offiziellen Lehrbücher.

Die Gesangbücher sind sehr schön, eins ist von Fritz Jöde, 1927; Alte Weltliche Lieder, Chorbuch für gemischte Stimmen, wunderbare Lieder, viel Wehmut und Religion. Ein Singbuch für alle heißt »Der Kanon«, auch von Jöde. Auch das sind herrliche Gesänge und gewiß außerordentlich geeignet, den Schülern den Reichtum und die Kunst der alten Musik zu enthüllen. Aber hier muß ich mäkeln. Wozu so viel Mittelalter und Versenkung in die entfernten Schönheiten? Sollen hier Historiker ausgebildet werden? Man braucht das Kulturerbe, und aus nichts entsteht nichts, aber bloß Kulturerbe? Es sieht verdächtig aus, und ist, selbst wenn man es nicht meint und nicht will, gefährlich. Man fängt mit Kanon und Blaublümelein an und endet – wo? Davon sofort später. Auf der Vorsatzseite steht mächtig »Der Kanon«, darum ist ein Kreis gelegt mit der Umschrift des – Gebetes »Ave Maria gratia«. Hat man sich dabei etwas gedacht, und wenn nicht, warum nicht? Herman Reichenbach schreibt ein tiefsinniges Vorwort dazu, das mit indianischen Medizinmännern und malaiischen Haifischvertreibern beginnt. Nachher also geht es weiter mit »Ave Maria«, und wo endet es? In der Gegenwart? In welcher Gegenwart? In welcher Gegenwart kann man enden, wenn man mit Zaubergesängen anfängt und mit Gebeten fortschreitet, in weltlichen Schulen, in einer demokratischen Republik?

Welche klugen, methodischen Lehrbücher der französischen und englischen Sprache: Hier sind die Stoffe sorgfältig ausgesucht, es wird versucht, ein Bild der Lieder zu geben, die Proben sind nicht schlecht, jedenfalls meistens. Ein französisches »Übungsbuch« ist von Strohmeyer (einem Fritz und einem Hans) herausgegeben. Wenn man in der Medizin Organe kräftigen will, geht man methodisch vor, bei der Elektrobehandlung mit galvanischen Strömen beliebt man die »Einschleichmethode«. Diese Schulbücher belieben sie. Was schleichen sie ein? Was wird man wohl in einer republikanischen Republik einschleichen, wenn man weiß, daß die Grenzwächter schlafen? Da gibt es alte thèmes à traduire: »1) Nie hat Frankreich schrecklichere Tage gesehen als die unter Robespierre. 2) Man nennt sie den Schrecken, weil damals niemand seines Lebens sicher war, und weil es nirgends Schutz und Sicherheit gab. 3) Man achtete weder Verdienst noch Tugenden noch Unschuld. 4) Es wurde mehr französisches Blut in jenen Tagen vergossen, als die blutigsten Schlachten gefordert hatten.« Nun, jeder Satz ist zweifelhaft. Aber wie der verräterische Oheim im »Hamlet«, träufelt man den Schülern Gift in die Ohren. Man notiert »zum Übersetzen«: »Mit der Guillotine brauchte man für die Hinrichtung von 62 Verurteilten nur 45 Minuten«! Herrlicher Lehrstoff. Wer erfährt von der »Marseillaise« (thème à traduire): »Jeder Franzose ist stolz auf dieses Lied, das er für das schönste und vollkommenste Nationallied unter den Nationalliedern aller Nationen hält.« Sic, sagt hier der Lateiner. Nr. 7 des Abschnittes verlangt zu übersetzen: »Kein Franzose kann sich sein Vaterland anders vorstellen als siegreich und ruhmgekrönt.« Nr. 9: »Nichts verletzt die Eitelkeit des Franzosen mehr als eine große Niederlage« (»Etsch«, macht da der Schüler). 11. So beginnt und endigt die »Marseillaise« mit Worten »Ruhm« und »Mögen deine Freunde deinen Triumph und unseren Ruhm sehen!« (Sie unterschlagen, daß es das Lied eines Volkes wurde, das von der Invasion bedroht im Abwehrkampf stand.) Schließlich bemerkt die liebliche Seite: »Vor dem letzten großen Kriege, der kenntlich die verletzte Eitelkeit der Franzosen befriedigt hat, daß er ihnen Elsaß-Lothringen zuerkannte«, und »Wir sehen also, daß die Liebe des Franzosen zu seinem Vaterland, wie groß sie auch sein mag, stets mit Eitelkeit gemischt ist.« Sie fragen: welches Jahr? 1927.

Geografiestunde: Der Atlas heißt »Dierke, Schulatlas für höhere Lehranstalten«. Ich blättere in den Karten »Großer Ocean«; da kriegen Seite 52 und 53 große Sonderkarten mit den Titeln »Deutsche Schutzgebiete bis 1920«, Samoainseln, Neuguinea und so weiter. In der großen »Staatenkarte Europa« Seite 83 ist zwar Elsaß-Lothringen lila wie Frankreich gemalt, aber die rote deutsche Staatengrenze läuft friedlich wie ehemals, auch im Osten über Polen dieselbe rote Linie. Da fängt also die demokratische Republik mit indianischen Zaubergesängen an und treibt so Geografie, mit welchem Sinn, nach welchem Erziehungsprinzip? Es gehört bestimmt nicht zum Sinn eines Unterrichts, historische Ereignisse vergessen zu machen und gar die frische Vergangenheit, aber dies sieht doch mehr nach einfacher historischer Belehrung aus.

Die Deutschen Lesebücher hier heißen »Lebensgut«, ein deutsches Lesebuch für höhere Schulen, in fünf Teilen, Obertitel: »Diesterwegs Deutschkunde«. Es ist ungemein viel Schönes und absolut Notwendiges in ihnen. Ich frage mich nur beim Aufblättern von Teil 5, warum der Bildschmuck als Eingangsbild den Mittelteil des Schlosses »Sans-Souci« und als Schlußbild einen friderizianischen Grenadier vor dem Neuen Palais bringt. Es gibt doch auch anderes. Solche Bilder in Schulbüchern, fünf Jahre nach Einführung der Republik, das läßt tief blicken und verspricht allerhand. Man bekommt eine beunruhigende Antwort auf die Frage, die wir im Anfang stellten: Wie nimmt sich eine demokratische Republik ihrer Jugend an? Wobei wir keineswegs die Elternbeiräte vergessen wollen, aber sie haben wenig geleistet, sie konnten wenig leisten in ihrer Zusammensetzung, und wenn man sie mit grenzenloser Redefreiheit in bezug auf Wünsche und Anregungen ausstattete und sonst nichts. Ach, wie habe ich mich in der Schule, zu deren Elternbeirat ich zehn Jahre, zehn republikanische Jahre, gehörte, gequält. Es gelang mir nicht, in die Aula ein schwarz-rot-goldenes Zeichen zu bringen, oder wenigstens das schwarz-weiß-rote zu entfernen, das da groß hing und zwar an einem Kreuz für die kriegsgefallenen Lehrer. Sie mochten ihr Kreuz, auch mit der Schleife haben, in Gottes Namen, ich war kein Berserker, – aber in der ganzen Riesenaula für alle Feiern nur diese Farben? Die Mehrheit war dagegen, und einige Interessierte von den Lehrern wurden bald abgeschoben.

Ausgezeichnet sind diese Lesebücher in ihrem Willen zur Heimatliebe. Sie bringen die schönsten deutschen Gedichte, sogar Gedichte von Dehmel, Arno Holz. Aber in allen drei mir vorliegenden Bänden nur ein einziges Lied von Heinrich Heine, nicht die Loreley, nicht die drei Grenadiere. Nun ist Heine nicht der und jener. Man kann schon ganz einen auslassen, es gehören nicht alle in Schulbücher. Aber, wie sehr sie auch kläffen, und wenn auch Kritiker wie Georg Brandes an ihm herummäkeln, er gehört zu den größten Figuren des deutschen Schrifttums. Und wenn ihn eine Probe nennt: – dann unter »Gott Mensch und Natur« zwischen »Schäfers Sonntagslied«, »Morgengebet« das eine kleine Gedicht »Herbst«, nicht das stärkste und garnicht repräsentativ, und umringt von Gustav Falke und Jakob Kneip. Man wollte ihn nicht nennen und wagte nicht (noch nicht) ihn ganz wegzulassen. In meiner, kaiserlichen, Schulzeit, hörte ich den Hochgesang unseres Deutschlehrers auf Heine, ich freute mich, so wußten sie also, wer er war. Wir haben nun 1925.

Der Raum ist eng. Die Lesebücher haben wunderbare Stücke und bedienen sich der Einschleichmethode. Dies Eine ist sicher: Wer diese Schulbücher passiert hat, weiß und hat und ist etwas vom gestrigen Deutschland, vom Kaiserreich, Mittelalter und Arnim. Die junge Republik, die Demokratie, die Arbeiterschaft, die neue Welt wird er nicht kennen, sondern ablehnen. In der preussischen Akademie setzten wir einmal durch, die Schulbücher anzusehen. Wir schrieben unsere Meinung auf. Ich redete mit einem Minister. Das »Historische« wurde uns sofort weggenommen;

das gehörte den Historikern. Und das Andere, davon hörten wir nichts mehr.

– Die Jugend! Ungeheure Energien waren zu mobilisieren. Sie wurden nicht mobilisiert. Sie waren nicht zu mobilisieren.

Waffen der Lehrerschaft, der Bildung überhaupt, verweigerten sich. Die Arbeiterschaft spann sich in ihre Theorien ein oder lehnte ab.

Ist man in Zukunft reif? Das Kulturerbe! Die Frage der Zukunft wird sein: Wem gehört die Vergangenheit?

[Verbrannte und verbotene Bücher]

Liebe Freunde,

es hätte sich bestimmt noch 1932 keiner von uns träumen lassen, daß man in Deutschland geistige Ausrottungen vornehmen würde. Wir kannten alle – und mit dem Gefühl des intensivsten Widerwillens – den fürchterlichen Ungeist, der an den deutschen Universitäten herrschte. Aber wer von uns hätte es für möglich gehalten, daß diese Studenten sich eines Tages aufmachen würden, um ihren Haß offen, konspirativ und unter Billigung eines offiziellen Deutschlands auf alles loszulassen, womit sie nicht fertig wurden, und jene unvergeßliche, erschütternde Bücherverbrennung am Opernplatz in Berlin vorzunehmen. Dieser Akt war kein Zufallsakt. Er mag ein Impuls gewesen sein, aber die Flammen am Opernplatz beleuchteten einen bestehenden und (nicht nur bei diesen Studenten und ihren Lehrern) noch fortbestehenden Zustand in Deutschland.

Es ist ein Unglück für ein Volk, wenn sein Nationsbegriff so wächst wie in Deutschland. In dem Lande, das uns jetzt aufgenommen hat (Frankreich), haben mächtige Freiheitskämpfe, starke Köpfe der Literatur und Philosophie unverwüstlich bis zum heutigen Tage in den Begriff der Nation eingetragen und eingegraben: das Wissen von den Rechten des Menschen, vom Stolz des Individuums. Was die alten Religionen lehren und wessen sich die Priester lange nicht mehr annahmen: daß wir freie Wesen sind, keiner dem anderen vorgesetzt und einer wie der andere aus der Hand derselben Urmacht entlassen, das haben hier die weltlichen Schriftsteller aufgenommen. Und es gelang, dem Nationsbegriff diesen Sinn, den einer Gesellschaft freier Wesen zu geben.

In Deutschland aber mißlang bis zum heutigen Tage alles, was in dieser Richtung lief. Ich habe Deutschland immer als ein unglückliches, leidendes, entstelltes Land empfunden. Wie sich auch seit Jahrhunderten klare und hellsichtige, aufrichtige Männer mühten, alles lief immer wieder auf die Mühle der Fürsten, der Militärs, des Staates und seines Beamtentums. So ging es schon mit Luther, der die Deutschen vom Joch Roms lösen wollte, aber sie gerieten nur unter das noch viel schwerere ihrer Landesfürsten. Keine Revolution gelang den Deutschen: auf den Krieg von 1813, der ihr »Freiheitskrieg« werden sollte, folgte die düstere Heilige Allianz, die Erhebung von 1848 endete mit Bismarck und der »Eisernen Faust«. Und als wir dann 1918 hatten und unerwartet dem Volk eine große Freiheit in den Schoß fiel –, was haben sie damit gemacht?

Wer sah damals nicht schon in den ersten Jahren der Republik das Wühlen des alten Geistes? O, sie konnten nicht davon lassen, sie mochten nicht, sie wollten nicht die Freiheit. Und während große Massen dumpf hintrotteten, fiel die alte herrschende Macht unter neuem Namen wieder über sie.

Die Freiheit wurde in Deutschland nicht ermordet, wie Siegfried von Hagen erschlagen wurde. Nein, offen handelte dieser Hagen. Der Siegfried aber war nur ein alter Trottel, er träumte, er schlief, er verstand nicht, was um ihn her vorging, er ließ sich die Augen verbinden, die Hände fesseln, man sagte ihm: So hast du ja immer gelebt, es ist ja deine Art, so zu leben, es ist deutsche Art.

Ach, liebe Freunde, in einem solchen Lande Schriftsteller zu sein! – Und man müßte ganz und gar verzagen, wenn man nicht wüßte, wieviel Gutes, Ehrliches, Klares und Bewußtes auch in diesem Lande steckt, das Kant und Goethe, Hölderlin hervorgebracht hat. Auch an diesen Früchten soll man es erkennnen! Aber wir haben es unendlich schwerer in Deutschland, als es Schriftsteller in anderen, vielleicht viel weniger entwickelten Ländern haben, weil nämlich in Deutschland auch der Gegengeist, das Menschenfeindliche, die Menschenverachtung organisiert ist.

Wahrhaft als freie Schriftsteller müssen wir arbeiten, leben und kämpfen, als ganz und völlig Freie, vielleicht hie und da öffentlich geehrt, aber im Geheimen und in der Praxis mit dem Achselzucken der Geringschätzung bedacht.

Man könnte unter diesen Umständen froh sein, außerhalb der Grenzen dieses Landes zu leben, wenn man nicht an den Felsen der Sprache und des leidenden, unterdrückten Geistes dieses Landes gefesselt wäre. Ja, es ist so: wenn wir auch außerhalb des Landes wohnen, wir tragen ein Stück seines Bodens mit uns. Und alle Eroberungen, die sie drüben machen könnten, sind nicht so viel wert, wie das, das wir in uns mitgenommen haben und pflegen, so gut und so schlecht, wie es uns gegeben ist.

Keine Stimmen von drüben reichen zu uns herüber, vieles ist feige, vieles scheut sich, mit uns Berührung zu haben, – aber alle Beklemmung weicht, wenn wir sehen, wer wie wir drüben nicht mehr lebt und auf der Wanderschaft ist, wie wir, – unter vielen andern auch Goethe, den ganze Schulbücher nicht mehr nennen.

Wir kennen Deutschland: Kein Geist hat uns vertrieben, sondern der uralte eingeborene Feind des freien Schriftstellers, der Staat, – und in diesem Falle noch ein besonderer Machtstaat: der deutsche. Was geschah, ist eine Etappe in diesem Kampf. Der Kampf ist nicht abgeschlossen. Mit Schaudern sehen wir, was sich jetzt in der Welt vorbereitet. Mehr als je müssen wir da sein! Die Kanonen werden donnern und werden sich als die wahre Stimme der Welt gebärden. Wir wissen: sie können brüllen und vernichten. Aber Lärm beweist nichts und der Tod ist keine Tatsache. Gedanken, die auf Taubenflügeln schwingen, bewegen und erhalten die Welt.

Prometheus und das Primitive

Was ist die Natur?

Sie stellt sich, als die große Natur, in den unzählbaren Sternenwelten dar. Sie bringt auf unserer Erde Kristalle, Tiere, Pflanzen, Menschen hervor. Sie erscheint im Wechsel der Jahreszeiten, ist Witterung, Wärme, Kälte. Wir erleben sie in der einfachen langsamen und stillen Fruchtbarkeit, in dem weichen und nicht unterbrochenen Wachstum, in dem Hinschwinden des Lebens mit Jugend und Alter, und in großen Katastrophen, in Erdbeben, Überschwemmungen, Vulkanausbrüchen.

Sie bleibt nicht bei einem einzigen Dasein stehen, findet in keiner einzigen Schöpfung Genüge. Sie flutet, immer entwickelnd und dabei rasch oder langsam umstürzend, durch die Zeit. Die Zeit ist überhaupt ihr Element, sie ist nicht denkbar ohne die Zeit und ohne die damit verbundene Veränderung, das ständige Aufrollen und Verwerfen, die Auflösung und Neubildung.

Ob das einen Weg hat? Es ist sehr menschlich so zu fragen. Deutlich steckt es voller Sinn, besser: voller Sinne.

Sie hat Vielfältigkeit, zahllose Facetten und zugleich grenzenlose Monotonie. Was uns als Tod erscheint und finster furchtbar wirkt, ist eine ihrer selbstverständlichen Bewegungen. Farbe, Musik und Schönheit bringt sie hervor. Auf allen Stufen ist sie erregbar, streut Reize aus, auf die Antworten und Bewegungen erfolgen.

Sie ist dabei den Zahlen zugängig, so zugänglich, daß sie immer zu rechnen und bis ins Innerste von Zahlen durchdrungen zu sein scheint. Aber das scheint andererseits nicht mehr, als wenn einer Gedichte macht, und sie nach den Versfüßen in Alexandriner, Terzinen, Sonette gliedert, oder wenn einer die Blumen nach den Staubgefäßen gruppiert.

Sie erscheint unerbittlich hart, Folgerichtigkeit und Logik gehören zu ihren Merkmalen. Sie verfolgt die Sünden der Väter bis ins dritte und vierte Glied, um dann wieder launenhaft zu variieren, zu spielen und alles möglich zu machen. Sie verweigert sich nicht der Kausalität, verrät aber damit nicht viel über sich.

Steht sie nicht da wie ein sachliches Steingebilde, an das man nicht heran kann? Aber es ist an ihr nichts, was dem Aufmerksamen nicht ein Gefühl ahnen läßt. Und bei Tieren und Menschen bricht der Rausch und die Ekstase aus.

Es gehört zu den eigentümlichsten Bewegungen der Natur, von denen sie nicht läßt: Gebilde zu erzeugen, die sich von ihr absondern und sich ihr gegenüber stellen. Besonders der Mensch, der sich ob er will oder nicht als Naturgebilde erkennen muß, gerät da in eine qualvolle Zwitterstellung. Er erlebt sich mit einem Leib, einem Organismus, der ihn den Tieren annähert, der den Veränderungen aller Naturkörper unterliegt, der behaftet ist mit Geburt, Wachstum und Stoffwechsel und der vor sich die sichere Aussicht des Todes hat, – aber zugleich ruht das Auge des Menschen mit Mißtrauen und Befremdung auf diesem Gebilde, das ihm so viele Schmerzen und Freuden abwirft. Er will und kann sich nicht ganz mit diesem Naturgebilde identifizieren. Er erlebt sich als einsames Wesen. Er ist der Meinung, aus der Natur, wenn auch nur teilweise, entlassen zu sein, bietet ihr die Stirn und hält das für die eigentliche Menschenart.

So wird ein Grundfaktum erlebt, mit dem sich alle Philosophie beschäftigt und für das sie verschiedene Formeln bildet. Die Ahnung von einer erlittenen Trennung, Ablösung, Aussonderung wohnt allem Lebendigen inne. Das Gefühl ist immer gemischt mit dem bald stärkeren, bald schwächeren Wohlgefühl des Daseins. Je näher das Individuum den großen allgemeinen Naturkräften steht, im Kristall- oder Pflanzenreich, um so schwächer dürfte diese Empfindung sein. Wir gleiten aber aus dem leidenden und fragenden Hinnehmen einer Vereinzelung in eine aktive Haltung hinein. Die berüchtigte Frontstellung Mensch-Natur ist da, der arme Fragesteller hat zuletzt sein Gesicht mit dem Stolz des Herrschers bedeckt. – Es bleibt in der Tiefe unverändert bestellen jenes Urgefühl. Wenn freilich jetzt die Unruhe auftritt, wirkt sie nur als Stachel.

Man erhält hier einen Einblick in Sinn und Natur der Technik. Es ist schon wahr: der Mensch und seine Gruppe will sich schützen. Aber Technik ist mehr als Nützlichkeit. Und was ist auch Nützlichkeit? Wem ist sie nützlich, wem dient sie? Sie steht im Dienst einer tiefen Notwendigkeit, der eingetretenen Isolation und ihrer Beseitigung. Wir gehen objektiv mit Ernährung und Atmung, dem sogenannten Stoffwechsel, ständig auf »Erde« zurück, wir treten in sie zurück; dem entspricht ein inneres Verhalten, wir leben unter dem Druck der Urisolation und Individuation und in dem Drang sie zu beseitigen (seelischer Stoffwechsel, seelische Atmung).

Bei der Technik handelt es sich nicht allein um eine Kampfaktion gegen die Natur, sondern auch um einen *Brückenschlag aus der Individuation* heraus.

Man kann sagen: die Natur, die sich in diese Individuen zerlegt hat, die schaffende Natur, sucht innerhalb der zerlegten Welt wieder zu einem Zusammenschluß zu gelangen. Und dies ist der *allerinnerste Sinn der Technik: nicht die Natur zu unterwerfen, sondern sich ihr wieder zu nähern.* Wir sagen wohl nichts Unerhörtes, wenn wir feststellen: Dasjenige, was man als schaffende Natur, Urwesen bezeichnen kann, hat jedem von seinen Abkömmlingen einen Hauch der Ahnung von dieser Abkunft und damit zugleich den Antrieb zur Rückbewegung gegeben. Der Wille zu dieser Art Rückkehr ist kein Fremdkörper im Menschen, sondern ein Antrieb aus der Isolierung, die eine Fragmentierung ist, heraus, zur Vervollständigung.

Innentechnik und Außentechnik

Und nun kommen wir zum ersten Male dazu, das Wort »primitiv« auszusprechen. Es ist von zwei Wegen zu reden. Es stehen sich schon sehr früh zwei Techniken und Haltungen gegenüber, entstanden auf dem Boden, den wir beschrieben haben: eine Haltung und Technik, die die Entdeckung des Feuermachens, der Werkzeuge und Waffen betreibt, und eine, die man »Religion« nennt.

Wir werden die geschichtliche Reihe, in der die Technik und Haltung des Feuermachens, der Werkzeuge und Waffen führt, die prometheische Reihe oder die der Außentechnik nennen, und die geschichtliche Reihe, die sich mit andern Prozeduren dem Urwesen und Urzustand zuwendet, die mystische oder primitive Reihe oder die der Innentechnik. Primitiv heißt die mystische Reihe ohne Nebenbedeutung wegen ihrer Richtung auf den der Individuation vorangegangenen Urzustand. Die Praktiken und Maßnahmen, die man Religion nennt, suchen die Verbindung der Individuen mit dem Urwesen und Urzustand herzustellen, – der Technik des Feuermachers liegt nichts daran.

Der Feuermacher ist Prometheus. Er ist derjenige, der in Kampf und Angriff das fragende und leidende Urgefühl des Individuums zu zerreißen, niederzutreten und umzubiegen beabsichtigt. Er handelt. Er breitet sich kräftig in der Natur aus, fühlt den geheimnisvollen Untergrund, aber läßt ihn bestehen. Bei ihm muß es zur Überhebung und zu Tragik kommen. – Die Späteren, über die der Geist des Prometheus gekommen ist, gestehen dem mystischen Verhalten überhaupt nicht mehr den Charakter einer ernsten eigenen Praxis und Technik zu, sie kennen kein Urwesen, keinen Urzustand mehr, sie haben es nur mit Einzelobjekten zu tun, die isoliert sind wie sie selbst, mit denen sie äußere Zusammenhänge herstellen und die sie auf ihren Nutzwert taxieren.

Die »primitiven« mystischen Menschen aber umgehen und unterdrücken jenes Urgefühl nicht. Das Urgefühl ist das Feuer, die Flamme, die sie erleuchtet. Das Bewußtsein der Ursituation bleibt in ihnen lebendig. Sie geben die Verbindung mit den verschiedenen genannten, auch personifizierten Kräften der Natur und des Urwesens nicht auf. Es bleibt das Zentrum ihrer Gedanken, der eigentliche Gegenstand ihrer Handlungen. Sie bilden Praktiken aus, um diese Verbindung zu kräftigen und wenigstens zeitweise und unter besondern Bedingungen wieder herzustellen. Sie bekunden feierlich und zu jeder Zeit ihre Abhängigkeit von dieser Seite und erwarten von ihr Anweisungen.

Wir finden also in der Geschichte der Menschen real zwei Bewegungen, die von der Not der Individuation ihren Ausgangspunkt nehmen und zu ihrer Überwindung Praktiken ausbilden: die alte, noch bewußte, später zu »Religion« abgeschwächte, und die neue, die auf dem Weg des Erfindens weiter schreitet, zu mächtigen Konstruktionen gelangt und die menschliche Absonderung bis zur völligen Konfrontierung mit der Natur weiter treibt.

Der Erste, der das Wort »primitiv« mit dem Unterton der mitleidigen Ablehnung und des Trotzes aussprach, war Prometheus. Er sagte: »primitiv« von den Wesen, die kein Feuer machen konnten. Primitiv, das ist der verlassene Ursprung. Wenn die erste Flamme beim Drehen, Reiben zweier Hölzer und beim Feuersägen entsteht unter den Händen des Menschen, der seinem angeborenen Bau- und Suchtrieb folgt, dann hat sich auch in seinem Gehirn eine Flamme entzündet, Überraschung und Stolz sind da, und das ist ein Beginn und hat einen fressenden Charakter. Es gibt Epochen, wo der Entdecker das Gewonnene nur ausnützt und befestigt, aber die Neugier treibt ihn weiter. Die Natur, mit der er bisher in einer Reihe war, sieht er überhaupt erst jetzt, wo sie vor ihm zurückweicht. Wenn der Mensch mit dem wachsenden Bewußtsein und dem forschenden technischen Trieb ihr nacheilt, so ist es freilich nur das Gewand einer Flüchtigen, nach dem er hascht. Aber das fühlt er noch lange nicht, denn mit dem Stolz des Findens, mit der Neugierde, dem Fieber des Forschens sind die Hauptelemente des Prometheischen in sein Blut geraten. Die Menschen werden dann allgemein diesen Weg weiter gehen, sie werden konsequent sein und sich immer weiter von dem Ausgang entfernen, der dann »die Natur« wird – scheinbar entfernen, denn die Natur ist unermeßlich und spielt. Vom Geist des Prometheus getrieben, werden die anfänglichen Nomaden, Sammler und Jäger, die Ackerbauer und Viehzüchter immer mehr danach verlangen, nur von sich abzuhängen, von den selbständig gefertigten Produkten zu leben, die Erde nach ihren Bedürfnissen umzuschaffen. Sie werden die feindlichen Tiere ausrotten, den Einfluß der Elemente abdämmen, sich gesellschaftlich fester und fester zusammenschließen und zuletzt dazu gelangen, an sich selbst und ihren Gruppen biologische Veränderungen vorzunehmen, wobei sie vielleicht eines Tages die Grenzen unserer Art überschreiten. Und das wird der prometheische Trieb vollbracht haben, und es wird dennoch keine Leistung sein, an der, wie Einige fürchten, die Erde zu Grunde geht. Denn Prometheus ist nicht allein, er wird nach einer Weile immer wieder zur Ordnung, zur großen Ordnung gerufen.

Wir leben in der Epoche der Vorherrschaft des prometheischen Triebes. Wir haben uns auf das technisch werkzeugliche Leben, Fühlen und Denken zurückgezogen und eingeengt. Unsere Gedanken und Begriffe sind jetzt selbst nur noch Hammer und Zange oder ganze Maschinen. Es bleibt aber Tatsache, daß der prometheische Trieb allein nicht die Weltgeschichte macht, sondern er gegen und mit – ja womit? Mit der ganzen anderen vieldimensionalen Natur. Wäre die Geschichte nur Fortschreiten eines prometheischen Geistes, so wäre sie gradlinig, durchsichtig und leicht zu schreiben. Sie ist es nicht. Unsere Verkapselung in den prometheischen Drang, die tyrannische Herrschaft, die er besonders über das weiße Menschengeschlecht übt, hat dazu geführt, daß wir die kleine Fackel, die da leuchtet, das »Licht« nennen, und die ausgebreitete ungeheure Helligkeit, für die jedes preisende Wort zu klein ist, das »Dunkel«.

Die abendländische Geschichte ist von dem wilden, man kann schon sagen, oft barbarischen Vordringen des prometheischen Triebes – es ist der Weg der Civilisation – erfüllt, und von den Gegenbewegungen, Mitbewegungen, Durchflechtungen.

Prometheus in der Bibel

Aus der abendländischen Frühgeschichte liegt das mächtige Werk vor, das noch heute überall gelesen wird und Wirkungen übt, woran man erkennt, daß es Dinge enthält, die noch uns ansprechen. Es ist die Bibel.

Gleich auf ihrer ersten Seite wird der prometheische Anspruch programmatisch verkündigt. Der Mensch läßt sich von keinem niedrigeren als seinem Gott mit der Herrschaft über die Natur belehnen. Es wird das ganze Inventar aufgezählt, das ihm zufällt, die Fische im Meer, die Vögel im Himmel, das Vieh, die Erde und alles Gewürm, was auf Erden kriecht. Was nun das so großartig übergebene Herrscheramt anlangt, so ist es, siehe da, dem Menschen nicht sehr wohl dabei, und er tritt es zunächst garnicht an. Der Mensch wird – warum nur nach diesem Präludium? – in eine angenehme Lage versetzt: er lebt in einem Wundergarten, wo er auf Du und Du mit Gott steht, er lebt freundlich, und garnicht herrscherlich, mit allen Tieren zusammen. (Hier ist es übrigens auch, wo der Mensch zu Mann und Frau wird, wo sie miteinander unschuldig leben und sich nicht vor einander schämen.) Dramatisch, tragisch erfolgt dann die Ablösung von diesem seligen Urzustand, dem Modell eines primitiven, in sich geschlossenen Daseins. Es wird eine »Schuld« zwischen den späteren und den früheren Zustand gelegt. Durch eine »Schuld« wird der Mensch in den jetzt auf einmal garnicht begehrenswerten Zustand eines Prometheus gejagt.

(Der Bericht stammt offensichtlich aus einem männlichen Denken: der Mann wird an den Anfang gestellt; er ist der Mensch; die Frau, ein bloßes Stück von ihm, kommt keineswegs wie die übrigen Geschöpfe direkt aus Schöpfers Hand. Und dazu paßt auch gut, daß schon hier wohlbekannte männliche Asketentöne hörbar werden: die Frau wird als Verführerin stigmatisiert, ihr wird die Schuld an dem ganzen Übel in die Schuhe geschoben. Man gestehe aber: es sind sonderbare Prometheusgestalten, diese hier vom Anfang der Bibel. Und so sehr überwiegt das Gefühl der Bitterkeit, daß man nicht einmal bemerkt, was man sagt: man stellt das Ganze, Ungeheure als Dummheit veranlaßt durch weibliche Verlockung dar!)

Später sieht man sich diesen Vorfall noch einmal an und wagt sich offener heraus. Es fallen Bemerkungen von Riesen, von Kindern Gottes, die sich mit Menschenfrauen verbanden, und hier wird ehrlich ein »neues weltbeherrschendes Geschlecht« genannt, sie heißen Tyrannen, Gewaltige der Welt, berühmte Männer. Da sind wir schon besser im Bild.

Und dann, beim dritten Male – man kommt davon nicht los – erfahren wir völlig, was diese Gewaltigen eigentlich leisten, einen Turmbau zu Babel, und sehen, wen wir vor uns haben. Sie waren, heißt es da, einerlei Volk, hatten einerlei Sprache, der Herr selber war neugierig und fuhr nieder, um die Stadt und den Turm zu sehn, den die Menschen, seine Produkte, bauten, und wieder läßt man den Gott Vernichtung beschließen, weil er richtig voraussieht: sie werden nicht ablassen von allem, was sie sich vorgenommen haben. Sie mußten dann aufhören die Stadt zu bauen, zerstreuten sich in viele Länder und redeten viele Sprachen. Das ist also, sehr deutlich, realistisch und ohne Liebesabenteuer, der dritte Sündenfall. Sie haben bis heute nicht aufgehört zu bauen. Denn nach dem dreimaligen Bericht setzt die eigentliche Geschichte eines einzelnen Volkes ein, und man sieht, es ereignet sich im Detail immer dasselbe, was wir eben summarisch erfahren haben, und das Ganze sieht wie ein Beleg dafür aus. Prometheus, dem in seiner Haut nicht wohl ist. (Dabei werden wir sehen, hatte dieses antike Volk der Hebräer noch eine gewaltige »mythische« Rückendeckung und es exekutierte den Promethismus nur schwach, aber es erkannte das Menschsein und stellte als Warnung den Bericht von Schöpfung und Sündenfall an den Eingang seiner eigenen Geschichte).

Und schon gleich nach dem Verlassen der primitiven Urheimat ist dann der ganze Jammer unseres Dauerzustandes und das Abendland da: Arbeitszwang und der Fluch zu sterben. Jetzt ist auch nicht mehr die Rede davon, daß man göttlicher Abkunft ist. Es heißt kalt und zerschmetternd: Du bist Erde und sollst zu Erde werden. Das ist ein Umschwung. Der prometheische Stolz spricht sich also, sobald er in der Bibel auftritt, depressiv und bekümmert aus und klagt um einen primitiven Urzustand, dargestellt als »Paradies«. Das ist das uralte Ablösungsgefühl, von dem wir sprachen. Er weiß trotz seines Stolzes, wie es um ihn steht und was das Paradies ist, aber schließlich zuckt er die Achsel und läßt Cherubim mit feurigen Schwertern davorlagern.

Über das Ziel des menschlichen Verlangens besteht hier keine Unklarheit: Man will das Letzte, nicht sterben, und will das Gute und das Böse wissen. Höhnend und abweisend läßt der Mensch aber seinen Gott sprechen: »Adam ist geworden wie unsereins; nun aber, daß er nicht ausstrecke seine Hand und breche auch von dem Baum des Lebens.«

So richtet sich hier der weiße abendländische Mann auf und zeigt eine traurige sehnsüchtige Haltung. Wird er nun in den primitiven geheimnisvollen Zustand zurückdrängen? Nein. Es genügt ihm, davon als vom Paradies zu träumen. Er bleibt vollauf beschäftigt mit Kämpfen, Unterwerfen, Ansammeln von Reichtümern. Alles, was er in Hinblick auf das unklare Leidens- und Schuldgefühl, das er nun einmal hat, tut, ist, ein Kompromiß mit seinem Gott abzuschließen, der ihm Vieles verspricht, wenn er die Gebote hält, betet und vorschriftsgemäß opfert.

Wie es mit dem Blick nach rückwärts (das heißt in die Tiefe unter sich) begonnen hat, so bleibt es dann; man fällt in Primitivitäten zurück, das Primitive tritt bald als Baal, Astarte, goldenes Kalb, Lokalgott, bald anders auf, und zugleich gibt es moralische Abweichungen. Diese abendländischen Frühmenschen erliegen, wie das Dokument mit Bedauern feststellt, den Verlockungen tierischer und pflanzlicher Gottheiten, geben sich Kulten hin, wo beinah keine Trauer um die Individuation herrscht. Man drängt herunter auf historisch tiefere Stufen, lebt sich um diese Gottheiten wieder in einen gewissen primitiven Zustand ein, wenigstens zwischendurch.

Jene Völker, die von Haus aus die Kulte übten, waren interessanter Weise in streng handwerklichem Sinne den alten Hebräern überlegen, aber trotzdem weniger prometheisch, das heißt des technischen Willens bewußt. Die antiken Hebräer sind dadurch die eigentlich ersten abendländischen Menschen, daß sie den prometheischen Willen bewußt entwickeln und ihn formulieren. In die Urmacht selber projizieren sie diesen Willen hinein: »Gott« ist ein Einziger, ein Machtagglomerat, ein Monarch, und seine Priester und Propheten verfolgen ganze Generationen, die zu »Götzen« abweichen, mit Haß.

Sie haben bei alledem den prometheischen Willen weder praktiziert noch geistig zu ihrem Centrum gemacht. Die antiken Hebräer hielten fest und wurden festgehalten von dem uralten, zaubrisch magischen Ritual der Gebete und Opfer, sie hatten also die zweite Technik und Haltung und die Tür, die zu dem Urzustand führt. Sie pflegten das Wissen und übten die Praktiken, mit denen die hilflosen isolierten Wesen sich um das große ursprüngliche Alleine mühen. So hat also dies junge abendländische Volk ein Doppelgesicht. Und das ist etwas Typisches: selbst da, wo der Promethismus sich mit voller Macht vorwärts wirft, schleppt er Reste seines Gegenspiels mit sich.

Ein Blick auf die Griechen, ein anderes Volk weißer Rasse, eine sehr diesseitige Menschheit. In diesem hellen Volk ist die Prometheussage entstanden. Keine düsteren, großartigen und bitterernst zelebrierten Berichte von einem Urschöpfer und von einem Abfall. Eine Götterwelt ist da, aber dieser Himmel spiegelt eine selbstherrliche menschliche Aristokratie. Wie ist da alles der Heiterkeit, ja der Ironie zugänglich. Die Hellenen, Konstrukteure von starken Stadtstaaten, über eine Riesenzahl von Sklaven herrschend, sind nicht recht geneigt, sich übermäßig viel die furchtbare und tragische menschliche Situation vorzuhalten, – obwohl sie alles dies gut wissen, obwohl Pessimismus und Klage sich durch ihre Kunst zieht. Es ist die Rede von einer finsteren Vergangenheit, von Gigantenkämpfen, schrecklichen Atriden, die düstere Moira über den Göttern ist da, die Sphinxfigur, – aber das ist entfernt und bleibt finster, und es besteht keine Sehnsucht danach oder nach einem primitiven Traumland. Absolut siegreich ist hier Prometheus, und wenn einmal Zeus, der Obergott, sich an ihm vergreift und ihn an den Felsen kettet, so muß er sich zu dieser Fesselung der uralten Scheusäler Kraft und Gewalt bedienen.

Nach der Bibel mit der prächtigen Vordergrundsfigur des Menschen als Herrn und der hervorbrechenden Sehnsucht nach der Primitivität eines Paradieses und den Erdgottheiten, – nach den stolzen Hellenen, die in einer tragischen Haltung verharren, nur eine scheu abwehrende Geste gegen die andere Welt hin machen und ihre Herrlichkeit in einem Götterhimmel spiegeln, – nach ihnen die Römer, bei denen manche, unter anderen Horaz und Tacitus und die Buccoliker, nach einfachen und Urzuständen seufzen. Aber nicht von dieser mehr literarischen Sehnsucht wollen wir sprechen, sondern von dem vehementen, katastrophalen Ausbruch, der zur Geburt des Christentums führte.

Wie mächtig zeigte sich der prometheische Geist im römischen

Staatenbau, im Heereswesen, im Recht, in der allgemeinen Civilisation, Organisation und in der nicht nachlassenden politischen Ausbreitung. Und grade hier der schwere Rückfall, die Gegenbewegung, das Christentum, – bedingt durch die Radikalität im Verfolg des römischen Prinzips. Das Christentum erscheint wie ausgepreßt aus einem der vielen unterjochten und bald bodenlosen Völker. Es zog erst wie eine kleine Wolke aus einem Winkel über ein paar römische Städte. Aus der fast fugenlosen Verfestigung des Staates flüchteten die Menschen in das Individuelle, Private, und man verlangte nach »primitiven« Zuständen. Das war die echteste und wahrste mystische Bewegung. Der römische Krieger und Bürger sah sich einer ihn gradezu anwidernden Erscheinung gegenüber, einem Willen weg von seiner Civilisation zu Urzuständen. Der Einzelmensch, seiner alten Existenzbedingungen beraubt, war in diesen Provinzen allein, auf sich gestellt, in sich gejagt. In der Hilflosigkeit kam er »zu sich«, und er tritt, fantastische Behauptung im römischen Imperium, mit dem Satz hervor: der Einzelmensch ist Gottes Kind. Das ist die Geburt des Individuums aus dem Bankrott der Politik. Dies »Christentum« war sichtlich nicht »von dieser Welt«. Es war unpolitisch, gegenpolitisch. Es war gegenüber der siegenden Menschheit dieser Epoche, der römischen, auf der alle Gesittung, Friede und Ordnung ruhte, Chaos und Anarchismus.

Das Christentum hatte zur Voraussetzung die Unerträglichkeit der allgemein menschlichen prometheisch festgelegten, festgefahrenen Situation. Ganze Menschenmassen fanden in der übergroßen, civilisatorisch ausgeprägten Gesellschaft keinen Platz und kein Genüge. In dieser Notzeit suchten sie ein Gebiet, auf das ihnen der ungestüme römische Soldat nicht folgen konnte: ihr Inneres. Nietzsches Lehre von einem simplen Sklavenaufstand ist nicht falsch, aber vordergründlich, obenauf. Da die horizontale Befestigung im Staat nicht gelang, auf die Dauer auch nicht möglich war, sanken Menschenmassen vertikal in »Religionen« ab.

Das ist die Auffrischung und Komplettierung der Menschheit von der wieder durchschlagenden »Religionsseite« her.

Primitivität zeigt das junge Christentum in seiner »paradiesisch« einfachen, friedlich fröhlichen Grundhaltung. Die Bekenner sind arm. Den primitiven Einschlag zeigen ihre Gedanken ständig; es geht um Weltanfang und Weitende, um das tausendjährige Reich. Es ist natürlich, daß sich in Opposition gegen Rom und aus derselben Reihe heraus selbständig gewachsene kleinasiatische und nordafrikanische Mythen anschlossen. Man ist im Stande der echtesten Primitivität, in der Erwartung des Paradieses. Es mischen sich dann aber früh, da das Paradies nicht kommt, andere Töne ein. Das Individuum fühlt sich, je länger je mehr, wieder leidend, jetzt aber sündhaft, schuldig. Es beginnt mit asketischen Praktiken, und man gleitet in eine besondere Art religiöser Technik hinein. Der asketische Impuls treibt, es dauert nicht lange, so weit, daß man das Fleisch und die ganze Natur als sündhaft und als gegenmenschlich erklärt.

Und da wären wir im schönsten prometheischen Fahrwasser! Der Mensch gegen die Natur! (Diese Entwicklung war auch sonst schon angedeutet und vorbereitet: das erwartete Paradies war keineswegs das vom Garten Eden, sondern im Jenseits.) Durch diese Gegennatürlichkeit geriet dann das ganze spätere Christentum in eine merkwürdige, ständig wechselnde, spielende Nähe, eine gefahrenvolle Nähe zu seinem Urfeind, dem Promethismus, dessen römische Gestalt es hatte zerstören wollen. Man versteht sich hüben und drüben. Es erfolgen Kompromisse auf der Basis »Gegennatürlichkeit«. Man kann nunmehr auch herrschen, politisch teilnehmen. Dies ist der christliche Ausgleich nach der prometheischen Seite hin. So wurde den Christen der Zugang zur Diesseitsarbeit möglich.

Viel näher freilich liegt dem Christentum die Entwicklung nach der andern Seite hin, nach jener, die es schon bei der Verschmelzung mit vorderasiatischen Kulten beschritt. Man hält es da nicht gegen, sondern mit der Natur. Man hält es mit dem

»Heidnischen«. Das Christentum, indem es Katholizismus wird, sucht den Ausgleich auch in der Richtung, die seinem Wesen entspricht. Es nähert sich seinem Ausgangspunkt. Es sammelt um sich eine Masse Primitivitäten.

Der Einbruch eines neuen Promethismus

Hellas-Rom war einmal dem attackierenden Primitivismus des jungen Christentums erlegen, das Abendland hatte sich ein Jahrtausend auf diese Seite gelegt, der Kampf war aber nicht zu Ende, der erreichte Zustand nicht stabil.

Das Christentum, gekommen um dem Individuum den geheimnisvollen Zugang zu dem Urwesen zu öffnen, hatte als Katholizismus seiner doppelten Neigung zu sehr nachgegeben und war am Zerfließen: seiner Neigung zur Gegennatürlichkeit mit Politik und Verwaltung dieser Welt, – und seiner Neigung zu örtlichen Mythen, alter Magie. Man hatte die Zügel locker gelassen. Man war muffig geworden. Man repräsentierte den urweltlichen Antrieb nicht mehr, aus dem man entstanden war.

Es setzte sich in der ersten Hälfte des zweiten Jahrtausends nach Christi Geburt eine prometheische Welle von ungeheurer Breite und Schlagkraft in Bewegung. Es ist die Epoche der Erde- und Himmelentdecker; aber »entdecken« will auch »erobern« und »bezwingen«.

Damals entsteht jenes Abendland, das wir vor Augen haben und in dem wir leben. Da bedient sich schon früh, um eine Probe von der Nähe jener Zeit zu geben, Leonardo da Vinci exact quantitativer Methoden, er studiert Mechanik und Physik, kümmert sich um Flugprobleme, Ballistik. Er ist auf den Spuren des großen Feuerentdeckers und sein treuer Sohn. Er konstruiert Maschinen unter Zuhilfenahme von Algebra und Geometrie und verlangt am Ende des 15. Jahrhunderts das Experiment. Von ihm stammt der Satz: »Die Erde ist eine Maschine und der Mensch ist es auch.« Der Initiator des französischen Denkens, Cartesius, stimmt mit Leonardo überein. Er sagt: »Der Körper eines lebenden Menschen unterscheidet sich so weit von einem toten Menschen, wie es eine Uhr oder ein anderer Automat tut (das heißt eine andere Maschine, die sich von selbst bewegt) wenn sie aufgezogen ist und wenn sie in sich das körperliche Prinzip zu den Bewegungen hat, für welche sie eingerichtet ist«. Die Engländer lassen sich nicht lumpen, und Hobbes stellt sich den Staat und die bürgerliche Gesellschaft als »eine einzige große Maschine vor, deren Wesen erst verstanden werden kann, wenn der Staat in seine Elemente, die aus der menschlichen Natur entspringen, gedanklich zerlegt wird«. Auch Hobbes bezieht sich auf das Beispiel der Uhr oder einer komplizierten Maschine.

Nach der Renaissance und Luther die Epoche der Verweltlichung. Die religiöse Reihe an die Wand gedrängt. Inselhafte Reste bleiben in der Flut stehen.

Diese kontinuierliche Gewalt einer großen, allgemeinen geistigmateriellen Strömung. Bisweilen scheint sie flacher zu werden, dann wieder nimmt sie einen Anlauf und es kommt zu Strudeln und ganzen Abstürzen. Die französische Revolution, nach der Vorarbeit der Aufklärung, macht im Oktober 1793 einen Strich zwischen sich und der früheren Epoche, sie bricht mit dem christlichen Kalender, von der herbstlichen Tag- und Nachtgleiche rechnet man die Zeit, auf den nunmehr vakanten Gottesthron wird die menschliche Vernunft gesetzt, und Feste setzt man an für weltliche »Tugenden«, die Arbeit, die Revolution.

Eine Durchflechtung beherrscht seit da die Scenerie, man erkennt es an den Beispielen. Für ihren technischen praktischen Fortschritt absorbiert die jetzt herrschende Bewegung Gebilde und Motive aus der andern Reihe, sie »säkularisiert« sie. Und das heißt und bedeutet: der bisher in der Kirche und besonders im Katholizismus geschaffene Ausgleich wird außerhalb der Kirche im weltlichen, prometheischen Rahmen versucht. Die ganz anders gesehenen und begründeten »Menschenrechte« treten jetzt als politische Ideale auf. Mystik ist keineswegs ad acta gelegt, sondern man versucht sie praktisch einzubauen. Diese moderne Neigung plant eine Art Kirche außerhalb der Kirche.

Hier der Grund für die Unwiderstehlichkeit der sozialen Bewegungen in den letzten Jahrhunderten, die so aussehen, als drehe es sich um selbstverständliche, notwendig gewordene Veränderungen in den Herrschaftsverhältnissen, als sei auf der einen Seite Besitzfreude und Sättigung, auf der andern Seite Hunger und Neid. Die Wucht dieses realen Kampfes aber kommt anderswoher.

Eine optimistische Stimmung herrscht auf der Linie des Fortschritts. Kein Hauch ist hier mehr zu bemerken von der großen Schwermut, die die ersten Schritte des Prometheus begleitet hatte. Keinen Blick wirft man in den schwarzen Abgrund, in dem das menschliche Ich liegt und aus dem heraus es klagend die Arme streckt. Es scheint, als ob das Stichwort der Epoche »Hoffnung und Blindheit« ist.

Wo stehen wir heute?

Wir sahen, wie verschieden die Köpfe auf den Leibern waren, die der prometheische Impuls bei den antiken Hebräern, Griechen und Römern bildete. Wie aber wurde es, als am Ende des Mittelalters dieser Impuls neu erwachte? Was stellte er jetzt auf die Beine?

Diesmal dehnt er seinen Siegeszug nach Norden und Westen aus, langt vom Mittelmeer in das Innere Europas hinein. Und er nimmt jetzt eine eigentümlich unsinnliche Art an, obwohl er sich doch ausschließlich mit der sichtbaren, tastbaren und wägbaren Natur befaßt. Und siehe da, er ist grade darauf aus, der Vielheit und Mannigfaltigkeit dieser Erscheinungen Herr zu werden und ihre Sinnlichkeit, Sichtbarkeit, Hörbarkeit verschwinden zu lassen. Man darf nicht ohne weiteres argumentieren, dies habe seinen Grund in der Zeit, es ist ja ein Promethismus, der sich in einer christianisierten Epoche aus dem christlichen Lager erhebt. An sich, auch ohne Berührung mit einer asketischen Macht, kann dieser großartige Herrschaftstrieb Züge annehmen, die asketisch erscheinen (es ist das Gegenspiel der christlichen Neigung prometheisch zu erscheinen und in die Politik zu gehen); an sich, aus sich heraus entwickelt der Trieb zur Naturbeherrschung einen ihm eigenen Asketismus, eine Weltverneinung. Er löst alle Qualitäten in Quantitäten auf. Die abstrakte Zahl herrscht. Er gelangt zu bloßen Spannungen, Beziehungen, Dynamismen. Wie deutlich ist es, daß hier nicht der ganze Mensch, sondern monomanisch sein Gehirn und der Herrschaftstrieb an der Arbeit sind. Er macht sich die Welt »handlich«. Seine Lust ist, sie in seine Faust zu bekommen. Es entsteht da ein fantastisches Bild. Wie bei einer buddhistischen Contemplation gehen Zug um Zug Farbe, Ton, Form verloren, man sinkt in zunehmende Vertaubung, Erblindung. Der Mensch, der sich hier manifestiert, ist reines Aktionswesen, und der prometheische Impuls – ungeheuerliches Paradox – bringt inmitten des Reichtums einer weit gewordenen Welt einen skelettartigen, ja schattenhaften, nihilistisch vereisten Menschen hervor. (Welch Unterschied zwischen diesem modernen Promethismus und dem weltglücklichen der Griechen.)

Und nun zu der von diesem Wesen verunstalteten Menschen- und Gesellschaftsbildung.

Zum Wesen der modernen prometheischen Kraft gehört die Ausbildung eines Herrschaftsgefühls, gerichtet nicht allein auf die Elemente, die Pflanzen und Tiere, sondern besonders auch auf Menschen, und alles unter demselben Zeichen. Die Kraft arbeitet darin der Natur entgegen, daß sie den eingeborenen Gesellschaftstrieb der Menschen ignoriert und zerstört. Um die Lust der Macht über Menschen zu genießen, stehen in dieser Epoche immer neue Menschengruppen und Einzelne auf. Diese Unterjochung und Sklaverei wird die Hauptsache, und nicht Unterjochung der Natur. Züchtung, Spezialisierung, Versachlichung der Menschen wird stolz und überlegt betrieben. Nicht »der Mensch«, oder »das Menschengeschlecht«, menschliche Art als

Ganzes werden in dieser Weise an das edle, großartige Feuer des Promethismus geführt, sondern nur kleine geschlossene Aristokratien und Despotien; größere Gruppen werden an das Feuer gezwungen, um es zu bedienen; ganze Massen werden in Krieg und Frondienst geopfert und in das Feuer geworfen, um es mit ihrem Leben zu unterhalten.

Die so geführten Gesellschaften können groß und bewundernswert in ihren Organisationen, in der Klarheit ihrer Staatswesen sein. Auch Fürsorge für ihre Menschen können sie betreiben, weil man sie dem herrschenden Willen gemäß formen will. Es gibt aber Fürsorge und Fürsorge, Menschenbeziehung und Menschenbeziehung. Und welche Art Menschenbeziehung diesen Gesellschaften liegt und mit welchen Mitteln sie sie herstellen, kann man erraten: äußere Beziehung im Dienst des Herrschaftswillens und Regelung solcher Beziehungen durch Anordnungen und Gesetze, Controlle durch Heer und Polizei.

Der absolute Staat und die Mystik

Es kommt so zum Abbau der natürlichen Humanität und zu ihrem Ersatz. Die dann vorwiegende Art des menschlichen Zusammenhalts wird »Collektivismus«, das ist eine zufällige oder verordnete Massenzusammenballung in Organisationen. Gewollt wird menschliche Anonymität und Abtötung; betrieben wird Zurückdrängung, Bagatellisierung und Verächtlichmachung der Person, des Ichs, des Innern, des Gedankens. (Man erkennt nicht, daß man ein Urphänomen wegeskamotieren will – das, wovon wir im Eingang sprachen, unsere Urvereinzelung, ein Weltakt, dem kein Staatsakt beikommen kann.)

Da beginnt man mit der Erschwerung der natürlichen menschlichen Beziehungen unter der Vorgabe, allein die »Öffentlichkeit« sei belangvoll. In den großen Zeiten der Mystik ist in der Tat die mystische »Öffentlichkeit« – Gott, der Urzustand, – das einzig Belangvolle, weil von da aus auch eine als selbstverständlich empfundene, tief beglückende und erhebende Regelung des Einzellebens erfolgt. Dies imitiert das prometheische Gewaltwesen; der Affe der Religionen glaubt ähnliche Vorschriften machen zu können. Es bleibt aber religiös maskierte Polizei. Man verhindert den natürlichen Meinungsaustausch, verlangt Schweigen, cynisch gleichgültig dagegen, was man »denkt«. (Die mystische Epoche schätzte »Denken« anders ein, sie erkannte es als »die« Grundgewalt.)

Das »absolut« gewordene Staatsregiment leitet eine Verkümmerungsepoche der Menschen ein. Andere, auch prometheische, der Civilisationsperiode angehörige Staatsgebilde wollten die natürlichen Zusammenhänge nur regeln und verwalten, der »absolute« Staat muß diese Zusammenhänge ebenso hassen und verdrängen, wie seine absolute Wissenschaft Farben und Töne zugunsten von Quantitäten verdrängt. Aber was geschieht da mit dem Menschen? Das Machtgebilde versetzt die Gesellschaft, weil es Ehrlichkeit und freie Begegnung der Menschen nicht zulassen kann, ja den Argwohn begünstigt, in einen wirklichen Leidenszustand, in eine Art Kriegszustand aller gegen alle, und das ist nun das Gegenteil vom »paradiesischen« Leben der mystischen Reihe.

Am liebsten arbeitet man nach dem Modell der Armee auf schlagfertiges instrumentales Massengebilde hin. Es entsteht eine ungeheure Abhängigkeit und zugleich Verarmung des Menschen, sie geht wegen der Ausdehnung der Öffentlichkeit tiefer als zur Zeit der Cäsaren. Solche Gesellschaften stehen unter einem gewaltigen inneren Druck, neigen zum Zerfall oder zum Krieg.

Es tritt nun etwas auf, was für uns von besonderem Interesse ist, weil es die mystische Reihe berührt: man läßt Raum für sonstige Menschlichkeiten. Der Koloß einer solchen Kollektivorganisation fühlt, daß er auf tönernen Füßen steht und sucht Stützen. Er gibt sein Prinzip nicht auf, aber bedient sich auch eines andern. Der

Koloß bemüht sich, den Zusammenhalt seiner bezwungenen Teile durch innere Reize und Betäubung zu erreichen. Da werden als Surrogate seelischer Verbindungen begreiflich die Massenveranstaltungen, Uniformen, Feuerwerke, Spiele. Sie blenden und schrecken zugleich die zerfallsbereiten Elemente. Da erregt man Machtgefühle beim Einzelnen und hier beginnt eine besondere Menschenverkrüppelung: man täuscht ihn über seine Natur und seine klägliche Lage hinweg und macht ihn deshalb, wozu er aus andern Gründen schon neigt, zu einem Gewaltwesen nach dem Bilde dieses Apparats, so wie die entartende mystische Reihe ihn zum Tier oder zur Pflanze werden läßt. Es laufen lauter kleine Tyrannen herum, armselige Menschen in der Toga der Cäsaren, ein entsetzliches Maskenfest. Sie wissen jetzt nur noch gelegentlich von sich, kommen an ihre inneren Güter, an ihren eigentlichen Umfang nicht mehr heran. Es ist Veräußerlichung und Verrohung. Hier haben wir Barbarei als Resultat eines entarteten prometheischen Impulses.

Die Staatlichkeit bleibt nicht dabei stehen. Sie greift nach den wirklichen Ideen. Sie tut zum äußeren Zwang und zur Blendung den inneren Zwang. Es kommt zum Einbruch in die mystische Reihe.

Der absoluten Staatlichkeit kommt da zweierlei entgegen. Erstens existiert im prometheischen Raum immer eine allgemeine, frei flottierende Mystik, die einen Ansatzpunkt sucht, und zweitens findet sich im Abendland jene besondere Art Scheinmystik, eine Verherrlichung der Weltlichkeit. Man spricht (wir nehmen das deutsche Beispiel, aber was wir beschreiben, geht über das deutsche Beispiel hinaus) von einer speziellen indogermanischen Frömmigkeit, man erklärt sich selbst zur heiligen Nation, unterdrückt fremde oder widerspenstige Elemente. Welche Fantasie bietet man auf, um dem neu-prometheischen Gebilde, das in diesem Stadium voller Krampf und Erregung steckt, zu einer Glorie und Hoheit zu verhelfen. Welche Masse liebedienerischer Spekulationen, Rückgriffe auf Literatur, Plünderungen von Fabeln, Mythen. Die großartige stolze prometheische Kraft in diesem Stadium auf einem burlesken Bettelgange. All diesen Fantasien, Spekulationen bricht der Geruch der Zeit aus den Poren, sie spiegeln die Düsterkeit, Verworrenheit und den Expansionsdrang dieser Epoche, sie führen in keinen Urgrund, keine Sehnsucht und kein Gefühl leitet sie dahin, sie zeigen auch in keine Zukunft, ganz verankert in ihrer Zeit stehen sie da.

War Nietzsche an den Phantasien, die jetzt umgehen, beteiligt, an »Blut«, Nations- und Rassewahn? Er hat viel dem Prometheus dieser Tage geopfert, besonders mit seiner Lehre vom Willen zur Macht und Übermenschen. Er hatte aber immer das Bild von der großen schaffenden und zauberhaften Natur vor Augen. Mit dem Schatten keines Gedankens hat er, der an höhere Menschen dachte, die technisch-industriellen, äußerlich pompösen, innerlich ruinösen Zwangsstaaten von heute bedienen wollen, die ein entarteter, excessiver prometheischer Impuls ohne den regulären Ausgleich hingestellt hat.

Diese Masse der Hirnblüten, die sich mythisch gebärden. Das ist alles in Eiseskälte hervorgebracht und offenbart den einen kalten asketischen Machtwillen. Wie sollte aus dieser künstlich verengten, vertrockneten Menschlichkeit Mystik entstehen? Der Boden dafür wäre in solcher Epoche nur da zu suchen, wo der technische und expansive Trieb nicht gar zu wild hat wüten können, wo er Protest hat erregen müssen: bei seinen Opfern, bei den Leidenden, den Beherrschten, den Erniedrigten und Entstellten, die dann auch eine Zeit lang im Sozialismus den Zugang zu dem alten verschütteten Schacht suchen.

Man sehe sich genauer an, was das für eine Art »Mystik« ist, mit der sich der Zwangsstaat in dieser Epoche bedienen läßt und die er seinen Untertanen vorsetzt, um sich die Sicherung zu verschaffen, die ihm doch nicht zufallen kann; diese Mystik ist breitgetretene Wissenschaftlichkeit, sie kommt von Darwin her. Man hat einen zoologischen Nationalismus vor sich. Entartende Mystik und entartender Promethismus berühren sich hier und begegnen sich, zum Staunen; beide wissen nichts mehr vom Urgrund und von dem tragischen menschlichen Grundtrieb »zurück!«, aber beide stürzen sich auf dies Einzelbild der Natur, auf das Blut und das Tier, der Mystiker noch für einen Rausch, der Prometheusnachkomme nur, weil er eine Legitimation braucht. – Der Hoheitsanspruch, der Eliteanspruch eines heutigen »Volks« und derselbe Anspruch alter mystischer Völker ähneln sich, aber nur äußerlich. Bei den Staatsgebilden von heute ergibt sich der Anspruch allein aus der maßlosen Steigerung des Machtwillens; Grenzenlosigkeit gehört zum Wesen des prometheischen Impulses. Diese Pseudomystik hat nichts mit Primitivität, überhaupt nichts mit Echtheit zu tun, man glaubt selbst nicht daran, es sind geschriebene ausgeklügelte Phantasien, von Beauftragten und von Interessenten ausgebrütet. Tobsüchtig gebärdet sich diese blutlose gelehrte Schreiberei, ihre bombastische Rhetorik liebt dabei das Wort »Blut« besonders. Ein Agitator sagt zum Beispiel: »Von der im All verschwindenden Christlichkeit und dem Humanismus mißachtet wird der Strom blutigroten wirklichen Lebens, der das Geäder aller echten Volksart und jeder Kultur durchrauscht.« Die Denkbarriere wird gut in folgendem Satz des selben Redners bezeichnet: »Die Auseinandersetzung zwischen Blut und Umwelt, Blut und Blut, stellt die letzte uns erreichbare Erscheinung dar.« Einen sehr großen Schritt in der Selbsterkenntnis haben sie in letzter Zeit getan, als sie die klassischen deutschen Materialisten, Voigt, Moleschott, Büchner, ja neuerdings sogar Ernst Häckel als zu sich gehörig proklamierten.

Es gelingt auf keine Weise, den vom Promethismus geschaffenen gesunden oder kranken Gebilden eine mystische Grundlage zu schaffen, aber die Neigung dazu zeigt eine Schwächung und Entartung dieser Kraft an.

Und so ist es in der Tat. Und damit wollen wir diese fragmentarischen Bemerkungen schließen. Um zweierlei geht es in Zukunft: um Einrenkung dieser Kraft, sie greift jetzt falsch an, es dreht sich um Beherrschung der Natur durch den Menschen, – und um Ausgleich mit der mystischen Reihe. Es könnte sich aber schon ein Umschlag in die andere Reihe vorbereiten.

Das Vakuum nach dem Sozialismus

Ein trister Anblick, diese Welt heute. (Wahrscheinlich so trist wie immer. –) Und was macht sie heute so trübe? In dem, was man politische Welt nennt, drängen stürmisch kriegerische, alte, sinnlos expansive Mächte vor, und was ihnen gegenübersteht, – hätte es nur die Hälfte ihrer Kraft und ihres Willens! Aber sie sind nur Demokratieen und Sozialismen. Und in der menschlichen Welt Verwirrung, Phrasentum, wenig Besinnung und wenig Ruhe. Ich will ein Fazit ziehen.

Krise des Sozialismus? Ein zu großer Ausdruck. Man spricht nicht von der Krise eines Worts. Die alte Menschheitshoffnung auf Erneuerung der Gesellschaft und unseres Lebens hatte sich einmal (vor über 100 Jahren) eingenistet in dem »Sozialismus« genannten Gebilde. Das dauerte nicht lange. So lange wie man sich nicht »ernsthaft«, nur fühlend, hoffend, spekulierend, kritisierend damit beschäftigte. Es war die große selige und kämpferische Zeit der »Utopisten«. (Und welche bessere, ehrlichere und wirksamere Haltung kann ein solcher Wille annehmen als die der Kritik, des Angriffs und des Fahnenschwenkens?) Aber da kamen die »Ernsthaften« darüber, die »Realisten«. Und es wurde die ein Jahrhundert dauernde Tragödie daraus, deren letztem allerletzten Akt wir beiwohnen. Es war Karl Marx, der sich als erster »Ernsthafter«, als gewaltigster Realist und Totengräber des

Sozialismus willentlich-unwillentlich präsentierte. Er tat seine Arbeit mit der ungeheuren Energie, die wir kennen. Die Dinge auf »die Beine stellen«: nichts lag ihm und seinem Freund mehr am Herzen. Aber es giebt Dinge, die man nie auf die Beine stellen soll, sondern auf [...] Den verkündeten Sozialismus verkündigten sie nicht weiter, die Fahne schwenkten sie nicht mehr. Sie nahmen, Marx und sein Freund, eine folgenreiche Wendung vor, sie sollte die ganze Entwicklung tragisch machen: sie machten links schwenkt Marsch von der Menschheit zum Proletariat, – mit Plan; denn das Proletariat sollte [sich] aus dem bloßen Sumpf der Schönrednerei retten und »verwirklichen«. Was sollten sie verwirklichen? Das greifbare Unglück, die Verarmung des ganzen Menschengeschlechts stand nicht mehr in Frage. Weil es das bitterst gestrafte Proletariat war, dem die Rettung und die Führung oblag, so sollte und mußte es sich zusammenschließen, vereinigt Euch, in Eurem Land, in allen Ländern, sie sollten und mußten Organisationen bilden, Parteien und Gewerkschaften. Und das war eine große und langwierige Beschäftigung. Und worum ging es? Um lauter gute Dinge, um unzweifelhafte Verbesserungen der Lebenslage der Arbeiter, Lohnerhöhungen, um Krankenversicherung, Altersversicherung, um den 10 Stunden- und Achtstundentag. Man schmiedete fester für die Massen ein Klassenbewußtsein (sie selbst fühlten sich ja nur arm). Die Parteien und Gewerkschaften sind dann, nach vielen inneren Kämpfen, auf diesem verhängnisvollen, ach so guten, ach so jämmerlich armseligen Weg weitergegangen. (Was, den Armen ein größeres Stück Brot, eine bessere Bleibe zu verschaffen, soll armselig, jämmerlich sein?) Oh nein, es ist gut! Ich sage nur auch, es ist ungenügend. Es war Größeres gedacht. Und es wird Größeres gedacht werden, und es soll und muß Größeres, Mächtigeres, Herrlicheres gedacht werden. Denn es handelt sich nicht allein darum, ein tierisches Wesen zu sättigen (wer wird ihm das bestreiten), sondern ihm seinen Platz in der Welt verschaffen und diesen Platz benennen. Und dies war der Ausgangspunkt und das Grundgefühl des »Sozialismus«, das seine Verwirklicher vergessen und uns geraubt haben. (Aber nachdem sie es getan haben und sie das, was sie geführt hat, Sozialismus genannt haben, mag ich nicht mehr von Sozialismus sprechen, wenn ich die notwendigen Dinge meine.) Wie es zuging, wissen wir. Die »Verwirklicher« des Sozialismus wurden seine Totengräber. Man wurde praktisch, politisch, bürokratisch, und nachdem in den ersten Jahrzehnten noch das alte Feuer geflackert hatte, fing es dann an zu schwelen. Man besaß zuletzt noch Rauch und Asche, die als Literatur und Sonntagspredigt feilgeboten wurde. So hatte man eine Massenbewegung auf die Beine gestellt. Fabrikarbeiter, kleine Angestellte und Kleinbürger machten sich darin anheischig, hinter dem Umbau mächtiger Parteien und Gewerkschaften, Sozialismus zu »erkämpfen« [...] eine windige Redensart, ein Gefühlchen, vielleicht etwas von einem Protest, also letzten Endes kümmerlich dumm und herausfordernd. Man hatte die Leute zehnmal dümmer gemacht, als sie hätten sein brauchen. Man hatte sie in der menschlichen Entwicklung zurückgehalten. Es stimmte schließlich wenig mehr von dem, was sie taten, mit dem, was sie dachten und was ihre »Theorie« war. Eingeweihte wußten es. Es gab, um die Dinge etwas anzupassen, in Deutschland den Bernsteinismus, um die Jahrhundertwende. Obwohl man sich schon als bloße Reformisten bezeichnete, sollte und mußte es noch immer um »Sozialismus« gehen (alte Familienerinnerungen). Natürlich ging man 1914 in den Krieg; man stülpte den Ossa auf den Olymp, um alle Verlegenheit und Inkonsequenz zu rechtfertigen, zu der man gezwungen war durch die Realität, zu der man geworden war. Um das Maß voll zu machen und die Enthüllung zu vollenden, ließ dann der ewige Leiter der Geschicke auf dieses Resultat einer »Verwirklichung« des Sozialismus eine Revolution regnen. Sie sollten nicht darum kommen. Die Farce war grenzenlos, man hat sie noch in Erinnerung. Als der Nazismus den Spuk ablöste, standen immerhin noch tausende, zehntausende auf freiem Plan, waren erbittert, und fühlten, daß ein Vakuum da war. Sie waren auf eine ihnen unfaßbare Weise im Stich gelassen (»verwirklicht«).

Das Vakuum nach dem Sozialismus. Worin besteht es? Vergessen wir den Kommunismus nicht, diese Abspaltung vom Sozialdemokratismus. Sie veränderten au fond nichts, sie radikalisierten Programm und Art des Vorgehens. Und auf sie regnete dann nicht, wie in Deutschland auf die Sozialisten, eine Revolution, sondern sie machten, diesmal in Rußland, eine Revolution. Es wird, nach zwanzigjährigem Bestehen der Sowjetunion, wenige, nicht einmal unter den westlichen Kommunisten, geben, die [Fortsetzung fehlt]

Der Sozialismus muß ganz von vorne anfangen. Er hat seinen Charakter als Arbeiterbewegung aufzugeben. Er hat sich auf seinen Ausgangspunkt zurückzubewegen: eine allgemeine humanistische Bewegung, die in allen Menschen den Menschen sieht und seine Gesellschaft erneuern will.

Gestrandet ist diese Bewegung durch die Annahme eines Klassenkampfstandpunktes; der Marxismus hat die Wurzeln des Sozialismus vertrocknen [lassen], während er, aber nur für die Augen, seinen Stamm und die Blätter entwickelte: Arbeiterparteien, Gewerkschaften, schließlich in Rußland sogar einen Staat. Die Arbeiterparteien brachen beim Aufkommen Hitlers widerstandslos zusammen, sie erwiesen sich schon vorher ab 1918 unfähig in Deutschland sozialistische Gedanken zum Sieg zu führen; in Rußland liegt unter dem Wagen einer als Sozialismus drapierten Bürokratie der Sozialismus begraben.

Man erwartet nichts von einem abermaligen Vorstoß der Klassenkampfbewegung, auch nichts von einem »Zusammenschluß« […] mit anderen politischen Gruppen. All das ist Bruch und Fuschwerk. Der Beweis des Nichtgelingens ist schon erbracht.

Das Ergebnis der Vergangenheit ist: man erreicht mit der bisherigen Organisierung des humanistischen Gedankens als sozialistischen nichts Entscheidendes. Man hat zuviel verlangt. Man hat einen Schritt zurückzugehen. Man hat weder als Ziel den klassenfreien Staat zu verlangen noch als Mittel den Klassenkampf zu verwenden. Man hat sein Augenmerk auf umschriebene Positionen zu richten:

Einen politisch fester organisierten Frieden in Europa herbeizuführen durch die Schaffung des neuen Europas. Dafür ein Programm aufstellen. Ein weltpolitisches ökonomisches Programm. Man hat für die Überwindung der Klassenspannungen die Form der Demokratie zu wählen mit starken Regierungen, die den echten sozialen Fortschritt betreiben.

Es muß die erbärmliche Fassung des sozialistischen Gedankens als eines ökonomistischen aufgegeben werden.

Es muß die platte materialistische Fassung des sozialistischen Gedankens – aus dem 19. Jahrhundert – aufgegeben werden. Man hat sich in den Kirchen und in der bürgerlichen Gesellschaft seine Bundesgenossen zu werben. Im Zeichen der echten Civilisation und einer fortschreitenden Gesellschaftserneuerung stehen mehr Menschen zusammen als trockene Arbeitertheoretiker und Parteiführer sich träumen lassen. Man hat die theoretischen Scheuklappen abzulegen und sich nicht durch alte feierliche Phrasen beirren zu lassen. Der humanitäre Gedanke ist kein Privatbesitz der Arbeiterschaft. Die ganze menschliche Gesellschaft ist von ihm durchflossen; der Kampf entsteht immer durch einzelne Inkrustationen des Macht- und Gewalttriebs. Aber die heutige Festhaltung des humanistischen Elementargedankens durch die Arbeiterschaft stellt selber solche unerlaubte Inkrustation dar.

Zur Zeit sind die westlichen Demokratien dazu prädestiniert, die Schlacht um das neue Europa, ein einheitliches organisiertes Gebilde zu schlagen. Auch diese Schlacht und ihre Durchführung steht unter dem Zeichen des Grundgedankens der europäischen Menschen: das freie menschliche Individuum, das sich seine Gesellschaft baut und an den erreichbaren Gütern der Welt teilnimmt.

Dieser – als sozialistisch isolierte und eingetrocknete – Gedanke ist ein Wille und hat sich als Wille über die leeren Niedrigkeiten des Ökonomismus und der politischen Expansion ohne Sinn und Verstand zu stellen.

Er allein ist berechtigt, einen Machtanspruch zu erheben. Er hat offensiv gegen den Leerlauf der hitleristischen Tierstallidee und die stalinistische Fabrikkultur mit Byzantinismus aufzutreten. Er allein besitzt dazu die Legitimität und die Pflicht.

Die Menschheit muß vor eine große klar bestimmte Aufgabe gestellt werden. Die Greuel des letzten Krieges sind noch in Erinnerung, es meldet sich ein neuer. Zwei große Möglichkeiten hatten sich zuletzt gezeigt: die russische und die deutsche Möglichkeit, 1917, 1918. Der russische Sozialismus blieb aber auf seinen Herd beschränkt, der deutsche versagte rasch am eigenen Herd. Welche Lehre haben wir dem Ablauf der beiden Vorstöße zu entnehmen? Vor allem die: Man darf nicht hoffen, mittels des Bürokratismus den Sozialismus zu machen. Die Ausmerzung des Feudalismus erfordert gemeinsame Anstrengung, centrale militärische Leitung. Aber schon in diesem Stadium ist neuer Feudalismus, nämlich Bonapartismus zu fürchten und dagegen mit Decentralisierung anzugehen. Warum dies? Weil immer dies gewollt werden muß: ein Menschentum, dem der Reichtum der Erde Mittel ist zu seiner Entfaltung; wenn man aber die Menschen dazu benutzt, um die Erde zu erobern, so hat man das Mittel über das Ziel gesetzt. Es ist eine ungeheuer schwere Aufgabe, die sich hier schon an den Anfang stellt und faktisch haben sowohl die große französische wie die russische [Revolution] hier frühzeitig gestoppt; bei einer bestimmten erreichten Position mußte man sich beruhigen; der Apparat, der die bisherige Bewegung geleitet hatte, legte sich dann über die Bewegung, er war stärker als sie geworden. Um ein zu rasches Erstarren des Prozesses zu verhindern, ist rechtzeitig an Verbreiterung des sozialistischen Impulses zu denken; daher ist alles abzulehnen, was den bewußt kämpfenden Einzelmenschen schwach, inaktiv sein läßt und Vertrauen auf die Führung giebt. Wenn man Gruppen und

Parteien aufstellt, so ist nur dieses ihr Sinn: den sozialistischen Grundgedanken vom freien Menschen, der Herrscher über die Erde ist, einzuprägen und den Anhänger Widerwillen gegen Gewalthaber zu lehren, zugleich ist ihm aber zu zeigen, daß furchtbare Machtinstinkte im Menschen schlummern, daher ist Mißtrauen am Platze. Die Wiederkehr der feudalen Bestie muß den Neusozialisten vor Augen stehen, sie können nicht genug auf der Hut sein. Gegen diese Wiederkehr, gegen das Cyklopentum der Diktatoren und Feudalen ist anzurufen die Selbstwehr des Einzelnen. Das Lebensrecht und die Lebenspflicht des Einzelnen können nicht hoch genug erhoben werden. Gut ist aller Zusammenschluß, aber ungeheuer gefährlich, das muß der Neusozialist wissen. Der wachsame Individualismus des Freien ist anzurufen. Der Weg zur Gesellschaft der Zukunft geht über das Individuum. Was wir schon jetzt dafür zu tun haben, ist *einmal* kritisch das Vertrauen auf Organisation zu lockern. Der neusozialistischen Haltung den breitesten Boden bereiten. Das ist lange fällig.

Wo aber der allgemeinste, ich sage religiöse Boden für den Neusozialismus, für die […] neuen kämpfenden Menschen hegt, das ist nicht schwer zu sagen. Es ist nicht mehr die Zeit des darwinistischen Entwicklungsgedankens der Altsozialisten, aber noch immer ist die große allgemeine Natur, in der wir stehen, deren Teil und Glied wir sind, nicht […] fest genug in dem Bewußtsein und Gefühl aufgenommen worden. Man hat die geistige Realität unserer Epoche falsch und roh ausgesprochen, wenn man diese Natur und uns mit für eine bloße physikalisch chemische, gesetzlich regierte Masse ansieht. Daß die Naturwissenschaften nur Teilbeschreibungen von ihr und uns geben, ist uns sicher. Wir wissen und fühlen aber viel mehr von ihren Categorien, simpel weil wir dazu gehören und an ihr teilhaben. Eine kleine Ausdrucksänderung klärt aber den Unterschied zwischen unserer und der früheren Auffassung auf. Die frühere sagte: wir sind den Naturgesetzen unterworfen. Wir sagen: wir stellen uns in den Naturgesetzen dar, wir leben in ihnen und nicht unterhalb der Natur. Wenn wir aber so in der Natur stehen, so fassen wir sie auch intimer, wahrer; sie erscheint in unserer Aktivität selber, in unserem Gefühl und Wille. Die Ganzheit unseres Ichs gewinnen wir in engerem Rahmen durch die Gesellschaft, in weiterem durch die Natur, die uns hervorbringt. Von hier aus bekommt Pflanze, Tier, der Nebenmensch, ja unser Handeln sein Gesicht. Ich möchte mit dieser Streife den religiösen Unterbau der Existenz in der neusozialistischen Epoche angegeben haben. Natürlich wäre vieles in bezug auf eine neue Moral etc. noch zu entwickeln.

Dies ist alles. Was soll man damit anfangen? Dies als Unterlage nehmen für Arbeiten, die dem Ersatz der schwachen altsozialistischen Lehren dienen.

[Brief an Arthur Koestler]

[Paris, 1938]

Lieber Köstler, ich habe jetzt grade einen Moment Zeit und möchte, in Rückblick auf unsere gestrige Zusammenkunft, Einiges sagen. (Sie haben die Güte, auch Sperber zu zeigen, was ich schreibe.)

1.) Unsere Unterhaltungen sind keine gewöhnlichen Gespräche zur Abendausfüllung, sondern, wie Sie es ja auch auffassen, entspringen aus einem ernsten verantwortungsbewussten Impuls, den geistige Menschen heute haben *müssen* angesichts besonders zweier Fakta: der Entwicklung des *Sowjetstaats* mit ihrer Bedeutung für die sozialistischen Theorien überhaupt, – zweitens angesichts des Zusammenbruchs der Linksbewegung in Deutschland, einschließlich Sozialismus-Communismus. Beide Fakta sind in ihrem Umfang zunächst einmal von uns genau zu umschreiben, festzustellen. Schon diese simple Feststellung wär ein wichtiger folgenreicher Schritt.

2) Dann sind für beides die charakteristischen Merkmale anzugeben, – nämlich wie sie historisch möglich wurden, wozu also die faßbaren Ursachen gehören, – und zweitens hat man mit aller Entschlossenheit seine Schlüsse zu ziehen. Es dreht sich gewiß um rein akademische Überlegungen, Feststellungen und Einprägungen, aber für jeden von uns sind diese Feststellungen von einer kompaßartigen Wichtigkeit; die Sicherheit und Klarheit in der Theorie ist ferner *allgemein* heute ungeheuer wichtig.

3) Wir sind gleich in medias res gegangen und haben eine centrale Frage vorgenommen, die für Sie, die vom Marxismus herkommen und noch dort Bindungen haben, besonders interessant ist, nämlich warum nicht das vorliegende gesellschaftliche Sein, im Falle Deutschland, das Massenbewußtsein spiegelartig beeinflußt habe (unter uns gesagt: die Annahme einer solchen Parallelschaltung von Sein und Bewußtsein ist für mich von einer erschütternden Primitivität; ich freue mich, daß Sie beide die entscheidende Stelle (»subjektiver Faktor«) scharf ansahen und daß wir gestern dabei einheitlich im Prinzipiellen waren). Es sind aber, von dieser und jener Divergenz abgesehen, vor allem aus der nun deutlichen Erkenntnis dieses Faktors Schlüsse zu ziehen, nicht nur anerkennender Art für die Nazipropaganda. Ich gestehe jedoch, in Sperbers Auffassung dieses »subjekt. Faktors« noch einen Restbestand der alten Widerspiegelungsvorstellung zu sehen, und hier muß absolut Deutlichkeit geschaffen werden, weil dies Consequenzen hat. Für ihn (und vielleicht etwas auch für Sie?) steht das »Bewußtsein« noch in einer viel zu abhängigen zweitrangigen Stellung zu einer anderen eigentlichen »Realität«, für welche Sie allein die der sogenannten Objekte, in der Wirtschaft vornehmlich, ansprechen. Faktisch ist nirgends etwas bekannt von solcher Zweitrangigkeit und Abhängigkeit oder gar von einem bloßen Spiegelcharakter des Bewußtseins. Vielmehr ist das ja sehr enge Bewußtsein ein Teilausschnitt des Psychischen, dieses Psychische aber ist eine Realität objektiver Art von eigenem Charakter; zwischen die äußere und innere objektive

Realität ist das kleine Bewußtsein mit seinen praktischen Kategorieen geschaltet, völlig wie eine Haut oder wie ein Angriffsorgan. Eine höhere und andere Funktion als dieses fällt dem Bewußtsein nicht zu, und wir sehen sogar dieses Bewußtsein bei Gesunden und Kranken immer wieder bevölkert mit Vorstellungen, ja Kategorieen, die einer Anpassung oder Angepaßtheit an die äußere Realität widersprechen und die psychische Spontanbildungen sind.

Wozu aber diese ganze Feststellung? Um den Rückfall in falsche Theorien zu verhindern, die von fortschreitender »Aufklärung« sich viel, ja Alles versprechen, die an eine »Reifung des Bewußtseins«, etwa bei der Arbeiterschaft, glauben, wo es sich tatsächlich um eine komplizierte Haltungsänderung, natürlich unter Beteiligung des Bewußtseins handelt. Es ist also eine folgenreiche Gewichtsverschiebung (zwischen dem »subjektiven« und »objektiven« Faktor, tatsächlich zwei Objektivitäten) vorzunehmen. Und zwar welche?

4) Die vorzunehmende Gewichtsverschiebung: Während früher der als allein objektiv angesehenen, äusseren, und besonders ökonomischen Realität eine führende, bis zum Fatalismus dringende leitende Rolle in dem geschichtlichen Ablauf zugeschrieben wurde, ist jetzt stärker an die Lebensäusserungen, den Willen, die Wünsche des »subjektiven Faktors« zu denken (das ist schon im Gange), und dies braucht nicht einherzugehen mit einem Verwerfen oder einer Entwertung der *allgemeinen* marxistischen Grundposition, wohl aber mit der Verdrängung spezieller Ansichten. Also ein Mauserungsprozeß.

5) Wie notwendig dieser Mauserungsprozess ist, zeigt der Faschismus. Er besetzt ungehindert das gewaltige brachliegende Gebiet unseres »subjektiven Faktors« und leistet da zweierlei: er produziert nach der greulichen Nüchternheit der vorigen Periode einen chronischen erbärmlichen Rauschzustand, – es ist ein Notbehelf, aber lieber besoffen sein, als Vieh oder Sache, es ist dicht an Verzweiflung – und zweitens (eine üble Sache) er diskre-

ditiert schon von vornherein den subjektiven Faktor; er dilettiert, mehr: er mißbraucht.

6.) Vorzüglich war, daß wir schon bei den ersten Besprechungen gemeinsam festlegten: der alte Satz, der Prolet habe »nichts zu verlieren als seine Ketten«, sei falsch; die Arbeiterschaft in der ganzen Welt sieht dies und handelt danach und daher der Wille zu Revolten, ja sogar zu notwendigem Widerstand. Die Arbeiterschaft ist also aus dem Gröbsten, Dringlichsten der Materialität, wenigstens im Großen Ganzen, heraus, infolge der schon erfolgten Anstrengung der Parteien und Gewerkschaften. Sie sind immer in hohem Maße an der Fortdauer und Intaktheit, ja an der Entwicklung der Produktion beteiligt; sie sehen sich hier, wenn auch unvollständig, überall anerkannt, und ihre Rolle zudem als Massenkonsument ist auch dem dümmsten Kapitalisten bekannt. Wie drückt sich nun die Neubeteiligung aus, – was ist das, was sie *mehr* besitzen als ihre Ketten (bzw. Armut, Bedürftigkeit)? Oder woran sie sich mehr beteiligt, interessiert, gebunden fühlen? Diese Frage führt direkt zu den heutigen Aufgaben (also Gegenwartszielen).

7.) Sie sind überall da interessiert, wo auch andere Klassen interessiert sind, – und darüber hinaus noch an mehr, weil sie frisch sind und Antrieb haben, unverbraucht sind. Sie haben also, wie Sperber richtig sagte, die Familienbindungen, also den Sinn für die Zelle der Familie, – darüber hinaus ist bei Franzosen und anderen (nicht recht bei Deutschen) der Sinn für Staat und Nation vorhanden oder in Entwicklung; das die Richtung auf den sehr glücklichen, wegweisenden Satz: »Die Arbeiterklasse konstituiert sich als Nation« – weiter das Organ für Kultur überhaupt, Kunst, Literatur (erst jetzt auch im Deutschen die Bemühungen um das »Kulturerbe«, aber das ist noch recht unehrlich, dilettantisch, nicht spontan). Alles dies »Subjektive« setzt sich noch viel zu sehr abseits, mehr geduldet als gefördert oder gar central gefordert durch. Dabei wohnt diesen Dingen darum eine centrale Wichtigkeit inne, weil es sich dabei um die Gestaltung, Formung, ja die bewußte Setzung des Subjektiven, des Ich gegenüber der »Realität«, also der geschichtlich gewordenen sichtbaren Natur handelt, – um die Ansprüche dieser Einzel- oder Gesellschaftsichs.

Von hier aus ist auch erst der Raum mit Recht einzunehmen, den mit Hinterlist, und garnicht wirklich, der Nazismus besetzt hält. (Ich möchte Sie bitten, dabei auch an den Schlußteil meines »Prometheusaufsatzes« zu denken; vielleicht blickt auch Sperber hinein.) Wir müssen darangehen, hier positiv einiges zu formulieren, also praktische Ziele, – unser Punkt: Ziele, Ideale. Generell etwa: faktisch besteht jetzt die Arbeiterbewegung noch immer hauptsächlich aus der *politischen* Partei und der *Gewerkschaft;* anderes ist anbaubar. Der Akzent verschiebt sich: es treten auf (bzw. müssen auftreten) starke kulturelle, sittliche, ja neureligiöse Tendenzen, die auch die politischen und gewerkschaftlichen Ziele beeinflussen. Dies alles in Consequenz einer besseren Sichtung des »subjektiven Faktors«. Mit dem Faschismus beispielsweise tritt die Arbeiterschaft *falsch* in Staat und Nation, – wie tritt sie richtig hinein? In Rußland ist sie in Staat und Nation eingetreten, aber statt Staat und Nation zu »verarbeitern«, wird die Arbeiterschaft augenblicklich nur verstaatlicht.

Schließlich (da ich ja hier aufhören will) noch eine gewissermaßen formale Bemerkung: wir haben intensiv *uns,* so wie wir sind, zu denken, als Lebewesen von heute, in der Geistesart genau wie wir sind, – wir haben uns nicht abhängig und dienstbar zu fühlen, von keiner »Klasse«, was uns von vornherein lähmen würde; entweder haben *unsere* Auffassungen Kraft, dann sind sie auch verbindlich und sind nicht nur unsere, – oder wir quälen uns, die Wünsche anderer zu denken, zu formulieren; die Chance ist ungeheuer, daß dies Experiment uns glückt, wenn wirklich *von vornherein* Übereinstimmung mit anderen, der Klasse der Arbeiter etwa, besteht; dann fangen wir also lieber gleich bei und mit uns an.

Soviel für heute!
Schöne Grüße Ihr DDöblin

Wenn Sie bis Mittwoch einmal vormittags zu mir heraufkommen: ich habe grade mein Leseexemplar »Land ohne Tod« wieder bekommen.

Politik und Seelengeographie

Man erinnert sich jener alten Vorstellung von der Erde, – bei Griechen, Babyloniern, Indiern, beim mittelalterlichen Katholizismus, – wonach Länder und Meere, ja die Gestirne in einer wohlbedachten planmäßigen Weise sich um den Menschen und seinen Wohnsitz lagern. Später ging das verloren, und wir haben uns ein »wissenschaftliches« Weltbild zugelegt, das sich vor dem alten besonders dadurch auszeichnet, daß es uns nichts angeht. (Es erinnert an Kleidungsstücke, die nur für den Schrank gut sind und auf die man beim Umzug stößt; besser an zu enge Stiefel, die man zu gerne ihrem Verfasser an den Kopf werfen möchte.) Blikken wir aber über die Erde, nach solchem Triumph über das »naive vorwissenschaftliche Denken« (wir, die es damit so herrlich weit gebracht haben, daß wir aus den Kriegen nicht mehr herauskommen, daß Bombe und Kanone Sinnbilder unserer Kultur geworden sind, was uns alle unsäglich stolz und glücklich macht), – so geht es uns doch merkwürdig:

Vom Himmel und den Sternen reden wir nicht viel, sie haben wir den Astronomen überlassen, welche daraus Rechenexempel und Druckbogen fabrizieren. Aber uns ordnet sich doch heute beim Blick über die Erde manches wieder unmerklich in sehr alter Weise. Länder gruppieren sich um uns wie Stücke unseres Denkens. Sie treten zu uns in eine gedankliche, tiefe Beziehung. Ist nicht Rußland, die Sowjetunion, sehr vielen ein bestimmter, so und so gefärbter Gedanke, quasi ein landgewordener Gedanke? Und das Dritte Reich? Weiter entfernt blaßt es perspektivisch ab, – aber wie fühlt man sich festgelegt, ausgesprochen, real mitgenommen im Falle Spanien. Spanien bis da nur abseits, unbekannt, und jetzt taucht es mit brennenden Farben an die Oberfläche unseres Bewußtseins. Und welche Gedankenkette, Kette unserer Gedanken repräsentiert Österreich, beginnend mit dem Sturz Habsburgs, dann ab 1933 die finstere Entwicklung, mit ihrer ungeheuren Logik, Ausrottung der Arbeiterorganisationen, Präventivdiktatur, die Etappen bis zur doch erfolgenden Verschlingung durch das Dritte Reich (was einmal Anschluß heißen konnte).

Tief betroffen und ausgesprochen wird durch diese Vorgänge jeder, der sie miterlebt. »Das bist Du« im geographischen Bilde, in politischer Projektion.

Wir sind nicht so gut dran wie die Alten, denen jede Partie des Kosmos, den sie kannten, etwas Bestimmtes und durchaus Festes repräsentierte. Wie geht es uns mit Spanien? Was repräsentieren eigentlich, was sind eigentlich die beiden Parteien, »Ideologien«, die da sich gegeneinander aufgestellt haben? Man sieht die Menschen sich hier wie in magnetischen Kraftfeldern anordnen. Ein spanischer Justizbeamter, Aktuar beim Untersuchungsgericht Burgos, *Antonio Ruiz Vilaplana,* veröffentlicht eben ein Buch (bei Jean Flory, Paris) unter dem Titel: *»Sous la foi du serment«.* Schilderung von einem Jahr nationalistisches Spanien. Ein einfacher, unpolitischer Mensch erträgt er schließlich nicht mehr, was er kraft seines Amtes registrieren muß und verläßt das Gebiet nach dem Fall Bilbaos. Was dieser Beamte, der kein Schriftsteller ist, mit der Niederschrift will, ist zuerst sein Gewissen befreien, er schüttelt seine Beteiligung an einer Schuld von sich ab. Dabei kommt er aber zu allerhand Feststellungen, unter anderem einer, die für unsere »seelengeographische« Frage Bedeutung hat. Er bemerkt, daß es sich in Spanien keineswegs, wie man immerfort simplistisch und obenhin aus Ähnlichkeitsgründen sagt, um einen Krieg von »Fascismus« und »Antifascismus« handele. Fascismus komme in Spanien heute fast gar nicht mehr vor! Man hätte einmal Fascisten, Phalanx gehabt, und es gibt auch noch eine Massenorganisation der Phalanx; aber sie habe nur noch diesen Namen. Faktisch liege ein Krieg der Generale und der Feudalität gegen das Volk vor. Es wäre gut, wenn dieser Punkt studiert würde; er ist für das Verständnis des ganzen Vorgangs und die allgemeine Stellungnahme von größter Wichtigkeit. Man wirft zu rasch Schablonen auf alle möglichen Dinge, und manche haben Gründe dazu. Sehr schwer und nur gezwungen läßt sich ein Krieg konservativer Mächte, Feudalität mit Generalität, »fascistisch« nennen, auch dann nicht, wenn er sich vorübergehend fascistisch drapiert. Seit bald zwei Jahrhunderten, auch von Königen geführt, macht ja Spanien Bewegungen, wie sie öfter auch im letzten Jahrzehnt das Land gegen Feudalität und Klerus versuchte; dieser historische Prozeß unterscheidet sich aber komplett von dem, was im »Fascismus« gewollt wird: also Militarisierung des Staates; Vorherrschaft des Staates über die Wirtschaft, diktatoriale Führung der Geschäfte. Nach Vilaplana sind die wenigen wirklichen Fascisten von Franco kaltgestellt worden, und Phalanx einfach eine verwaschene nationalistische Einheits- und Massenorganisation. Man prüfe diese Behauptung. Die Dinge werden dann nicht nur ideell klarer; es ergibt sich auch eine erheblich andere Gefühlsschattierung des Vorgangs. Die Generale möchten sich gewiß gern als Fascisten – neueste Mode, dernier cri – geben. Aber sie sind so alter Tobak wie Reaktion und Militärrebellion alt sind. (Es muß überhaupt festgestellt werden, daß unter dem Sammelnamen »Fascismus« allmählich die differentesten Dinge laufen; gut ist das nicht; Mischmasch erzeugt Lähmung.) Im Falle Spanien bedeutet es sowohl für die Sache des Volkes (das eine historisch fällige Veränderung seiner Lage will), wie für den Verhinderer, die Generale, etwas, wenn die Dinge erfaßt und genannt werden wie sie sind. Übrigens, was diese schnellfertigen Ideologien anlangt, so heißt es ja wohl auch, mehrere westliche Staaten seien gleich als »Demokratien«. Es empfiehlt sich, auch hier, das Wort zu durchdringen und den Tatbestand zu entdecken. Der ehemalige Berliner Historiker Rosenberg hat eben in einer Sonderabhandlung ausgezeichnet auf den historischen Wandel des Begriffs »Demokratie« hingewiesen. Mir scheint, man müsse auch die Demokratien klarer und genauer bezeichnen. Elende Diktatur der Phrasen! So ist keine vernünftige Bewegung, keine Richtlinie möglich; es ist Sumpfdenken.

Nun aber, was ist *Arthur Koestler,* dessen spanisches Abenteuer man kennt, was ist diesem Schriftsteller, der da in höchster Gefahr schwebte, Spanien? Das ist nun ein sehr interessanter Fall und man kann nur mit Vergnügen davon berichten. Denn Koestler, wenigstens in diesem letzten Buch *(»Spanisches Testament«,* Europa Verlag, Zürich), ist absolut jeder Phrasendiktatur entgangen; er hatte vorher ein im allgemeinen Fahrwasser des Protestes schwimmendes Buch über Spanien herausgegeben (»Menschenopfer unerhört«). Jetzt ist ihm das reale Spanien nähergekommen, er spricht echter, und er lokalisiert im Sinne unserer Seelengeographie das Land besser. Koestler wurde beim Fall Malagas verhaftet, er schildert den Fall der Stadt, den Transport, die Gefängnisse, die er passierte, – er war zum Tode verurteilt, – seine Freilassung. Wie man sieht, ist das ein »Stoff« von epischer Einfachheit, mit Spannungsmomenten und pittoresken Details in Fülle, mit Erschütterung, schließlich mit (nicht völliger) Lösung und Entspannung. Seine Eindrücke, seine Empfindungen stellt Koestler aufrichtig und ungeschminkt hin (allein die Wahrheit, nicht die Propaganda macht Eindruck); man hat nirgends den Eindruck eines literarischen Produkts, obwohl natürlich alles kritisch überlegt hingesetzt und sorgfältig geschrieben ist. Koestler überhaupt überragt erheblich das triste Niveau der abgestempelten, mit politischer Marschroute versehenen Reporter; er hat Kultur, Geschmack, sogar (welche Rarität in diesem Bereich) Bildung. (Andere sprechen viel vom »Kulturerbe«; sie habens leider weiß Gott nötig.)

Was ist ihm nun aber, im Sinne unserer Seelengeographie, dieses Spanien? Ich gestehe, es nach diesem Buch nur ungefähr sagen zu können. Aber dieses »Ungefähr« ist ein sehr großer Vorzug. Seine Freunde werden ihn deshalb beißen. Er leidet; er leidet wie die andern und versteckt es nicht. Er ist unheroisch: das ist seine Haltung. Er leidet im und mit dem gequälten Spanien. Ich setze ein paar aufschlußreiche Sätze Koestlers her, es ist von Gefangenen die Rede, die exekutiert wurden: »Aber das Sterben fürchteten sie sehr. Denn sie waren Zivilisten, Soldaten des Volkes, Soldaten des Lebens, nicht des Todes. – Ich war dabei, als sie starben. Sie starben unter Tränen, vergeblichen Hilferufen und in großer Schwäche, wie Menschen sterben müssen.« Bei allen dabei der unermüdliche, nicht lärmende Widerstand.

Von neudeutschen Schulen

Hier soll von den neudeutschen Versuchen, sich der Schule zu bemächtigen, die Rede sein. Denn es ist natürlich zweierlei: der politische Herr der Schule sein und sie wirklich besitzen. Immerhin wird man sofort und ohne tiefer in die Materie einzutreten, zugeben müssen, mit Trauer, Kummer und Resignation, daß mindestens der Wille der heutigen Machthaber, die Schule zur ihren zu machen, auch ihr Organ für die Bedeutung der Schule, zehnmal stärker ist als bei den Weimarer Demokraten. Aber rühren wir nicht weiter an dies finstere Kapitel. Es ist mir nicht klar, welchem Ministerium heute real das deutsche Unterrichtswesen untersteht. Früher bekanntlich dem Kultusministerium des betreffenden »Landes«. Jetzt hat sich zweierlei geändert: die Länder sind zurückgedrängt und ein Propagandaministerium ist eingerichtet, – neben oder über den Kulturbehörden? Die Vereinheitlichung verfolgt auch im Schulwesen vor allem das Ziel: tiefgehende nazistische Politisierung. Wie tief de facto diese Wirkung geht, wie weit dieses Ziel erreicht wird, vermag ich von weitem nicht zu beurteilen. Es läßt sich nur einiges über die Methode des Angriffs und auch über den Grad der Wahrscheinlichkeit des Erfolges sagen.

Vorbei ist die Zeit des zweiten Wilhelm, wo massiv innerhalb der Schule um humanistische und Realbildung gekämpft wurde. Vorbei die Zeit der Republik, die goldene Zeit der Schulreformer, der Experimentatoren. Der Staat von heute fördert und verwaltet nicht mehr die Schule. Die Schule hat überhaupt keine eigene Existenz für sich, ihre eigene Geschichte gilt wenig mehr; die Schule ist Teil des Staatsapparats, Organ, Instrument des Staates. In dem Büchlein von *Borst,* auf das ich zuerst hinweisen will, findet sich durchgeführt der Satz, daß die »Fachschule« Teil der Wehrmacht des neuen Staates sei. Ja, gar zu frei und üppig war die Schule in der Weimarer Periode ins Kraut geschossen. Was jetzt in Gegenbewegung auf sie fällt, ist mehr als ein Reif in der Frühlingsnacht.

Nun Herr Dr. ing. Borst. Er zeigt Ihnen, wie das Dritte Reich es machen will, und wie es doch sehr schwerhält. Mit Druck und Gewalt kann man ein Land (äußerlich) erobern, aber kein geistiges, natürliches, gewachsenes Gebilde verändern, umschaffen. *»Meisterschule und totaler Krieg«* heißt mit liebenswürdiger Offenheit des Herrn Borst Broschüre (in 2. Auflage 1937 im Verlag Langguth-Eßlingen). Der Ingenieur, sicher Parteibeamter, stellt sich vor die »Berufsführerschule« und dekretiert ihre Aufgaben in Technik und Wirtschaft. Dieser Mann hat sich ein besonders schweres Thema gewählt. Er weiß als Fachmann genau, worauf es in Technik und Wirtschaft ankommt: auf Qualitätsleistung und Fachkönnen. »Qualität bedeutet für uns Deutsche im Kreise der Völker unsere Existenz. Qualitätsänderung bedeutet Schwächung der Nation.« Dies weiß er. Er sagt auch: »Beste Leistung kann nur erzielt werden bei besten Meistern und Lehrern, bei einem ausgesuchten und bewährten Bestand an Berufsführern«, was gemeinverständlich und vernünftig ist; das von dem »Kreis der Völker« klingt geradezu wohlwollend. Er zitiert sogar Meldungen, aus denen hervorgeht, welche Summen Engländer und Amerikaner für ihre Fachschulen ausgeben. Nun ist er aber Nazi, und da soll und muß er sein Gebiet, jedes Gebiet, mit dem Krieg in Zusammenhang bringen. Nation, Wohlergehen und Zukunft der Nation kann leider schon nicht ohne Kriegsassoziation gedacht werden. Das Heer ist zum Maß aller Dinge geworden. Wie schafft er nun die Klammern: Steigerung der Qualitätsleistung und Krieg? Sagen wir einfach: durch Phrasen. Man mache ihm deshalb keinen Vorwurf; er kann auch nicht das Unmögliche. Er muß etwa hinsagen: »Überlegene deutsche Qualitätsarbeit setzt einen unüberwindlichen instinktiven Gemeinschaftswillen voraus.« Vorher war von der besseren Ausbildung die Rede. Was soll die Posaune des »unüberwindlichen, instinktiven Gemeinschaftswillens« im Atelier, im Versuchsstand, im Laboratorium, wo es auf Beobachtung und Kombination, liebevolles Umgehen mit dem Material, Verständnis für Holz und Metalle, auf Stille, Bezähmung, Geduld und Sorgfalt ankommt? Was soll das Hereintragen der Versammlungsrhetorik? Das – die Klammer? Es wäre das Ende der deutschen Technik und Industrie, wenn solch Gehabe in Atelier und Laboratorium um sich griffe. Aber es ist dafür gesorgt, daß es nicht geschieht. Man läßt Herrn Borst reden und drucken, das ist alles.

Und er redet hin und her, von einer »Ordensburg des Berufs«, er gießt den ganzen Kübel bekannter Redensarten über seine Hörer aus, weil es ihm ja auf normale Weise nicht gelingt und gelingen kann, zu beweisen, daß das »Frontsoldatentum an der Werkbank« die Qualität steigert. Von der »unteilbaren Einheit von Kopf, Herz und Hand« ist die Rede, hören Sie folgenden Schwulst, gesprochen vor Technikern, aus dem Mund eines Fachmanns, der nicht weiter kann: »Die Berufsführerschulen müssen die ganze Dynamik der Betriebe ihres Bezirks, das Leben der landsmannschaftlich gebundenen Wirtschaft einatmen und wieder ausatmen.« Ich denke mir, daß es schwer ist, so zu neuen Modellen zu kommen.

Diese Unzulänglichkeit wollte beweisen, daß nur ein guter Nazi ein guter Facharbeiter sein könne. Die Fachschule wird der Nazi bestimmt nur äußerlich verändern. Harte Kritik, beweisbare Notwendigkeit sprechen da ihr Wort. Ein Propellerbruch wegen schlechten Materials ist ein Argument. Aber die Schule der Kinder, der Kleinen, wer protestiert da? Hier haben sie eine Stelle des geringsten Widerstands. Woher die Vorliebe der Diktaturen für die Jugend? Hier die Antwort: Der Ort des geringsten Widerstands. Ich sagte: sie können schon nicht mehr Volk, Nation, Zukunft der Nation ohne Militär- und Kriegsassoziation denken, – und wenn sich das auf die Schule, die Erziehung der Kinder wirft, so können wir allerhand erwarten. Lassen Sie uns sehen, wie es da zugeht. Vor uns haben wir einen *»Ratgeber für den Leseunterricht, 5. und 6. Schuljahr«* von *Herzog und Löckel* (Verlag Beltz-Langensalza); es ist das Erläuterungswerk zum deutschen Lesebuch für Volksschulen für das 5. und 6. Schuljahr. Hier können wir gut beobachten, wie sie versuchen zu erreichen, daß die Begriffe »Volk« und »Krieg« bei dem lernenden Kind zusammenfallen, am liebsten so, daß das Kind ganz ausgelöscht wird, und es von der Welt nichts bemerkt als »Leben des Volkes«, welches kriegerisches, patriotisches, rassistisches Leben ist.

Wir sahen den Blick des erwachsenen Ingenieurs Borst stier auf den »totalen Krieg« gerichtet: »Der totale Krieg fordert engste Fühlungnahme seiner Wehrverbände untereinander, und ich verstehe unter diesen Wehrverbänden nicht allein die aktiven der Wehrmacht, sondern auch alle berufsbildenden Schulen, heißen sie nun Berufsschulen, Fachschulen oder Hochschulen.« Aus dem »Ratgeber« erfahren wir, wie man die Jugend zu solchen Ansichten führt.

Von den etwa 120 Lesestücken ist etwa die Hälfte dem Stoffkreis: »Du und Dein Volk« gewidmet, die andere Hälfte wird aufgeteilt unter »Du und die Deinen« und »Du und Dein Land«. Wenn Sie aber meinen, daß man wenigstens in den beiden letzten Teilen das Kind vom Zwangspatriotismus und der befohlenen Begeisterung für das momentane Staatsideal befreit, und endlich mit der grellen bengalischen Beleuchtung aufhört, so irren Sie. Auch hier schmuggelt man ein, was man kann; große Teile der Kindesseele bleiben so im Finstern, ungepflegt, unbeachtet. Monomanisch wird gedrillt. Es finden sich im Autorenverzeichnis vorzügliche Namen. Sie sind nicht in größerer Zahl und dienen, wie die gelegentlichen Mitarbeiter bei radikalen Verbänden und Zeitschriften, nur als Schlepper und Wandschirme für die »eigentlichen« Autoren, welche Nichtse sind. Wie anderswo fehlt Goethe völlig. Von Schiller ein uncharakteristisches »Morgenlied«. Aber sogar dies fromme Stück wird dem Kind nicht so einfach geschenkt; es soll »die aufbrechende Schönheit und Kraft der ersten Morgenstunden nacherleben, das aufsteigende Sonnenrad ist ja für den nordischen Menschen das Sinnbild der sieghaft ansteigenden Kraft, das Hakenkreuz in der Reichsflagge bringt dies zum Ausdruck«. Soweit – Schiller.

Man beachte den Jargon dieser Zitate. Es ist darin der Lärm der Demonstrationen, der Lautsprecher; das trägt man, zu Bildungszwecken, in die Schule. Weil man hier aus den Übertreibungen nicht herauskommt (die Angst im Diktaturstaat, zu wenig zu posaunen; die Furcht, in der Verhimmlung nachzustehen), wird man monoton und verscherzt sich die Wirkung. Der Fluch der Übertreibung; man wird langweilig. Und nun ein anderes Kapitel. Wie steht es mit dem Stil? In diesem Deutschbuch scheut man nicht vor groben stilistischen Fehlern zurück. Zum Beispiel, man bringt als Motto folgendes Wort: »Keine Zeit kann sich herausnehmen, von der Verpflichtung der Kunstpflege entbunden zu sein«. (!) Es gibt im Text öfter solche verunglückten Gebilde. Das Buch, ein Ratgeber für den Leseunterricht, sollte nicht lässig und unaufmerksam geschrieben sein! Ein Gedicht wird einmal mit einem goetheschen verglichen; da heißt es: »Unbewußt lag dem

Dichter wohl der Grundschritt des Goetheschen Gedichtes ›Ein Gleiches‹ zugrunde.« Dem Dichter lag der Grundschritt zugrunde! Man analysiert ein andermal Worte, so Herberge; dann heißt es: »Im Anschluß daran erwächst die Wortfamilie bergen.« Konfusion; gemeint ist: im Anschluß nennen wir; in der Nähe befindet sich; »erwächst« ist überhaupt unmöglich. Grober Unfug sind folgende Sätze: »Der Deutsche liebt es, die Dinge zweipolig zu betrachten. So verschieden, ja geradezu entgegengesetzt uns im einzelnen die Pole erscheinen, sie ergänzen sich wie Mann und Frau in der idealen Ehe meist zu einer höheren Einheit.« Pole »erscheinen uns im einzelnen geradezu entgegengesetzt«! Man traut seinen Augen nicht; solche Schluderei zu drucken und in ein Unterrichtsbuch zu setzen! – Das Holen der Fahne etc. werden »feierliche Augenblicke« genannt, »die durch die Ehrenbezeugung der Truppe deutlich herausgehoben werden«. Wieder mehreres zusammengeflossen; Augenblicke »herausheben« woraus? Augenblicke können hervortreten, eine Weihe erhalten. »Deutlich« ist ganz überflüssig. »– damit unsere Kinder die großen Gefahren wenigstens ahnen, die von jenen internationalen, verjudeten Elementen als kraftlähmendes Gift heraufbeschworen worden sind und so die Wendung des Krieges herbeiführten«. Völliges Kauderwelsch. Gefahren werden als Gift herauf beschworen! »Kraftlähmend«, lähmend ist eben »kraft«-mindernd.

Sachlich hat man es dann natürlich mit dem vulgärsten Antisemitismus zu tun, gerade daß man mit der Pornographie nach fränkischem Muster zurückhält. – Dann der greuliche Byzantinismus; er ist um einige Nuancen verschieden von dem der wilhelminischen Epoche. Er ist zum großen Teil Angstprodukt und gehört zum Peinlichsten, Würdelosesten an den Diktaturen. – Drollig, wie man zwischendurch den Kindern klarmachen will, warum der Führer nicht einmal wieder geht, wie früher die »Herzoge«, deren Stelle er angeblich jetzt einnimmt. Man lehrt: »Aber nicht wie ehedem kann er wieder zurückkehren in die Reihe seiner

Volksgenossen, denn das Leben der Nation wird immer Notzeit sein, solange fremde Gier das Lebensrecht des Vaters beschneiden will.« Es gibt ein ärgerliches Lesestück, das zum Franzosenhaß animiert (»Sigmair«); der »Ratgeber« führt dabei aus: »Ist diese Gesinnung des französischen Generals von der des jüdischen Talmud, wonach die anderen Menschen nur als Tiere zu betrachten sind, allzuweit entfernt?«

Es steckt trotz allem Arbeit und Bemühung in dem Buch; manchmal, wenn die Autoren sich von der landesüblichen Paranoia entfernen, zeigen sie sich als kluge und geschickte Leute. Was sagen wir nun zu den Methoden, welche Chance geben wir ihnen? Man soll das Trübe und Fatale daran nicht unterschätzen. Man soll sich aber auch durch Bücher dieser Art nicht täuschen lassen. Sie richten gewaltigen Schaden an, aber ich halte daran fest, daß gute und starke alte Traditionen, wie in Deutschland überhaupt, so in der deutschen Schule leben. Ich glaube an keinen Weltuntergang.

Das Rote Kreuz

Wir leben in der famosen Zeit der Totalität, es herrscht schönes Wetter für alle Art Amokläufer. Fühlbar rückt einem, auch in demokratisch genannten Gesellschaften, der Staat auf den Leib und fordert. Es waren aber auch Zeiten, wo er etwas gab. Ich möchte von einer solchen berichten, sie liegt noch nicht lange zurück. Da war einem nicht nur meilenfern der Gedanke, zivile Städte zu bombardieren, sondern man sorgte sich sogar international um die Soldaten selbst, um ihr Schicksal während des Kampfes, wenn sie verwundet wurden. Ich gestehe, es war ein selbstsüchtiges Interesse bei dem und jenem dabei, aber es wurde möglich. Es entstand einmal das »Rote Kreuz«.

Wenn man fragt: was vernichtete das selbstverständliche und angeborene Gefühl des Menschen für den anderen, der wehr- und hilflos ist, so bietet sich für den, der historisch blickt, die Antwort, etwa für die Spanne von 1860 (wo das »Rote Kreuz« wuchs) bis zu heute, leicht an: inzwischen ist die Technik und Industrie gewachsen, die militärischen Herrscher der Staaten haben sich der neuen Möglichkeiten bemächtigt, und so bemächtigt, daß von Technik und Industrie für die zivile Welt und ihr Empfinden zwar unzweifelhaft etwas übrigblieb (einschließlich einer fürchterlichen Steigerung des Klassenkampfes), der Hauptanteil aber fiel an den »Staat«. Was Technik und Industrie aus dem »Staat« gemacht haben, übersteigt weit das, was sie aus der zivilen, von ihnen beherrschten Welt gemacht haben. Die Staaten (oder was sich sonst so nennt und sich hinter diesem dunklen Ausdruck, der sich politisch und geographisch gibt, verbirgt) haben durch die jetzt möglich gewordene enorme Zentralisation die Macht bekommen, ihre Gebiete mit ihrem Willen zu durchädern und bis in die Zelle des privaten Menschentums einzudringen. Wenn man einmal eine Geschichte der verschiedenen Formen der »Beherrschung«, der menschlichen Umformung, gehend bis zur Versklavung, schreiben wird, wo wird man unsere Epoche unterbringen? Einmal rettete man sich, zur Zeit des jungen Christentums, vor der erstickenden Totalität des Römertums in die Religion, in den Himmel, zu Gott, – welchen Ausweg sucht man jetzt, wird man nicht einen finden müssen?

Werfen wir einen Blick auf den Anfang des heutigen Übels, es wird uns nicht helfen, aber belehren und vielleicht trösten, aus zwei Gründen: wir werden erstens erkennen, daß so schwierig, so eisig, wie jetzt, die menschliche Gesellschaft – auch so dumm – nicht immer war, und zweitens: ich werde Sie zu dem Jahr 1850 (ungefähr) führen, und schon aus der Jahreszahl werden Sie erkennen, daß dieser scheußliche »Siegeslauf« von Industrie, Technik mit der dazu gehörigen Staatenallmacht kaum ein Jahrhundert dauert, und wir können hoffen, daß, was so wild wuchert, auch sein Ende finden wird (worauf man es einscharren und jeden erdenklichen Fluch darüber aussprechen wird).

Um 1850 also sammelte sich um einen reichen und frommen Genfer Bürgerssohn von calvinistisch-protestantischem Ernst, namens *Dunant,* eine Anzahl junger Leute, die zusammen von neuer Verbreitung und Vertiefung des Christentums, besonders aber, wie es sich für Calvinisten gehört, von christlicher Praxis schwärmten. Dunant selber, Anfang zwanzig, war scheu, kein Redner, aber überzeugend und wirksam unter vier Augen. Eine Blüte dieser so wahren und fruchtbaren Schwärmerei auf den Bergen und am Genfer See wurde der »Christliche Verein junger Männer«, den Max Perrot, Dunants Freund, gründete. Es wäre aber aus diesem Dunant, dem reichen Bürgerssohn, so wenig etwas geworden wie aus dem indischen Königssohn, der später Gautama Buddha hieß, ohne die drei erschrecklichen erweckenden Erlebnisse des Todes, des Alters, der Krankheit. Kurzum: Dunant wurde in dieser jugendlich treibenden Epoche mit ihren ungeheuer nebelhaften Perspektiven zunächst einmal Spekulant, Bankier. Ein ehrenhafter natürlich. Aber mit der Phantasie eines großen Bankiers. Und er legte sich auf irgendwelche nordafrikanischen Mühlen fest, die zu erschließen waren. In dieser Angelegenheit reiste er.

Darf ich meinen Bericht einen Moment unterbrechen? Ich berichte an Hand von *Martin Gumperts* Buch *»Dunant«*, das der Bermann-Fischer Verlag herausgibt, welchen Verlag wir nunmehr, nach Berlin und Wien, in Stockholm finden. In Gumperts Buch begegnet man einer kleinen Bemerkung gleich am Anfang, die ich den Lesern dieser Notizen nicht unterschlagen will. Wußten Sie, daß Voltaire, der Vorkämpfer der späteren »Menschenrechte«, der Wegbahner der fragwürdigen Revolution, mit einer Aktie von 5000 Francs an – einem Sklavenschiff beteiligt war?

Und da fuhr nun unser Dunant, der Bankier, mit seinem »Millionenprojekt« (die »Mühlen von Mont-Djémila«, ein Stoff für Dramatiker, später) durch die Welt, war auf der Jagd nach Interessenten. Er wollte und mußte an den französischen Kaiser Napoleon III. heran, an die höchsten Kreise, er verfaßte und druckte schon zu diesem Zweck ein Buch, das den Neid sämtlicher Diktatoren Europas erwecken müßte, Titel, hören Sie zu: »Das wiederhergestellte Kaiserreich Karls des Großen oder: das Heilige Römische Reich, erneuert durch seine Majestät den Kaiser Napoleon III.«, alles wegen der Mühlen in Algier! Aber der Mensch denkt (und reist und druckt) und Gott lenkt. Auf der Suche nach dem Marschall Mac Mahon muß Dunant nach Italien und – auf das Schlachtfeld von Solferino kommen.

Und damit begann und endete sein Leben. Es hatte den Sinn, die Grauen, die Scheußlichkeiten, die Verzweiflung eines wirklichen Schlachtfeldes, eines Menschenschlachthofes zu sehen, davon anderen zu berichten und sie anzuregen, – nicht: vom Krieg zu lassen (so weit ging Dunant nicht, er dachte direkt an das, was er sah, Bertha von Suttner kam später, ja liebe Freunde, es gab auch Bertha von Suttner, wer erinnert sich »Die Waffen nieder!«), sondern: den armen, hilflosen Verwundeten zu helfen. Hätte ich Platz, so würde ich den erschütternden ersten Brief Dunants vom Schlachtfelde bei Solferino hier hinsetzen, den Brief eines plötzlich Erhellten.

Es kam dann die erschöpfende, aber immer entschlossene Tätigkeit des ehemaligen Bankiers, – dessen Mühlen nun weit hinten in Algier lagen, – die Bildung der ersten Gruppe in Genf (Bildung um Dunant? Nein, um die Wahrheit, – die Notwendigkeit), die weitausgreifende Agitation bis zur Versammlung 1864, staatenbeschickt, welche die »Genfer Konvention«, das Rote Kreuz, beschloß.

Darauf lebte er noch lange, machte als Bankier leichtfertig, ja es hieß: betrügerisch, Bankrott, er verscholl, lebte und starb in einem Schweizer Armenhaus im Kanton Appenzell, 82 Jahre alt. Sein Testament, das Testament eines Verbitterten, Verzweifelten, begann mit den Worten:

»Ich wünsche zu Grabe getragen zu werden wie ein Hund.«

Der Friede von morgen

Vor mir auf dem Tisch liegen ein paar Centimesstücke; es gab eine Zeit – sie ist noch nicht weit zurück – wo sie einen Wert hatten. Heute sagt das Radio an: der Finanzminister wird am Abend sprechen. Das bedeutet neue Steuern, weitere Verteuerung des Lebens; es sollen in Rücksicht auf die steigenden militärischen Ausgaben wieder Abstriche an anderen Etatsposten erfolgen.

So geht es: ein Land rüstet auf, rüstet auf ohne Ende, es kann es sich leisten, denn es hält die Löhne in der Hand, es ist ein geschlossenes Diktaturgebiet, die Arbeiter werden kommandiert, Volksbildung, sozialer Fortschritt ist über Bord geworfen. Aber das bleibt nicht Privatsache des Diktaturlandes, das nur scheinbar abgeschlossen ist. Die Nachbarländer fühlen sich bedroht, sie müssen aufrüsten und nun muß sich auch bei ihnen der Spiegel von allem senken, was sie als Gewinn und Vorzug gebucht hatten.

Da sage noch einer, es gibt Nationen, und einen festen Staat zu besitzen ist das Schönste und Wichtigste von allem. Und da sage noch einer, man müsse als obersten Grundsatz in der politischen Welt das »Eigenleben«, das unbehinderte Eigenleben des einzelnen Staates anerkennen, man müsse jeden Eingriff eines anderen Staates in dieses Eigenleben verhindern als einen Gipfel des Unrechts. Als ob es solch unbehindertes »Eigenleben« gäbe! Als ob nicht jedes wichtige politische und kulturelle Geschehen in einem Lande schwere und leichtere Folgen für alle anderen Länder hat. Als ob nicht ein Zweites zu diesem selbstverständlichen, freien und eigentümlichen Wachstum eines Volkes hinzukommen muß: die Abstimmung auf das Wachstum und die Art der Nachbarvölker.

Es ist ein großes Unglück, daß nach 1918, als alles im Fluß, als alles möglich war, nicht eine Abstimmung der europäischen Völker auf einander vorgenommen wurde (wenn schon die große

Abstimmung mit Einschluß des anderen Kontinents nicht gelang).

Man hatte den Ansatz einer Richtigkeit, die Freiheit und Selbstverfügung jeden Volkes, in der Hand. Aber das ist nur eine einzelne und oft trügerische, zumindest schwankende Richtigkeit. Die größere Richtigkeit wäre gewesen und sie bleibt die (hoffentlich friedliche) Aufgabe der Zukunft: erst die Ganzheit, die organische Zusammengehörigkeit, die eine geographische, gesellschaftliche, wirtschaftliche und kulturelle ist, zu erkennen und an die Spitze aller Dispositionen zu stellen.

Möge jeder, der sich einbildet, er könne bei einem neuen Krieg gewinnen, auf das Ergebnis des letzten blicken, möge er gewarnt sein! In der Tat ist der letzte Krieg nur abgebrochen worden, das wirkliche Kriegsende nach dem endlich erreichten Waffenstillstand steht noch bevor: der Friedenschluß, die Organisation Europas.

Krieg ist blödsinnige Schwerkraft. Sturz eines wackligen Felsblockes unter Mitreißen eines halben Gebirges. Krieg ist absolut keine Kraft, sondern Schwäche, Faulheit, physische Nachgiebigkeit, bloße Hingerissenheit, Ohnmacht gegenüber einem stupiden Naturphänomen. Solche Naturphänomene zu bezwingen und niederzuwerfen, *darin* hat bis zum heutigen Tage die ganze Entwicklung und Erhaltung der prometheischen Gestalt des Menschen bestanden.

Man soll (in Parteien und Meinungen über Nebensächliches zersplittert) uns nicht auf eine Stufe werfen und werfen lassen, wo der wilde, bestialische Impuls, das wüste Titanentum alles und der stete Menschenwille nichts ist.

Leicht gesagt und geschrieben ist das, leicht auch akzeptiert, unglaublich schwer, auch nur eine Kleinigkeit davon zu verwirklichen. Warum? Weil der Trieb und das Dämonentum schon im einzelnen Menschen, und nun gar in den Massen eine so ungeheure Gewalt hat. Aber auch die Vernunft und die Erkenntnis sind allverbreitet. Es gelang dem Sänger Orpheus, in die verschlossene Unterwelt einzudringen, den Höllenhund zu besänftigen und zu der zu finden, die er liebte. Es ist ein Beispiel für alle menschliche Bemühung: sie ist ungeheuer schwer, mit Gefahren verbunden, – aber durch alle Gefahren hindurch, über allen gräßlichen Widerstand hinweg findet sie ihren Weg, wird sie ihn finden, was auch der Augenblick dagegen sagt, muß sie ihn finden.

Ich weiß dies, weil ich weiß, daß diese Welt von keinem Dämon, sondern von Gott geschaffen ist.

Zu Rauschnings Buch

Die Gespräche Rauschnings mit Hitler erscheinen völlig authentisch. Der Stil der hitlerischen Suada stimmt mit seiner sonstigen gesprochenen und geschriebenen gut überein, sowohl Ton wie Inhalt decken sich ungefähr mit dem, was man kennt, ein störendes Arrangement scheint nicht vorgenommen zu sein. R. ist schriftstellerisch gewandt, sein Stil müßte eigentlich literarisch [genannt werden], seine Betrachtungen bleiben die eines diskutierenden, allgemein gebildeten Politikers vielleicht bis auf den Schluß des Buches, wo er einen Hitlertraum fingiert, der etwas kitschig anmutet.

R. gibt im Ganzen eine Reihe von Photographien Hitlers, die, das muß unumwunden zugestanden werden, an Realistik und Eindringlichkeit die bisher bekannten Hitlers übertreffen. Das liegt einmal an der Nähe der Beobachtung, der Einstellung, und dann an der großen Empfindlichkeit der Platte, das heißt Rauschnings. In der Tat hat R. schon in seinem ersten Buch »Nihilismus« gezeigt, daß er, ohne sich mit dem Nazismus zu identifizieren, einige Affinitäten zu ihm besitzt, die ihm ein besonders gutes Verständnis erlauben. Er setzt sich dann aber genügend deutlich von H. ab. Er gibt einmal charakterologische Bilder, von der Person Hitlers und von seinen Zuständen, und zweitens ein Bild von Hitlers Gedanken und politischen Plänen.

Die psychopathologische Person Hitlers tritt besonders deutlich hervor. Die Verbindung eines krankhaften Seelenlebens mit einer üppigen Phantasie und einem sehr scharfen Verstand ist keine Neuigkeit. Hitler scheint ein Desequilibré zu sein mit reichlich hysterischen Symptomen. Für die Allgemeinheit wichtiger sind natürlich die Gedankengänge, die R. als hitlerische reproduziert. Man fragt sich: Sind das wirklich echte Gedanken, feste Pläne Hitlers, oder sind das nicht einfach rednerische Ergüsse, Phantasmen, die er einem unsicheren Besucher aus Danzig vorsetzt, dem er imponieren will. R. stellt sich selber an einer Stelle die Frage und hält es für möglich, daß H. einem Besucher nach ihm etwas ganz anderes, vielleicht das Entgegengesetzte erzählt. Man hat in der Tat bei H., sowohl bei seinen Gedanken wie den politischen Plänen, Flottierendes und Stabiles zu unterscheiden. Aber sogar in dem Fall, daß es sich hier jedenfalls zu einem Teil nur um spielende Spekulationen handelt, wie sie einem Rede- und Phantasiewütigen zuströmen, bleiben sie symptomatisch für die Geistesart Hitlers. Sie können aber nicht einfach als Großflunkereien aufgefaßt werden, weil sie allemal einen gewissen Kern durchscheinen lassen. Es werden auch gewisse Gedankenreihen von Anhängern aufgenommen und realisiert, Manches ist bei Hitler bloß hängengeblieben aus einer Lektüre, aus einem früheren Gespräch, und da ist von Fall zu Fall zu unterscheiden, was stabileren und was nur Gelegenheitscharakter hat. Unter allen Umständen muß man das Ganze der Rauschningschen Berichte von diesen Erzählungen als Enthüllung ansehen. Das R.sche Buch zeigt gewissermaßen in statu nascendi, was heute in Europa von H. der Welt vorgesetzt wird, es zeigt die Speise, an der Europa zu kauen hat, in der Küche und im Topf, wir bekommen die Details der Herstellung, die Rohprodukte, auch die Hitze und den Dampf der Küche zu spüren.

Halten wir im Folgenden auseinander: 1. die politischen Pläne Hitlers, 2. die Mitteilungen über seine Methoden, 3. das theoretisch-mystische Gedankengut, das den Hintergrund bildet.

Um mit dem Letzten anzufangen: Dieses theoretisch mystische Gedankengut, Hitlers schwarze und weiße Magie, wozu die Rasselehre und der Antisemitismus gehören, hängt offenbar aufs Engste mit H.s Psychopathologie zusammen. Die Seiten, in denen R. die Äußerungen über den ewigen Juden, die Arier, über den Propheten Richard Wagner vorbringt, zeigen das überzeugend. Dies sind echte, bodenständige Wurzelprodukte bei H. Sicher stecken auch starke persönliche Erlebnisse dahinter, wie R. vermutet, primitive Haß- und Rachegefühle. Aber solche Erlebnisse bilden ja nur den Kern, um den herum eine primitive Seele ihre Produkte ablagert. Der Jude ist, wie R. richtig bemerkt und wie auch aus Reden von H. hervorgeht, für H. ein Weltprinzip, das schlechthin Böse und dazu sein Feind. Es handelt sich um eine Judenbesessenheit Hitlers. Es ist eine medizinische Kategorie, aber es wird durch den Träger dieser Kategorie eine allgemein politische. Einmal, Seite 279, antwortet H. mit größter Erkenntnis der Sachlage: »Wenn der Jude vernichtet wäre, müßte man ihn erfinden, denn der Jude sitzt in uns, und man braucht einen sichtbaren Feind.« Das ist ein aufschlußreiches Wort: Die Judenbekämpfung wird eine Funktion der Selbstreinigung. Sofort aber lagert sich dieser Judenkomplex politisch um: Zwischen uns beiden wird der Kampf um die Weltherrschaft ausgefochten werden, zwischen Deutschen und Juden. Hinter England steht Israel, hinter Frankreich, hinter den U.S.A. Seite 280: »Ich habe mit einer wahren Erschütterung die Protokolle der Weisen von Zion gelesen, ich habe mich bis in die Details von ihnen anregen lassen.« Er resümiert später seine Auffassungen, die klar seinen Satanskomplex demonstrieren. Es kann nicht zwei auserwählte Völker geben. Wir Deutschen sind das Volk Gottes. Zwei Welten stehen einander gegenüber, der Gottesmensch und der Satansmensch. Der Jude ist der Antimensch, das Geschöpfeines anderen Gottes.« Und hier fügt R. hinzu: »Hitler wollte noch etwas sagen. Aber es war, als versagte ihm in der Fülle der ihn überstürzenden Gesichte die Sprache, sein Gesicht war krampfhaft verzerrt, er knackte in der Erregung mit den Fingern. Hier lernen wir nie aus, stammelte er noch.« Wir haben da Gedankengänge, die unkorrigierbar sind, starken Affektcharakter tragen und echt paranoischen sehr nahestehen.

Neben den Weisen von Zion nennt Hitler gleich als Quelle seiner Erkenntnis Richard Wagner, mit einem charakteristischen Zusatz: er sei durch Zufall oder Schickung früh auf ihn gestoßen. Der affektive Charakter seines Zusammenhangs mit Wagner wird durch die Wendung unterstrichen: Wagner ist die größte Prophetengestalt, die das deutsche Volk besessen hat. Und Hitlers Deutung des Parsifals Seite 270 bezieht auch dieses Drama in den Komplex seiner wahnhaften Ideen ein. Hinter dieser christlich aufgeputzten Fabel versteckt sich nach Hitler ein tiefsinniges Drama. Nicht die christlich schopenhauerische Mitleidslehre wird verherrlicht, sondern es dreht sich um das verdorbene Blut. Der König leidet an einem unheilbaren Siechtum, das verdorbene Blut ist nicht zu heilen. Wir alle leiden an dem Siechtum des gemischten verdorbenen Bluts.

Die damit verbundene Rasselehre stellt schon einen erheblichen Schritt weg von diesem wüsten primitiven Boden dar. Mit ihr hat sich Hitler sehr von dem finstern Ausgangspunkt entfernt. Sie bedeutet gewissermaßen auch für ihn selber eine gewisse Überwindung und Selbstablösung. Sie hat dazu den Vorteil, daß sie den Politiker in ihm zu Direktiven anregt. Wie wir ja überhaupt dauernd unterscheiden müssen den dämonisch besessenen Hitler und den Politiker. Selbstverständlich gehört ein Tierzüchter zu seiner Umgebung, Darré. Übrigens ist auch R. Landwirt und Hitler redet gelegentlich zu ihm von Fachdingen. Hitler projiziert seine eigene Pathologie vermittels der Rasselehre auf die gesamte moderne Zivilisation. Er gelangt damit zu einer politischen Praxis und zwar zu seiner speziellen. Darré beabsichtigt

Herd- und Stutbücher für eine planmäßig zu erzüchtende Herrenrasse nach den Grundsätzen von Züchtervereinigungen. Dies wird direkt ausgesprochen, in Gegenwart Hitlers. Man wird zugeben, daß in dem Stadium wie sich die Ideen mystisch, dämonisch, als Satansglaube bei H. finden, sie einen gewissen, wenn auch nicht grade originellen Charakter haben, es ist ein ernstes, wenn auch krankhaftes Niveau. Bei Darré aber, mit seinen Herd- und Stutbüchern, wo es nun sachlich hergeht und man in die Praxis tritt, wird es burlesk. Die Ideen werden offenbar durch diese Praxis sofort dumm, albern und lächerlich, man sieht sofort: die Sache wird verwässert. Darré will wirklich und aufrichtig den reinen Typ des nordischen Deutschen züchten und zwar nach Viehmethoden durch Verdrängungskreuzungen. Er prahlt: Der neue deutsche Adel wird eine Hochzucht im buchstäblichen Sinne des Wortes sein, Seite 39. Die Höhe der natürlich nicht bemerkten Komik wird erreicht [wenn Darré], der nach R. bei Hitler größtes Verständnis fand – er konkretisiert ja Hitlersche Gedanken – erklärt, für seine Kreuzungen bei Menschen müsse man die Instinkte durch rationale Maßnahmen ersetzen. Wir befinden uns da bei einem Thema, das Frank Wedekind vorausgesehen und in seinem Minehaha angemessen behandelt hat. Es ist aber von hier, von Darrés Menschenställen, die er Adelshöfe nennt, bis zu Hitlers Ostraumpolitik nur ein Schritt. Denn diese künftige Ostpolitik soll, Seite 40, als Grundlage einer neuen antiliberalistischen Bevölkerungspolitik dienen. Da soll auch die slavische Fruchtbarkeit gebrochen werden und H. spricht selbst von einer dort beabsichtigten planmäßigen Entvölkerungspolitik, Tschechen und Böhmen will er nach Sibirien und Wolhynien verpflanzen.

Wenn man versteht, auf welcher tiefen Wurzel bei Hitler der Gegensatz Jude Arier sitzt und wozu der Jude geworden ist, wird man auch verstehen, wozu gleichzeitig der Arier wird und was Hitler mit ihm vorhat, ja vorhaben muß. Er äußert sich: »Nie werde ich einem andern Volk das gleiche Recht wie dem deutschen zuerkennen. Das deutsche Volk ist berufen, die neue Herrschaft der Welt zu geben.« Daß ihm dieses besonders wichtig und bewußt ist und aus welcher Tiefe es kommt, beweist die anschließende, fast biblische Wendung: »Wer sich zu mir bekennt ist berufen durch das Bekenntnis.«

Dies sind also unkorrigierbare und mythisch übersteigerte Ideen bei Hitler. Hitler kann, was die Judenvorstellung anlangt, ohne weiteres eine mögliche Fälschung der Protokolle der Weisen von Zion zugeben, aber – hier kommt die erleuchtende Bemerkung – ihnen wohnt dennoch die innere Wahrheit inne.

Man muß nicht vergessen, daß andere, nicht nur in Deutschland, ähnliche Gedankengänge entwickelt haben. Sie bilden so ungefähr das Gerippe des sogenannten theoretischen Antisemitismus. Wodurch ist Hitler den früheren Antisemitenführern voraus? Die Idee von einer arischen Rasse, die zu großen Dingen berufen ist, ist auch vorbereitet. Würde Hitler mit irgendwelchen Wahnvorstellungen über die Deutschen fallen, so würden sie ihn einsperren. Aber er ist durch seine Persönlichkeit, genauer gesagt, seine pathologische Natur, in der Lage, eine Idee zu formulieren und zu zementieren, so daß sie nicht nur für ihn, sondern auch für andere, zu einer Affektidee, einer überwertigen Idee wird. Er spricht aus, was lange vor ihm in Deutschland gang und gäbe war, jedoch nicht so verbreitet und nicht so geformt. Und so wird er wirklich Verkünder dieser Ideen, und, weil er zugleich ein politischer Mensch ist, Vollstrecker. Das Rauschningbuch zeigt, wie sogar der Autor geblendet wird von den Ideen Hitlers, der nämlich ausspricht, was sehr viele noch nicht denken konnten. H. deckt, das ist das Entscheidende, den deutschen Zustand auf. Nach dem Verfall des Christentums, nachdem der progressive Protestantismus sein Werk bis zum letzten Akt getan hat, kommt es in Deutschland logischerweise zu den Sätzen Hitlers: »Eine deutsche Kirche und deutsches Christentum ist Krampf.« (Hier also eine Erledigung sogar Luthers.) Die Priester werden anstatt des Blutes ihres bisherigen Erlösers das reine Blut unseres Volkes celebrieren, sie werden die heilige Ackerfrucht als Symbol der

Volksgemeinschaft essen. Das Buch R.s zeigt, daß man bei Hitler zweifellos von dem einzigartigen Beispiel eines pathologischen Menschen sprechen kann, dem seine pathologischen Ideen ein gewisses Übergewicht über seine Umgebung verschaffen. Zwei Dinge aber haben bewirkt, daß im Falle Hitlers dieses Übergewicht enorm wurde und das Ausmaß annahm, das wir kennen: 1. Die militärische Niederlage von 1918 und der damit verbundene politische Sturz Deutschlands und 2. die freigewordene Mystik, die sich an keine Religionen mehr band. Das Resultat wurde die Machterkrankung Deutschlands.

Deutschland hatte bis zum Krieg als Religionsersatz 2 Objekte: Für die Oberklasse und die Großbürger den kaiserlichen Imperialismus, für die Kleinbürger und Arbeiter den Sozialismus. Das erste Objekt, der kaiserliche Imperialismus wurde durch die Niederlage von 1918 zerstört. Das 2. Objekt verlor an Bedeutung durch das Versagen der sozialistischen Parteien in der Republik. Hitler wurde bekanntlich Erbe bezw. Leichenfledderer beider. Dies wurde möglich dadurch, daß zur Behebung des nun eintretenden Krankheitszustandes der pathologische Mensch besonders befähigt war. Schon unabhängig von Hitler haben Imperialismus und Sozialismus in der Literatur eine mystische Vermählung vorgenommen. Hitlers Leistung ist, die vollzogene Vermählung anzuzeigen, zu verkündigen. Er gelangt durch die Aktion dann, schon jetzt, zu einer gewissen Überwindung des Krankheitszustandes.

Über die Methoden kann man kurz sein. Hitler gibt selbst an, sie vom Bolschewismus und von Macchiavelli übernommen zu haben. Sehr aufschlußreich sind seine Bemerkungen über Massenbehandlung. Hier ist er Fachmann. Das Instinktmäßige ist sein Gebiet. Es wird übrigens dabei auch klar, daß es sich bei seinem Buch »Mein Kampf«, wie bei jeder seiner Äußerungen, nur um ein taktisches Manöver handelt.

Schließlich das, was für die Allgemeinheit, die Politik und den Krieg das eigentlich Wichtige ist: seine Ziele, seine Pläne. Hier ist von einem Schwanken nur im Nebensächlichen etwas zu bemerken. Unverrückbar bleibt das Ziel – das germanische Großreich. Das heutige Großdeutschland zeigt nur ungefähr an, was gemeint ist. Konform der Grundauffassung Hitlers, den Rasseideen, soll ein deutscher Staatskern gebildet werden, um den eine Reihe anderer Staaten lagern. Es sind Helotenstaaten. Wie übrigens auch der großdeutsche Kern selber, das heißt, die arischen Deutschen selber auf antike Art hierarchisch gegliedert werden sollen. An der Spitze stehen die eigentlichen Führer, darunter die Mittelklasse der Parteimitglieder, schließlich das anonyme Volk, dem er gelegentlich die Wohltat des Analphabetentums zukommen lassen will. Diese Details freilich haben reichlich phantastischen Charakter, sie gehören mit Recht zu einer Geheimlehre. Über die Ausdehnung des geplanten, weltgebietenden Großreiches erfahren wir Verschiedenes. Einmal soll es bis zum Ural gehen, die Ukraine soll dazugehören, auch die nordischen Staaten gehören zu Deutschland ebenso wie Belgien und Holland. Aber es bleibt bei gelegentlichen Äußerungen. Das Fließende der Pläne zeigt Hitler selbst, wenn er den Plan einer neuen Ordnung des jetzigen Reiches nach Gauen ablehnt mit dem Hinweis, dies könne erst geschehen, nachdem man im Osten Polen und die baltischen Staaten, im Westen die holländischen und französischen Gebiete hinzugenommen habe. Woraus man auch ersieht, was es mit der heutigen Benennung Polens als besetztes Gebiet und der Tschechoslowakei auf sich hat. Ihre Einordnung richtet sich eben nach den Gesamtumständen; die Entvölkerungspolitik und Umlagerung der Bevölkerung muß vorgenommen werden und es dürfte, auch von dem Grad der Gefügigkeit oder dem Widerstand der Tschechen abhängen, ob sie als Hilfs- und Sklavenvolk an Ort und Stelle verbleiben dürfen oder gegebenen Falls nicht wirklich als Nation aufgelöst und nach irgend einem Sibirien abgeschoben werden. In kleinerem Rahmen realisiert ja Hitler bereits die ethnische Neugruppierung seines bisherigen Großreiches.

Da dieses Großreich weltbeherrschend sein soll, so werden bereits Projekte entworfen für den Eingriff etwa nach Amerika. Von dem heutigen Regime dort wird gesagt, es liege in den letzten Todeszuckungen. Amerika habe die Ansätze einer großen, auf Sklaverei und Ungleichheit beruhenden neuen Gesellschaftsordnung bei seinen Bürgerkriegen selbst zerstört und damit den Zukunftskeim eines neuen Amerika. Deutschland werde in den U.S.A. seine S. A. haben, die es diesem verrotteten Yankeetum entgegenstellen wird.

Resumé. Abgesehen von einer Zurkenntnisnahme des deutschen Zustandes und des ungefähren Hitlerprogramms ist die Frage der Abwehr das Wichtigste. Für die Friedensziele nach dem Kriege ist wichtig, von der Machterkrankung Deutschlands nach 1918 zu wissen. Bloße Pläne etwa der Verkleinerung Deutschlands oder gar seiner Aufteilung dürften wenig geeignet sein, die Krankheit zu heilen. Die systematische Beseitigung und Ausrottung der Vertreter der imperialistischen Idee ist die negative Aufgabe; sie wird durch eine militärische Niederlage dieser Träger erfüllt. Die positive Aufgabe erscheint viel wichtiger: der Ideenkreis, den man in das Vakuum stellen will. Es hat sich gezeigt, daß der Völkerbund in der alten Form im früheren Deutschland diese Rolle nicht spielen konnte. Es findet sich im Buch ein Wort von Hitler: »Man muß absolut vermeiden, daß die Massen in Apathie fallen.« Es ist hier nicht der Platz positive Ideen, [die] zur Überwindung der möglichen neuen Machterkrankung führen könnten, zu entwickeln.

Für unsere Propaganda nach Deutschland hinein ist zu berücksichtigen, daß man da einzusetzen hat, wo Hitler versagt. Er gibt selbst an, nur zur Masse sprechen zu können. Man hat sich also an den Einzelnen zu halten. Statt des Instinktes ist der Verstand, die Kritik, die er überritten hat, wieder zu beleben. Es bleibt also bei einer unermüdlichen Konfrontierung der wüsten Pläne mit der traurigen Realität, etwa die Rasseverbesserung und die ausgesuchten Trunkenbolde für die Konzentrationslager, auch der

Widerstand der Tschechen u.s.w. Erregung des brachliegenden Sinns für Ironie und Witz. Im Ganzen wäre zu hoffen, daß das Buch gelesen wird (wichtig auch für Italien und Rußland wegen der entlarvenden Bemerkungen Hitlers) und daß die Lektüre den Widerstand der Gegenseite weckt.

(In Deutschland würde die Schrift Hitlers Ansehen wahrhaftig nicht herabsetzen.)

Hinweise und Vorschläge für die Propaganda nach Deutschland hinein

Als Objekte der Propaganda sind zu unterscheiden die Front und das Hinterland.

1. Das Hinterland

Die Hauptangriffsfläche bietet das Hinterland der Propaganda. Es ist nicht durchorganisiert trotz der vielen Einzelorganisationen, es setzt sich zusammen aus den Familien, Einzelpersonen mit ihren vielfachen privaten Interessen, es ist am meisten anfällig, reagiert am stärksten und ist daher der Propaganda bedeutend mehr zugängig als die Front.

Das Hinterland wird durch die feindliche Propaganda einheitlich mit einem bestimmten Bewußtsein ausgestattet. Radio, Zeitungen, Ansprachen dienen dem einen Zweck, das Hinterland moralisch bei Kraft zu erhalten und widerstandsfähig zu machen. Grob dienen dazu die unter Strafe gestellten Verbote für das Anhören des fremden Rundfunks, das Verbreiten unangenehmer Meldungen. Die positive Arbeit aber besteht darin, einheitlich und systematisch ganz bestimmte Vorstellungen über den Gegner zu verbreiten, um damit entsprechende Affekte im Hinterland zu erzeugen. Die Vorstellungen sind nur zeitweise die gleichen, von Zeit zu Zeit werden entsprechend der äußeren politischen Lage andere mehr in den Vordergrund geschoben. Zur Zeit spricht man und prägt ein den Begriff der englisch-französischen Plutokratie, man behauptet einen deutschen Sozialismus, der im Kampf gegen diese Plutokratie stünde, was gut anknüpft an die Haltung, die durch das Bündnis mit Rußland vorgeschrieben ist. Unabhängig davon wird die alte Vorstellung von der Notwendigkeit eines Lebensraums hervorgehoben und eingeprägt, womit man appelliert an das Gefühl national beeinträchtigt zu sein; man identifiziert die private Armut und Beeinträchtigung mit einer angeblich vorliegenden nationalen. Man propagiert ferner, um das Durchhalten zu erleichtern, Meldungen von eigenen enormen Lebensmittelreserven, ferner von einlaufenden russischen Lebensmittelsendungen. Man sucht die eigene Hoffnung im Hinterland zu stärken durch periodische, schon aus dem letzten Krieg bekannte Meldungen von Revolten in Indien, von einer Aufstandsbewegung in Irland. Um das Bewußtsein des Hinterlandes von jeder Ablenkung zu bewahren, wird das Radio überschwemmt von militärischen und natürlich heroischen Kampfberichten. Man identifiziert derart den Nazismus und Deutschland, daß sogar im Musikalischen und Litterarischen das Klassische, das allgemein Bildungsgemäße völlig zurücktritt hinter Marschliedern, Propagandabildern etc. Das so geschaffene Allgemeinbewußtsein des Hinterlandes wird von einem riesigen Apparat, der absolut gleichgestimmt ist und einheitlich dirigiert ist, unaufhörlich neu in der gleichen Weise beeinflußt.

Es ist dabei wichtig zu wissen, an welche Gefühle man glaubt am besten appellieren zu können, das heißt welche Affekte am sichersten einen Widerstandswillen garantieren. Und da ist es interessant festzustellen, daß man mit dem eigentlichen Expansionswillen, also Lebensraum, Platz an der Sonne weniger arbeitet als mit Appellen an die auch sonst vorhandene Moral, eine landesübliche Moral, die nichts Besonders hat. Z. B. war der Fall des Handelsschiffes Altmark dadurch ergiebig, daß man hier ein klares Unrecht glaubte demonstrieren zu können und also demonstrierte; man konnte sich nicht genug tun und ist noch jetzt dabei, diesen Fall auszuschlachten, mit der Darstellung der Erschießung von einfachen Matrosen, mit dem Einbruch in fremde Hoheitsgewässer, wobei ein schon stigmatisierter Gegner, also England, als ganz grob heuchlerisch und lügnerisch hingestellt wird. Im Falle der Vertreibungen und Morde in Polen, die den Zweck der systematischen Entnationalisierung Polens und seiner Entvölkerung dienen, ist man genötigt, eine Unzahl von Morden, begangen an Deutschen, zu konstruieren und Gerichtsverfahren einzuleiten.

Diese Propaganda wird autoritativ vorgetragen und rechnet mit dem Suggestivcharakter, der wenigen einzelnen Vorstellungen innewohnt, die oft und von oben her eingeprägt werden. Man kann nach den eingelaufenen Berichten im Hinterland unbedingt eine trübe, bezw. gedrückte Stimmung annehmen. Man kann annehmen, daß auch die offiziellen Stellen von ihr Kenntnis haben. Der deutschen Propaganda erwächst da die Aufgabe, diese Stimmung zu überlagern, sie möglichst zu diffamieren und unter allen Umständen zu verhindern, daß sie ins Allgemeinbewußtsein eintritt. Die trübe Stimmung muß daher Privatangelegenheit von Meckerern bleiben. Man schiebt als Normalbewußtsein daher, wenn auch gegen besseres Wissen, unermüdlich und mit immer neuen Formeln die ablenkenden Vorstellungen in den Vordergrund: die Beeinträchtigung, die man durch England erfährt – England nimmt zunehmend mehr Züge an von dem Bilde, das früher der Bolschewik und der Jude trug – man macht England also gradezu mythisch zum Inbegriff des Bösen, und daneben schiebt man das Vertrauen auf die eigene gute Sache, das Lob des Mutes, der Tapferkeit. Man hält diese Affekte wach durch viele gute Meldungen, von Versenkungen, Fliegersiegen.

Die Stärke dieser Propaganda liegt in ihrer einheitlichen Instrumentierung. Die Schwäche in zwei bis drei Punkten: daß sie bei ihren Husarenritten sich über den doch vorhandenen kritischen Sinn großer Volksschichten hinwegsetzen muß und hinwegsetzt, daß sie [durch] ihre Übertreibungen die Kritik gradezu herausfordert, – daß das Volk faktisch im Stande ist, sich unabhängig an jeder Propaganda im eigenen Lebenskreis ein Urteil über bestimmte Zustände und Verhältnisse zu bilden, – und schließlich bildet auch eine Schwäche dieser Propaganda, daß sie jetzt nicht mehr arbeiten kann wie früher, wo sie einfach Nazis vor sich hatte; jetzt stehen ihr auch Frauen, Familien, überhaupt das ganze Volk, das der Krieg berührt hat, gegenüber, die Propaganda muß also mit ihnen rechnen und muß, wie wir schon bemerkt haben, an eine normale Moral anknüpfen, diese Moral kann sie nicht mehr wie früher mit Naziidealen überdecken, sie muß sich ihr fügen, sucht aus ihr herauszuschlagen was sie kann, wie der Fall der Altmark zeigt, aber da es sich hier nicht um die Nazimoral, sondern um unsere allgemeine Moral handelt, die sich auch drüben als wirksam erweist, so haben wir hier einen wichtigen schwachen Punkt der gegnerischen Propaganda und überhaupt einen schwachen Punkt des Nazisystems vor uns.

2.

Die Gegenpropaganda hat es schwer im heutigen Stadium der Kampfhandlungen an dem deutschen Allgemeinbewußtsein, das in der beschriebenen Weise hergestellt, suggeriert, man könnte sagen fabriziert wird, zu rütteln. Wenn auch der Enthusiasmus drüben [nicht] groß ist – und die Stärke der Propaganda läßt einen Schluß zu auf den Mangel an Enthusiasmus, man verrät sich durch die Übertreibung – so ist es doch ein gewaltiger Schritt von der bloßen passiven Lauheit zu einer wirklichen, sogar passiven Resistenz und nun gar erst zu einem aktiven Entschluß und Vorgehen. Man muß auch konstatieren, daß der Gegner in Deutschland die geistige und moralische Schwerkraft auf seiner

Seite hat: d. h. seine Propaganda geht aus von dem, was anerkannt ist, von Behörden, und wird durch gewaltige Institutionen und Organisationen gestützt. Der Versuch daher, das Allgemeinbewußtsein in Deutschland in seiner Totalität zu verändern, erscheint wenig aussichtsvoll. Und alles, was mit diesem suggestiv geschaffenen Allgemeinbewußtsein zusammenhängt, hat dadurch eine sehr große Kraft, gehört zum Ensemble der nationalen Moral, und ein offener Angriff darauf erzeugt nur Protest, Widerstand und zum mindesten Mißtrauen. Es sieht aus, als wollte man die Nation schwächen.

Wohl aber kann man das Ganze vom Gegner freigelassene Feld beackern, nämlich den kritischen Sinn. So stark ist natürlich die geübte Suggestion nicht und ein so festes Bewußtsein schafft diese Propaganda mit ihren Suggestionen nicht, daß man einem Zustand geistiger Art wie einer wirklichen Hypnose gegenüber wäre. Dieses Bewußtsein, das heute drüben als gültig vorgestellt wird, ist trotz alledem künstlich und ein Zwangsprodukt. Es muß dauernd quasi neuproduziert und neu aufgezogen werden. Denn es entspricht keineswegs der normalen deutschen Bewußtseinslage. Es fällt hier der Gegenpropaganda gewissermaßen eine korrigierende und hygienische Rolle zu. Das Nazibewußtsein, das den Deutschen aufgedrückt wird, läßt auch durch seine Enge und Exklusivität leicht eine Monotonie entstehen. Man besitzt ein zu enges Repertoire. Der Haß und das Glorifizieren und die dauernde Hochspannung versagen schließlich. Das Ganze ist übersteigert, paßt sich mit seinen heroischen Idealen und sonstigen Ausschweifungen den Gewohnheiten des normalen Alltags nicht an, und eine Abnutzung und ein latenter Widerstand werden unvermeidlich. Die Gegenpropaganda hat sich das zunutze zu machen, sie legt das Unnatürliche, Übersteigerte bloß und zieht es ins Lächerliche, – hier ist besonders der Zeichner und Karikaturist am Platze; die Attachierung fähiger Karikaturisten an den Propagandadienst ist daher unumgänglich. Im Ganzen muß unsere Leitlinie sein, den normalen kritischen Sinn wieder anzukurbeln und in dieser Weise die von dem Nazismus und seiner Theaterei zerstörte und aus den Fugen gebrachte normale Person wiederherzustellen. Wir können gewiß sein, dadurch Erhebliches für die Zermürbung der Nazimoral geleistet zu haben. Wir halten also daran fest, daß wir die normalen Individuen aus dem Netz der kollektiven Wahnvorstellungen befreien, in dem der Nazismus sie gefangen hat. Wir wissen ja, daß die Fabrikation solcher kollektiven Wahnvorstellungen die eigentliche Programmarbeit der Nazis ist. Sie haben mit dem Judenfetisch gearbeitet, mit dem Versailler Vertrag, später mit dem Bolschewismus, jetzt mit der Plutokratie der Alliierten, lauter Vorstellungen, denen man leicht den Minderwertigkeitscharakter, das deutsche Minderwertigkeitsgefühl ansieht, zu dessen Überwindung sie dienen. Die Gegenpropaganda darf da nicht zuviel im Einzelnen widerlegen. Glaubensartikel sind nicht widerlegbar. Sie hat nur das vernünftige Individuum wieder auf die Beine zu stellen durch eine systematische Stärkung seines kritischen Sinnes. Da ist es zum Beispiel schon wichtig, daß man naheliegende kritische Dinge überhaupt ausspricht. Man verschafft den Leuten ein Freiheitsgefühl und hilft ihnen, sich selbständig mit ihren Suggestionen zu befassen.

Worin praktisch diese Aussprache besteht, welche Mitteilungen man den unter Suggestion stehenden Leuten bringt, liegt auf der Hand. Es müssen sehr bestimmt naheliegende Fakta sein, Unklarheiten in der offiziellen Propaganda und Widersprüche, an denen er sich stößt, die er aber selbst nicht ganz durchdenkt. Man hat die Aufklärung so zu geben, als gäbe der Einzelne sie sich selbst. Man hat also jede politische Nuance, ja jede eigene Schlußfolgerung zu vermeiden. Der Einzelne, – also Millionen Einzelner – sollen wieder selbst denken lernen. Ihr eingerosteter kritischer Apparat soll wieder in Gang kommen. Ihre Maschine, in der der Sand der Nazisuggestion noch dick liegt, soll trotzdem laufen, so gut sie kann.

Man muß der Kritik grobes und sinnfälliges Material reichen.

Wahrscheinlich ist in sehr vielen Fällen das Bild, die Karikatur des Zeichners bündiger und wirksamer als das Wort. Man kann die Führer, die Bonzen in Einzelbildern, die sehr exakt sein müssen, in Steckbriefen charakterisieren. Man kann aus der örtlichen Umgebung, von einzelnen Landschaften, von den Zuständen und Mißständen in ihnen sprechen. Da der Nazismus eine gänzlich humorlose Angelegenheit ist, stellt man das normale Individuum, das also mit den schlechten Suggestionen fertig werden soll, auch durch allerhand Humoristika, durch unpointierte Satire, her. Grundsätzlich kann man nicht oft genug wiederholen, daß man diskret vorzugehen hat, um kein Mißtrauen aufkommen zu lassen, und daß dicke Pointen die ganze Arbeit zunichte machen können.

Das Allerwichtigste, das die Gegenpropaganda leisten muß, ist die Beibringung von Daten, Vorfällen, die wahr und glaubhaft sind, aber die die Nazipropaganda Grund hat im Dunkeln zu lassen und zu unterschlagen. Die Mitteilung solcher Daten, im Radio oder Trakt, kann nicht kalt und scharf genug erfolgen. Je mehr bloß konstatierenden Charakter die Mitteilung hat, um so mehr Chance hat sie, einen sofortigen Widerstand herauszufordern, und vermag sich also festzusetzen und irgendwann ihre Wirkung zu üben. Also kalte und scharfe Darstellung durch die Gegenpropaganda von Dingen die drüben unbekannt oder halb bekannt sind, und auch solcher Dinge, die drüben im Vordergrund des Interesses stehen. Die Angaben müssen aufs präziseste vorgebracht werden. Beispielsweise die Untaten im Okkupationsgebiet mit genauen zeitlichen und örtlichen Angaben und Angaben der Urheber, Berichte über die Todesurteile mit derselben Präzision, über Sabotageakte. Es ist Sache der speziellen Technik, hier zu entscheiden welche Formeln man wählt, es heißt auch jeweils Phantasie für die besondere Darreichung zu entfalten. Auszunutzen wäre auch das französische Gelb- und das englische Blaubuch, zu Trakten, zu Postkarten, zu Karikaturen, zu knappen Hörspielen.

Durch all dieses wird ein Mißtrauen erweckt und es entsteht eine unsichere Haltung gegenüber dem System, die auch dann von Wert ist, wenn sie nicht gleich das ganze System verwirft.

Wir haben hier von Vorstellungen gesprochen, mit denen man den brachliegenden kritischen Sinn beschäftigt. Wir sind auch im Stande, ohne starken Widerstand zu verfahren, positiv in den Menschen Besorgnis, Angst, Furcht und Schreckvorstellungen zu erzeugen. Dies Gebiet ist besonders zu pflegen. Ein Volk im Krieg ist für Schreckvorstellungen sehr empfänglich, die offizielle Propaganda muß dauernd dagegen arbeiten und die Gegenpropaganda muß arbeiten Panikstimmung zu erzeugen. Jedes Werben, also jede sanfte oder schmeichelnde oder zuredende Belehrung ist fehl am Platze, besonders gegenüber einem so autoritär eingestellten Volk wie dem deutschen. Selbst dann, wenn man mit ihnen »vernünftig« reden will, ihnen also mit Vernunftgründen etwa in Sachen der Kriegsursache kommen will, muß man reserviert und abweisend bleiben. Im Großen Ganzen macht auf sie nur Eindruck, wenn man warnend und drohend spricht. Als Mittel im Übrigen, um Furcht und Besorgnis zu erwecken, sind weiterhin und immer neu variiert Bilder von der kriegerischen Macht der Alliierten und von ihren Reserven nötig. Berichte von Einschränkungen, von irgend welcher Knappheit auf unserer Seite müßten stark zensuriert sein. Man arbeitet in Deutschland enorm mit Reportagen vom Krieg, von Fliegerkämpfen, Ubootattaquen. Es muß dem auch im Radio statt belangloser Nachrichten öfter Entsprechendes entgegengestellt werden.

Wir haben also gezeigt, daß man und wie man eine Demoralisierung vornimmt quasi indirekt, durch die Besetzung des brachliegenden kritischen Sinnes, durch die Erzeugung von Mißtrauen, durch Einschüchterung. Das stark vom Nazismus besetzte Bewußtsein frontal anzurennen, gelingt im Augenblick nicht. Dieses Bewußtsein muß erst von dem Träger selber unterminiert sein. Danach können wir beurteilen, was man zu erwarten hat von Trakten etc., die die Demokratie, die Freiheit, den Rechtsstaat bei uns preisen und den Zwangsstaat drüben diffamieren. Man muß wissen, welche Vorstellungen man drüben nach der unseligen Weimarer Republik mit den Begriffen von Demokratie, Freiheit verbindet, sie sind stark diskreditiert, und Hitler hat das Seinige dazu getan. Man hat es also im Augenblick schwer mit diesen Parolen, und dies hat sich wahrscheinlich sehr erheblich auch jetzt, nach 7 Jahren Hitlerherrschaft, nicht völlig geändert. Immerhin kann man in diesem Zusammenhang Stöße gegen das System vornehmen, indem man gewisse Teile davon berennt, z. B. Korruption, das Bonzenwesen, viele Zwangsmaßnahmen und besonders den Krieg. Es ist nicht unwahrscheinlich, daß unter dem Wirken dieser Umstände sich spontan ein Widerstand gegen das System herausstellt, – besonders im Verlauf eines längeren Krieges – so daß Demokratie, Rechtsstaat, Gewissensfreiheit, der jungen Generation völlig unbekannt, wieder begehrte Dinge werden und der Zwang, die Diktatur als solche empfunden werden. Man darf aber heute allein durch die Präsentation von so bekannten und trübe erfahrenen Dingen wie Demokratie, Rechtsstaat nicht viel erwarten, im Gegenteil, man fordert schlimme Reminiszenzen heraus und riskiert eine höhnisch zufriedene Zurückweisung.

Die gesamte Gegenpropaganda besteht also aus einem solchen aufklärenden Teil und es kommt nun hinzu ein affektiver Teil. Das heißt, eine Anzahl Menschen drüben befinden sich schon im Stadium einer Ablösung von dem System, es gilt nun ihren Widerstand zu steigern und sie auf den Weg einer Initiative, einer Abreaktion ihres Widerstandes zu führen. Für diese hat die Propaganda erstens einmal affektiv zu sein. Sie wünschen und müssen erhalten Schilderungen und Bilder mit höhnischen Angriffen. Wir befinden uns hier in dem schon vorgerückten Stadium einer Demoralisierung, und im weitern Verlauf des Krieges wird dieser Teil dem ersten den Raum bestreiten. Hier erfolgt also eine offene Diffamierung des Systems, Aufreizung. Und das könnte gehn, wenn es im Rahmen der allgemeinen Propaganda möglich wäre, bis zum Aufruf zur direkten Erhebung. Jedoch ist es zur Zeit Zukunftsmusik. Direktiven zu geben, zu sagen was man zu tun hat, – dazu müssen jetzt an Ort und Stelle selber Leute tätig sein, das ist die örtliche Propaganda. Von außen können auch später nur ganz allgemeine Parolen gegeben werden. Von außen kann immerhin auch schon jetzt da im Zusammenhang mit aktiven Zentren Einiges geleistet werden, besonders durch Übergabe von Material.

Die Servierung von Mitteilungen kann mündlich oder gedruckt erfolgen. Es versteht sich von selbst, daß allein die erst neuerdings getroffene Lösung richtig ist: das Radio wird als einzelnes Instrument der allgemeinen Information unterstellt. Es sind dieselben Regeln, die für das Gedruckte und Gesprochene gelten. Das Gesprochene hat in mancher Hinsicht gewisse Vorzüge vor dem Gedruckten, vor allem die Unmittelbarkeit der Begegnung. Es muß freilich auch alles geschehen, damit diese Begegnung eindrucksvoll verläuft. Um belanglose Nachrichten zu hören, wird sich der Hörer drüben kaum in Gefahr begeben. Mitteilungen stehen im Vordergrund, es hat aber keinen Sinn, wenn etwa 12-15mal am Tage nach Deutschland die gleiche Belanglosigkeit herübergesagt wird. Man halte für leere Zeiten Hörbilder und Ähnliches bereit. Man braucht auch nicht immer Politisches zu bringen oder Dinge vom Tage. Man kann gegen das von den Nazis geschaffene Bewußtsein auch vorgehen, indem man Dinge der Kunst und Litteratur, die sie vernachläßigt, Lieder und Gedichte, gut einstudiert am Radio vorbringt. Der Speaker kann am Radio auf dreierlei Weise arbeiten: 1. mit einer absolut unbeweglichen und nur registrierenden Objektivität, wie der Speaker von Schweiz-Beromünster, er kann 2. nach Art des Speakers vom Deutschlandsender Hans Fritsch seine Sachen mit einer haßgetränkten Scheinobjektivität vortragen, er kann schließlich als einfacher Volksmann auftreten und offen in der appellierenden Art des Österreichers am franz[ösischen] Rundfunk agieren. Für die

Propaganda nach Deutschland hinein kommen besonders die beiden ersten Arten, gelegentlich auch die 3. in Frage. Durchaus zu verwerfen aber wäre eine moralische und larmoyante Art, die natürlich nur den Hohn herausfordert.

[Die Front]

Mit der Beeinflussung der Front brauchen wir uns nicht sehr zu befassen. Zum Teil wirken auf sie dieselben Faktoren ein wie auf das Hinterland, jedoch stark vermindert durch den Druck der Disziplin und durch die konzentrierte Anwesenheit ganz junger Jahrgänge. Jedenfalls bedeutet es bei der Abgeschlossenheit auch dieser jüngsten Jahrgänge für sie und auch für ihre Moral einen harten Schlag, wenn zum ersten Mal an sie ein freies Wort herankommt, sei es direkt akustisch, sei es in Trakten. Es bedeutet bei ihrem übersteigerten Selbstgefühl schon eine Erschütterung und ist wie ein frontaler Stoß, wenn sie erleben, daß solche akustische oder gedruckte Beeinflussung überhaupt vorhanden ist und sich durchsetzt. Natürlich ist hier noch mehr als gegenüber dem Hinterland nur mit den Affekten der Drohung und Warnung, der Einschüchterung zu arbeiten. Als Besonderheiten für die Propaganda bietet sich der Hinweis auf das schwere Leben, das Schicksal, die Entbehrungen, das Leben der Bonzen im Hinterland, für die Österreicher an der Front antipreußische Akzente.

Worin besteht angesichts der gedrückten Gesamtstimmung im Reich die Gefahr für die Regierung? Vor allem beim Wirken einer stärkeren Propaganda darin, daß die schon vorhandenen oppositionellen Zellen verschiedener Art wachsen und Luft bekommen. Die Propaganda im Allgemeinen verursacht eine Durchlöcherung des von den Nazis besetzten Bewußtseins, ein Schwanken, eine Unsicherheit. Eine längere Unbeweglichkeit an der Front wird schon schwer ertragen. Man muß auf Erfolge aus sein, man kann vorzeitig zu Entschlüssen gedrängt werden, also zu Kampfhandlungen, die man zunächst nicht will. Man hat dann rechtzeitig die drüben befindlichen Oppositionsgruppen zu unterstützen, mit Material zu versehen, um die latente Unterminierung nun zum offenen Ausbruch kommen zu lassen. Die Propaganda muß auch erfassen außer den oppositionellen Gruppen durch Radio, Trakte, Broschüren, professionelle Sondergruppen. Von Einzelgruppen sind besonders wichtig die Arbeiter, die ideologisch in einer schweren Situation sind. Man hat sie vor der Anziehung durch den Bolschewismus zurückzuhalten, was grade jetzt nicht so schwer wie früher ist. Hier das Beispiel Finnlands, die Diskreditierung des Stalinismus, Stalins Verrat am Sozialismus. Als Einzelgruppe kommt für die Propaganda auch die große Masse des gebildeten deutschen Mittelstandes in Frage, der im Allgemeinen nur passiv und ängstlich ist und so bleibt. Er läuft überall dahin wo er sich sicher fühlt und steht daher zur Zeit bei Hitler. Man kann aber aus ihm Mitläufer schaffen. In ihm leben alte Traditionen guter Art. Hier sind Sondertrakte und Broschüren nötig.

Die ganze vorher charakterisierte Propaganda kann kurz Defensivpropaganda genannt werden. Sie verfolgt eine Aufklärung in Deutschland als Gegengewicht zu den Hitlerschen Suggestionen und ferner eine Entgiftung affektiver Art. Es wird bei längerer Dauer des Krieges bei einem solchen bloß defensiven Verhalten gegenüber dem Nazismus nicht bleiben und nicht bleiben können. Es wird sich zunehmend deutlicher zeigen, wer gegen wen kämpft, bezw. was gegen was. Die politischen Systeme, die sich gegenüberstehen, werden sich schärfer und schärfer abzeichnen. Die geistige Arbeit aber, die wir mit der Propaganda betreiben, kommt erst dann auf die Höhe und sie gelangt aus einer Hilfstätigkeit zu ihrer wirklichen Bedeutung, einer 4. Waffe im Krieg, neben der militärischen, ökonomischen und diplomatischen. Sie gelangt dann dazu, auch echte Angriffswaffen auszubilden. Sie ebnet dann dem Heer den Weg ebenso wie es die Gedanken der französischen Revolution der napoleonischen Heere taten. Bei einer bloßen und direkten Landesverteidigung wie im letzten Krieg war eine solche echte Propaganda weniger nötig; Frankreich war bedroht, der Feind stand im Lande, es ging unmittelbar um die Existenz. Jetzt steht man sich anders gegenüber. Drüben grassiert der Hochmut der Diktaturen, er wirkt zum Teil ansteckend und lähmend. Unserer einfachen Demokratie stellt sich der Nazismus und Bolschewismus mit einem ungeheuer geschwollenen Selbstbewußtsein gegenüber. Sie halten den Demokratieen ihr Alter und ihren Verfall vor. Wir können uns schließlich nicht damit begnügen, propagandistisch, drüben nur den kritischen Sinn, die Vernunft gegen den Nazismus zu reaktivieren. Wir müssen eine eigene starke und angreifende Position beziehen, unter Ausnutzung aller Schwächen, die die gegnerische Position aufweist.

Was, fragen wir um zu unserer positiven Position zu gelangen, ist eigentlich das Gesicht des Nazismus und Bolschewismus, was charakterisiert sie am besten. Wem verdankt der deutsche Nazismus sein geistiges und reales Dasein, und in gleicher Weise der verbündete Bolschewismus? Bei beiden Gebilden ist nichts so auffällig und uns fremd und feindlich [wie] der Diktaturzustand im Staat. Wir wissen, es können Notzustände auftreten, die einen Staat zwingen, diese oder jene Verfassung anzunehmen. Dagegen werden diese beiden Diktaturen uns so fremd und feindlich und unerträglich durch ihren totalitären Charakter. Hier zeigt [Fortsetzung fehlt]

Disques pour le front

[1]

Deutsche Soldaten.

Adolf Hitler verriet die Balten. Er wollte Rußland kaufen. Rußland hilft ihm nicht. Rußland kann nicht helfen. Deutsches Blut wurde umsonst verschachert.

Adolf Hitler verriet Südtirol. Er wollte Italien kaufen. Italien bleibt mit Gewehr bei Fuß. Es mißtraut dem Spießgesellen Stalins. Deutsches Land wurde umsonst verschleudert.

Adolf Hitler verschiebt deutsche Bauern nach Polen. Aber Polen wird auferstehen. Die deutschen Bauern werden geprellt sein. Deutsche Männer und Frauen wurden umsonst verschleppt.

Das heißt Lebensraumpolitik.

Was sterbt Ihr für einen Narren?

[2]

Deutsche Soldaten.

Was wollt Ihr hier ausrichten?

Es wird Euch gehen wie Eueren U-Booten. 50 sind versenkt. So wird das Dritte Reich versacken. – Euer Graf von Spee hat sich in die Luft gesprengt. So wird Adolf Hitler sein Drittes Reich in die Luft sprengen. – Euer Sturm wird an der Maginot-Linie zerbrechen. So wird Adolf Hitlers Knechtsstaat in Stücke gehen.

(Was wollt Ihr eigentlich hier ausrichten?)

England-Frankreich herrschen zur See: sieben gegen einen.

England-Frankreich befahren die Weltmeere. Euch bleibt die Ostsee.

England-Frankreich bauen jährlich 1 000 000 Tonnen Kriegsschiffe mehr als Ihr.

Die Volksmassen hinter Frankreich-England sind stärker zu Land: 500 Millionen, gegen kaum 80.

Frankreich-England sind stärker in der Luft. Sie haben und bauen mehr Flugzeuge als Ihr. Amerika liefert ihnen 25 000 Flugzeuge im Jahr.

(Frankreich-England sind Eine Finanzmacht, bilden Einen Wirtschaftsraum.)

Sie haben Erdöl, achtmal mehr als Ihr.

Sie haben Kupfer, neunmal mehr als Ihr.

Sie haben Zinn: Ihr habt keines.

Sie haben Gummi: Ihr habt keines.

Euere Flugzeuge ohne Benzin werden Kriechzeuge. Unsere nicht.

Euere Kraftwagen werden still liegen. Unsere nicht.

Euere Panzerwagen werden zu Sieben. Unsere bleiben fahrende Bunker aus Stahl.

Was hofft Ihr noch?

Was wollt Ihr hier ausrichten.

[3]

Deutsche Soldaten.

Ihr seid an der falschen Front eingesetzt. Im Westen hat Euch keiner angegriffen und bedroht.

Schaut nach Osten. Stalin und seine Horden über Euch. Er zückt den Dolch auf deutschen Geist, deutschen Glauben, deutsche Kultur, deutsches Land, deutsche Menschen. Denkt an die baltischen Gebiete. Das Bündnis zwischen Hakenkreuz und Sowjetstern sichert nicht den Sieg gegen die Westmächte, die Weltmächte. Es sichert nur die deutsche Niederlage. »Mein Kampf« sagt es.

Denn Rußland schickt keine Lebensmittel und keine Rohstoffe. Rußlands Armee hilft Euch nicht. Finnland schlägt sie.

Rußland verbietet Euch, Verbündete zu erhoffen.

Für Italien, Spanien, Japan war der Antikominternpakt kein Wisch.

Adolf Hitler zerriß ihn. Sie trauen dem Meineidigen nicht mehr.

Sie helfen Euch nicht, werden Euch nie helfen.

Gebt alle Hoffnung auf.

Adolf Hitler ist Euer Mörder.

Mörder richtet man hin.

[4]

Deutsche Soldaten.
Warum schweigt Ihr zuhaus so oft vor Eueren Kindern?
Warum tut die HJ inneren Späh- und Horchdienst?
Warum erschoß man Generaloberst von Fritsch?
Warum erschoß sich Kapitän von Langsdorff?
Warum gibt es so viele Eisenbahnunglücke im Dritten Reich?
(Warum gibt es so wenig Leder im Dritten Reich?)
(Warum fürchtet Adolf Hitler den Block Frankreich–England?)
Warum fälscht Goebbels die finnischen Heeresberichte?
Warum hat Adolf Hitler eine Geheimlehre für die Parteispitzen?
Warum darf der gewöhnliche Pg. diese Geheimlehre nicht kennen?
Warum dürft Ihr keine neutralen Zeitungen lesen?
Warum dürft Ihr keinen fremden Rundfunk hören?
Warum brauchen die Nazi so viele Kämpfer für die innere Front?
Warum braucht Adolf Hitler eine so starke Leibwache?
Warum kennt nicht jeder Hitlers Leibwache?
(Warum kennt Hitlers Leibwache jeden?)
Warum?
Weil Euch ein Nachtwandler führt.
Folgt ihm nur weiter!

Programmatisches zu Europa

Zusatz

Zur sozialen Frage.

England, Frankreich und auch Amerika haben sich die Entwicklung ihrer Demokratieen etwas kosten lassen. Man hielt sich da natürlich innerhalb eines bestimmten historischen Rahmens, ging an präzise historische Aufgaben heran, die Leitidee war dasselbe Prinzip, das jetzt wieder eine Realisierung fordert, nachdem der Versailler Vertrag sie nicht gebracht hat. Das Grundprinzip, das die nationalen Demokratieen Frankreich, England und Amerika geschaffen hat, bleibt auch für den Zusammenschluß, für die große Demokratie Europa das gleiche: daß der Mensch frei geboren ist und daß er ewige Rechte besitzt, die unveräußerlich sind. Wir können auch hinzufügen, daß er ewige Bindungen besitzt, die man ihm nicht verdunkeln soll.

Dieses Grund- und Ursprungsprinzip hat an Wahrheits- und Werbekraft nicht verloren. Man muß aber darauf hinweisen, daß die bisherigen Demokratieen, als Vertreter des Prinzips, im Laufe der Jahrzehnte nicht mehr die nötige Entschlossenheit aufboten, im Innern und im Äußern, um das Prinzip durchzuführen, und um zu zeigen, daß sie sich im Dienst dieses Prinzips fühlten. Das große Prinzip wurde zwar noch gepriesen, aber war keine Flamme mehr. Aus dem Nachlassen bei der Durchführung von Aufgaben entwickelte sich dann jenes Mißtrauen gegen die Demokratieen, dessen sich heute die dem Grundprinzip selbst feindlichen Mächte, also der Bolschewismus und Hitlerismus bedienen, um mit dem Kampf gegen die angeblichen Plutokratieen faktisch den Kampf gegen das Grundprinzip selber zu führen. Gelegentlich wird dies von ihnen auch offen ausgesprochen. Aber nicht zu oft und nicht zu laut, weil die eigenen Völker an diesem Prinzip hängen.

Aber man ist in Frankreich, England und Amerika nicht so simpel Plutokratie und vor Allem nicht im Kern, an der Staatsbasis nicht Plutokratie. Es ist historisch immer so, daß die Menschheit auf einem einmal erreichten Standpunkt einschläft. Die durch Revolution und Reform erreichte Schöpfung bewahrte in Einrichtungen das Gut der Menschenrechte, aber man war schwerfällig und folgte nur mühsam und unvollkommen der gleichzeitig erfolgenden technischen und wirtschaftlichen Veränderung im Innern. Selbstverständlich verlangt die bisher erreichte politische und soziale Ausmünzung des demokratischen Grundprinzips – es ist mehr als bloß demokratisch – dauernd eine Korrektur. Das Bisherige wird unzulänglich, man fiel auseinander in Besitzende und Nichtbesitzende. Man blieb nicht im Bilde, man wurde schwach, man versagte im Prinzipiellen. Das Prinzip gab nicht mehr seinen revolutionären Grundimpuls. Oder was noch schlimmer war: es gab Einiges von seinem Impuls an eine einzelne Gesellschaftsschicht, die sich dann als Klasse, als Arbeiterklasse gegen die gesamte Gesellschaft erhob. Es ist ein Glück für die Demokratie und das Grundprinzip, daß die Arbeiterbewegung selber, teils durch die erfolgenden tatsächlichen Reformen, teils durch ihre Entartung in den Ökonomismus, schwach und flach wurde. Die aber jetzt noch vorliegende Kalamität einer Klassenspannung bekommt erst ihre richtige Farbe, wenn man sie zusammenhält mit dem Grundprinzip, das auch von Einheit des Menschengeschlechtes spricht und ein Recht auf die Lebensgüter gibt. Da vertieft sich der Anspruch. Die Gesellschaft muß zeigen, ob und wie weit sie sich, ohne sich aufzugeben, zur Durchführung ihres Hauptprinzips bekennt.

Es gibt jetzt zwei Niederlagen des Sozialismus: die eine in Deutschland, wo die mächtige Arbeiterschaft kampflos die Waffen vor Hitler streckte, und dann in Rußland, wo aus dem Bolschewismus der imperialistische Stalinismus wurde. Es liegt jetzt ein Vakuum vor. Die Krise in der Arbeiterschaft ist evident. Es ist jetzt Platz für einen neuen Begriff, der das alte Prinzip vom freien Menschen und seinen unveräußerlichen Rechten wieder aufnimmt. Es ist an der Zeit, mit der Forderung Europa hervorzutreten. Was im Engern die Arbeiterschaft anlangt, so müssen wir auf unsere Weise eine Überwindung des Klassenkampfes anstreben. Wir können nicht 100prozentige Lösungen offerieren. Wir bieten die Vermeidung des Krieges, eine ernste Friedensgewähr, die Möglichkeit einer ökonomischen Organisierung Europas. Dem an sich schon schwachen sozialistischen Begriff, den schon jetzt matt gewordenen Klassenkampfgedanken wird durch eine positiv auftauchende Idee Europa weiterer Boden entzogen.

Dieses Europa muß 1. stark, machtpolitisch, sein und 2. ein starkes ideelles Selbstbewußtsein haben. Es muß einen Missionswillen empfinden, der die alten, bisher nur demokratischen politischen Kräfte allgemein anspornt. Es muß ein Missionswille sein von derselben Art, wie ihn die antiken und christlichen Kolonisatoren gegenüber Barbaren und Heiden empfanden. Es dreht sich jetzt nicht um die klägliche und egoistische Civilisationsidee, die mit technischen Äußerlichkeiten, die nur mit zweifellos nützlichen Verbesserungen technischer Art kommt. Es dreht sich im Gegenteil um die Beseitigung der gefährlichen Leere dieser technischen Reformen. Aus der Durchtechnisierung der zurückgebliebenen Völker sind nur freche und halbbarbarische Nationen entstanden, die nichts von wahrer Bildung wissen, die sich mit ihren Nationsabzeichen wie Indianer mit ihren Federn schmükken und so in Kriege ziehen.

Es handelt sich um wirkliche geistige Vorherrschaft, die sich der machtpolitischen anschließt.

Solche machtpolitische und geistige ist selbstverständlich, sie ist angesichts der Rückfälle in Kriege notwendig und wird im Grunde von allen Völkern gewünscht.

Die Applikation des Prinzips kann nur im Rahmen des Historisch-Gegebenen erfolgen, also bei der Formung des wirtschaftlichen und politischen Europas. Man darf nicht zuviel verlangen, nicht allen Völkern liegt dieselbe Regierungsform, die Völker besitzen eine verschiedene Reife, manche Völker sind zu führen, es kommt aber auch darauf an, Regierungen zu führen, und dazu ist eine sichere europäische Regierung nötig, deren Kern wir zunächst in Frankreich und England sehen. Es muß also unter allen Umständen ein wirklich starkes, seiner Prinzipien bewußtes Gebilde als festes Rückgrat für das neue Europa da sein. Und es muß den bestimmten und ganz entschlossenen Missionswillen haben. Daß es diesen nicht hatte, war die bisherige Schwäche

Frankreichs und Englands; man hat von Seiten Deutschlands eine charakteristische Bemerkung zu dem englischen Weißbuch gemacht, welches die deutschen Greuel von 1933 ab aufzählt; man sagt, seit 1933 ist Euch dieses bekannt, warum kommt Ihr erst jetzt damit.

Erst der Krieg jetzt läßt ein wachsendes Bewußtsein entstehen, läßt den Begriff Europa auftauchen und enthüllt uns die Schwäche des bisherigen Selbstgefühls. In der jetzigen Defensivstellung kommt man zur Besinnung und sammelt seine Kräfte, im Angriff wächst man und zeigt sich erst ganz. Weicht man vor den Angriffen des Nazibolschewismus einfach defensiv zurück, ohne Europa und die Europakonstruktion, so riskiert man auch die Defensive zu verlieren.

Nicht scharf genug kann daher auf die innere Regeneration hingewiesen werden, welche besteht in der Besinnung und der Entscheidung zu dem Grundprinzip der Demokratie aus der man entstanden ist. Es muß in Frankreich und England eine Europafront entstehen. Reif dafür sind als mitwirkend: die Kirchen, die Gebildeten, Intellektuellen und Humanisten und die vom Sozialismus und Bolschewismus enttäuschten Arbeiter.

Man hat da schließlich mit dem allgemeinen Prinzip noch etwas allgemein Moralisches zu sagen. Es gehört zum Menschen ebenso wie die Freiheit und seine unveräußerlichen Rechte auch sein Wille zur Ordnung und zur Sicherheit und der Wunsch die wirklichen Werte des Lebens zu genießen, seine Familie zu pflegen, Kindererziehung etc. Auch um solche praktische Moral, die der üblichen mancher Parteien nicht immer konform ist, zu stützen, gehört ein großer Rückhalt [Fortsetzung fehlt]

Die literarische Situation

Erstes Kapitel
Entstehung der sozialistischen und biologischen Utopie

Im Folgenden will ich von den Veränderungen sprechen, welche nach 1933 die deutsche Literatur erfuhr und von der Möglichkeit, sie wiederherzustellen und neu aufzurichten. Ich möchte dazu zunächst die Macht schildern, die sich 1933 über die Literatur warf.

Man tut gut, um sich den Charakter dieser Macht klar zu machen, sich zu vergegenwärtigen, daß es sich um eine Utopie handelte. Denn diese Macht besaß einen utopischen Kern. Er stellte ihr geistiges Zentrum dar und hat plastisch an ihrer Bildung mitgewirkt.

Was ist eine Utopie?

Es ist ein menschlicher Plan, die Geschichte zu unterbrechen, aus der Geschichte herauszuspringen und zu einer stabilen Vollkommenheit zu gelangen. Solche Pläne entstehen in gewissen historischen Situationen aus einer katastrophalen Ermüdung, Verwirrung und Ratlosigkeit oder erwachsen aus einer besonderen Hochspannung des menschlichen Willens.

Es ist, als ob von Zeit zu Zeit eine Geschichtsmüdigkeit über die Menschen fällt. Sie schieben die Politik von sich weg, und ihr Interesse wendet sich von den historischen Vorgängen, derer man nicht Herr werden kann, ab zu Plänen, welche Dauer versprechen und das Herz befriedigen. Es kann die Menschen eines Staates, einer Stadt ein Unglück, eine nationale Katastrophe treffen; sie reißt sie – so schwer ist sie – aus den Zusammenhängen der geschichtlichen Kontinuität heraus und treibt sie zu einem blinden Entweder-Oder, zu einer Hoffnung und einem Todesmut, der bereit ist, das Äußerste zu wagen.

Aus solcher Politikmüdigkeit und Politikentfremdung also kann es zur Entwicklung utopischer Konstruktionen kommen, aber auch aus einer sich überschlagenden politischen Hochspannung.

Achten wir auf den Unterschied zwischen Utopie und Religion. Es sieht aus, als ob auch Religion der Definition eines utopischen Bildes entspräche, sowohl in dem, was die Entstehung anlangt, als in der Art des Ziels, welches ein Endzustand ist, der den Abschluß und die Kulmination des gesamten historischen Prozesses bildet.

Aber in einem Punkt trennen sich Utopie und Religion. Die Utopie antwortet auf einen Machtanspruch, der auf die Erde gerichtet ist, – die Religion verläßt den irdischen Plan. Die Welt soll von der Utopie nicht überwunden, sondern endgültig und radikal verändert werden; und wenn die Neuerung über die Gegenwart wie eine Sintflut und ein Gericht kommt, so wölbt sich über das Ende jedoch kein neuer Himmel: nur die Erde streckt sich neu.

Die Utopie glaubt zu wissen, daß Menschen einen Vollkommenheitszustand beständiger Art erreichen können, nach Vornahme radikaler Eingriffe in die sozialen und politischen Institutionen.

Die Religion dagegen steht auf der realistischen Einsicht (man mag sie pessimistisch nennen), daß die menschliche Natur, wie sie einmal ist, jeden Vollkommenheits- und Glückszustand von Dauer unmöglich macht.

Es ist also, in bezug auf das irdische Glück, die Utopie, welche glaubt, und die Religion, welche nicht glaubt.

Die Utopisten kommen sich als große Praktiker und Realisten vor und sehen in der Religion eine tatenlose Träumerei.

Aber das Fragezeichen schon zu Lebzeiten der Utopie macht immer die Religion. Und das große traurige Aufräumen nachher muß immer sie besorgen.

Solche merkwürdigen Pläne, den historischen Ablauf auf eine rasche Höhe zu bringen und die Entwicklung endgültig zu stoppen (man glaubt das Ziel der Entwicklung zu kennen), sind in der Geschichte mehrfach aufgetaucht. Sie knüpfen sich an die Namen von Denkern, Philosophen und Dichtern, auch von bloßen Phantasten. Sie sind meist bloß literarische und papierne Gebilde und befinden sich so in einem Unschuldszustand. Sie verändern aber rasch ihre Natur und zeigen ihre Zähne, wenn sie in politische Hände geraten. Denn solche Pläne streben von vornherein danach, politisch zu werden. Sie sind Aktionsprogramme in statu nascendi und haben ihren Beruf verfehlt, wenn sie literarisch bleiben. Ein bißchen juckt es jeden Utopieerfinder in den Händen, sich als Prometheus an den Menschen zu versuchen und sie nach seinem Traumbild umzukneten.

Wir wissen aus einem historischen und berühmten Fall, wie es dabei zugeht. Wir denken an Platon als Basileus-Philosophos und seinen Plan einer idealen Republik von Syrakus unter der Oberhoheit des ihm befreundeten Tyrannen. Die Sache lief nicht gut ab. Platon kam nicht weiter. Er konnte sich aber nachher dahinter verstecken, daß er nicht genug Macht hatte. Er konnte behaupten, sein Plan war gut, und er sei nicht erprobt und nicht widerlegt worden.

Andere können sich nicht so herausreden.

Da befinden sich einige Utopisten der letzten hundert Jahre in einer jedenfalls für sie angenehmen Lage. Zweimal im Laufe von hundert Jahren konnten eigentümliche gesellschaftliche Utopien wuchern und erhielten die Möglichkeit, in die historische Realität hineinzuwachsen und Wirkung zu üben, bis ihre Zeit reif wurde und sie nun ganz ihre Natur zeigten und katastrophenartig in ihre Zeit und die Geschichte hineinsprangen.

Die beiden eschatologischen, endzeitlichen Bilder, die ich meine, sind das ökonomistische (kommunistisch-marxistische) und das biologische, das ab 1933 in Deutschland realisiert werden sollte.

Die lange Anlaufzeit der kommunistisch-marxistischen Idee, die als Sozialismus vorbereitet war und darauf proletarischer Messianismus wurde, ist bekannt. In ihrer christlichen und humanistischen Vorform oder Urform kann man sie durch Jahrhunderte verfolgen. Zuletzt hebt sie sich im 18. Jahrhundert in der französischen Revolution stark an die Oberfläche mit dem Kampfruf Freiheit-Gleichheit-Brüderlichkeit. Dann gleitet die Idee in das industrielle Jahrhundert, das 19., befruchtend, reizt, erregt und befördert das Entstehen von politischen Gruppen mehr oder weniger revolutionärer Art, bis sie gegen Ende des ersten Weltkrieges an einem Orte, wo man es am wenigsten erwartete, in Rußland, eine originelle und explosive Kraft entfaltete und für eine große feudalistisch-bürgerliche Welt und Gesellschaft die Sintflut und ein umwälzender Neubeginn wurde. In diesem Moment sprach sich die Idee nicht mehr mit den idealen Formeln Freiheit, Gleichheit, Brüderlichkeit aus, sondern sagte konkret: Abschaffung der Klassenspannungen zwischen den Menschen und Einrichtung eines kommunistischen Gemeinwesens, in welchem die Staatsform zum Absterben bestimmt ist.

Man bemerkt, wie zauberhaft die Idee in den verschiedenen Epochen ihr Gewand und ihre Sprache ändert, wie mannigfach sie sich einkleidet, je nach der Wirklichkeit, die sie angreift.

Da hatte in den vorbereitenden Händen der Theoretiker Karl Marx und Friedrich Engels die Idee der menschlichen Gleichheit und Brüderlichkeit eine Verschmelzung erfahren mit der Idee des Klassenkampfes, die unabhängig im Industriezeitalter entstanden war. Beide verkoppelt ergaben die neue Idee des klassenlosen Staates, den man erringen müßte im Kampf der Klassen gegeneinander mit dem Sieg des Proletariates. Dies war der proletarische Messianismus. Was aber geschah mit ihm, als er 1917 in die russische Realität eintrat? Und was betrieb dann der Mann, in dessen Händen die kommunistische Idee damals lag, Lenin und seine Gruppe? In dieser historischen Situation erachteten sie es als ihre Aufgabe, den vorhandenen feudalistisch-agrarischen Staat zusammenzuschlagen, soweit er von dem Weltkrieg her noch stand, und dann einen modernen europäischen Staat aufzubauen, einen modernen Industriestaat. »Sozialismus«, diese christliche und humanistische Idee, sie wurde plötzlich formuliert als »Elektrifizierung«! Hier wandert die junge Idee also die Wege Peters des Großen und exekutiert nach der Verschmelzung, die sie eingegangen ist, den einfachen alten zaristischen Plan einer Europäisierung Rußlands.

Die Durchführung dieses gewaltigen Experiments ist noch im Gange, es strahlt seine Wirkung seit den drei Jahrzehnten über die Grenzen in das weit fortgeschrittene Europa aus. Die Leuchtkraft des Vorganges aber stammt nicht von dem Vorgang an sich, sondern von der in ihm arbeitenden uralten und nicht verlöschenden Idee.

Wurzelhaft verschieden von ihr ist die andere Idee, die biologische, mit der wir uns hier beschäftigen wollen.

Gleichheit aller Menschen und christliche Nächstenliebe, später Humanismus geworden, sind die Grundelemente der sozialistisch-kommunistischen Utopie. Aus einem religiösen Zentrum, aus dem besten menschlichen Kern heraus wächst diese Idee und sucht sich zu realisieren, um der Qual und Bedrängnis der Historie endgültig Herr zu werden. Sie will sich fast in jedem Jahrhundert des Staates und der Menschheit bemächtigen.

Nicht so die biologische Idee. Sie stimmt mit der sozialistischen in ihrer marxistischen Form (man kann sagen: marxistischen Politisierung) darin überein, daß sie für das Geistige und Gemütliche, ja für die ganze Innerlichkeit nicht viel übrig hat. Wie der Marxist auf seine Ökonomie und ihre historische Entwicklung schwört und den Menschen hinter dieser machtvollen Front verschwinden läßt (das Geistige und die sittlichen Werte sind bloßer »Oberbau«), so läßt der Biologe nur den Leib und seine Physiologie gelten. Die biologische Utopie hält sich an die zoologisch natürliche Seite der menschlichen Existenz, exakter an die »wissenschaftlich-natürliche« Seite der menschlichen Existenz. Denn was die heutige Naturwissenschaft vom Menschen weiß, ist ja noch etwas anderes, als was der Mensch in der Natur ist. Das heißt: die biologische Utopie greift einige wissenschaftliche Vorstellungen vom Menschen auf und erhebt sie zum Rang führender Wahrheiten.

Die biologische Idee ist es, die sich im letzten Jahrzehnt in Deutschland zu realisieren suchte. Daß sie hier als Utopie auftauchen konnte, im Zentrum Europas, in einem zivilisierten Lande mit entwickelten Staats- und Gesellschaftsinstitutionen, wirft ein grelles Licht auf die menschlichen Zustände in dieser Epoche. Man hat von Staatsstreich und ähnlichen Dingen anläßlich des politischen Hervortretens der Idee gesprochen, was richtig ist, aber nur an die Außenseite der Bewegung rührt.

Im Unterschied zu der dauernd aktiven, sozialistischen, zuletzt ökonomistischen These, welche rasch von den Parteien aufgegriffen und in das Gesellschaftsleben hineingetrieben wurde, führte die biologische Idee im 19. Jahrhundert jahrzehntelang ein schattenhaftes Dasein. Es gab im 19. Jahrhundert, aus dem Studium der Natur entstanden, Darwinismus. Mit dem Entwicklungsgedanken und seinen Teilideen der Zuchtwahl und des Überlebens der Tüchtigsten kam die Vorstellung von einem schrecklichen Kampf ums Dasein in der Natur auf.

Es war charakteristisch für dieses Jahrhundert und seine Wissenschaft, daß sie einen »Kampf ums Dasein«, einen angeblich wütenden Existenzkampf aller gegen alle gewaltig herausarbeitete, mit der Formel »Überleben des Tüchtigen«. Dagegen hatte man keinen Blick für die sinnvolle Zweckmäßigkeit und die übernatürliche Weisheit und Schönheit in der Anlage der Organismen, für die Abstimmung der Lebewesen aufeinander, eine Abstimmung, die sich nicht nachträglich einstellte, sondern die ein Apriori der Natur ist (Werder). Das durchgreifende Lebensprinzip der pflanzlichen und tierischen Natur, die gegenseitige Hilfe, nannte man am Rand; Krapotkins Stimme drang nicht durch.

Die Ideen der Wissenschaft wurden rasch Themen der Aufklärung und der Popularphilosophie. Auch die schöngeistige Literatur, soweit sie Kampfliteratur war, konnte sich ihrer bemächtigen, bis dann nach 1870 ein von der Zeit ergriffener und phantasiebegabter Philosoph, Friedrich Nietzsche, Sohn eines protestantischen Pfarrers, die Möglichkeiten der darwinistischen Idee und des Entwicklungsgedankens erkannte. Er zog Konsequenzen für die Moral und alles menschliche Streben aus dem Darwinismus: der Übermensch sei zu schaffen, der Übermensch: die höhere Tiergattung. Sein Gehirn, das in antiken heidnischen Vorstellungen lebte, ließ sich von der ästhetischen Figur einer Überart bezaubern, und er machte sich zum Propheten dieser von ihm erträumten und ausgemalten Species (sie trug von vornherein schon bei ihm – »blonde Bestie« – germanische Züge).

Wie es sich für einen Utopisten gehört, war er gegen Religion, das heißt: mißdeutete die Religion, die angeblich den Menschen um das Dasein prelle. Er mißdeutete sie mit derselben Entschlossenheit wie sein Utopiekollege von der sozialen Linie, Karl Marx.

Die beiden Kraftlinien, die sozialistische und die biologische, die aus dem 19. in das 20. Jahrhundert herüberliefen, wurden klassenmäßig gebunden und in verschiedener Weise. Es lag auf der Hand, daß den Arbeitern der marxistisch-kommunistische Strang zufiel. Die sozialistische Idee, und besonders in ihrer marxistischen Prägung, formulierte rasch den Willen der Industriearbeiter, sie gab den Arbeitern ein Klassenbewußtsein. Sie beeinflußte so indirekt die gesamte Politik des Landes.

Nicht so die biologische Idee. Sie fand zwar Platz bei Bürgern, blieb jedoch da lange in einem intellektuellen Raum. Sie wirkte ganz und gar nicht klassenbildend. Sie drückte ganz und gar nicht den Willen und das Bewußtsein größerer Schichten aus. Wenn überhaupt die biologische Idee des Übermenschen und dann der Herrenrasse Bedeutung gewann, so erst in der Hand kleiner Gruppen und nach Verbindung mit anderen Strömungen.

Jedenfalls warf sich, zur Macht gekommen, die mit Macht ausgestattete biologische Idee, zur Utopie geworden, der marxistisch-sozialistischen entgegen und inaugurierte die Biopolitik. Es begann der Kampf und der Wettlauf der beiden Utopien.

Zweites Kapitel
Der Weg der biologischen Utopie

Die biologische Kraftlinie wurde Achse anderer zeitgenössischer Ideen. Es flossen ihr zu von der Kunst und Literatur her mythologische Motive, die zum deutschen Bewußtseins- und Bildungsschatz gehörten. Da war (und wartete auf ihre Zeit) die Nibelungensage, die unermüdlich weiterbearbeitet wurde, zuletzt von Hamerling und von Hebbel. Nun versuchte sich Richard Wagner an ihr; er tat es mit einem kolossalen und schon auffallenden Apparat. Es ging bei ihm sichtbar nicht mehr darum, eine Operntrilogie zu schaffen und den alten Stoff neu umzugestalten, sondern: diesen Stoff geschichtsphilosophisch umzudeuten, um damit politisch zu wirken. Es war nicht einfach Literatur und Musik und Philosophie.

Friedrich Nietzsche, gewiß Prophet der Theorie vom Übermenschen, auch Anbeter des Heroischen und Dämonischen, erkannte den besonderen Sinn und das Ziel dieser gewaltigen Aufmachung, dieser Verbindung von germanischer Mythologie mit neudeutschen Großmachtplänen, und denunzierte früh genug den schlechten großmannssüchtigen Charakter der politischen Entwicklung nach 1870. Er sah noch nicht voraus, daß seine Idee mit in diese Masse eingehen würde. Er wurde noch nicht gewahr, wie er, von einer ganz anderen, nicht mythologischen Seite her, zur Stärkung, zur Beschleunigung des Prozesses bis zur Bildung einer germanischen Utopie beitrug. Er distanzierte sich immerhin vom neuen Reich und vom Wagnertum, wie sich die Militärs, der Adel, die Ostelbier davon distanzierten, sie, die Träger der damaligen staatlichen Gewalt.

Was fehlte, um die biologische Idee zum Rang einer historisch wirksamen Utopie zu erheben, war der Zugang zur realen Macht. Wie schon erwähnt, hatte es die biologische Idee nicht so leicht wie die sozialistische. Der Sozialismus kam nicht nur aus einem tiefen menschlichen Grund; er konnte rasch, besonders im Zeitalter des frühen Industrialismus, die Fahne einer kämpfenden Klasse ergreifen und ohne Zwang den natürlichen Willen dieser Klasse ausdrücken. Aber die biologische Idee, woran sollte sie sich heften? Welcher Machtkörper, welche Gruppe, welche Partei wird sich dieser eigentümlichen, frei flottierenden Kraft annehmen (wir wollen nicht sagen: erbarmen) und wird sie vor seinen Wagen spannen oder als Motor für sich arbeiten lassen?

Wir nannten den Fall des Platon, des Dichterphilosophen und griechischen Aristokraten, der eine Staatsidee konzipierte, und es wurde ihm durch einen Tyrannen seiner Zeit nahegelegt, seinen Plan zu realisieren.

Der Fall bei den Zukunftsideen des 19. und 20. Jahrhunderts lag anders, sowohl hinsichtlich der Entstehung der Ideen, wie hinsichtlich ihrer Realisierung. Die Idee wächst langsam, bündelt sich ein mit anderen, die parallel laufen. Sie befeuert eine Weile den Tageskampf und gerät dabei in die Gefahr, ihren Charakter zu verlieren. Dann kommt ihr historischer Moment. Nach so viel Vorbereitungen, Abirrungen und Entstellungen wird es der Utopie zuteil, ihr reines schreckliches Gesicht zu enthüllen, und das Saltomortale in die Geschichte hinein und aus der Geschichte heraus beginnt.

Die Zeit war reif geworden. Im deutschen Fall zerriß das Jahr 1918 eine geschichtliche Kontinuität. Der erste Weltkrieg war verloren, die Hohenzollern-Dynastie beseitigt, das Kaisertum zerbrochen. In die Lücke drang der Sozialismus, getragen von Arbeiterparteien. Die sozialistische Idee bekam ihre Chance und versuchte sich zu realisieren. Der Versuch, mit schwachen Kräften unternommen, mißlang. Es gab ein Zwischenstadium, welches den Namen »Weimarer Republik« trug. Sie vermochte weder einen neuen geschichtlichen Beginn zu legen, noch die alte unterbrochene Geschichte fortzusetzen. Die Lücke blieb offen. Es wurde der Moment für die andere, die biologische Idee.

Wieviel von einem umfassenden Zukunftsplan ist noch da, wenn er schließlich in die Hände ihrer Ausführer fällt? In unserem Fall, in dem der biologischen Utopie, war sehr früh der biologische Anteil (Nietzsches zu schaffender Übermensch) zurückgetreten und abgeschwächt zugunsten der Idee des arischen Herrenmenschen. Das war ein Kompromiß, eine Degeneration der Utopie.

Noch schlimmer aber erging es ihr, als sie nach dem ersten Weltkrieg sich mit den Revanchegedanken der Nationalisten vermählte. Wie wurde jetzt dieser Adler gerupft. Es blieb nur noch die praktisch, bequem zu propagierende Idee des deutschen Weltbeherrschers, dem die Zukunft gehöre. Der originale biologische Zukunftsgedanke, eine charakteristische Menschheitsidee der naturwissenschaftlichen Epoche, diente jetzt dazu, dem Pangermanismus frisches Blut zuzuführen.

Manche werden zögern, die Ideologie der Staatsmacher von 1933 überhaupt mit dem Namen Utopie zu schmücken. Sie sind der Meinung, diese Ideologie sei einfach propagandistische Attrappe. Man erinnert sich, wie die Dinge verliefen, als sich der Nazismus in Bewegung setzte. Es war wütender, extremer Nationalismus, was sich da auf den Straßen, auf den Höfen, in Versammlungslokalen zeigte und die Saalschlachten entfesselte. Dies war Nationalismus, gepeitscht und gesteigert durch die Niederlage, weiter aufs äußerste gereizt und gedemütigt durch die Ereignisse im Innern des Landes, den Sturz der Monarchen und den jedenfalls vorläufigen Sieg der Revolution. Dieser Nationalismus erwies sich jetzt klar und scharf als die Gesinnung der Ober- und Mittelschicht des Landes, und ganz und gar nicht der Arbeiterschicht. In seinem Haß wühlte er die Massen auf und denunzierte die Juden und die Bolschewisten, Spartakisten als Schuldige an der Niederlage. Er drang damit auf einen Teil der Arbeiterschaft ein. Im Lande wurde die Schwarze Reichswehr gebildet, es entstanden Femeorganisationen. Schon damals sah man, in der Zeit des Kapp-Putsches, das Hakenkreuz, Symbol der rassischen Utopie, auf den Straßen.

Diesem haßerfüllten Niederlage-Nationalismus wäre es aber

dennoch nicht gelungen, die spätere Bewegung hervorzubringen, welche zum zweiten Weltkrieg führte. Es mußte für einen großen Teil der Arbeiterschaft der Beweis für das Versagen der Republik und die Kraftlosigkeit des Sozialismus erbracht werden. Die Krise um das Jahr 30 und die ungeheure anschließende Arbeitslosigkeit ermöglichte das.

Hier, in diese Ohnmachtsatmosphäre, sprang der Nachkriegsnationalismus, der sich kräftig organisiert hatte, und gab Richtung und Mut. Es war der rechte Moment, über das bisherige bloße Nationale hinauszugehen und die Massen zu etwas Gewaltigem hinzureißen. In ihren Kreisen hatte die Bewegung schon die Rassetheorie und die dazugehörige Biopolitik verbreitet. Man gab dem alten »System« den letzten Stoß und schwang sich in den Sattel. Man gewann die Massen durch Überrumpelung (nicht durch Zustimmung) und durch den Enthusiasmus, der von der Leitidee des Herrenvolkes ausging. Man konsolidierte seine Position durch die rasch vorgenommene, vom Kapital unterstützte Ankurbelung der Wirtschaft, welche man logisch sofort als Kriegswirtschaft (hin auf den Krieg und Sieg der Herrenrasse) anlegte. So wenig also war die utopische Leitidee der Staatsmacher von 1933 bloße Attrappe.

Freilich hat sich die biologische Idee auf ihrem Weg bis zum führenden Staatsprinzip, wie wir schon sahen, verändert. Sie kann in bezug auf Klarheit und Präzision und auch in bezug auf den Reichtum des Wurzelwerkes nicht in einem Atem mit der sozialistisch-kommunistischen Idee genannt werden. Die Verstümmelung, ja die Prostituierung der Leitidee, ihre Verengung und Verarmung durch den Nazismus, liegt auf der Hand. Und was soll man dazu sagen, wenn aus dem großen Plan der Übergipfelung der Menschheit durch die höhere Art später nichts übrig bleibt als die Ausrottung einiger Nachbarvölker, die man für minderwertig erklärt und ausraubt und von ihrem Boden vertreibt, und anderes, für das man keine Theorie zu bemühen braucht, weil es seit altersher schlicht als Barbarei praktiziert wurde.

Dennoch ist die utopische Beteiligung an dem Vorgang nicht zu übersehen, und man versteht das ganze historische Bild dieser als Revolution aufgezogenen, eindeutig militärisch und machtpolitisch verlaufenden und katastrophal endenden Bewegung nicht ohne das Merkwort »Utopie«.

Das Religionsartige das man an der Bewegung sah, solange sie Frische besaß, stammt von ihrem utopischen Kern.

Vierzehntes Kapitel
Zum Verständnis der Deutschen

Der Deutsche hat gewiß in den letzten Jahrhunderten ohne rechte politische Selbstbestimmung gelebt, aber man täte Unrecht, zu behaupten, er wäre nur »Untertan«, also bloß ausführendes Organ, eine Art Sache gewesen. Er lebte unter Autokratien. Aber er hat unter diesen Autokratien, gefesselt von ihnen, in ihrem Rahmen, so viel Weite und Spielraum gehabt, daß er innenpolitisch Dinge hervorbrachte und durchsetzte, in Selbstverwaltung, in allerhand Verbänden und Organisationen, die man nicht anders als mit dem Wort »demokratisch« bezeichnen kann.

Hat man sie der Autokratie abgerungen? Wie auch immer, es ging den deutschen Autokratien ebenso wie vielen anderen Regenten: sie herrschen, ihre Entferntheit verliert sich, und wenn sie auch regieren, so gewinnen zuletzt das Land und die Bevölkerung Macht über sie.

Wer, der von draußen nach Deutschland kam, vor 1933, bemerkte nicht, daß er sich in einem zivilisierten, industriell stark entwickelten Land befand, wo es Kranken-, Unfall- und Arbeitslosenversicherung gab, und in dem Ordnung und keine Willkür herrschte. Man konnte sehen, daß hier eine Anzahl wichtiger Bürgertugenden entwickelt wurden: der Fleiß, die Geduld, die Genügsamkeit an den kleinen Freuden des Lebens. Man bemerkte ein williges Volk, das Vertrauen hatte, ja, schließlich Stolz über seine Regierung empfand. Selbst der berüchtigte Gehorsam, zunächst bloße Fügsamkeit, wurde ja erst so schlimm durch den Mißbrauch von oben, und weil er eine Versuchung für eine plötzlich auftauchende Regierung von Bösewichtern war. Und es war ja auch das Volk, die große arbeitende Masse, keineswegs kriegerisch, aber weil sie so gefügig und anstellig war, auch Vertrauen hatte, ließ sie sich leicht in Kriege führen.

(Man denke auch an Bilder aus dem deutschen Leben, wie sie viele gute Beobachter, Deutsche und Nichtdeutsche gezeichnet haben. Erinnern wir uns an das Gretchen von Goethe, an die Frau in Schumanns und Chamissos Frauenliebe und -leben, an Figuren aus Fontanes Romanen und bei Wilhelm Raabe.)

Man war imstande gewesen von sich aus, im Rahmen der Autokratie, in der autokratischen Umklammerung, im autokratischen Staat, freiheitlich-humane Einrichtungen zu entwickeln, die sogar vorbildlich für andere Länder wurden, und sie mit oder gegen die Obrigkeit durchzusetzen. Es erfolgte übrigens auch in Gestalt der Parteien bei formalem Fortbestehen der Autokratie schon etwas wie eine Aushöhlung der Autokratie.

Dies alles war die Leistung eines Willens, welcher dem des Auslands, der Länder mit der formellen Staatsdemokratie, parallel lief. Man muß dies hervorheben, weil es einen Anhaltspunkt für die Prognose gibt. Natürlich kam es unter diesen Umständen nicht zu einer organisierten Selbstherrschaft des Volkes im Sinne der Worte der berühmten Gettysburger Adresse Lincolns: »The government of the people for the people by the people.«

Nein, es kam nach dem Sturz der Dynastie 1918 noch nicht einmal zu einem Frohlocken. Man war nicht vorbereitet und mehr erschreckt durch das Geschick, das einem diese Art Freiheit zuwarf. Man war unbehilflich und betastete zögernd die von außen gelieferten Regierungsformen. Und alsdann verstand man nicht, sie zu handhaben. Heimlich widerstrebte man auch. Man hätte hineinwachsen können, und auch sollen. Aber da gab es Elemente aus dem Krieg, Anhänger der gestürzten Dynastie und des Obrigkeitsstaates, die alles hintertrieben, und so kam es nach kurzer

Zeit zu dem traurigen Schrei nach der starken Hand. Und diesmal rutschte man nicht nur in eine Autokratie zurück, sondern in eine Diktatur hinein, die alles Vorangegangene in den Schatten stellte, alle zivile und öffentliche Selbständigkeit auslöschte und sich paradoxerweise, um sich vor den Massen zu legitimieren, dann noch für die spezifisch deutsche Demokratie ausgab.

Man kann den deutschen Geisteszustand nicht einfach »apolitisch« nennen. Er ist genau so politisch wie der jedes anderen zivilisierten Volkes und in einer bestimmten Hinsicht »präpolitisch«.

Was nun diesen präpolitischen Zustand charakterisiert und seine eigentümliche Atmosphäre ausmacht, ist eine besondere, diffuse Innerlichkeit.

Wie dem König Midas der Sage alles, was er anfaßte, zu Gold wurde, wird dem Deutschen in diesem Zustand alles, woran er rührt, mystisch, verschwommen und undeutlich und meist, aber nicht immer, viel mit Gefühl durchschossen. Man steht in diesem Zustand der Religion näher als der Staatlichkeit. Wir erwähnten schon den eigentümlichen religiösen Kurzschluß des Deutschen, seinen Kurzschluß in Gott. Man kann ihn so oder so beurteilen; es handelt sich aber um einen Zustand, von dem man bestimmt eines sagen kann: so sieht seelische Trächtigkeit aus. Hier bereitet sich Zukunft vor. Es ist der Anblick des formlosen Brachlandes, ein Zustand von Unbestimmtheit und Öde, aber dabei Spannungen und Möglichkeiten. Man wartet und fragt und ist nicht erfüllt. Man steht historisch in dauernder Aktionsbereitschaft.

Die religiöse Färbung dieses präpolitischen Zustandes kann nicht übersehen werden. Die gesamte Literatur, bis in die früher progressiv genannte hinein, zeugt davon.

Wie man sich verweltlicht, hat die europäische Menschheit seit zwei Jahrtausenden beschäftigt. Nennen wir einige Fälle.

Grenzfälle bilden die Kirche und der Staat des Machiavell. Da steht auf der einen Seite die Kirche als der mystische Leib Christi. Ihren Widerpart bildet der »natürliche« Staat des Italieners.

Dazu treffen wir Formen wie das Kaisertum des Mittelalters, welches an das Papsttum gebunden ist und mit ihm im Kampf steht, – ferner die Genfer Stadtregierung unter Calvin, – und weiter die deutschen Fürstentümer mit ihren Regenten, in Preußen, die gleichzeitig oberste Bischöfe sind. Schließlich finden wir, als besonderes Resultat einer Verweltlichung, den modernen Staat mit der Trennung von Kirche und Staat, die weltliche Republik, welche tolerant und gleichgültig gegen Religion ist. Der moderne Staat ist ganz säkular und scheinbar ohne jede Innerlichkeit. Aber man lasse sich durch seine Kälte, die nur temporär ist, nicht täuschen.

Einen Sonderfall bildet die Sowjetunion, wenigstens im ersten Jahrzehnt ihres Bestehens, welche sich zwar völlig weltlich gibt, aber unzweifelhaft ihre Initiative und die Energie zu ihrer Bildung aus christlich-religiöser Quelle holte und ihre sektiererische Natur auch durch die dogmatische Strenge verriet, mit der sie gegen Abweichungen vorging.

Wieder einen anderen Fall von Verweltlichung haben wir in der Nordamerikanischen Union. Die Pilgerväter verließen ihre Heimat und fuhren auf der Mayflower nach den westlichen Kontinenten herüber, um ihre Gruppen weltlich richtig darzustellen. Und sie bauten ihren Grundsätzen und Überzeugungen entsprechend ihre Staatlichkeit auf, und diese Grundsätze gingen in ihre Verfassung ein.

Der Deutsche, wie wir sahen, gelangte in Stoß und Gegenstoß nur zu einer schwachen, von ihm selbst als unzulänglich empfundenen Verweltlichung. Er wurde aufgehalten, und so wurde der Staat trotz seiner Mitarbeit doch nicht voll seiner. Aber er blieb nun im Besitz eines für die Verweltlichung noch unbenutzten Fonds. Diesen Fond hatte er mehrfach falsch eingesetzt. Er setzte ihn nicht recht bei der formalen Demokratie von 1918 ein, – so ging die Weimarer Republik zugrunde. Als sich aber 1933 die pseudo-religiöse Utopie zeigte, flog man darauf und ließ sich verlocken, und warf sich in das Abenteuer, das erst allmählich wie jedes Abenteuer, seine grauen Schrecken enthüllte, und an dessen Ende man jetzt steht. Und nun, abermals zurückgeworfen, steht man der Innerlichkeit näher als zuvor.

Man ist tiefer in die Innerlichkeit hineingetrieben, aber die Innerlichkeit hat nun ein deutlicheres Gesicht angenommen. Sie ist nicht mehr bloß Verschwommenheit und Nebel.

Es werden sich die Erlebnisse und Erfahrungen der Jahre 1933 bis 1945 auswirken. Sie werden ihre Wirkung entfalten.

Es ist nicht anzunehmen, wie die Dinge nach dem Abklingen der Utopien des naturwissenschaftlichen und industriellen Zeitalters liegen, daß sich einfach die ökonomistische Formel oder eine nackt imperialistische durchsetzt. Skepsis, Enttäuschung sind zu stark und allgemein verbreitet, aber einfacher Nihilismus hält sich nicht lange. Die Untauglichkeit, die Schwächen und die Schädlichkeit des bornierten Naturalismus liegt auf der Hand. Der Pendel der Verweltlichung schwingt zurück.

Eine neue Epoche der Metaphysik und Religion bricht an. Die Welt, vorher positivistisch und wissenschaftlich überklar, taucht wieder in das Geheimnis ein.

Kritik der Zeit

Ich möchte das Gespräch, das wir neulich begonnen haben und das sich mit einem Hörspiel und einem Gedicht befaßte, heute weiterführen. Es war übrigens wirklich, wie ich mit Vergnügen feststellte, ein Gespräch. Ich habe Briefe und mündliche Äußerungen erhalten, die diesen oder jenen Standpunkt formulierten, und ich hätte durchaus den Wunsch, daß dieser Dialog fortgesetzt wird. Stofflich befaßte sich, wenn Sie sich erinnern, unser Gespräch mit einem Hörspiel, das in Norddeutschland gesendet wurde, und mit einem Gedicht, das seit einiger Zeit nachgedruckt wird. Inhaltlich ging es um etwas recht allgemeines, um mehr als ein Hörspiel und ein Gedicht. Ich erinnerte an die Anekdote von einem amerikanischen sektiererischen Pfarrer, der sich eine Kirche gebaut hatte, aber nicht wußte, wie er die Gläubigen hineinziehen sollte. Und da versuchte es der Gute mit allen möglichen Dingen, die ihm einfielen und auf die die Leute sonst flogen. Er versuchte es mit Kinovorstellungen, mit einer Lotterie, mit Ping-Pong-Spiel, mit Wettbewerben für die Jugend, Rätselraten und was noch. Und als dann nach langer Zeit die Leute doch nicht kamen und seine schöne Kirche unentwegt leer blieb, wandte er sich an einen Freund, der ihm dann riet: »Wie wäre es, wenn Sie es einmal mit der Religion versuchten?« Und daran schloß ich die den Zeitumständen angepaßte Bemerkung: Wie wäre es, wenn es die Deutschen einmal mit der Wahrheit versuchten? Das Thema will ich fortführen.

Man kann verstehen, daß im Lande nach den 12 Jahren und nach einem solchen Krieg, der sich über ganz Europa erstreckte, Verwirrung, Unsicherheit und Besorgnis herrscht. Niemand kann aber, was in den zwölf Jahren und im Krieg geschehen ist, beseitigen, und man hat Fakta vor sich, und es heißt sich zwischen ihnen zurechtfinden und zwar mit Mut, Entschlossenheit und so gut es geht. Das A und O ist, nicht die Augen zumachen, sich nicht falschen Illusionen hingeben und auch nicht in die Vergangenheit mehr blicken als um zu lernen. Wer sich retten will, muß an die Gegenwart und an die Zukunft denken, ohne Sentimentalität, besonders auch gegen sich selbst. Nun, wie blickt man hierzulande in die Gegenwart und in die Zukunft? Wir berührten das letzte Mal *die Moskauer Konferenz* die damals noch im Gange war. Ihre gesamte Arbeit, obwohl noch nicht abgeschlossen, wurde von jenem Hörspiel bagatellisiert, man hielt von vornherein nichts von ihr. Man wußte zwar nichts Besseres aber man riß sie herunter, und das war charakteristisch für den trägen Geist hier, man zauberte dem Hörer, dem man solides Brot geben sollte, eine utopische Zukunft vor. Wie man freilich zu dieser gelangen konnte, zu dieser herrlichen Zukunft, das verriet man nicht. Nun, jetzt ist also diese Konferenz zu Ende gegangen, und wie reagiert die deutsche Öffentlichkeit? Man bekommt nur einen kleinen Ausschnitt zu Gesicht aus Zeitungen, Zeitschriften und mündlichen Äußerungen, aber der Ton ist etwa abgestellt auf den Satz, den ich irgendwo las: Die Moskauer Konferenz ist verlaufen wie das Hornberger Schießen. Das Fiasko der Moskauer Konferenz. Die Leute, die so schreiben, beklagen sich noch, daß sie nicht schreiben dürfen, wie sie wollen. Ja was wollen sie eigentlich noch schreiben? Warum benützen sie aber nicht die Freiheit die sie haben, um etwas Vernünftiges, Positives und Konstruktives vorzutragen? Schreien sie nicht dauernd nach Aufbau, der ihnen nicht rasch genug geht? Nennt man das Aufbau, also Hilfe, wenn man meckert und herabsetzt und die Leute mutlos und verbittert macht? Hilft man so dem Volk, von dem man dauernd behauptet, ihm würde nicht geholfen? Hilft man ihm auf diese höhnische und gedankenlose Weise? Will man sich so als Patriot erweisen? Faktum ist, was die Moskauer Konferenz anlangt, an deren Arbeiten und Bemühungen man den deutschen Leser und Hörer erziehen und zur Klarheit anleiten sollte, Faktum ist, daß diese Konferenz nicht wie das Hornberger Schießen verlaufen ist, sondern sie verlief genau so, wie die erste große reale Begegnung von vier Mächten verlaufen mußte, wobei es erst klar war und klarer wird, was der eine und der andere will und wollen kann. Man erfährt erst praktisch das Kräfteverhalten, das bestimmt wird vom Wollen des anderen. Mit diesem Resultat, abgesehen von einigen anderen, hat die Konferenz schon viel erreicht und daraufhin sind Schlüsse und Resultate möglich. Noch niemals sind nach so großen Kriegen Verträge auf Anhieb geschlossen worden, man denke an den Westfälischen Frieden, bei dem sich viel kleinere Mächte gegenüberstanden und der Friedensschluß brauchte fünf Jahre, während der Krieg sogar immer wieder ausbrach. Man vergißt hierzulande, daß schon vor zwei Jahren in San Francisco der allgemeine große Rahmen für den Frieden, die Organisation der Vereinigten Nationen gebildet wurde, für die auch schon in Manhattan bei New York ein Sitz bereitet wird, und diese Organisation setzt sich mit großem Ernst, allerdings langsam in Bewegung, etwa bei der Palästinafrage; sie ist da, es sind schon Dinge geleistet worden und man schiebt sich langsam fort, und statt zu höhnen, lenke man seinen Blick auf diese schweren und sehr ernsten Bemühungen, die von allen Seiten mit einem ernsten Willen betrieben werden. Und wenn man will, daß nicht blinder Imperialismus um sich greift: sorge man doch dafür indem man selber seine eigene Stimme vernünftig, einsichtig und friedlich hier erhebt und zeigt, daß man da ist um in dem jetzt geschaffenen und zu schaffenden Rahmen zu arbeiten.

Da ist noch ein anderes Ding, außer den mokanten Bemerkungen und der hämischen Haltung zur Moskauer Konferenz, das dieser Tage die falsche und ungesunde Haltung eines großen Teiles der deutschen Öffentlichkeit charakterisiert. Sie haben alle gelesen, daß kürzlich der kolossale U-Boothafen von Helgoland gesprengt worden ist. Die Sache war für jeden Vernünftigen klar und eindeutig. Es war selbstverständlich, daß im Zuge der Entmilitarisierung des Landes und um ihm die Möglichkeit zu einem neuen Angriff zu nehmen, England, das schwere Verluste erlitten hatte, diese Festung schleifen würde. Wie sollte eigentlich ein solcher Akt auf den vernünftigen Deutschen wirken? Ich würde sagen: Gut und würde es begrüßen. Der Mann klagt über die Trümmer in denen man jetzt hausen muß und ist infolge des fürchterlichen Krieges ratlos und verbittert. Aber man müßte jetzt schon einen Ingrimm, einen Haß ein fürchterliches Rachegefühl in sich haben, wenn man an diese Bauten, gedacht als Vorbereitung für den Krieg, denkt. Denn diese Bauten waren ja nicht nur gerichtet gegen das Ausland, sondern in erster Linie dienten sie doch der Unterwerfung Deutschlands. Denn unter der Parole des Krieges für ein größeres Deutschland, für Großdeutschland, waren diese Bauten errichtet worden und dafür war das ganze

Volk angespannt worden, und so konnte der Nazi in der Maske des Patrioten sich selber das Land unterjochen. Und so hat er diesem großen, kulturell hochstehenden Lande seinen wahren und echten Geist genommen und konnte dem Lande die eigenen Berserkervorstellungen einpflanzen. Und obwohl man dies alles jetzt nach dem Kriegsende weiß und es durch In- und Auslandspropaganda eingeprägt wird und zur Kenntnis genommen werden soll, jubelt man da? Jubelt man, wenn man hört: wieder ist eine der Bastionen niedergelegt, ein Stück der Kriegsmaschine beseitigt, deren Opfer nicht nur das Ausland sondern in erster Linie man selber war? Denn die U-Boote, die von Helgoland ausliefen, dienten ja letzten Endes auch dazu, die deutsche Freiheit zu torpedieren. Nun also was tut man? Was sagt man nach der Schleifung der Insel Helgoland in Deutschland? Nun, man trauert. Niemand der die deutschen Zeitungen dieser Woche las, konnte den Eindruck gewinnen, daß man im Lande die Situation richtig begriffen hatte und daß man mit dieser Exekution einverstanden war. Im Gegenteil, man berichtete in vielen Zeitungen nicht: die Festung ist geschleift worden, sondern erzählte, und hie und da in sehr klarer Absicht: Helgoland ist in die Luft geflogen.

Und was ließ sich daraufhin alles munkeln? Aber in welcher trostlosen Geistesverfassung, in welcher zurückgebliebenen Haltung befindet man sich da? Und wie wenig tun die Berufenen, also die Schreibenden und Redenden der Öffentlichkeit dazu, um aus dieser verlorenen Sackgasse zu helfen, aus dem Zwielicht und der Verworrenheit und um an das scharfe aber klare Licht zu führen. Man empfindet noch immer nicht genug, daß die Herrschaft der Kriegsklasse über Deutschland eine Zwangs- und Gewaltherrschaft war, eine volksfeindliche Herrschaft noch jetzt ist, trotzdem das Land in Stücke zerschlagen ist und Millionen auf der Straße liegen und von Stadt zu Stadt wandern, trotzdem was die Kriegsherrschaft aus einem reichen und hochkultivierten Lande gemacht hat. Es wird dem Lande nicht eingeprägt, denn zuviel Dunkelmänner sind an der Arbeit, und es wird ihm nicht verkündet, was ich das letzte Mal anführte, jenen Satz aus der heiligen Schrift: Wenn dich ein Glied ärgert, reiße es ab. Oder will man sich noch heute mit dem kriegerischen Staat identifizieren? Man wage es doch offen zu sagen. Aber die Mehrzahl im eigenen Lande wird darauf die gebührende Antwort geben.

In dasselbe Kapitel vom schlechten Patriotismus und der getarnten politischen Quertreiberei gehört noch folgender Fall: Sie wissen, der Staat Preußen hat aufgehört zu sein. Es war lediglich eine Feststellung von dem nötig, was schon geschehen war. Da stehen nun an der Spitze einer sehr verbreiteten Zeitschrift hier im Lande Männer, die freiheitlich fortschrittlich gesinnt waren und sich durch die vergangenen Jahre in kluger Opposition durchschlängelten. Fortschrittlich von gestern ist nicht fortschrittlich von heute. Die Herren, gebildet und belesen, werfen jetzt ihren Witz in die Masse, aber sie helfen nicht und können nicht helfen, weil sie trotz ihrer Bildung einsichtslos sind und sich im Grunde nicht bewegt haben. Sie waren früher Gegenwart und Zukunft und sind jetzt nicht einmal Gegenwart. Und da liest man in dieser Zeitschrift jetzt einen Artikel: »Preußens Ausgang« aus der Feder eines fein gebildeten Mannes von literarischen Graden, der es dazu unter dem letzten Regime recht schlecht hatte. Er hält sich für verpflichtet, enorm das Positive, verstehen Sie, herauszustellen. Er kann in dem Augenblick, wo der Nazismus das Land verwüstet hat, jener Nazismus, hinter dem der alte preußische Kriegsgeist, der Militarismus steht, er kann nicht umhin, sentimentale Gefühle an diesem gefährlichen Grab zu äußern, der Kurfürst wird genannt als Regent von humaner Gesinnung, und der 2. Friedrich erscheint hier als der Mann, den sogar Napoleon gefeiert hat mit den Worten, daß er allein ganz Europa im Schach gehalten hat. Aber Preußen waren die Schlotbarone und die Krautjunker, die Ost-Elbier, sie besetzten alle politischen und zivilen Kommandostellen, und ohne den Geist des Knechtsinns und Gehorsams, den sie geschaffen haben, ist der Nazismus, das

Unglück, das er über die Welt gebracht hat, nicht zu denken. Das sollte der gebildete Mann wissen. Und was tut er? Er zitiert den Coriolan von Shakespeare. So hat man Hitler auch ein Genie genannt. Und so endet er seinen Artikel: Vor der Leiche kommt das Gefühl der Achtung vor der Größe des Charakters zum Durchbruch, dies aus dem Coriolan, und ein versöhnendes Wort kommt nach: Wiewohl in unserm Staat / Er Mann und Söhne vielen Frauen nahm, / Die bis zu diesem Tag ihr Leid beweinen, / Soll dennoch sein Gedächtnis edel sein.

Ich denke, meine Damen und Herren, es erübrigt sich, hier noch ein Wort hinzuzufügen.

Weg mit der Furcht!

In diesen Tagen, da die Außenminister der vier Großmächte in London beieinander sind, um vor allem die Neuordnung Deutschlands zu regeln, ist die Welt, angesichts des Gegensatzes zwischen West und Ost, voller Spannung. Im Hintergrunde dieser allgemeinen, nicht gerade optimistischen Stimmung steht so etwas wie gegenseitige Furcht. Man weiß, daß die Furcht in der Entwicklung vieler Neurosen eine große Rolle spielt. Kinder, die in übler Umgebung aufwachsen, in der sie sich ängstigen, wachsen schlecht auf und leiden dauernden Schaden. Daß jetzt Furcht und Mißtrauen unter den Völkern entsteht, ist begreiflich. Sie nähern sich mehr und mehr, sie berühren sich, sie lernen sich kennen, aber unvollständig, und daß sie sich berühren und unvollständig kennen lernen, ist die Ursache von vielem Übel, von vielem Unglück. Den stärksten Ausdruck fand diese Furcht, dieses Mißtrauen voreinander in den letzten Verhandlungen der Vereinigten Nationen über die Veto-Frage und über die Sicherung vor den Atombomben. Der norwegische Vertreter hatte allerdings vollkommen recht, wenn er darauf hinwies, daß das Veto-Recht und andere Dinge nur ein Symptom und nicht die Wurzel des Übels seien. Die Wurzel des Übels ist die Furcht und das Mißtrauen. Und was ist die Ursache davon?

Wir kennen aus der Geschichte reichlich solche Zustände, in denen Staaten gegeneinander drängen, wie dann die Furcht entsteht, die Furcht vor dem Krieg, wie aus der Furcht sich die Rüstung entwickelt und sich daraus schließlich das Weitere ergibt. Es stehen sich jetzt starke Völker und Völker mit fremden Ideologien gegenüber. Die Ideologien können nicht zusammengehen, sie sind in der Tat unverträglich. Das betrifft nicht die Völker. Was die Ideologien sagen, sagen nicht die Völker. Die Ideologien übertreiben und fälschen. Wir wissen es von anderen Fällen. Jedesmal muß, wenn solche Spannungen und Gegensätze entstehen, irgend etwas endgültig erledigt werden. Es muß mit der anderen Ideologie vollkommen aufgeräumt werden. Man fühlt sich gefährdet und behauptet, nicht leben zu können, solange man irgendwo so gefährlich denkt. Übrigens: Wer argumentiert so? Die Menschen, welche Menschen? Die kleinen Menschen von der Straße? Die Leute, die früh morgens aufstehen und schwer ihr tägliches Brot verdienen? Die Frauen, die sich um ihre Familien kümmern? Nein. Sie alle bestimmt nicht. Sondern wer? Wer kann nicht leben, wenn diese oder jene bestimmte Denkweise oder Glaube existiert? Wir wissen es.

Eine angelsächsisch-westeuropäische Ideologie und die sowjetische stehen sich heute gegenüber. Betrachten wir die Sowjets. Furchtbar haben sie sich gepanzert. Schon in Friedenszeiten hat sich der Staat wie ein Igel eingerollt. Keiner kann sich ihm nähern. Warum tut der Staat dies? Was schützt er so rabiat? Es ist, man staunt heute vielleicht darüber, es ist die menschliche Freiheit und Unabhängigkeit. Man will die Masse der Menschen, des Volkes, schützen vor tyrannischen Fürsten und vor dem Industriekapital. So war dieser Staat vor dreißig Jahren entstanden unter Lenin gegen die Selbstherrscher, die Zaren, und den angeschlossenen Feudalismus von Grundbesitz und Kapital. Radikal wurde alles umgestürzt, die neue Freiheit wurde mit Gewalt hergestellt. Privatbesitz wurde abgeschafft. Und so wäre alles ideal und harmonisch, – wenigstens in den Augen solcher, die das für das Beste halten –, wenn nicht die neuen Verwalter dieser Freiheit geglaubt hätten, sie müßten nun alles wiederum mit Staatsgewalt schützen, was sie an Freiheit gebracht hatten, nach innen schützen und besonders nach außen. Sie errichteten daraufhin, wie bekannt, einen bis aufs letzte kontrollierten Staat, ein totalitäres System.

Diesem System stehen die Auffassungen der Angelsachsen und Westeuropas gegenüber. Hier herrscht das unbedingte Verlangen nach geistiger Freiheit. Man protestiert hier gegen den totalen Anspruch einer Staatsmacht. Man ist überzeugt, daß wirtschaftliche Mißstände innerhalb der Staaten, wie im Staatsapparat selber, durch direkte Mitarbeit des Volkes beseitigt werden oder zurückgedrängt werden können. Man hat darin Erfahrung. Man denke an den New Deal in Amerika, gerichtet gegen die Mammut-Konzerne und Trusts, man denke an die soziale Gesetzgebung in den meisten Kulturländern. Man nimmt hier lieber manche Schäden in Kauf, als daß man seine menschlichen Grundfreiheiten, im Denken und Sprechen, wegwirft, als daß man die persönlichen Rechte, die Rechte des Individuums gegenüber dem Staat erniedrigen läßt.

Obwohl sich die Ideologien so gegenüberstehen, hatten die sehr toleranten Westler den deutschen Diktator fast zehn Jahre geduldet, ihn vorsichtig behandelt, bis er doch ausbrach; er hatte seinen finsteren Glauben. Sein Fall ist erledigt.

Und nun ist an der Reihe der Antagonismus Sowjetrußland und westliche Demokratien. Ich sagte, Ideologien schließen sich aus, aber Völker sind nicht Ideologien, Völker schließen sich nicht aus. Welche Lebens- und Denkform auch ein Volk wählt, es kann neben anderen Völkern leben, die andere Lebens- und Denkformen haben. Darauf zielte die Rede des französischen Ministers Bidault, es gibt nicht nur die Großmächte, die sich hier konfrontieren, die beiden, sondern noch eine dritte, sie ist die größte, sie ist anwesend, aber nicht sichtbar, es ist der Friedenswille der Völker, der echte, ehrliche und leidenschaftlich entschlossene. Dieser Friedenswille darf sich nicht von Furcht lähmen lassen. Weder der Kapitalismus muß vorbrechen, noch muß der Bolschewismus vorbrechen, aber die sinnlose Furcht kann vieles ausrichten. Helft die Furcht und das Mißtrauen hüben und drüben und hier im Lande beseitigen. Führt den Kampf gegen die Furcht, durch Aufklärung, durch Worte der Wahrheit und nicht der Propaganda. Denn die Welt, sehr eng geworden, soll und muß zusammenwachsen.

Kleines Notizbuch

Dies ist das Jahr des Gedächtnisses an die Revolution von 1848. Sie war ein herrlicher blühender Moment in der Geschichte des alten Erdteiles Europa. Eine Koalition feudaler Militärstaaten, an der Spitze Preußen und Rußland, hatte den Kriegskaiser besiegt, unter der Ausbeutung des Unabhängigkeitswillens der Völker. Nachher wagten sie, sich »heilige Allianz« zu nennen. Napoleon war ein fremder Kaiser, aber man lese, nicht nur bei Heine, wieviel mehr er, hinter dem trotz allem die große Revolution von 89 stand, den freiheitlichen Deutschen war als die muffigen eingeborenen Landesväter. 30 Jahre konnte dieses heilige Polizeiregime blühen, von den eigenen Landesvätern (welch ein Gewinn) gepflegt. Es trug aber eine Krankheit im Leibe, nämlich die lebenden Völker (eine sonderbare Parasitenart, aber wer ist hier Parasit von wem?). Die Krankheit ließ sich nicht kurieren. Die Entwicklung sprach gegen die Dynasten.

Man wäre damals in Deutschland mit ihnen fertig geworden,

wenn nicht die Kanonen gewesen wären. Die Kanonen hielten alles auf. Sie stabilisierten in Deutschland die Dinge. Es mußten erst die Kriege von 1870/71 und der erste Weltkrieg kommen, bis die Kanonen ihren Platz verließen. Kanonen sind dumm wie Bohnenstroh. Nichts ist damit bewiesen, wenn man von ihnen umgeworfen wird, aber weder den Toten noch den Überlebenden nützt diese Bemerkung. Immerhin erinnert man sich, wenn das eiserne Hornvieh Feuer schnaubt, intensiver, daß man sein Gehirn nicht dazu hat, um sich resigniert umlegen zu lassen. Man unternahm etwas und man siegte nicht. Es ging 1848 in Deutschland schief.

Und wenn man sich überlegt, warum es eigentlich schief ging, mit dem Blick von heute über das abgelaufene Jahrhundert, so wird man unruhig und gerät in Verlegenheit. Ja, woher kommt es, daß einem diese Revolution so altmodisch erscheint, so weit entlegen? Wir haben große, ich meine gewaltigere und ungeheuere Aktionen erlebt, wir stehen schon nach dem zweiten Weltkrieg. Aber nicht die Größe der Aktion läßt den Vorfall von 1848 in einem nur schwachen Licht erscheinen, als vielmehr (es ist fatal es auszusprechen) der Umstand, daß diese Revolution in gewisser Hinsicht, ich betone in gewisser Hinsicht, nicht gut Schritt mit der Zeit hielt. Es ging damals schon eigentlich nicht mehr um Landesväter und Landeskinder. Landesväter und Landeskinder gab es zwar noch, aber sie waren schon damals Überbleibsel und Probleme von gestern. Die Dynastien waren nicht mehr so wichtig, auch ihre Beseitigung nicht so wichtig. Wer und was trug damals die Fahne des Fortschritts? Man kennt das berühmte Bild, auf dem ein mächtiges Weib, der menschliche Freiheitswille, der Enthusiasmus der Massen den revolutionären Kämpfern voranschritt. Wer oder was trug in der Mitte des vorigen Jahrhunderts bis in die Neuzeit hinein, bis jetzt, die Fahne und wer stürmte? Die Industrie. Sie hat sich in Bewegung gesetzt. Ihr Sturmlauf hatte begonnen, es drehte sich jetzt um sie und um das, was sie im Negativen und Positiven bewirkte, indem sie den Wohlstand vermehrte und das Proletariat erzeugte, indem sie im Ganzen von innen die alte Gesellschaft aushöhlte.

Dies also geschah, und dies war das eigentliche Aktuelle von damals. Nicht auf altertümliche Weise, mit dem Pathos der alten Revolution ging diese Revolution vor sich. Man schleppte nicht mehr die Könige und Fürsten auf die Guillotine, sondern fügte ihnen nur eine unheilbare Knochenerweichung zu. Die Knochenerweichung der Fürsten heißt Demokratie. Zuletzt saßen sie noch auf ihren Thronen, man ließ sie, man gönnte sich ihren Anblick, man gönnte ihren Anblick auch den Völkern, einigen Völkern, die solche Dekorationen liebten. Man erholte sich bei ihrem Anblick von den manchmal zu großen Taten der Industrie und des Fortschritts. Immerhin hatte man zuletzt fast allgemein die Fürsten über und schickte sie in Pensionen oder ins Sanatorium. Die hohen Herrschaften kamen sich selbst unwahrscheinlich vor und fühlten sich in Zivil nicht schlecht.

Nun sind sie also meistens verschwunden oder zahnlos geworden und die Industrie hat ihr Feld frei und kann mächtig vorwärtsschreiten. Sie bildet die Staaten um, sie bildet die Völker um, sie hat Siebenmeilenstiefel an. Kommt sie nicht glatt vorwärts, so kommt sie hart vorwärts, aber vorwärts kommt sie. Wir haben uns da einen energischen neuen Herrn zugelegt. Und, siehe da: Hier kommt die Revolution von 1848 doch wieder zu Ehren, jetzt verstehen wir sie besser. Zum Fortschritt gehören zwei Mächte, eine sachliche, bloß anonyme und eine menschlich persönliche Macht. Man hat sich im letzten Jahrhundert zu sehr mit anonymen Mächten eingelassen. Wir haben ein zu sachliches anonymes Zeitalter erlebt. Staunend und erschüttert stehen wir nun vor dem scheinbar altmodischen Bild von 1848, mit dem gewaltigen Weib, das die Fahne der Menschenwürde trägt. Plötzlich erkennen wir: 1848 war doch eine Revolution, die andere, die ewig andere.

In Berlin hat man die Barrikadenkämpfe gefeiert, in Frankfurt am Main feiert man die Paulskirche. Beide Städte sind enorm zertrümmert, im Verlaufe einer von keiner Revolution aufgehaltenen Entwicklung. Es haben einige Verlage, um klar zu machen, worum es damals ging, Schriften herausgegeben. Das Buch, das Walter Viktor im Aufbau-Verlag publiziert, heißt »Es ward Frühling 1848«. Er hat das Buch drei Freunden gewidmet, die vom Faschismus ermordet wurden, dem Ungarn Oskar Kiroly, dem Deutschen Erich Knauf, dem Amerikaner Richard Mac Laughin. Wir erfahren nicht, wo und wann der Faschismus diese Kameraden zertreten hat. Aber wenn ich das Wort Faschismus hinschreibe, gehen meine Gedanken wieder auf das zurück, was ich eben von der Entwicklung und dem Fortschritt und von der anonymen sachlichen und persönlichen Macht und dem Widerstreit der beiden sagte. Ein Italiener und ein Österreicher waren die letzten Anführer des Faschismus und in nichts waren diese Figuren so verliebt und mit nichts anderem wollten sie ihre Herrschaft befestigen als mit moderner, modernster Industrie. Gefolgsmänner, Lehensmänner der Feudal-Macht Industrie waren sie, und jeder wollte für sie ein Imperium bauen. Sie saßen als Chauffeure auf dem greulichen Riesentank, dem Donnerwagen der modernen Industrie. Ich las eben ein Bändchen »Briefe Philipp II an seine Töchter« (im Alber-Verlag München) und da schreibt dieser Weltherrscher und erzählt, wie er sich in Lissabon auf dem Fluß und Meer befördern ließ, auf einer mächtigen Galeere. Und als er das Schiff bestieg, warfen die dreihundert Galeerensklaven ihre Kleider ab und standen in kurzen Ruderhosen da, samt und sonders, wie er sagt, bartlos und kahlgeschoren. In unserer Zeit, in unserer Zone, übt man nicht solchen Kostümzwang. Im Gegenteil: Je schöner du bist, je reicher du dich kleidest, je mehr du die Freuden des Daseins begehrst, umsomehr gebe ich sie dir – und umsomehr habe ich dich: so sprach und spricht die Herrin von heute, und die Führer des Faschismus haben mit diesem Prinzip ihre Völker betrogen. Die Kameraden, deren Walter Viktor gedenkt, waren genug freie Menschen, um anders zu denken.

In acht Kapiteln hat Viktor sein Buch aufgezogen. Wir blättern und stoßen auf Faksimile zwischen den Blättern und Texten. Wir haben gehört, daß Karl Marx »Mohr« genannt wurde. In der Tat, das Bild überzeugt: so massiv, dunkel, mit einem dichten Bart war er, kein angenehmer Charakter, und mit ihm nicht übereinzustimmen, war eine riskante Angelegenheit, und was er gelegentlich über Lassalle äußerte, war nicht lyrisch gefärbt. Da findet sich auch ein Bild von George Sand, Zylinderhut auf den weiblichen Locken. Wir erfahren in dem Buch von ihr, auch von Lola Montez.

Diese, wie auch ihr Bild zeigt, eine sehr schöne Person, kam einmal, so erzählt der Autor, zu dem damals 61jährigen König Ludwig von Bayern. Der war erstaunt, daß eine dreißigjährige Frau noch so aussehen konnte. Da nahm Lola den Dolch, den sie stets bei sich trug (so geht die Sage: wollte sie den König ermorden? Aber nicht doch, wir sind in der Nähe des Jahres 1848, wo man nicht die Könige ermordet, sondern im Gegenteil). Jedenfalls im Stil dieser Jahre schlitzte sich Lola mit einem Ruck ihr pralles Kleid vom Leibe und stand da, wie Viktor bemerkt, »eine gleißende Venus«. So behandelte man 1848 Könige. Er war dann wie verhext. Möglicherweise trug dazu bei, daß er mit einer Therese von Sachsen-Hildburghausen schwer verheiratet war, mit 8 Kindern. Er war verhext, und dafür hatten seine Bayern sowenig Verständnis wie für seine Lyrikbände. Der Gute hatte nichts von der modernen Führergarnitur, er war ein verwahrlostes, verwöhntes Landesväterchen. Und nach zwei Jahren hatte den Glücklichen die Revolution befreit. Mit Freuden ließ er den Thron in München stehen und saß in Nizza im Exil. Im Nebenzimmer freilich saß nicht Lola, sondern – unentwegt Therese von Sachsen-Hildburghausen. Und er erklärte ihr, und es ist möglich, daß sie es glaubte: »Hätte ich nie eine andere geliebt, so liebte ich dich nicht so sehr.« Das eine Randzeichnung zum Jahr 1848.

Das ergreifendste Gesicht, das einem in diesem Buch begegnet, ist das eines Mannes, der um diese Zeit lebte, geistig bestimmt bei den Revolutionären stand, aber nicht in Europa und in seinem Land andere Kämpfe zu führen hatte: Es ist der grundehrliche, menschliche, amerikanische Präsident Abraham Lincoln. Er und sein Sohn Thomas besehen sich ein großes Buch. Dieser herrliche Mensch wurde, als er »den Schandfleck Sklaverei vom Ehrenschild seiner Nation« beseitigt hatte, ermordet. Es ist gut, daß man ihn hier sieht. Die Menschheit ist eins. Wir haben alle gelernt, was er in seiner Gettysburger Adresse sagte, in einer Rede, die bei der Feier wirkungslos verpuffte, die gewaltige Phrasendrescherei eines anderen lief ihr den Rang ab, im Augenblick. Lincoln sagte, man solle geloben: »Daß die Toten nicht umsonst gestorben sind, und daß die Idee des Staates als eine Organisation des Volkes, durch das Volk und für das Volk nicht mehr untergehen solle auf dieser Erde.« Welches Glück für ein Volk, in seiner Geschichte solche Menschen aufzuweisen. Er sagte auch: »Der Schäfer schafft seinen Tieren den Wolf vom Hals. Dafür danken die Schafe dem Schäfer als ihrem Befreier, während der Wolf ihn für dieselbe Tat anklagt. Offenbar sind Wolf und Schaf sich nicht ganz einig über den Sinn des Wortes Freiheit.«

Übrigens bin ich, scheint es, über den Sinn des Wortes Freiheit nicht ganz einig mit dem Berliner Ulenspiegel-Verlag, der zu dem Werk De Costers »Ulenspiegel«, das jetzt neu im Ulenspiegel-Verlag in Berlin herausgekommen ist, ein Nachwort schrieb, was aber kein Nachwort zu De Costers »Ulenspiegel« ist, sondern zu meinem Vorwort. Ich hatte die Freude, und wurde andererseits in Verlegenheit gesetzt, von dem genannten Berliner Verlag zu einem Vorwort zu diesem bekannten und von mir geliebten Werk eingeladen zu werden. Ich wußte nicht, wie ich mich verhalten sollte. Denn das Buch ist mir seit Jahrzehnten ans Herz gewachsen. Es ist ein viel stärkeres Freiheitslied als das Drama »Wilhelm Tell« von Schiller. Es ist echter, blutvoller, reicher, reifer und dazu voller Liebe und Gelächter. Nein, Lachen und Gelächter können wir von deutschen Klassikern nicht erwarten. (Warum eigentlich nicht? Aber es ist Faktum. In England und Frankreich können Klassiker lachen.) Soweit wäre alles gut, und ich schrieb mir meine Vorrede vom Herzen. Da wurde ich vor die Gretchenfrage geführt: »Wie hältst du es mit der Religion?« Ich sah meinem guten alten Weggenossen De Coster auf die Finger und bemerkte: da könnte er heute sehr mißverstanden und mißbraucht werden. Sein Ulenspiegel rechnet mit einer Fremdherrschaft ab, mit einem spanischen König, der physischen Zwang und Gewissenszwang übte. Das war De Costers Thema. Er zog prächtig vom Leder und schlug gewaltig drein. Er war ein Dichter, ein ganzes Bataillon Dichter. Er fälschte lustig und von Herzen, im Interesse der dichterischen Wahrheit.

Die Wahrheit des Dichters, was ist sie nun? Sie ist etwas anderes als die des Historikers. (Pardon, das ist mir so aus der Feder geflossen, das meine ich nicht, das kann ich nicht gemeint haben. Der Historiker hat es mit der Wahrheit zu tun? Oh, darüber haben wir Erfahrungen. Es bleibt bei dem alten klassischen Satz: »Es ist der Herren eigener Geist, in denen sich die Zeiten spiegeln.« Also dichtet der Historiker auch? Anders als der Poet, – verschämt, weniger unschuldig.)

De Costers Ulenspiegel führte einen schneidigen, pfiffigen und lachenden Kampf, auch einen wütenden und gnadenlosen Kampf gegen staatliche Unterdrückung und gegen Gewissenszwang. Darum ist der Kampf unser aller Ding, er ist unzeitlich und allgemein gültig, – aber nun kommt es jeweils darauf an, die Kostüme der Unterdrückung und des Gewissenszwanges zu erkennen. Die Figuren tauschen die Kostüme, und nachher weiß man nicht, »wer ist wer«. Es liegt daher auf der Hand, daß die verschiedenen Zeiten ihren Ulenspiegel neu schreiben müssen. Was kann den tapferen und aufrechten de Coster daran kränken, und ihm wehe tun, wenn wir der heutigen Wahrheit die Ehre geben und ruhig äußern, im Falle des König Philipp II., es seien ihm (de Coster) gewisse Fehler unterlaufen. Er macht, geradeaus gesagt, einige landläufige Geschichtslügen mit. Er hängt nicht an Dogmen, es wird ihm ein Vergnügen sein, darüber aufgeklärt zu werden, daß er sich unbewußt doch von einem Dogma, einer Geschichtslüge, hat gängeln lassen.

Vor mir liegt das schon oben erwähnte Büchlein aus dem Alber-Verlag »Briefe Philipp des Zweiten von Spanien an seine Töchter«, nach der französischen Ausgabe von Gachard übersetzt und mit einer Einführung versehen von Paul Graf Thun-Hohenstein. Gachard war ein bekannter belgischer Historiker, dem im italienischen Archiv in Turin unverhofft ein kostbarer Fund gelang: Er stieß auf Briefe, die in den Jahren 1581–83 der König Philipp an seine halbwüchsigen Töchter, die Infantinnen Isabella und Katharina richtete. Das Büchlein, übersetzt ins Französische, wurde wenig beachtet und fiel in Vergessenheit. Nun wo in den letzten Jahren zwei Philipp-Werke erschienen sind (Reinhold Schneider: »Philipp II oder Religion und Macht«, Leipzig 1931, und Ludwig Pfandel: »Philipp II, Das Bild eines Lebens und einer Zeit«, München 1938), ist ein neues Interesse an diesem spanischen König geweckt. So kamen wir zu dieser deutschen Übersetzung. Die Töchter, an die Philipp schreibt, sind etwa 12–14 Jahre alt. Es sind ruhige, liebenswürdige und väterlich besorgte Briefe, die sie von dem König erhielten. Wir haben im letzten Jahrzehnt Gelegenheit gehabt, Tyrannen aus der Nähe zu betrachten. Die Schwarz-Weiß Zeichnung, oder die blutig rote auf pechschwarzem Grund akzeptieren wir nicht mehr. Figuren, wie einige, die in Nürnberg die Anklagebank drückten, und einige, die sich schon vorher einem anderen Gericht gestellt hatten, waren farbenreicher. Sie zeigten sich als gute Familienväter, Freunde von Kunst, Musik und Theater, sie liebten Kinder und Frauen. Nehmen wir an: Philipp war ein Tyrann, so steht fest, besonders nach den Briefen, er war es auf diese, ich möchte sagen, Nürnberger Art. Er ließ der Ordnung halber exekutieren: denn er glaubte an Ordnung und an den besonderen Rang seiner Ordnung. Er wurde übrigens von einem Hausdrachen behütet, einer alten, unmöglichen Person, einer Madalena, die trank und ihn tyrannisierte, den Tyrannen. Und dann war noch bei ihm ein Kammerdiener, ein Louis

Tristan, welcher die Madalena nicht ausstehen konnte. Die Launen und Streitigkeiten dieser beiden ertrug Philipp, der im übrigen als Sekretärin eine seiner Töchter, die nicht heiratete, später zu sich nahm.

Zwischen solchen Gestalten sitzt der angeblich höllische Philipp II, baut Flotten und wacht über die Gesundheit der Kinder und spricht von Abführmitteln. Der Ulenspiegel-Verlag hat mir eine Freude gemacht, indem er mich zu dem Vorwort einlud, so daß ich dazu gelangte nach einem Jahrzehnt de Costers Buch wieder zu lesen. Es ist eine sehr schöne Ausgabe geworden. Sein Nachwort (wonach er über Einiges anderer Meinung ist als ich) nehme ich zur Kenntnis. Raum für ein Vorwort und Nachwort hat der Ulenspiegel, aber was bedeutet es, daß er am Schlusse mitteilt, daß er mich sehr »achte«, ja sogar »bewundere«? Was habe ich ihm getan? Warum gefalle ich ihm nicht? Er gefällt mir doch, weil er das Buch brachte und damit beweist, daß wir auf derselben Front kämpfen, für den freien Menschen, gegen staatliche Unterdrückung und Gewissenszwang. Über den Unterschied in der Nuance und der Klarheit wollen wir nun in ernster Bemühung in der Stille nachdenken.

[Humanismus und Sozialismus]

Sprechen wir hier von einigen großen Bewegungen, die innerhalb der Staaten und Gesellschaften vom Menschen ausgingen mit dem Ziel, den Menschen aus seiner Fragmentierung zu befreien. Ich greife aus dem letzten Jahrhundert den frischen und jungen Humanismus und den Sozialismus heraus.

Betrachten wir, wie es innerhalb der Staaten diesen prächtigen Energien erging, welches Schicksal diesem Enthusiasmus zuteil wurde, als er in der Gesellschaft mit den Gebilden in Berührung kam, gegen die er angehen mußte. Wir werden beobachten, wie den Menschen diese herrlichen Vorsätze Humanismus und Sozialismus entglitten, wie sie umschlugen, ihren Charakter verloren und verdarben.

Wann erwacht der Mensch am raschesten? Wie kommt er am schnellsten zum Bewußtsein, und wann fühlt er sich am heftigsten angerufen? Wenn vor seinen Augen Unrecht geschieht. Denn es liegt in unserer Natur, daß wir kein Unrecht ertragen können. Die Gerechtigkeit ist nicht vom Menschen erfunden, sondern mit ihm geschaffen und stammt aus der selben Quelle wie er. Sie ist ein Weltgesetz von der gleichen unwiderstehlichen Gewalt wie ein physikalisches Gesetz.

In diesem Jahrhundert, zu Beginn der Industriezeit, erlebte man, was den Armen geschah. Rapid vollzog sich vor aller Augen der Sturz des Menschen aus einer lebendigen Gestalt in einen Maschinenteil.

Wir wissen, wie sich damals, zu Beginn des 19. Jahrhunderts, angefeuert von der französischen Revolution ein tapferer Humanismus entwickelte, der von dem großen Geist der Gerechtigkeit getragen wurde. Wir werden nicht der vielen namenlosen Menschen vergessen, die damals aus Bürger- und Arbeiterkreisen ausschwärmten und ihre Proteste laut werden ließen gegen die neue Entwürdigung des Menschen im Maschinenprozeß. Damals geriet der Mensch zum ersten Male in die aufsaugende Nähe der Technik.

Technik ist notwendig und gut. Sie entsteht in der Gesellschaft. Sie wird schlecht und schädlich in den Händen menschenfeindlicher Gruppen.

Von den Feldern und Kleinarbeitsstätten riß das Industriekapital die Menschen in die rasselnden Fabriken, wo sie eine ungeheuerliche Verminderung ihrer Existenz erfuhren, eine tiefe Demütigung ihrer Person, so daß sie verkamen, äußerlich und innerlich. Nein, es war und ist nicht die Technik, welche das Proletariat erzeugt. Man verwische die Dinge nicht. Es war die schon durch die vorangegangene Entwicklung schlecht gewordene Welt. Sie deformierte brutal und bedenkenlos den freigeborenen Menschen zu einem Behälter von Arbeitskraft, den man nach Belieben austauschen und wegwerfen kann.

Unter solchen abscheulichen Umständen, die bekannt sind, setzte sich das Industriezeitalter in Bewegung und gebar aus sich kein menschliches Glück, keine höhere menschliche Entfaltung oder größere Stabilität der Gesellschaft, – sondern einige schätzenswerte Bequemlichkeiten für eine kleine Schicht, im übrigen eine trübe und verbitterte Millionenmasse, eine armselige Menschenabart, vor deren Exemplaren sich das Wort »Persönlichkeit« schwer aussprechen ließ. Zugleich wurden die Gesellschaften erregter, unsicherer und noch mehr hinfällig.

Da machte sich der Sozialismus auf, die Dinge zu ändern. Er begann als echt humanistische Bewegung unter dem Zeichen der Brüderlichkeit aller Menschen. Er lief und arbeitete einige Zeit; und einige Jahrzehnte später, wohin ist man gekommen? Der Klassenkampf ist da.

Und beim Klassenkampf, welche Gesinnung herrscht, welche Gesinnung hat man angenommen? Es heißt jetzt nicht mehr: Brüderlichkeit. Es heißt: die Menschen werden nicht sofort Brüder. Man muß warten, auf morgen. Man muß kämpfen. Es müssen leider schlimme Mittel angewandt werden, und das Ende ist nicht abzusehen.

Und um das Ende zu erreichen, muß man sich organisieren, muß sich absetzen gegen die übrigen Menschen. Das ist die verhängnisvolle Situation, auf die man sich zubewegt. Man will nicht, aber kann nicht anders.

Und wer die ganze Bitterkeit dieses Umschwungs aus dem brüderlichen Sozialismus in klassenkämpferischen Zorn erkennen will, der lese die Jugendschriften von Karl Marx, noch frisch, enthusiastisch offen, und vergleiche sie mit dem, was er später in England schrieb. Und lese seine eisern dröhnenden, von Empörung durchschmetterten Anklagen aus dem ersten Industrieland dieser Zeit und verstehe diesen flammenden Haß und in Klage übergehenden Enthusiasmus. Für die Hilflosen, um ihr Bewußtsein als Menschen betrogenen und beraubten Armen schmiedete er seine gefürchteten und gehaßten Formeln. Aber es war und blieb Klassenkampf. Es klang nach Krieg, und es entstanden Kriege, Kriege auf einer neuen Ebene.

Und die Kämpfer für Humanismus, für den großen wahren Menschen, für den Menschen, der unsere Sorge ist, wie sahen sie nachher aus, im Klassenkampf?

Wer kann ohne Gemisch von Erschütterung und Abscheu an das denken, was vor 30 Jahren geschah. Am Eingang der Weimarer Republik das schauerliche Bild von Sozialisten, verwandelten Sozialisten, Sozialisten, wie sie sich nannten und nach ihrer Laufbahn nennen konnten, nunmehr gespalten. Und zum Schutz ihrer Partei, ihrer Organisation bewaffnen sie sich gegeneinander, und so kommt es dazu, daß sie in der eben entstehenden Republik die Anhänger der alten Unterdrückung wieder installieren. Es triumphiert die Partei, die Organisation.

So spielte sich heroisch und beschämend der Kampf ab, der von dem humanistischen Sozialismus begonnen war. Das Prinzip verdarb, es verholzte, wieder einmal.

Es gelang nicht, abermals nicht, von außen, diesmal von Organisationen, den Menschen wiederherzustellen und seine Not zu beseitigen.

[Kritik der Zeit]

Lassen Sie mich heute beginnen, meine Damen und Herren, mit Bemerkungen zu dem viel diskutierten päpstlichen Dekret betreffend den Kommunismus. Sie wissen, daß dieses von der römischen Offizialkongregation erlassene Dekret sich befaßt mit den Katholiken, die der kommunistischen Partei angehören oder aktive Propaganda für die kommunistische Lehre treiben. Es werden in Zukunft allen Katholiken die Sakramente verweigert, welche eingetragene Mitglieder der kommunistischen Partei sind oder deren Politik fördern, außerdem solchen, welche kommunistische Bücher veröffentlichen oder an ihnen mitarbeiten. Es werden solche Katholiken, die sich als kommunistische Funktionäre betätigen und der materialistischen antichristlichen Doktrin huldigen, exkommuniziert ipso facto. Die Meldung klang zunächst, so wie man sie aus Zeitungen und Radio hörte, höchst alarmierend. Es sah aus, als ob die Kirche, bisher in der Abwehr und Defensive, nunmehr zum Angriff überginge. Aber die Details, die alsdann bekannt wurden, ließen deutlich werden, was da eigentlich dekretiert wurde, und am Schluß, nachdem die Erregung abgeflaut ist, muß demjenigen, der unvoreingenommen ist und der sachlich und gerecht hinblickt, die Angelegenheit völlig natürlich erscheinen. Vor hundert Jahren und länger zurück hat der Streit zwischen der Kirche und dem Kommunismus begonnen. Der Kommunismus entstand, die Kirche war eine viel angegriffene aber bestehende religiöse und moralische Macht. Da wurde ihr der Fehdehandschuh hingeworfen von den revolutionären Gruppen, [wie dem] Bund der Kommunisten, einer internationalen Arbeitervereinigung, und die Kundgebung, die sich am schärfsten mit dem Thema »Kirche und Kommunismus« befaßte, war das etwa vor 100 Jahren für die Zwecke dieses neugegründeten Bundes der Kommunisten [verfaßte] »Kommunistische Manifest«. Es hat das Jahrhundert überlebt, es hat enormen Einfluß geübt auf die Arbeiterbewegung in allen Industrien, es wurde verfaßt von Karl Marx. Wenngleich in diesem Manifest in erster Linie vom Kapitalismus und von den Klassenkämpfen die Rede ist, und wenngleich dieses Manifest beginnt mit den Worten »Die Geschichte aller bisherigen Gesellschaft ist die Geschichte von Klassenkämpfen«, und hier Stände gegeneinander gestellt werden als

Unterdrücker und Unterdrückte, so richtet sich doch bald der Angriff der Intellektuellen, welche hinter dem Manifest stehen, gegen geistige Bewegungen, gegen die Religion im allgemeinen und gegen die Kirche. Die Religion wird mit einem jetzt allgemein bekannten und zum Überdruß gehörten Schlagwort »Opium für das Volk« genannt, sie wird also als Einschlafmittel für die Unterdrückten entlarvt. Rigoros wird erklärt: »Der Proletarier ist eigentumslos. – Die Gesetze, die Moral, die Religion sind für ihn ebenso viele bürgerliche Vorurteile, hinter denen sich ebenso viele bürgerliche Interessen verstecken.« Um Ihnen den Gegensatz und die unaufhebbare Spannung zwischen religiöser Lehre und kommunistischer Doktrin zu zeigen, zitiere ich Ihnen noch folgende Sätze, Bemerkungen über die Familie: Die bürgerlichen Redensarten über Familie und Erziehung, über das traute Verhältnis von Eltern und Kindern werden um so ekelhafter, je mehr infolge der großen Industrie alle Familienbande für die Proletarier zerrissen werden. Die bürgerliche Ehe wird von diesen Angreifern »die Gemeinschaft der Ehefrauen« genannt. Und was die Ideen anlangt, da heißt es: »Was beweist die Geschichte der Ideen anders, als daß die geistige Produktion sich mit der materiellen umgestaltet? Die herrschenden Ideen einer Zeit waren stets nur die Ideen der herrschenden Klasse. – Als die alte Welt im Untergehen begriffen war, wurden die alten Religionen von der christlichen besiegt. Als die christlichen Ideen im 18. Jahrhundert den Aufklärungsideen unterlagen, rang die feudale Gesellschaft ihren Todeskampf mit der damals revolutionären Bourgeoisie«. Wie eng die materielle Entwicklung mit der geistigen verkoppelt wird, zeigt folgender Satz: »Die Ideen der Gewissens- und Religionsfreiheit sprachen nur die Herrschaft der freien Konkurrenz auf dem Gebiete des Wissens aus.« Die Verfasser dieses berühmten Manifestes fühlen sich doch nicht hundert Prozent sicher, denn sie stellen sich die Frage: Aber, wird man sagen, religiöse, moralische etc. Ideen mögen sich im Lauf der geschichtlichen Entwicklung ändern; die Religion, die Moral, das Recht erhalten sich stets in diesem Wandel. Es gibt zudem ewige Wahrheiten, wie Freiheit, Gerechtigkeit, usw., die allen gesellschaftlichen Zuständen gemeinsam sind. Der Kommunismus aber schafft die ewigen Wahrheiten ab, er schafft die Religion ab, die Moral, statt sie neu zu gestalten. – Und was antworten die Verfasser auf den von ihnen selbst gemachten Einwand: Kein Wunder, daß das gesellschaftliche Bewußtsein aller Jahrhunderte in gemeinsamen Formen sich bewegt, in Bewußtseinsformen, die nur mit dem gänzlichen Verschwinden des Klassengegensatzes sich völlig auflösen. Wie mit den überlieferten Eigentumsverhältnissen gebrochen wird, wird auch radikal mit den überlieferten Ideen gebrochen.

Wir können feststellen, daß theoretisch, so oder so formuliert, der Kampf gegen die Kirche schon im 18. Jahrhundert bei der großen französischen Revolution geführt wurde. An der Kirche wurde nichts gesehen und nichts weiter erkannt, als ihre damals bestehende Verbindung mit dem König und mit der feudalen Klasse. Das Kind wurde mit dem Bade ausgeschüttet. Sie wurde denunziert als Instrument der politischen Unterdrückung. Die Rolle der Religion und der Kirche ist nach der kommunistischen Lehre: den Armen, den Enterbten und denen, die Unrecht leiden, Sand in die Augen zu streuen, sodaß sie unfähig werden, sich gegen das Unrecht und die Ausbeutung zu wehren, und daß der Besitz in Ruhe die Güter genießen kann, die ihm die Unterdrükkung geschaffen hat. Darum die Predigt »Geduld und Demut«. Nachdem die marxistische Lehre in Rußland Staatsdoktrin geworden war, wurde dort mit dem Zarentum auch die Kirche angegriffen. Es ist nicht unsere Sache, zu untersuchen, wie weit tatsächlich Kirche und Staat zusammengingen und sich stützten. Uns geht es um das Prinzip, um die Natur der Religion und um ihre Unabhängigkeit von der Staatsgewalt. Die kommunistische These und ihre Offensive rückt uns nach dem zweiten Weltkrieg immer näher. Die Staaten, die der Ostblock umfaßt, wissen und erfahren, was ihnen von der kommunistischen Doktrin droht. Es ist übrigens interessant, daß je mächtiger und sicherer der Kommunismus im Staate wird, er immer mehr es sich gestatten kann, der Kirche gewisse Freiheiten zu geben. Wir haben ja sogar gesehen, daß russische geistliche Würdenträger sich zu Boten ihres Staates machen ließen.

In einer Epoche, wo der Staatskommunismus sich langsam über Ost- und Mitteleuropa legt, in einer solchen Epoche kommt nun die päpstliche Bulle. Was sie will, was sie leistet, ist: anzurufen und aufmerksam zu machen. Es droht Gefahr, und derjenige, der Ohren hat zu hören, möge nun hören. Die Staaten im Osten und Westen sind politisch zu einem leidlichen modus vivendi gekommen. Aber das geistige Andringen, die Infiltration der Weststaaten durch die östlichen Lehren dauert an, und besonders springt jetzt in die Augen, die ideelle Gleichschaltung der Satellitenstaaten, die im russischen Machtbereich liegen. Wenn einer fragt, warum sie in ihrem Osten so empfindlich gegen geistige Abweichungen sind, man ist es im Westen bekanntlich nicht, wenn man fragt, warum sie im Osten mit solcher Entschiedenheit die Hand auf die Kirche, die Literatur, den Geist legen, so möge man wissen, sie tun es nicht bloß weil sie hier Stützen des Kapitalismus vernichten wollen, es dreht sich für sie um viel mehr. Sie kennen nämlich ihre eigene Schwache Seite. Sie wissen, wo ihre Achillesferse ist. Sie können widerstandslosen Gehirnen einfacher Menschen, und die Mehrzahl aller besteht aus einfachen Menschen, sie können ihnen falsche und längst widerlegte Ideen und Theorien aufdrängen und durch endlose Wiederholung einprägen. Aber einer ernsten und besser orientierten Kritik halten sie nicht stand. Und sie wissen, noch immer ist der Mensch, auch der einfache Mensch, ein denkendes Wesen. Weil sie Kritik und Auseinandersetzung fürchten, greifen sie an, schreien, toben und wiederholen. So denken sie von vornherein jeden Widerspruch zu unterdrücken. Was tut da das päpstliche Dekret, noch einmal? Es macht darauf aufmerksam, daß der Atheismus und Materialismus, den der Osten mit der Macht des Staates vorträgt, eine oberflächliche und reaktionäre Denkweise ist, eine dumme und dazu gefährliche Denkweise, die aus dem 18. Jahrhundert stammt und jetzt ihre letzte Blüte zeigt. Wir sind nicht allwissend, aber wie überlegen ist diesen materialistischen Plattheiten das, was die Religion bietet und die Kirche lehrt, wie überlegen und von welcher Tiefe. Die Religion weiß um das Ganze der Welt und weiß von der Ganzheit, die der Mensch ist. Der banale Atheismus, der dumme Materialismus kennt nur eine kleine natürliche Partie am Menschen und an der Welt. Die Kirche spricht, weil ihr die Sorge um die Ganzheit am Herzen liegt. Sie ist die Lehrerin, der keine äußere Macht zur Verfügung steht, aber die innere der Wahrheit. Diese Kirche weiß, daß ihre Gläubigen, die Christen, in Konflikte geraten sind und geraten können. Denn der Gläubige ist auch Staatsbürger, gehört einer bestimmten Klasse an, erlebt das ewige Unrecht der Gesellschaft und drängt darauf, seine Rechte zu vertreten. Es gehört zur Pflicht der Kirche, die Menschen auf die Grenzen des möglichen Glücks hinzuweisen, sie weiß vom Sündenfall und den Folgen, sie weiß auch von der Erlösung und von der Bewegung daraufhin. Wie der Mensch aber seine Rechte vertritt oder vertreten soll, das gehört zu dem mittelbaren Lehrbereich der Kirche. Denn sie lehrt es nicht direkt, sie mischt sich mit ihren Organen nicht in die politischen Dinge ein, aber sie stellt dauernd ihre Grundsätze fest und behauptet sie, und ihre Märtyrer leiden dafür. Immer hebt sie das eine hervor: die Ganzheit der Welt, zentriert in Gott, und die Ganzheit des Menschen in der Gesellschaft. Und wenn es der Staat mit Herrschaft und Macht zu tun hat und mit einem bloßen Gleichgewicht der Kräfte, so hat die Kirche noch das Ewige im Auge. Und wie sich dies im Alltag und im Staat realisiert, in der Ehe, der Familie, in der Schule, das haben die einzelnen Menschen durchzukämpfen und ist ihr Schicksal.

Man kann nicht zwei Herren dienen. Man kann nicht den atheistischen Ideen von gestern und vorgestern folgen und gleichzeitig glauben, in der Kirche zu stehen.

Dieser Tage wurde in der Zeitschrift »Der Monat« einiges aus den Tagebüchern Alfred Rosenbergs veröffentlicht, welchem bekanntlich unter Hitler die weltanschauliche Überwachung der gesamten geistigen Schulung der NSDAP oblag. Dieser wollte kein Kompromiß mehr, nicht einmal Kompromiß zwischen der Partei und dem Christentum, sondern die Überwindung der Kirche durch seine Rassenlehre. Aus den Aufzeichnungen geht hervor, man dachte daran, nach einem deutschen Sieg einen eigenen Papst zu ernennen und widerspenstige Bischöfe zu beseitigen. Man wollte also in dem Diktaturstaat an die Stelle des Christentums den grauenhaften Unsinn des Rosenbergschen Mythos setzen. Das hat sich abgelebt, wie Rosenberg selber. Die Geschichte hat ihr Wort über diese Absicht gesprochen. Bleibt der kommunistische Vorstoß im Ideellen und bleibt z. Zt. das päpstliche Dekret eine bestimmte Feststellung und Warnung. Möge sie das Zeichen sein für einen zunehmend klaren und energischen Kampf gegen den Leerlauf der atheistischen Ideen, für eine Selbstbesinnung des Abendlandes.

Rosa Luxemburg, Briefe an Freunde

Nach dem von Luise Kautsky fertiggestellten Manuskript hat jetzt Benedikt Kautsky einen Band »Briefe an Freunde« herausgegeben, geschrieben von Rosa Luxemburg, der am 5. März 1870 in Zamose (Lublin/Polen) geborenen, am 15. Januar 1919 ermordeten Revolutionärin. Das Briefpaket war während des Krieges verloren gegangen, ist aber vor der Zerstörung bewahrt geblieben.

Wir haben frühere Briefe von Rosa Luxemburg aus dem Gefängnis gelesen, Briefe an Karl und Luise Kautsky, auch eine kleine Anzahl von Briefen an den Freund von Rosa, den Arzt Hans Diefenbach.

Die Sammlung, die uns jetzt vorliegt, bringt hauptsächlich eine große Auswahl von Briefen an diesen Freund Rosas, die fast die Hälfte der Ausgabe einnehmen. Wir besitzen in der Literatur manche Sammlung von Liebesbriefen; die jetzt hier erscheinende Serie gehört zu den rührendsten und zartesten. Warum? Gibt es hier stürmische Gefühlsergüsse? Werden Dinge der Eifersucht abgehandelt oder wird der Liebende bestürmt? Nein. Es ist ein Roman um einen noch jungen deutschen Doktor, der in den Krieg zieht und fällt. Die fast 50jährige polnische Revolutionärin, die man ins Gefängnis geworfen hat, schreibt aus der Einsamkeit der Zelle. Sie sagt nicht Du zu ihm, es ist eine Liebe zwischen zwei feinen Naturen, die noch nicht aufgeblüht ist und in der Knospe verwelken muß. Wie Rosa zuletzt sich in einem Brief nach der Nachricht von seinem Tode bezwingt! Sie schreibt unter dem Oktober 1917 an die Schwester: »Sehr geehrte gnädige Frau, haben Sie vielen Dank für Ihre Zeilen. Wenn in einem solchen Brief von Trost gesprochen werden kann, so haben mir Ihre Worte ihn gegeben. – Mir ist jetzt, als müßte ich irgendwo in der Welt lebendige Spuren seines Daseins suchen und sammeln, und wo könnte ich sie am ehesten finden als bei Ihnen? Sie haben recht: Hans übertraf alle Menschen, die ich kenne, an innerer Noblesse, Reinheit und Güte. Alles Gemeine war ihm wesensfremd. Seine Schwächen waren die eines Kindes, das für das Reale im Leben, für den Kampf und die unvermeidliche Brutalität nicht ausgerüstet ist und in ständiger innerer Angst vor dem Leben lebt. Ich fürchtete immer für ihn, er werde immer ein Dilettant des Lebens bleiben, allen Stürmen im Leben preisgegeben. Ich suchte, soviel an mir lag, ihn doch in der Realität irgendwie zu verankern. Nun ist alles dahin. Ich habe zugleich den teuersten Freund verloren, der wie keiner jede meiner Stimmungen, jede Empfindung verstand und mitempfand. Eben las ich in dem wundervollen Briefwechsel Mörikes mit seiner Braut, und bei jeder schönen Stelle dachte ich aus alter Gewohnheit: Darauf muß ich Hans aufmerksam machen. Ich kann mich nicht an den Gedanken gewöhnen, daß er nun spurlos verschwunden.«

Ich selbst, der Referent, darf nach meinem Buch »Karl und Rosa«, dem Schlußband von »November 1918«, mich erinnern, daß ich, damals in Kalifornien, gerade an diesen Sätzen hängen blieb. Es war Rosa, die Gefangene in ihrer Zelle, die Einsame, die das schrieb. Ich folgte ihren Gedanken, und über seinen Tod hinaus habe ich sie ihn suchen lassen, und sie fand und hatte ihn bald (im Traum), aber das wurde keine Liebesgeschichte, sondern eine schreckliche, grausige Begegnung, im Geisterreich.

Nun zu dem jüngsten Briefband. Rosas Briefe, sowohl die Briefe an Karl und Luise Kautsky, wie die Briefe aus dem Gefängnis an Sonja Liebknecht und dieser letzte erschienene Band bilden einen wirklichen Schatz unserer Literatur, man wird nicht viele menschliche Dokumente dieser Art finden. Rosa, Revolutionärin seit frühester Jugend, erstarrt nie in einer Doktrin, ihre große Menschlichkeit schützt sie davor, denn es ist Menschlichkeit, die sie zur Revolutionärin gemacht hatte. So gewinnt sie ihre Haltung zu Lenin. Sie hat sich schon früh gegen Lenins Zentralismus gewandt. Es gibt einen großen Artikel von ihr aus dieser Zeit: »Organisationsfragen der neuen Sozialdemokratie«, eine scharfe Absage an Lenins Ultrazentralismus, dessen Folgen für die Arbeiterbewegung sie klar voraussah: die Erstickung jedes selbständigen Denkens unter den Parteimitgliedern, die Allmacht der Parteiführung und deren Isolierung von der Masse. Im Sommer 1918 wird sie erschüttert durch die Terrorwelle, die über Rußland flutet und deren Opfer in erster Linie die nichtbolschewistischen Sozialisten und mit ihnen breite Schichten der Arbeiterschaft werden. Der Herausgeber dieses letzten Briefbandes, Benedikt Kautsky, schreibt: »Sie hat das Wort von Marx, daß die Befreiung der Arbeiterklasse nur das Werk der Arbeiterklasse selbst sein kann, zutiefst in sich aufgenommen und begriffen, daß die Demokratie die Lebensluft für die Arbeiterbewegung ist.«

In dem nachgelassenen Manuskript von Paul Levi, 1922 herausgegeben, betitelt: »Die russische Revolution«, findet sich der Satz: »Freiheit ist immer die Freiheit des Anders-denkenden.«

Hier auch literarische Urteile Rosas: »Was Frau von Stein anlangt, – bei aller Pietät – sie war eine Kuh. Sie hat sich nämlich, als Goethe ihr den Laufpaß gab, wie eine keifende Waschfrau benommen, und ich bleibe dabei, daß der Charakter einer Frau sich zeigt nicht wo die Liebe anfängt, sondern wo sie endet. Von allen Dulcineen Goethes gefällt mir auch nur die feine zurückhaltende Marianne von Willemer, die Suleika des »Westöstlichen Divans.«

Sie äußert sich über Gottfried Keller: »Ich las wieder die Züricher Novellen und den Martin Salander. Bitte fahren Sie nicht in die Höhe, aber Keller kann entschieden keine Romane und keine Novellen schreiben. Was er gibt, ist immer nur Erzählung. Nur der Grüne Heinrich lebt wirklich. Trotzdem tut mir Keller immer wohl.«

Sie gibt ein Bild von Karl Liebknecht und schreibt: »Sie wissen vielleicht, wie er seit Jahren lebte, nur im Parlament; in Sitzungen, Kommissionen, in Hatz und Drang, stets auf dem Sprung von der Stadtbahn in die Elektrische, von der Elektrischen in das Auto, alle Taschen vollgestopft mit Notizblocks, alle Arme voll frischgekaufter Zeitungen, Leib und Seele mit Straßenstaub bedeckt, aber doch immer mit dem liebenswürdigen jungen Lächeln im Gesicht.« Eine Episode: Sie machten zusammen einen Marsch über die Felder, nach Marienfelde, im April. Rosa erzählt: »Ein rauher Wind jagte große Wolken am Himmel stoßweise hin und her, und die Felder strahlten bald im hellen Sonnenschein, bald verdunkelten sie sich smaragdgrün im Schatten, ein herrliches Spiel, bei dem wir schweigend spazierten. Plötzlich blieb Karl stehen und fing an, seltsame Sprünge auszuführen, dazu noch mit ernstem Gesicht. Ich sah etwas erstaunt zu und erschrak sogar ein wenig: ›Was haben Sie?‹ ›Ich bin so selig‹, antwortete er bloß, worauf wir (es waren Rosa und Sonja Liebknecht) wie toll lachen mußten.«

Sie äußert sich über den »Emmanuel Quint« von Gerhart Hauptmann: »Mich hat darin ein Problem gepackt, das ich sonst noch nirgends angegriffen fand und das ich selber in meinem

Leben tief empfinde: Die Tragik des Menschen, der zur Masse redet und fühlt, wie jedes Wort im selben Augenblick wo es seinen Mund verläßt, erstarrt, in den Hirnen der Hörer zu einem Zerrbild wird und auch das Zerrbild seiner selbst wird.«

[Brief an Irma Loos]

DAS GOLDENE TOR
REDAKTION

Mainz, den 28. März 1951
Postfach

[Diktat]

Sehr verehrte Frau Loos,

Entschuldigen Sie, wenn ich erst jetzt Ihren Brief beantworte, aber ich habe mich Wochen über Wochen in Paris aufgehalten, wo ich mich einer Augenoperation unterziehen mußte; es war nicht sehr leicht und die Sache zog sich länger hin, als ich geahnt hatte. Nun diktiere ich also die Antwort auf Ihren Brief.

Ich bin sicher, Sie kennen viel mehr von mir als nur den »Alexanderplatz«, und Sie haben aus dem, was ich schrieb, richtig und gut ersehen, daß sich hier kein Schriftsteller oder bloßer Dichter äußert, sondern einer, der sich gedrängt fühlt, sich zu äußern, und der einen ethischen, politischen und schließlich auch religiösen Willen hat. Wenn Sie nach Ihrem Brief in dieser Auffassung erschüttert sind, so tut es mir leid, aber Sie irren. Nicht eine Zeile schreibe ich als Schriftsteller und Dichter, sondern weil ich mich äußern will und muß, und mich selbst hat man, wie es mit meinen letzten Büchern geschieht, seit dem »November 1918« boykottiert und die Verleger rücken von mir ab. Da Sie manches von meinen früheren Werken kennen und von mir wissen, so müssen Sie auch wissen, daß ich seit 1920 den Kommunismus gesehen habe, in Berlin; mein Romanwerk »November 1918« zeigt es Ihnen. Ich schrieb im Jahre 1917, achten Sie auf das Datum: 1917, im ersten Weltkrieg, als ich in Lothringen stand als Militärarzt, in der »Neuen Rundschau« einen Essay, den Sie dort noch heute nachlesen können unter dem Titel »Es ist Zeit«. Man kann mir nicht vorwerfen, damals in Militäruniform habe ich keinen Mut gezeigt. Ich rief da gegen den Krieg und die Kriegsmächte auf. Bitte überzeugen Sie sich. Das Gewitter ging an mir vorüber und ich begrüßte nachher von Herzen die Erhebung gegen den alten militaristischen Staat. Ich war sehr aktiv und Sie können Menschen finden, die Ihnen dies bestätigen und bezeugen.

Dann kam damals eine Wendung in die russische Revolution, eine Partei wurde gegründet, welche nicht Frieden und Freiheit und menschliche Entwicklung auf ihre Fahne schrieb, welche zuerst noch forderte Diktatur des Proletariats, aber vor unseren Augen wurde es die Diktatur der neugegründeten kommunistischen Partei und schließlich sogar die Diktatur des Politbüros. Zu gleicher Zeit verfaulte der Sozialismus, die echte Menschheitsbewegung, und wurde unter Ebert zu einer Angelegenheit der Zahlabende. Damals war ich noch eine Zeitlang in der Partei der Sozialisten, trat erst aus, als man 1927 ein Schund- und Schmutzgesetz machte, das sich auch gegen uns richtete. Ich war mit der Gruppe des Aufbruchs, der Menschlichkeit; Ossietzki, Kisch, Brecht, Becher etc. waren Gesinnungs- und Kampfgenossen. Aber den Keim bildete die Umwandlung der anfänglichen Forderung auf Freiheit, Menschlichkeit und gegen die Waffen erst in die Forderung Diktatur des Proletariats und dann in die Erstarrung Diktatur des Politbüros mit einem Scheinwesen der Redner. Wir wurden in Berlin durch ausgezeichnete Leute, Männer und Frauen, die vom Osten kamen, während dieser Jahre orientiert. Lenin baute drüben seine neue Menschheit. Zu seinen Stücken wurde er und Stalin getrieben, aber das gleiche galt nicht für uns im Westen, die wie andere Völker lebten. Damals begann in Rußland die Staatsvergottung und die Erhebung marxistischer Sätze zu Dogmen. Blicken Sie, wenn Sie Gelegenheit dazu haben, in meine Streitschrift von 1930 »Wissen und Verändern«, worin ich die Dinge analysierte und klar machte.

Meine Auffassung betr. den Kommunismus ist nicht theoretisch, sondern was ich weiß, weiß ich theoretisch und praktisch. Würden sie drüben mit der äußersten Energie den Gegenwartsstand umändern wollen, das Militärische und den Krieg ausrotten in ihnen, – wie werde ich die Hand dagegen erheben. Aber jetzt entsteht das Dilemma: sie wollen den klassenlosen Staat, von dem sie alles menschliche Heil erwarten, sie wollen ihn unter allen Umständen und mit Gewalt durchsetzen. Sie sind Fanatiker und Gläubige. Aber sie glauben etwas Törichtes. Sie glauben, irgendeine politische Gesellschaft für die Veränderung hier vermöge den Menschen in eine bessere und höhere Welt einzuführen, und zwar ein für allemal. Es ist ihr kindlicher Glaube. Nun haben sie es im Osten dazu gebracht, eine wirkliche politische Weltmacht zu sein, die Dialektik der Entwicklung hat man wieder in sich und um sich, wogegen man sich eigentlich erhoben hat.

Das, sehr verehrte Frau Loos, sind in einigen [Sätzen] meine allgemeinen Bemerkungen zu denen im Osten, mit denen mich eine langjährige Waffenbrüderschaft verbunden hat, und ich weiß, sie stehen noch alle, bis auf Brecht, gut und freundschaftlich zu mir, verstehen mich jedoch nicht ganz, zu meinem Leidwesen. Sie aber, sehr verehrte Frau Loos, die Sie sogar mein »Religionsgespräch« gelesen haben, was die da drüben ja nicht taten, müssen mich doch ganz verstehen. Ich hatte vor zwei Monaten ein langes Gespräch mit Reinhold Schneider, ihm sind dieselben Dinge wie mir widerfahren. Wer will sagen, wir sind für den Krieg? Treten die Westlichen auf Konferenzen und anderswo und in der Praxis hart auf und die Waffen klirren im Hintergrund, – was tun die Wyschinskij, Malik und andere anderes? Die marxistische Idee will sich über die Welt ausbreiten, warum? Aber geht sie so vor? Man hat weder in Polen noch in der Tschechoslowakei noch in

Korea diesen Eindruck. Und das ist auch nicht wunderbar, denn nun ist man Macht geworden, man streitet mit den Mitteln der Macht.

Man kann sich nicht auf eine Seite der Krieger begeben. Das sage ich Ihnen als Antwort. Das dürfen Sie nicht, wenn Sie fest bei der Stange bleiben wollen. Es ist schwer, fest dabei zu bleiben, ja bitter. Und die Meisten werfen ihre Überlegung hin und folgen einem Antrieb. Ich kann es verstehen. In meinem Band »Karl und Rosa« geht mein Held Becker diesen Weg, der tragisch für ihn persönlich ist und sachlich nicht weiterführt. Denken wir lieber darüber nach, sehr verehrte Frau Loos, wie wir, ohne uns etwas zu vergeben und ohne den Kriegern zu folgen, wie wir unsere eigene Stimme, vielleicht auch im Zusammenschluß aneinander, verstärken, so daß man es auf jeder Seite unverkennbar versteht. Unser Fond ist keine Doktrin, kein Marxismus und kein nationales Vaterland, sondern die Religion und der Glaube an ihre Wahrheiten. Und da Sie mich so hart trafen, möchte ich Ihnen noch dies sagen: ich tue den Kämpfenden noch lange nicht den Gefallen, mich auf eine ihrer Seiten zu stellen, wenn sie Krieg führen. Man muß riskieren, von beiden angegriffen und verachtet zu werden. Der Leninstaat ist ein Staat, er kann sagen, was er will, und mit noch größeren kriegerischen Potenzen geladen als ein anderer. Ich kam eben in Versuchung, zu diktieren: Das marxistische Dogma macht ihn zu einer geistigen Atombombe. Die anderen Staaten haben ihre Schlechtigkeiten, Schwächen und Gemeinheiten. Wundert Sie das, denken Sie das durch den Leninstaat ausbrennen zu können? Ein furchtbarer Irrtum. In der Weltära, in welcher wir jetzt leben, wird kein Staat etwas anderes bieten. Aber wir blicken über diese Weltära hinweg und wissen, daß sie vergeht, nicht durch uns und unsere Taten, sondern durch Gnade.

Es soll mich freuen, wenn ich gelegentlich wieder etwas von Ihnen höre. Es grüßt Sie schönstens Ihr

[gez.] Döblin

ANHANG

Editorische Notiz

Textgrundlage der vorliegenden Ausgabe ist der Band:

Alfred Döblin: Schriften zur Politik und Gesellschaft. Hrsg. von Heinz Graber. Olten 1972 (= Ausgewählte Werke in Einzelbänden).

Einzelnachweise:

Der genannte Band folgt in der Regel jeweils dem Erstdruck und gibt folgende Textgrundlagen an:

[Die Frau in der Klassengesellschaft]: Modern. Ein Bild aus der Gegenwart. Eigenhändiges Manuskript aus dem Nachlass [Auszug; siehe auch: Alfred Döblin: Modern. Ein Bild aus der Gegenwart: In: Die Ermordung einer Butterblume. Gesammelte Erzählungen. Frankfurt am Main 2013, S. 543–550].

Reims: Die Neue Rundschau. Dezember 1914, Bd. 2, S. 1717–1722.

Es ist Zeit!: Die Neue Rundschau. August 1917, Bd. 2, S. 1009–1014.

Drei Demokratien: Die Neue Rundschau. Februar 1918, Bd. 1, S. 254–262.

Der Dreißigjährige Krieg: Die Befreiung der Menschheit. Freiheitsideen in Vergangenheit und Gegenwart. Hrsg. von Ignaz Ježower. Bd. 2, Berlin 1921, S. 49–56.

Revolutionstage im Elsaß: Die Neue Rundschau. Februar 1919, Bd. 1, S. 164–172.

Die Vertreibung der Gespenster: Der Neue Merkur. Sonderheft Der Vorläufer, 1919, S. 11–22.

Neue Zeitschriften: Die Neue Rundschau. Mai 1919, Bd. 1, S. 621–632.

Landauer: Der Neue Merkur 3, Juni 1919, S. 215–217.

Der Bär wider Willen [von Linke Poot]: Die Neue Rundschau. August 1919, Bd. 2, S. 1014–1020.

Dämmerung: Die Neue Rundschau. November 1919, Bd. 2, S. 1281–1287.

Republik: Die Neue Rundschau. Januar 1920, Bd. 1, S. 73–79.

Glossen, Fragmente [von Linke Poot]: Die Neue Rundschau. Januar 1920, Bd. 1, S. 128–136.

Der Knabe bläst ins Wunderhorn [von Linke Poot]: Die Neue Rundschau. Juni 1920, Bd. 1, S. 759–769.

Krieg und Frieden: Der Neue Merkur 4, Juli 1920, S. 193–207.

Zwischen Helm und Zylinder [von Linke Poot]: Die Neue Rundschau. August 1920, Bd. 2, S. 985–993.

Leidenschaft und Landleben [von Linke Poot]: Die Neue Rundschau. September 1920, Bd. 2, S. 1098–1105.

Das Nessushemd [von Linke Poot]: Die Neue Rundschau. Oktober 1921, Bd. 2, S. 1101–1108.

[Gutachten über Brunner]: Die Weltbühne 17, Nr. 46, 17. 11. 1921, S. 501–502.

Der Kapp-Putsch: Die Weltbühne 17, Nr. 51, 22. 12. 1921, S. 635–636.

Kuriosa aus Deutschland: Prager Tagblatt, 47. Jg., Nr. 149, 29. 6. 1922, S. 3.

Deutsches, Allzudeutsches [von Linke Poot]: Frankfurter Zeitung, 67. Jg., Nr. 742, 18. 10. 1922, S. 1.

Neue Jugend [von Linke Poot]: Die Neue Rundschau. Oktober 1922, Bd. 2, S. 1013–1021.

Trauertag in Berlin [von Linke Poot]: Die Neue Rundschau. Eigenhändiges Manuskript aus dem Nachlass.

Blick auf die Ruhraffaire: Typoskript aus dem Nachlass.

Kritischer Verfassungstag: Prager Tagblatt, 48. Jg., Nr. 190, 16. 8. 1923, S. 3–4.

Der hörbare Ruck [von Linke Poot]: Berliner Tageblatt, 28. 8. 1923.

Schriftsteller und Politik: Der Schriftsteller. Zeitschrift des Schutzverbandes deutscher Schriftsteller e. V., Mai 1924, S. 13–14.

[Das Recht der freien Meinungsäußerung]: Typoskript aus dem Nachlass.

[Aktionsgemeinschaft für geistige Freiheit]: Die Stimme der Freiheit, Nr. 1, Januar 1929, S. 12 f.

Kassenärzte und Kassenpatienten: Der Querschnitt 9, Mai 1929, S. 312–314.

Unterhaltung über den Marxismus: Blätter des Renaissance-Theaters,

Berlin, Oktober 1929 [zur Aufführung von Richard Duschinskys »Stempelbrüder«], S. 1 u. 3.

Katastrophe in einer Linkskurve: Das Tage-Buch 11, Nr. 18, 3.5.1930, S. 694–698.

Selbstschändung des Bürgers: Typoskript aus dem Nachlass.

[Brief an Franz de Paula Rost]: Die Stimme der Freiheit 2, Nr. 3, März 1930, S. 34.

[Zensur der Straße]: Der Film. Wochenschrift für Film+Bühne+Funk+ Musik, Jg. 15, Nr. 50, 13.12.1930.

[Antwort auf Kornfelds Kritik]: Typoskript aus dem Nachlass.

Vorwort zu einer erneuten Aussprache [über »Wissen und Verändern!«]: Die Neue Rundschau. Juli 1931, Bd. 2, S. 100–103.

Nochmal: Wissen und Verändern: Die Neue Rundschau. August 1931, Bd. 2, S. 181–201.

[Rußlandvorträge der Deutschen Welle]: Die telephonische Umfrage wurde von der illustrierten Funkwochenschrift »Arbeiter-Sender« organisiert und am 4.9.1931 unter dem Titel »Ich höre lieber Moskau. Bekannte Schriftsteller zu der Rußlandhetze des Deutschlandsenders« veröffentlicht. Abdruck nach: Aktionen, Bekenntnisse, Perspektiven, Berlin 1966, S. 500 f.

Grundlinien: Zirkular-Brief im Anschluss an eine Diskussion vom 29.10.1931. Abdruck nach: Leo Kreutzer: Alfred Döblin. Sein Werk bis 1933, Stuttgart, Berlin 1970, S. 150.

[Zirkular-Brief]: Zirkular-Brief im Anschluss an eine Diskussion vom 17.12.1931. Abdruck nach: Leo Kreutzer, a. a. O., S. 151 f.

Die Gesellschaft, das Ich, das Kollektivum: Zirkular-Brief vom 22.12.1931. Abdruck nach: Leo Kreutzer, a. a. O., S. 152–154.

Herr Gütermann: Berliner Tageblatt, 20.1.1932, Nr. 32, S. 2–3.

[Das Land, in dem ich leben möchte]: Die Literarische Welt, 29.4.1932, S. 3.

Bemerkungen zum 15-Jahr-Jubiläum [der Sowjetunion]: Das neue Rußland, November 1932, S. 24.

[Friede auf Erden]: Die Literarische Welt, 22.12.1932, S. 5.

[Kundgebung]: Typoskript aus dem Nachlass.

Kommandierte Dichtung: Pariser Tageblatt, 12.12.1934, S. 3.

Grundsätze und Methoden eines Neuterritorialismus: Freiland. Zeitschrift für Jüdische Großkolonisation/Territorialismus. Juni 1935, S. 56–82.

Lektüre in alten Schulbüchern: Pariser Tageszeitung, 4. 10. 1936, S. 3.

[Verbrannte und verbotene Bücher]: Der öffentliche Dienst (Zürich), 12. 2. 1937, S. 2.

Prometheus und das Primitive: Maß und Wert. Zweimonatsschrift für freie deutsche Kultur. Jg. 1, Jan./Feb. 1938, S. 331–351.

Das Vakuum nach dem Sozialismus: Eigenhändiges Manuskript aus dem Nachlass.

[Brief an Arthur Koestler]: Eigenhändiges Manuskript aus dem Nachlass.

Politik und Seelengeographie: Das Neue Tage-Buch 6, 9. 4. 1938, S. 354 f.

Von neudeutschen Schulen: Das Neue Tage-Buch 6, 28. 5. 1938, S. 521–523.

Das Rote Kreuz: Das Neue Tage-Buch 6, 17. 12. 1938, S. 1219 f.

Der Friede von morgen: Die Zukunft 2, 28. 4. 1939, S. 4.

Zu Rauschnings Buch [»Gespräche mit Hitler«]: Durchschlag aus dem Nachlass.

Hinweise und Vorschläge für die Propaganda nach Deutschland hinein: Typoskript aus dem Nachlass.

Disques pour le front: Typoskript aus dem Nachlass.

Programmatisches zu Europa: Typoskript aus dem Nachlass.

Die literarische Situation: Verlag P. Keppler, Baden-Baden 1947.

Kritik der Zeit: Typoskript eines Radiovortrags vom 4. 5. 1947 im Südwestfunk Baden-Baden.

Weg mit der Furcht!: Allgemeine Zeitung (Mainz), 28. 11. 1947.

Kleines Notizbuch: Das Goldene Tor. Monatsschrift für Literatur und Kunst. Hrsg. von Alfred Döblin. Lahr 1948, H. 4, S. 398–405.

[Humanismus und Sozialismus]: Aus: Alfred Döblin: Unsere Sorge der Mensch. München 1948, S. 13–16 [Auszug].

[Kritik der Zeit]: Typoskript aus dem Nachlass.

Rosa Luxemburg, Briefe an Freunde: Das Goldene Tor 6, April 1951, S. 150–152.

[Brief an Irma Loos]: Alfred Döblin: Briefe. Olten 1970, S. 436–440 [AW].

Daten zu Leben und Werk

10. August 1878: Alfred Döblin wird in Stettin als viertes von fünf Kindern des Schneidermeisters Max Döblin (1846–1921) und seiner Frau Sophie (geborene Freudenheim, 1844–1920) geboren.

1888: Döblins Vater verlässt die Familie; die Mutter zieht mit den Kindern nach Berlin.

1891–1900: Köllnisches Gymnasium in Berlin; 1896 Entstehung des ersten größeren Prosatextes mit dem Titel *Modern. Ein Bild aus der Gegenwart*.

um 1900: Entstehung des ersten (erst postum erschienenen) Romans mit dem Titel *Jagende Rosse*.

1900–1905: Medizinstudium in Berlin und Freiburg i. Br.; parallel dazu Besuch philosophischer Lehrveranstaltungen; Freundschaft mit Herwarth Walden und Else Lasker-Schüler; 1902/03 Entstehung des Romans *Worte und Zufälle* (erst 1919 unter dem Titel *Der schwarze Vorhang* veröffentlicht); 1904/05: Entstehung der Erzählung *Die Ermordung einer Butterblume* (Erstdruck im *Sturm* 1910).

1905: Promotion in Freiburg; Assistenzarzt an der Kreisirrenanstalt Karthaus-Prüll in Regensburg.

1906–1908: Assistenzarzt an der Irrenanstalt der Stadt Berlin in Buch; Beginn einer langjährigen Beziehung zu der Krankenschwester Frieda Kunke (1891–1918); Publikationen in medizinischen Fachzeitschriften.

1908–1911: Assistenzarzt am Städtischen Krankenhaus Am Urban in Berlin; dort lernt Döblin seine spätere Ehefrau, die Medizinstudentin Erna Reiss (1888–1957), kennen; Wohnung im Gertraudenstift am Spittelmarkt.

1910: Mitgründung der Zeitschrift *Der Sturm.*

1911: Kassenpraxis und Wohnung in der Blücherstraße 18 (praktischer Arzt und Geburtshelfer, später Nervenarzt und Internist); Verlobung mit Erna Reiss; Geburt von Döblins und Frieda Kunkes Sohn Bodo Kunke in Berlin; Nachtwachen auf der Unfallstation.

1912: Heirat mit Erna Reiss; Geburt des ersten gemeinsamen Sohnes Peter; Austritt aus der jüdischen Gemeinde; häufige Treffen mit Ernst Ludwig Kirchner.

1914: Ausbruch des Ersten Weltkrieges; Entstehung des Romans *Wadzeks Kampf mit der Dampfturbine*; Döblin wird Autor bei Samuel Fischer (bis 1933).

1915: Militärarzt in Saargemünd bis 1917; Wohnung in der Neunkircherstr. 19; Geburt des Sohnes Wolfgang in Berlin.

1916: Fontane-Preis für den Roman *Die drei Sprünge des Wang-lun*; Entstehung des Romans *Wallenstein.*

1917: Geburt des Sohnes Klaus in Saargemünd; Typhuserkrankung.

1918: Kriegsende und Revolution in Hagenau/Elsass; im November Rückkehr nach Berlin.

1919: Wohnung und Kassenpraxis in der Frankfurter Allee 340 (bis 1931); politische und zeitgeistkritische Glossen unter dem Pseudonym »Linke Poot« in der *Neuen Rundschau*.

1921: Erste Begegnung mit der Fotografin Yolla Niclas (1900–1977); Beginn der Arbeit an *Berge Meere und Giganten*.

1921–1924: Berliner Theaterreferat für das *Prager Tagblatt*.

1923: Als Vertrauensmann der Kleiststiftung verleiht Döblin den Kleistpreis an Wilhelm Lehmann und Robert Musil, Entstehung der Erzählung *Die beiden Freundinnen und ihr Giftmord*.

1924: Vorsitzender des Schutzverbandes Deutscher Schriftsteller, gemeinsam aktiv mit Theodor Heuss; von September bis November Reise durch Polen.

1925: Beteiligung an der »Gruppe 1925«, einem losen Zusammenschluss linksliberaler und kommunistischer Autoren; Begegnung u. a. mit Bertolt Brecht.

1926: Festvortrag zum 70. Geburtstag Sigmund Freuds; nach Inkrafttreten des »Schund- und Schmutzgesetzes« Distanzierung von der SPD; Geburt des jüngsten Sohnes Stefan.

1927: Die epische Dichtung *Manas* wird von Robert Musil enthusiastisch besprochen.

1928: Wahl in die Sektion für Dichtkunst der Preußischen Akademie der Künste; Vortrag *Schriftstellerei und Dichtung*; Festgabe des S. Fischer Verlages zu Döblins 50. Geburtstag: *Alfred Döblin. Im Buch – Zu Haus – Auf der Straße*; Döblin in der Berliner »Funkstunde«; Vortrag *Der Bau des epischen Werks* im Auditorium Maximum der Berliner Universität.

1929: Der Großstadtroman *Berlin Alexanderplatz. Die Geschichte vom Franz Biberkopf* erscheint und wird ein großer Erfolg.

1930: Votum für die Verleihung des Frankfurter Goethe-Preises an Sigmund Freud; Hörspielbearbeitung von *Berlin Alexanderplatz;* Uraufführung des Stücks *Die Ehe* in München im November.

1931: Im Januar Umzug in den Westen Berlins, an den Kaiserdamm 28; Vortragsreise durch das Rheinland; ab Mai »Donnerstagsrunde« in Döblins Wohnung; Mitwirkung am Drehbuch für die Verfilmung von *Berlin Alexanderplatz;* Döblin und Heinrich Mann erstellen ein Lesebuch für Schulen in Preußen (verschollen); Rede in der Berliner Sezession.

1932: Vortragsreise in Deutschland und der Schweiz; Besuch bei dem Psychiater Binswanger in Kreuzlingen und bei Kirchner in Davos; Beginn der Arbeit an dem Roman *Babylonische Wandrung oder Hochmut kommt vor dem Fall.*

28. Februar 1933: Flucht in die Schweiz, die Familie folgt nach Zürich; Döblin kann nicht mehr als Arzt praktizieren; Austritt aus der Preußischen Akademie der Künste; im Mai fallen seine Werke der Bücherverbrennung anheim; im September Übersiedelung nach Paris.

1933–1940: Exil in Frankreich; in den ersten Jahren Mitarbeit in jüdischen Organisationen, Döblin lernt Jiddisch; 1936 erhält er die französische Staatsbürgerschaft.

1934: Wohnung 5 Square Henri Delormel in Paris (bis 1939); Beginn der Niederschrift des autobiographisch fundierten Berlin-Romans *Pardon wird nicht gegeben.*

1935: Der Sohn Peter wandert in die USA aus. Beginn der Arbeit an der *Amazonas*-Trilogie.

1939: Teilnahme Döblins am Kongress des Internationalen PEN-Clubs in New York; nach Kriegsausbruch Mitarbeit im Pariser Informationsministerium an der Propaganda gegen Nazideutschland; Wolfgang und Klaus Döblin als französische Soldaten an der Front.

1940: Flucht durch Frankreich und Spanien, Überfahrt von Lissabon nach Amerika im September; vom Freitod des Sohnes Wolfgang, der sich am 21. Juni in Housseras/Vogesen das Leben nimmt, um nicht in deutsche Kriegsgefangenschaft zu geraten, erfahren die Eltern erst im März 1945.

1940–1945: Döblin lebt mit Frau und Sohn Stefan in Hollywood und arbeitet für ein Jahr als Scriptwriter für Metro-Goldwyn-Mayer, danach Arbeitslosenunterstützung, schließlich Zuwendungen aus dem Writers Fund; *November 1918* wird abgeschlossen.

1941: Alfred, Erna und Stefan Döblin lassen sich in der Blessed Sacrament Church in Hollywood taufen; Wohnung 1347 North-Citrus Avenue (bis 1945).

1943: Festrede Heinrich Manns zu Döblins 65. Geburtstag in Santa Monica, Lesungen aus Döblins Werken, Döblin deutet in einer nicht überlieferten Dankesrede seine religiöse Entwicklung an und stößt damit bei vielen Gästen auf Unverständnis.

1945: Im Oktober Rückkehr nach Paris, Unterkunft bei dem Germanisten Ernest Tonnelat.

9. November 1945: Fahrt über Straßburg nach Baden-Baden, dem Sitz der Militärregierung der französischen Besatzungszone; in deren Auftrag begutachtet Döblin zum Druck vorgelegte Manuskripte; Unterkunft zunächst allein in der Pension Bischoff, Römerplatz 2.

1946: Ende Juni Wohnung in der Schwarzwaldstraße 6 in Baden-Baden mit seiner Frau; Gründung der Zeitschrift *Das Goldene Tor*, deren Schriftleitung er bis zur Einstellung 1951 innehat; verstreute Veröffentlichung einiger im Exil entstandener Werke; im Oktober Beginn der Sendereihe *Kritik der Zeit* im Südwestfunk; Abschluss des Romans *Hamlet oder Die lange Nacht nimmt ein Ende*.

1947: Im Juli erster Berlin-Besuch nach 1933, Vortrag *Unsere Sorge der Mensch* in Berlin-Charlottenburg (auch in Freiburg, Frankfurt, Göttingen); Rede beim Empfang des Schutzverbandes Deutscher Autoren; Döblin gründet den Verband südwestdeutscher Autoren in Lahr.

1948: Im Januar zweiter Berlin-Besuch; die Festschrift *Alfred Döblin zum 70. Geburtstag* erscheint im Limes Verlag.

1949: Mitgründung der Akademie der Wissenschaften und der Literatur in Mainz; im September Ehrengast beim Kongress des Internationalen PEN-Clubs in Venedig; mit der französischen Kulturbehörde Umzug nach Mainz-Gonsenheim, Centre Mangin, Wohnung in der Philippschanze 14; Döblins Bericht über die Emigration erscheint unter dem Titel *Schicksalsreise*.

1950: Verschlechterung des Gesundheitszustandes; Abschluss der Erzählung *Die Pilgerin Aetheria*; Vortrag *Die Dichtung, die Natur und ihre Rolle* in der Mainzer Akademie.

1951: Begründung der Akademie-Reihe *Verschollene und Vergessene*, Auswahl mit Werken von Arno Holz.

1952: Ende September Herzinfarkt, bis Januar 1953 im Mainzer Hildegardishospital; von einer französischen Abfindung und Überweisung des Entschädigungsamtes Berlin Kauf einer kleinen Wohnung in Paris, 31 Boulevard de Grenelle; Beginn der autobiographischen Aufzeichnungen *Journal 1952/53*.

1953: Umzug nach Paris am 29. April; im Juli Wahl zum Ehrenmitglied der Mainzer Akademie.

1954: Verschlimmerung der Parkinson-Krankheit, Aufenthalt in verschiedenen Kliniken und Sanatorien in Baden; Großer Literaturpreis der Mainzer Akademie.

1955: Mai bis Juni stationär im Freiburger Uni-Klinikum, dort Feier seines 50-jährigen Doktorjubiläums, Juni bis September Kurhaus Höchenschwand; Rückkehr nach Paris.

1956: Im März Aufnahme im Sanatorium Wiesneck, Buchenbach bei Freiburg. Der Roman *Hamlet oder Die lange Nacht nimmt ein Ende* erscheint bei Rütten & Loening in Ost-Berlin.

26. Juni 1957: Tod Döblins im Landeskrankenhaus Emmendingen; am 27. Juni wird ihm postum der Literaturpreis der Bayerischen Akademie der Schönen Künste verliehen; am 28. Juni wird er in Frankreich im engsten Familienkreis auf dem Friedhof von Housseras neben seinem Sohn Wolfgang beigesetzt. Freitod Erna Döblins am 15. September in Paris; sie wird ebenfalls in Housseras beigesetzt.

Nachwort

Warum lohnt sich die Beschäftigung mit Döblins *Schriften zur Politik und Gesellschaft*, und was kann der Leser von der Lektüre erwarten? Beginnen wir mit dem, was die Schriften nicht bieten: eine konsistente und kohärente Theorie des Politischen oder der Gesellschaft. Die Gründe für diese Fehlanzeige sind zugleich die Eckdaten dieser Form der Döblin'schen Publizistik. Denn sie ist einerseits darin begründet, dass der Leser es hier mit Texten zu tun hat, die für die verschiedensten Gelegenheiten und Zeitschriften produziert wurden, wobei Döblins Beiträge für *Die neue Rundschau* einen Schwerpunkt bilden. Die im S. Fischer Verlag beheimatete Zeitschrift, die ab 1890 (zunächst als *Freie Bühne für modernes Leben*) erschien, bot den Autoren des Verlags ein Forum für Vorabpublikationen, Rezensionen und essayistische Arbeiten. Allerdings war die Kulturzeitschrift kein Organ für politische Theorie, im Gegensatz etwa zum *Archiv für Sozialwissenschaft und Sozialpolitik*, das Aufsätze von Carl Schmitt und Walter Benjamin versammelte.

Eine weitere beachtenswerte Besonderheit ist editionstechnischer Natur. Nicht alle politischen und in Aufsatzform publizierten Arbeiten wurden von dem Autor unter dem Namen ›Alfred Döblin‹ veröffentlicht. Döblin schrieb auch unter dem Pseudonym ›Linke Poot‹ – und in diesen Texten wechselt zum Teil die Tonlage erheblich; die Maske dient Döblin zu Verschärfungen und Radikalisierungen. Dabei erscheinen mitunter in einer Ausgabe der *Neuen Rundschau* sowohl ein von Döblin als auch ein von Linke Poot gezeichneter Text. Diese räumliche Nebeneinanderordnung, die das Zusammenspiel sowie die Differenzen der verschieden signierten Glossen und Aufsätze augenfällig werden ließ, ist nun aufgelöst, da ein Teil der unter dem Pseudonym publizierten Arbeiten von Döblin selbst 1921 unter dem Titel *Der deutsche Maskenball* erneut gesondert veröffentlicht wurde – was die gegenwärtigen Werkausgaben selbstverständlich auch nicht unterlaufen. Diese sich teils ergänzenden und teils auseinanderstrebenden Texte sind also inzwischen getrennt, allerdings enthalten auch die vorliegenden *Schriften zur Politik und Gesellschaft* Arbeiten von Linke Poot, nämlich solche, die Döblin nicht in die Ausgabe aufgenommen hat, wie u.a. *Der Bär wider Willen* und *Der Knabe bläst ins Wunderhorn*. Der auffällige Wechsel von Stil und Tonlage signiert diese Texte ebenso wie die Angabe der Autorschaft unter dem Titel. Die in die *Schriften zur Politik und Gesellschaft* aufgenommen Beiträge vermitteln einen sehr guten Eindruck von dieser ›maskierten‹ Publizistik Döblins – und wecken hoffentlich das Interesse am *Deutschen Maskenball*.

Ähnliches gilt für die Texte zum Zionismus und Neu-Territorialismus: Diese sind eine Schnittstelle der politischen Schriften – mit dem Topos Kolonisation – und der gesondert publizierten *Schriften zu jüdischen Fragen*. Der hier abgedruckte Beitrag *Grundsätze und Methoden eines Neuterritorialismus* vermittelt mehr als einen ersten Eindruck von Döblins Stellungnahmen zu Zionismus und Landnahme und damit zu einem Thema, das bis heute hohe Wellen schlägt und dessen Lösung, wenn sich denn überhaupt eine solche abzeichnet, keine einfache sein wird. Darüber hinaus finden sich Texte, die diese und verwandte gesellschaftliche Fragen betreffen, auch in anderen Sammelbänden (vor allem AW, Kleine Schriften I–IV), was, positiv gewendet, auch die Möglichkeit zu Entdeckungen, Kontextualisierungen und dem Bahnen eigener Wege durch das politische Werk eröffnet.

Ein weiterer und weniger äußerlicher Grund für den Ausfall von konsistenter Theoriebildung ist sicherlich der Umstand, dass Döblin zwar ein sehr genauer Beobachter war, aber ein sehr eigenwilliges, ›wildes‹ Denken voller Idiosynkrasien und auch Widersprüche pflegte. Im Vordergrund steht für ihn stets ein Moment der Freiheit. Die Betonung der Unabhängigkeit des Denkens findet in der Weigerung, sich einer bestehenden Theoriearchitektur unterzuordnen, ihren Ausdruck. Dies führt den Autor aber auch teils in die Irre und sorgt nicht zuletzt dafür, dass sich Döblin in der Weimarer Republik zwischen den Stühlen wiederfand.

Die Schriften zur Politik lassen sich in drei Phasen unterteilen, die mit den Einschnitten der deutschen Geschichte zusammenfallen. Der Schnitt der ersten Phase (I) ist ungefähr 1920/1921 zu setzen. Bestimmend ist hier eine Neigung zum »›Radikalismus‹« (AW, Briefe, S. 112), die ihn u. a. mit den Herausgebern der *Neuen Rundschau* entzweite. Die ersten Jahre nach dem Ersten Weltkrieg erlebte Döblin als *Dämmerung* bzw. als »Zeit entre chien et loup« (S. 108), in der das alte System noch nicht ganz verschwunden ist und das neue sich nur als Möglichkeit ankündigt. Eben diese Zeit der Unentschiedenheit, des Entweder-Oder von Neubeginn und Restauration, hatte zur radikalen Befragung der Grundlagen der Gesellschaft und des Staates geführt. Die Weimarer Republik – an deren Beginn unter anderem die Ermordung Rosa Luxemburgs und Karl Liebknechts steht – bedeutet für Döblin, wie die Texte dieser zweiten Phase (II) zeigen, eine Wiederherstellung bzw. Konsolidierung des Staates als politische Zwangsarchitektur, auf die er mit eigenen Versuchen einer Gesellschaftstheorie antwortet. Es ist aber auch und v. a. eine Zeit enttäuschter Hoffnungen. Die dritte Phase (III) stellt die Zeit des Exils ab 1933 dar, die in die unglückliche Rückkehr nach Deutschland und die erneute Emigration mündet.

Im Folgenden sollen einige der Texte charakterisiert werden, die für den Verfasser des Nachworts zentralen Charakter haben, wobei die Schwerpunktsetzung sicherlich auch von den je eigenen Interessen und Lektüreerfahrungen des Lesers abhängig ist. Die folgenden Ausführungen sollen aber vor allem zeigen, warum eine Beschäftigung mit den hier versammelten Texten lohnend und spannend ist. Falls sie eine weitere Auseinandersetzung mit diesem zentralen Autor der literarischen Moderne im Zeichen des Politischen (und: des Politischen der Literatur) anregen, ist ihr Zweck zur Gänze erfüllt.

Am Beginn der ersten Phase steht mit *Reims* ein Text, dessen Anlass die Bombardierung der Kathedrale *Notre-Dame* von Reims im September 1914 ist. Döblin hebt, unisono mit dem offiziellen *Deutschen Heeresbericht*, die militärische Notwendigkeit hervor, die einziges und ausschließliches Kriterium des Urteils über dieses Bombardement sein dürfe. Alles andere solle ausgeklammert werden. Döblin holt sogar noch weiter aus und stilisiert den Krieg zu einem elementaren Ereignis, auf das eine überfällige »Neuordnung der Dinge« (S. 16) gefolgt sei. Es sei der Krieg, der entlang der Freund-Feind-Differenz Nationen schaffe und alle gesellschaftliche Komplexität dem Politischen unterordne:

> Als im Beginn des August 1914 der Krieg in Europa sichtbar wurde, standen auf einen Schlag […] fertige Nationen an derselben Stelle, wo noch eben kommunizierende Staatsverbände ihre Geschäfte getrieben hatten. […] Dem Ineinanderwallen der Völker war ein rapides Ende bereitet. Innerhalb der Staaten fielen Schlangenhäute des Standes, Berufes von den Menschen; nur die umtobte geographische Grenze gab dem Denken eine Orientierung. (S. 14)

Die Rede vom *Ineinanderwallen der Völker* ist eine geopolitische bzw. bevölkerungswissenschaftliche Formel, die für Döblins erzählerisches Werk der 1920er Jahre entscheidenden Anstoß gibt. Es ist der Roman *Berge Meere und Giganten* (1924), der nach dem »Weltkrieg« (GW, Berge Meere und Giganten, S. 13) – einer Technikschlacht, die insofern wie der Erste Weltkrieg modelliert ist, als die Gesellschaft mit neuen technischen Dingen überflutet wird – beginnt und eben diese Formel der politischen Publizistik episch ausführt. Es ist also ein geopolitisches Moment, das zum Movens des Romans wird. Der Text zu den Geschehnissen in Reims wirft die angebliche ›Vermischung‹ in aufdringlicher Rhetorik England und Frankreich vor, um darüber den Einsatz für das Kulturgut ›Kathedrale‹ als lächerlich zu desavouieren, was nur eine der problematischen Seiten des Artikels ist, der ausgerechnet in der Aussage gipfelt, »daß Deutschland unüberwindlich« (S. 18) sei. Es sollte bei aller Verwunderung, die der Artikel auslöst, bedacht werden, dass die nationale Kriegsbegeisterung durchaus verbreitet und Döblins Entgleisung alles andere als ein Einzelfall war. Daneben wird aber noch Döblins Auffassung einer radikalen Gegenwartsverpflichtung der Kunst deutlich – hier allerdings in einer Feier des Krieges, im Sinne einer Liaison mit der Ästhetik des Futurismus. Die Spuren der Avantgarde-Bewegung finden sich sowohl in Döblins Erzählung *Die Schlacht! Die Schlacht!* (1915) als auch in der Besprechung einer Ausstellung futuristischer Kunst in Berlin *(Die Bilder der Futuristen)* und der Absage an Marinetti in *Futuristische Worttechnik. Offener Brief an F. T. Marinetti*, der keine Auseinandersetzung mit der ästhetischen Ideologie des Futurismus bietet, sondern Marinettis Führungsanspruch bestreitet, gerade auch was die Kunst literarischer Schlachtbeschreibungen betrifft.

Auch die politischen Schriften dieser Phase sind, wie sich zeigt, teils einem avantgardistischen literarischen Programm verpflichtet bzw. davon nicht zu trennen. In *Reims* ist es der antimuseale Affekt, in dem sich diese Verbundenheit zeigt. Zugleich formuliert Döblin einen dynamischen Begriff von Kultur, der die Gegenwart betont – auf Kosten der Vergangenheit: »Kultur ist kein Gegenstand, sondern eine Handlung, eine Bewegung, ein Geschehen. Jedem Künstler ist dies aufs innigste gegenwärtig. Der Haß gegen Museen stammt aus dieser Quelle.« (S. 18) In Döblins nächster programmatischer Stellungnahme, *Es ist Zeit* von 1917, die – obwohl immer noch problematisch genug – gemessen an *Reims* einen moderateren Ton anschlägt, wird dieses Kulturkonzept zum Mittel der Kritik an den ›Geistigen‹ – Döblins Begriff für die Intellektuellen. Den ›Geistigen‹ obliege es, statt ihre Privatinteressen zu pflegen, dem »lebendige[n] Menschengeist«

(S. 26) Ausdruck zu geben. Die vitalistische Feier des alle Strukturen sprengenden Lebens wird sich von diesem Punkt aus wie ein roter Faden durch die politischen Schriften ziehen. War zuvor Heinrich von Kleists *Hermannsschlacht* der Referenztext, eben jenes Drama also, das auf Nationalisierung im Rahmen der napoleonischen Kriege abzielt und einen Volks- bzw. Partisanenkrieg vorführt (ein Planspiel, dem sich die preußische Führung Anfang des 19. Jahrhunderts kurzzeitig hingegeben hatte), woraus auch in diesem Fall eine Verflechtung von Literatur und Krieg ablesbar ist, sind es jetzt Tolstoi und vor allem: Dostojewski. Der kulturellen Elite wird dagegen vorgeworfen, sich der Aufgabe der Zeit nicht zu stellen, nämlich Medium des Geistes und des Lebens – die Begriffe tendieren zur Austauschbarkeit – zu sein. Die Kritik zielt so auf die Enthaltung der Intellektuellen in einem Moment der Krise, in dem sich alles zum Guten und d. h. hier: zur ›Volksgemeinschaft‹ wenden kann. Unter dem problematischen Begriff verhandelt Döblin eine Überwindung sozialer Differenzen und Klassen. Die Möglichkeit dazu sei ein Resultat des Krieges: »Es ist wie 1807: Der Krieg hat eine Volksgemeinschaft geschaffen, wie die langen Friedensjahre nicht.« (S. 27) Jetzt müsse es darum gehen, »alles zum Guten [zu] wenden« (S. 28) – und dies meint, die intellektuellen Spezialisierungen aufzugeben und zum patriotisch-revolutionären »Kämpfer« (S. 30) für ein ›Volk‹ zu werden, das durch den »Feuertod« gegangen sei, um »sich und anderen das lebendige Leben [man beachte den Pleonasmus] zu gewinnen« (S. 28). »Kultur« dürfe kein Rückzugsort aus dem Politischen sein, im Gegenteil: »[E]s ist«, so Döblins Kritik an Bürgertum und bürgerlichem Kulturbegriff seiner Zeit, »Verrat der Kultur, die Politik aufzugeben.« (S. 125) Allerdings findet Döblin nicht zu einer Analyse konkreter geschichtlicher und politischer Situationen, sondern nivelliert im Rückgriff auf die zyklischen Lebensgesetze des Geistes so gravierende Unterschiede wie die zwischen Bundschuh-Bewegung und russischer Revolution.

Als Korrektiv der oben zitierten Äußerung und ihres aufdringlich nationalen Tons sei an dieser Stelle aber auch daran erinnert, dass Döblin 1918 die Unterschrift unter einen Aufruf Richard Dehmels an die deutschen Schriftsteller verweigert, da dieser Appell, wie er Dehmel brieflich mitteilt, frei sein müsse von »jeglichem Anklang oder Nachklang an […] Nationalismus« (AW, Briefe, S. 103). Zugleich sei ihm klar, auf welche Seite er sich bei »dem eben beginnenden Endspurt zwischen Sozialismus und Imperialismus zu stellen habe« (ebd., S. 104).

Eine Abkehr von den nationalistischen Untertönen und der Verherrlichung des Krieges findet sich in *Revolutionstage im Elsaß*. Die Ereignisse, die sich an die Novemberrevolution von 1918 anschließen, beobachtet Döblin als Übergangsperiode, in der sich das Vergangene und das zukünftig Mögliche ineinanderschieben: »Realität gilt noch nicht, Gespenster gehen um am hellen Tag.« (S. 77) Die von den Gespenstern bereinigte Zukunft soll Sozialismus heißen: An die Stelle der Rede von der ›Volksgemeinschaft‹ tritt nun die Rede von der »wirklichen« (ebd.), d.h. klassenlosen Gesellschaft. Alles, was bisher als Gesellschaft bezeichnet worden sei, »ist keine Gesellschaft, sondern das kompromittierende Zusammenleben einiger hundert Millionen Menschen, von denen einige geschickt sind, die anderen zu bestimmter Arbeit anzustellen« (ebd.). Allerdings beinhaltet der Traum von der neuen Gesellschaft ein mehr als nur problematisch zu nennendes Steuerungsmodell. Dieses greift in der Zuteilung von Produkten aller Art: »Die Verteilung von Erträgnissen ist zu organisieren nach differenzierten Normen, und dies ist eine der wichtigsten Erwägungen, wobei Sittlichkeit und biologische Züchtungsgedanken mitzusprechen haben.« (S. 78) Die Rede von ›Züchtung‹ geistert nun ihrerseits durch Döblins politische Schriften wie die wilhelminischen Phantome durch die Republik. Dies macht die frühen Aufsätze zur Politik und Gesellschaft zutiefst ambivalent. In ihnen spiegelt sich die Orientierungslosigkeit wider, die im Satz: »Ich muß mich erst zurechtfinden« (S. 69) prägnant die Ratlosigkeit nach der Kriegsbegeisterung ausdrückt. Diese Widersprüche sind der Grund dafür, dass sich nur sehr eingeschränkt von ›einer‹ radikalen Position sprechen lässt.

Der Züchtungsgedanke lässt Döblin nicht los, auch wenn die angesprochene Aufteilung der politischen Schriften in einerseits solche mit der Signatur Linke Poot und andererseits von Döblin gezeichnete Arbeiten die Beobachtung erschwert. So erscheint 1919 der Artikel *Dämmerung* in der *Neuen Rundschau.* Er enthält einiges Bekannte: etwa die Bestimmung der Gegenwart als Phase des Übergangs, in der sich Möglichkeiten bieten, die sich aber nicht entfalten können und blockiert werden, was »Kritik, Befreiung vom Terrorismus der Idole« (S. 116) zur Hauptaufgabe der Zeit macht. Dies gehe einher mit einem Versagen der Intellektuellen, die »Lyrik für einen politischen Faktor« (S. 116) hielten – erneut wird also die Forderung nach konkretem gesellschaftlichen Engagement erhoben. Nur so wäre die Entstehung des als »Riß« (S. 114) bestimmten und der Regierung angelasteten Antagonismus von Bürgern und Arbeitern zu verhindern gewesen, der die Möglichkeit gesellschaftlicher Erneuerung blockiere. Während dies wie eine Klärung der politischen Positionierung von Biologismen anmutet und Ausdruck der Gesellschaftsvision eines bürgerlichen und engagierten Intellektuellen von *einer* Gesellschaft ist, schlägt Döblin als Linke Poot im gleichen Heft andere Töne an. In *Aphrodite* – nachlesbar in *Der deutsche Maskenball* – ist erneut die Rede von »Züchtung« und »Zwang«: Diese seien »gut«, nur werde aktuell »falsch gezwungen, Falsches gezwungen« (AW, Maskenball, S. 72). Man mag die Fixierung auf die Vokabel ›Züchtung‹ auf Döblins Lehrer Alfred Erich Hoche zurückführen, der 1920 zusammen mit Karl Binding *Die Freigabe der Vernichtung lebensunwerten Lebens. Ihr Maß und ihre Form,* eine die Biopolitik des Nationalsozialismus vorbereitende Schrift, publiziert. Dabei ist allerdings zu beachten, dass das Verhältnis Döblins zu Hoche keineswegs als einfach zu bezeichnen ist. Wichtig sind Döblins Fixierungen auch mit Blick auf das Romanwerk:

Es ist wiederum der bereits angesprochene Roman *Berge Meere und Giganten*, der ein Gemisch aus biopolitischem bzw. bevölkerungswissenschaftlichem (inklusive der Fertilitätstheorien) und geopolitischem Diskurs in eine apokalyptische Zukunft verlängert.

Die unvermittelt zusammen mit den befremdenden Züchtungsvisionen artikulierten Positionen sind dem anarchistischen Diskurs der Zeit verwandt, können aber nicht einfach bruchlos mit diesem verrechnet werden, auch wenn dies mitunter in der Forschung behauptet wurde. Statt einer theoretischen Diskussion der Grundlagen des Anarchismus begegnet der Leser denn auch Texten, die typisch für Döblin sind, wie dem mit *Landauer* betitelten Essay. Zumindest denjenigen Lesern, die mit dem mystischen Anarchismus Landauers nicht vertraut sind, wird der Text hermetisch vorkommen. Döblin erzählt hier von einem »fromme[n] fühlende[n] Mensch[en]« (S. 98), der schließlich von einem »Mammut« (S. 99) ignoriert werde, das »träge den Rüssel eingerollt vor sich auf den Boden [legt]« (ebd.). Döblin bezieht sich, ohne es zu erwähnen, auf Landauers Schrift *Skepsis und Mystik* (1903). Ein kurzer Hinweis auf diese Schrift ist angezeigt, da Landauers Denken, trotz Döblins ironischen Abgesangs, seine Sicht auf Politik und Gesellschaft, die politische Funktion der Literatur und den Weg zur Gemeinschaft, mehr als es nach Lektüre dieses Textes den Anschein haben mag, mitgeprägt hat. Grundsätzlich versteht Landauer das Individuum als künstliche Isolierung. Das Individual-Ich müsse überwunden werden, zugunsten einer allesumfassenden Gemeinschaft oder Ganzheit, dem ›Welt-Ich‹. Das ›Welt-Ich‹ erstreckt sich bis auf prähistorische Tiere, die im Erbgut des Menschen noch lebendig seien, es reicht also tief in die Vergangenheit zurück.

Wir begegnen ähnlichen Gedanken auch bei Döblin, nämlich z. B. wenn er aussagt, wir hätten »Fältelungen« in uns, »die auf die Eiszeit zurückgehen« (GW, Ästhetik, S. 131). Der kleine ›politische‹ Text, der zunächst recht unscheinbar scheint, ist also wichtig für das Verständnis der Genealogie des Döblin'schen Denkens. Solche Formen der Gemeinschaft werden, zusammen mit dem in den frühen Schriften häufig beschworenen ›lebendigen Geist‹, für Döblin zu einer Instanz, die sich gegen alle konkreten Formen der (Partei-)Politik ausspielen lässt. Zwar erklärt Döblin 1918, seine Farbe sei »blutrot bis ultra-violett« (AW, Briefe, S. 105), und ist, nach dem Austritt aus der USPD 1921, bis 1927 Mitglied der SPD, dies hat aber wenig Auswirkungen auf die Form der politischen Publizistik, d.h. diese gibt keine sozialdemokratischen Positionen wieder. Die politischen Schriften sind gegen jede eindeutige politische Verortung ihres Autors widerständig. Döblin agiert hier wie im literarischen Feld: Auch den avantgardistischen Bewegungen und der Kollektivierung im Zeichen der »-ismen« gegenüber bestand er auf seiner Unabhängigkeit und Autonomie. Im politischen wie im literarischen Feld pflegt Döblin seinen »Döblinismus« (GW, Ästhetik, S. 118) – eine paradoxale das Ich kollektivierende Begriffsschöpfung, die aber den eben beschriebenen Umstand auf den Punkt bringt.

Die politischen Stellungnahmen und Positionierungen, die Döblin im Anschluss an die erste Phase bis zum Zweiten Weltkrieg veröffentlicht und die im Folgenden Thema sein werden, sind Ausdruck einerseits des Imperativs dieses Selbstdenkens und andererseits der Gemengelage des politischen Diskurses der Weimarer Republik. Dessen diskursive Versatzstücke nimmt Döblin auf und verbindet sie auf eigentümliche Art und Weise, ohne Rücksicht auf eine kohärente politische Syntax.

II Die politischen Schriften der Weimarer Republik

Nach dem Vorgriff aus der ersten Phase auf die zweite sei aus dieser ein Blick zurück auf das Romanwerk gestattet, denn der Leser der politischen Schriften wird sich sicherlich mehr als einmal an das literarische Werk und/oder die Schriften zur Poetik erinnern, die hier ihre Ergänzung oder ihren Kontext finden. So können die

Ausführungen zur ›Masse‹ in den politischen Schriften als Kontext des bereits 1916 erschienenen Romans *Die drei Sprünge des Wang-lun* gelesen werden. Döblins Äußerungen sind Teil des Diskurses, den Gustave Le Bons *Psychologie des foules* (1895, dt. 1908) angestoßen hat. Le Bons Buch ist selbst alles andere als systematisch, aber trotz oder gerade wegen seiner Offenheit diskursbildend. Ein prominenter Beleg für diese Dominanz ist v.a. Sigmund Freuds *Massenpsychologie und Ich-Analyse* (1921): Auch der Psychoanalyse gelang es zunächst nicht, eine eigene Massentheorie vorzulegen, vielmehr reproduziert Freud Le Bons Annahmen. Die Masse schwanke, so Döblin, zwischen »Erregung und Betäubung« (S. 121), sie werde »in Fluß gebracht« (S. 120) durch »affektbeladene, undeutliche, schillernde Worte und Begriffe« (S. 121), also politische Rhetorik. Gegen diese sei »Kritik« (S. 116) angezeigt – und ›Kritik‹ avanciert in der Folgezeit zu einer zentralen Vokabel der politischen Schriften. Sie richtet sich vor allem gegen Staat und Parteien, Bürokratie und Organisationen, denn die Forderung lautet ›Republik‹, und »Republik heißt Freiheit« (S. 121). Zieht man nun aber die bereits angesprochene Glosse *Aphrodite* hinzu, zeigt sich, dass Döblin durchaus hellsichtig für die Emergenz von Massen war, die um ein ihnen heterogenes Element – hier ein »Dirnchen« (AW, Maskenball, S. 68) – gravitieren. Dies öffnet die Massentheorie auf eine Eros und Thanatos vereinende Trieblehre hin.

Ein Trieb wird auch dann beschworen, wenn es um die Frage des Sozialen geht. Der Staat der Gegenwart ist für Döblin allerhöchstens ein Übergang. Seine Aufgabe soll sein, die Möglichkeit zur »freie[n] Staatsform« – der Republik – zu bereiten, die selbst wiederum »Voraussetzung zur Entwicklung eines Gemeinschaftsgebildes« (S. 123) ist. Garant für die Möglichkeit dieser neuen Gemeinschaft ist für Döblin das Axiom des »autochthone[n] Gesellschaftsdrang[s] der Menschen« (S. 160) oder gleich: der »Gesellschaftstrieb« (S. 161). Der Drang zur Gruppenbildung ist für Döblin kein Zeichen dafür, dass es sich bei dem Menschen um ein ›Mängelwesen‹ handelt, sondern er ist für Döblin eine spezifische »Fähigkeit« (ebd.) des Menschen. Döblins Aussagen zur Politik gründen also in der Anthropologie – und genauer: einer positiven Anthropologie.

Die anthropologische Spekulation über die Natur und die damit einhergehende Vorstellung des ›ganzen Menschen‹ sorgen für ein Abrücken Döblins von der Ökonomie – und damit der Grundlage des historischen Materialismus. Die marxistische Gesellschaftstheorie wie auch das Ziel des Klassenkampfs bezeichnet er als »eine Angelegenheit der Produzenten unter sich« (S. 173). Bereits hier zeichnet sich ab, dass Döblins Verständnis von Politik, trotz seines Engagements im Rahmen der Gruppe 1925 – einer ›linken‹ und zugleich äußerst heterogenen Schriftstellervereinigung um Rudolf Leonhard, die u. a. 1926 im Protest gegen die deutsche P. E. N.-Delegation von sich reden machte – mit marxistischen Positionen letztlich unvereinbar ist. Und auf der anderen Seite des ideologischen Spektrums? Hier schallt aus nationalistischen Versammlungen die mythisierende Rede von den »Goten und Toten und dem Gemeinschaftsgefühl« (S. 175). Während sich so bereits der Konflikt anbahnt, der die Gesellschaft zerreißen wird, versucht Döblin, unabhängig zu bleiben und die Position des bürgerlichen Intellektuellen zu halten.

Seine Abwendung vom Marxismus führt zur Entwicklung eines bis heute interessanten Konzepts vom politischen Schriftsteller und einer Literatur, die politisch ist, ohne direkt engagiert zu sein. Dieses Konzept hängt mit der besonderen sozialen Situation des Schreibens zusammen, in der gesellschaftliche Zusammenhänge suspendiert bzw. unterbrochen werden, da Interaktion unterbunden wird. Das Buch wiederum isoliert den Leser, es entkoppelt ihn von der ihn umgebenden sozialen Umwelt. Döblin hebt die Besonderheit der Situation gerade in den Schriften zur Poetik und Ästhetik immer wieder hervor, z. B. in der Metapher von der »verschlossene[n] Zelle« (GW, Ästhetik, S. 118), in der der Künstler arbeite. Mit Blick auf die Politik macht er diese

Situation produktiv: Der Schriftsteller sei ein höchst eigentümlicher »Einzelmensch« – und dennoch oder eben deswegen »intensiv politisiert« (S. 236), sei es bewusst oder unbewusst. »[Z]uletzt« sei der Schriftsteller im »Politischen« (S. 235 f.) beheimatet: »Es gibt keine unpolitischen Schriftsteller.« (S. 236) Dies bedeutet aber genau das Gegenteil von einem bestimmten Engagement oder jeglicher Art von Parteigängerschaft. Döblin bleibt seinem Credo von 1919 treu: »Kein Parteiprogramm mehr. Auf diesem Boden läßt sich stehen; dies ist der siegreiche Durchbruch einer anklagenden Wahrheit. Wie gut, daß sie zugleich Politik ist!« (S. 71). Denn aufgrund seiner besonderen Situation ist der Schriftsteller »organisationsfremd und -feind« (S. 236). Diese Fremdheit ist Resultat der Loslösung aus aktuellen Zusammenhängen und Realitäten und betont den Gewinn von Abstand zur aktuellen Realität, die dann als kontingent, d. h. als eine Möglichkeit neben anderen beobachtet werden kann. Dies ist eine bis heute interessante Variante, den Zusammenhang der Literatur und des Politischen zu denken: Vorteil dieses Konzepts ist es, die Eigenwertigkeit der Kunst der politischen Aussage gerade nicht zu opfern, sondern die Besonderheit der Kommunikationsform zu betonen.

Eine Verlängerung dieses Gedankens findet der Leser in den *Schriften zu Ästhetik, Poetik und Literatur*, insbesondere in *Kunst, Dämon und Gemeinschaft* (1926): Eine so verstandene Politisierung des Schriftstellers, die aus dem Akt des Schreibens, also dem *wie?* und nicht primär dem *was?* der Produktion, resultiert, lässt jede Aufteilung der Schriften in Sparten oder Gattungen letztlich als zwar nicht zu vermeidende, aber künstliche Vorsortierung scheitern. Im angesprochenen Aufsatz heißt es: Kunstwerke »kommen weder aus einer Gemeinschaft noch gehen sie zu einer Gemeinschaft. Ich behaupte: *sie kommen aus der Einsamkeit und gehen zur Einsamkeit*« (GW, Ästhetik, S. 193). Kunstwerke seien, wie es weiter heißt, aus Sicht jedes Vereins- und Organisationsfanatismus »bösartig, individualistisch« oder: »anarchistisch« (GW, Ästhetik,

S. 195). Anders formuliert: Kunst ist – und das zeichnet sie gegenüber allen anderen Formen der Kommunikation aus – eine Störung. Wir finden hier späte Spuren einer Flugschrift des bereits erwähnten Gustav Landauer von 1901. In *Durch Absonderung zur Gemeinschaft* wird die Loslösung aus allen gegenwärtigen Vergemeinschaftungen als einzig möglicher Weg zur wiederum wahren, d. h. allgemeinen Gemeinschaft bestimmt.

Diese Äußerung, die Teil einer Diskussion in den *Sozialistischen Monatsheften* war, ist Teil der Entfremdung Döblins aus orthodox ›linken‹ Zusammenhängen. Dies wird noch weitere Konflikte nach sich ziehen, wie in vorliegendem Band *(Katastrophe in einer Linkskurve)* nachgelesen werden kann. Mehr und mehr geriet Döblin in das Visier der marxistischen Kritik, besonders der Zeitschrift *Linkskurve,* dem Organ des *Bundes proletarisch-revolutionärer Schriftsteller,* die unter anderem von Johannes R. Becher, dem späteren Kultur-Minister der DDR und Verfasser der DDR-Hymne *Auferstanden aus Ruinen,* herausgegeben wurde. Im Zentrum des Streits steht v. a. die Kontroverse um den Zusammenhang von Literatur und Politik. Die Auseinandersetzung Döblins mit den Bedingungen des Schreibens unter restriktiven Voraussetzungen – denn verordnetes Engagement ist für Döblin nichts anderes als eine »Diktatur über die Literatur« (S. 252) – ist für diese Phase der politischen Schriften zentral.

Seine Fortsetzung findet der Streit in den Kritiken an Döblins *Wissen und Verändern! Offene Briefe an einen jungen Menschen* (1931). Die Schrift, die sich an einer Genealogie des Marxismus versucht und den historischen Materialismus im ganzen zugunsten der Idee eines »historische[n] Naturismus« (AW, Wissen und Verändern, S. 230) verwirft, musste Marxisten provozieren. Döblin, der sein Verständnis des Marxismus unter anderem Diskussionen mit Karl Korsch – und damit einem ›progressiven‹, nicht-orthodoxen marxistischen Theoretiker – verdankte, geht wiederum gegen das Primat der »alleinseligmachende[n] Ökonomie« (ebd., S. 245) vor. Marxismus sei, so Döblin, »Messianismus in wissenschaftlichem Gewande« (ebd., S. 201). Dies ist in der Schrift mit einer Kritik der Öffentlichkeit und besonders der Medien, die für Max Weber die Effizienz der Bürokratie als Herrschaftsform garantieren, gepaart. Allerdings entwickelt Döblin keine Theorie der bürokratischen Herrschaftsform. Er propagiert stattdessen ein auf Interaktion basierendes Modell des Sozialen, das heißt der »natürlichen Gruppierungen der Menschen in kleinen Verbänden« (ebd., S. 263). Wiederum rekurriert er also auf einen Begriff der Natur, der nicht weiter begründet werden kann, sondern letztlich spekulatives Konstrukt einer positiven Anthropologie ist. »Öffentlichkeit« heißt es dort unter anderem, »ist das Gegenteil von Gemeinschaft« – und zu fördern sei ihr Gegenteil, das »Private«, was zur »Entkräftigung des Staates« (ebd., S. 266) führen solle. Die Schrift provoziert mehr, als dass sie Lösungen anbietet, zeigt aber wiederum deutlich Döblins Kritik an allen Formen von (verordneter) Organisation. Was allerdings der *»Abbau der Öffentlichkeit«* (ebd., S. 263) konkret bedeuten und wie der Herrschaft von »Büro und Papier« (ebd., S. 264) ein Ende bereitet werden soll, bleibt letztlich offen. Gegen die mediale Bedingtheit der modernen Gesellschaft nimmt sich die Schrift wie ein zwar gut gemeinter, aber letztlich mehr an Wunschstrukturen denn an Realitäten orientierter Entwurf aus.

Döblin versucht in der Auseinandersetzung mit der Kritik, die in vorliegendem Band nachzulesen ist, das Scheitern des mit *Wissen und Verändern!* gemachten Kommunikationsangebots dialektisch als notwendige Folge eben der von ihm kritisierten Öffentlichkeit und ihrer Medien auszuweisen. Die offenen Briefe, aus denen *Wissen und Verändern!* besteht, seien jenseits der epistolarischen Kommunikationssituation allen Arten des Missverständnisses ausgesetzt, ihr eigentlicher Zweck sei aber eine semi-private Kommunikation gewesen. Ob man dies überzeugend findet oder nicht, festzuhalten ist, dass es sich dabei um einen Grundgedanken von Döblins »naturalistisch-sozialistische[m]« (S. 278) Gegenentwurf zur herrschenden Lehre handelt. Die »naturalistische[] Basis« (S. 276) ist letztlich ein Glaube: nämlich an den »neuen natürlichen gesellschaftlichen Menschen« (ebd.) und die »natürliche[] Gruppe« (AW, Wissen und Verändern, S. 263). Auch für den mit *Wissen und Verändern!* nicht vertrauten Leser ist die Lektüre der Döblin'schen Antikritiken und Rechtfertigungen sicherlich gewinnbringend, denn der Autor rekapituliert hier noch einmal seine Positionen, die zu Missverständnissen und Kritik geführt haben.

III Die politische Theorie des Mythos und die Biopolitik

Die Machtübernahme durch die NSDAP 1933 zwingt Döblin, Deutschland zu verlassen. Nachdem ihm die deutsche Staatsbürgerschaft aberkannt wurde, nimmt er 1936 die französische an. Auch die Zeit des Exils ist aber zunächst geprägt durch Döblins Einsatz für die Freiheit der Kunst, wie u. a. der 1934 im Pariser Tageblatt publizierte Artikel *Kommandierte Dichtung* zeigt. Mehr als deutlich wird Döblins neue biographische Situation an der Mitarbeit an französischer (Gegen-)Propaganda, hier nachzulesen in *Hinweise und Vorschläge für die Propaganda nach Deutschland hinein* (1940) und *Disques pour le front* (1940). Ansonsten bietet die dritte Phase ein emphatisches Bekenntnis zu Europa: Der organisierte Staatenverbund ist für Döblin die einzige Möglichkeit, neue Kriege zu verhindern. Das »freie[] und eigentümliche[] Wachstum eines Volkes« sei nur möglich in »Abstimmung auf das Wachstum und die Art der Nachbarvölker« (S. 398). Der Gedanke propagiert damit (sieht man von dem zeittypischen, aber heute problematischen Begriff des Volkes ab) ein Europa, das Differenzen nicht kassiert und auf Homogenisierung drängt, sondern ›Eigentümlichkeiten‹ bzw. Differenzen bewahrt und aggressiven Tendenzen vorbeugt. Die Aktualität der Auseinandersetzung mit dem Staatenverbund Europa und seiner Bedeutung für Frieden und Wohlstand muss wohl an dieser Stelle kaum eigens betont werden. Mit Blick auf die Aktualität sind sicherlich auch Döblins Ausführungen zum Neuterritorialismus erwähnenswert, wenn auch die Aussagen zur *»Großkolonisation der Erde«*, d. h. »Erschließung der bisher nur ›entdeckten‹, politisch umrandeten und wirtschaftlich brachliegenden Riesenterritorien Afrika, Australien, Südamerika«, die explizit an die »nichtjüdische[] Seite« (S. 342) gerichtet sind, vielmehr Teil eines eurozentrischen Problems denn einer globalen politischen Lösung sind. Man vergleiche diesen Vorschlag mit dem Geschehen nach der Katastrophe in der Dystopie *Berge Meere und Giganten*, um sich erneut des Eindrucks zu versichern, dass politisches Denken und Literatur bei Döblin nicht immer trennscharf zu unterscheiden sind: Im Roman werden die »große[n] Massen« nach der globalen Katastrophe »[i]n die afrikanischen weiten und längst aufgeschlossenen Landschaften, nach dem nördlichen und südlichen Amerika« (GW, Berge Meere und Giganten, S. 609) gelenkt.

Die dritte Phase der politischen Schriften enthält neben Stellungnahmen Döblins u. a. zur Bücherverbrennung des NS-Staates einen Text, der als zentraler Kommentar zur literarischen Produktion der Zeit gilt und von der Forschung im Kontext der Interpretation der *Amazonas*-Trilogie fruchtbar gemacht wurde: *Prometheus und das Primitive* (1938). Der Aufsatz bietet eine (wiederum eigenwillige) weltgeschichtliche Spekulation, in deren Zentrum die schaffende Natur und der fehlgeleitete und entfesselte technische Impuls stehen. Der Versuch, der Technik eine spirituelle Grundlage beizuordnen, müsse, so Döblin, in eine Form falscher Mystik münden, deren Folge die mythisch aufgeladene »Biopolitik« (S. 435) des NS-Staates sei. Döblin versteht die Kämpfe der Zeit als Aufeinanderprallen von »eschatologischen« Bildern bzw. Mythen, nämlich einerseits dem »ökonomistische[n] (kommunistisch-marxistische[n])« und dem »biologische[n], das ab 1933 in Deutschland realisiert werden sollte.« (S. 431) Diese Position erinnert an das, was Georges Sorel zu Beginn des 20. Jahrhunderts in den *Réflexions sur la violence* (1908, dt. 1928) entwickelt und was sowohl Walter Benjamin als auch Carl

Schmitt fasziniert hat: eine politische Theorie des Mythos. Die Schrift des Syndikalisten und Anhängers der Lebensphilosophie Henri Bergsons weist einige Schnittstellen zu Döblins politischen Arbeiten auf. Für an der politischen Theorie des Mythos interessierte Leser ist es sicherlich lohnenswert, den Text *Grundlinien* (1931) hinzuzuziehen, der sich um den Zusammenhang von Fortschritt und eschatologischen Bildern sowie den Versuch eines dritten Weges dreht. Es scheint, als wäre Döblin, zumindest mittelbar, mit den Ideen Sorels in Kontakt gekommen.

Die Rückkehr nach Deutschland nach dem Krieg mündet für Döblin in eine neue Resignation. Seine zentralen Ideen scheinen auch jetzt keinen Anschluss zu finden. Sein Einsatz für Humanismus und Pazifismus bleibt folgenlos, und der von ihm begründeten Zeitschrift *Das goldene Tor* (1946–1951) ist kein Erfolg beschieden. Die Rückkehr ist nur eine auf Zeit bzw. keine Rückkehr an den Ort, der verlassen wurde, was Döblin 1946 auf die Formel bringt: »Und als ich wiederkam, da – kam ich nicht wieder« (AW, Leben und Werk, S. 267).

Dennoch bleibt Döblin engagiert: Er hält regelmäßige Rundfunkvorträge (Südwestfunk) zum Zeitgeschehen (in vorliegendem Band ist ein Beitrag zu *Kritik der Zeit*, so auch der Titel der Reihe, nachlesbar). Weiterhin publiziert er unter dem Pseudonym Hans Fiedeler die Schrift *Der Nürnberger Lehrprozeß* (1946) und unternimmt den Versuch, über das Geschehene aufzuklären – allerdings scheitern diese Versuche in der neuen Republik, so zumindest Döblins Wahrnehmung. Es findet sich aber auch weiterhin Bekanntes, nämlich die Verteidigung gegen Kritiker und Klärungsversuche von Missverständnissen *(Brief an Irma Loos)*. Die scheinbare Folgenlosigkeit der Unternehmung, Pazifismus und Humanismus sowie europäisches Denken zu verbreiten, führt 1953 zur neuerlichen Emigration nach Paris.

Kommen wir nun zum Schluss und fassen kurz zusammen: Döblins politische Schriften vereinen Widersprüchliches und sind sowohl zeittypisch wie eigentümlich, teils überraschend und teils provozierend. Sie geben Anlass sowohl zu Zustimmung als auch zu ungläubigem Kopfschütteln. Aus eben diesen Gründen lohnt sich aber auch – um auf die eingangs gestellte Frage zurückzukommen – die Beschäftigung mit den politischen Schriften Döblins, die mehr als genug Material für Wieder- und Neuentdeckungen bereithalten.

Torsten Hahn

Literaturhinweise

1. *Texte von Alfred Döblin*

AW – Ausgewählte Werke in Einzelbänden
GW – Gesammelte Werke

Berge Meere und Giganten. Mit einem Nachwort v. Gabriele Sander. Frankfurt/M. 2013 [GW].

Briefe. Hrsg. v. Heinz Graber. Olten, Freiburg/Br. 1970 [AW].

Der deutsche Maskenball von Linke Poot. Wissen und Verändern. Hrsg. v. Heinz Graber. Olten, Freiburg/Br. 1972 [AW].

Schriften zu Ästhetik, Poetik und Literatur. Mit einem Nachwort v. Erich Kleinschmidt. Frankfurt/M. 2013 [GW].

Schriften zu Leben und Werk. Hrsg. v. Erich Kleinschmidt. Olten, Freiburg/Br. 1986 [AW].

Schriften zur Politik und Gesellschaft. Hrsg. v. Heinz Graber. Olten, Freiburg/Br. 1972 [AW].

2. *Texte über Alfred Döblin*

Düsing, Wolfgang: Der Intellektuelle zwischen Ideologien und Institutionen. Döblins Essayistik in der Weimarer Republik. In: Yvonne Wolf (Hrsg.): Internationales Alfred-Döblin-Kolloquium Mainz 2005. Bern u.a. 2007, S. 153–166.

Kleinschmidt, Erich: »Die Zeit dringt verschieden tief in unsere Poren ein.« Alfred Döblin als politischer Autor 1914. In: Gabriele Sander (Hrsg.): Internationales Alfred-Döblin-Kolloquium Leipzig 1997. Bern u.a. 1999, S. 17–31.

Hahn, Torsten: Fluchtlinien des Politischen. Das Ende des Staates bei Alfred Döblin. Köln, Weimar, Wien 2003.

Koepke, Wulf: Döblin's Political Writings during the Weimar Republic. In: Roland Dollinger, Wulf Koepke, Heidi Thomann

Tewarson (Hrsg.): A Companion to the Works of Alfred Döblin. New York 2003, S. 183–192.

Koepke, Wulf: Alfred Döblins Überparteilichkeit. Zur Publizistik in den letzten Jahren der Weimarer Republik. In: Thomas Koebner (Hrsg.): Weimars Ende. Prognosen und Diagnosen in der deutschen Literatur und politischen Publizistik 1930–1933. Frankfurt/M. 1982, S. 318–329.

Müller-Seidel, Walter: Alfred Erich Hoche. München 1999.

Sander, Gabriele: Döblins Gedächtnistexte. Der Erste Weltkrieg im Spiegel seiner literarischen Produktion 1914/1915 – mit einer Edition des ›Bauernkriegroman‹-Fragments. In: Ralf Georg Bogner (Hrsg.): Internationales Alfred- Döblin-Kolloquium Saarbrücken 2009. Bern u. a. 2010, S. 39–55.

Schäffner, Wolfgang: Logistik der Dichtung. Döblins kriegs- und medientechnische Erprobung der Literatur im Commissariat à l'Information [1939/40]. In: Michel Grunewald (Hrsg.): Internationales Alfred-Döblin-Kolloquium Paris 1993. Bern u. a. 1995, S. 127–140.

Wildenhahn, Barbara: ›Linke Poot hat sich entschlossen zu sprechen‹. Die poetologische Kooperative der Erzähler ›Linke Poot‹ und »Alfred Döblin« in den *Schriften zu*[sic!] *Politik und Gesellschaft*. In: Steffan Davies, Ernest Schonfield (Hrsg.): Alfred Döblin. Paradigms of Modernism. Berlin, New York 2009, S. 144–159.